고하 송진우(古下 宋鎭禹)
글모음 및 관계자료집

長人의 숨결

거인의 숨결

巨人의 숨결

고하 송진우(古下 宋鎭禹)
글모음 및 관계자료집

*The Writings and Biographical Materials
of Mr. Jinwoo Song*

재단법인 **고하송진우선생기념사업회**

이야기의 숲

머 리 말

　우리나라의 근대와 현대의 역사에 있어서 국가와 민족을 위하여 업적을 남기신 인물들의 생애와 사상을 담은 전기(傳記)나 회고록이 많이 출간된 바 있다. 그러나 이러한 문헌은 주관적인 서술이거나 일정한 관점에서 시대 순에 따른 활동상황을 후학들이 선별적으로 기록한 것인 경우가 많아서 한 인물의 사상과 인품을 정확하게 알아내기에는 적당치 아니한 경우가 있다. 그런데 본인이 직접 집필한 글이 남아 있는 경우에는 그 인물의 사상과 인생관과 시대관을 좀 더 잘 이해할 수가 있다.

　이번에 동아일보사 창립 70주년 기념행사의 하나로 펴내게 된 古下 宋鎭禹 선생의 문집은 선생의 탄신 100주년을 축하함과 동시에 독립운동가요 교육자요 언론인이며 정치가인 선생의 심오한 사상의 흐름을 그분이 직접 남기신 글로부터 알아볼 수 있도록 하기 위하여 자매편이라고 할 수 있는 고하전기(古下傳記) 및 고하평전(古下評傳)과 함께 짝지어 출간하게 된 귀중한 기록이다.

　古下 선생은 일찍이 동경유학시절의 20대에서부터 당시로서는 최첨단을 걷는 새로운 사상과 구습타파를 위한 과감한 주장을 글로써 발표하기 시작하여 변천하는 동북아시아를 중심으로 세

계정세에 관한 정확한 분석과 명쾌한 판단을 내리는 논문을 여러 차례 집필한 바 있다. 1915년《학지광(學之光)》에 기고한 사상개혁론〈思想改革論〉, 1925년의 세계대세와 조선의 장래〈世界大勢와 朝鮮의 將來〉, 1931년의 〈萬寶山事件(만보산사건)에 대하여〉 등이 그 예이다. 이중에서 몇 편의 논문은 뒷날 한국근대명논설 66편 중에 선정되기도 하였다. 그러나 언론의 자유가 전혀 없던 일제 암흑기에서 때로는 삭제되고 때로는 발표가 금지된 경우도 허다하다. 뿐만 아니라 오랜 세월이 흐르는 동안 망실된 글도 많을 것으로 짐작되지만 주로 일제시대의 신문과 잡지로부터 발굴해 낸 상당수의 논문과 동아일보에 사설로서 게재된 바 있는 글들을 토대로 하고 그 외에 대담, 인물평, 일화, 기타 관련 자료를 한데 묶어서 단행본으로 출간할 수 있게 되었으니 그나마 다행이라고 생각한다.

고하문집(古下文集)에 수록된 글들은 대부분 한자와 한문식 문체로 되어 있어서 어려운 대목도 있으나 선생이 직접 집필하신 글의 경우에는 대체로 원본에 충실하고자 하였으며 제3자가 집필한 자료의 경우에는 가능한 한 한글로 고쳐서 읽기 쉽게 편찬하고자 노력하였다.

  본 문집은 古下 선생이 직접 쓰신 글과 기타 관련 자료로 나누어서 각각 발표시대 순에 따라 편집하였으므로 전기(傳記)나 평전(評傳)에 묘사된 당시의 시대배경을 염두에 두고 대조하여 읽어가면 조국의 독립과 민주국가의 수립과정에 위대한 업적을 남기신 古下 선생이 생전에 품으셨던 선각자적 안목, 웅장한 포부, 예리한 판단력 그리고 고결한 인품의 일단을 좀 더 입체적으로 파악할 수 있을 것으로 생각된다.

  우리나라의 독립운동과 해방 후의 건국과정에 관한 연구에 귀중한 문헌이 될 것이므로 널리 일독(一讀)을 권하고자 한다.

1990. 4

편자

증보판 머리말

　고하 송진우(古下 宋鎭禹) 선생의 탄신 100주년을 기념하기 위하여 전기(독립을 향한 집념), 문집(거인의 숨결) 그리고 김학준 교수가 지으신 평전(評傳) 등 전 3권으로 구성된 고하 송진우 전집(全集)이 출간된 것이 1990년이었다. 그러나 그동안 세월이 많이 흘러갔을 뿐만 아니라 국내외 정세가 많이 변하여 고하 선생의 글모음과 자료집조차 증보판을 출간할 필요를 느끼게 되었다. 새로운 글도 발견되었을 뿐 아니라 새로운 시각에서 고하 선생을 새롭게 평가하는 움직임도 있기 때문이다. 그동안에는 고하 선생을 독립운동가, 교육자, 언론인 그리고 정치가로서 여러 가지 위대한 업적을 기리는 데에 그쳤다. 그러나 이제는 중앙학교 숙직실에서 국내외를 연결하고 기독교와 천도교 및 불교를 연합하여 3·1운동을 기획한 주동 인물로서 확실히 자리매김이 될 뿐 아니라 볼셰비키 혁명으로 전조선이 붉게 물들어 갈 때부터 국내에서 자유민주주의를 흔들림 없이 지켜서 마침내 대한민국 건국의 근본으로 삼도록 앞길을 밝혀주신 선각자 내지 수호자로 인식되고 있다. 사실 1917년 러시아의 공산혁명의 성공으로 인하여 일제의 폭압 속에서도 폐쇄되고 낙후된 농경사회 단계에 있던 온 나라가 공산주의에 빠져 들어가고 많은 국민이 공산사상의 달콤한 환상 속에서 비틀거렸다. 마침내 이 땅에 붉은 사상이 침투하여 공산당의 각종 비밀결사가 계속 조직되고 일본에서 유학하고 귀국한 선진 지식인들조차 장발에 모자를 삐딱하게 쓰고 지팡이를 짚은 채 사회주의자인 척하면서 당시의 유행을 따르던 풍조가 만연하였다. 3·1운동 이래 이 어렵고 사상적으로 혼란스러운 시절에도 독립될 조국의 근본이념이 자유민주주의가 되어야 함을 일찍부터 깨닫고 공산주의와 타협을 거부하였으며, 해방 후에는 사력을 다하여 한반도의 공산화를 막아 한반도의 남쪽 절반에서나마 자유민주주의 대한민국이 탄생하도록 중심을 잡아 준 정치가가 고하 선생이었다.

고하 선생은 3·1독립운동의 주동자로서 옥고를 치루고 나서 정부가 없던 시절 20년간 동아일보를 짊어지고 이 나라 이 민족의 등불이 되었던 지도자였다. 그는 독립선언서에 나타난 것처럼 인류평등, 민족자존, 세계평화, 자유와 정의 등의 인류 보편적 가치를 지키고 자유민주주의를 근본으로 삼아 대한제국에서 대한민국으로 탈바꿈하기 위하여 신명을 바친 선각자이다. 그가 생전에 남긴 40여 편의 글들은 하나같이 지금 읽어도 조금도 시대에 뒤떨어지지 않는 여러 가지 참신한 생각과 한 세기 이상 앞서가는 선진적이고 진보적인 사상을 담뿍 나타내고 있다. 그의 글에는 특히 자유민주주의에 대한 학문적 열정과 이를 실천하려는 투지와 고뇌가 넘쳐난다.

"거인의 숨결"은 고하 선생이 직접 쓴 글을 모았을 뿐만 아니라 여러 가지 관련 자료집을 포함하고 있다. 즉 고하 선생이 직접 쓰신 글 모음에다가 동시대를 살던 다른 분들 또는 기자가 고하 선생에 관한 인물평을 하거나 인터뷰 또는 질문에 대한 답의 형식으로 당시 언론에 게재된 글을 모아 자료집을 만들었다. 더 나아가서 동시대에 살았던 동지나 후학들이 자기 회고록 또는 평론집을 쓰면서 고하를 집중적으로 다룬 부분을 추려서 이를 포함시켰다. 아무쪼록 이 책이 고하 선생을 더 잘 연구하고 이해하는데 크게 도움이 되기를 바란다.

그리고 이 증보판 발간에서 가장 역점을 둔 방침은 한문 원본이나 한문 투로 된 모든 문장을 한글로 고치고 구식 표현은 대개 한글로 풀어서 젊은이들이 이해하기 쉽게 바꾼 것이다. 이러한 작업과 관련하여 백 년 전에 고하가 쓴 글 몇 편을 김병일 도산서원 선비문화수련원 이사장(전 기획예산처 장관)을 통하여 허권수 경상국립대학교 명예교수(동방한학연구원장)께 부탁드린 바 있다. 이 두 분의 커다란 도움에 깊이 감사드린다. 또한 이 책이 나오기까지 표지의 디자인과 장정을 아름답게 만들어주신 박재옥 명예교수(전 한양대 디자인대학원장)께 감사의 말씀을 드린다.

이 책의 제목인 "거인의 숨결"은 홍일식 선생(전 고려대 총장)께서 지으신 것이다. 사실 조금 먼저 출간된 고하의 전기에 부쳐진 "독립을 향한 집념"이라는 제목도 역시 홍일식 선생께서 고심 끝에 작명해주신 것이다. 이러한 훌륭한 제목들은 당대의 손꼽는 서예가 고 여초 김응현(如初 金膺顯) 선생의 글씨에 의하여 더욱 빛나게 되었다. 고하 선생의 전기와 문집을 위하여 훌륭한 작명과 글씨를 써주신 가석 홍일식(可石 洪一植) 선생과 여초 김응현 선생께 깊은 감사를 드린다.

2023년 5월 8일
편 자

차례

머리말 — 5
증보판 머리말 — 8

고하 송진우 글모음

1	물레방아 - 한시(漢詩) 2수(首)	22
2	인생의 가치 : 학계보(學界報)	23
3	사상개혁론(思想改革論) : 학지광(學之光)	27
4	남녀교제에 대한 명사의 의견 : 청년(靑年)	45
5	본보의 과거를 논하야 독자 여러분에게 한 말씀 드립니다 : 동아일보	47
6	남강(南岡) 이승훈(李昇薰) 선생 회갑 기념문	51
7	무엇보다도 '힘' : 개벽(開闢)	52
8	조선사회운동에 관한 설문응답 : 개벽(開闢)	55
9	태평양을 가로지르는 선상(船上)에서 얻은 한시(漢詩) 1수	57
10	세계대세(世界大勢)와 조선(朝鮮)의 장래(將來) : 동아일보	58
11	농촌문제를 가지고 걱정하는 이들의 의견 : 조선농민(朝鮮農民)	87
12	최선의 노력과 방법을 강구하자 : 신민(新民)	89

13	옥문(獄門)의 송영(送迎) : 신민(新民)	90
14	인촌(仁村 金性洙)에게 보낸 옥중 서한	93
15	옥중 한시 1수(首)	95
16	월남(月南 李商在) 선생을 위한 만장(輓章)	96
17	흥미와 통속화 : 동광(東光)	98
18	3개의 당면한 급무 : 조선지광(朝鮮之光)	99
19	평화리(平和裏)에 합동될 것이다 : 신민(新民)	102
20	소작입법(小作立法)의 필요 : 조선지광(朝鮮之光)	104
21	평생에 앙모(仰慕)하는 정포은(鄭圃隱) 선생 : 별건곤(別乾坤)	107
22	가정부인 교육에 : 근우(槿友)	109
23	하루 바삐 개벽('開闢') 시대 : 별건곤(別乾坤)	110
24	경성편람 : 별건곤(別乾坤)	111
25	교육의 시설과 빈민굴에 : 별건곤(別乾坤)	112
26	과학보급과 종교선택 : 조선농민(朝鮮農民)	114
27	사형폐지론(死刑廢止論) : 삼천리(三千里)	115
28	대협동기관(大協同機關) 조직의 필요와 가능 여하? : 혜성(彗星)	119
29	조선의 세계적 지위 : 비판(批判)	121
30	세계대세와 조선의 장래 : 동광(東光)	124
31	불타(佛陀)의 근본정신에 귀의하라 : 불교(佛敎)	127
32	만보산(萬寶山)사건에 대하여 : 동아일보	130

33	이천만 동포에게 고합니다 : 동아일보	134
34	기미년과 그 이전 : 동광(東光)	137
35	《신동아》 창간사 : 신동아(新東亞)	139
36	각계 인사들의 멘탈테스트(설문) : 동광(東光)	140
37	노력전진 갱일보(努力前進 更一步) : 동아일보	142
38	경제봉쇄 실현 가능성 : 동광(東光)	146
39	국민당 정부 의연계속 : 동광(東光)	147
40	무풍적인 현하 국면타개책 : 삼천리(三千里)	149
41	자유권과 생존권 : 삼천리(三千里)	154
41-1	아! 고하 송진우 : 김명구, 청년	163
42	《신가정》 창간사 : 신가정(新家庭)	169
43	억센 조선, 굳건한 민족 : 신동아	172
44	이 강산 이 민족 : 신동아	175
45	장제스(蔣介石) 장군이 대통령 됨이 '동양대세(東洋大勢)'에 좋을까? : 삼천리(三千里)	178
46	독서 잡기(讀書雜記) : 학해(學海)	179
47	한시 1수(首)	182
48	임시정부 환영사 : 동아일보	183
49	최후까지 투쟁하자 : 동아일보	186

고하 송진우의 관계자료집

1	중앙학교 방문기 : 청춘(靑春)	188
2	3·1운동 발발의 개요 : 현상윤(玄相允), 사상계(思想界)	194
3	3·1운동과 자유민주주의와의 상관성 : 김명구, The platform for tomorrow의 3·1운동과 자유민주주의에 관한 특별 세미나	205
4	한시 1수(首) : 이승만(李承晩)	253
5	동방의 빛이여, 너의 이름은 한국이다 : 타고르, 동아일보	254
6	나만이 아는 비밀 : 서범석(徐範錫), 진상(眞相)	255
7	성명서 : 이충무공유적보존회, 근대한국명논설집	267
8	3대 신문의 거두 : 월단생(月旦生), 철필(鐵筆)	269
9	동아일보 사장 송진우 씨 면영(面影) : 백릉(白菱), 혜성(彗星)	272
10	나의 팔인관(八人觀) : 황석우(黃錫雨), 삼천리(三千里)	279
11	조선신문론 : 한양학인(漢陽學人), 동방평론(東方評論)	281
12	서재필(徐載弼)이 고하에게 보낸 편지 : 서재필(徐載弼)	290
13	소문의 소문 : 호외(號外)	292
14	도전하는 조선일보, 응전하는 동아일보 : 석병정기(石兵丁記), 삼천리(三千里)	293
15	송진우 씨의 '단군'설 : 삼천리(三千里)	298
16	동아일보의 금후의 코스 : 삼천리(三千里)	299
17	동아일보 정간 진상 : 삼천리(三千里)	302

18	송진우 씨는 무엇하고 계신가 : 삼천리(三千里)	311
19	신문출판계 인물론 : 우수산인(愚愁散人), 신세기(新世紀)	319
20	국민대회준비회 취지서 : 국민대회준비회, 한국근대명논설집	323
21	한국민주당(韓國民主黨) 창당대회 : 한국민주당	326
22	주지(主旨)를 선명함 : 동아일보	329
23	와전(瓦全)보다 옥쇄를 : 동아일보	333
24	일주(一柱)를 잃다! : 동아일보	335
25	송진우 선생 피화실기(被禍實記) : 박상호(朴相浩), 새벽	338
26	비화 – 송진우의 암살 : 동아일보	351
27	인물소묘 – 송진우 : 임병철(林炳哲), 신천지(新天地)	379
28	송진우 : 손세일(孫世一), 한국근대인물백인선	384
29	고하 송진우(古下 宋鎭禹) : 임석기(林石基), 한국언론인물사화(韓國言論人物史話)	392
30	사라진 정치지도자 군상 : 송진우론 : 이환의(李桓儀), 정경연구	400
31	쓰러진 거목 – 송진우 : 이상돈(李相敦), 신동아	414
32	동산(東山)회고록 – "윤치영(尹致暎)의 20세기" : 삼성출판사	430
33	설산 장덕수(雪山 張德秀) : 이경남, 동아일보사	438
34	동은 김용완(東隱 金容完) : 동은기념사업회, 삼화인쇄(주)	477
35	고하와 낭산(朗山) : 김준연(金俊淵), 독립노선(獨立路線)	483
36	나의 회고록(回顧錄) : 조병옥(趙炳玉), 민교사	524
37	고하와 추정(秋汀) : 추정 임봉순 선생 소전(秋汀 任鳳淳先生 小傳)	558

38	근촌 백관수(芹村 白寬洙) : 윤재근, 동아일보사	*585*
39	나의 일생(一生)	
	: 백남훈(白南薰), 해온 백남훈(解慍 白南薰)선생기념사업회	*603*
40	모세(暮歲)의 회고 - 고하 송진우 선생	
	: 유홍(柳鴻), 의당 유홍회고록(衣堂 柳鴻回顧綠)	*620*
41	보전(普專)·고대(高大) 35년의 회고	
	: 유진오(兪鎭午), 양호기(養虎記)	*633*
42	남기고 싶은 이야기들 : 이철승(李哲承), 중앙일보	*649*
43	횡설수설 : 동아일보	*653*
44	자유와 독립의 권화(權化) : 이인(李仁), 동아일보	*656*
45	한국신문사(韓國新聞史) : 최준(崔埈), 일조각	*659*
46	남북의 대화 : 동아일보	*685*
47	해방정국의 주역들 : 동아일보	*715*
48	아무도 쓰지 않았던 진실 - 한국의 비극	
	: 고무로 나오키(小室直樹), 범우사	*768*
49	한민당 창당 앞장 선 민주주의자 고하 송진우,	
	해방공간의 주역들 : 김학준, 동아일보사	*779*
50	해방 전후 종횡관(縱橫觀) : 이상돈(李相敦), 신동아	*789*
51	"해방전후사의 쟁점과 평가 1" : 한승조 공저, 형설출판사	*818*
52	건준(建準)의 위상에 대한 역사적 평가 : 이완범,	
	한승조 공저 "해방전후사의 쟁점과 평가 1", 형설출판사	*821*
53	숙초(宿草)밑에 누운 고우(故友) 송고하(宋古下)를 우노라	
	: 정인보(鄭寅普), 담원시조집	*827*

54	고하 송진우 선생 초상찬(肖像贊) : 송필만(宋必滿)	833
55	고하 송진우 선생 묘비 건립식에 즈음하여 : 송필만(宋必滿)	835
56	고하를 위한 만장(輓章) : 이승만(李承晩)	836
57	탄생 90주(周)에 다시 음미해본 그의 편모(片貌) : 동아일보	837
58	'내가 본 혼돈의 해방공간' 강원용 목사 인터뷰	
	: 임채청, 동아일보	845
59	송진우(宋鎭禹) 선생, 온고지신(溫故知新)	
	: 권이혁, 우강(又岡) 권이혁 선생 에세이 제Ⅱ집, 신원문화사	851
60	독립혼 되새기며 창동역 주변 걸어볼까 : 강경석, 동아일보	857
61	고하 송진우에게 지금 듣고 싶은 말 : GQ KOREA, 두산매거진	860
62	난세의 지도자상 : 조태열, 국제인권보 643호	866
63	독립운동가 15인 컬러영상 : 국가보훈처 나라사랑 제934호	869
64	제1차 천장 후 묘비제막식 식사(式辭) 모음	871
65	고하 동상 제막식의 식사집(式辭集)	885
66	국립묘지 천묘장의식(遷墓葬儀式) 추모사(追慕辭)	
	: 윤보선(尹潽善)	903
67	송진우의 삶을 통해 바라본 YMCA 운동과 자유민주주의	
	: 박찬욱	905

부록 I

서울YMCA 역사 잇기 1-고하 송진우를 만나다 (상) *980*
서울YMCA 역사 잇기 2-고하 송진우를 만나다 (하) *991*

부록 II

당대 정치학계 석학 세 분의 고하를 평가하는 유튜브 강연원고 요약

    1) 고하 송진우 선생의 자유민주주의 사상과 그 현재적 의의

       : 박찬욱 *1000*

    2) 해방 후 고하 송진우의 정치 구상 : 강원택 *1001*

    3) 송진우의 중용적 진보와 근대국민국가 건설 : 박명림 *1007*

부록 III

경성백승(京城百勝) *1023*

고하 송진우 글모음

1
물레방아: 한시(漢詩) 2수(首)

주: 古下가 7세 때 물레방아를 두고 지은 한시

    저미분백수(低尾噴白水)
    꼬리를 나지막하게 하고는 흰 물을 쏟고
    거두탱청천(擧頭撑靑天)
    머리를 들고는 푸른 하늘을 괸다

주: 古下가 7세 때 물레방아를 두고 지은 또 다른 한시

    욕지창해량(欲知滄海量)
    창해의 물이 얼마나 되는가를 알고자
    두송소계수(斗送小溪水)
    작은 시냇물을 말로 되어 보내누나

2

인생의 가치

학계보(學界報), 제1권 제1호, 1912년 4월 1일

주: 어려운 한문 투의 원문을 허권수 경상국립대학교 명예교수가 쉽게 한글로 풀어준 것임

대개 사물이 있음으로 해서 가치가 있음은 자연계의 일대 진리라 말할 수 있다. 대저 인분은 극히 더러운 것이지만 이용하면 비료를 제공하며, 돌멩이는 극히 흔한 것이지만 갈고 닦으면 보옥(寶玉)을 이루며, 석탄은 극히 거친 것이지만 물에 녹여 조화시키면 세탁에 쓰일 수 있다. 이 모든 것을 살피건대 가치가 없는 사물은 이 인간사회에 필요치 아니할 뿐만 아니라 원래 조물주가 그 존재함을 허락하지 아니한 까닭이다.

슬프다! 우리 인생이 광막한 우주간에 개재하는 것은, 넓고 큰 바다(滄海)의 좁쌀과 같도다. 어떠한 방법으로 어떻게 만들어 나가면 상당한 가치를 발휘할 수 있을까? 옛 철인(哲人 : 孟子)이 말하기를, "나는 아직도 시골의 식견 없는 사람이 되는 것을 면하지 못 한 것을 근심한다.(我由未免爲鄕人也, 是則可憂也.)"라 하였으니, 이는 실로 우리가 마음을 기울일 곳이며 도모할 곳이라 하겠다.

그러나 원래 인류는 매매할 수 있는 물품이 아니니, 금전상 가

치는 논할 바는 없다. 날고뛰는 것은 새나 짐승에 미치지 못하고, 잠기거나 뛰어오르는 것은 물고기나 용에 미치지 못하고, 단단함은 나무나 돌만 못하거늘, 어찌하여 만물의 영장이라 칭하는가? 혹 스스로 인정하는 것에 있어 도에 지나치지 아니한가? 자못 스스로 칭찬할 뿐이다.

실지로 지구를 구분하며 만물을 지배하여 말없는 가운데 우주 사이에 주인공을 정함에 있어, 다른 것이 아니라 원래 하늘이 만물을 창조하실 때, 혹은 기능만 준 것도 있고, 혹 용맹과 힘만 준 것도 있고, 혹 강한 기운만 준 것도 있다. 즉 옛날 말[漢書]에 이른 바, "이빨을 준 자에게는 뿔을 주지 아니한다.[予之齒者, 去其角.]" 했다. 이렇게 한 가지씩만 부여하시었거늘, 우리 인류에게는 그런 원칙을 적용하지 아니하여, 양지(良知)와 양능(良能)을 부여하시고, 총명을 주시고, 언어를 주시고, 또 상당히 활용할 할 수 있는 기관(器官)이 되는 사지(四肢)와 몸을 주시어 구체적으로 완전무결한 자격을 부여함이 그 원인이니라.

대저 하늘이 우리에게 부여(賦與)하심이 이와 같이 후중(厚重)하시고 우리들이 하늘에게서 받음이 이와 같이 광대(廣大)하거늘, 어찌하여 포기로 스스로 흘러가며, 의뢰를 좋아하여 하나의 가치도 없는 것을 지으리오? 혹 오두막집에서 일생을 허송하다가 만 겹의 푸른 산 속의 한 줌(抔) 흙이 된 자도 있고, 혹 술집에서 한평생을 스스로 즐기다가 일반 사회계에 하나의 색미옥(索米沃)[1]이 된 자도 있고, 혹 먼 오(吳)나라 월(越)나라 시장에서 조그만 이익을 쫓아 만 사람이 모인 곳에서 하나의 독점하는 자가 된 자도 있다. 오호(嗚呼)라! 인생에서 지극히 비참한 경우로 이보다 더 심할 자는 없도다.

　이런 까닭으로 인류의 참된 의미를 논함에 있어서, 공자님께서 말씀하시기를 인(仁)이라 하고, 맹자님께서 말씀하시기를 의(義)라 하였으니, 지극하도다! 이 말씀이여. 부귀가 능히 선비를 음란하게 만들지 못하고, 빈천이 능히 그 사람의 지조를 옮겨 가기 어렵도다. 은(殷)나라 탕(湯)임금은 만승(萬乘)[2]의 제왕이로되 상림(桑林)[3]에서 기도하였다. 백이(伯夷)[4]는 백세(百世)의 사표(師表)이나 수양산(首陽山)에서 굶어 죽었으니, 이 모두 인생의 가치를 발휘하기 위하여 그러함이로다.

　우리 인생은 마땅히 지극히 높고 지극히 건강한 양심이 지휘하는 바에 따라 천 사람이 막아도 나는 혼자 가고[5], 만 사람이 방해하거나 헐뜯어도 나는 혼자 한다는 기개로 하늘이 부여한 가치를

1　색미옥(索米沃) : '색미한(索美漢)'의 오자로 보인다. '索美漢'은 '미녀만 찾는 놈'이란 뜻으로 평생 여색만 즐기려고 하는 인간을 경멸해서 붙인 말이다.
2　만승(萬乘) : 전쟁이 나면 수레 만 채를 동원할 수 있는 신분. 천자(天子)이고, 후세의 황제다.
3　상림(桑林) : 은(殷)나라에 있는 수풀 이름. 은나라에 7년 동안 가뭄이 계속되자, 탕(湯)임금이 상림에 가서 빌었다.
4　백이(伯夷) : 은(殷)나라 말기에 절의(節義)를 지킨 사람. 주(周)나라 무왕(武王)이 은나라를 멸망시키자, 주나라의 더러운 곡식을 먹지 않겠다고 수양산(首陽山)에 들어가 고사리를 캐어 먹고 지내다가 굶어 죽었다.
5　천 사람이 막아도 나는 혼자 가고 : 『맹자(孟子)』에, "스스로 돌아보아 옳다면, 비록 천만 사람이 막아도 나는 간다.[自反而縮, 雖千萬人, 吾往矣.]"라는 증자(曾子)

발휘할지어다.

　현자 안연(顏淵)[6]이 말하기를, "어떤 일을 하는 사람은 역시[7] 이러하도다.[有爲者, 亦若是.]"라 하였으니, 어떤 일을 해야만 할 것이다. 순(舜)임금이 말하기를, "할 수 없는 것은 없다."라고 하였으니, 무슨 일이든지 할 수 있다. 우리가 이 세상을 살아가지 아니하면 그만이지만, 만일 이 세상을 살아가려고 한다면, 어찌 자연계의 진리에 어긋나게 하여 하늘이 부여한 가치를 포기하여, 새나 짐승보다도 못하다는 탄식을 짓게 해서야 되겠는가?

의 말을 인용하였다.
6　안연(顏淵) : 춘추시대 노(魯)나라 사람으로 공자(孔子)의 뛰어난 제자이다. 안빈낙도(安貧樂道)하다가 32세의 나이로 공자보다 먼저 세상을 떠나자, 공자가 "하늘이 나를 망치는구나![天喪予!]"라고 애통해 하였다.
7　역시 : 원문의 '赤'자는 '亦'자의 오자다.

3

사상개혁론(思想改革論)

학지광(學之光), 제3권 1호(총5호), 1915년 5월 2일

주: 어려운 한문 투의 원문을 허권수 경상국립대학교 명예교수가 쉽게 한글로 풀어준 글임

   사상은 생활의 표준이니, 만일 우리로 하여금 과거의 사상을 시인(是認)하고 현재의 생활에 만족한다면 모르겠지만, 그렇지 아니하고 관습의 권위를 타파하고, 조상이 남겨준 노예 같은 점을 해방하여 참된 생명의 경지를 전개하고, 신생활의 원천을 계발(啓發)코자 할진대, 제일 요긴하고 절실한 문제는 사상계의 혁명이라 하겠다. 황폐한 기초에는 화려한 누각을 건축키 어렵고, 더러워진 담벽에는 찬란한 채색 그림을 첨가하기가 불가능하도다.

   이런 까닭으로 새로운 시대에는 새로운 생활을 요구하고, 새로운 생활은 새로운 사상에서 태어난다. 바꾸어 말하면, 창고에 있는 부유한 재산이 사회발전의 표준이 아니고, 무기의 날카로움이 민족을 보호할 기계가 아니다. 다만 은밀하고 정미(精微)한 사상의 노선이, 융성과 쇠퇴의 운명을 지배하고, 문명과 야만의 구별을 판정하는데, 이것이 사람의 일에 있어서 일대 원칙이요, 역사상에 있어서 명료한 사실이다.

지금도 넓은 소매의 옷을 입고 잘못된 학문을 하면서 상고시대(上古時代)를 그리워하는 마음에 얽매여 있는 사람도 있고, 고급 옷을 입은 신식 무리들은 외모의 치장에 취하여 깨지 못하고 있다. 산만한 사색은 시대풍조와 합류할 수 없고, 화려하기만한 쇠퇴한 생각은 문명의 이상에 공명(共鳴)하기 어렵도다.

그리하여 암담한 지옥이 지금 세상에 다가오고 극도로 처참한 일이 도처에서 연출됨은 현재의 실제 상황이다. 이 어찌 위급한 시기가 아니며, 존속하느냐 망하느냐 하는 운명이 걸린 때가 아니리오? 이에 초야에 숨어 지내는 사람들의 비난과 견문 좁은 사람들의 비웃음을 무릅쓰고, 캄캄한 사람들과 아무 하는 일 없이 지내는 사람들을 향해서 한 편의 글로 연구하여 논의하고자 한다.

제1, 공자(孔子)의 가르침의 타파와 국수(國粹)의 발휘

공자의 가르침[孔敎]은 타파될 시대에 이르렀으니 타파하여야 하겠다. 물론 공자는 위인 중의 한 사람이니, 공자의 사적(事蹟)을 참고할 필요가 있으며 경애(敬愛)하는 감정도 없지 않도다. 그러나 우리는 목욕하고 갓을 쓴 원숭이[沐冠猴][1]가 아니니, 자기의 처지를 각성하지 못한 채 그 언행을 모방할 수 없으며, 우리는 축음기가 아니니 시대의 이해에 관계없이 공자의 사상을 전파하기

---

1 목욕하고 갓을 쓴 원숭이[沐冠猴] : 아무 생각 없고 조급한 사람을 비유한다. 진(秦)나라 말기 사람들이 무모한 항우(項羽)를 두고, '목욕하고 갓을 쓴 원숭이'라고 했다.

는 어렵도다. 바꾸어 말하면, 4억 중국 민족의 혈통이 우리와 관계가 없으며, 2천 년 전의 공자의 사상적 권위가 현대를 지배하기 어렵도다.

그래서 개괄적으로 이야기하면, 공자의 가르침[孔敎]은, 옛날 것을 흠모하는 사상(思想)의 원천으로 요(堯)임금과 순(舜)임금[2]의 것을 그대로 계승하여 따라하고, 문왕(文王)과 무왕(武王)[3]을 법도로 삼는 것이 중추적인 사상이다. 이에 흙으로 된 섬돌 세 계단과 오두막집 띠풀 끝을 가지런히 베지 않은 반 야만적인 생활을 찬미하며[4], 중요한 삼백 가지 예의(禮儀)와 갖추어야 될 삼천 가지의 위의(威儀)는[5], 목축시대에 사용하던 도덕(道德)을 원칙으로 삼은 것이다. 그러니 사회는 정체되고, 발전의 희망은 막히고, 백성들의 기운은 얽매여, 진취적인 기상이 결핍하게 된다. 그래서 무궁한 진리를 천명하고 무한한 행복을 증가하게 하는 인류문화 진보의 원리에 어긋난다. 공자의 가르침은, 전제사상(專制思想)의 실마리로서, "백성은 따라하게만 하면 되지, 알게 할 것은 없다.[民可由之, 不可使以知之.]"라는 논법으로, 어진 사람 몇 명이 하는 정치

---

2 요(堯)임금과 순(舜)임금 : 중국 고대의 훌륭한 제왕. 공자(孔子), 맹자(孟子)가 매우 존경하여 칭송하였다.
3 문왕(文王)과 무왕(武王) : 주(周)나라의 훌륭한 제왕. 공자의 사상에 많은 영향을 주었다.
4 흙으로 …… 찬미하며 : 요임금이 천하를 다스리는 천자면서도 검소하게 지낸 것을 찬미한 말이다.
5 중요한 삼백 가지 예의(禮儀)와 갖추어야 될 삼천 가지의 위의(威儀)는 : 유교 경전 가운데 『예기(禮記)』「예기편(禮器篇)」에 "敬禮三百, 曲禮三千"이라는 말이 있다.

[賢者政治]를 창도(唱導)하였다. 이것은 우리 인류가 정치적 동물이라는 원리에 어긋날 뿐만 아니라, 이른바 어진이[賢者]가 대대로 계승될 이치도 전혀 없다. 그리하여 세상이 잘 다스려지는 날은 극도로 적고, 세상이 어지러운 날은 항상 많았다. 사회가 수렁이나 숯불 구덩이처럼 되고 백성들이 각성할 계기가 없음은, 동서의 역사에서 하나하나 밝혀진 바이다. 그래서 공자의 가르침은, 민주사상이 확산 보급되어 자치 권리의 평등정치를 실현하는 현대 조류에 적합하지 아니하다. 공자의 가르침은, 배타적 사상의 표현이다. 중국 이외의 부족[外族]은 오랑캐[蠻夷]로 취급하고, 유교 이외의 학문[他學]은, 이단(異端)으로 간주하여, 독단적인 논평과 혼자 대단하다는 잘못된 사상[妄大思想]으로 세상을 부락 같은 사회[部落社會]로 변화시켜 암흑의 시대를 재현하려고 한다. 이런 까닭으로 인류평등의 진리를 고조하며 사상자유의 특색을 발휘케 하는 문명사상에 반대가 된다.

우리 사회는 공자의 가르침을 수입한 이후로, 가는 곳마다 전염되어 있는 병원인 '향교(鄕校)'요, 사람마다 식상(食傷)한 환자라, 신성하고 엄숙한 민족정신은 이 때문에 파괴되었고, 장렬(壯烈)한 무용사상(武勇思想)은 이 때문에 침체되었고, 찬란한 미술공예는 이 때문에 없어졌다. 아아! 화살 하나 쏘지 않고 반개의 화살도 소비하지 않고, 몇 줄의 글과 몇 마디 말로 다른 민족을 해치는 공씨(孔氏)의 세력도 극도로 나쁘지만, 우리 민족의 중독된 정도도 극심하였도다. 그러하면 공자의 가르침을 타파하는 것[孔敎打破]은,

자신을 보호하는 정당방위요, 시대적 요구의 긴급한 일이다.

그래서 지금 국수(國粹 : 순수한 우리 문화)의 발휘를 급히 부르짖고자 한다. 우리의 생명은 태백산 박달나무 아래[檀木下]에서 신성(神聖)하게 출현(出現)하신 대황조(大皇祖 : 檀君)께서 창조하셨다. 황조(皇祖 : 단군)께옵서는 영토와 가옥을 처음으로 여셨고, 예악문물(禮樂文物)을 제정하셨고, 신체와 정신을 나누어 주셨다.

우리의 생명을 집합하면, 4천 년 전의 혼연(渾然)한 한 몸이 될 것이오, 나누면 2천만 민족의 나누어진 지류(支流)가 될 것이다. 뜰의 한 그루 나무를 보시라. 천 개의 가지 만 개의 잎의 생명은 하나의 줄기와 뿌리에서 기원된 것이 아니던가? 뿌리로부터 입은 은혜와 혜택은, 태산(泰山)도 오히려 가볍고, 밀접한 관계는 그 사이에 터럭 하나 끼우기도 어렵다. 그러니 우리가 대황조를 높이 받들어 제사 지내는 것은, 조상을 섬겨서[6] 아득한 옛날을 뒤쫓으려는 지극한 정성이오, 다가올 후세를 열어줄 당연한 의무가 될 것이다.

제2, 가족제도의 타파와 개인 자립

사회제도는, 인류문화의 진보와 시대발전을 따라 변천되며 개혁됨은 사람 사는 세상의 사실이다. 원래 가족제도는 부락사회의 산물이며 전제시대의 여파이다. 가족제도는, 첫째 인문이 아직 열

---

6 원문의 사광추원(事光追遠)의, '광(光)'자는 '선(先)'자의 오자다.

리지 아니하고 지식이 유치하여, 공동생활의 원칙을 이해하지 못하고 시기하고 쟁탈하려는 야심이 극렬함에 따라서 일족을 단결하며 부락을 성립하고 방위하는 방법을 도모하여 저항하려는 힘을 만들기 위해 시작되었다. 둘째는 형법과 정치가 미비하고 법령이 해이하여 국가의 통치기관이 치밀한 경찰제도와 절대적인 권위를 발휘하지 못함으로 말미암아 교활한 전제주의자가 오랑캐의 법을 제정하고 가족제도를 이용하여 사회를 구속하고 지위를 확보코자 하는 데서 발달해 온 것이다. 그렇기 때문에 개인의 권리가 존중되고 국가의 세력이 팽창한 현대사회에 있어서는 가족제도의 존재를 용인하기 어렵도다.

이에 개괄적으로 이야기하면 다음과 같다. 가족제도는 사회발전에 장해물이 될 것이다. 청년 영재로서 만리에 펼칠 장한 뜻이 있고 일생의 경륜을 품고 법률의 제재를 불구하며 관습의 속박을 벗어나 장쾌하고 웅장한 일을 도모하려는 기개가 있다 해도, 활동분야로 나아갈 앞날에 있어서 가장의 승낙을 필요로 하게 되어 있다. 대단한 이상은 평범한 사람이 이해할 수 없고, 위험이 따르는 일은 평범한 노인의 방해를 받기가 쉽도다. 이런 까닭으로 사회는 진취적인 기상이 결핍하고 보수사상이 넘쳐나게 될 것이며, 가족제도는 나태한 본성의 근원이 될 것이다. '한 사람이 밭 갈아 열 사람이 먹는다'하는 것이 가족제도의 진상을 설명한 구절이다. 대개 근면은 분투에서 생기고, 분투는 생활에 바탕하나니, 청년의 건장한 신체가 꾸물거리는 기생충으로 변화되고, 붉은 얼굴의 어린 부녀자가 쓸 데 없는 새로운 소유물로 바뀌니, 재산에 대한 평상적인 관심이 없어지고, 생활을 남에게 의뢰하려는 심리가 저절로 심해진다. 그래서 형세가 달라지고 일이 달라지면, 상전벽해(桑田碧海) 같은 변화가 계속 다가올 것이요, 굶주려서 구렁텅이에 빠져 죽는 재앙을 면하지 못 할 것이다.

가족제도는, 인재 발탁에 있어 사람을 함정으로 밀어 넣는 형국이 될 것이다. 문벌을 숭상하여 귀천을 판정하며, 혈통을 보고 반상(班常)을 구별한다. 그리하여 조상이 유명하고 일족이 번창하면 정신병자, 나환자, 멍청이나 술꾼, 식충(食蟲)이라도 전례에 의거하여 후대하고, 눈을 크게 뜨고 우러러본다. 집안이 한미하고 가문이 존재가 없으면, 건장한 체격에 뛰어난 인재라도 서로 배척하고 눈을 흘기며 멸시한다. 이런 까닭에 사회는 냉혹해지고 잔인해져 화기(和氣)가 상실되고 민족은 지리멸렬하게 되고 원성이 사방에 가득하게 되었다.

물론 민족을 위하여 몸을 희생하며 정신을 다 쏟는 인물들에 대하여서는 그 공적을 칭송하고 경모(敬慕)함은 사회의 의무이며 인과의 보응(報應)이다. 그러나 후예들이나 가까운 일족들이 남긴 영향을 과장하며 조상들의 시신(屍身)을 이용하여 투기적으로 공적을 앉아서 차지하려고 하여 무조건으로 문벌을 수립함은 사회가 결단코 용인키 어려울 뿐 아니라, 어찌 옛 철인(先哲)에 대한 누가 되며 후진에 관한 치욕이 아니 되리오? 아아! 왕후장상(王侯將相)이 원래 종자가 없으며, 위대한 공훈은 특별한 제한이 없다. 걸음이 빠른 사람이 먼저 얻고 열심히 노력하는 사람이 가지게 되는 것은 자연계의 형세요, 역사상의 증명하는 바다.

한 번 보시라. 가족제의 원천적인 해독이 어떠하며, 사회에 대한 손실이 어떠한지를. 물론 피상적인 관찰이나 근시안적인 안목으로 비평하면, 가족제도는 혈육으로 연결된 기관이며 애정발로의 결과라 할 것이나, 우리로 하여금 진정한 혈육의 연결이 필요하다는 것을 느낄 때 , 2천만 민족의 정력을 단합시키고, 순결한 애정발로의 정성을 피력코자 할 때, 4천 년 이래의 역사를 빛나게 할 것이다. 왜 그런고 하면, 우리의 육체에는 동일한 단군(檀君)의 혈액이 순환되고 있고, 우리의 두뇌에는 동일한 근역(槿域) 사상이 머물러 있으면, 우리의 활동에는 밀접한 이해 문제가 관계되어 있기 때문이다.

부패한 제도와 편협한 관념은, 문호를 대립하게 하여 훌륭하고 능력 있는 사람을 해친다. 사적인 이익에 열렬하고 공사(公事)에 냉담케 하였으며, 가보(家譜)는 중시하되 역사는 무시케 하였으며, 개인의 분묘는 수축하되, 종사(宗祠)는 황무케 하였으며, 문벌 있는 집안의 소나무는 오래 키우는데, 공동 소유인 산은 민둥산이 되게 하였도다. 그러하니 가족제도의 타파는 큰 화락(和樂)을 만회하는 기본이며 큰 발전을 요구하는 까닭이다.

이런 까닭으로 개인의 자립을 절규하는 바이다. 중국사람 장공예(張公藝)[7]의 구세동거(九世同居)를 아름다운 일로 칭찬하며 좋은 예로 간주해 왔다. 그러나 이는 주관이 아니요, 객관이며, 실질이 아니오 형식이었다. 그 경과나 상태는 참을 '인(忍)'자 백 개로 설명되었나니[8], 이 정도에 이르면, 그 안의 충돌과 내막의 고통을 상상할 수 있을 것이다. 그러하니 불화를 야기하고 고통을 인내하면서 9세를 동거하는 것보다, 일시에 따로 살면서 화평을 함께 즐기며 행복을 서로 증가하는 것이 지혜로운 사람이 할 수 있는 일이요, 달관한 사람의 관찰이라 하겠다.

이런 까닭에 복잡한 친척의 등급을 감소하고 부담을 경감하여, 독립된 생활을 완성하여 자유롭게 발전하게 할 것이다. 환언하면 개인은 가족이라는 통로를 경유하여 사회에 도착할 것이 아니라, 직통으로 사회를 관통하게 해야 할 것이다. 이렇게 하면 만리 되는 땅을 혼자 다스려도 가정을 돌아볼 일 없이 일을 성취할 수 있을 것이요, 한 바탕 힘으로 바로 밀고 나가도 어른들의[9] 제지가 없어 사회가 발전할 것이다. 아아! 가족을 둘러싸고서 고착된 중농주의는 과거로 귀속하였고 개인을 중심으로 유동하는 통상시대는 현재에 도래하였다.

7　장공예(張公藝) : 당(唐)나라 고종(高宗) 때의 인물. 9대 동안의 일가들이 한 집에서 산 것으로 유명하다.

8　참을 인(忍)의 백 개로 설명되었나니 : 당나라 고종이 태산(泰山)에 갔다가 장공예(張公藝)란 사람이 9대 동안 한 집에 산다는 소문을 듣고 찾아가서, 이렇게 살 수 있는 방법이 무엇이냐고 물었다. 장공예는 아무 말 안 하고 참을 인(忍)자 1백 개를 썼다고 한다.

9　어른들의 : 원문의 '爻耂'의 '爻'자는 '父'자의 오자다.

제3, 강제 결혼의 타파와 자유연애의 고취

연애는 지성이며 사실이니, 인생 일대에 고락의 원천이오, 사회 모든 것의 성쇠가 달린 관건이다. 이 어찌 고요히 생각하고 침착하게 궁구하고 중요하게 보고 상세히 논의해야 할 큰 문제가 아니리오? 옛날부터 부모에게 알리지 않고 장가드는 것을 성인(聖人)이 경계[10]한 바라 하여 먼지와 때가 낀 황당무계한 한 조각 의미 없는 글로, 청년 남녀의 육체적 자유를 속박하고, 인류사회의 애정 발로의 근원을 막고, 온갖 고통을 불러오고, 일반적인 교화(敎化)를 손상해 왔다.

이에 개괄적으로 논의한다. 강제로 결혼시키는 것은 계급 결혼의 나쁜 결과를 발생하게 한다. 청년 남녀가 마음이 서로 맞고, 애정이 남달라 꿈속에서 그리워하는 사람이 되고 상사의 병이 될지라도, 귀천(貴賤)이 맞지 아니하고 빈부(貧富)가 고르지 못하면 가친(家親)의 불허와 관습의 제재로 인하여, 남녀간의 아름다운 언약을 헛되어 저버리게 만든다. 이런 까닭으로 정력과 혈액이 일정한 가문 안에서 돌고 돌아 서로 통하지 않게 되어, 생리상(生理上)에 좋지 않은 태아를 임신하게 될 것이다.

강제 결혼은, 조혼의 말세적인 폐단을 발생하게 했다. 시골 어른들과 마을의 할머니들이 자기 죽은 뒤의 종족을 미리 걱정하고, 눈앞의 꽃처럼 즐기고자 하여 어린 아들이나 딸을 수레나 말에 신

---

10 성인(聖人)이 경계 : 원문의 '成人之戒'의 '成'자는 '聖'자의 오자다.

고 가서 화촉(華燭)의 의식을 거행하게 한다. 지각은 아직 이르고 골격이 성숙하지 아니 한지라, 왕왕 까닭 없이 건강한 아들이 저승으로 가는 사람이 되고, 청상과부가 소복을 입고 있다. 그리하여 근심스런 분위기가 암담하고 찬바람이 쓸쓸한 인생 비극이 연출된다.

강제 결혼은 작첩(作妾)의 악습을 초래한다. 꿈에도 한번 본 적이 없고, 귀신도 알지 못하는 사람 사이에 한 장의 편지와 몇 필의 폐백으로 백년을 기약하니, 원앙새 같은 즐거움과 금슬의 화합을 얻은 사람은 새벽 별[11] 같이 드문 요행이라. 성격의 이동(異同)이 물과 기름의 관계요, 혹은 용모의 추미(醜美)가 옥이나 돌 같은 차별이 생긴다.

남자들이 군자다운 사람이 아니며, 일마다 도덕적인 사람이 아니다. 그래서 심신의 위안과 연애의 쾌락을 별도로 구한다. 그래서 꽃다운 나이에 붉은 뺨으로 파경의 신세를 스스로 탄식하고, 안방에서의 청춘은 박복한 운명의 긴 한탄을 울면서 하소연한다. 백락천(白樂天)[12]의 시에 '다음 세상에 여자 몸이 되지 말지어다. 한평생의 괴로움이나 즐거움이 다른 사람에 말미암으니.[後世莫作女子身, 一生苦樂由他人.]'이란 한마디는 어찌 강제 결혼의 혹

---

11 새벽 별 : 원문의 '辰星'의 '辰'자는 '晨'자의 오자다.
12 白樂天 : 원문의 '百樂天'의 '百'자는 '白'자의 잘못이다. 백거이의 시는 「태항로(太行路)」라는 시인데, 백거이의 시의 원본에는 '인생에서 부녀자의 몸이 되지 마소서[人生莫作婦人身]'로 되어 있다.

막의 일면을 그려낸 것이 아니리오?

이런 사례에서 보건대, 강제 결혼의 해독이 천지 사이에 가득 차 있다. 부자연스러운 조혼의 폐단은, 인간 세상의 비애를 만들어 내었고, 비인도적(非人道的)인 작첩(作妾)이라는 나쁜 사례는 부녀자의 원한을 발생하게 하였으며, 몰상식한 계급을 따진 결혼은 생리의 발달을 저해하였다. 그러하니 강제 결혼을 타파함은 자연적인 진리요 인사상의 정로(正路)이다.

이런 까닭으로 우리는 이에 자유연애를 고취코자 한다. 원래 연애는 이론이 아니고 정열이며, 객관이 아니고 주관이다. 그래서 빈부의 한계가 없으며 귀천의 계급이 없으며 지역의 원근이 없으며 지식의 비교가 없다. 환언하면 만금의 부(富)로도 연애를 멋대로 할 수 없으며, 어떤 나라의 위력으로도 연애를 쟁탈할 수 없으며, 오두막의 가난함이 연애를 바꿀 수 없으며, 천리 먼 곳이 연애를 떨어지게 할 수 없으며, 지식의 힘이 연애를 분해할 수 없다. 이는 우주의 신비요 인정의 기미(幾微)다. 음식을 강요하지 못하는 것처럼 연애도 강제로 할 수 없을 것이다.

제4, 허영교육의 타파와 실리교육의 주장

옛날부터 우리 사회는 벼슬이 만능(萬能)이고 선비가 일류[儒者一流]라는 한학사상(漢學思想)[13]이 청년의 두뇌에 물들어 있고 사

---

13 한학사상(漢學思想) : 원문의 '沃學思想'의 '沃'자는 '漢'자의 오자다.

회의 습관을 변화시켜 왔다. 10년의 고된 독서는, 목표가 말 타는 영광에 있고, 일생 동안 도(道)를 지키는 목적은, 표범 가죽처럼 이름을 남기는 데로 귀결한다. 이런 까닭으로 세상일은 전반적으로 극도로 쇠퇴하고, 일반적으로 생각이 허영에 들떠 실패하였도다.

　이에 개괄적으로 논의하면 다음과 같다. 허영을 추구하는 교육은 노동 학대의 결과를 초래했다. 노동은 신성하니, 다른 사람의 땀이나 피를 먹지 않고, 자신의 근면을 바탕으로 하여 자신의 운명을 개척하여 생활을 유지해 나간다. 노동은 하늘이 부여한 능력이요, 인생의 중요한 일이다. 높고 장엄한 성벽이 기초가 없이 우뚝 서기는 어렵고, 위대한 민족은 노동이 없이는 힘차게 날기 어렵다.

　허영을 추구하는 교육은, 물질적인 연구를 소홀히 한다. 깊이 생각하여 의미를 찾는 데 두루 치밀하지 아니하면, 자연계의 법칙을 이해하기 어렵고 물리적인 변화를 깨달을 수가 없다. 이런 까닭으로 허영을 추구하는 교육은, 규칙을 따르고 두뇌를 훈련하고 분업을 하여 능력을 발휘하기 어렵다. 허영을 추구하는 교육은, 명예와 이익의 노예가 된다. 생산을 일삼지 않으면서 만백성에게 혜택이 미치기를 바라고, 산림(山林)에 은둔하면서도 이름이 천추에 전해지기를 생각한다. 일에는 단계가 분명하여 막히거나 통하는 과정을 필요로 하므로, 단계를 뛰어넘어 도달하기 어렵고, 일 안하고 성취할 수가 없다. 이런 까닭으로 허영을 추구하는 교육은, 실체를 이해하지 못하고, 형식을 위주로 하고 사리에 관계없이 영화(榮華)를 갈망하게 된다.

물론 이름난 유학자의 배출이 우리의 희망이요, 훌륭한 정승이 계속 나오는 것이 현대의 요구다. 그러나 우리가 진정한 정치를 실행코자 한다면, 먼저 허영적인 사조(思潮)를 타파할 것이요, 심원(深遠)한 학술을 연구하고자 할진대 먼저 고루한 편견을 타파할지로다.

이런 까닭으로 이에 실리적인 교육을 시급히 실시하고자 한다. 사람이 이 세상에 태어나면, 우주간의 삼라만상이 모두 똑같이 연구의 자료가 되고, 사회의 크거나 작거나 간에 모든 일이 다 활동하는 영역이 된다. 관리들이 붙어서 사는 직업이 유일한 목적이 되기 어려우며, 선비들의 이름을 얻으려는 일이 고상한 사실이 되기에 불가능하도다. 다만 하늘의 뜻에 적응하고 백성들의 생활에 필요하다면, 재능과 직분에 따라 심혈을 다 기울이며 노력을 극도로 하는 것이 인류의 의무요 사회의 이상이다.

그렇게 하면 구들 놓는 일도 할 수 있고, 비료 뿌리는 일도 할 수 있고, 주판 놓으며 지내는 생활도 할 수 있고, 항해하는 연구도 할 수 있다. 현대는 실리적인 문명이니, 영웅은 단체로 바뀌고 정치는 생활로 변형되었도다. 이런 까닭으로 두보(杜甫)는 문호로되 농장에 발을 들여놓았고, 후공(厚公)[14]은 위대한 호걸이로되 기술자 출신이었다.

---

14 후공(厚公) : 미상.

제5, 상식적인 실업(實業)의 타파와 과학적인 실업의 환기

　진보와 발전의 사명을 띠고 있는 우리 인류의 생활 상태는, 시대의 변화와 인문의 번창함에 따라 화려하게 되고 정교하게 되어 왔다. 이런 까닭으로 무명옷이 몸을 보호하는 의복이 아니고, 가지런하지 않은 띠풀로 인 집이 몸이 들어갈 집이 아니고, 채소 반찬의 밥이 배를 채울 물건이 아니고, 연출(連朮)이라는 풀이 병을 치료할 약이 아니 될 것이다.

　이에 개괄적으로 논의하면 다음과 같다. 상식적인 실업은 산업의 발달을 저해한다. 물리적인 연구가 결핍되고, 기계의 사용을 탐구하지 아니하고, 노력에만 의지하고, 경험을 표준으로 삼으니, 완전한 설비와 일정한 기준이 없다. 이런 까닭으로 도처에 원시적인 관점만 있고, 제품에 제작 때의 흔적이 있기 어렵다. 상식적인 실업은 외부의 사물을 끌어들이게 하니, 정밀함과 졸렬함이 같지 아니하고, 더딤과 신속함이 다르다. 같은 값이면 다홍치마요, 걸음이 빠르면 먼저 얻는다. 이런 까닭으로 비바람을 맞으며 행상하던 사람은 기반을 빼앗기게 되고, 밤새 물건 만들던 기술자는 직업을 상실하게 되고, 서양 물품이 줄을 지어[15] 몰려드니, 경제계에는 침입한 자가 차지하는 염려와 남의 세력을 등에 업고 설치는 재앙이 연달아 이를 것이다.

　상식적인 실업은, 사회의 신용을 타락하게 할 것이다. 저축할

15　줄을 지어 : 원문의 '漁貫'의 '漁'자는 '魚'자의 오자다.

수 있는 기관이 갖추어지지 못하고, 부기(簿記)의 방식이 분명하지 못하고, 손해와 이득의 증거가 확실하지 못하고, 투기적인 사업을 힘써 행하게 된다. 이런 까닭으로 갑(甲)이라는 사람을 의심하며 을(乙)이라는 사람을 꺼리게 되고, 동쪽 이웃에서 이득을 보다가, 서쪽 시장에서 잃게 되고, 창고에서 썩는 물품은 활용할 길이 막히고, 가난한 마을 오두막에서나 유통의 길이 통하게 될 것이다.

경쟁은 생활에서 일어나고, 생활은 실업에 기반한다. 우리 사람은 나무나 돌이 아니고 유령이 아니라서, 음식이 아니면 배가 고프고 갈증이 날 것이고, 옷을 입지 아니하면 추워서 얼 것이다. 세입 세출이 균형을 잃고, 공급과 수요에 필요한 기구가 없어, 자기 원래의 산물은 다른 데로 유출되고, 사람 손으로 만든 외래품은 도처에서 발견하게 될 것이니, 이 어찌 생활의 위기가 아니리오?

이런 까닭으로 이에 과학적 실업의 급선무를 환기시킨다. 현대의 산업은 과학이 발달됨으로 인하여 혁명적으로 변했나니 한 번 보시라. 철선(鐵線)이 종횡으로 설치되어 전신(電信)이 연결되어 있고, 화물의 교환을 민활케 하는 것이 증기(蒸氣)와 전기의 작용이고, 때때로 기적 소리가 사방에서 일어나고, 연기 나는 굴뚝이 죽 늘어서서 제품의 정교함이 극도에 이른 것이 화학공업의 발달이다. 비료가 산적하고 산야가 울창하여 숲속 과일의 공급을 풍요케 하는 것은 물질의 이치를 연구한 결과이다. 내과, 외과를 분류하여 골절(骨節)을 해부하여 생명의 고통을 경감케 하는 것이 생리를 응용한 결과다.

    이런 까닭으로 과학적인 실업은 학술을 응용하는 활동이며, 분업적으로 발달하는 관건이다. 소극적으로 토산(土産)을 보호하고 스스로를 보호할 방도를 도모하고, 적극적으로 과학을 인용하여 발전의 방책을 계획하는 것이 생활유지의 방편이 될 것이며, 산업발전의 기반이 될 것이다.

결론

    지면이 허락하지 아니하고 이런 사례가 수용되기 어렵기 때문에, 체재에 소략함이 많고 논평의 칼날이 자유를 잃어, 좁은 소견과 피상적인 감(感)이 없지 아니하다. 그러나 누구든지 조선민족사를 읽다가 책을 덮고 길이 탄식(歎息)할 곳은, 사상계의 타락이라 할 것이니 한 번 보소서. 사회는 의뢰의 풍조가 가득 찼고, 민족은 자립의 방도를 구하지 아니하고 사림(士林)은 공자(孔子)의 가르침을 의뢰하고, 청년은 노년을 의뢰하고, 여자는 남자를 의뢰하고, 실업은 상식을 의뢰하고, 교육은 과거를 의뢰하고, 국내는 해외를 의뢰하고 있다. 원기가 저상(沮喪)하고 신경이 허약하여 바람소리나 학 울음소리에도 찡그렸다 웃다 하고, 한 점의 비(點雨)나 한 조각 구름을 바라보고[16] 있고, 투기사업에 이목을 다 기울

---

16   바라보고 : 원문의 '是望是翅'의 '翅'자는 '翹'자의 오자다.

이고, 요행적인 운수에 마음과 정신을 몰아가고 있다. 이에 잘못 전해진 말이 갖가지로 나오고, 여러 가지 요사스런 일이 세상에 여기저기서 발생하고 있다.

   아아! 하늘은 스스로 돕는 자를 돕는다 하니, 누구누구라 하여도 의뢰심을 타파하기 전에 이미 사람이며, 무엇 무엇 하여도 자립하는 힘을 확립한 그런 뒤에 할 수 있는 일이다. 이런 까닭으로 우리의 오늘은 개혁을 요구하는 시대이며, 안으로 성찰을 요구하는 시대라 하겠다.

4
남녀교제에 대한 명사의 의견

청년(靑年), 1921년 3월 12일 창간

남자나 여자나 동일한 사람이라, 사람과 사람의 교제하는 것이 정당한 사실이다. 그러나 우리 사회에는 습관의 제재가 엄하였으므로 그 잘못된 사상을 들어 확론하려 한다.

(1) 양성의 조화 = 남녀교제를 반대하는 이유는 흔히 풍기의 문란이니 이성이 서로 추구함은 생리상 원칙이라 악수(握手) 교화(交話)하는 것이 연모의 정과 난륜(亂倫)의 변을 이끌어내겠다 함이다. 그러나 이는 마음속에 유기자류(有妓者流)의 근시안적 피상적 입장이다. 신사 숙녀의 교제는 음심을 가진 여자나 탕자(蕩子)의 유희가 아니라 지식을 서로 공유하며 선악을 서로 경계하여 이성으로 사귀고 신념으로 접촉하나니 도리어 남의 강함과 여의 부드러움이 서로 감화를 미치며 화기를 발하여 원만한 사회가 현출될 것이다.

(2) 문화의 속진(速進) = 개성의 발전은 인류의 중대한 문제다. 여자를 요리 도구나 재봉틀이나 보모차로만 간주하던 옛 습관을 논할 필요가 없거니와 지금까지 남자만 전횡하던 사회운동을 그 범위를 확대하여 공동협력하면 문화의 발전이 배나 빠를 것이니

만일 공동협력이 필요하다 하면 그 전제로 남녀교제를 긍정할 것이다.

  요컨대 남녀교제를 반대하는 논거는 윤리상 원칙이 아니오, 성욕적 관계이다. 인류의 원시상태를 추상하면 무지몽매한 남녀가 교잡 동거하였으므로 음분이 유행하고 질투가 다투어 일어나 풍기가 문란하고 편한 날이 적은지라 철인(哲人) 성자(聖者)가 이에 비추어 남녀칠세부동석이라 하는 엄한 법을 제정하게 된 것도 그 시대 그 사회에는 적응한 방법이었다. 그러나 도덕의 발전이 진보하고 문화의 범위가 확대된 현대에 이르러서는 성인이 다시 일어나서도 남녀교제를 정론이라 할 것이다.

5

본보의 과거를 논하야
독자 여러분에게 한 말씀 드립니다.

동아일보(東亞日報), 1921년 10월 15일

주: 동아일보 제3대 사장 취임사

　본사에 취임한 지 월로 계산하여 3개월이 넘고, 일로 셈하여 백일에 달하도다. 그러나 잔무의 정리와 여용(餘冗)의 수습으로 인하야 일말의 예사(例辭)가 없음은 어찌 유감이 아니랴. 본보의 창설이 1년이요 7개월이라. 그동안 장해도 많았으며 곤핍도 많았도다. 그러나 이에 불구하고 독자의 수가 수만에 달하며 사원의 수가 백 명에 이르니 분위기가 쓸쓸한 우리 사회에 있어서는 호대한 기관이요 일종의 광명이라 하겠도다. 그리된 유래와 까닭이 어떠한가. 본사의 발전을 기도하는 우리는 냉정한 태도로 사고할 필요가 있도다.

　제1 시대의 산물이니 수년을 넘는 유럽대란이 끝나고 평화의 서광이 발현하여 개조의 정신과 해방의 사조가 전 세계에 크게 넘치는지라 침울에 침울이 쌓이고 고민에 고민을 더하여 암중에서 모색하고 미로에서 방황하던 우리 민족의 사상계가 쇠약한 원기를 경장(更張)하려 하며 피곤한 신경을 항진(亢進)하려 하니, 이에 순응하여 민족의 표현기관으로 본보가 탄생된지라 이 곧 천하의 동정이 집중된 까닭이며,

　제2 주주 각위의 열성이니 본보가 창립된 지 몇 달에 불과하여 재계의 공황이 엄습하매 무성하게 늘어선 각종 회사가 파산이 빈번할 뿐만 아니라, 개인 간 대차도 곤란한 시기를 맞이하여 이익을 구하는 길이 박하고 경영의 어려움을 각오하면서도 그 신용을 다하며 제 차지로 만든 물건을 기울여 경제계 대세의 역류를 불구하고 본사가 주식회사로 성립되었나니, 이것은 다 주주 제씨의 공(公)에 후하고 사(私)에 박하여 의를 존중하고 이익을 가벼이 여기는 열성 때문에 나온 것이라, 저는 독자 제씨와 더불어 경의를 표하는 것이다.

　제3 간부 제씨의 노력이니 예수 가라사대 '사람은 빵으로만 사는 것이 아니라' 하심과 같이 세상사는 금전으로만 계산하는 것이 아니외다. 본보가 삼대 강령을 제창하여 강직하고 기탄없이 말하는 논지와 정정당당한 필법으로 세상에서 살아나가는 길의 험준함을 돌파하며 대세의 귀추를 통찰하여 진리를 천명하고 허위를 배척하며, 시비를 비교 판단하여 선악을 포폄하며, 미(美)는 감상하고 추(醜)는 염피(厭避)하니 이제야 사회가 정론을 얻고 민중이 귀향(歸向)을 정하였도다. 이것은 다 학식과 경험이 풍후하고 품성이 고결한 간부 제씨에게 신세진바 많도다.

　그러나 좋은 말(馬)이 지나쳐도 백락(伯樂)의 눈에 띄우지 아니

하면 둔한 말과 같고, 기둥이 서도 좋은 목공이 쇠핍(衰乏)하면 무용지물과 다름없으니, 아무리 시대의 조류가 급변하고, 경제의 상황이 양호하고, 간부의 노력이 용장하다 할지라도 독자 제씨가 일년을 하루와 같이 애독하신 성력(誠力)이 없었으면 어찌 과거의 좋은 결과를 기대하였으리까. 원래 본보는 일당 일파의 정략 상시설이 아니라, 13도를 망라한 사백여 주주의 공동경영이며, 일인 일가의 사론(私論) 편견이 아니라 이천만 민중의 공의 공론을 표현하는 기관이외다. 물론 개인과 개인 간에는 이해의 배치도 있겠고, 감정의 차별도 있겠고, 지방에 따라서 습관의 상위도 있겠으나, 동일한 역사와 동일한 언어와 동일한 지경에 처한 우리는 반드시 공통된 이해점이 있으리로다. 이 곧 2천만 민중의 공리(公利)며 공해(公害)라 본보의 사명은 공리는 어디까지든지 주장하며 보호할지요, 공해는 어디까지든지 배척하며 방어할지니, 이러한 의미에 있어서 본보는 2천만 민중의 공유물이외다.

그러므로 본보를 애호함은 즉 자기를 애호함이요, 본보를 배척함은 즉 자기를 배척한다 하여도 과언이 아니라 하나이다. 그러므로 본보가 독자 제씨에게 대하여 애호와 동정을 구함은 의무뿐 아니라 권리이며, 또한 독자 제씨가 본보의 착오된 점에 대하여 비평을 내리시어 충고를 발하는 것도, 권리뿐 아니라 의무라 하노라. 다만 앞길이 험준하고 요사스러운 떼가 종횡하는 이 사회, 이 시대에 처하여 어떻게 하면 본보의 사명을 완전히 할까, 이 곧 주주 제씨와 사원 일동과 독자 제씨와 같이 협조 공명하여 토의 연구하고 노력할 바외다. 저는 지식이라면 비어 있고, 경험이라면 실패뿐이외다. 그러나 2천만 민중으로 같이 서며, 같이 일어나며, 같이 노하며, 같이 기뻐하며, 같이 슬퍼하며, 같이 즐기려 하는 한 조각의 조그만 정성만 가지고 본사의 아름다운 종복이 되려 하오니 양찰하소서.

6

남강(南岡) 이승훈(李昇薰) 선생
회갑 기념문

주 : 남강 이승훈 선생의 회갑을 축하하기 위하여 만든
   서화첩의 첫머리에 실린 축사

거짓을 모르고, 게으름을 모르고, 몸과 집을 모르고, 오직 나라와 의를 위하여 생각하고, 다니고, 말하고, 일하고, 옥에 들어가기에 늙으신 남강 선생은 우리 민족의 은인이요, 모범이시다. 이 어른을 기념하기야 우리 동포의 가슴의 새김에 있거니와, 이번 육십일수를 축하함을 기회로 하여, 사모하고, 오래 살아 일하소서 하는 참뜻을 표하고자, 이것을 받들어 드린다.

구주강생 1924년 2월 18일
동아일보사장 宋 鎭 禹 근서

7

무엇보다도 '힘'
(최근의 느낌(感))

개벽(開闢), 제5권 4호(총46호), 1924년 4월 1일

왜 오늘날 우리가 약자가 되었는가 하면 누구든지 그 답안에는 심히 간단하고도 명료하게 하리라. 다못 힘이 없으니까 약자가 된 것이라고 할 것이다. 이에 우리로 하여금 약자가 되는 것을 가장 광영으로 생각하고 또한 행복으로 생각한다면 두말할 것도 없거니와 만일 그렇지 아니하고 약자가 되는 것이 인생의 고통이며 또한 사회의 한 비극이라 하면 우리는 하루라도 약자가 되지 아니하기를 맹세하여야 할 것이며 또한 그 방법을 연구하여야 할 것이다.

과연 우리에게는 힘이 없다. 모든 사물의 원동력이 될 만한 힘이 없는 것이 사실이다. 물론 힘에는 완력도 있겠고 금력도 있겠지만 우리의 오늘날 요구하는 힘은 단결력이다. 단결력이 없으므로 약자가 된 것이다.

보라! 왜소한 대화종(大和種)이 어찌하여 거대한 구미인과 경쟁하며, 또한 무산자만으로 조직된 노농러시아(勞農露國)가 어찌하여 자본주의의 열강을 능히 대항하는가? 물론 개인으로는 전신

의 형체(軀殼)의 대소에 따라 완력의 우열도 있을 것이며 또한 사회의 제도에 의하여 금력의 유무도 아주 다를(懸殊) 것이다.

그러나 단체적으로서 능히 경쟁할 뿐만 아니라 도리어 능가하려 하며 능히 대항할 뿐만 아니라 도리어 정복하려 하는 것이 그 무슨 까닭인가. 오직 그네에게 단결력이 있을 뿐이다. 그러면 오늘날 우리가 무슨 주의니 사상이니 하여 여하히 선전하며 여하히 고취한다 할지라도 이 모든 주의와 사상을 실현할만한 단결력이 없어서는 빈승(貧僧)의 공염불에 불과할 것이다.

우리가 지나간 3·1운동의 실제적 경험을 고찰하여 보아도 명료할 것이다. 선전이 부족한 것도 아니며 사상이 박약한 것도 아니건마는 최후의 공(功)을 주(奏)치 못한 것은 물론 대세의 관계도 없지 않을 것이나 이 운동을 통일하여 계속할만한 중심적 단결력이 부족하였든 것이 거짓이 아닌 사실이다. 그러므로 우리는 이렇게 주장하고 싶다. 무엇보다도 모든 주의와 사상의 실현에 토대가 되고 근저(根底)가 될만한 '힘', 곧 단결력을 준비하지 아니하면 아니될 것이라고 본다.

보라. 대전 이후의 러시아와 독일(露獨) 양국이 전에 없는 변란과 개혁을 계속하면서도 의연히 자체의 생존권을 유지하는 것은 양 민족의 단체적 훈련이 무엇보다도 위대한 것을 간파할 수 있으며 중국과 묵국(墨國: 멕시코)이 금일까지 만성적 혁명병에 걸려서 온갖 추태를 연출하는 것도 개중의 소식을 전하는 것이 아닌가.

요컨대 문제는 단결력이다. 환언하면 단결력은 각 개인의 심력

(心力)이다. 심력, 곧 봉공심(奉公心)이 발달된 민족은 강자가 되어 우자(優者)가 되고, 봉공심이 박약한 민중은 약자가 되며 천자(賤者)가 되는 것이다.

오늘날 우리의 결함은 봉공(奉公)의 부족이다. 봉공이 부족하므로 분규가 생기며 시기(猜忌)에 터 잡아 모든 악을 행하게 된다. 이리하여 단결을 파괴하게 된다. 결국 우리를 약하게 한 자는 우리요, 다른 사람은 아니다. 그러면 우리가 약하여 자멸할까, 강하여 자립할까. 이것이 곧 우리가 우리의 운명을 자결(自決)하는 분기점이다.

만일 강자가 되자면 힘이 있어야 되겠고, 힘이 있자면 단결하여야 되겠고, 단결하자면 각 개인의 봉공심을 환기하지 아니하면 아니될 것을 더욱 실감하는 바이다.

8

조선사회운동에 관한 설문응답

개벽(開闢), 1925년 6월호(총60호)

조선에의 치안유지법의 실시(다이쇼(大正) 14년 5월 12일)와 금후의 조선사회운동에 관한 설문

1. 조선사회운동의 금후 추세 여하.
2. 조선사회운동의 금후 방침 여하.
3. 사회운동과 민족운동과의 금후 관련 여하.

　　이 설문에 응답해 온 인사는
　　조선농총동맹(朝鮮農總同盟) 권오설(權五卨),
　　조선청년총동맹(朝鮮靑年總同盟) 이 영(李英),
　　신흥청년동맹(新興靑年同盟) 조봉암(曺奉岩),
　　서울청년회 이정윤(李廷允),
　　화요회(火曜會) 김 찬(金燦),
　　사회주의동맹(社會主義同盟) 김해광(金解光),
　　북풍회(北風會) 신 철(辛鐵),
　　동아일보사 송진우(宋鎭禹),
　　변호사 이 인(李仁),

시대일보사 홍명희(洪命憙),

경성청년회 송봉우(宋奉瑀),

조선일보사 신일용(辛日鎔)

<송진우의 답>

1. 첫째는 표면운동보다 이면운동이 치열하여 갈 것이며, 둘째는 재래의 분규 혼잡하였든 운동선이 외단(外團)의 압박으로 인하여 각국의 반성을 촉구하는 동시에 통일 단결의 기분을 양성할 것이다.
2. 외부선전보다 내부의 조직을 긴요하고 절실(緊着)하게 하여 실제적 세력을 수립하는 것이 필요치 아니할까.
3. 외래의 공통된 압박과 현하의 공통된 생활불안으로 인하여 더욱 더욱 제휴협조의 관계가 발생할 것이다.

(이상 설문에 대한 회답이 송진우의 회답과 대부분 대동소이한데 특히 제3 설문에는 조봉암, 이영의 의견이 동일하였다)

9
태평양을 가로지르는 선상(船上)에서 얻은 한시(漢詩) 1수

주: 古下가 동아일보 주필로서 1925년 6월 20일경 신흥우(申興雨)·유억겸(俞億兼)·
서재필(徐載弼)·김활란(金活蘭) 등과 함께 하와이에서 열린
범태평양 민족회의에 참가하기 위하여 선박 편으로 가면서 배위에서 얻은 한시

남북동서불견주(南北東西不見洲)

(사방을 바라보아도 뭍 가는 안 보이는데)

연천수색한행주(連天水色閑行舟)

(하늘과 맞닿은 물빛 속에 뱃길만 한가롭구나)

안장안하태평양(安將眼下太平洋)

(언제려나 눈 아래 태평양 물로)

척진인간만고수(滌盡人間萬古愁)

(만고에 쌓이고 쌓인 인간의 수심을 깨끗이 씻어 볼까)

10
세계대세(世界大勢)와 조선(朝鮮)의 장래(將來)

동아일보, 1925년 8월 28일~9월 6일

주: 이 논문은 고하가 하와이 범태평양 민족회의에 참석하고 귀국한 후
20세기가 진전함에 따라 펼쳐질 세계의 대세와 우리나라의 장래에 관하여
심사숙고한 글이다. 이 논문은 근대 한국 명논설 66편 중의 하나로 선정되어
1967년 <신동아>지 신년호 별책부록으로 간행되었다.

1

우리는 조선 사람이다. 그러므로 고기가 물을 떠나서 살 수 없는 것과 같이, 새가 수림(樹林)을 떠나서 살 수 없는 것과 같이 도저히 조선을 떠나서는 또한 조선을 잊어버리고서는 일각일초라도 설 수가 없고 살 수가 없다. 이리하여 자거나 깨거나 듣거나 보거나, 잊으려 하여도 잊을 수 없는 것이 현하(現下) 우리 동포의 심리적 상태인가 한다.

그러면 조선을 위하여 웃을 사람도 우리 동포요, 또한 조선을 위하여 곡(哭)할 사람도 우리 형제일 것은 물론이다. 이러한 의미에 있어서 조선 과거의 흥체적(興替的) 사실(史實)을 추구하며 또한 조선이 세계 구성의 일부인 이상에는, 현하의 세계와 조선과의

영향 관계의 현상을 그대로 냉정하고 엄숙하게 관찰하여서 조선민족의 당래(當來)의 운로(運路)를 개척 노력하는 것이 무엇보다도 긴요하고 절실(緊且切)한 문제일 것이다.

2

물론 조선의 장래를 논구(論究)하는데 있어서는 외부적으로 중요한 영향 파동이 관계를 가진 세계적 대세도 요긴한 재료가 될 것이다. 그러나 그보다도 더욱 중차대한 관계를 포함한 것은 내부적으로 조선민족 자체의 과거 역사상 흥체성쇠(興替盛衰)의 인과관계이다. 이러한 의미에 있어서 우리는 먼저 과거 4천 년간 흥체성쇠의 사실을 개괄적으로 한마디 하려고 하는 바이다.

물론 과거의 조선에는 표면적으로 관찰하면 단군 대황조(大皇祖)가 등극조판(登極肇判)하신 이후로 기자(箕子)·기준(箕準)의 조선도 있었고 위만(衛滿)의 조선도 있었고 또한 진한, 변한, 마한과 고구려, 신라, 백제의 분열된 조선도 있었다. 이리하여 이를 통일 조직하였던 신라의 조선과 또한 이를 통일 계승하여 온 고려의 조선과 이조의 조선이 있었던 것도 역사적 사실이었다.

3

그래서 4천 년을 통하여 역사적 변천과 정치적 흥체가 반복무상하였다. 그러나 언제든지 조선인의 조선이라는 관념은 없어져 본 일이 없었으며, 또한 실체적으로 상상할 수도 없었던 것은 엄숙한 사실이다. 환언하면 삼국의 분열은 그 당시 정치 당로자(當路者)의 분열이며 신라·고려·조선의 멸망도 또한 그 당시의 왕위 교대의 흥망변천에 불과하였던 것은 분명한 사실(史實)이 아닌가. 어째 그러냐 하면, 역대 왕조의 변천 흥체에 따라서 만일 조선이 멸망하였다 하면, 어찌하여 4천 년 이래로 조선민족의 문화가 의연히 보전될 수 있었으며, 또한 조선민족의 혈통이 엄연히 존재할 수가 있는가. 다시 일례를 들자면, 미국의 민주·공화 양당이 경쟁 교체하여 미국의 정권을 접수상전(接受相傳)하는 동안에 혹은 공화당이 승리를 득하며 혹은 민주당이 실패로 돌아가도 누구든지 결코 미국 자체의 동요 흥체로는 보지 아니할 것이 아닌가. 이러한 의미에서 역대 왕조 자체의 정치적 흥망에 불과한 것이고 결코 조선민족 자체의 전체적 멸망, 근본적 멸망을 의미하는 것이 아닌 것을 이에서 굳게 단언하는 바이다.

4

우리는 전란(前欄)에서 역대 왕조의 흥폐는 정권쟁탈의 수단 방법에 불과하였고, 조선민족 전체의 문화 및 생활에 들어서는 직접의 변화와 영향이 없었던 것을 설파하였다. 이것은 역대 왕조가 항상 민족생활의 토대에서, 또는 민중문화의 발전에서 정권을 운용하며 경륜을 시설(施設)하는 것보다, 왕가 자체의 발전 또는 정권 유지의 목표에서 정치적 이상이 국한되었던 사실이었다. 그러므로 역대 왕조의 흥폐에 대하여 그 당시 왕조의 특수적 은총을 받는 특권계급을 제하여 놓고는 일반적 민중은 그다지 직접으로 생활상 이해의 감수성이 희박하였을 뿐만 아니라 도리어 어떤 왕조에 대하여는 그 포학무도로 인한 정치적 변혁을 기대하였던 적도 없지 아니하였다.

그러나 이러한 역대적(歷代的) 사실에도 특히 우리들이 주의를 기울여 보아야 할 것은 과거 무상한 정치적 변혁에 언제든지 이민족의 세력으로 오랜 동안 간섭 혹은 통치하는 것은 절대적으로 거절하여온 사실이다. 이것은 원래부터 조선민족의 혈통이 극히 순수하고 또한 언어와 예속(禮俗)이 이민족의 그것에 비하여 항상 탁월 우수하였던 관계인가 한다. 회고하여 보라. 이세민(李世民)의 정예로도, 수 양광(隋楊廣)의 강포(强暴)로도, 혹은 안시성의 척영(隻影)이 되며 혹은 청천강의 고혼이 되지 아니하였느냐.

5

그러면 최근의 정치변혁의 사실(史實)은 여하한가. 반도의 정권이 조선에 귀속한 이후 임진·병자의 양대 전역(戰役)이 있었다. 이리하여 민력의 피폐가 극도에 달하였었다. 그러나 이를 개혁제도(改革濟度)할 거완(巨腕)의 정치가 없었던 것도 사실이거니와 세계의 대세는 제국주의의 발흥과 동양항로의 발견으로 인하여 서력동점(西力東漸)의 대세를 순치(馴致)하였었다. 이리하여 은사국(隱士國)의 조선은 점차로 세계적 조선이 되어가며 폐쇄하였던 반도는 졸지에 열강의 각축장으로 되려 하는 형세가 현저하였었다.

이러한 기운을 간파하고 4천 년 이래의 신기축(新機軸)을 전개하여 일대 변혁을 시도하려 하였던 것이 지금으로부터 30년 전의 갑신정변이었다. 그러나 시운이 따라주지 않아서 우리의 선각 김옥균(金玉均) 일파는 천추의 한을 품고 마침내 남의 나라에서 불귀의 객이 된 것은 아직도 우리의 기억이 생생하지 아니한가.

그러나 이것도 또한 극소수의 각성으로써 4천 년 이래의 굳어온 민족 전체의 사상을 근본적으로 일시에 개혁하려 하였던 것이니, 어찌 무리가 아니랴. 이후의 형세는 어떠하였던가. 계속된 조선의 학정과 팽배한 서세(西勢)의 동점은, 혹은 종교로, 혹은 상선으로 도천(滔天)의 세를 보여주었다. 이리하여 동학당을 중심으로 한 민중적 반란이 일어났었다.

그러나 이 또한 쇄국(鎖國)·양이(攘夷)의 구사상에서 그 운동의 배태가 생긴 결과 한갓 일청전역(日淸戰役)의 대사단(大事端)을 야기하였을 뿐이오, 민중 자체에 대하여는 하등의 수확이 없었던 것이 사실이었다. 이 곧 갑오동란이 아닌가.

6

그러면 그 후 형세는 어떠하였는가. 수천 년간 지배받는 지위에서 복종과 압제에 굳어온 민족의 두뇌는 신문화에 대한 각성이 지둔(遲鈍)할 뿐 아니라, 소위 도솔의범(兜率儀範)의 지위에 처한 귀족계급은 사리와 당쟁에 분골탐닉(奔汨耽溺)한 결과 4천 년 이래의 조전부수(祖傳父授)하여 온 정치적 권력은 일로전역(日露戰

役)의 종언으로 인하여 이민족의 수중에 이전하게 되었다. 이 곧 경술의 합병이 아닌가. 그러나 이에서 당약한담(瞠若寒膽)이 된 조선민중은 다시금 현대의 문명에 대하여 경이의 눈을 뜨는 동시에 민족적 의식을 또다시 발견하게 된 것이 아닌가. 이 곧 1919년 3·1운동의 발단인가 한다.

7

적어도 1919년의 3·1운동은 조선민족에 대하여 4천 년 이래 윤회 반복하여오던 동양적 생활양식을 정신상으로나 문화상으로나 정치상으로나 근본적으로 민중적으로 파괴 건설하려 하는 내재적 생명의 폭발이었다. 그러므로 조선 역사에 있어서 처음 보는 운동인 만큼 그 의의가 심장하고 그 관계와 영향이 중차대한 것도 물론일 것이다.

어째 그러냐 하면 과거 수천 년간의 역사상으로만 표현된 여러 가지 많은 개혁과 전란이 있었으나, 그 내용과 실질에 있어서는 소수계급의 정권쟁탈의 변혁이 아니면 존주양이(尊周攘夷=중국을 존숭하고 외국인을 배척하는 태도)의 사상에서 배태되며 출발하였던 것은 거짓 아닌 사실(史實)이었다. 그러나 최근 3·1운동의 일건에 이르러서는 그 내용과 형식을 일변하여 적어도 사상의 근저가 세계적 대여론인 민족적 자존과 인류적 공영의 정의 인도의 관념 하에서 전국적으로도 민중이 칼 뒤에 쇠사슬이 있더라도 의연히 서며 태연히 움직였던 것은 어찌 조선민족의 혁신운동 사상에 일대기적이 아니며 일대 위관(一大偉觀)이 아니랴.

8

그러면 이러한 기적(奇蹟)과 위관(偉觀)을 연출케 한 그 원인이 어디에 있을까. 이곳에서 한마디 논의를 해보고자 하는 바이다. 물론 조선의 혁신운동은 그 기원을 갑신정변에서 구하는 것이 정당한 경로일 것이다. 왜 그러냐 하면 갑신정변의 사상적 근저가 재래의 정권여탈(政權與奪)과 존주양이(尊周攘夷)다운 사상과는 그 범주를 달리하여 적어도 현대문명을 긍정하여 민족적 복리를 기도(企圖)하는 점에서 기인된 까닭이라 한다.

물론 그 운동의 토대가 극소수계급의 각성에서 출발하였으므로 상유(桑楡)의 공(功)을 거두지 못한 것은 천추의 한사(恨事)라 할지라도 그 개국존민(開國尊民)의 큰 이상에 관하여서는 암벽으로부터 낙하된 물체가 그 목적지에 달하기 전까지는 저지할 바를 알지 못하는 것과 같이 이래 30여 년을 통하여 일파가 만파가 되며, 사어(私語)가 여론이 되며, 혹은 독립협회가 되며, 혹은 자강회가 되며, 혹은 대한협회가 되며, 혹은 학교와 학회가 되어 일진일퇴 일축일장(一縮一張)의 무수한 변동과 허다한 시련을 경과한 것이 과거의 사실이었다. 그러나 더욱이 조선민족의 급격한 충동을 일어나게 하고 가속의 각성을 촉진케 하였던 것은 경술의 대변(大變)이다.

9

　　이리하여 조선민족은 회심반성(會心反省)의 기회를 만들었으며, 또한 구문화(舊文化)에 대한 반항을 시도하였었다. 촌숙(村塾)이 학교로 변하며, 도련님이 생도로 변하며, 이래 10년간을 사회적 세포인 개성의 변화를 야기하게 되었다. 또한 동시에 데라우치(寺內) 총독은 구문화군의 무력적 반항사상의 전환책으로 부지런히 동화주의의 신식교육을 여행(勵行)하였었다. 그러나 데라우치의 무리한 동화정책(同化政策)은 4천 년 동안의 훈련된 민족적 정신을 파양(破壤)하기에 너무나 미약할 뿐만 아니라 도리어 민족적 감정을 자격(刺激)하는데 있어서 그 공효(功效)가 막대하였던 것을 이에 기탄없이 단언하는 바이다.

　　그리하여 그 소위 동화정책은 도리어 민족의식을 환기하는 일방으로 일반적으로 보급된 신식교육은 신문명의 긍정과 민중적 각성을 비상하게 촉진하였었다. 그러면 무수한 세포의 변화가 일어나는 동시에 전체의 변동이 생기는 것과 같이 사회조직의 토대가 되는 허다한 개성이 근본적으로 개혁 각성이 되는 동시에 어찌 전체 사회의 대변혁이 없으랴. 이 곧 3·1운동의 기원이다. 혹은 3·1운동을 미국 선교사의 교사(敎唆)라고도 하며 혹은 천도교 일파의 선동이라 하나, 이것은 조선민족의 정신과 또한 조선사회의 사정을 몰각한 단견자류(短見者流)의 잠꼬대(囈語)에 불과한 것이오, 그 실은 조선민족의 내재적 생명이 세계적 신문화에 접촉되어 폭발된 일대 각성의 소리인 것임을 단언하는 바이다.

10

과거 30년간을 통관하면 민중적 운동을 3기로 나눌 수 있으니, 제1기는 종교적 배타운동의 갑오의 동란이요, 제2기는 정치적 근왕사상(勤王思想)의 의병운동이요, 제3기는 민족자유의 3·1운동이다. 그러나 종교적 배타운동과 정치적 근왕사상이 실제상으로 실패로 돌아갔을 뿐만 아니라 사상상으로도 민중의 여론을 조성하지 못하고 계속적 승리를 얻지 못한 것은 그 정치적 이상과 논리적 가치가 도저히 현대의 신사조에 대조하여 볼 때 그 사상적 근저와 토대가 너무도 박약하고 배치되었던 까닭이 아닌가 한다.

11

그러나 민족 자유의 3·1운동만은 전란에서 소개한 바와 같이 그 동기와 사상이 내적으로 민족적 복리를 기도하는 점에서 외적으로 세계적 사조에 순응하는 점에서 설령 일시적으로 완벽의 공을 거두지 못하였다 할지라도 조선민족의 양심적 발동으로 보아서 또한 세계 인류의 사상상 공명(共鳴)으로 보아서 확실히 도덕적 승리인 것은 속일 수 없는 사실이다. 그러면 현하의 정태(情態)는 어떠한가.

과거를 회고하면 조선사회가 갑신의 혁신운동을 필두로 하여 10년만큼 사회적 대변동을 야기케 하는 것은 본래의 상례이다. 생각해보라. 갑신정변에서 갑오동란까지, 갑오동란에서 갑진·을사의 의거에서 경술의 합방까지, 경술의 합방에서 기미의 3·1운동까지, 마치 예정적 행동과 같이 사회적 변동이 발생된 것이 분명한 사실이 아니냐. 이것은 결코 이상야릇한 운명의 마술이 아니라 현대의 어느 사회와 어느 민족을 물론하고 구시대에서 신시대에로 넘어가는 과정에서 늘 보아왔고 흔한 예가 있던 사실인가 한다.

보라, 일본의 유신시대에 존왕양이(尊王攘夷)의 논쟁과 서남충돌(西南衝突)의 전란이 어찌하여 생겼으며 미국에는 독립전쟁 후에도 왜 남북전쟁이 있었으며 현하의 중국에 어찌하여 단비(團匪)의 난과 혁명의 전(戰)과 봉(奉)·직(直)의 다툼이 계속 끊이지 않는가를. 그 이유는 구세력의 파괴와 신문화 수립의 접촉점에 처한 사회의 불가피할 현상인가 한다.

12

하물며 반만년 역사적 배경을 가지고 동양 전국(全局)의 추요지(樞要地)에 처한, 아니 구아미(歐亞美) 3대륙의 세계 도로의 중심점에 있는 조선민족의 사회가 정치상으로나, 문화상으로나, 사상상으로나, 경제상으로나, 시시각각으로 외세의 자극을 받고 내부의 충동을 야기함에 있어서랴. 원래 조선민족에게는 고유 특수한 선입적(先入的) 문화가 있었다. 이리하여 한참 동안 신구취사(新舊取捨)의 고민이 있었던 것도 사실이었다. 그러므로 신구취사의 번민시대(煩悶時代)에는 자주적 변혁보다 타력적 변동이 자주 있었다. 이 곧 일청·일로의 양대 전역(戰役)이 그것이며 경술의 대변(大變)

도 그것이다.

그러나 조선민족은 1919년의 3·1운동을 신기축(新機軸)으로 하여 민중적으로 새 기운을 탔고, 새 빛을 보았다. 그 표증으로 첫째는 교육적 각성이요, 둘째는 경제적 의식이다.

보라. 3·1운동 이후로 아무리 벽향궁촌(僻鄕窮村)의 농노취온(農老炊媼)이라 할지라도 자제교육에 대한 갈앙추구(渴仰追求)의 열이 여하히 항진(亢進)하였으며 또한 재래의 역사적 감정으로만 훈련되었던 민족운동은 그 내용을 일변하여 경제적 의식 곧 생활의 토대 위에서 그 근저를 발견하게 된 것은 확실히 일대 진보인 것을 단언하는 바이다. 이에서 과거 경술사변 이래의 10년간 보통교육의 보급으로 3·1운동의 자주적 대변동을 야기하였다 하면 이로부터 3, 4년을 불과하여 또한 사회조직의 일대 변동이 발생될 것도 선지탁견(先知卓見)이 아니라 할지라도 누구나 예측할 바가 아닌가. 그 이유는 민중의 지식 정도가 더욱 진보될수록 더욱 보급될수록 사회조직의 변화가 더욱 빈번하여 갈 것은 진화의 법칙인 까닭이다.

13

우리들은 전란(前欄)에서 조선민족의 내부적 진화로 인한 사회조직의 자연적 변화를 논하였다. 그러나 조선반도가 세계 구성의 일부분이며, 또한 조선민족이 인류 전체의 일부분인 이상에는 세계대세의 추이가 직접 간접으로 조선사회에 파급이 될 것은 물론이며, 따라서 조선사회의 변동도 세계대세의 추이에 막대한 영향이 될 것도 상상할 수 있다. 회고컨대 조선 문제로 인하여 발단한 서남전쟁은 일본 정계의 변혁을 어떻게 야기하였으며 또한 조선 문제로 인하여 돌발된 일청·일로의 양대 전역이 동양전체의 풍운과 국제정국의 파란을 어떻게 야기하였는가.

이리하여 근인(近因)에 있어서는 청조의 패망을 초래하였고, 원인(遠因)에 있어서는 슬라브족의 수모로 인하여 구주대전의 발단을 만들지 아니하였는가.

14

최근에 있어서도 미국 대통령이 제창한 민족자결 문제가 어떻게 조선민족의 신흥기분(新興氣分)을 조장하였으며 또한 이로 인하여 일본 정계의 시청(視聽)을 어떻게 용동(聳動)케 하였는가. 이로 보면 조선 문제는 동양의 난관이며 세계의 논점인 것은 물론일 것이다.

우리들은 이에서 다시 세계대세의 추이(趨移)상으로 관찰한 조선 문제의 경과를 먼저 논하고자 하는 바이다. 원래 조선 문제는 전란에서 상술한 바와 같이 조선민족 자체가 현대문명에 대한 이해와 각성이 느린 점에서 무참한 희생을 당하게 된 것은 물론이다. 그러나 이것도 또한 과거의 형세를 추구하여 보면 우리 민족 자체의 책임뿐만 아닌 것도 상상할 수가 있다. 생각해보라. 동양전체의 지리적 관계로 보아서 조선반도는 중·일 양국 간에 개재한 중립지대가 아니냐. 그러므로 대륙으로부터 수입된 구주의 문명은 중국 고유문화의 저항으로 인하여 전파의 힘이 박약하였고, 해양으로부터 유출된 미대륙의 문화도 일본의 유신대업을 촉진하였을 뿐이 아닌가. 이리하여 그 중간에 개재한 우리 민족은 쓸데없이 쇄국(鎖國)의 장몽(長夢)에 처하였던 것이다. 만일 그 당시의 일본의 위정가로 하여금 동양 전국(全局)의 백년대계에 착안하고 또한 선진자의 책임을 자각하여서 성심성의로 동양 각 민족의 공존공영을 도모하게 되었던들 결코 조선과 중국에 금일과 같은 무참한 현상이 없을 뿐만 아니라 일본 자체도 금일과 같은 세계적 고립의 위지(危地)에 서지 아니하였을 것은 물론일 것이다.

15

그러면 이래 일본의 동양 전국에 대한 태도와 정책은 어떠하였던가. 두말할 것 없이 일·영 동맹을 국제외교의 중추로 하여 동양평화의 보장이라는 미명 하에서 문화상으로 은총이 특히 깊은 조선의 합병을 단행하고, 한 걸음 더 나아가 영국과의 협조 하에서 중국의 이권을 쌍분농단(雙分壟斷)하려 하던 것이 과거의 정책상 대본(大本)이 아니었던가. 이리하여 수수산목(袖手酸目)이 되어 있던 미국으로 하여금 기회균등과 문호개방주의의 제창을 하게 만들지 아니하였더냐. 만일 현하 미국의 배일적 감정을 해부하여 본다면 심각한 인상과 동기는 그 당시 일본의 방약무인한 침략정책이 그 누(累)를 끼치지 아니하였는가 한다.

물론 그 당시의 침략적 제국주의는 일본에만 한하였던 것은 아니다. 19세기로부터 20세기 벽두에 이르기까지는 과연 침략적 제국주의의 전성시대이었던 것도 속일 수 없는 사실(史實)이었다. 아프리카 대륙에 있어서 열강의 임의적 분할이 단행되었었고, 태평양에 있어서 군도의 쟁탈병합(爭奪倂合)이 극렬하였었고, 러시아에 있어서는 핀란드합병을 단행하던 시기가 아니었던가. 이로 보면 조선 문제도 그 당시 세계대세의 희생이 되었던 것도 일면의 관찰일 것이다. 그러나 일본의 입지에 있어서 동양 전국의 백년대계를 위하여 역사 문화의 특수적 관계를 위하여, 또한 도래하는 세계적 인류 문제를 위하여, 조선 문제의 희생이 과연 득책(得策)이었을까 생각할 뿐이다.

16

19세기 벽두로부터 20세기 벽두에 이르기까지 약 1세기 간에 걸쳐 격렬 신랄하던 열강의 침략적 제국주의는 건곤일척의 구주대전으로 인하여 급전(急轉)의 파탄이 발생하였고, 또한 최후의 말로를 고하게 되었다. 대전의 책임에 대하여 연합국 측과 동맹국 측의 시비의 논쟁이 한두 번이 아니었던 것도 사실이었다. 그러나 만일 춘추(春秋)에 무의전(無義戰)이라는 필법으로 엄정한 비판을 내린다 하면 그 실은 폭력으로 폭력을 대치하는 데 불과하였던 것이 대전의 진상일 것이다. 여하간 이와 같은 불합리한 살육적 전쟁이 4, 5년을 계속한 결과 수백억의 전비와 누백만의 생명을 수포와 같이, 초개와 같이 운소무산(雲消霧散)하여버린 구주의 문명은 최후의 파탄을 고하게 된 것이 과거의 사실이 아니었던가.

17

이에서 세계의 인류는 번민·회오·우수의 기회를 만들었었다. 이리하여 일면에 있어서는 폭로(暴露: 포악한 러시아)의 붕괴로 인하여 경제적으로 레닌의 사회주의가 실현되었고, 타면에 있어서는 강독(强獨:강한 독일)의 굴종으로부터 인도적 견지에서 윌슨의 민족자결주의가 제창되었던 것이 아닌가. 그러나 이와 같은 급격한 변화는 역사상 실례로 보아서 으레 반동적 기분을 야기하는 것이 일상적이었다. 이것은 물리학상으로도 실증할 수가 있다. 급전직하하는 물체가 도리어 공기의 파동을 받아 최후의 요동을 야기하는 것과 무엇이 다르랴.

이른바 세계를 개조하려는 국제연맹의 최후의 균열이 생긴 것도 사실이며, 또한 신흥의 적로(赤露: 공산주의 러시아)를 적대하기 위하여 노령(露領)의 시베리아방면에서 연합의 군대가 출동하였던 것도 사실이 아닌가. 그러나 세계인류의 대여론(大輿論)·대이상(大理想)에 기초한 주의와 실현은 결코 시간적 반동으로 저지할 수 없으며, 또한 무력적 제재로 억압할 수 없는 것이 역대의 사실이다. 이것은 지나간 18세기의 프랑스의 혁명사와 미국의 독립전쟁이 우리들에게 명백한 실증을 예시한 바가 아닌가. 전후의 4, 5년 동안에 잔촉복명(殘燭復明)의 반동적 기세의 대두에도 불구하고 인류의 대이상에 관하여는 조금도 저지할 바를 모르고 풍선(風船)의 순로(順路)와 같이 진전하여 가는 것이 지금의 대세가 아닌가.

18

보라, 민족운동에 있어서는 발칸반도의 작고 큰 여러 나라의 독립을 비롯하여 폴란드의 독립, 아일랜드의 분립(分立)이 계속 완성되었고 또한 인도의 비협동운동과 필리핀의 독립운동도 비록 운동의 과정에 있으나 그 기운과 형세가 갈수록 맹렬하고 확대되는 것은 속일 수 없는 사실이며, 노동운동에 있어서도 대전란을 한번 겪은 후 적로(赤露:공산주의 러시아)의 완성은 물론이거니와 국제적으로나 국내적으로 노동문제가 중심의 논제가 되었을 뿐만 아니라 실제적으로 각국의 정계가 점차로 노동문제를 중심으로 하여 회전할 조짐이 현저한 것은 지금의 대세가 아닌가. 그러므로 현재의 반동적 기분은 각국 정계를 통하여 특권계급의 인습적 타력(惰力)의 최후 발작에 불과한 것이요, 결코 세계대중의 이상과 여론이 아닌 것을 이에서 단언하는 바이다.

19

만일 유럽의 전란이 세계인류에게 대하여 기여한 바가 있다 하면 이것은 침략적 군국주의 붕괴일 것이다. 이로 인하여 군국주의의 쌍벽인 폭독(暴獨: 포악한 독일)과 강로(强露: 강한 러시아)의 붕괴를 완성한 것이 사실이었다. 그러면 군국주의의 신참견습(新參

見罾)으로 동양방면에 있어서 이르는 곳마다 조아(爪牙)를 현실로 나타내던 일본의 형세는 어떠하였던가.

유럽대전 당시로부터 파리강화회의의 전후에 이르기까지는, 실로 일본의 전성시대이며 또한 득의의 시절이었었다. 내정에 있어서는 전시무역의 성황으로 인하여 수입된 금화는 넉넉히 여러 해의 묵은 빚을 보상하기에 그 여유가 작작하였고, 외교에 있어서도 연합 동맹 양측의 염불급타(念不及他)의 기회에 처하여 동양방면의 세력부식에 자유자재한 활동을 할 수 있었던 것이 사실이었다. 하물며 전승국의 일원으로 5대 강국의 반열에 참가하여 종래로 동양방면에만 국한되었던 실제적 세력이 졸지에 유럽정국에까지 유력한 발언권을 얻게 된 것은, 극동의 하나의 작은 나라로서 그 광영과 득의(得意)를 누구나 상상할 바가 아니냐.

20

그러나 흥진비래(興盡悲來)하고 낙극생애(樂極生哀)는 인간세상의 상사(常事)이다. 대전 당시의 21개조의 대중외교(對中外交)는 다만 중국인으로 하여금 절치의 한을 품게 하였을 뿐만 아니라, 세계 열강의 시기와 질시의 초점이 되었던 것이 아니냐. 또한 시베리아 출병은 다만 막대한 국비의 소진이 되었을 뿐만 아니라, 일본의 군국주의의 선전을 제물에 완성하였던 것이 아니냐. 이리하여 영·미의 제휴로 워싱턴회의가 개최되었고, 워싱턴회의의 결과로 일면에 있어서는 국제외교의 금과옥조이던 일·영동맹이 파괴되었으며, 타면에 있어서는 군비 제한으로 군국주의의 수족을 절단하게 된 것이 아닌가. 게다가 공전(空前)의 대진재(大震災)는 일본으로 하여금 극도의 치명상을 받게 하였다. 근 백억의 재화와 기십만의 생명이 초토의 오유(烏有)로 돌아간 것이 아닌가. 이에 대하여 표면으로 동정을 내세우고, 이면으로 미소를 발하였던 것이 과연 그 누구이었던가. 진재(震災) 후 반년을 못가서 준열한 배일 법안을 통과하고 계속하여 해군 대연습의 고압적 시위운동을 연출한 것은 평소에 극동 방면에 호시탐탐하고 있던 미국이 아니냐. 과거의 전성(全盛)을 회고하고 현재의 고위(孤危)를 상기할 때에 과연 일본 국민의 울분이 어떠하였을까.

21

그러나 일본의 내정은 어떠한가. 재래로 군국주의를 유일한 신조로 신봉하는 일본 사회는 세계적으로 군국주의가 붕괴되는 동시에 일대 공황이 일어났으며 일대 태풍이 엄습하였었다. 하물며 군벌파의 대중외교와 노령(露領) 출병의 연차 실패로 인하여 국위(國威) 국재(國財)를 아울러 세계적으로 손실케 한 양대 사건에 대하여 수년간 쌓였던 울분을 억제해왔던 일반사회에는 반항의 기세가 날마다 치열해지고 또한 자본주의의 발흥으로 인하여 사회주의의 수입(輸入)이 가속도로 증가되어가는 것도 사실이다. 이리하여 중추를 잃은 일본의 사상계는 날마다 악화 격화되어 가는 것이 현하의 정태(情態)가 아닌가. 이에서 사상적 완화책으로 '보선

(普選)'이 단행된 것이다. 그러나 보선의 단행으로 인하여 과연 어느 정도까지 사회의 안정을 이룰 수 있을 것인가, 이 곧 우리가 주목하는 바이며 또한 보선의 실시 후 일본의 정계에 붉은 러시아(赤露)의 사회주의적 색채가 농후하여질 것인가, 혹은 미국의 자본주의가 그대로 적용될 것인가, 이 곧 일본의 운명을 결정할 분기점이 될 것이다. 여하간 이로부터 3, 4년을 지나지 않아 정치적으로나 사회적으로나 일대 변혁이 생길 것은 우리의 상상하는 바가 아닌가.

22

세계대세의 조류는 확실히 지중해에서 대서양으로, 대서양에서 태평양 방면으로 이동하여 오는 것이 과거의 사승(史乘=역사를 기록한 책)에 비추어 뚜렷하고 역력한 사실이다. 만일 19세기를 프랑스 문화의 확충시기라고 하면, 20세기는 적로(赤露)사상의 발전시대라는 것이 정당한 견해일 것이다. 자본주의의 모범인 미국과 사회주의의 대표적인 적로(赤露: 공산주의 러시아)가 태평양을 사이에 두고 양자가 상대하여 발흥되는 것은 과연 불원한 장래에 그 무엇을 암시하고 있는가. 협조할까. 충돌할까. 이 곧 태평양상의 일말의 의운(疑雲)이 되어 있는 것은 속일 수 없는 사실이다. 세계대세의 운명이 이에서 결정될 것이며 또한 인류의 문화상 총결산이 이에서 감정(勘定)될 것은 상상키 어렵지 아니한가.

23

　그 중간에 처하여 제일 딱하고 애처로운 경우는 일본의 현상이다. 두말할 것 없이 일본은 국제적 중산계급이다. 거대한 자본을 포옹한 미국과 경쟁 발전하는 것도 실력이 불허하는 바이며, 그렇다고 적나라하게 세계적으로 난봉행세를 하는 붉은 러시아와 제휴 협조하는 것도 일층 위험을 느끼는 바가 아닌가. 이에서 좌고우면(左顧右眄) 회오번민(悔悟煩悶)하는 것이 일본 현재의 정태(情態)인가 한다. 하물며 일면에 있어서는 미국의 자본적 제국주의는 날이 가고 해가 갈수록, 혹은 이민문제로 혹은 중국문제로 반목의 도가 증가하며 충돌의 계기가 촉진되는 것이 사실이며, 타면에 있어서는 일·러조약이 성립된 이래 경원적(敬遠的) 태도로 외교적 사령(辭令)이 호상 교환되나, 입국(立國)의 기초와 주의가 근본적으로 불상용(不相容)할 관계에 있는 이상에는 충돌의 위험성은 또한 불가피할 형세가 아닌가. 이로 보면 사상적으로 자본적으로 좌우 협공을 당하고 있는 일본의 형세는 실로 위란(危卵)의 느낌이 없지 아니하다.

24

　그러면 유럽열강의 동양정국에 대한 태도는 어떠한가. 무어라고 하든지 유럽의 중추세력은 독·불 양국일 것이다. 양국의 역대적(歷代的) 감정과 전후의 형세가 상호견제와 현상유지에 급급한 이상에는 동양 방면에 대하여 어느 시기까지는 활대진취(闊大進

取)의 활동을 하지 못할 것은 피할 수 없는 정태(情態)일 것이다. 그러나 영국으로 말하면 특수한 입장에 처하여 독·불 양국에 비하여 전후의 상처가 그다지 심하지 아니할 뿐만 아니라 항상 전통적 점진정책으로 동양 방면에 대하여 부단한 주의와 감시를 행하는 것이 분명한 사실이 아닌가. 대전 후에 바로 미국과 제휴하여 일·영 동맹을 파괴하는 동시에 미국의 신흥기예의 세력을 아무쪼록 태평양 방면에 집주(集注)케 하여, 일본의 충돌을 촉(促)한 후, 도도히 어부지리를 취하려 하는 것이 영국의 노활(老猾)한 극동정책이 아닌가. 이것은 태평양상의 풍운을 예기하여 싱가포르 군항건설의 일건으로만 보아서도 개중(個中)의 소식을 엿볼 수 있다 할 것이다.

25

이렇게 보아오면 미·러 충돌의 도정(途程)에 있어서 일·미 충돌이 전제가 될 것은 상상키 어렵지 않다. 그러면 과연 충돌의 도화선은 어디에 있을까. 이 곧 중국 문제이다. 만일 발칸반도가 과거 유럽의 미와(謎訛)라 하면 20세기의 중국 문제는 확실히 동양 정국의 일대 위험일 것이다. 그러나 발칸반도 문제는 유럽대전으로 인하여 불완전하나마 그 해결을 고하였거니와 중국 문제는 아직까지도 의문이며 위험하다. 여하간 중국은 일대 미인(美人)이다. 그러므로 세계열강의 회장(懷腸)의 연(戀)과 추파의 정(情)을 받는 것이다. 원래 미인 자체가 주동적 능력이 없는 만큼 이를 완롱아수(玩弄阿隨)하려 하는 음부(淫夫) 탕자(蕩子)도 많을 것은 사실이다.

이리하여 질투도 생기며 투쟁도 생기는 것이 아닌가. 이와 같이 중국의 무한한 부원(富源)과 허다한 이권은 열강의 좋은 투자처(投資處)며 대발전지이다. 이리하여 영국의 추파가 되며 일본의 위협이 되며 미국의 수연(垂涎=침 흘림)이 되며 붉은 러시아의 원조가 되는 것이 아닌가.

그러면 중국의 현상은 어떠한가. 아직도 민중의 각성이 철저치 못한 현하에 있어서 장(張)·풍(馮) 양 파의 세력접촉점에 선 단기서정부(段祺瑞政府)는 실로 바람 앞의 등불인 느낌이 없지 않다. 그러나 민중에 따라서 자주배외(自主排外)의 운동이 날로 치열하여 갈 것은 정확한 사실일 것이다. 금번의 상하이 사건은 그 무엇을 의미하는 것이며 일·영의 배척에 대하여 미국의 동정과 러시아의 암조(暗助)는 벌써부터 열국의 종횡 암투의 서막이 시작된 것이 아닌가. 이로부터 3, 4년을 경과하면 붉은 러시아(赤露)의 내부적 실력이 충일하여 외부적 활동이 활발할 때에, 미국 해군의 확장 계획이 완성될 때에, 영국의 군항 계획이 확립될 때에, 중국 정계가 동요될 때에, 중국 방면의 한 점 암운(暗雲)이 태평양상의 풍우를 대작(大作)케 할 것을 그 뉘가 보증하랴.

26

우리는 이상에서 조선 내부의 사회적 변혁과 세계대세의 추이와 동양 정국의 위기로 보아서 4, 5년을 지나지 않아 태평양을 중심으로 한 세계적 풍운이 야기될 것을 논단하였다. 물론 주관적 속단일지는 알 수가 없으나 만일 과거의 역사가 현하 대세의 산모(産母)며 미래의 대세가 또한 현재 사실의 파종(播種)이라 하면 결코 견강부회(牽强附會)의 공론이 아니 될 것을 확신하는 바이다. 그러나 다만 논점은 시간문제일 것이다. 어찌하여 복잡다단한 세계문제가 4~5년을 전후로 하여 언제 야기될 것인가 하는 점일 것이다. 그러나 우리가 4~5년 전후를 예언하는 것도 결코 황당무계한 공상(空想)에서 입론한 것은 아니다. 대개 인간사회의 10년이라 하는 시기는 개인으로나 국가로서나 일대 계획을 세워 준비와 조직을 완성하는데 있어서 비교적 가장 필요한 장기간이다. 그러므로 월왕(越王) 구천(勾踐)은 10년의 성취(成聚)로 인하여 회계(會稽)의 치욕을 설욕하였고 선조(宣祖)의 이문성(李文成)은 외적의 침입을 원려(遠慮)하여 10년의 의병을 주장치 아니하였던가. 이러한 의미에 있어서 1919년의 세계적 대전의 종식으로 1929년까지 곧 이로부터 4, 5년만 경과하면 10년의 만기가 될 것은 물론이다. 그러면 대전의 종식으로부터 그동안 10년간에 그 사회 그 민족의 노력 여하에 따라서는, 피폐된 국력도 부활될 것이며 소침된 원기도 진작될 것은 물론일 것이다. 하물며 현하의 교통기관의 발달과 사상전파의 영향이 과거의 시대에 비하여 가일층 신속해지고 민활하여 시각으로 급전 격화하는 것이 현대의 특색이 됨에랴.

27

 그러면 이와 같은 멀지않은 장래의 세계대세의 변동을 예상하고 또한 동양 정국의 화란(禍亂)을 추단(推斷)할 때에 가장 특수한 사정을 가진 일본과 조선의 관계는 어떻게 진전될 것인가. 이 곧 우리의 중야경경(中夜耿耿)에 장우태식(長吁太息)하는 바다. 과거의 일본이 백종(白種)의 영국과 제휴하여 동양의 동색(同色) 민족을 혹은 압박 혹은 위협함을 능사로 하였던 것이 현하 동양 정국의 화를 가져온 계기가 아닌가. 만일 과거의 일본으로 하여금 당초부터 동양 각 민족의 공존공영의 원대한 계획을 획책케 하였던들, 결코 현하의 일본 자체가 고립의 위기에 처하지 아니하였을 뿐 아니라, 유럽 대전으로 인하여 파탄된 살벌적(殺伐的) 문명과 피폐된 백색민족을 유도 계발하여 세계 개조의 인류의 대위업을 동양 민족의 선도 하에서 완성할 것이 아닌가. 이 어찌 천고(千古)의 한사(恨事)가 아니랴. 그러나 과거는 과거인지라 추궁할 필요가 없거니와, 현하에 있어서 일본 인사(日本人士)의 감상이 어떠하며 소견이 어떠한지 우리가 절문(切聞=간절히 들음)코자 하는 바이다.

 적어도 조선 문제의 해결은 동양 전체 문제 해결의 전제가 되며 또한 요건이 될 것은 물론이다. 왜 그러냐 하면 가장 민족적 관계가 밀접하고 문화적 은택(恩澤)이 막심한 조선민족을 유린 압박하는 것은 아무리 일본 민족의 전체 의사가 아니요 도요토미(豐臣秀吉)·데라우치(寺內正毅) 배의 군벌일파의 배은몰의적(背恩沒義的)

행동이라 할지라도 적어도 반만년 역사적 배경과 이천만 민중의 총명을 가진 조선민족으로서는 뼈에 사무치는 한이 될 것은 물론이 아닌가. 툭하면 일본 인사 중에는 이러한 말을 한다. 이조(李朝) 학정(虐政)하에서 지내던 조선민족이 총독정치의 생명, 재산의 안전보장으로 인하여 만족할 것은 물론이라 한다. 이것이 과연 일본 인사의 조선민족에 대한 심리적 관찰이라 하면 우리는 차라리 그 어리석음을 가엾게 여길 뿐이다.

현대의 조선인이 과거의 조선인이 아닌 것도 물론이거니와 설령 이조의 학정이 현대에 재현된다 할지라도 조선인은 그 개혁을 절규할 것이 아닌가. 하물며 총독정치와 이조정치가 민족적 감정에 있어서 그 근저가 아주 다름에 있어서랴. 이것은 현하의 일본 인민이 과거의 전제정치에 대하여 반항하던 경로를 돌이켜 기억하면 반성할 바가 아닌가. 둘째는 일본의 위정가로 하여금 조선 문제를 운위할 때는 반드시 국경 경비 문제와 사단증설(師團增設)의 필요를 역설하는 것이다. 과연 그들의 소견과 같다 하면 어찌하여 폭로(暴露)·강독(强獨)이 일전의 파멸에 불감(不堪)하였던가. 여하간 조선 문제를 그대로 두고는 중·일 친선도 공염불이며 동양 평화도 구두선에 불과할 것을 단언하는 바이다. 적어도 이천만 민중의 예리한 심인(心刃=마음의 칼날)이 일본의 약처급소(弱處急所)를 수(隨)하여 기회대로 현로(現露)될 것은 현하의 정태(情態)가 아닌가. 이 곧 일본 인사의 반성을 촉구하는 바이다.

28

　그러면 우리 민족의 세계대세에 처하는 포부와 조선의 장래에 대한 경륜은 어떠할 것인가. 객관적으로 조선의 장래가 어떻게 되리라 하는 것보다, 일보를 나아가 주관적으로 조선의 장래를 어떻게 할까 하는 것이 주의의 초점이며 문제의 목표가 아닌가. 일언으로 폐(蔽)하면 조선민족의 포부는 어디까지든지 웅위(雄偉)하여야 할 것이며 또한 어디까지든지 원대하여야 할 것이다. 이것은 우리 조선의 동양 각 민족에 대한 전통적 주의와 방침이었으며 또한 우리 형제와 인도(人道)와 문화를 애호하는 유전적 천성인가 한다. 회고하여 보라. 북으로 중국의 인의를 존중하고 동으로 일본의 문화를 계발하여 항상 동양 평화의 선구가 되며 또한 동양문화의 선봉이 되었던 것은 역사적 사실이 우리에게 예증하는 바가 아닌가.
　때때로 수·당의 겁운(劫運)과 일·청의 악몽이 있었으나 이것도 또한 조선민족의 자주적 살벌(殺伐)이 아니요, 외적의 야만적 발작에 대한 정의적 제재이며 인도적 방위였던 것은 정확한 사실이다.

29

　우리는 구미의 자유정신과 과학문명을 애호하는 바이다. 그러나 옆나라를 도탈(盜奪)하고 인혈을 흡취하는 수성만행(獸性蠻行)은 어디까지든지 배척하고 몰아내지 않으면 아니 될 것이다. 만일 이러한 짐승같은 야만적 습관을 그대로 긍정한다면 인류사회는 결국에 강도의 발호에 불감(不堪)할 것이며, 평화의 제단은 마침내 목축의 유린에 불과할 것이 아닌가. 그러므로 우리는 민족적 정의와 인도적 평화의 유지 발전에 대하여는 어디까지든지 민족적 의혈을 불사하여야 할 것이며 전국적 동원을 행치 아니하면 아니 될 것이다. 이러한 의미에 있어서 우리로 하여금 설령 일본을 배척한다 하면 일본의 군벌일파의 침략적 군국주의를 배척하는 바이며, 또한 붉은 러시아(赤露)를 친근한다 하면 그들의 평등정신을 애호하는 바가 아닌가.

혹은 만일 동아의 풍운이 일어나고 이리하여 일·미의 충돌이 발생할 시에는 미국의 세력 하에서 조선의 해방을 희망하며, 혹은 일로·일중의 충돌을 예기하여 로·중 양국의 원조 하에서 민족의 자유를 촉망(囑望)하나 이것은 결코 조선민족의 전통적 정신에 배치될 뿐 아니라 우리의 양심이 또한 불허하는 바이다. 왜 그러냐 하면 우리에게는 자주적 정신이 있는 까닭이다. 자유는 어디까지든지 자주적 행동이며 자력적 해결이 될 것이다. 결단코 타력적 원조와 사대적 사상의 지배와 용인을 불허하는 바가 아닌가.

30

물론 우리는 타민족의 인도적 동정과 정의적 원조를 불사(不辭)하는 바이다. 그뿐만 아니라 현하의 일본으로도 작비금시(昨非今是)의 진리를 번연(飜然)히 회오(悔悟)하고 자진하여 조선 문제의 인도적 해결을 단행한다면 우리는 결코 역사적 감정에 얽매어 배척할 필요가 없을 것이 아닌가. 우리의 주의와 목표는 언제든지 민족적으로 자유·생존·평화의 3대 이상에서 그 출발점을 삼을 것이요, 결코 증오, 배척, 침략적 관념에 지배될 것은 아니다. 이러한 의미에서 우리는 첫째로 민족적 자유를 해결할 것이요, 둘째는 사회적 생존권을 보장할 것이요, 셋째로 세계적 평화에 노력할 것이 아닌가. 이 곧 조선민족의 웅위한 포부가 될 것이며 또한 원대한 경륜이 될 것이다. 거연(遽然)히 소강(小强)을 유지하고 동색 민족을 박해하며 사리(私利)를 농(弄)하여 인류의 평화를 교란하려 하다가 최후의 파멸을 자초하던 러시아와 독일 양국의 전철에 비추어 또한 이를 견습 모방하던 일본 문명의 파탄을 증거로 삼아 반성 자오(自悟)할 바가 아닌가.

31

우리가 이러한 포부와 경륜을 가지고 도래할 세계적 변국에 처하여, 어떠한 수련을 가하여 어떠한 준비를 행할 것인가. 두말할 것도 없이 사상적 수련과 민족적 단결이다. 첫째로 우리의 사상계는 복잡한 것이 사실이다. 이를 정리하여 통일하는 데 있어서는 조사와 비교와 연구가 필요한 것은 물론이며, 둘째로 이렇게 정리 통일이 된 사상하에서 중심적 단결을 작성(作成)하여서 우리의 일빈(一嚬)·일소(一笑)와 일동(一動)·일정(一靜)이 단결적 배경에 의하여 발하며 행하게 되는 것이 현하 급무가 아닌가. 어떠한 명배우라 할지라도 무대가 없으면 교기절예(巧技絶藝)를 연출치 못하는 것과 같이 인류는 단체적 배경과 사회적 토대가 없으면 그 천재와 재능을 발휘치 못할 뿐만 아니라, 아무리 웅위한 포부와 원대한 경륜을 가졌다 할지라도 활용의 길이 끊길 것이며 실현할 날이 없을 것이다.

이러한 의미에 있어서 우리는 외세의 파동보다 타력의 원조보다, 중심세력의 확립과 자체세력의 해결을 절규 역설하는 바이다. 요컨대 조선 문제는 민족 자체의 단합이 확립하는 그날로부터 해결될 것을 확신하는 바이다.

11

농촌문제를 가지고 걱정하는
이들의 의견

조선농민(朝鮮農民), 총3호, 1926년 2월 12일

<설 문>
一. 농촌청년에게 간절히 기대하고 싶은 일.
二. 농촌청년을 위하여 실행하고 싶은 일.
三. 농촌청년의 현대적 수양상 권하고 싶은 도서 및 잡지.

<응 답>
동아일보 주필 宋鎭禹

一. 농촌청년에게 기대하고 싶은 일은 옛날과 같이 임금에게 충성해라, 부모에게 효도해라 하는 것과 같은 일이 아니고 종래에 우리가 알아오던 것과는 도리어 반대되는 관념을 가져달라는 것이 있습니다. 예를 들어 말하면 우리는 과거에 일을 아니하고 놀고먹는 사람을 양반이라, 잘난 사람이라 하여 오지 않았습니까? 그러나 그것은 안될 일이외다.
우리가 가장 더럽게 생각하는 절도나 강도와 같은 일이외다.

이제부터는 노동신성(勞動神聖)이라는 관념을 꽉 붙잡아야 되겠습니다. '우리는 제일 못난 사람이니까 농사하는 사람이 되었다'고 생각함은 아주 못생긴 생각입니다. 일하는 사람이래야 귀한 사람이요, 일 안하고 먹는 사람은 도적 사람이라고 생각하여야 됩니다. 이 세상 사람이 다 노동을 신성하게 알고 놀고먹는 사람을 도적과 같이 사갈시(蛇蝎視)하게 되는 날 이 세상은 고쳐질 것입니다. 그러니까 나는 농촌청년으로 하여금 노동하는 것을 최고도덕(最高道德)으로 여기는 사람이 되어달라고 하고 싶습니다.

二. 농촌청년을 위하여 하고 싶은 일은 그네들에게 어떠한 새로운 사상을 고취하여 갑자기 고상한 운동자가 되도록 하는 것보다 대체로 그네는 무지하여 전후 분별이 선명하지 못한 터인즉 우선 간이한 국문을 가르치며 쉬운 숫자(數字)부터 알게 하여 농촌청년은 물론 농민 전부에게 다소라도 스스로 무엇을 판단하는 사람이 되도록 하여야 하겠습니다. 다시 말하면 자기비판을 가지도록 하였으면 좋겠다고 생각합니다.

三. 내가 권하고 싶은 책은 유감이지만 별로 없다고 생각합니다. 잡지는 더욱 없지 않습니까? 그러나 구태여 권한다면 경제독본(經濟讀本-일본어), 자조론(自助論-육당 최남선 저)을 보라고 권할까요.

12

최선의 노력과 방법을 강구하자

신민(新民), 제2권 11호, 1926년 11월호

주: 한글날 제정을 주장한 글

　우리의 자랑거리고 첫 손가락을 꼽을 것은 우리의 글이다. 배우기 쉽고 쓰기 쉬운 우리 조상이 창작한 훈민정음이야말로 문자로서의 모든 조건을 구비한 완전한 문자이다.

　이 민족적 자랑거리를 반포한 것이 거금 480년 전 음 9월 29일이라 한다. 이 날을 우리 민족이 기념치 않고 돌아볼 자 누구이랴. 우리의 손으로 이 날을 영원히 기념하기에 우리는 아울러 최선의 방법과 노력을 다하여야 하겠다.

13

옥문(獄門)의 송영(送迎)

신민(新民), 제2권 12호, 1926년 12월호

눈발을 부르는 무악재 바람이 쌀쌀히 불어온다. 그 바람 고지에서 떨고 있는 시커먼 서대문형무소 앞에서 우리 부자유한 언론의 희생자 두 동지를 송영하게 되었다. 하나는 조선일보 필화사건의 희생자인 동지 인쇄인이었던 김형원(金炯元) 군의 형기 4개월을 마친 출감이오, 또 하나는 동아일보 필화사건의 희생자인 동지 주필 송진우 군의 6개월의 체형을 받은 입감이다. 우리는 그 출감을 경하하여야 할는지 그 입감을 위로하여야 할는지 나의 둔필을 옮기기에 자못 주저치 않을 수 없다. 그러면 희생자 자신들은 출감을 기쁘다 하는가 입감을 섧다하는가 그 또한 알아보아야 할 일이다. 이제 나오고 들어가는 이들의 기탄없는 감상을 소개하여 보자.

감옥으로 들어가면서

宋 鎭 禹

노농(勞農) 러시아로부터 조선민중에게 보내는 전문을 동아일보에 역재(譯載)한 것이 내가 금회 입감하게 된 필화사건인 것은 세상이 주지하는 일이라 이제 새삼스러이 설명할 필요도 없을 것입니다.

당해 전문의 원의(原意)가 목하(目下=현재)나 또는 미래를 말하는 것이 아니라 과거를 의미하는 것이므로 별로 구애될 것이 아닐 줄 믿고 다만 신실히 보도할 뿐이었는데 그것이 소위 보안법 위반이라는 죄가 되어 사법처분을 받게 된 것은 아무리 생각하여 보아도 수긍키 어렵습니다. 그래서 이편에서도 어디까지나 법에 의하여 다투어 보았으나 결국 상고심에서까지 패소를 당하였으니 이제는 항거무로(抗拒無路)라, 형을 수(受)치 아니치 못하게 되었습니다.

나는 일찍이 24개월의 감옥 경험이 있으니까 이제 새삼스러이 옥고를 놀랄 것은 없습니다. 그리고 감옥을 형무소라 개칭한 이후 내부에도 많은 개선을 하였다니까 증왕(曾往)보다도 오히려 지내기는 낫겠지요. 수인생활의 제일 어려운 동기에 입감케 된 것은 육체를 위하여 좀 불행한 일이나 그 역시 할 수 없는 일입니다. 이제는 더 싸워볼 여지없이 그만 수인생활에 들어가려고 각오를 하고나니 마음이 가라앉습니다. 그리고 한편으로 생각하면 나에게는 다행한 점도 있습니다. 한동안 험악한 세파에 부대끼고 난 심신을 그윽히 위로할 기회라고 생각합니다. 산만한 정신을 수습하여 수양함에는 인간사회와 별교섭이 없는 옥사라도 좋습니다. 그리고 어느 나라 어느 사회가 안 그러리까마는 우리 사회에는 너무도 분규와 반목이 많습니다. 동족끼리는 물론 심하면 동지 간에도 서로 중상과 비난을 일삼는 예가 또한 적지 않은 것은 참으로 한심한 일입니다. 이런 점에서 그 높디높은 붉은 장벽너머의 벌려있을 차생지옥의 광경을 생각하면 몸서리가 나지마는 한편으로 생각하면 골머리 아픈 우리 사회로부터 그윽한 피난처로 들어가는 듯한 느낌도 없지 않습니다.

만일 내가 우리 사회의 어떤 일부에서 무슨 비난을 받고 있었다면 이번 입감은 그 비난을 완화 혹은 소멸케 할 것이라고 믿습니다. 그래서 나는 심신수양기 또는 어떤 의미로의 은거기인 반년이라는 수형기를 가장 의미 깊게 보내고 나오려 합니다.

14
인촌(仁村 金性洙)에게 보낸 옥중 서한

　사(社)를 떠난 지가 벌써 한 달이요, 나흘이 넘었습니다. 그동안 건강이 여전하시며 사내의 모든 형제들도 다름없이 건강한 몸으로 꾸준히 분투하옵니까.

　새 집 이사는 예정과 같이 11일에 아무 고장 없이 순성되었아 온지 해를 거듭하여 깨어진 창과 무너진 벽만 남은 낡은 집에서 고생을 하다가 아름답고 깨끗하고 튼튼하고 쓸모 좋은 새 집으로 옮아간 쾌감과 기분이 과연 어떠합니까.

　동고(同苦)하던 사내 여러 형제의 즐거워할 광경을 상상하니, 그윽히 적막한 중에도 저는 기꺼운 웃음을 웃게 되나이다. 이것이 모두 형님께서 평소에 땀 흘리고 애쓰시던 보상임을 생각하옵고 더욱 건강과 행복을 비옵니다.

　저는 절대한 운명의 지배 아래서 외로운 그림자를 벗 삼아 엄한(嚴寒)의 폭위(暴威)에 저항을 계속할 뿐이오나 다행히 별고 없아오니 안심하옵소서.

　날마다 날마다 시키는 일을 하고, 먹고 자던 나머지, 한 두 시간을 이용할 수 있아오니 책이나 많이 보내 주십시오. 그전에 보낸 것은 다 받았아오니, 윤리학(倫理學), 동서철학사(東西哲學史), 서양역사(西洋歷史), 서양문명사(西洋文明史), 철학개론(哲學槪論) 등으로 대개는 우리 집 책상에 있아오니 그중 페이지 수효가 많은 놈으로 보내 주시옵소서. (하략)

1926년 12월 16일 상오 11시
서대문형무소에서 宋 鎭 禹

15
옥중 한시 1수(首)

옥중야야불성면(獄中夜夜不成眠)

(옥중에 갇힌 몸이 밤마다 잠 못이루나니)

우국상심기적년(憂國傷心幾積年)

(나라 근심에 상한 마음 몇몇 해나 쌓였던고)

(이하 없어졌음)

16
월남(月南 李商在) 선생을 위한 만장(輓章)

풍세회해도만천(諷世詼諧倒曼倩)

(세상을 풍자하는 해학은 만천(曼倩)[1]을 앞섰고)

애시초췌억영균(哀時憔悴憶靈均)

(슬플 때에는 초췌함이 영균(靈均)을[2] 생각케 하네)

세한잔백감조락(歲寒殘柏堪凋落)

(추운 절기에 쇠잔한 잣나무도 참아 이울고 지니)

포유임풍총망신(蒲柳臨風總忘神)

(갯버들처럼 못난 이 몸 바람에 치어 도무지 정신을 차릴 수 없네)

선생우국불우신(先生憂國不憂身)

(선생은 나라를 근심하되 몸은 돌보지 아니하였고)

두백심단노익진(頭白心丹老益眞)

(머리는 희되 마음은 붉어 늙을수록 더욱 참되었네)

금일예연기아거(今日翳然棄我去)

---

1 만천은 한무제의 신하로서 해학 잘 하기로 유명한 동방삭의 자(字)이다.
2 영균은 전국시대에 나라를 근심한 나머지 멱라수(汨羅水)에 빠져 죽은 굴원(屈原)의 자(字)이다.

(오늘날 홀연히 우리를 버리고 가시니)

경도악랑자미진(鯨濤鰐浪自迷津)

(고래와 악어 같은 거센 풍랑에 갈피 못 찾네)

17
흥미와 통속화

동광(東光), 1927년 5월호

주: 이 글은 東光誌가 동아일보사를 스스로 비판해 달라고
　　요청한데 대한 기고임

    흥미와 통속화에 좀 주력하였으면. 새 사회를 건설하는데 기초가 될 만한 모든 참신한 도덕적 관념과 과학문의에 대한 새로운 지식을 매호에 연재함을 볼 때에 항상 지면을 통하여 엄숙한 기분이었습니다. 그 중에도 더욱 산옹(山翁) 선생이 일반 동포 청년에게 대하여 교훈한 문장에 대하여는 특히 수십년간 선생의 실천한 성충을 피력한 것으로 봅니다. 그래서 더욱 언론계에서 일종 이채를 발하게 되었습니다.

    그러나 내 우견으로는 너무도 엄숙한 기분에만 편중되어 일종의 교과서 비슷한 감이 있고 흥미방면이 결여한 듯합니다. 이제부터는 종래의 기분에 흥미를 끌만한 문장이 첨가되고 좀 더 일반 독자가 잘 알아보게 통속화하였으면 더욱 좋지 않을까 합니다.

18

3개의 당면한 급무

조선지광(朝鮮之光), 1928년 1월호

주: 조선지광사가 요청한 '당면한 제 문제에 대한 제 견해'란 제목의
앙케이트에 대한 논문임

현하 조선의 모든 실상은 차제(次第)로 발전하고 있는 것이 사실이나 그러나 우리가 보는 바 당면의 문제로서 더욱 긴박한 문제는

첫째, 민족적 총역량의 집중문제이다. 지금 신간회(新幹會)는 곧 이러한 사명을 가지고 탄생하였고 또 많은 노력을 하는 바이나 아직도 그 사명을 완전히 달하였다고는 말할 수 없다. 이는 즉 전 조선민족의 각 계급이 완전히 이에 결성되지 못한 까닭으로.

그러므로 금후의 문제는 곧 어떻게 하여야 전민족적 결성을 할 수 있겠느냐 함이다. 이에 대하여 우리가 보는 바로서는 무엇보다도 가장 충실한 지도자가 있어야 할 것과 지방 지방에 있는 종래의 건실한 지도자들의 규합을 꾀하는 것이 선행문제일까 한다. 이번에 본사가 실행 중에 있는 현대인물의 투표계획도 이러한 일의 (一義)가 없는 것이 아니어니와 우리의 당면한 필요는 실로 충실

한 지도자를 구함에 있는 것이다.

둘째, 우리의 경험생활 문제이니 위기에 빠진(陷) 우리의 경제적 생활을 어떻게 구제하겠느냐! 하는 것은 각하(刻下)의 절박한 큰 문제일 것이다. 이에 대하여는 물론 여러 가지의 의논이 있을 것이다. 또 그 근본문제를 떠나 당면한 한 두 개의 문제를 논함은 오직 지엽문제일 뿐이다. 그러나 우리가 종래에 이러한 현상을 볼 때에 그 원인을 오직 객관적 정세에만 돌리고 그 자체에 있는 내재적 원인을 등한시하는 경향이 많았으니 이는 우리의 중대한 착오일 것이다.

우리는 조선인의 경제적 생활의 위축원인이 그 객관적 조건에 의하여 결정되는 바 큰 것을 부인함이 아니다. 물론 그것이 무엇보다도 큰 것을 안다. 그러나 우리의 노력부족도 또한 한 원인이 되는 것을 우리는 간과하여서는 아니될 것이다. 이제 저 중국인의 실상을 보자. 저들은 경제적 생활에 있어 하등의 ○○적 비호를 받지 못하고 있을 뿐 아니라 일면에는 국제적 자본주의의 ○○○○고 있다. 그러나 저들은 능히 그 개인적으로 그에 대항하고 있으며 국외 유랑하는 개인 개인도 지금 조선에서도 도처에서 보는 바이어니와 능히 자립한 생활을 영위하고 있다. 이는 요컨대 저들의 견호(牽乎)한 개성과 부단한 동로의 결과라고 할 것이다.

그러므로 지금 우리의 경제적 생활의 위축되는 원인이 객관적 조건에 의하여 결정된다 할지라도 일면에는 자체의 무력이라는 책임이 또한 적지 아니하니 이 실로 우리가 반성하여야 할 문제이다.

    셋째, 조선인의 교육문제를 들 수 있으니 우리의 교육상 각하(刻下)의 필요한 문제는 어떠한 방법이나 형식으로든지 의무교육의 실행이다. 이는 실로 인도상으로 큰 문제일 것이다. 그리고 한 가지는 근래에 유행하는 학생의 맹휴문제이니 이러한 문제는 결국 우리의 문화발전상 중대한 지장이 될 뿐이다. 우리가 일일의 학업을 게을리하는 그만큼의 문화는 뒤지는 것이 아닌가?

    그러면 우리는 맹휴의 원인과 동기를 신중히 검토 고찰하여 방미두점(防微杜漸)의 실(實)을 거(擧)하는 것이 무엇보다도 취할 방침이라 할 것이다.

19

평화리(平和裏)에 합동될 것이다.

신민(新民), 1928년 7월호

주: 만주 동삼성(東三省)을 통치하던 대원수 장작림(張作霖)이
1928년 이 달 일본군에 의하여 폭사한 후 그 귀추에 대한 설문에 답한 글

금후의 동삼성이라면 즉 장작림 사후의 동삼성이라는 말이다. 그것은 의심할 것도 없이 국민정부와 합동될 것이다.

동삼성 자체로 보아도 국민정부를 배경으로 하여 모든 해결을 짓는 것이 적합할 것이오, 국민정부나 또는 일부 동삼성 당국자의 이해로 보아도 합동하는 수밖에 없을 것이다. 일부에서 선전되는 장학량(張學良)을 추대하여 동삼성 독립 운운하는 것은 처음부터 문제가 되지 않나니 대부분이 한족인 동삼성의 민중이 반대할 것이며 장학량 자신도 그 두뇌가 장작림과는 다를 것이니까 언제까지나 동삼성이 장 씨의 것일 것이라는 미몽에서 헤맬 리는 없을 것이다.

그 합동하는 경로는 우리의 예상보다는 퍽 평화와 타협리에 진행될 것이다. 곽송령(郭松齡)을 희생하던 그 쓴 경험에 비추어 봉천군이 대남군과는 절대로 전쟁을 피할 것이오, 국민군도 역시 대

봉천군 도전으로써 문제의 해결을 바라지 않을 점에서 양방이 전화의 불리만은 깨달았을 것이니까……. 그리고 동삼성의 금후에 대하여 열국의 태도는 여하할까 하는 것을 생각하지 않을 수 없으나 이것도 그들이 평화리에 합동하는 데 대하여는 다시 간섭의 여지가 없을 것이며 간섭해 본대야 별 수가 없을 것이다. 동삼성이 국민정부에 합동하는데 영향을 가장 많이 받는다면 동삼성에 가장 많은 관계를 가지고 있는 일본일 것이다. 일본이 이것을 고려하여 합동에 대한 직접 혹은 간접으로 중지 혹은 방해를 할 것으로 볼 수도 있으나 일본도 역시 대세에 배치하여 이런 일을 할 리도 없을 것이오 일본으로서도 만주에 개설한 특수 이권만 보장되는 한도에서 피차 호의로서 합동을 찬성하는 것이 양책일 것이다.

만일 일본이 합동을 방해하기 위하여 어떤 간섭을 취한다면 그것은 도리어 동삼성 당국자로 하여금 일본 때문에 합동을 촉진하는 기현상을 볼 것을 일본은 각오하지 않으면 안될 것이다.

20

소작입법(小作立法)의 필요

조선지광(朝鮮之光), 1929년 1월호

현하 조선의 소작문제는 지방에 따라서 각기 사정이 상이하므로 일률로써 논하기 어려운 바 있으나 이를 대체로써 논하면 첫째, 제도의 개선이오, 둘째는 지주의 각성이라고 하겠다. 원래 소작제도란 것이 지방 지방이 서로 같지 아니하고 혹은 지주와 지주에 따라서도 그 사정이 달라 심히 복잡하다. 그러므로 이렇게 복잡한 제도를 법률이나 혹은 사회적으로서 어떤 규범하에 통일케 하는 것이 극히 필요한 문제라 할 것이오, 소작인에 대하여는 그 지위를 법률 혹은 기타 필요한 방법으로써 보장하여야 하겠다. 지금과 같이 소작인의 지위가 항상 불안에 빠져(陷) 안도할 수 없는 때에는 이 문제의 해결은 도저히 기대할 수 없으며 동시에 생산상에도 막대한 손실이라 할 것이다.

생산자인 소작인이 항상 안도하지 못하고 있는 이상 어찌 그의 최선의 노력을 기대할 수 있을 것인가. 그러므로 특히 소작인의 지위를 보장할 만한 어떤 방법을 세워야 할 것이다. 소작법과 같은 것이 극히 필요한 방법이라 하겠는데 이에 대하여는 혹 이렇게 말할 것이다. 법리상으로 보아 소유권과 충돌되는 점이 있는 것인즉 불가하다고……. 그러나 그것은 해석하기에 있다고 본다. 원래 토지의 소유권이란 절대성을 가졌다고 하나 결코 절대적이라고는 말할 수 없는 경우가 많으니 토지의 수용령과 같은 것은 이의 한 예라고 하겠다.

토지의 수용령이란 것이 결국 그 국가적 이익이나 또 사회적 이익을 위하여 하는 것인 이상 소작법이란 것이 그 국가적 혹은 사회적 이익을 위하여 필요하다고 하면 결코 불가하다고 할 수 없는 것이 아닌가! 그러면 혹은 말하되 소작법이란 소작인이라는 그 사인의 이익을 위하는 것이므로, 결코 국가적 또는 사회적 이익을 위하는 것이라고 볼 수 없다. 그러나 소작문제가 점점 심각화하여 그 영향이 농업생산의 소장(消長)을 좌우하게 된다면 이는 국가적 견지로 보아서 그대로 방임할 수 없는 일이오, 사회적으로 보아서도 어떻게나 해결치 아니하면 안 될 것이 아닌가!

이러한 의논은 전문가에게 맡길 것이지만 우리의 보는 바로써 하면 극히 필요한 문제라고 생각하므로 이를 제론(提論)하는 바이다. 그리고 다음은 지주의 각성이 필요하다. 지주가 부질없이 목전의 이해에만 얽매어서 영원한 장래를 보지 못함은 심히 한심한 일이다. 그러므로 지주는 무엇보다도 공존공영이라는 생각으로써 소작인의 지위를 보장하고 소작인을 지도하여서 농업의 보다 더한 발전을 기하여야 할 것이다.

지주 중에는 간혹 각성한 사람들도 없는 것은 아니지만 대다수는 완강하여 가렴주구를 시사(是事)로 하는 자이니 만일 지금 현상과 같이 추진되는 때는 농촌의 피폐는 더욱 심각화하여 실로 중대한 영향을 초치(招致)케 할 것이다.

21

평생에 앙모(仰慕)하는 정포은(鄭圃隱) 선생

별건곤(別乾坤), 1929년 1월호

신년이라고 특별히 생각나는 사람이 어디 있겠습니까마는 나는 언제든지 고려의 정포은 선생을 앙모하는 까닭에 신년을 당하여도 또한 그를 생각하게 됩니다.

정포은 선생은 누구나 잘 아시는 바와 같이 정치가로나 외교가로나 또는 학문으로 충의로 그 모든 것이 고려 475년간에 제일인으로 생각합니다. 옛사람의 송도 회고시에 '산하기진 강감찬(山河氣盡 姜邯贊)이오 일월광명 정몽주(日月光明 鄭夢周)라고 운운한 것과 같이 고려의 전 역사를 통하여 무신으로는 강감찬, 문신으로는 정포은을 더할 인물이 없을 것입니다. 그가 있음으로 인하여 고려가 보존되고 그가 죽음으로 인하여 고려가 망한 것이 아닙니까.

당시 고려의 국세가 이미 기울어짐에 불구하고 그가 정계에 있어서 위로 혼군(昏君)을 교회보필(敎誨輔弼)하고 밑으로 무신의 발호와 불교의 음미(淫靡)를 억제하여 밖으로 왜구를 격퇴하는 동시에 혹은 일본 혹은 원, 명의 국제무대에 활약하여 고려를 엄연히 부흥하는 도정(道程)에 들어서게 한 것을 보면 그의 인물이 여하한 것을 족히 상지(想知)할 것입니다.

그가 외국으로 많이 내왕하는 기회에 이태조가 국정을 간섭하게 되고 또 불행히 태종의 음모로 선죽교 상에서 조영규(趙英珪)의 홍추(椎)에 충혈(忠血)을 흘렸기에 그렇지 만일에 그가 외출을 하지 않고 항상 국내에 있었으면 결코 정권을 이태조에 주지 않았을 터이오, 따라서 이태조의 왕업도 그다지 용이하게 성공되지 못하였을 것입니다. 그의 성패 여하는 별문제이어니와 그의 인물에 대하여 나는 진심으로 앙모하고 경복합니다.

신년에 새 생각을 할 때에 더욱 그러한 위대한 인물의 생각이 간절합니다.

22

가정부인 교육에

근우(槿友), 1929년 5월 창간호

주: 근우(槿友)사가 동지의 창간 특집으로 청탁한 '근우운동(槿友運動)에 대한 각 방면 인사의 기대'라는 제목의 앙케이트에 대한 답문)

현재 조선에 있어서는 모든 것에 질서적으로 그 어느 것을 먼저 할 것이며 어느 것을 나중에 하여야 된다고 할 수 없으며 많은 지장은 각 방면으로 적지 않은 영향을 받게 되니 그 실현에 있어 매우 곤란한 것도 사실이다.

동서양을 물론하고 일어나는 운동은 각기 그 나라와 경우를 따라서 방침이 다를 것이니 조선에 있어 여성운동도 환경이 특수하니 만큼 그 방침도 다를 줄 안다. 그러므로 모든 것을 다하여야겠지만 무엇보다도 근우회의 사명은 일반 아매한 구가정 여성으로 하여금 세상의 일을 깨닫기에 필요한 교양사업을 주로 하기를 바라며 또는 그리 해야 되겠다.

여기에는 먼저 선각여성의 책임과 실현이 충실하여 근우회가 조선여성의 이익을 도모함에 표현기관이 되기를 바란다.

23

하루 바삐 개벽('開闢') 시대

별건곤(別乾坤), 1929년 7월호

주: 이 글은 <別乾坤> 창간 10주년 기념 축사임

나는 이즈음 여러 가지 말씀을 하여 드릴 형편이 못되어 매우 유감으로 생각합니다.

다만 여러분이 가진 풍파와 마주 싸워 10년간을 꾸준히 분투노력하셨다는 것을……. 그리하여 10주년 기념을 맞이하게 되었다는 것을 감축하며 앞으로는 한시라도 바삐 '개벽' 시대와 같이 되기를 바라마지 아니합니다. (나보다도 물론 여러분이 더욱 기다리고 계시겠지만……)

그리고 우리가 일상 앉아서 잡지에 대한 이야기가 나올 때면 개벽사에 대한 다른 이야기도 이야기려니와 개벽사에 여러분의 불굴(不屈)하고 꾸준히 싸워나가는 노력이며 지면이 넘치는 성의를 감탄치 아니할 수가 없었습니다.

부탁할 것은 앞으로도 전보다 더한 노력으로 나아가기를 바라는 바입니다.

24
경성편람

별건곤(別乾坤), 1929년 9월호

　경성도 근대도시의 특색을 매일 발휘하여 간다. 형식에 있어서도 그러하거니와 이면생활에 있어서도 더욱 그러하다.
　기형의 발전, 인위의 도태 등 모든 점에 있어서 그렇지 않은 것이 없다. 그러나 첫째 경성은 건설의 경성이냐, 파괴의 경성이냐, 파괴와 건설의 교향악에 행진하는 것이 경성의 현실이다. 건설되는 세력과 파괴되는 세력의 상충은 재래의 모든 형해 위에다 죄악의 금자탑을 세우고 있다. 이것이 경성의 상징이다. 우리는 항상 이 상징화하는 특수한 도시의 공기를 호흡할 때마다 어떠한 질식을 느낀다. 질식에서 벗어나려는 것이 경성인의 규호(叫呼)이다.

25

교육의 시설과 빈민굴에

별건곤(別乾坤), 1929년 10월호

주: 별건곤사가 요청한 "경성에 와서 무엇을 배울 것인가!"란 제목의
앙케이트에 대한 답문임

나도 시골사람으로 서울에 와 있으면서 이런 말을 하기는 미안하지마는 나는 언제나 근본적으로 시골사람이 서울 오는 것을 불찬성한다. 시골사람이라도 무슨 특별한 일이라든지 주의가 있어서 서울을 구경한다면 모르거니와 그렇지 않고 다만 풍조에 딸려서 외형의 번화한 것이라든지 사치한 것만 취하여 구경한다면 그야말로 맹자단청(盲者丹靑) 구경 이상으로 소용이 없을 뿐 아니라 도리어 허영심 사치심만 늘어서 여간한 악영향을 입지 않을 것이다.

실제에 시골사람들이 도회에 유혹되어 자꾸 도회로 집중하려 하고 또 근래에는 농촌의 생활 곤난, 기타 어떠한 일시적 기회로 인하여 1개월에 몇천 몇만의 시골사람들이 서울로 온대도 누가 막을 수 있으랴. 그런데 기왕 서울을 오게 되면 나는 이러한 말을 부탁하고 싶다. 즉 경성은 도로의 개통, 시가의 즐비, 건축의 굉대

(宏大) 그러한 모든 시설이 완비하고 외면이 번화한 반면에는 참으로 형언할 수 없는 빈민굴이 있는 것을 알아야 할 것이라고. 지금 조선에 있어서 어느 지방에 빈민굴이 없는 곳이 없지마는 서울의 빈민처럼 참혹한 현상은 없을 것이다.

진고개와 종로 같은 번화지를 보는 동시에 신당리, 공덕리 같은 빈민굴을 보아 어찌하면 저런 사람들도 잘 살게 할까 하는 생각을 가지게 하고 또 다른 시설보다도 조선인의 일반 교육시설을 잘 살펴서 교육의 필요를 확신하는 동시에 자제를 많이 학교에 보내서 유위인물을 많이 양성하도록 하는 것이 좋을까 한다.

26
과학보급과 종교선택

조선농민(朝鮮農民), 제5권 6호(총36호), 1929년 10월

　농민을 속여먹는 유령배를 퇴치함에는 농민자체의 각성을 일으키는 것이 무엇보다도 급무라고 생각합니다. 농민자체의 각성을 일으킴에는 먼저 간이한 과학적 지식을 보급케 하여서 일반 농민이 사물에 대할 때에 과학적 두뇌를 가지고 대하도록 되게 하는 것이 농민을 속여먹는 유령배를 퇴치하는 적극책인 동시에 농촌에 횡행하면서 현하의 농민이 불안한 가운데 있음을 이용하여 함부로 농민을 속여먹는 유령배를 사회적으로 공격하여 현사회에서는 대두치 못하게 하는 것은 소극책이라고 생각합니다. 또 현하의 조선농민은 경제적으로나 정치적으로나 의지할 곳 없이 가장 불안한 가운데에 있습니다. 이렇게 불안한 가운데에서는 의지하고 위안을 얻기 위하여 종교를 찾게 되는 것입니다. 이런 약점을 이용하여 유령배들은 농촌에 횡행하게 되는 것입니다.
　그러므로 농촌에 종교를 선택하여 즉 세계적으로 공인되는 종교를 소개하는 것이 농민을 속여먹는 유령배를 퇴치함에 대하여 보조수단이 아닐까? 생각합니다.

27

사형폐지론(死刑廢止論)

- 인도상(人道上)과 형사정책상(刑事政策上)으로 -

삼천리(三千里), 제6호, 1930년 5월 1일

사형은 폐지하여야 할 것이다. 이것은 인류가 같은 인류를 차마 죽일 수 없느니라 하는 인도주의적 견지에서와 또 한 가지는 국가가 범죄자에게 형을 가하는 본래의 뜻이 그 범인으로 하여금 후회하고 개과(改過)를 시키는데 있다는 형사정책상 견지에서 부르짖으려 한다. 대체 이 사회의 모든 이익은 될 수 있는 대로 여러 성원에게 보편적으로 나뉘어 있지 않으면 안된다. 만일 다수인에게 빈곤과 불행이 있고 소수인에게 행복이 있게 된다 하면 이것은 정당한 일이 못될 터이므로 법률은 이것을 억제하고 조절하여야 할 것이다.

그런데 우리 사회의 실례를 보면 어떤가. 여기 재산상의 절도죄가 있다 하자. 그는 빈곤과 절망에서부터 일어난 행위에 불외(不外)할 것이다. 어디서 부자가 도적질을 하였다는 예가 있던가. 대개는 가난한 사람들이길래 어찌할 수 없어 이 범행을 하는 것이 대부분이다. 그 외에 간통, 영아살해 등 모든 범죄의 원인까지 따져 보아도 거기에는 도덕상으로나 재산상으로 불우한 처지에 놓인 사람들이 대부분 범행하고 있는 사실을 볼 수 있다.

여기서 새삼스럽게 말할 것이 없이 오늘날 범죄의 근원은 빈(貧)과 무지(無智)에 그 대부분이 있는 터인즉 사회성원의 각자에게 균등한 교육을 할 기회를 줄 것이며 의식주에 대한 불평부족을 제거하는데 전력하여야만 범죄의 방지가 가능할 것이다.

이미 2, 3개월 내지 5, 6년 정도의 감옥수(監獄囚)의 범죄사실을 들추어 볼지라도 대부분이 빈곤과 절망(물론 그중에는 성격이 불량하고 호살성자(好殺性者)도 있겠으나)에서 나온 것이어늘 그보다 더욱 큰 범죄자-즉 사형수 같은 자의 사실을 따져 본다 할지라도 같은 성질의 확대를 볼 수 있을 것이다.

그런데 사형이라 함은「일개의 국민에 대하여 국가가 그 국민의 생명을 파멸시키는 일을 필요로 하고 또 유익하다고 판단할 경우」에 한할 것으로 되었다. 그런다고 가령 어떤 한 사람을 죽인 그 자를 또 죽인다 하면 국가는 결국 국민 두 사람을 제거하는 결과를 이루며 또 살인자사(殺人者死)로 범행자를 곧 죽인다하면 그것은 또한 국가자체가 살인을 하는 모순에 떨어지지 않을까. 하물며 흉포한 살인자의 살인경로를 보면 대개는 그 순간의 변태감정과 변태심리에서 나온 것이 대부분이다. 이미 변태인지라 일순간 뒤는 다시 평상태도에 돌아갈 것인즉 그는 대개가 후회하는 것이 예이라 한다. 후회는 벌써 개과(改過)의 시초어든 이제 국가는 그를 벌하되 모든 재산 중 가장 고귀하며 또 절대적인 사형으로써

임한다면 그의 개과는 효력 없는 것이 되고 더욱 개과천선할 기회조차 빼앗고 마는 것이라 할 것이다. 더구나 누가 인간에 대하여 동류를 죽이는 것을 가타 하랴. 인류의 양심은 이를 허락지 않을 것이다.

그러면 일부에서는 물으리라. 사형을 폐지하면 살인 같은 사회에 극악한 해독을 끼치는 흉죄(兇罪)가 격증할 것이 아니냐고. 그러나 사형을 폐지한다고 살인 숫자가 적어질지언정 증가하리라고는 나는 믿어지지 않으니 사형에 대하되 종신수(終身囚) 혹은 10년, 15년 하는 장기수(長期囚)로 할진대 용색(容色)이 초췌하고 적년중형(積年重刑)에 우는 그 참상을 보고 일반 사회인은 「나도 남을 죽이면 저 자와 같이 생지옥에 가는구나」하는 계속적 공포를 느끼게 하여 그 순간만 공포심을 격화케 하는 사형에 비하여 훨씬 더 많은 효과가 있을 것이다. 그러므로 사회에 주는 영향에 있어서도 사형폐지는 사형존치보다 낫다 할 것이다. 그러면 그 반면으로 종신옥역(終身獄役)은 장기의 고통의 분량을 합산할진대 오히려 사형받기보다 더 고통이 되지 아닐 것이냐 할 것이다. 그는 혹 그럴는지 모르리라. 그러나 수인 자신(囚人自身)의 생각에는 어느 때 특사 같은 것이 있으면 행여 천일(天日)을 보겠거니 하는 희망을 가지게 될 것이며 둘째는 양심에 대한 반성을 많이 받아 선량한 인간이 되려 하는 노력을 쌓을 것이니 이것은 장기의 고통을 능히 참아나가는 행복을 줄 것이다.

나는 굳게 믿는다. 인류로서의 양심과 도덕을 가지고 또 개과

천선시키는데 근본목적이 있는 형사정책상으로 보아 사형이란 좋지 못한 형벌방법인즉 폐지되기를 부르짖으며 더군다나 조선같이 남다른 곳에서는 사형이 하루 급히 없어져야 할 것인 줄 아노라.

(부기 김병로(金炳魯) 씨 사형폐지론은 부득이한 사정으로 생략합니다)

28

대협동기관(大協同機關) 조직의
필요와 가능 여하?

혜성(彗星), 제1권 1호, 1931년 3월호

그러한 것은 나는 아무 필요가 없다고 생각합니다. 전민족의 협동기관이라 하면 외면으로는 물론 좋고 다수인의 결합이니까 힘이 강할 것 같지마는 실상은 아무 힘도 없고 그냥 또 시시부지 하고 말기가 쉽습니다. 우리가 무슨 구락부 모양으로 1년에 몇 번씩 모여서 한담이나 서로 하고 의사나 교환하는 그런 일을 한다면 모르거니와 적어도 민족적으로 무슨 운동을 한다면 그 단체의 구성분자가 철저한 의식과 주의가 서고 생명과 재산을 거기에 희생하겠다는 각오를 가진 인물들이 아니면 아니 되겠습니다. 과거에 우리 조선 사람의 모든 단체와 사업은 그 취지나 강령이 좋지 못하여 성공을 못한 것이 아니라 그 일을 하는 사람들이 참으로 분투하는 용기와 성력이 없는 까닭으로 실패를 한 것입니다. 지금도 만일 성심성의로 조선을 위하고 조선민족을 위하여 일할 생각이 있는 사람이 있다면 다만 동지 몇 사람끼리라도 서로 힘을 합하여 기치를 선명하게 들고 나서 실질 있게 일을 한다면 거기에 뜻이 있는 사람은 향응하여 그 단체의 노력이 커지고 일도 힘있게 잘 할 수가 있지마는 다만 막연하게 우리가 같이 단결하여야 되겠다고 하여 누가 발기하여 권유인회를 하게 한다면 그것은 개인본위의 결합이나 단체본위의 결합이나 결국은 아무 실력이 없이 제2 신간회가 되고 말 것입니다. 대단히 미안한 말이지마는 어떤 회합이든지 우리 조선 사람은 적어도 권리 주장하는 사람은 많은 것 같습니다. 모임을 할 때 보면 회장 또는 위원장 같은 간부운동에는 누구나 격렬한 것 같고 또 무엇을 하느니 하고 안은 많이 내놓고 떠들기는 다 잘하지마는 실시에 금전 변출할 방법이라든지 희생적으로 할 인물을 토의하는 마당에 가서는 그저 면면상고하고 아무 소리가 없으니 그래가지고 무슨 일을 하겠는가. 지금에 만일 무슨 운동을 한다면 사회주의자고 민족주의자고 먼저 의무이행 잘 할 사람으로만 그 단체를 조직하지 않으면 안 될 것이요 인물에 있어서도 인격으로나 학식으로나 무엇으로나 한 지방하면 기 지방에서 신뢰하는 인물을 움직이게 하지 않으면 안 될 것입니다. 최초 일어날 때에도 결코 양을 취할 것이 아니요 질을 취할 것입니다. 중국의 국민당이 지금은 저렇게 세력이 크지마는 본래에야 손문을 중심하여 몇 개인의 동지로 규합된 것이 아닙니까. 기외 다른 민족들도 대개는 그리 되었다고 생각합니다.

29
조선의 세계적 지위

비판(批判), 1931년 5월호

주: 비판사의 요청에 의하여 '조선의 세계적 지위'란 제목의 논문을 기고하였으나 수개처가 삭제되어 있다

    조선의 세계적 지위는 경제적으로는 식민지요, 정치적으로는 약소민족의 지위에 있다. 만일 조선을 세계 다른 약소민족에 비교하여 말한다면 영국의 깃발 아래에 있는 모든 약소민족과 근사점을 발견할 수 있다.

    문화와 민족을 말한다면 아일랜드와 근사하며, 경제적으로 말한다면 인도 그것과 (여기 14자 삭제) 근사하다. (여기 70자 삭제) 그러나 동양의 대세로 보아서 조선의 세계적 지위가 장래에 있어서 더욱 중대성을 포장(包藏)하고 있을뿐더러 현재의 동양대세로 보아서도 조선의 세계적 지위는 실로 세계 어떠한 약소민족의 지위 그것보다도 더욱 중대성을 점유하고 있다. (여기 68자 삭제)

    한 예를 최근에서 든다면 저 간도에서 접종 속출하는 공산당 문제가 중국과 일본 간에 있어서 중요성을 가진 국제문제를 일으킨 것을 볼지라도 조선이 얼마나 중대한 지위에 있다는 것을 넉넉

히 알 수가 있지 않으냐.

지리상으로 말할지라도 조선은 세계교통의 중심로가 되어 있다. 저 아메리카, 아세아대륙, 유럽 등 세계통로의 추요(樞要)지대가 되어가고 있다. 통틀어 말한다면 정치적으로나 지리상으로나 조선은 세계 어떠한 약소민족의 그것보다도 가장 중요한 지위를 점령하고 있다.

조선 문제 여하가 동양대국을 좌우 여하로 요리하게 된다. 동양에 있어서 만일의 변국을 일으킨다면 조선 문제가 가장 중요한 형세를 일으키게 된다.

과거의 역사가 이를 증명하고 있지 않으냐. 일청(日淸), 일로(日露) 양대 전역(戰役)의 원인은 조선 문제 그것이 핵심이 되고 있지 아니했느냐. 다시 말하면 조선 문제가 없었다면 양대 전역이 발생되지 아니하였을 것이다. 만일에 태평양문제라는 것이 일, 미, 중 3국간의 중요문제가 되어가지고 있다면 이것이 국제적 문제가 되고, 만주몽고문제(滿蒙問題)가 장래 태평양문제를 야기하는 도화선이 된다고 하면, 그 중에도 만주문제라는 것이 장래 태평양문제를 일으키는데 출발점이 된다고 하면 더욱 조선 문제의 중요성이 느끼어지는 바이다. 이 점에 있어서 조선의 세계적 지위는 어떠한 방면으로 보든지 세계의 어떠한 약소민족 그것보다도 가장 중대한 관계를 가지고 있다는 것을 느끼는 바이다.

장래 일로(日露), 일중(日中), 일미(日美) 간에 있어서 여하한 문제가 발생한다면, 그리고 그것이 국제적으로 여하한 문제로 전개된다면 조선의 세계적 지위는 실로 중대하다고 느끼어진다. 조선의 세계적 지위는 과거에도 중요하였거니와 현재에도 미래에도 더욱 중대하다. 세계 어떠한 약소민족의 그것은 조선의 세계적 지위에 미치지 못한다.

30

세계대세와 조선의 장래

동광(東光), 제3권 6호, 1931년 6월

만일 오늘날 조선의 장래를 의논하고저 할 것 같으면 오늘날의 조선이 과거의 조선과 달라서 모든 정세가 세계적 조선이 된 이상 먼저 세계의 대세 또는 사조의 동향이 어떠한 방면으로 추이하는가 하는 것을 명확히 파지(把持)치 아니하면 조선의 장래를 예측할 수 없을 것은 물론일 것이다.

그뿐만 아니라 일보(一步)를 진(進)하여는 조선민족이라는 자체가 과거 문화적 생활에 있어서, 민족적으로 어느 정도까지 그 능력을 발휘하였는가 하는 것에 대하여 역사를 참조하여 정확한 관념과 자신을 파지(把持)치 아니하면 또한 그 장래를 논단하기는 불가능한 일이다. 이러한 의미에 있어서 먼저 조선민족의 문화적 능력을 역사적으로 소구(溯究)하고 또한 조선과 뗄 수 없는(不可離) 환경, 정세를 세계적으로 통관치 아니하면 조선의 장래가 여하히 진전될가 하는 결론을 단안하기가 어려울 것이다.

조선민족이 과거 역사적으로 보아서 완전한 문화적 능력을 가졌다 하는 것은 세계의 학자가 공인하는 바 다시 췌언(贅言=군더더기 말)을 불요할 것이다. 그러나 고구려, 신라, 고려로부터 이조의 말엽에 이르기까지는 모든 문화가 특수한 일변화를 일으키지 못하였으니 원래 동양문화 자체가 가족제도주의와 봉건제도의 사상의 영역 내에서 탈출치 못한 것이 그 중대한 원인이다. 그러므로 우리는 과거 동일한 규범으로 역대왕조가 변천하게 된 사실에 있어서는 특별히 쓸 것이 없다. 한번 문예부흥과 프랑스의 대혁명으로 인하여 민권자유의 세계적 사조가 도도히 동양정국을 범람하게 됨을 따라서 조선반도도 정치적으로 문화적으로 수천년이래의 대변동과 대개혁을 일으키게 된 것은 거짓 아닌 사실이다.

그러나 세계적 문화에 뒤떨어진 감이 있는 것은 현하 세계문화의 원천인 구미의 동양에 대한 지리적 관계가 중대한 원인을 만들게 한 것이다. 해양적으로 수입된 구미의 문화는 일본의 유신을 만들었고 대륙적으로 수입된 구주의 문화는 중화대륙의 차단으로 인하여 근대에 있어서도 조선의 세계문화에 접촉이 가장 지둔(遲鈍)하였던 것이다. 이것이 곧 지금부터 60년 전의 갑신정변의 개혁운동을 일으키게 한 것이다. 물론 갑신정변의 개혁운동이 특수계급에 국한되었고 또는 실패로 돌아갔지마는 조선사회에 중대한 파동과 영향을 일으킨 것만은 확실한 사실이다. 이 사조가 한말 60년을 통하여 혹은 독립운동이 되고, 혹은 헌정운동이 되고, 혹은 사회개혁운동이 되고, 혹은 신교육 보급운동이 되어서 일진일퇴의 형세를 일으키게 된 것도 과거의 사실이다. 이것은 독립협회, 자강회, 대한협회, 각지방학회의 발흥 등등으로 보아서 이것을 증명할 것이다. 그러나 이 모든 운동이 잠기잠멸(暫起暫滅=잠시 일어나고 잠시 후 소멸함)의 형세에 그치게 된 것은 민중의 완전한 각성을 토대로 한 것보다 일부 지식계급의 운동에 기인되었던 것이다.

 그러나 경술의 대변혁으로 인하여 잠재되었던 민족적 의식이 더욱 첨예화하게 되고 또는 보통교육의 보급으로 인하여 민중적으로 세계적 문화와 사조를 완전히 보급감수(普及感受)하였다. 이것이 곧 기미운동의 발단이 된 것이다. (이하 생략)

31
불타(佛陀)의 근본정신에 귀의하라

불교(佛敎), 1931년 7월호

나는 평소부터 불교에 대하여서는 다만 호의만 가졌을 뿐으로서 그 근본적 뜻에 깊이 들어가서까지 온오(蘊奧)한 교리를 안다고는 할 수 없으나 그러나 또한 일찍이 흥미를 가지고 보아오던 교단이었던 만큼 노상 거기에 대한 희망과 사견이 없지도 않다. 그러므로 이하(而下)에 비록 개괄적이나마 교단에 대하여서나 교정에 대하여서나 사회사업에 대하여서의 나의 관견을 대강 말하여 보겠다.

첫째=교단(敎團)에 대하여 나의 생각하는 바를 말하여 볼 것 같으면 원시불교 시대에 있어서도 원래 불교는 이중교단으로서 승가야중(僧家耶衆)이라 하면 사대부중(四大部衆)이라고 하여 비구, 비구니, 우바새(優婆塞), 우바니(優婆尼)로 나누어가지고 비구, 비구니로 말하면 반드시 독신생활자로서 불교의 정신과 학리만을 연구하여 교단의 몸(體)이 되어가지고 종풍(宗風)을 거양(擧揚)한다, 일반 신도를 교화한다 하여 법공양(法供養)으로써 자기네들의 사명이라 하였고 우바새(優婆塞), 우바니(優婆尼)는 곧 불교의 정신 하에 사회의 실생활 속에 들어가서 사농공상의 제기관내에서 생활을 하는 이들로 비구, 비구니들에게 법공양(法供養)을 받는 대신에 그네들에게 물질로써 공양구(供養具)를 바치게 되어 교단의 쓰임이 되어가지고 이론을 실제화하는 이들이었다. 그러므로 재래에 우리도 불교라 하면 곧 산간에서만 은거하여 초현실적 종교로만 알았더니 내가 감옥에 있으면서 불교에 대한 서적을 읽어보는 동안에 불교가 그렇게 초현실적 종교가 아니오, 도리어 즉실주의(卽實主義)의 종교인 것을 절실하게 깨달았다. 그러므로 우리 일반 사회인으로도 과거의 불교를 배척하여 산간종교로만 알고 일반적 오해를 가졌던 진부한 관념만은 비우고 보아야만 될 것이라고 생각한다.

동시에 불교 교단 자체에서도 스스로 처결할 문제는 재래의 승려단을 분열시켜서 단호히 이사양판(理事兩判)의 승려의 행위까지라도 명백히 하지 아니하여서는 안 될 것이다. 이판승려(理判僧侶)는 어디까지든지 계행(戒行)이라든지 지덕을 겸수(兼修)하여서 일반 신도들에게도 의범이 되도록 되어야 할 것이며 사판승려(事判僧侶)에 있어서도 역시 개인문제이지마는 종교인으로서 기피할 만한 것은 될 수 있는 대로 근신하여 사회에 오해가 없도록 노력하지 아니하면 또한 안 될 것이다.

둘째=교정(敎政)에 대하여서는 역시 사판(事判)이라 하여 일단 사무에만 주목할 것이 아니라 교계가 어떻게 해야 진흥 발전이 될까를 관찰하여 첫째 고승대덕을 극력으로 옹호해서 교계의 정신 집중에 노력하며 법맥을 계승하는 점도 크게 우려하여 혜명(慧命)을 이을 적극적 방침을 취하지 아니하면 될 수 없을 것이다.

셋째=사회사업에 관하여서는 방금 학교를 경영한다, 포교소를 설치한다, 유치원을 경영한다 하여 많은 노력을 다함은 고맙게 생각하는 바이나 원래 사회사업에 대하여서는 타교의 하는 방침을 많이 참작함이 좋을 것이다. 결코 남의 모방이 아니라 그밖에 길이 따로 없다면 비록 남이 먼저 행하였다고 그 길을 아니 갈 수 없을 것이기 때문이다.

그리고 도대체 크게 우리 조선의 제방면(諸方面)을 관찰한다면 너무도 종교적 수양이 부족한 것이 우리 민족의 전반적 결함인 것이야 식자면 다 수긍 아니할 수 없을 것이다.

신앙심은 모든 것을 이기고 남는 것이기 때문에 나중에는 생사 문제까지라도 그리 어렵게 보지를 않는다. 그러므로 공리적 방면으로만 보아서도 종교적 신심이 그 얼마나 사회적 혜의(惠義)를 가지고 있는지 모른다. 과거에 우리 조선은 유학사상에 너무 그릇 중독이 된 소이로 죽음이라 하면 그만 암흑에 돌아가고 마는 것 같이 생각하여 죽음에 대한 공포심으로 말미암아 사람의 근기와 의지를 여간 약하게 하지 않았다. 그러나 종교로 인하여 자기사명에 순사(殉死)하면 천당이나 혹은 극락세계에 꼭 간다는 신심으로 말미암아 얼마나 사람의 순절(殉節)하는 미덕을 배양시키는지 모른다. 이 점은 철학이나 도덕이나 법률이 종교에 미치지 못함이 크다.

나는 그만큼 종교에 대한 기대가 많고 또 특히 불교에 대하여서는 이상의 몇몇 가지 조건에 대한 촉망이 크다는 것을 말하여 둔다.

32

만보산(萬寶山)사건에 대하여

동아일보, 1931년 7월 5일

주: 이 글은 한국근대명논설 66편 중의 하나로 선정되어
1967년《신동아》지 신년호 별책부록으로 간행되었다

1

만보산 충돌 사건을 단순하게 중국인의 조선민 압박이라고 떠들어대는 것은 심히 생각이 깊지 못한 짓이다. 좀 더 냉정·침착하게 사태의 진상을 포착하고 그 이면에 잠재한 여러 가지 미묘한 관계를 조용히 관찰한 뒤에 판단을 내려야 한다. 하물며 이 사건을 곡해하고 무고한 중국 재류민에게 폭행을 가하는 등의 일이랴.

백보를 양보하여 일의 잘못됨이 전혀 그들에 있다고 가정하더라도 그것을 계기로 하여 조선 재류의 중국인에게 보복적 폭행을 가하는 것은 일방 민족적 금도의 결여를 폭로하는 것인 동시에 일방으로 사태를 더욱 분규케 하고 자타의 손실을 확대하는 것뿐이다. 재외의 동포가 위난에 있다는 보도를 듣고 이를 염려하고 그들을 위하여 돕고자 하는 생각이 있음은 동포의 뜨거운 사랑을 표현한 것이라 할 것이나, 그 방도를 잘못하고 그 목표를 어그러뜨

린다 하면, 본래의 목적을 달성하지 못할 것이니 어찌 삼가지 아니하랴.

작금 간에 인천과 경성 등 각지에서 생긴 불상사는 실로 통탄할 일이다. 동포 제위의 냉정하고 현명한 태도를 다시 촉구하고자 한다.

2

만주 조선인의 문제는 오지(奧地)와 만철연선(滿鐵沿線)과를 구분하여 두 가지로 볼 필요가 있는 것은 우리가 여러 번 말한 바다. 다시 말하면 오지의 농민 문제가 단순히 조선 농민 대 중국관민(中國官民)의 문제인 것의 반대로, 철도연선의 문제는 여기다가 일본 경찰력까지 가합한 삼각 문제가 되는 것이다. 이번 만보산 문제로 말하면 바로 이 둘째의 경우가 분명하다. 이미 일·중 양 경관대의 충돌이 있는 것을 보아 의심 없는 길이오, 따라서 금일에 와서는 문제의 중심이 중국인의 조선 농민 압박에 있다는 것보다도 일·중 경관의 충돌이라는 사실로 이전되었다 함이 사실일 것이다.

자세한 정보가 없으매 확실하게 판단을 내리기 어렵지마는 금일까지의 보도에 의하여 보건대, 원래 만보산 개간사업은 전하는 바에 의하면, 일·조·중·러 4개 민족의 합자로서 중국인 지주와 계약하여 수전개척(水田開拓)을 목적으로 생긴 일대 기업이라 한다. 이 기업가들의 손으로 2백여 명의 조선 농민을 이주케 하고 관개를 위하여 수로를 개척한 것인데, 수로개척 시에 중국인의 토지를 침범한 것이 분규의 시작이라 한다. 그리하여 결국 항쟁의 대상은 중국인 지주 대 기업가 간에 일어날 것이나, 현장에서 수로 개간에 종사하고 있는 것이 농민이매 자연의 형세로 조·중 양 농민이 대치하게 된 모양이다.

이 점에 있어서 먼저 우리는 중국의 당국자에게 항의할 것은, 이주 농민 200은 사실상으로 애매하다고 하는 것이다.

문제는 단순히 기업가 대 중국 관청의 문제일 것이요, 소작농인 조선 농민은 하등의 직접 책임이 없는 것이다. 사태가 악화하게 되매 일본 영사관의 보호를 원한 것도 물론 그들 기업가일 것이며, 그리하여 마침내 양 경관대의 정면충돌까지 보게 된 것이다. 그러므로 양방 농민의 충돌은 그 여파에 불과하다고 볼 것이며, 사태에 대한 이해가 불충분한 맹목적 행동이라고 볼 수밖에 없다.

3

이와 같이 미묘한 관계를 가지고 있는 이 사건에 대하여, 경솔히 사태를 과장하고 항쟁을 확대케 하는듯한 언사를 함부로 함은 쌍방의 감정을 도발할 뿐으로 하등의 이익이 없는 일이다.

우리의 관심처는 오직 2백의 농민동포다. 한 두 기업가의 무모한 행동으로 인하여 애매하게 피해를 받는 그들의 애매함을 철저히 주장할 것뿐이다. 이에 대하여 조선인은 조선인의 입장에 있어서 신중한 대책을 수립할 필요가 있거니와, 오직 크게 삼갈 것은 사건의 진상을 알기도 전에 경솔히 행동한다거나 또는 문제의 정곡을 혼동 오인하여 화근을 장래에 남기지 않도록 크게 주의할 바다.

33

이천만 동포에게 고합니다.

민족적 이해를 타산하여 허무한 선전에 속지 말라.

동아일보, 1931년 7월 7일

주: 이 글도 앞의 '만보산사건에 대하여'와 한 묶음으로
한국근대명논설로 선정되었음.

1

　만보산 2백 명 동포는 안전하고 평안합니다. 지금 만주와 그 밖의 중국 땅에 있는 우리 동포들은 무사하고 편안합니다. 중국 백성들은 지금 우리 동포들에게 손을 댄 일이 없습니다. 그리고 만주 기타 중국에 있는 우리 동포들의 가장 간절한 소원은, "국내에 있는 동포들이 중국 사람들에게 폭행을 말아 달라" (어제 상하이 특전 참조) 하는 것입니다.

　동포여, 우리가 조선에 와 있는 중국사람 8만 명에게 하는 일은, 곧 중국에 있는 100만 명 우리 동포에게 돌아옴을 명심하십시오. 그리고 즉시로 중국 사람을 미워하고 그들에게 폭행을 가하는 일을 단연히 중지하십시오.

2

　동포 여러분은 만보산에 있는 2백 명 동포의 생명이 위경에 든 것처럼 생각하고, 또 어떤 악의를 가진 자의 생각인지는 모르거니와, 그 2백 명 동포가 학살을 당한 것처럼 아는 이도 있는 모양이나, 이것은 전혀 무근지설입니다. 무뢰배의 유언비어입니다.

　또 조선 안에서도 조선 동포가 중국인에게 학살을 당하였다는 풍설을 돌리는 자가 있다고 하거니와, 이것은 더구나 말도 되지 아니하는 거짓말입니다.

　이 모양으로 무근한 유언비어를 돌려 이웃한 두 민족 사이에 틈을 내며 또 성군작당(成群作黨)하여 아무 죄도 없는 이웃나라 사람의 생명과 재산을 파괴하는 것은 진실로 민족을 해치는 폭민이오. 난민입니다. 우리는 이러한 무리를 민족의 죄인이라고 아니할 수 없습니다.

　중국은 현재 100만의 조선 동포가 우접해 사는 나라요, 또 이 앞에도 그와 가장 밀접하고 친선한 관계를 유지하는 것이 조선민족 백년의 복리를 위한 것이어든 무책임하고 일을 좋아하는 자의 헛된 선전에 미혹하여 인천·경성·평양 등지의 대참극을 일으킨 것은 조선민족의 명예에 영원히 씻기 어려운 누명이 될뿐더러 중국에 있는 백만 동포의 목에 칼을 얹는 것이니 이런 통탄할 일이 어디 있겠습니까.

　동포여! 정신을 차려 앞뒷일을 헤아리십시오. 악의를 가진 무리의 헛된 선전을 믿어 여러분이 생명보다도 더 사랑하는 민족의 전도에 칼과 화약을 묻는 일을 하지 마십시오.

3

비록 백보를 사양하여 만주에 있는 동포가 중국 사람들에게 폭행을 당하였다고 가정하더라도, 우리가 조선에 와 있는 중국 사람들에게 보복함으로 조금도 이로움이 없을뿐더러, 도리어 핍박받는 동포의 처지를 더욱 곤란하게 할 것이 아닙니까. 중국 땅에 있는 조선 동포가 핍박을 당한다는 소문을 듣고 우리가 이렇게 분개할진댄, 우리 조선 사람이 조선에 있는 중국 사람에게 폭행한 소문을 들으면 중국 사람들이 중국에 있는 조선 동포들에게 얼마나 분한 마음을 가지겠습니까. 또 인도상으로 보더라도 호떡장수, 노동자 같은 중국 사람이 무슨 죄이길래 우리가 그 생명과 재산을 위협하겠습니까. 이것은 도무지 불합리한 일이요 민족의 전도에 크게 해를 주는 일이니, 거듭 말하거니와 이러한 선전을 하고 폭동을 하는 이는 조선민족의 적이라고 하지 아니할 수 없습니다.

동포의 뜨거운 민족애와 굳센 민족의식을 이용하려는 검은손이 여러 가지 탈을 쓰고 각 도시에 횡행하는 모양이니 선량하고 민족을 사랑하는 동포여! 삼가고 서로 경계하실지어다.

34

기미년과 그 이전

동광(東光), 제3권 10호(총26호), 1931년 10월호

　말할 수 없습니다. 그래도 말할 수 없소. 천도교와 야소교 사이에 서서요. 그것도 어떻게 되어서 세상에 어떻게 전하여진 것이라고 진상을 말할 수 없습니다…. 그렇지 않소? (하고 옛날의 활동을 추억하고 악착한 현실에서는 말 못하겠다는 듯한 씨의 심사는 기자의 상상뿐이 아닐 것이다. 기자는 자연히 말머리를 돌릴 수밖에 없었다) 그때 나는 중앙학교에 선생(교장)으로 있었습니다. 그러니까 더구나 어떻게 말할 수 있습니까. 그때의 일반민중의 인심이요? (묻는 기자가 실수다. 그때야 조선이 합방된 지 불과 10년, 두 사람이 만나도 새나 쥐가 없나 하여 음성을 낮추던 시절이다) 그때는 천지가 음울하고 음산한 기운이 들고 있었습니다. 사상의 통일이 그때의 가장 중요한 조건이었지요. 사상의 통일. (하고 다시금 입에 놓이는 그 사상의 통일이라는 것은 온 조선사람이 조선을 사랑한다는 민족주의사상을 가르침이다 - 기자 주)

　현재 나로서는 이 문제에 대하여 더 말할 수 없소. 다른 이 보고 부분적으로 물어서 종합해 보시오.(기자는 방향을 전연 전환하여 씨의 학생시대를 물었다. 만세이전의 추억이 능히 만세당시의 씨의 활동을

추측하는 데 한 재료가 될 줄 안 까닭이다)

우리가 처음에 동경에 유학을 하던 때는 유학생이 한 100명이나 되었을까, 좀 더 되던 것 같습니다. 대한흥학회(大韓興學會)라는 것이 있었지요. 그 '한(韓)'자가 합방에 없어지고 7, 8년 후에 학우회(學友會)라는 것이 생겼소. 학지광《學之光》은 누구지요? 처음에 우리가 시작하고 김병로(金炳魯) 씨가 편집 겸 발행인이었던 것 같습니다. 창간사도 내가 썼지요. 1, 2호 난 후에 학우회로 넘겼다고 기억됩니다 (이런 것을 쓰지 말라는 것을 다 쓴 글 작성의 책임(文責)은 물론 기자에게 있다)

35
《신동아》 창간사

신동아(新東亞), 1931년 11월호

조선민족은 바야흐로 대각성, 대단결, 대활동의 효두(曉頭)에 섰다. 사업적 대활동의 전구(前軀)는, 사상적 대온양(大醞釀)은 민족이 포함한 특색 있는 모든 사상가, 경륜가의 의견을 민족 대중의 앞에 제시하여 활발하게 비판하고 흡수케 함에 있다. 이러한 속에서 민족 대중이 공인하는 가장 유력한 민족적 경륜이 발생되는 것이니 월간 '신동아'의 사명은 바로 이것에 있는 것이다. '신동아'는 조선민족의 전도의 대경륜을 제시하는 전람회요, 토론장이요, 온양소(醞釀所)다. 그러므로 '신동아'는 어느 일당 일파의 선전기관이 아니다. 명실공히 다 같은 조선의 공기(公器)다.(하략)

36

각계 인사들의 멘탈테스트(설문)

동광(東光), 제4권 제1호(총27호), 1932년 1월

응답 동아일보 사장 송진우

1. 세계적 전황(錢慌) 회복 -- 경제상황이 너무 혼잡하니 추측할 수 없소. 회복되는 날 회복되겠지요.
2. 중국의 완전통일 -- 중국국민이 완전히 각성하고 민족적으로 결사적 태도를 가지는 날에.
3. 조선사람 잘 살 날 -- 조선이 완전히 자각하는 날이겠지요.
4. 연애와 상대자 -- 별로 없습니다.
5. 운동과 오락 -- 운동은 별로 없소. 오락은 산보, 담화, 신문, 잡지.
6. 한약과 양약 -- 한약은 수십년 경험방이니까 어느 정도까지 믿고, 양약은 학리적으로 된 것이니까 물론 믿습니다.
7. (부득이하여) 약함.
8. 나의 할 유언 -- 생각해 본 일이 없습니다.
9. 비밀 한 가지 -- 말하면 벌써 비밀이 아니겠으니 비밀을 어떻게 말하오?

10. 내생과 인과응보 -- 현세도 믿기 어려운데 어떻게 내세를 믿습니까. 그러나 현세에 있어서 인과응보를 믿습니다.

37

노력전진 갱일보(努力前進 更一步)

동아일보, 1932년 1월 1일

1

새해가 온다. 질주하는 시간은 새로이 다시 우리네 2천만을 환기하는구나. 세계를 진감(震撼)하는 성난 파도 속에 동요(動搖)·곤폐(困弊)·경악(驚愕)·난경(難境)의 일년은 예기(豫期)와 희망의 새날에게 자리를 사양하고 물러앉는다.

오는 한 해는 과연 세계인이 갈망하는 해결과 안정의 신시대를 가지고 오는가. 그렇지 아니하면 난경은 다시 난경을 낳고 풍운은 다시 풍운을 토하여 저지할 바를 모르는 역사의 전환이 분마적(奔馬的) 속력으로 진전하려는가. 인류사회는 자칫하면 문명의 고삐를 졸라 잡지 못하고 대파문(大波紋)의 국면에까지 단숨에 굴러들지 아니할까. 이것이 현대인의 의구(疑懼)요, 고민이요, 공포다. 이것은 그러하려니와 돌이켜 우리의 고민은 그 무엇일 것이며, 그들의 희망은 또한 그 어디서 구할 것이냐. 사상의 격랑이 사면으로 우리 심경을 두드리고 이웃들의 제각기 살려는 활동이 우리의 안계(眼界)를 활기 띠게 할 이때에 우리는 무엇으로써 새해의 부름에 응하여야 할까.

2

우리가 원기 없으니 원기를 진작함도 좋다. 우리가 용력(勇力)이 부족하니 용력을 단련함도 가할 것이다. 우리가 단결력이 약하니 단결을 굳게 함도 필요하다. 우리가 소극적이라면 좀 더 적극적이 되자. 우리가 쇄침(鎖沈)하였으면 좀 더 능동적으로 움직이자. 우리가 신념이 엷었으면 좀 더 확고한 신념을 파악하자.

그리하여 이 모든 것을 통괄하고 이 모든 것의 전제로서 한마디로써 신년의 결심을 나타내자 하건대 오직 '일보'의 고귀한 가치를 파지(把持)하자 한다. 이 무엇을 말함이냐. 물러나 지키매 일보를 사양치 아니하며, 나아가 취하매 일보를 전심(全心)으로서 취하자는 것이다. 질식하는 퇴영적 분위기 속에 악전고투하는 사람에게 있어서 이 일보의 가치의 정당한 파지야말로 만세 반석의 강루(强壘)며 이 일보 또 일보의 불굴적 진취(不屈的 進取)야말로 바위를 가르는 나무 '엄'의 위대한 힘이다.

3

그렇다. 세계는 한 걸음씩 전진한다. 모든 동요와 반동에도 불구하고 그 행보는 능히 저지할 자가 없을 것이다.

경제적 곤란은 일층 그 혹심도(酷甚度)를 가하고 있다. 모든 위정가들의 '국민적', '거국일치적', '긴급적' 필사 노력에도 불구하고 실업은 증가하고 통상은 감축되며 개인의 빈곤과 국가재정의 간난은 아직도 그 부활의 전도가 묘연할 뿐이다. 마치 가혹한 채찍에 천리를 달린 역마와 같이 어떤 자는 이미 곤피(困疲)하였고 어떤 자는 바로 곤피의 순간에 도달한 듯하다. 이 여파는 본래부터 곤궁한 조선의 농촌이 아니라 농촌의 조선을 엄습하여 거의 부활의 여지를 의심하리만치 대중적 생활을 곤로(困勞)하게 하였다. 이것이야말로 재작년의 세계문제며, 작년의 세계문제며, 금년의 세계문제다. 이야말로 조선의 당면한 모든 문제 중에 가장 중요한 문제인 동시에 가일층 우리의 노력 정진으로써 국면의 타개를 요구하는 바이다.

4

정치적 갈등과 산업의 정지 상태로 신음하는 구주의 백색인이나, 내란과 기근에 고초를 겪는 아세아의 황색인이나 세계 어느 구석을 물론하고 인류 스스로 다스리지 못하는 문명의 고질은 백일하에 그 추태를 폭로하고 있다. 황금국 아메리카에도 실직자가 거리를 메우며 빈곤의 인도(印度)가 순교적 수난에 헐떡거린다. 그러나 우리는 믿는다. 이 시대는 노력 분투에 의하여 진전한다는 것을. 인류가 하루, 한 해, 한 세기에 진취하는 일보의 전진이야말로 역사상 영구한 기념탑으로 남는 것이다. 세계는 확실히 나아간다. 조선도 확실히 나아간다. 일약 구천(九天)의 야욕을 가지고 볼 때는 초조도 하려니와 꾸준한 노력으로 백년의 대계를 내다보는 자 일보의 무쌍한 가치를 크게 깨달을 것이다.

5

과연 우리는 지나간 한 해에 일보를 전진하였는가. 그렇다. 확실히 우리는 나아갔다. 수난 중에 있으되 그 수난과 그 인내를 통하여 우리의 의식은 일층 견고하여졌으며, 그 난중에 있어서 대중의 각성은 일층 철저하다. 엄동의 빙설이 두터웁되 새로이 움트는 생명의 씨는 자라고 있나니 그 나아감이 더디다 하여 이를 근심할 것이냐. 오직 한 걸음 한 치의 걸음이 곧 인류사회의 대행진곡에 있어서도 그 역사적 사명을 충실히 하는 까닭인 것을 알 뿐이다. 우리는 한 걸음을 귀히 여기자. 한 걸음의 진취를 금일의 의무로 하여 새로 맞는 한 해에다 노력 전진 또 한 걸음 지보(地步)를 꾸준히 쌓아 나아가자.

38

경제봉쇄 실현 가능성

동광(東光), 제4권 3호(총31호), 1932년 3월

(설 문)

1. 대일본경제봉쇄는 실현될까?
2. 미국이 단독으로 할까? 열국이 연합으로 될까?
3. 만일 실현된다면 그 실행방법 여하
4. 일본의 대책 여하
5. 그 효과 또는 영향 여하
6. 조선에 미치는 영향 여하

열국(列國)이 연합하여 일본에 대해서 경제봉쇄를 단행하겠다 구요? 그것은 그렇게 안됩니다. 여러 가지 이유가 있겠지만 만일 경제봉쇄를 한다고 할 것 같으면 일본이 받는 손해가 오직 큽니까. 일본이 그 손해를 예상하고 열국이 연합하여 국제연맹규약 제16조를 적용하기까지 행동을 하지 않을 것입니다. (동아일보 사장 송진우 담)

국민당 정부 의연계속

동광(東光), 제4권 4호(총32호), 1932년 4월

1. 중국은 이번 만주사건과 상하이사변으로 인하여 인명과 재정상 기타 여러 가지로 거대한 손실을 보았지마는 정신상으로는 그렇지 않다고 생각됩니다. 중국은 국민당과 광동파(廣東派), 공산당과의 대립, 군벌 간의 알력, 기타 여러 가지로 내쟁(內爭)이 많고 통일상 큰 문제였었는데 이번 사건으로 말미암아 일층 긴장한 자각을 일으키고 따라서 중국 진로에 많은 영향을 주리라고 믿습니다.
2. 중국은 중국 자신의 힘으로야 그 기초를 공고히 할 수 있겠지요. 정치상으로 보면 역시 친미, 친영의 경향을 가질 것입니다.
3. 국민당 정부가 계속될 것입니다. 왜 그런고 하면 만일 공산당이 성립된다면 그것은 자본주의국가 전부의 적이니까 그렇게 되게 두지 않을 것이오, 국가주의당이 갑자기 권력을 쥐게 되리라고도 생각되지 않습니다. 역시 4, 50년의 역사를 가진 국민당정부가 계속될 것이오, 그것이 국가주의당의 색채를 띠게 될지도 모릅니다.
4. 중국 국민의 태도 여하에 의하여 결정될 문제입니다. 중국 국

민이 자각하고 일치단결하여 선처하면 국제 관리나 분할이 안될 것이오, 그렇지 않으면 어떠한 운명에 이를지 모를 것입니다.

(인터뷰, 기사작성에 관한 책임은 기자에게 있음)
(송진우 담, 문책재(文責在) 기자)

무풍적인 현하 국면타개책

- 문화운동과 소비운동에 주력 -

삼천리(三千里), 제4권 4호(총25호), 1932년 4월

기자 = 오늘날과 같이 침체된 민족운동의 국면을 새로이 건전하고 활발하게 타개하자면 어떠한 방략을 취하여야 하겠습니까. 물론 우리들이 논의하자는 범위는 합법 운동에 한할 것이오, 그 방략도 현재 이 단계에 있어 필요한 그 점만을 취급하자는 것이올시다.

송 = 침체된 국면을 타개할 방략이 꼭 있지요. 그것은 제1착으로 또한 기준적으로 먼저 전 민족의 역량을 한곳에 뭉쳤다 할 강력한 중심 단체부터 결성시켜 놓는데 있지요. 그것이 없이는 정치운동이란 있을 수 없습니다. 어느 개인 개인끼리 백날 애쓴대야 그것이 무엇이 되겠습니까. 오직 전 민족의 의사를 대표한 큰 단체를 통한 운동이 없이는 방대한 정치운동이란 일어날 수 없는 것이외다. 그런데 현재 우리 사회에는 이런 종류의 정치운동 단체가 아직 없다고 봅니다.

기자 = 그러면 그 중심단체의 결성이 가망이 없다고 보십니까?

송 = 굉장히 어려운 일로 압니다. 지금 현상으로는 중심단체가

만들어지기가 썩 어렵습니다. 그러니까 우리에게는 정치운동이 용이하게 있어지리라고 관측할 수 없습니다.

기자 = 그 이유로는?

송 = 중심단체가 이루어질 가능성이 없는 첫 이유로 조선 사람의 이상이 통일되지 못하고 분열되어 있는 점이외다. 한쪽에는 민족주의가 성하고 한쪽에서는 사회주의가 있고 또 한쪽에는 무슨 주의 무슨 주의 하여 대소, 장단, 정반, 이합이 도무지 잡연(雜然) 불일치합니다.

그러니까 비록 결사를 이루어 놓았다 할지라도 그는 필연적으로 분열될 소인(素因)부터 내포하고 억지로 된 것이지요. 그래서 밤낮 내홍(內訌)이 일고 성장이 없다가 필경에는 그 수명이 길지 못하고 말지요.

기자 = 어찌해서 반드시 그러리라고 관찰하십니까?

송 = 신간회(新幹會)가 최근에 우리에게 보여준 가장 좋은 예이지요.(중략)… 자 보시오. 무슨 일을 하자면 우리들에게는 강력한 어떤 한 편이 엄연히 임박하여 있지 않습니까. 그에 대한 대책에 우리의 지혜와 힘을 다 부어야 할 터인데 이와 같이 내분이 일어나서야 오히려 그 내치(內治)하기에 바빠서 무슨 일이 이루어질 틈이 생기겠습니까. 누가 무슨 일을 한다면 그것을 싸고 덮어주는 것이 아니라 벌써 검사나 판사와 같이 조목조목 치켜들고 비판하고 추궁하고 질문하고 검토하기에 분주합니다. 이것은 전혀 사상이 불일치한데서 나오는 폐해이지요.

기자 = 그러면 그 사상의 불일치를 제거하려면?

송 = 오직 민중의 자각과 문화 정도가 향상되어야 하지요.

기자 = 다음으로 중심단체가 이뤄지지 못하는 둘째 이유로는?

송 = 유지(有志) 유력한 인사들이 자중부동(自重不動)하는 이유도 있겠지요.

기자 = 탄압이 무서워서일까요?

송 = 아니지요, 아직 무용한 희생을 피하기 위해서지요. 즉 현하의 분규(紛糾)된 사상 관계와 또는 복잡한 주위환경의 사정이 많겠지요.

기자 = 그러면 민족운동의 금후의 코-쓰는 어떠하여야 하겠습니까?

송 = 정치운동의 기본운동을 함에 있지요, 그 준비운동으로 문화운동을 부득이 일으켜야 하겠지요.

기자 = 문화운동이라면?

송 = 교육기관을 충실히 하고 신문, 잡지 강습회를 통하여 지식을 계몽시키고 또 소비조합, 협동조합운동을 일으켜서 경제적으로 지탱하여 나갈 길을 열어주어 그래서 문화적, 경제적으로 실제적 훈련을 하여야 되겠지요.

기자 = 그밖에는 또 길이 없겠습니까?

송 = 현하의 환경에 있어서는 더 할 말이 없습니다.

기자 = 무슨 운동을 일으키는데도 그렇겠고 무슨 국면을 타개하는데도 그렇겠지만 첫째, 단체, 둘째, 지도자, 셋째, 돈이 필요하지 않습니까? 그런데 단체 결성에는 선생의 뜻을 알았습니다만은 둘째의 지도자 문제는 어떻게 보십니까? 최고통제기관에서 민립대학 같은 것을 하루속히 재건하여 획일적 인재부터 양성하여 내놓는 것이 급무가 아니겠습니까?

송 = 물론 필요하지요. 그렇지만 민립대학이 용이하게 되겠습니까?

기자 = 김성수 씨가 다시 한 번 철석같은 결심을 갖고 궐기하여 준다면 밖에서도 그 사업을 능력 성원하여 완성시킬 수 있지 않겠습니까?

송 = 김성수 씨도 그런 생각이야 있겠지요. 그러나 그의 생각이 아직 공표되지 아니한 이상 나로서 무어라 말할 수 없습니다.

기자 = 셋째로 자금은? 지금 이렇게 가상할 수 있을 줄 압니다. 김성수(金性洙), 최창학(崔昌學), 박영철(朴榮喆) 등 제씨가 수백만 원의 신탁회사를 만들어서 금융조합, 식은(殖銀=식산은행의 준말이고 산업은행의 전신), 동척(東拓=동양척식주식회사의 준말), 기타 자금업자의 손으로부터 전선 각처의 토지가 싼값으로 마구 방매되어가는 이판에 그 땅들을 전기 신탁회사에서 사들이거나 구조방법을 열어주어서 그 농작물을 통하여 항구적 돈을 만들 수 있지 않겠습니까? 또 한편으로는 조선 농민의 경제파멸을 막아주기도 하고.

송 = 자본가의 이해가 일치한다면 그도 가능하겠지요. 그렇지만 돈 있는 사람들도 서로 입장이 다르고 이해가 불일치하니까 실현되기 어려울걸요.

기자 = 북미 이승만 박사는 돈을 얻기 위하여 연전에 큰 상선 여러 척을 사들여가지고 세계 각지로 돌아다니며 통상을 하고 싶다는 계획이 있었다고 들었습니다만은 어쨌든 특이한 방책이 있어야 하지 않겠습니까? 아일랜드에서는 과학자를 시켜서 금광을 많이 발견 채광하여 그것으로 자금을 썼다고 하지 않습니까?

송 = 그러나 그 점이 그렇게 기우(杞憂)할 거리가 아니리라고 보여집니다.

41

자유권과 생존권

삼천리(三千里), 1932년 4월호

자유권과 박애평등

　인류문화의 진보는 자유권 발전시대로부터 생존권 확충 시기에 들어섰다. 하나는 18세기의 프랑스혁명을 중심으로 세기벽두의 러시아혁명을 비롯하여 점차로 그 조류가 파급케 한다. 요컨대 19세기를 자유권 발전의 전성시대라면 20세기의 벽두 지금부터는 생존권 확충의 전력 시기라 할 것이다.
　대개 인류로서 자유권이 없으면 철저히 개성의 능력을 발전할 수 없으며 또한 생존권이 없으면 협동적 최고 문화를 완성할 수 없을 것이다. 이 양대 권리의 확충 발전에 의하여 어시호(於是乎) 인류사회에 평화의 서광이 조림(照臨)될 것이며 또한 최고의 문화가 완성될 것이다. 언제든지 인류의 역사는 순환이 아니라 진화이다. 과거 19세기의 극단적으로 발전된 자유권이 정치적으로는 모든 개혁을 단행하였으나 경제적으로는 생활상 기회균등을 파괴하였으며 계급적 관념을 도발케 한 것이 사실이었다. 이곳 자유발전권의 여폐(餘弊)를 광구(匡救)하기 위하여 자연적으로 사회 최후의 생존권이 절규되게 된 것이다.

　그렇다고 양대 사상이 호상 충돌되고 당착이 되는 것은 아니다. 당초에 정치적으로만 기회균등을 절규하던 세계인류는 일전하여 경제적으로도 그 사회균등의 필요를 각성한 까닭이다. 그러므로 이 양대 사상은 새의 양 날개와 차의 두 바퀴와 같이 호상제휴가 되어 발전하여야 될 것이다. 자유권이 없는 곳에 개성을 확충할 수 없으며 생존권이 없는 곳에 평등적 문화를 완성할 수 없을 것이다. 요컨대 문제는 자유권의 병적 발전, 곧 불합리 무절제한 자본주의를 저주할 뿐이다. 다시 말하면 과거 봉건시대에 특권계급인 무사귀족의 수중에 장악되었던 정치적 권리가 자유권 발전에 의하여 일반 민중에게 균포(均布)된 것 같이 현대의 자본계급의 독점된 경제적 권리가 생존권의 각성에 의하여 평등적으로 분배될 것도 필지의 운명이다. 이렇게 보면 자유권은 정치적 생존권이며 생존권의 경제적 자유권이다.

　봉건시대에 있어서 생존권이 없고는 경제적 자유를 보장할 수 없을 것이다. 그러므로 우리가 자유권에 있어서 배척코자 하는 점은 박애평등의 대 이상을 무시하는 불합리 방종적인 소유욕이며 또한 생존권에 있어서도 상호부조의 원칙을 이탈하는 농단적 이기심인 태만성을 폐기치 아니하면 아니될 것이다. 봉건시대의 무리한 신권설(神權說)이 정치적 자유사상의 발전을 조해한 것과 같이 현대인의 착오된 소유욕의 관념이 얼마나 경제적으로 생존권의 확충을 방지하게 된 것을 알 것이다.

그러므로 우리는 박애평등의 전제하에서는 자유권과 생존권이 표리가 될지언정 배치는 되지 아니할 것이며, 병행이 될지언정 상패(相悖)가 되지 아니할 것을 단언코자 한다.

우리는 전란(前欄)에서 자유권과 생존권이 그 관계가 표리가 되고 그 발단이 선후가 될지언정 인문발달의 도정에 있어서 또한 박애평등의 이상에 있어서 그 출발점이 동일한 것을 단언하였다. 그러나 현하의 실제적 사정에 대조하여 보면 자유권의 극단적 발전이 경제상으로는 세계대중의 생존권을 위협하는 동시에 모처럼 얻었던 정치적 자유권까지 유린하게 된 기현상을 발견하였다. 이것이 과연 어떠한 모순이며 어떠한 당착인가를 철저히 검토할 필요가 있는 줄로 믿는다.

원래 자유권이라면 언론자유, 출판자유, 집회자유, 신교자유이 모든 자유를 의미하는 것이다. 이것이 다 프랑스혁명 당시의 인권선언서에 의하여 천명되었고 또한 그 후 속출된 각국의 헌법으로 확보되었다. 그러나 박애평등의 대 이상은 다못 정치적 자유 곧 형식적 자유에만 표현되었고 그 이면에 있어서 실제적 자유 곧 경제적 방면에는 하등의 철저한 보장이 없었던 것이 사실이었다. 이것은 박애평등적 대 이상의 자체적 결함보다는 프랑스혁명 당시에 이 이상을 고조하였던 혁명군이 그 입장과 환경이 중산계급의 밑바닥에 잠재된 까닭이었다. 이리하여 과거의 특권계급에 부속되었던 모든 자유를 사회적으로 정치적으로 해방되며 보장하면서도 경제방면에 이르러서는 의연히 자기네의 입장과 환경에 편리하도록 노력하였었다. 이곳 소유권 보장은 곧 자본의 옹호이다. 자본과 노동이 대립된 사회에서 자유의 경쟁을 허하면 자본주의가 그 세력을 전횡할 것은 물론이다. 어째 그러냐 하면 자본은 선천적이오 노동은 후천적이다. 그러므로 경쟁의 출발지가 벌써 수평선에 서지 아니할 것은 지자(智者)를 부득(不得)하여도 가지(可知)할 것이 아닌가?

어찌하여 출판, 언론, 집회의 모든 자유가 사적 권리가 아니오. 공적 권리인 이상에 어찌하여 특별히 소유권만이 사적 권리에 부속할 이유가 있는가? 이 지구는 인류의 공유물이다. 공유물인 이상에는 공동으로 개척하여야 할 것이며 공동으로 관리하여야 할 것이다.

이를 구획하며 이를 사유하는 것은 정의의 패려(悖戾)며 인도(人道)며 반역이다. 하물며 현재의 문화의 총화는 전 인류의 공동작품이다. 그러므로 그 문화의 향락은 공수(共受)하여야 할 것이다. 이에서 사회의 연대적 책임감이 생기며 평등적 관념이 발생하며 노동숭배의 진리가 존재할 것이다. 그리고 보면 개인으로 사회에 대하여 최소한도에 있어서 최후의 생존권을 주장할 이유가 자임(自任)하며 사회에서도 각개의 생존을 확보할 의무가 고유할 것이다. 어시호(於是乎) 박애평등의 대 이상이 실현될 것이다. 정신적으로 각개의 자유권을 보장하는 것과 물질적으로 각개의 생존권을 보장하는 것이 그 원리에 있어서 하등의 차이가 있으랴!

민족운동과 사회운동

그러면 민족운동과 사회운동의 관계는 여하한가. 근대사를 살펴(按)보면 전자는 자유권운동으로 그 서막을 열었고 후자는 생존권운동으로 그 단서를 발생하였다. 그러므로 그 대항하는 방면이 무력 혹은 자본, 정신 혹은 물질의 차이는 있으나 그 해방의 정신에 있어서는 모두다 자유권과 생존권의 발동인 것은 거짓없는(不誣) 사실이다. 그러나 우리는 자유권을 요구하는 민족운동이 생존권을 아울러 주장하게 되고 또한 생존권을 주장하는 사회운동이 아울러 자유권을 주장하게 된 것을 간파치 아니하면 아니될 것이다. 어째 그러냐 하면 최초의 민족운동은 강대민족의 무력정복에 의하여 그 전통과 자유를 유린하며 무시한 결과 그 정복에 반항하며 적대하는 것이었었다. 그러므로 고대의 정복은 '주기군적기민(誅其君吊其民)'한다는 것이 정략이었었으나 근대에 들어와서는 소위 선진국가의 자본주의의 성숙됨을 따라서 그 정략이 일변하여 일층 교묘하고 악랄하게 된 것이 사실이다.

이리하여 정복보다 회유며 위압보다 착취이다. 다시 말하면 착취하기 위하여 정복하는 것이며 회유하기 위하여 위압하는 것이다. 이것이 무력적 정치적 정복이 경제적 자본적 정복으로 변환된 것이 아닌가. 보라, 현대의 정복된 약소민족으로 자유의 고통보다 생존의 위협이 얼마나 비참한가. 인도의 국산운동과 중국의 관세문제가 모두 그 무엇을 의미하는 것인가?

혹은 정복국가의 식량문제를 위하여 혹은 자본국가의 상공업의 판로와 원료를 위하여 약소민족의 고혈은 거의 극단의 빈혈증에 걸리게 된 것이다. 이리하여 약소민족들은 대부분이 무산군이며 그 중에 극소수의 자본주의의 삼대지주인 자유 교통 금융의 보호가 없는 자본계급도 조만간 무산군의 운명에 몰입될 것은 명료한 사실이다. 이에서 정복의 원한에서 자유를 부르짖던 민족운동도 거연히 생존권까지 절규하게 된 것이 아닌가.

약소민족이 반드시 민족적 감정을 가진 것이 아니라 다못 민족적으로 압박과 착취를 당한 까닭이다.

그다음에 현대자본주의의 발전을 따라 대규모의 산업기관이 성립되었다. 기만 기천만의 남녀노약(男女老弱)이 우마적(牛馬的) 노역을 아침부터 저녁까지 계속하여 그 누명(縷命)을 근보(僅保)하는 중에서 그 생산의 대부분의 이윤이 고금유수(高襟遊手)의 소수계급의 횡령이 되는 동시에 생사질병에 자기들의 생존적 보장이 없는 무상한 운명을 자각하게 되었다. 이에서 다수로써 소수를 대항하며 단결로써 전횡을 견제하려 하는 것이 이 곧 선진사회의 운동의 현상이다. 이리하여 혹은 조합운동으로 혹은 동맹파업으로 혹은 폭력으로 그 봉망(鋒鋩)을 노출하게 되었다. 물론 폭력으로써 최후의 승리를 득(得)하여 전 세계를 경이케 하였던 노농 러시아도 없지는 아니하나 기회와 환경이 다르며 또한 그 사회의 문화정도에 따라서 합리적 운동의 경향이 유행하는 것도 거짓없는 사실이다. 영국의 노동당 내각과 일본의 무산정당의 출현은 다 이것을 의미하는 것이 아닌가. 그러고 보면 합리적 운동에는 단결이 필요하고 단결의 완성에는 조직이 필요할 것이다.

이어서 그 단결을 계획하고 그 조직을 완성하는 전제로 또한 자유권이 필요할 것도 물론이다. 다시 말하면 생존권을 주장할 만한 자유가 있어야 할 것이다. 그러므로 사회운동에 있어서도 자유권을 아울러 주장치 아니하면 아니 될 것이다. 하물며 인성의 근본에 있어서 자유와 생존이 아울러 필요한 것이랴.

현대의 생존권의 보장을 득(得)한 적로대중(赤露大衆)의 불평이 아니고 무엇인가. 이상실현의 과도시기에 있어서 독재와 전제가 불가피할 현상이나 그 조직을 완성할 때에 대중의 자유보장이 또한 문제가 될 것이다. 이로 보면 자유사상에서 출발된 민족운동이 생존권화하여 가고 생존의식에서 사회운동이 자유권화하여 가는 것이 현하의 대세라 한다.

우리는 크게 반성(猛省)하자

사람으로서 자유권이 없으면 우상이며 노예다. 다시 말하면 인격의 내용은 자유의사가 중요한 요소이다. 보라! 이 지구 위에는 세 가지 현상이 있다. 한 가지는 무의식적으로 피동적으로 동이서전(東移西轉)하는 목석이 있으며 또 한 가지는 의식은 있으나 목적이 없이 타력의 발동에 의하여 좌견우인(左牽右引)되는 동물이 있다. 그 다음에는 의식적으로 자동적으로 어떠한 목적을 향하여 자기의 운명을 자기가 개척하려는 인류가 있다. 이곳 인류가 만물의 지배자가 되며 우주의 주인공이 된 까닭이다. 그러면 우리는 무의식적으로 이전되는 목석이 아니며 또한 타력에만 의하여 준동하는 짐승도 아니다. 적어도 피가 있고 눈물이 있고 또한 그 중에도 가장 영묘한 자유적 심리를 가진 사람이다.

어찌하여 사람으로서 무의식의 존생(存生)을 허(許)하며 또한 타력적 준동을 자인(自認)하랴. 차라리 자유를 구하여 얻지 못하면 죽음을 구하여 얻을 것이다. 이 곧 사람이 사람된 본령을 발휘하는 것이 아닌가. 자유 없는 곳에 행복이 없으며 환희가 없으며 향상이 없으며 발전이 없는 것이다.

아! 자유, 자유, 오직 이 인류의 신상(神象)이며 우리의 생명인 것을 철저히 맹성(猛省)하자. 그러나 불합리한 자유는 왕왕히 평등을 파괴하며 정의를 무시한다. 그러므로 생존권의 보장을 기조로 하고 내용으로 하는 자유가 아니면 특수계급의 전횡방종(專橫放縱)을 조장할 뿐이다.

독일 철학자 칸트는 말하였다. 동양에 있어서 가장 완전한 인격의 소유자는 군주뿐이라고. 이것은 고대의 군주가 독재와 전단으로 만인의 자유를 유린하여 써 일개인의 횡포방종(橫暴放縱)을 여하히 자긍(自矜)하였던 것을 알 수 있지 아니한가. 그러므로 완전한 자유는 평등에 있고 평등의 기조는 생존권 보장에 있을 것이다. 생존권이야말로 평민문화의 토대가 될 것이며 핵자(核子)가 될 것이다.

생존권의 보장 없는 곳에 아표(餓莩=굶어죽은 송장)가 생기며 절도가 나타난다. 인류사회에 아표(餓莩)와 절도가 계속되는 날까지는 만인평등의 자유와 평화를 보지(保持)할 수 없을 것이다. 그러고 보면 우리가 새 생명을 개척하고 새 문화를 수립하는 전제로 철저히 생존권의 보장을 절규치 아니하면 안될 것이다.

형제여, 우리는 현대문명에 뒤진 사람들이다. 이러므로 심각한 비애가 있고 심각한 비애가 있으므로 철저히 분발하여야 하겠다. 과거 18세기로부터 20세기 벽두에 이르기까지 프랑스를 비롯하여 전세계에 파동되는 자유의 이상도 우리에게 있어서는 일장의 환몽이며 20세기 벽두의 러시아를 비롯하여 제창된 생존문제로 우리에게 있어서는 아직도 관념의 유희에 불과하다.

자유가 없고 생존의 보장까지 없는 우리가 어찌하여 살잔 말인가. 우리의 앞에는 위압의 태산이 흘립(屹立)되었고 우리의 뒤에는 아표(餓莩)의 심연(深淵)이 전개되었다. 그러나 우리는 사람이다. 사람인 까닭에 착산통도(鑿山通道)도 할 수 있고 벽해상전(碧海桑田)도 변할 수가 있을 것이다. 미국인 에머슨은 말하였다. 인류의 문명은 심력의 발전이라고. 과연 그렇다. 우리의 다 못 가진 바는 심력뿐이다. 마음의 힘을 확립하고 마음의 힘을 결합하여 써 이천만심을 일심으로 하여 우리의 목적을 달하기까지 노력하자. 이에 인간미가 있고 또한 인생의 가치가 발휘된다.

41-1

아! 고하 송진우

**김명구(서울YMCA 병설 월남시민문화연구소장),
청년, 통권 58권 10호 30-31면, 서울기독교청년회, 2022년 10월 5일**

주: 이 글은 김명구 박사가 고하의 "자유권과 생존권"이라는 논문을
현대적 시각에 맞게 다시 평석한 것이다.

우리는 무의식적으로 이전되는 수석(水石)이 아니며 또한 타력에 의하여만 준동하는 금수(禽獸)도 아니다. 적어도 피가 있고 눈물이 있고 또한 그 중에도 가장 영묘한 자유적 심리를 가진 사람이다… 차라리 자유를 구하여 얻지 못하면 죽음을 구하여 얻을 것이다. 이 곧 사람이 사람 된 본령을 발휘하는 것이 아닌가. 자유 없는 곳에 행복이 없으며 환희가 없으며 향상이 없으면 발전이 없는 것이다.

1932년 4월. 동아일보 사장 송진우는 잡지 [삼천리]에 "자유권과 생존권"이라는 제목으로 이런 글을 남겼다. 애초부터 자유는 사람의 근본이 되는 강령이고 자유 없는 곳에 행복이 없다는 내용을 덧붙였다. 거기에는 생존의 권리와 자유의 권리가 서로 부딪히는 개념이 아니라 서로 보완이 가능하다는 의식이 들어 있었

다. 정치적 생존권과 경제적 자유권이 나뉠 수 없다는 생각이었고 경제적인 이유로 생존의 절실한 사람들도 자유를 향유할 수 있어야 한다는 주장이었다. 이것은 그가 존경하던 YMCA의 월남 이상재로부터 비롯된 사상이었다. 그는 일본으로 유학을 떠나던 1908년에 YMCA학관에서 영어를 배웠고 도쿄 유학생들의 친목모임의 총무를 하면서 도쿄의 한국YMCA에서 활동한 바 있었다. 또한 1920년 민립대학 설립 기성회에서 월남 선생과 같이 했었다. 송진우의 자유권과 생존권의 합치 주장은 일제의 천황제 이데올로기에 대한 저항이었고 빵을 얻기 위해 수백만의 한국인들이 간도와 러시아로 건너가는 것에 대한 안타까움이었다.

명치시대의 일본은 약육강식(弱肉强食)과 우승열패(優勝劣敗), 자연도태(自然淘汰)의 세계관을 주장했다. 강자의 권리를 인정하지 않고 개인의 천부적 자유나 평등을 요구하는 것은 자연의 법칙을 거역하는 것이라는 논리로 발전시켰다. 명치천황의 시독(侍讀)이었던 카토 히로유키(加藤弘之)이 펼친 이러한 논리 아래 사회진화론은 일본의 정치철학이 되었다. 그리고 '힘이 곧 정의'라는 사상을 가지고 한국을 강점했다. 당연히 한국의 근대 지식사회는 이것을 거절했다. 애국적 이유도 있었고 남다른 민주주의 의식을 갖고 있었기 때문이다.

주자학 전통의 사회에서, 배움의 기회는 모든 사람에게 주어지지 않았다. 또한 인간의 생명이 모두 존엄하다는 의식 아래, 민초들을 찾아가 물질적 대가 없이 병을 치료해 준다는 생각은 박약했다. 그런데 절대자 야웨 하나님 아래 누구나 수평적 존재라는 의식에서 출발한 기독교 병원과 기독교 학교는 한국 사회에 변화와 변혁적 변동을 일으켰다. 절대 왕권에 대한 거절 의식과 인권의 개념이 시작되었고 자유의 문제와 생존의 문제가 하나로 묶여있다고 믿게 되었다. '2·8독립'을 주도했던 도쿄의 유학생들이 러시아와 볼셰비키혁명에 대해 긍정적 시선을 보냈던 것도 러시아의 공산사회주의가 자유권과 생존권을 동시에 해결한 민주주의 사상이라고 착각했기 때문이다.

1920년 4월 1일 『동아일보』가 창간되었을 때, 초대 주간인 만 26세의 장덕수, 도쿄의 한국YMCA 간사를 지냈던 그는 한국이 민주주의를 신봉해야 한다고 소리를 높였다. 그리고 민주주의가 자유, 평등의 인류 보편적 가치이고 세계 모든 나라가 추구해야 될 핵심가치라고 피력했다. 그때 그는 민주주의가 정치적 자유뿐만 아니라 "노동 본위의 협조주의" 등이 포괄되어 있다고 확신했다. 정치적 영역뿐만 아니라 경제적 영역까지 확장, 곧 자유권과 생존권이 합치되어 있다고 본 것이다.

자유권과 생존권의 합치 의식은 YMCA가 특별히 이상재가 이끌던 흥업구락부계를 통해 적극적으로 수용되었고, 구체적으로 "경제민주주의"로 표현되었다. YMCA의 이론이었던 사회복음주의(Social Gospel)의 구조와 다를 바 없었기 때문이다.

사회복음주의는 미국에 경제적 양극화가 절정을 이룰 때 시작되었다. 예수의 가르침이 사회에 그대로 실천되어야 한다고 믿었다. 빈민문제와 노동문제에 대해 교회가 직접 나서야 한다고 촉구했고 공평한 이익의 분배를 주장했다. 사회복음주의자들은 '하나님 나라'가 하늘에 머무는 것이 아니라 사람이 사는 땅에 나타나야 한다고 피력했다. 죄의 본질을 '이기심'으로 규정했고, 이를 극복해야 누구나 자유와 공평함을 누릴 수 있다고 믿었다. 하나님의 피조물인 인간에게는 당연히 이러한 사랑을 실천할 의무가 있다고 믿었기 때문이다.

해방이 되면서, 한국의 명제는 '독립국가의 건설'로 바뀌었다. 필연적으로 갈라진 남북 모두에게, 독립 국가의 이념, 운영 방식, 새로운 정치체제를 어떻게 실현하고 완성해 나가느냐 하는 과제가 주어졌다. '국가'가 중심 개념이 되면서 치열한 갈등과 대립이 전개되었다.

처음부터 한민당은 지주와 친일의 집단이라는 의도적 공격을 받았다. 박헌영 등은 한민당 주역들이 일제에 굴복했거나 협력했다며 물고 늘어졌다. 좌익계 신문들도 적극 가세하고 나섰다. 친일로 분류될 수 있는 인사들은 14%에 불과했고 박헌영의 조선공산당계보다도 적었음에도 그렇게 낙인찍으려 했다. 그렇지만 친일문제에 흠이 없던 송진우가 주도했기 때문에, 공세는 컸지만 국민들의 동조는 좌익계의 기대만큼 크지 않았다.

송진우의 한민당은 영미식 민주주의를 주장했지만 미국식의 일방적인 자본주의 경제 체제를 따르지는 않았다. "민주주의는 경제에도 적용되지 않으면 안 된다"며 "경제민주주의"와 "토지개혁"을 선포했던 것이다. "대자본, 대지주에 통제정책을 써서 근로 계급의 생활을 보장"하겠다는 발상으로 소작농을 비롯한 근로 대중의 생활이 안정되어야 온전한 민주주의를 이룩할 수 있다는 확신이었다. 그래야 유토피아를 외치며 공세를 펴던 공산주의를 막을 수 있다고 보았다. 한민당 내부에 지주 출신들이 적지 않았음도 그는 이 주장을 밀고 나갔다.

1946년 7월, 미군정은 "미래 한국정부의 형태와 구조(Type and Structure of a Future Korean Government)"를 주제로 서울 시민 8,476명을 상대로 여론조사를 실시했다. 여기에서 응답자의 13%만 자본주의를 지지했고 80%가 사회주의와 공산주의를 지지했다. 공정한 경제 분배의 문제가 시대적 요청이었던 것이다. 송진우는 그것을 예지하고 있었던 것이다.

1945년 12월 송진우가 정치 헤게모니를 잡으려던 집단에 의해 암살되었다. 이들에게 통일된 민족국가에 대한 주장은 있었지만 신생 독립국가의 이념과 정체성이 어떠해야 하는지에 대한 고민은 없었다.

송진우 이후 한민당의 초기 설립의 이념과 정체성은 변했고 구성원은 바뀌었다. 영미식 민주주의는 부르짖었지만, 더 이상 "경제민주주의"를 주장하지는 않았다. 적지 않은 YMCA와 원세훈이나 김약수 등 사회주의자들이 한민당을 떠났던 이유이다. 이후, 한민당이 지주와 친일의 집단이라는 좌익의 의도적 공격은 더욱 기승을 떨쳤고, 공산주의자들은 적지 않은 성과를 얻었다.

그러나 송진우의 "경제민주주의" 주장은 이승만의 농지개혁, 1963년과 1967년 윤보선의 대통령 선거 공약으로 나타났다. 1987년에 새로 개정된 헌법 119조 2항에도 새겨졌다. 현금에 와서는 한 정치인에 의해 "따뜻한 보수"로 표현되기도 했다. 인간에게 본래부터 자유권과 생존권이 합치되어 있다는 YMCA의 이론이 송진우를 통해 그렇게 각인된 것이다.

《신가정》 창간사

신가정(新家庭), 1933년 1월 창간호

주: 오늘날《여성동아》誌의 전신인《신가정》의 창간사이다.

　우리는 진실한 의미에서 가정생활을 갖지 못한 사람들입니다. 그러고도 이 사실에 관심하지 아니합니다. 그러나 가정이란 것이 사회적으로 어떠한 의의와 가치가 있는 것인 줄을 깨달을 때 우리는 비로소 이 가정문제를 중대시 아니할 수가 없게 됩니다.
　가정생활의 불완전이란 것은 그 결과가 단순히 가정생활 그것에만 그치는 것이 아니고 그 불행의 남은 물결이 그대로 사회생활에까지 밀려 점점 걷잡을 수 없는 큰 현상을 지어내고야 마는 것입니다. 그러므로 우리사회가 남의 앞에서 떨쳐나지 못하고 남보다 기름지지 못한 것을 생각할 때에는 하나 둘이 아닌 여러 가지 연유를 말하게 될 것이지마는 그 위에 무엇보다도 사회의 기초를 지어 있는 이 '가정'의 모든 문제를 제시하지 않으면 안 될 것입니다.
　새 사회를 만들자, 광명한 사회를 짓자 하는 것이 우리의 다시없는 이상이라 할 것이면 먼저 그 근본적 방법인 점에서 새 가정을 만들고 광명한 가정을 지어야만 할 것입니다. 그러면 어떻게 하는 것이 우리의 가정을 새롭고 광명하게 만드는 것일까? 이것이 우리의 긴급히 해결하지 않으면 안 될 중요한 문제 중에 하나라고 생각합니다.

물론 여기에는 인격문제, 교육문제, 경제문제, 취미문제 등 여러 가지 세분할 이론이 있는 것입니다마는 전체적으로 보아 각각 그 책임에 전력을 다해야 할 것만은 거듭 말할 필요가 없는 일인 줄 압니다. 그런데 가정문제의 모든 책임이야 그 가정의 전원이 다 가지고 있는 것이지마는 그중에도 특별히 주부된 이가 가장 그 무거운 짐을 많이 지고 있느니 만큼 우리는 가정 문제를 생각할 때 누구보다도 먼저 주부된 이를 목표로 하지 않을 수가 없습니다.

혹 세상이 가정주부의 지위와 그 사회적 가치를 잘못 인식하여 남자에 대한 한 개의 종속적 존재로만 말하는 이가 있으나 그는 결코 그렇지 아니합니다. 만일 '조선'이라는 사회를 2천만이라는 개인 분자를 떠나서 생각할 수 없는 것임이 분명하다 하면 꼭 같은 이론으로 450만이라는 가정 분자를 떠나서도 설명할 길이 없을 것이 물론입니다. 한 가정이 새롭고 광명하고 정돈되고 기름지다고 하면 그것은 그 개인 그 가정만의 행복이 아니라 그대로 조선사회 조선민족의 행복으로 볼 것입니다. 그렇거늘 어찌 주부의 지위와 그 가치를 예사로이 말할 수 있겠습니까. 우리는 조선사회의 새로운 건설을 꾀하는 그 방법으로 여러 가지를 생각할 수 있는 동시에 이 가정문제라는 것을 중대시하는 의미에서 이 <신가정>을 발간케 된 것입니다.

내용에 있어 가정의 실제문제와 그 상식, 자녀의 교육과 그 방법 등 가정주부의 필수 지식을 전하는 것이야 물론 그밖에도 각 방면의 상식을 구비케 하고자 하는 이 모든 의도가 필경은 지식적, 실제적으로 가정을 향상시키려 하는 한 뜻에 있을 따름입니다.

사회에 대한 본지 발행의 미충이 얼마만큼 클지 적을지는 우리의 지금 점칠 일이 아니오. 다만 이 충심에서 주저 없이 첫 발걸음을 내닫을 뿐입니다마는 이에 임하여 만천하 여러분의 도움과 바로잡음이 끊이지 말아주시기를 삼가 바랍니다.

43

억센 조선, 굳건한 민족

신동아, 권두언, 1934년 3월호

쏘콜 운동은 체코슬로바키아 민족을 살려 낸 기초가 되고 원동력이 되었다. 육체적으로 쇠약한 민족은 정신적으로 건전하기를 바랄 수 없으며 위대한 문화를 창조하리라고 기대하기 어려운 일이다.

조선민족도 옛날 그 위명을 중외에 날리던 시절에는 조선민중의 체격 또한 건장했었음을 볼 수 있다. 불행히도 이조 500년의 문약과 침체는 조선민족으로 하여금 육체적으로 퇴잔(退殘)케 하는 동시에 그 불가피적 결과로는 민족문화 전반에 걸쳐 퇴보를 보게 만들어 놓았다. 이것을 생각할 때에는 실로 통탄을 마지아니하는 바이다.

조선에서 새로이 스포츠 열이 왕성히 일어나기 시작한 것은 실로 최근 수 십 년간의 일이다. 이 짧은 동안의 노력이나마 헛되이 돌아가지 않고 이 양 3년간에 이르러서는 그 결실을 나타내기 시작하여 조선인 스포츠계도 그 방면에 있어서 국제적 활약을 보기에 이른 것은 실로 경하할 일이오 또 기뻐할 일이다. 그러나 아직도 한 가지 유감인 것은 조선 스포츠계가 두셋의 국제적 선수를 내놓았음에 불구하고 일반적 민중보건체육의 보급은 아직도 전도요원한 감이 있는 것이다. 이 점은 특히 조선 스포츠계에 종사하는 선각자 제위들의 각성을 촉구하는 바이다. 두세 명의 국제적 선수도 귀하지 않은 것이 아니고 어렵지 않은 것이 아니지마는 민족 무궁의 번영을 꾀하는 데는 그것보다도 대중의 보건문제가 더 한층 시급한 것이다.

민족적 보건체육의 보급을 촉진하는 원동력을 얻기 위하여는 무엇보다도 먼저 전조선 체육단체의 통일을 갈망하는 바이다. 전조선을 돌아보아 거의 동리마다 체육을 장려함으로 목적을 삼은 체육단체들이 임의 조직되어 활동하고 있는 것을 우리는 볼 수가 있다. 그러나 유감된 일로는 그들 단체가 아직도 모두 분산되어 있어서 아무런 통일, 아무런 연결도 서로 없는 일이다. 국제적 선수까지 낸 사회에서 한 개의 통일된 체육단체조차 없다는 것은 실로 부끄러운 일이다.

<신동아>는 이번 스포츠 특집을 발행함에 제(際)하여 조선체육단체 통일안을 제안하는 바이니 삼천리에 널린 각 체육단체로부터의 공명이 있어지기를 바라는 바이다.

끝으로 이천삼백만 민중 앞에 삼가 올리고자 하는 말은 체육계뿐 아니라 우리 민족의 생활 전반에 있어서 오직 스포츠맨십 정신을 굳게 파악하고 스포츠맨십으로써 생활의 지표를 삼기를 바라는 일이다. 개인적으로나 민족적으로나 스포츠맨십을 잃지 않아야 그 장래가 촉망되는 것이다.

억세게, 굳세게, 쾌활하게, 남보다 나으려고, 이기려고, 그러나 스포츠맨답게, …이러한 건실한 생활을 목표로 다 같이 돌진하기를 간절히 희망하는 바이다.

44
이 강산 이 민족

신동아, 권두언 제4권 7호, 1934년 7월호

　인류문화의 발원이 산악과 강하에 있음은 다시 말할 것이 없거니와 조선의 상하 반만년에 걸친 길고 긴 민족문화사를 개천(開闡)하려 할진대 또한 역내의 산천을 먼저 알아야 하고 또 그것이 곧 문화사 그것임을 볼 것이다.

　단군으로부터 부여로, 한(韓)으로, 숙신(肅愼)으로 고구려(高句麗)로, 신라(新羅)로, 가야(伽倻)로, 백제(百濟)로, 말갈(靺鞨)로, 발해(渤海)로, 고려로, 금으로, 여진으로, 만주로, 조선으로, 조선민족에 관계된 모든 역사가 다 산악과 강류를 근거로 하고 태반으로 하고 또한 동시에 무대로 하고 거기서 발전하지 아니한 것이 없다.

　고대뿐만이 아니라 역사를 통하여 금일에 이르기까지 실상 따져보면 산악과 강하 그것이 일체의 추기(樞機)가 되고 일체의 요소가 되고 일체의 생분(生分)이 되어 문화의 큰 덩어리를 운행시키고 발육시키고 소윤(蘇潤)시켜 온 것이다.

　실로 산악은 조선민족의 신앙적 대원불(大願佛)이오 강하(江河)는 조선문화의 지식적 대사장(大師匠)이라고도 볼 것이다.

　풍우에 꺾인 나무 산상에 쓰러진 거기 그 밑에서도 엄숙한 조선 문화의 부분 부분을 확실히 보는 것이오, 파랑의 파낸 흙이 갯가에 밀린 거기 그 속에서도 구원한 조선정신의 구절구절을 분명히 듣는 것이다. 그러므로 산이 다만 산이 아니며 강이 오직 강이 아니어서 그것은 그대로 역사의 출발점이자 비기(祕機)요, 문화의 입문이자 보고이다. 그리하여 조선의 산악과 강류를 더듬지 않고서는 거기 끼쳐진 조선민족의 신앙 습상(習尙) 내지 학문, 예술, 정치 등 일체의 문화적 본원(本源) 및 특질을 알 길이 없는 것이다.

그러나 현대의 조선인은 산천순례 또는 산천연구의 열과 성이 끊기어 저절로 민족의 역사와 문화를 무잡(蕪雜) 속에 그냥 버리매 회명(晦冥)한 채 그 발천(發闡)할 기약이 아득해지고 말았다. 이렇게도 이에 대한 용의가 없고 관심이 끊긴 것은 그 결과를 적은 대로 멈추지 아니하고 자가의 정신과 현실 그 생활의 전체에 영향을 파급한 것임을 본다. 스스로 불충불의(不忠不義)하고 불친불실(不親不實)함이 이에서 더할 수 있으랴. 그러므로 우리는 먼저 조선본래의 문화를 정돈수립(整頓樹立)한 연후에라야 정명(正明)한 인식을 얻어 그 나아갈 길을 찾으리라고 보는 것이다.

이제 경염(庚炎)을 당하여 학창과 기타 업무를 잠깐 버리고 휴양하는 때에 친히 이 산악을 답파하고 이 강하(江河)를 섭진(涉盡)함으로써 조선문화의 근기(根基)와 색태(色態)를 체인(體認)하기를 희원(希願)하는 본의(本意)에서 우리는 조선산수(朝鮮山水) 특집호를 간행케 된 것이다.

이것이 잡지인 만큼 그 전모를 설진(說盡)키 어려움은 무론(毋

論)이나 간단한 소개 중에서도 소득이 있을진댄 그로써 행(幸)을 삼고자 한다.

45

장제스(蔣介石) 장군이 대통령 됨이 '동양대세(東洋大勢)'에 좋을까?

삼천리(三千里), 1936년 4월호

<설문>

　최근 난징(南京)의 장제스(蔣介石) 정권을 한 개의 지방정권으로 보려는 경향이 있는 반면에 장정권(蔣政權)이야말로 서남, 동북까지 실질에 있어 호령하고 있다고 보는 경향도 있다. 통일정권이냐 지방정권이냐 장 장군을 싸고도는 중국 통일문제도 주목거리거니와 과연 장제스 씨가 군사, 행정의 양대 권한을 완전히 수중에 넣어 일국의 원수인 대통령에 오르느냐 하는 것도 몹시 주목을 끈다. 만일 대통령이 된다면 동양대세에 어떠한 이(利) 불리(不利)를 끼치는가. 이것은 인접한 우리네들 동양 제인민의 한번의 검토거리가 아니될 수 없다. (중략)

동양정국에 별무변동<응답>

　장제스 씨가 대통령으로 취임한다고 하더라도 그 세력이 졸지에 증진될 것은 아닌 고로 중국자체나 동양정국에 별로 큰 변동이 있으리라고 생각할 수는 없겠습니다.

독서 잡기(讀書雜記)

학해(學海), 1937년

독서는 인생의 양식이다.

독서를 모르는 사람은 오늘의 세상에서는 아무런 존재조차도 없을 것이다.

나는 인생의 양식으로서의 독서도 퍽이나 즐겨하지만 그저 어쩐지 '책'이라면 무조건하고 사랑하고 싶어 하는 근성을 본래부터 가지고 있는 듯싶다.

책을 사랑하는 마음, 책에 애착을 두는 마음은 내 머리에서 언제든지 떠날 듯싶지 않다. 그러나 내가 타고난 이 천성은 자주 주위에 벌어지는 많은 장해에 부딪치는 때가 많이 있다. 이럴 때마다 나는 더한층 독서에 대한 애착을 느끼게 된다. 나는 어려서부터 책과 씨름하여온 몸이다. 아직도 벌거숭이 6, 7세에 엄부의 슬하에 두 무릎을 꿇고 앉아 종아리를 맞아가면서부터 오늘에 이르기까지 나는 한시도 '책'과 멀리한 때가 없다.

책과 사귀이기 오십년간, 나로서는 비교적 광범위의 서적을 뒤적여 보았다. 재학 시에는 원체 법률과를 전공하였더니 만치 법학에 대부분의 힘을 기울였던 것은 사실이나 자연과학, 수양서적

등에 이르기까지 이모저모로 여러 방면의 책을 보아온 셈이다. 그 중에는 머릿속에 아직까지 남아있는 뜻 깊은 구절도 많이 있고 내 심금을 울리던 위대한 어른의 말도 많이 있었다.

이제 조용히 앉아 독서 오십 년간을 돌이켜보면 대체 네 갈래로 구분해 말할 수 있을 것 같다.

첫째 = 어려서 한문학을 공부하던 때일 것이다. 이때에는 공맹의 유교사상과 사략(史略) 등 중국사에 관한 것들을 읽었으나 한 마디로 말하자면 몰비판적 무저작적 독서방법이었다고 하겠다. 그러나 오늘에 이르기까지 나의 모든 부문의 독서는 이 한학수업의 첫 과정이 가장 큰 도움이 되었고 원동력이 되었다는 것은 지금도 가끔 새삼스러우리 만치 깨닫게 됨이 사실이다.

둘째 = 학교시대인데 중학시대부터 나는 특히 역사학에 많은 관심을 갖게 되어 학교에서 배우는 역사시간도 있지마는 교과서 이외의 역사서적에 많은 힘을 기울였었고 대학시절에는 법학을 전공했던 관계로 법률서적을 주로 보아 왔지마는 사학에도 늘 관심을 갖고 있었다. 그밖에도 문예서적을 또한 숙독하게 되어 톨스토이의 <인생>, <전쟁과 평화> 등은 아직도 숙독하던 그때의 일이 기억에 새로운 바가 많다.

셋째 = 재감(在監)시대를 말하게 될 것이다.

이 시기가 나에게는 가장 조용히 독서에만 마음을 쏠릴 수 있던 시기였다. 또한 머리를 가다듬고 사색과 숙고를 거듭해 볼 수 있었던 때도 이 재감시대라고 하겠다. 이때에 나는 비로소 커다란 공부를 할 수 있었다. 종교에 아무런 지식도 못가졌던 나는 처음으로 기독교와 불교가 어떠한 것인가를 알게 될 기회를 얻게 되었었다.

불경을 통독하였고 구약전서와 신약전서를 모조리 읽을 수 있었다. 나는 여기에서 아직까지 밟아보지 못한 미개의 땅을 비로소 개척하는 듯하였다.

넷째 = 그 뒤로부터 최근에 이르기까지인데 역시 현재의 생활이 생활이니 만치 여러 방면의 서적을 많이 보게 되지마는 주위의 바쁜 일로 말미암아 독서할 틈을 비교적 많이 얻지 못하는 것이 최근의 사정이라고 하겠다. 그러나 틈만 있으면 수양서적도 자주 뒤져보지마는 사학도 펼쳐보게 된다. 그밖에 월간 잡지와 신문 등은 조선에서 나오는 것이나 동경방면에서 나오는 것은 대강 제목만이라도 훑어보게 되고, <중앙공론>, <개조> 등은 비교적 매월 손에 쥐어보게 된다. 나는 오늘날까지 책과 벗삼아오는 동안 지식의 무궁함을 깨닫는 동시에 '책'이란 얼마나 우리 인류문명에 커다란 존재인가 함을 느끼게 된다. 모든 책(서적)은 문명의 모태이다.

문명에로 한걸음씩 달음질치는 오늘의 인류로서 어느 누가 독서를 멀리할 것인가? 책을 사랑하는 마음, 이는 인류생활에 있어서 가장 갸륵하고 아름다운 필원(必源)일 것이다.

47
한시 1수(首)

시욕경인항고벽(詩欲驚人恒固癖)
(시는 사람을 놀라게 하려고 항상 고집하는 버릇이 있으나)
주수병아경다정(酒雖病我更多情)
(술은 비록 나를 병들게 하여도 다시 다정하구나)

(나머지 부분은 잃어버렸음)

48

임시정부 환영사

동아일보, 1945년 12월 19일

　오늘 대한민국 임시정부 제위를 맞이하여 환영회를 개최하게 된 것은 우리 삼천만 민중의 무한한 감격으로 여기는 바이며 또한 이 자리에서 환영의 말씀을 올리는 본인의 무쌍한 광영으로 생각하는 바입니다.

　생각건대 경술 이래 왜적은 이 땅을 유린하고 이 백성을 가학할지라 정부 제위는 사선을 뚫고 원루(怨淚)를 머금은 채 해외로 망명한 지 삼십육개 성상, 우참풍중(雨慘風中)에도 일의초일념(一意初一念)을 굽히지 않고 오직 조국의 광복을 위하여 의연히 혈투 용전하여 왔습니다. 특히 1919년 민족자결의 시국에 따라서 삼천리 방방곡곡에 충일한 독립만세소리에 호응하여 이승만 박사를 초대 대통령으로 추대한 대한민국 임시정부의 수립은 세계에 우리 민족의 존립을 선양하였고 1932년 4월 28일 상하이사변이 종국을 고할 즈음 김구 주석의 용의주도한 지도하에 의사 윤봉길 선생의 거사는 왜장 시라카와(白川)를 위시하여 문무 거두를 폭사 혹은 중상케 함으로써 우리 민족의 성가를 천하에 주지시켰습니다. 어찌 그것뿐이셨습니까. 용략(勇略), 무비(無比)한 의혈단의 활동을 비롯하여 허다한 혁명적 사실은 마디마디 민족투쟁의 역사이었습니다.

우리가 이러한 점들을 상기할 때 김구 주석, 이승만 박사를 위시하여 정부 제위의 우리에게 준 공헌이야말로 실로 절대하다 하지 않을 수 없는 것이며 오늘 삼천만 민중이 정부 제위를 맞아 환호하는 것은 결코 우연한 일이 아니라 생각합니다.

그러나 내외정세를 환시하건대 우리나라는 8월 해방된 이래 독립이 약속된 채 강토는 단절되고 사상은 분열하여 용이하게 통일되고 독립될 기운이 엿보이지 않을 뿐더러 연합국의 분할 군정은 국제적으로 미묘한 동향을 보여서 완전한 자주독립의 달성에는 아직도 전도가 요원한 감이 없지 않나니 정부 제위를 맞이하여 환영하는 이날에 있어서 이러한 보고를 하지 아니할 수 없는 우리는 진실로 유감스럽게 생각합니다.

그러나 사태는 시급한 해결을 요하나니 그 해결방법은 오직 한 가지가 있다고 믿습니다. 1919년 이래 우리 민족의 정치력의 본류로서 신념해 왔던 임시정부가 중핵이 되어서 모든 아류 지파를 구심적으로 응집함으로써 국내통일에 절대의 영도를 발휘하는 동시에 우리의 자주독립의 능력을 국외에 보여서 급속히 연합국의 승인을 요청하지 않으면 아니될 것입니다.

이에 우리는 정부 제위의 정치적 역량과 수완에 기대하는 바 크다 하겠거니와 우리도 정부 제위의 현명한 지도에 협력함으로써 국민으로서 부담하여야 할 실무에 절대로 충실할 것을 맹서하는 바입니다. 무사(無辭)로서 환영사에 대신합니다.

대한민국 27년 12월 19일

49

최후까지 투쟁하자

동아일보, 1945년 12월 29일

국민대회준비회 위원장 송진우 씨 담(談)

우리가 가진 반만년 역사와 지나온 반세기동안 민족 해방을 위한 혈투는 세계 정국에 대하여 조선민족을 완전 해방하여 자주독립시키지 않으면 동양의 진정한 화평을 얻을 수 없다는 것을 교훈하였고 따라서 조선민족은 타민족의 지배나 탁치(託治) 또는 국제공관(國際公管)을 받을 민족이 아니라는 것도 천하가 주지하게 된 사실이다.

그러므로 카이로, 포츠담 국제회의에서도 조선독립을 선언케 된 것이다.

이러한 국제신의를 무시하고 세계사적 발전을 저해하는 조선의 탁치운운은 단연코 배격치 않으면 안된다. 우리는 남녀노유를 막론하고 삼천만이 일인도 빠짐없이 일대 국민운동을 전개하여 반대하지 않으면 안될 것이다. 우리의 정당한 주장을 위하여 이 강토 위에 있는 동지는 피한방울이 남지 않도록 결사적 용투로서 우리가 당당히 가져야 할 민족주권을 찾아야 할 것이다.

고하 송진우의 관계자료집

1

중앙학교 방문기

청춘(靑春), 제8호, 1917년 9월호

주: 어려운 한문 투의 원문을 허권수 경상국립대학교 명예교수가
   쉽게 한글로 풀어준 것임

5월 19일 토요일은 금년에 봄 양복을 처음 입은 날이라 새로 단장한 새 정신을 무엇으로 값을 할까 하다가 새 기운, 새 희망에 둘려있는 교육계의 희망인 중앙씨(中央氏 : 중앙학교를 의인화)를 찾아뵈올 생각으로 진솔 두루마기 바삭거리는 소리에 싸이어 안국동 막바지로 활개치고 갔다.

안현(安峴)에서 별궁(別宮)의 서쪽 담장을 끼고 쭉 올라갔다. 이마가 거의 맞닿을 뻔하여 문득 정신을 차려 눈을 오른편으로 돌려보니, 검정 칠한 담장이 둘렸고 수 백 년 봄바람 가을비를 겪은 우리 전통양식의 오래된 집 몇 채가 유리창 저고리를 입고 있는 것이 있었다. 어딘지 모르게 예쁜 털이 박혀서 보는 이로 하여금 반가운 생각을 내게 하는 이 집이야말로, 비록 옛날 학교라 하나, 그 운명은 새로운 중앙학교 어른이다. 문턱이 닳도록 다녔다고 말할 만하건만, 오늘 걸음이 새삼스럽게 반갑고 새삼스럽게 정다운 것

은 어째서인지?⋯.(중략)

　교감은 차분하여 생각이 깊고 멀어 그 한계를 알 수 없는 송진우 군, 간사는 잘 간직해 온 구슬 같아 가볍게 내보이기를 허락하지 않는 백관수(白寬洙) 군, 늘 봄같이 따뜻하고 팔방으로 두루 원만한 이중화(李重華) 군, 온화한 용모를 손으로 잡을 듯하나 도리어 빠른 칼날처럼 날카로운 유태로(劉泰魯) 군, 중후한 인격에 그 정성이 돈독한 김성집(金聲集) 군, 정채(精彩)가 안으로 쌓여 빛이 밖으로 나타나는 이희준(李熙畯) 군, 둘러보니 모두 구면이라 골고루 인사하였다. 맨 나중에 온화하긴 주옥같고, 영롱하긴 유리 같은 교장 김성수(金性洙) 군을 북쪽 창문 아래 깨끗한 책상 옆에서 발견하였다. 늘 보아도 늘 반가운 온화한 용모에 나 스스로 은근한 예의를 한번 베풀고 나서, 보리차 한 잔에 목을 축여 가면서 새삼스러운 절차로 이 말씀 저 말씀 끄집어내었다.

　군(君)의 모습은 예전처럼 겸허하고 군의 말은 예전처럼 신중하고 요약되어 있다. 물을 부어도 새지 않을 정제(整齊)한 논리와, 바람 불어도 흔들리지 아니할 듯한 확고한 말의 정취(情趣)는 용하게 사람으로 하여금 요령을 얻게 한다. 새로 제정하는 것 같은 여러 가지 운동복의 가슴과 등에 붙일 마크, 모자, 기장(旗章) 등 도안을 점검하다가, 차분하게 훈도(薰陶)의 종지(宗旨)를 말하고, 교풍(校風)의 취지를 말하고, 현대 청년의 장단점과 교육에 있어서의 조장(助長)과 교정(矯正)의 견식(見識)을 토로한다. 투철한 논설에 저절로 수긍하는 뜻을 표하였다.

서류하고 씨름하는 이 군의 주판 두드리는 소리는 우리 문답에 장단을 쳐주는 듯 또닥또닥 또두락.
　"훈육의 종지(宗旨)를 문자로 써서 만들어 놓은 것은 없습니다마는, 한 마디 말로 포괄하자면 '사람' – '쓸 사람' – '아무 데 내놓아도 소용 있을 사람' 만드는 것이 우리 교육방침의 근본취지를 삼는 바입니다. 그릇이 되기만 하면 무엇을 담은들 언짢겠습니까?
　첫째, 사람만 만들어 놓으면, 공적인 곳이나 사적인 곳, 중요한 곳이나 덜 중요한 곳 등 그때그때 가는 곳마다 쓸모 있는 솜씨는 어디를 간들 되지 않는 데가 없을 것입니다. 그래서 전 과정의 모든 취지를 모두 이런 점에서 출발하여 이런 점으로 집결하게 해야 합니다. 가필드의 말인가 합니다마는 '먼저 사람으로 성공하라.'라고 한 것은, 과연 천고(千古)의 의미 있는 말입니다. 중등정도 이하의 교육 요지는, 요컨대 먼저 사람으로 성공시키는 데 있는가 합니다. 사람으로의 성공이 모든 성공인 줄 압니다."
　"옳습니다."(중략)
　교장의 인도로 여러 교실을 돌아보았다.
　이과(理科) 교실을 억지로 빼앗은 제1학년 을반(乙班)은 좁은 방인데 지붕을 달아내어 겨우 교실 모양을 만든 곳이다. 약 칠십 명의 가장 장래가 기대되는 인재들이, 이마가 시원하여 옛날 신선을 뵙는 듯하고 턱 아래 수염은 호염주부(胡髥主簿)[1]란 별명을 들

1　호염주부(胡髥主簿) : 수염이 많은 사람에 대한 별칭. '胡'자는 '鬍'자와 통용되는 글자로, '수염'이라는 뜻이다.

어도 이상하지 않을 이규영(李奎榮) 선생의 조선어 교육을 받는다. 약간 삐뚤삐뚤한 일종의 특색 있는 자체(字體)가 칠판에 소나기처럼 퍼부은 것은 시문(時文 : 현대문)의 교안(教案)인데, "선생님. 자하동(紫霞洞)이 어디에요? 경치가 좋습니까?" "선인교(仙人橋)는 선인(仙人)이 다니던 다리입니까?"하는 글의 뜻에 대한 질문이 사방으로부터 화살 날아들듯 집중하는(矢集) 것을 유창하게 상세히 답변함은 단련되고 숙달된 내공(內功) 때문인가 한다.

돌계단을 내려와서 첫 번째 교실은, 같은 학년의 갑반(甲班)이다. 때 묻은 실험복을 입은 나경석(羅景錫) 선생이, 한 되 크기쯤 됨직한 약병을 앞에서 가지고 긴 것, 짧은 것, 둥근 것, 굽은 것 등의 허다한 유리통 무기로 한참 화학실험의 여러 가지 솜씨를 다 발휘하시는 중에, "콜타르란 것은 석탄 가스를 만들 때 부산물로 나오는 검은 물 반죽인데, 요사이 물감이란 것은 대개 이것으로 만드는 것이야. 원숭이 피처럼 빨간 물감도 거기서 나오고 하늘 빛 같은 파란 물감도 거기서 나오는 것이야. 검어서 보기만 해도 속이 답답한 콜타르란 놈이 물감 만들어 내는 데에는 천변만화 신출귀몰하는 제갈량(諸葛亮) 노릇을 하는 것이야"라고 하며 유리통을 위로 흔들고 아래로 휘두른다.

여기서 ㄱ자로 꺾어 가면 있는 가장 큰 교실은 제2학년, 넓은 방이지만 좁은 틈도 없을 정도로 그득그득한 성황, 번듯하고 질편하여 부귀한 기상이 온 얼굴에 가득한 백관수(白寬洙) 선생의 상업 시간, 상법 제 몇 조 몇 조를 연방 인용하면서 주식회사는 발기인 7인 이상을 가져야 조직한다는 절차를 설명하시기에 입이 바쁘다.

다시 한 모퉁이를 돌아서면 제3학년 교실인데, 온 몸이 모두 XY인 최규동(崔奎東) 선생의 대수시간이나, 공교롭게도 수업시간이 끝나는 때라 명쾌하고 예리한 선생의 독특한 강의를 듣지 못함이 섭섭하다.

여기서 뜰을 건너 있는 옛날 사무실을 변통한 곳은, 제일 높은 학년인 제4학년 교실인데, 송 교감의 서양사 시간이다. 민족 이동이라는 서양 역사상의 대단원을 바야흐로 곡진하게 설명하시는 참이었는데, 무참한 시간을 알리는 종이 선생의 크게 쌓은 실력에 접할 기회를 주지 아니한다.

교실마다 충일(充溢)하면서 진지한 분위기와 생도마다 생동하는 새롭고 예리한 생각은, 잠시 보는 이의 쾌감도 이러하려거든 늘 데리고 훈도하시는 이의 즐거움이야 오죽할까 생각된다. 이 집에 들어오는 족족 가장 기꺼운 것은 이이 저이 할 것 없이 다 하려는 빛이오, 이것저것 할 것 없이 다 하려는 자취임이라.

융희 2(1908)년에 기호학교로 창립되고, 융희 4(1910)년 겨울에 흥사단의 융희학교를 합병하였는데, 그 때문에 중앙학교란 이름으로 일대 약진을 달성하여, 여러 명사들의 협력 하에 위대한 업적을 새 무대에 떨쳐 보려 하였다. 그렇지만 돌아보건대 3, 4년 전에 운수가 막힌 액운은 이 의의 있는 학교로 하여금 거의 어떻게 할 수 없는 미친 물결 속에 빠지게 한 것이 몇 번이었던가? 우리도 남처럼 딱하게 보면서도 어찌하지 못하는 한 사람이었다. 하늘이 학교와 아울러 김기중(金祺中), 경중(暻中) 양씨를 후하게 돌보아 주시어, 이 학교가 이 사람에게 의지하여, 이 학교를 붙들었으니, 이 하나의 좋은 인연이야말로 진실로 이 사람과 이 학교로 하여금 영원히 이 교육계의 이정표가 되게 한 계기였다. 다른 생각 없는 진실한 후진 계도(啓導)의 성의야말로 절대적인 의지와 신임을 천하의 부형들로부터 얻어, 지난 학기의 중학 입학생으로 하여금 앞 다투어 달려오게 하여 오직 닿지 못 할까 걱정할 정도가 된 까닭이니, 누가 감격하여 축하하지 아니하겠는가? 성의가 언제는 보람이 없더냐? 노력이 어디서 값이 없더냐?

이제 한성(漢城 : 서울)의 유수한 형승지(形勝地)인 계산(桂山)의 한 형국(形局)을 차지하여 만호(萬戶)나 되는 장안(長安 : 서울)을 한 눈에 볼 수 있는 새 교사가 바야흐로 주춧돌을 놓는 중이다. 높다란 넓은 집이 서울 성(城) 북쪽에 우뚝 설 날이 아마 머지 아니하리라 생각한다. 거기서부터 나오는 '흘러 흘러 흘러서 쉬움이 없는' 문명의 장강(長江)과 거기다 자리 잡고 '솟아 솟아 솟아서 그침이 없을' 덕업(德業)의 높은 탑을 상상할 때에 그 집이 하루 빨리 이루어지고, 그리하여 많은 조화가 그 안에 담기기를 간절히 바라는 사람이 어찌 우리뿐이랴?

늘 건왕(健旺)하거라! 내 사람 중앙씨(中央氏)여….

2
3·1운동 발발의 개요

현상윤(玄相允), 사상계(思想界), 1963년 3월호 - 舊稿

1910년 나라를 빼앗긴 한국민은 포학한 일정 하에서 눈물을 머금고 망국의 비애를 맛보면서 오직 그 기반을 벗어날 기회가 오기를 고대하고 있었다.

1918년에 제1차 세계전쟁이 끝나고 그 다음해 봄에 파리에서 강화회의가 열리게 되었는데 그 때에 그 회의의 의장이 되는 미국 대통령 윌슨 씨가 휴전조약이 체결되기 전에 즉, 1918년 1월에 강화의 기본원칙으로 하여 소위 14개조의 원칙을 제청한 것이 있었다. 그 중에 모든 민족의 통치는 그 민족의 자결에 맡길 것이라는 조항이 들어 있었다.

이 보도를 들은 한국민은 국내외에 있음을 불문하고 환희작약(歡喜雀躍)하여 우리도 이 기회에 그 적용을 받자고 하여 도처에서 비밀리에 운동이 시작되게 되었다. 그리하여 미국에서는 이승만 씨 외 2명이 한족(韓族)대표로 파리를 향하게 되고 상해에서도 김규식 씨가 재미대표단에 참가키 위하여 역시 파리로 향하고 일본 도쿄(東京)에 있는 유학생들도 독립요구의 선언을 하게 되었다.

그러나 이것은 모두 다 국외에 있는 동포들의 하는 일이므로 그 세력에 있어서 미약하고 그 영향에 있어서 크지 못한 것이었다. 그러므로 국내에서 대규모의 운동이 일어난 후에야 비로소 전 민족의 강력한 독립운동이 될 수 있었다. 이때에 나는 김성수(金性洙), 송진우(宋鎭禹) 양씨와 중앙학교 구내의 사택에 동거하고 있었던 관계로 조석으로 시사를 말하는 동안에 말이 여기에 미치면 3인이 다같이 초조하였었다.

그리하여 국내에서 큰 운동을 일으키려면 먼저 단결력이 있는 천도교를 움직이는 것이 상책이라는데 의견이 일치하였다. 그때에 나는 천도교에서 경영하는 보성중학을 졸업한 관계로 동 교장 최린(崔麟) 씨를 가깝게 상종하던 터라 수차 최 씨를 찾아 천도교의 동향을 타진한 즉 용력할만도 하고 또 최 씨의 의견도 반대하는 기색은 적으므로 그때부터는 송 씨와 동반하여 최 씨를 찾기로 하였다.

그리하여 1918년 11월경부터 시작하여 이후 수개월 동안에 걸쳐 의견교환과 모의를 거듭한 결과 거사를 결행하기로 하고 일변(一邊) 동지를 구하는 의미로 최남선(崔南善) 씨의 참가를 구하는 동시에 다른 일변으로는 천도교의 중진 오세창(吳世昌), 권동진(權東鎭) 양씨와 연락하여 손병희(孫秉熙) 씨의 궐기를 종용하고 있었다.

그리하여 나는 최남선 씨를 여러 차례 방문하였다. 그러나 최 씨는 용이하게 움직이지 아니하였다. 이때 1919년 1월 초순경 일본유학생 송계백(宋繼白) 군이 장차 일본에서 발표하려는 일본유학생들의 독립요구선언서 초고(이광수 작)를 휴대하고 비밀리에 서울에 들어와 나에게 그것을 제시하였다. 송 씨와 나는 그것을 가지고 먼저 때마침 중앙학교를 내방하였던 최남선 씨에게 보이니 최 씨도 금후로 국내의 독립운동에 참가할 것을 승낙하고 또한 국내운동의 선언서는 자기가 짓겠다고 쾌락하였다.

그때 나는 다시 그 초고를 가지고 최린 씨를 경유하여 손병희 씨에게 제시하였다. 그러한즉 손 씨 왈 '어린 아이들이 저렇게 운동을 한다 하니 우리로서 어찌 앉아서 보기만 할 수 있겠느냐'하여 그날로 천도교의 최고간부회의를 열어 토의를 하고 드디어 천도교의 궐기를 결정하게 되었다.

그날 저녁 최린, 송진우, 최남선과 나는 재동의 최린 씨 집 내실에 비밀히 회합하였는데 이날 저녁에 4인은 기뻐서 축배를 들고 밤 깊도록 독립운동의 실행에 대하여 구체적으로 계획과 방안을 토의하였다. 그러한 결과 먼저 민족대표자의 명의로 조선독립을 중외에 선언하고 그 선언서를 인쇄하여 이것을 조선 전도에 배포하고 또 국민을 총동원시켜 크게 조선독립의 시위운동을 행하여 한국민족이 1910년의 소위 합병을 힘있게 부인하고 또 그들이 어떻게 독립을 열망하고 있는가를 내외에 표시케 하며 또 일변으로 일본정부와 그 귀·중 양원과 조선총독과 또 파리강화회의에 열석한 각국 대표에게 조선독립에 관한 의견서를 제출하며 또 미국 대통령 윌슨 씨에게 조선독립에 관하여 진력하기를 비는 청원서를 제출하기로 결정하고 선언서와 기타 서류는 최남선 씨가 제작하기로 하고 우선 민족대표자로 하여 제1후보자로 손병희 씨 이외에 박영효(朴泳孝), 이상재(李商在), 윤치호(尹致昊) 제씨의 승낙을 얻기로 하고, 박씨의 교섭은 송진우 씨가 이, 윤 양씨의 교섭은 최남선 씨가 각각 분담하기로 하였다.

  수일 후에 전기 4인은 다시 계동 중앙학교 사택에 회동하여 그 동안 교섭의 경과를 보고하였는데 그 내용은 박, 이, 윤 삼씨가 다 교섭을 거절하였다는 것이었다. 그러므로 전기 4인은 다시 제2후보자로 한규설(韓圭卨), 윤용구(尹用求) 양씨에게 교섭하기로 하고 한 씨에게는 송진우 씨가 유진태 씨를 통하여, 윤용구 씨에게는 최남선 씨가 윤홍섭(尹弘燮) 씨를 통하여 각각 교섭하기로 하였다.

  2, 3일을 경과하여 또 다시 계동 중앙학교 구내 사택에 전기 4인이 회합하여 그동안의 경과를 들었는데 한 씨는 처음에는 승낙하였으나 윤 씨가 승낙치 않으므로 한 씨도 승낙을 철회하였다는 것이었다. 그러한즉 최린 씨가 민족대표를 다른데 구할 것 없이 손 씨를 선두로 하고 우리 4인이 자진 참가하자고 하여 먼저 최남선 씨에게 의향을 물으니 최 씨는 가업관계로 하여 승낙할 수 없다고 하였다. 그 다음에 송진우 씨의 의향을 물었는데 송 씨는 하겠다고 대답하였다. 그러한즉 최린 씨는 다시 최남선 씨를 향하여 최 씨(남선)가 승낙치 않으면 자기도 참가할 수 없고, 또 천도교만으로는 이 운동을 진행할 수도 없으니 전부 이 운동을 중지하자고 제의하여 부득이 중지하기로 결정하였다.

  그러나 이만큼 진전된 운동을 중지하고 만다는 것은 심히 유감되는 일이므로 그 후 4, 5일을 경과하여 나는 최남선 씨를 자택으로 왕방(往訪)하였다. 그리하여 최 씨에게 '기독교를 천도교와 연결시키는 것이 어떠하냐, 그리하자면 정주의 이승훈(李昇薰) 씨를 상경케 함이 어떠하냐'하는 의견을 말하였다. 그러한즉 최 씨 왈 '좋다, 그리하자' 하는지라 나는 그 길로 수하동 정노식(鄭魯湜) 씨의 숙소에 들려서 정 씨더러 동소에 유숙하는 김도태(金道泰) 군을 정주에 파송하여 이승훈 씨의 내경(來京)을 구할 것을 부탁하였다. 그리하였더니 2월 11일에 이 씨는 급거히 상경하였다.

그러나 최남선 씨는 관헌의 주목을 피하기 위하여 자신은 이 씨와 회견치 아니하고 송진우 씨와 나더러 회견하라 하였다. 그리하여 우리 양인과 김성수(金性洙) 씨는 계동 김성수 씨 별택에서 이 씨를 회견하고 그동안 재경동지의 계획과 천도교의 동향을 말하고 기독교 측의 참가와 동지 규합의 일을 청하니 이승훈 씨는 즉석에서 그것을 쾌락하고 김성수 씨로부터 수천 원의 운동비를 받아가지고 그날로 관서지방을 향하여 출발하였다.

이승훈 씨는 질풍뇌우와 같이 평남북을 순행하여 장로파의 길선주(吉善宙), 양전백(梁甸伯), 이명룡(李明龍), 유여대(劉如大), 김병조(金秉祚) 제씨와 감리파의 신홍식(申洪植) 씨 등과 회견하고 그들의 민족대표자의 승낙을 얻고 또 그 인장을 모아 가지고 그 중의 신홍식 씨와 동반하여 다시 경성으로 왔다. 그리하여 곧 송진우 씨에게 내경의 뜻을 통지하였다. 그러나 그때에 관헌의 주목이 있을까 하여 관계각인이 행동을 삼가던 때라 송 씨는 수차 이 씨를 비밀히 소격동 여관으로 왕방하였으나 하등 명쾌한 회답이 없고 또 교섭의 본인인 최남선 씨는 용이히 일차도 면회치 아니하므로 이 씨는 심중에 대단히 의아하여 천도교와의 연계를 단념하고 기독교도 단독으로 독립운동을 전개할 것을 결심하였다. 그러는 때에 중앙청년회 간사 박희도(朴熙道) 씨를 노상에서 만나니 경성에서도 기독교도들 사이에 독립운동에 관하여 인심이 암암리에 동요하고 있다 하므로 이 씨는 곧 그들과의 회견을 청하여 20일 야(夜)에 감리파의 오화영(吳華英), 정춘수(鄭春洙), 신석구(申錫九), 최성모(崔聖模), 박동완(朴東完), 이필주(李弼柱), 오기선(吳基善), 신홍식(申洪植) 제씨와 회담하여 궐기의 계획과 운동방법을 협의하고 또 이승훈 씨는 그날 밤에 계속하여 별개로 남문외 함태영(咸台永) 씨 집에서 이갑성(李甲成), 안세환(安世桓), 현순(玄楯), 오상근(吳祥根) 씨 등의 장로파 인사들과 회합하여 역시 독립운동에 대하여 기독교 측 단독의 계획을 협의하였다.

  그러는 중인 2월 20일에 최남선 씨가 비로소 이승훈 씨를 그 숙소로 방문하고 이 씨와 동도(同道)하여 재동 최린 씨를 찾아 서로 회견케 하였다. 이때에 이승훈 씨는 최린 씨에게 기독교도만으로 독립운동을 단독 진행하고 있다는 뜻을 고하니 최린 씨는 독립운동은 한국민족 전체에 관한 문제이니 종교의 이동을 불문하고 마땅히 합동하여 추진시킬 것인 즉 기독교와 천도교가 합동하자고 제의하였다. 그러한즉 이 씨는 동지들과 상의한 후에 회답할 것을 약속하고 또 만일 합동하는 경우에는 운동비를 얼마만큼 빌려달라고 하였다.

이승훈 씨는 최린 씨와의 회견이 있은 후에 곧 세브란스 구내인 이갑성(李甲成) 씨 집에서 박희도, 오화영, 신홍식, 함태영, 안세환, 현순 씨 등과 회합하여 철야 협의한 결과 천도교 측과 합동하는 문제의 가부는 먼저 천도교 측의 운동방법을 알아본 후에 결정하기로 하고 그 교섭은 이승훈, 함태영 양씨에게 일임하기로 하였다. 그러므로 이, 함 양씨는 최린 씨를 방문하여 천도교 측의 구체적인 의견을 물었다. 그러한즉 천도교 측의 의견도 기독교 측의 그것과 다름이 없고 또 최린 씨로부터 운동비 오천 원도 그 전날에 이승훈 씨에게 대여되어 왔으므로 이, 함 양씨는 다시 함태영 씨 집에서 기독교 측의 동지들을 회합하고 협의한 결과 천도교 측과 합동하여 독립운동을 추진할 것을 결정하고 그 취지를 정식으로 2월 24일에 천도교 측에 통고하였다.

이때 천도교 측은 최린 씨를 대표자로 하고 기독교 측은 이승훈, 함태영 씨를 대표자로 하여 수회에 걸쳐 협의한 결과 독립선언은 이태왕(李太王) 국장일의 전전일인 3월 1일 정오 탑동공원에서 행하기로 정하고 선언서는 천도교에서 경영하는 보성사에서 비밀히 인쇄하기로 하였다. 이때에 최린 씨와 이승훈, 함태영 삼씨는 불교단체에도 운동의 참가를 구하여 한용운(韓龍雲), 백용성(白龍成) 양씨의 승낙을 얻었다.

이보다 먼저 송진우 씨와 나는 보성전문학교 졸업생 주익(朱翼) 씨를 통하여 시내 전문학교 학생 중에서 그 대표될만한 인물을 탐색하여 장래 할 시위운동의 중핵체를 구성하여 대기의 태세를 취하게 하였던 바가 있었는데 이때에 박희도, 이갑성 양씨는 이것을 알고 차등 대표자들과 회견한 후에 3월 1일의 계획을 말하고 시위운동의 실시를 청한즉 차등 대표자들은 이것을 쾌락하고 2월 28일에 보성전문의 강기덕(康基德) 군과 연희전문의 김원벽(金元璧) 군, 의학전문의 한위건(韓偉建) 3군은 승동 예배당에서 시내 중등학교 대표자와 기타 남여전문학교 대표자 십 수명을 소집하고 시위운동에 대한 구체적 지령을 수여하였다.

이때에 천도교, 기독교, 불교 3파의 독립선언서에 서명하기로 작정한 민족대표자 일동은 서로 대면도 할 겸 또한 최후의 회의를 행하기 위하여 28일 밤 재동의 손병희 씨 댁에 회동하였는데 그 자리에서 탑동공원은 다수의 학생이 집합하니 분요(紛擾)가 염려된다 하여 3월 1일에 행할 독립선언의 장소를 인사동 명월관 지점으로 변경하였다. 그리고 최남선, 함태영, 송진우, 정광조(鄭廣朝), 현상윤 등 여러 사람은 잔류간부로 하여 대표자들이 체포된 후의 제반 임무를 담당할 것을 결정하였다.

3월 1일 정오가 되자 독립선언서에 서명날인한 민족대표자 33인 중에서 길선주, 유여대, 김병조, 정춘수 4씨를 제한 나머지 29씨는 예정대로 명월관 지점에 회참하여 엄숙하게 독립선언서 선포식을 거행하고 한용운 씨의 선창으로 대한독립만세를 3창하였다. 그리고 대표자 일동은 각각 식탁에 나아가 축배를 들었다.

이보다 수일 앞서서 상기 대표자들은 안세환, 임규(林圭) 양씨를 일본에 파송하여 3월 1일을 기하여 일본정부와 동 귀·중 양원에 독립에 관한 의견서를 전달케 하고 현순 씨를 상하이에, 김지환(金智煥) 씨를 신의주에 파송하여 역시 3월 1일을 기하여 파리강화회의와 미국 대통령에게 독립에 관한 청원서를 전달케 하고 또 선언서를 전국 각지에 밀송하여 3월 1일을 기하여 경성과 시각을 같이하여 선언서를 살포하고 또 독립에 관한 시위운동을 일제히 실행할 것을 지시하였다.

   탑동공원에서는 예정한 시각이 되자 경성시내의 남여중등 이상의 각 학교학생 4, 5천 명은 각각 지정된 대표자의 명령에 따라 엄숙한 얼굴과 의연한 태도로 누구나 아무 말도 없이 구보로 일제히 남북문으로 구름같이 집합하였다. 집합이 끝나자 김원벽, 강기덕, 한위건 등은 높이 팔각정에 올라 대한독립만세를 3창한 후에 독립선언서를 살포하였다. 그것이 끝나자 학생들은 각각 예정한 부서에 의하여 즉각 시가로 나가 시위행렬을 하였다. 한 무리는 대한문 앞에 가서 독립만세를 부르고, 또 한 무리는 경성우편국 앞에, 또 한 무리는 남대문 정거장에, 또 한 무리는 의주가도를 지나 프랑스영사관 앞에, 또 한 무리는 창덕궁 앞에서 만세를 부르고, 또 한 무리는 미국영사관에, 또 한 무리는 총독부를 향하여 독립만세를 목이 터져라 연호하면서 시위행렬을 거행하니 만세소리는 전 시가가 떠나갈듯이 요란하고 행렬 때문에 일어나는 먼지는 실로 천장만장(千丈萬丈)이었다. 그러나 이때에 일인헌병과 경관들은 너무도 의외요, 너무도 행동이 기민하고 조직적이기 때문에 어쩔 줄을 모르고 일시(一時)는 좌우에서 입만 딱 벌리고 우두커니 서 있어서 무슨 상부의 명령이나 기다리는 듯하였다. 하여간 운동은 우리의 계획대로 순조롭게 진행되었다.

이날 오후에 손병희 씨 이하 민족대표들은 일본관헌에게 체포되었으나 잔류간부와 학생 시민들은 일제히 철시, 납세거절, 관공리의 사직과 파업, 맹휴 등을 주요한 슬로건으로 하여 일본에 대한 반항운동을 전개하였다. 그리고 지방에서는 전국 각처에서 시위행렬과 반항운동이 봉기하여 여러 달에 한하여 저지할 바를 몰랐다.

원래 이 운동은 비폭력, 비폭동을 표방한 것이나 군중의 격앙과 군대 및 경찰과의 충돌로 인하여 유혈의 참극과 다수의 사상을 내게 되니 곧 남양, 정주, 수안, 성천, 강서 등의 여러 사건이 그것이다.

이때에 상하이에는 대한임시정부가 수립되고 상하이, 만주, 미주, 소령(蘇領) 각처의 우국인사가 국내와 호응하여 혹은 무력으로 혹은 외교로 혹은 선전 및 연락으로 수년에 걸쳐서 독립운동을 계속하였다.

그런데 이 운동에서 특별히 느끼는 것은 남녀노소와 상하귀천을 막론하고 종교와 사상과 직업을 초월하여 전 민족이 일심일체가 되어 오로지 조국의 독립을 위하여 정성스럽게 투쟁한 일이다. 이 까닭으로 여러 달 혹은 반년에 걸쳐 내외 각지에서 행하여진 모의와 계획이 한 가지도 관헌에게 비밀이 탄로되지 아니한 것이다. 즉 이것은 동포가 얼마나 조국의 광복을 갈망하며 염원한 것임을 증명하는 것이다. 그리고 이 운동은 당시에 있어서 비록 독립의 실현은 보지 못하였어도 그 효과에 있어서는 1910년의 소위 합병을 힘있게 부인하고 우리나라의 자주독립을 세계에 향하여 강경하게 주장하는 국민의 의사표시가 되었다. 그리하여 운동발발 이후에 세계 각국의 통신원들은 상하이, 베이징(北京), 일본 등지로부터 속속히 조선에 와서 여러 가지 상황을 널리 세계에 보도하였다.

그러므로 1945년 8월 15일의 해방을 사다리의 최종계단이라 하면 이 1919년 3월 1일의 운동은 확실히 그 제일 계단이 되는 것이니 8·15의 해방을 결과라 하면 이 3·1운동은 그 원인이 되는 것이다.

3

3·1운동과 자유민주주의와의 상관성

김명구(서울YMCA 병설 월남시민문화연구소장),
The Platform for Tomorrow의 3·1운동과 자유민주주의에 관한 특별 세미나,
2023년 3월 9일

1. 서언(序言)

　일제 강점기 한국인 최고의 독립운동은 1919년 3월 1일에 일어난 3·1운동이다. 3·1운동은 과거에서 그치지 않고 대한민국의 정체성으로 연결된다. 곧 대한민국 헌법의 전문이 "유구한 역사와 전통에 빛나는 우리 대한국민은 3·1운동으로 건립된 대한민국임시정부의 법통"임을 강조하고 있다. 3·1운동과 연결해 "자유민주적 기본질서"를 확고히 다짐하고 있는 것이다. 이것은 3·1운동이 대한민국이 건립의 계기였다는 것과 자유민주주의의 표상이었다는 것을 확인한다.

　일제에 강제 병합이 되면서, '국권 회복'에 대한 외침은 사라졌고 그 자리를 '독립'이 대신했다. 한국이라는 국가가 사라지면서 공개적이고 노골적으로 '국가'라는 표현을 사용할 수 없었고 이를

위해 '민족'이라는 표현이 사용되었다. 일본의 식민지 아래에서, 한국인들의 절대 명제는 '독립'이었다. 이에 대한 방식과 방법론이 나뉘지만, '독립'은 반드시 이루어야 할 민족적 목표요 사명이었다.[1] 3·1운동은 한국인들의 염원이 표출된 사건이었다.

3·1운동은 비폭력의 만세운동과 종교 단체가 민족대표가 되었던 운동으로 국내 민족주의자들이 기획한 운동이었던 것이 그 특징이다. 그런데 단순히 일제 강점기를 벗어나 독립을 이루겠다는 것에서 그치지 않았다. 새로운 체제와 이념을 가진 나라를 만들어야 한다는 의식을 확연히 드러냈다. 대한제국으로 돌아가는 의미가 아니었다. 일각에서 3·1운동을 "3·1혁명"이라고 주장하는 이유이다.

독립선언서에는 '독립', '자주', '인류 평등'과 '정의', '인도', '평화', '인류 공영', '양심' 등의 어휘가 중심이 된다. 또한, 공약 3장은 "정의, 인도와 생존과 영광을 갈망하는 민족 전체의 요구"라면서 "오직 자유의 정신을 발휘할 것"이라며 '자유', '정의', '질서'를 내세웠다. 이에 대한 당위성을 위해 "모든 행동은 질서를 존중"해야 한다며 비폭력 원칙을 분명히 했다. 그런데 "자유", "평등", "평화", "정의", '세계성' 등은 3·1운동의 사상적 배경을 담은 키워드다. 이 낱말들은 자유민주주의의 이념이 된다. 곧 3·1운동이 지향했던 것은 한국이 자주독립의 민주주의 국가가 되는 것으로 그것은 미

---

1 김명구, 『한국기독교사』1 (서울:예영커뮤니케이션, 2018), 414쪽.

국식 민주주의, 곧 자유민주주의를 의미했다.

　3·1운동의 이념과 지향성은 상해임시정부와 한성임시정부의 정체성과 연결되었다. 두 임시정부는 모두 미국식 민주주의를 정체로 내세웠고 이것은 자유민주주의를 의미했다. 당시 한국 사회에 '미국, 민주주의, 기독교'가 하나의 범주에 있다는 의식이 각인되어 있었기 때문이다. 1887년의 초대 주미 전권공사 박정양(朴定陽) 이후, 한국 사회 저변은 이러한 의식에 이의가 없었다. 거기에는 재한(在韓) 미국인 선교사들의 공헌이 있었다.

　민주주의는 인간 누구나 수평적 존재라는 의식에서 출발한다. 이런 의식 아래 인간의 인습과 제도, 인간관과 사회관을 검토하고 심판하며, 삶과 행동을 규제·훈련한다. 모든 문화적 전통과 사회 구조, 신분 관계, 관습과 제도 등도 검증한다. 공평한 처리와 책임감을 지향하게 하고 이를 저해하는 것에 대해서는 저항하게 한다. 한국 선교를 주도했던 미국 선교사들 이후, 한국에는 이러한 민주주의 의식이 전해지고 확산되었다. 한국인들에게 기독교, 민주주의, 미국이라는 카테고리는 확연히 각인되었고 앞으로 도래할 독립 한국의 체제는 미국식 민주주의여야 한다는 의식이 자연스럽게 연결되었다. 이러한 의식은 3·1운동에 그대로 나타났다.

　이 소고는 우리 '더 플랫폼(The Platform for Tomorrow)'이 지향하는 자유민주주의 체제의 당위성을 위해 계획되었다. 이를 위해 3·1운동과 대한민국의 정체성으로 각인된 자유민주주의가 어떻게 연계되었는지 확인할 것이다. 발표를 통해 3·1운동의 정황, 발발의 배경과 과정, 기획의 과정, 자유민주주의와 어떻게 연계되었는지 밝힐 것이다. 그리고 그것이 어디에서 비롯되었는지도 피력할 것이다.

2. 3·1운동의 정황

1919년 3월 1일 오후 2시, 독립선언서에 대표 서명한 인물들이 종로 태화관에 모였다.[2] 기독교, 천도교를 중심으로 한 종교계 지도자들로, 이들은 독립선언서를 낭독하고 불승(佛僧) 한용운의 선창에 따라 독립만세를 외쳤다. 자발적으로 일본 헌병경찰에 알렸고 자진해 연행되었다. 파고다공원에서 이들을 기다렸던 수천의 학생들과 시민들은 독자적으로 독립선언식을 거행했다. 학생들은 대한문 앞에 집결해 다시 한번 독립을 외쳤고 창덕궁으로 향했다. 총독부 경무청장은 보병 3개 중대, 기병 1개 소대를 급파해 헌병경찰들과 합류시켜, 궁 안으로 들어가려는 학생들을 제지했다.[3]

서울에서 시작된 만세 시위는 2일에는 함흥, 해주, 수안, 강서

---

2 본래 계획에는 학생들과 함께 파고다 공원에서 독립선언식을 거행할 예정이었다. 그러나 공원에서 독립선언식을 하면 혼란이 일어날 것을 염려해 따로 태화관에서 거행하기로 했다.
3 「京城 宣川지역의 시위運動 및 派兵 상황」, 密受 제102호, 제74호, 朝督 제1호, 1919년 3월 1일자.

등으로 번져나갔고 3일에는 예산과 개성, 곡산과 통천 등으로 이어 나갔다. 그리고 전국으로 확산되어 의주, 선천, 정주, 평양, 진남포, 안주, 영흥, 원산, 해주, 옹진, 서흥, 연백, 수안, 개성, 대구 등에서는 거의 같은 날 같은 시간에 만세 시위가 일어났다.[4] 독립에 대한 외침은, 요원의 불길처럼, 전국에 퍼졌을 뿐만 아니라 12일의 만주 서간도를 시작으로 15일에는 샌프란시스코와 하와이, 17일에는 블라디보스토크 등으로 번져나갔다. 만세운동은 3월 20일부터 절정을 이루었고 4월 9일까지 지속되었다.

곳곳에서 만세운동을 주도한 지도자들은 전국의 기독교 학교와 교회, 천도교의 종교시설을 근거지로 시위를 해나갔다. 사람들은 학생들의 선도에 따라 만세를 외쳤다. 도시 사람들은 시내를 활보하며 시위를 벌였고, 농촌 사람들은 마을과 장터를 중심으로 만세를 외쳤다. 여기에 계층이나 남녀노소의 구별이 없었다. 당시 민족대표로 발표된 인물들을 보면 다음과 같다.

기독교 – 길선주, 김창준, 이명룡, 유여대, 이승훈, 이필주, 김병조, 양전백, 이갑성, 박희도, 신석구, 정춘수, 박동완, 최성모, 신홍식, 오화영

천도교 – 손병희, 라용환, 양한묵, 김완규, 권동진, 라인협, 권병덕,

---

[4] 坪江汕三, 『朝鮮獨立運動祕史』(東京:勞働新聞社, 1959), p.50. 민경배는 이에 대해 33인의 민족대표 중 기독교 인사들이 이 지역 출신자들이거나 지역 교회들과 밀접한 관계를 갖고 있었기 때문이라고 보고 있다.

이종훈, 이종일, 임예환, 오세창, 홍병기, 박준승, 최린, 홍기조
불교 - 백용성, 한용운

특별히 기독교계 인사를 보면, 오산학교장 이승훈을 비롯해 함태영, YMCA간사 박희도, '105인 사건'의 연루자였던 양전백, 이명룡, 평양 장대현교회 길선주, 정주장로교회 김병조, 신의주 동장로교회 유여대, 남산장로교회 집사 이갑성 등 장로교 지도자들, 감리교 목사 이필주, 신석구, 최성모, 신홍식, 정춘수, 오화영, 감리교 전도사 김창준, 기독신보사 서기 박동완이었다. 이외에도 33인 이외의 3·1운동을 기획하고 실제적으로 주도한 다음의 17명도 있다.

기독교: 함태영, 김지환, 안세환, 김세환
천도교: 박인호, 노헌용, 이경섭, 한경익, 김홍규
중앙학교 교사: 송진우, 현상윤
문인: 최남선
무직: 임규, 김도태, 정노식
학생: 강기덕, 김원벽[5]

'105인 사건'의 경험이 있던 일본 내각은 총독에게 엄중하게 다

---

5   3·1운동 일제 판결문 참조.

스려 시위가 발생하지 않도록 하라는 훈령을 내렸다. "외국인이 가장 주목하는 문제이므로, 잔혹한 탄압이라는 비판을 받지 않도록 충분히 주의"하라는 지시도 내렸다.⁶ 일본 신문들은 폭도에 의해 3·1운동이 저질러졌다고 보도했고 기독교 선교사들이 선동했다며 비난했다.⁷ 일본 정부는 보도를 통제했고 게재 방법까지도 지시를 내렸다.⁸

3. 발발의 배경과 기획 과정

3·1 배경 - 윌슨(Thomas W. Wilson)의 민족자결주의

제1차 세계대전이 끝나갈 무렵인 1918년 1월 8일, 미국은 세계의 질서 재건을 주도하고 나섰다. 미국 의회에서 대통령 윌슨은 전후 평화에 대한 구상을 담은 '14개 조 원칙'을 발표했다.⁹ 내용

---

6 「하라 내각총리대신이 하세가와 總督에게 보낸 지급친전 전보」 1919년 3월 11일자.

7 「時事新報」 1919년 3월 8일자, 「報知新聞」 1919년 3월 9일자, 「讀書新聞」 1919년 3월 10일자.

8 *The Independence Movement in Korea*, The Japan Chronicle, 1919, 3쪽.

9 (1) 비밀외교의 배격 (2) 공해 자유의 원칙 확립 (3) 국제간의 경제 장벽의 제거와 모든 나라 내부에서 통상 조건의 평등화 (4) 국제협정에 의한 군비의 대폭적 축소 (5) 식민지 문제의 적정한 처리 (6) 러시아 자결권의 존중 (7) 벨기에의 원상회복 (8) 프랑스에 의한 알자스 로렌의 회복 (9) 민족 분포에 기초한 이탈리아 국경의

은 자유주의와 민족자결주의(Self-determination)의 원리에 따라 전후의 세계질서를 재수립해야 한다는 구상이었다. 윌슨의 선언에는 공개 외교, 해양의 자유, 자유무역, 군비축소, 민족자결의 원칙에 따른 국가 간의 국경선 조정, 폴란드의 독립, 국제연맹 창설 등의 조항이 포함되어 있었다. 특별히 민족자결주의로 불리는 5번째 조항은 당시의 식민을 당하고 있던 모든 나라에 희망이 되었다. 한국도 예외가 아니었다.

윌슨은 세계사람 누구나 주권을 선택할 권리가 있으며, 작은 국가들도 마찬가지라고 주장했다. 그는 강대국들이 이러한 약소국들의 권리를 무시해 제1차 세계대전이 발발했다고 판단했다. 따라서 누구나 할 것 없이 자신이 원하는 정부를 선택할 권리를 갖고 있고, 힘의 차이와 상관없이 모두가 동등하게 권리를 누려야 한다고 호소했다.[10] 모든 개인이 동등한 권리를 갖고 있듯이 강국이든 아니든 모든 나라가 국제사회에서 같은 권리를 가진다"라는 국가동등성(equality of nations)를 주장한 것이다. 더 나아가 식민지 문제의 해결에 있어서도 주민의 이해와 바람이 공평하게 고려

조정 (10) 오스트리아-헝가리의 국민에 대한 자치적 발전의 기회 제공 (11) 발칸제국의 원상회복 (12) 터키제국의 터키인 지역의 보존과 타민족에의 자치적 발전의 기회제공 (13) 폴란드의 독립 (14) 평화와 안정을 유지하기 위한 국제적 협력기구의 설립.

10   "An Address to a Joint Session of Congress" (1918.2.11.); Woodrow Wilson, *The Papers of Woodrow Wilson* 46, Princeton, N.J.: Princeton University Press, 1966, 318-324쪽.

될 필요가 있다고 피력했다. 이를 관철하기 위해 윌슨은 1919년 1월 20일의 파리강화회의에서 "나는 그 민족이 희망하는 바에 의해 공화정체의 정부를 스스로 통치해야 한다는 것을 결정하기 위해 왔다"라는 연설을 하기도 했다.[11]

당시 일본은 윌슨의 민족자결주의가 미국의 건국이념에 근거했다고 판단했다. 윌슨이, 신부적(神賦的) 권리(God-given right)를 근거로, 자율을 요구하는 민족에게 원조를 부여하는 것이 '데모크라시'의 본령이라 믿었다는 것이다. 그리고 독립을 요구하는 국민을 보호하고 장려하는 것이 미국의 건국이념과 다름없다고 생각했다는 것이다.[12]

장로교 목사의 아들이었음에도 윌슨은 미국 감리교회가 표지로 채택한 사회복음주의(Social Gospel)[13] 신학을 자신의 정치 이

11　"Fourteen Points"(1918.1.8.); Woodrow Wilson, *The Papers of Woodrow Wilson* 45, 534-539쪽.
12　도키나가 우라조(時永浦三), 「米国に於ける朝鮮独立運動に関する調査報告書」, 1920.4, 朝鮮総督府, 朝鮮独立運動に関. 도키나가 우라조는 한국통감부에서 관료 생활을 시작했고 조선총독부 경무국에 근무했다. 1919년 11월부터 1921년 3월까지 구미(歐美)로 출장을 갔을 때, 1920년 4월 윌슨의 민족자결주의에 대해 분석하고 작성해 총독부에 보고했다.
13　사회복음주의(The Social Gospel movement)는 19세기부터 20세기 초까지 활발했던 미국의 진보적 신학자들과 교회들이 주장하고 채택한 신학이다. 특별히 미국 북감리교회는 1908년 사회복음주의를 감리교회의 표지로 삼았다. 리처드 엘리(Richard T. Ely), 워싱턴 글래덴(Washington Gladden), 월터 라우셴부시(Walter Rauschenbusch) 등이 주도했고 미국 민주당의 정치 철학에 영향을 주었다.

데올로기와 연결하고 있었다. 사회복음주의는 '하나님 나라'가 하늘에만 있는 것이 아니라 삶의 자리에도 나타나야 한다고 강조했다. 기독교 복음이 단순히 영적이거나 정신적 세계에만 지향하는 것이 아니라 삶의 자리에서 실제로 나타나야 한다고 믿었던 것이다. 소외된 사람들의 생존권을 보장해야 하는 것도 기독교인들의 의무라고 보았다. 기존의 미국교회가 표방했던 복음주의 신학에서 죄는 '하나님에 대한 불순종'을 의미했지만 사회복음주의 신학에서는 경제적 '이기심'이 죄가 되었다.[14] 이러한 주장은 정치 영역, '정치적 이기심'도 죄악이라는 논리로 확장되었고 미국 민주당의 정치 방향과 연결되었다. 강대국이 식민지를 확장하는 것에 문제를 제기하는 주장으로 연결되었다.[15]

윌슨은 자신의 신학적 이상을 국제정치에 접목하고 싶어 했다. 그가 표현한 "자치와 독립에 대한 열정"(a passion for self-government), "자결에 대한 열망"(aspirations for self-determination), "자신이 원하는 정부를 선출할 수 있는 태생적 권리"(birthright to select the government under which they wish to live) 등은[16] '민족자

---

[14] Walter Rauschenbusch, *A Theology for the Social Gospel*(New York: The MacMillan Company, 1917), 105쪽.

[15] 여기에는 한국에 대한 배려도 있었다. 윌슨은 이승만의 프린스턴대학 스승이었다. 뉴저지주 주지사 시절에도 이승만과 여러 차례 한국문제를 논의한 바 있었다.

[16] "국민회 대표가 윌슨 대통령에게 보낸 서한", 1919년 2월 25일자, 국사편찬위원회 보관 문서.

결주의'라는 이름으로 세계에 퍼졌다.[17]

윌슨의 민족자결주의는 재미(在美) 한국인들에게는 "민주주의의 성공"이 되었고 남다른 기대감을 주었다. 한국이 미국과 같은 민주주의 국가가 되기를 원했던 이들에게 "세계가 다같이 평등 자유를 얻고, 온 세계 인종이 민주주의 시대를 성립(成立)할 것"이라는 희망도 주었다.[18] 미국을 표본으로 하는, 미국식 민주주의를 기대하게 되었고[19] 3·1운동의 당위성이 되었던 것이다.[20]

3·1운동은 민족자결주의 제안으로, 한국이 독립될 수 있다는 고무적인 분위기에서 시작되었다. 물론, '즉각적 독립'과 '점진적 및 단계적 독립'으로 나뉘어 갈등으로 이어지기는 했다. 그렇지만 윌슨이 주장했던, 특별히 제5조는 한국독립의 당위성이 되었다.[21] 윌슨의 주장은 국제정치 역학이라는 냉엄한 현실 속에서 달리 해석되고 곧바로 한계를 드러냈다.[22] 그렇지만 미국 대통령의

---

17 미국 북감리교회는 1908년에 개인구원과 사회구원(기독교인의 사회참여)을 모두 강조하는 '사회복음주의'(Social Gospel)를 감리교회의 표지로 채택했다.
18 "윌슨 대통령에게 올리는 승전 치하서", 「신한민보」, 1918년 11월 20일자.
19 "민주주의의 승리", 「신한민보」, 1918년 11월 21일자.
20 박헌영도 윌슨 대통령의 '민족자결론'이 3·1운동을 촉발했다고 보았고, 신채호도 '민족자결선언'이 세계를 흔들었다고 보았다.
21 그 내용은 "모든 식민지의 주권 문제를 결정함에 있어서 식민지 주민의 이해가 현재 지배 당국의 요구와 동등한 비중으로 고려되어야 한다"이다.
22 윤치호와 같이 당시 국제정세의 흐름을 알고 있었던 지식인들은 대부분 '민족자결주의'가 조선에는 해당하지 않을 것으로 판단하고 있었다. 윤치호, 『윤치호 일기』, 1919년 1월 29일. 윤치호는 민족자결주의를 신봉하는 최남선을 비롯한 인사들의 의견을 바보 같은 인간들이라고 비난했다. 그 이유에 대해 조선의 상황을

주장은 한국인들에게 독립의 꿈을 발현시켰고 3·1운동의 도화선이 되었다. 윌슨의 철학은 한국 독립운동가들의 독립 근거가 되었고 정치 이데올로기가 되었다.

3.2 도쿄주재 한국YMCA에서의 '2·8독립선언'

1919년 2월 8일 오후 2시, 유학생 600여 명이 도쿄의 기독교청년회관(현: 재일본한국YMCA)에 모였다. 이들을 대표해서 백관수는 이광수가 기초한 독립선언문과 결의문을 낭독했고, 최팔용은 '조선청년독립단' 발족을 선언했다.[23] 유학생들은 함께 독립만세를 외쳤다. 이들은 한일합병 조약의 폐기, 한국의 독립선언, 민족대회 소집을 요구했다. 그리고 이를 실현하기까지 혈전도 불사할 것이라고 선언했다. 니시간다(西神田) 경찰이 들이닥쳤고 학생들을 강제로 해산시켰다. 사회자 최팔용 등 60명이 검거되었고, 8명의 학생이 기소되었다.[24] 이들은 일본이 지목한 요시찰 인물들이

다른 열강들이 모른다는 것과 승전국 일본이 조선의 독립을 용납하지 않을 것이라는 사실, 그리고 조선인들의 정치적 독립의 쟁취에 대한 열망이 부족하고 강해지는 법을 모르기 때문이라 판단했다.

23 2·8독립선언서의 초안자가 백관수라는 주장도 있다. 조선청년독립단의 대표자는 최팔용(崔八鏞)이었고, 이종근(李琮根), 김도연(金度演), 송계백(宋繼白), 이광수(李光洙), 최근우(崔謹愚), 김철수(金喆壽),김상덕(金尙德), 백관수(白寬洙), 서춘(徐椿), 윤창석(尹昌錫)이 실행위원이었다.

24 야마베 겐타로 저, 최혜주 역, 『일본의 식민지 조선통치 해부 : 일본의 역사학자 야마베 겐타로가 진술한 '일본 식민지 조선통치' 보고서』 (서울:어문학사, 2011), 94

었다.²⁵

　도쿄 유학생들을 자극했던 것은 윌슨 대통령이 발표한 14개 조항의 평화원칙의 내용 때문이었다. 덧붙여, 샌프란시스코의 한국인들이 독립운동 자금으로 30만 원을 모금했다는 아사히신문(朝日新聞)의 기사²⁶도 이들을 고무시켰다.²⁷ 그런데 구체적인 행동의 결정적인 이유는 고베에서 발행되던 영자지 저팬 애드버타이저(The Japan Advertiser)가 보도한 내용 때문이었다. 기사에는 뉴욕에서 열린 세계약소민족동맹회의 2차 연례총회에서 약소민족의 발언권을 인정해야 한다는 주장과 미국에 거주하고 있던 이승만, 민찬호, 정한경 세 사람이 한국독립을 제소하기 위해 파리강화회담에 파견되었다는 것과 미국에 거주하고 있는 한국인들이 독립청원서를 미국정부에 제출했다는 내용이 들어있었다.²⁸ 당시 이승만은 독립운동의 선도에 섰던 독보적인 인물이었고, 더구

　　쪽. 상하이로 간 이광수를 제외하고, 서명자 전원에게 출판법위반의 유죄가 인정되었고 실형이 선고되었다.

25　당시 일본은 600여 명의 유학생 중 요시찰 인물로 186명을 지목했고 그중 갑호가 61명, 을호가 125명이었다. 요시찰 인물 중 119명은 도쿄에 거주하고 있었다. 이광수, 백관수, 서춘 등은 갑호 대상이었다. "朝鮮人近況槪要" 1919.1., 『不逞団関係雜件－朝鮮人の部』, 在内地6, 국사편찬위원회 데이터베이스 참조.

26　「朝日新聞」, 1918년 12월 15일자.

27　덧붙여, 상하이의 신한청년당이 조소앙을 일본에 밀파시켜 유학생들을 독려했던 것도 2·8독립선언의 중요한 요인이 되었다. 유학생 사회에는 상하이의 신한청년당과의 연계를 가진 인물들이 적지 않았다.

28　The Japan Advertiser, 1918년 12월 1일자, 15일자, 18일자; 류시현, 『재팬 애드버타이저(The Japan advertiser) 3·1운동 기사집』 (독립기념관, 2015) 참조.

나 윌슨 대통령과 프린스턴대학의 사제지간이었기 때문에 학생들로서는 흥분하지 않을 수 없었다.

독립의 기회가 왔다고 판단한 유학생들은 독립선언서를 만들어 발표하기로 했다. 조선청년독립단을 조직한 이들은 독립선언서를 만들었고,[29] 독립청원서와 선언서를 일본주재 각국 대사관·공사관과 일본 정부의 각 대신, 일본 귀족원 중의원, 조선 총독 및 각 신문사로 보냈다. 그리고 오후 2시 기독교청년회관에서 유학생대회를 열었다.

2·8독립선언은 먼저 한국이 전통적으로 독립국이었다는 사실을 강조했고, 한국국민들은 일본이 강제 조약으로 한국을 강점한 것을 인정하지 않았다고 밝혔다. 또한 참정권, 집회 결사의 자유, 언론 출판의 자유 등 일본이 인간의 기본권도 무시해왔다고 고발했다. 선언서는 조선의 독립과 함께 정의와 자유(justice and freedom)를 기초로 한 자유민주주의적 국가를 지향하고 있었다.

당시 일본 유학생들은 일본 대학가에 불어닥친 민주주의 열풍에 휩싸여 있었고, 대부분의 학생들은 특별히 도쿄제국대학 법학부 교수 요시노 사쿠조(吉野作造)의 주장에 열렬히 지지를 보내고 있었다. 대표적 기독교 지식인으로 민주주의를 크게 외쳤던 그는 일본의 한국 통치 방식을 비판하고 있었다. 더불어 정치적 부문뿐만 아니라 경제적 영역에도 여러 불평등이 있다고 지적하고 있었

---

29 독립선언서 기초위원으로 백관수·김도연·이광수가 선출되었으나 실제로는 이광수가 독립선언서를 기초했다는 것이 정설이다.

다. "사회의 불평불만을 해소하는 것"이 "제일 먼저 해결해야 하는 과제"라고 주장했다.[30] 그렇게 그는 민본주의를 앞세우며, 특별히 미국식 민주주의를 역설했다.[31] 그의 주장에 일본의 대학과 지식사회가 요동쳤고,[32] 한국 유학생들도 열광시켰다.

유학생들은 요시노에 매료되어 도쿄의 조선기독교청년회관에 여러 차례에 걸쳐 초청해 강연회를 가졌다. 미국의 민주주의 정치와 윌슨을 비롯한 역대 대통령의 도덕성에 대해 남다른 경의를 표했던 요시노는 민주주의와 그 체제에 관련해 수많은 강연을 했다. 유학생들은 그의 강연에 열광했고, 그의 명성은 평양고등보통학교 학생들의 설문지에도 나타날 정도였다.[33]

유학생 잡지「대한유학생회학보」는 한국 학생들이 미국을 '민주공화국의 개조(開祖)'로 인식하고 있음을 밝히고 있다.[34] 이들이 인식한 민주주의는 미국식 민주주의였고, 이것은 유학을 오기 이전부터 인지하고 있던 개념이었다. 곧 내한한 미국 선교사들에 의해 각인된 의식이었던 것이다. 유학생들은 자신들이 알고 있는

---

30   山室信一, "世界認識の轉換と「世界內戰」の到來", 山室信一・岡田曉生・小関隆・藤原辰史編, 『現代の起点: 第一次世界大戰 4』(東京: 岩波書店, 2014), 7-8, 10쪽.
31   室伏高信, "改造論の一年", 『中央公論』, 중앙공론사, 1919년 12월, 48쪽.
32   일본 지식사회의 열망에 부응하는 듯 잡지 『改造』가 1919년 4월에 창간되었다. 『개조』는 12여 만부가 팔렸던, 자유주의 경향의 『中央公論』에 대적하면서 "급진주의" 성향을 대표하는 월간지로 성장했다.
33   渡邊洞雲, 「朝鮮騒擾に関する鮮人学生の感想」東亞之光 (東亞協會), 15권 3호, 1920, 68쪽.
34   대한유학생회, 논설 "국가의 주동력", 「대한유학생회학보」 제2호.

민주주의와 일본 대학을 통해 배우는 민주주의 개념, 곧 '자유', '정의', '평등'의 개념이 다르지 않다는 것을 확인했다. 이러한 이유로 요시노의 주장에 더 열광했던 것이다. 당연히 2·8독립선언서에는 미국식 민주주의에 대한 의식들이 담길 수밖에 없었다.[35]

유학생들이 계획한 거리 시위는 일본 경찰의 강경한 진압으로 뜻을 이루지 못했다. 그러나 3·1운동의 도화선이 되었고 2·8독립선언서는 3·1독립선언서의 기초가 되었다.[36]

3.3 기획

윌슨의 '민족자결주의'는 한국의 독립운동 세력에 빠르게 전달되었고 독립의 희망이 되었다. 독립을 바라는 누구나 이를 반겼다. 미국에 대한 의존심과 기대감이 더욱 높아졌고 민족의 절대명제, 곧 독립이 가능하다는 희망이 솟아났다.

1919년 1월 18일, 파리에서 강화회의(Paris Peace Conference)가 열렸을 때, 해외에서 독립운동을 하던 그룹들은 독립청원을 위한 준비에 들어갔다. 그리고 전범국 처리를 논의하던 파리강화회의에 대표단을 보낼 계획을 수립했다.[37] 국내의 민족주의자들도 이

---

35 요시노 사쿠조는 와세다대학, 메이지대학에도 출강했고 많은 한인 유학생들은 민주주의 예찬에 대한 그의 강의에 열광했다.
36 일본의 기록에 따르면, 1919년 2월 8일부터 5월 15일까지 재일유학생 359명이 귀국했고, 그중 127명은 서울에 머물렀다.
37 파리강화회는 1919년 1월 18일 개최되어 1920년 1월 21일까지 간격을 두고 계속

를 위해 무언가 해야 한다는 의식이 강하게 자리하고 있었다. 이승만 등을 지원할 방안을 고심했고, 국내 유림계에서 김창숙을 대표로 파견하려 했다. 러시아 연해주의 대한국민의회에서 윤해(尹海)와 고창일(高昌一)을 대표로 선정해 파견을 추진했다.[38] 국내에서도 민족자결과 파리강화회의에 대한 소식을 접하고 해외의 움직임을 파악하고 있었다. 3·1운동은 이런 시대 상황에서 일어날 수 있었다.

1919년 1월 상순, 백관수는 조선청년독립단의 일원이었던 와세다대학생 송계백을 한국으로 보냈다. 독립선언서를 인쇄할 수 있는 활자와 자금을 구하기 위해서였다. 송계백은 중앙학교 교사로 있던, 와세다대학 출신의 현상윤을 만났고 송진우와 최린과 연결될 수 있었다.

3·1운동의 최초 기획에 대해서는 몇 가지 설이 있다.[39] 먼저 한

되었다. 강화회의는 1920년 1월 21일에 열린 국제연맹의 첫 의회 취임식과 함께 끝이 났다.

38 중국 상하이에서 활동하던 여운형의 신한청년당에서 김규식 등만이 1919년 1월에 파리로 갈 수 있었다. 김규식 일행도 파리에 도착해 선전 활동을 벌였지만, 어느 국가나, 그 누구도 김규식 등에게 관심을 기울이지 않았고, 따라서 독립청원서 제출은 무산되었다. 그러나 미국 대통령의 민족자결주의 제안은 독립의 근거가 될 수 있었고 한국의 독립문제는 미국 정부의 잠재 과제로 각인되었다.

39 북한은 1960년에 발간한 『조선민족해방투쟁사』를 보면 3·1운동의 배경에 있어서 1917년 러시아 프롤레타리아 혁명과 레닌의 대외정책이 원인이었다고 본다. 북한 사회과학원역사연구소가 1979년 5월부터 1983년까지 총 33권으로 발간한 조선전사(朝鮮全史) 15권에서 김일성의 아버지 김형직과 그에게 영향을 받은 숭실학교 학생들이 평양에서 시위를 주동했다고 기술하고 있다. 3·1운동의 시작도 서울

국의 한쪽에서는 이승만 기획설을 주장한다. 그렇지만 이승만이 3·1운동에 대해 알게 된 것은 3월 10일이다.[40] 이승만이 국내에서의 거족적 독립운동을 기대했고 개별적으로 자신의 입장을 전달했겠지만 이를 기획하거나 주도했다고 볼 수 없다. 당시 이승만은 파리강화회의에 독립청원서를 전달하는 것에 집중했다.[41]

둘째, 천도교 측에서 먼저 시작했다는 주장이다. 최린의 회고록에 의하면, 천도교 측의 3·1운동 계획은, 윌슨의 민족자결주의가 계기가 되어, 1919년 1월 하순 손병희 집에서 최린, 권동진, 오세창 등이 여러 차례 모여 협의한 끝에 결정했다는 것이다. 여기에서 독립선언서, 거족적 시위, 일본 정부와 의회에 의견서 발송, 파리강화회의에 의견서 발송 등을 결의했다는 주장이다.[42] 최린은 자신이 실행 책임을 맡았고, 친구인 송진우, 보성학교 제자인 현상윤, 최남선을 중앙학교 내에 있는 송진우 거처에서 만나 자신

보다 평양이 먼저였다고 서술하고 있다. 그러나 일본의 자료에서 3·1운동에 관한 김형직에 대한 자료는 지극히 제한적이다.
40 류석춘, 오영섭, 데이빗 필즈, 한지은 공편, 『국역 이승만 일기』, 대한민국역사박물관 근현대사 번역총서3·이승만연구원 번역총서 6권(대한민국역사박물관·이승만연구원:서울, 2015), 89쪽.
41 이승만은 파리강화회의에 참석하기 위해 1919년, 1월 6일 호놀룰루를 출발했다. 샌프란시스코를 거쳐 로스앤젤레스에 들러 대한인국민회 중앙총회장 안창호를 만났다. 다시 뉴욕을 거쳐 2월 3일 필라델피아로 갔다. 여기에서 서재필, 정한경, 장택상, 민규식과 회동하고, 필라델피아를 떠나 워싱턴 D.C.로 달려가 파리행 여권을 요청했다. 그러나 여권은 발급이 되지 않아 파리로 떠날 수 없었다.
42 1920년 3월 22일자 일본 "고등법원 예심결정서" 참조.

들의 계획을 알려서 이들의 찬동을 얻었다고 진술하고 있다.[43] 이러한 때에 도쿄의 유학생이었던 송계백이 자신에게 2·8독립선언서를 보여주면서 일본 유학생들의 독립운동 계획을 듣게 되었고, 이 일이 있고 난 뒤인 2월 상순에 최남선, 송진우, 현상윤 등과 재동의 자신의 집에서 수차 회합하며 운동의 실천 방법에 대해 협의했다고 주장했다.[44]

셋째, 송진우 등 중앙학교 측의 기획설이다. 이를 확인하는 것이 현상윤의 진술이다. 송계백을 천도교 측과 연결시켰다고 알려진 현상윤은 최린과 다른 진술을 한다. 그는 송진우와 김성수 등 중앙학교 측이 1918년 11월경부터 대규모의 대중적 독립운동을 기획했다고 주장한다. 1918년 9월 와세다대학을 졸업한 후, 불령선인(不逞鮮人)의 터로 알려진 중앙학교에서 교편을 잡고 있던, 자신을 비롯한 송진우와 김성수가 이미 이러한 의도를 갖고 있었다는 것이다. 그는 자신을 포함한 세 사람이 윌슨이 말한 민족자결을 이루기 위해 대규모의 독립운동이 필요하다는 판단을 했다고 주장한다. 이를 위해서 1918년 11월경, 보성중학 은사인 최린을 만나 천도교의 동향을 타진했고, 긍정적인 반응을 보이자 송진우와의 만남을 주선했다는 것이다. 현상윤 등은 독립운동을 벌이지 않으면 안 될 것으로 판단했고 당시 국내 사정으로 천도교를 움직

---

43 최린, "자서전", 이병헌, 『삼일운동비사1』 (서울:시사시보사출판국, 단기4292년), 46-48쪽 참조.
44 최린, "자서전", 위의 책, 48쪽.

이는 것이 가장 효과적일 것으로 생각했다는 것이다.[45] 당시 천도교는 약 200백만의 신도를 갖고 있다고 알려져 있었다.

현상윤은 송진우와 함께 최린의 재동 집을 매일 밤 방문해 설득했는데, 덕분에 자중론을 주장하던 최린의 마음이 바뀌었다는 것이다.[46] 이후 최린이 권동진, 오세창, 손병희 등을 만나 설득했고 최남선과도 접촉했지만 천도교 측이나 최남선은 소극적으로 임했다고 현상윤은 회고하고 있다.[47]

현상윤은 송계백이 밀사로 동경에서 귀국해 자신을 찾아와 모자 내피에서 독립선언서를 꺼내 보여주었고, 이를 자신이 최남선과 송진우에게 보여주었다고 진술한다. 이후 소극적이었던 최남선도 독립운동 참가를 결심했다는 것이다. 연이어 최린이 독립선언서를 보았고, 최린은 다시 권동진·오세창에 보인 후에 손병희에게도 보였다는 것이다. 천도교 측의 독립운동 방침이 확정된 것은 송계백을 통해 도쿄 유학생들의 독립운동 소식을 알게 된 이후라는 진술도 했다.

그런데 일본 경찰에 진술한 손병희의 기록은 현상윤의 주장, 곧 중앙학교 측의 최초 기획설이 맞는다는 것을 뒷받침하고 있다. 일본의 심문기록은 이를 확인한다.

---

45 현상윤 자신이 천도교가 운영하던 보성중학을 졸업했고 와세다 유학을 마치고 돌아온 후에도 보성중학교장이던 최린 씨를 여러 차례 방문한 바 있었다고 진술한다.
46 현상윤, "3·1운동의 회상", 『기당 현상윤전집4』(서울:나남출판사, 2008), 273쪽.
47 현상윤, "3·1운동 발발의 개략", 『기당 현상윤전집4』, 280-281쪽.

1월 20일경 동경과 국내의 젊은 학생들이 독립운동을 한다는 풍문을 듣고 권동진, 오세창, 최린을 집으로 불렀는데 천도교 측에서 독립운동을 하면 어떻겠냐는 의견이 제기되었다.[48]

손병희는 송계백을 통해 일본 유학생들이 2월 8일에 독립선언을 할 것이라고 알게 되었고 이것이 계기가 되어 천도교 측이 독립운동에 나서기로 했다고 밝힌 것이다.[49]

현상윤은 손병희가 최종 독립운동에 나서기를 결심했던 날, 최린의 집에서, 자신을 포함해 송진우, 최남선, 최린이 축하의 술잔을 나누면서 밤늦도록 독립운동의 구체적 방법에 대해 논의했다며 다음과 같이 피력하고 있다.

그날 저녁에 최린, 송진우, 최남선과 나는 재동의 최린 씨 집 내실에 비밀히 회합하였는데, 이날 저녁에 4인은 기뻐서 축배를 들면서 천도교가 현 세력(인적 물적)을 2분하여 반은 금번 운동에 쓰고 반은 후일에 대비하기로 간부회의에서 작정하였다는 말과 당시 혹독한 유행성 감기가 있어서 명사가 불소하게 사망하던 때이므로 농담 삼아 우리는 이 일에 생명을 바칠 각오를 하여야 할 터인데 독감[50]에 죽은 줄로 알자는 말과 또 그러나 선비는 평생에

---

48 "손병희 경찰 취조서", "손병희 검사 조서", 김정명, 『조선독립운동 1』(서울:원서방, 1967), 783쪽, 785쪽.
49 최린, "자서전", 앞의 책, 48쪽 참조.
50 당시 1917년부터 스페인독감이 전국을 휩쓸고 있었고, 약 14만 명이 병사한 것으로 알려져 있다.

죽을 곳을 못 얻어서 근심하는 것이니 이번에 우리는 죽을 곳을 얻었다는 말들을 서로 교환하고 밤 깊도록 독립운동의 실행에 대하야 구체적으로 계획과 방안을 토의하였다.[51]

송진우와 최린 등은 이 운동을 이끌어 줄 지도자를 섭외하려 했고 그 대상으로 윤용구(尹用求), 한규설(韓圭卨), 박영효(朴泳孝), 윤치호(尹致昊) 등을 지목했다. 송진우는 박영효를 만났고, 최린은 한규설을, 최남선은 윤용구와 윤치호를 만나 설득했다. 그러나 한규설만 신중히 생각하겠다고 말했을 뿐 나머지 인물들은 이에 응하지 않았다.[52] 최남선은 기독교 측에서도 독립청원 운동에 나서려 한다는 소문이 있으니 기독교 측과 합력을 모색하자고 제안했다.[53] 그것은 기독교계만큼 의식화된 학생들과 전국적인 조직을 가진 세력이 없었기 때문이다.

최남선은 기독교 측을 대표할 수 있는 인물로 이승훈을 추천했고, 2월 8일 현상윤이 김도태를 통해 이승훈과 연락이 닿았다. 이후 2월 11일 이승훈이 서울에 도착해 최린 등과 만났고, 천도교와 기독교의 연합으로 3·1운동의 거사가 본격적으로 추진되었다.[54]

---

51   현상윤, "3·1운동 발발의 개략", 『기당 현상윤전집4』, 281-282쪽.
52   최린, "자서전", 48-49쪽. 윤치호는 1919년 1월 28일 자신의 일기에서 최남선이 찾아왔던 일을 기술하고 있다. 그리고 최남선의 말에 침묵했다고 전한다. 29일 일기에서도 거사에 반대하는 뜻을 분명하게 피력한다.
53   당시 기독교계는 이승만과 긴밀히 연락하고 있었고, 파리강화회의에 대표단을 보내는 것에 주력하고 있었다.

2월 11일 최린과 만난 이승훈은 선천으로 돌아가기 전 남대문교회에서 함태영과 이갑성을 만나 천도교와 논의했던 계획을 알렸다.[55] 특별히 함태영은 장로교회뿐만 아니라 한국교회를 실질적으로 움직일 수 있는 인물이었다.

함태영은 종로감리교회 전도사로 YMCA 간사였던 박희도를 선택했다. 감리교회를 연결하고 YMCA의 학생조직을 움직일 수 있었기 때문이다. 함태영은 이승훈이 천도교 측과 만났고 자신의 힘을 빌리기 위해 찾아왔음을 다음과 같이 확인하고 있다.

본년 일(一)월 이십삼(二十三)일경 삼(三)·사(四)년래 친하게 지내는 정주(定州)의 이승훈(李昇薰)이가 찾아와서 경성에는 아무 일도 없느냐고 물으므로 나는 이태왕전하의 흥거 때문에 혼란하지 다른 일은 없다고 대답하였다. 동인은 자기가 묻는 것은 그런 일이 아니라 목하 강화회의에서 미국 대통령이 민족자결을 제창하고 있는 때인 만큼 우리 조선 사람이 조선 독립운동을 할 좋은 기회가 아니냐고 하면서 해외에 있는 동포는 이 일에 대하여 비상한 관심을 가지고 있는데 국내에 있는 자들이 아무것도 안하고 침묵을 지키고 있을 수가 있겠는가? 경성(京城)에서는 이 일을 어떻게

54　김정회, 『송암 함태영』 (서울:연세대학교 대학출판문화원, 2022), 167쪽. 1920년 3월 22일자 고등법원 예심결정서는 2월 7일 최린·최남선·송진우 등이 현상윤을 통하여 이승훈과의 연락을 맡도록 했으며, 이에 현상윤이 정노식에게 부탁하고 정노식은 김도태가 이승훈을 만나 상경했다고 기술되어 있다.
55　함태영과 이승훈은 1915년부터 2년간 평양신학교에서 함께 공부했다.

생각하고 아무것도 아니하느냐고 하므로 나는 경성에서는 누구든지 그런 생각을 가지고 있는 것 같지 않다고 하였다. 동인은 그런 것은 불가하다고 말하면서 실은 자기는 어떤 동포로부터 통지가 있어 왔는데 경성에도 조선 독립운동을 계획하고 있는 사람이 있으며 그런 것을 그대가 알지 못하는 것은 통지하는 사람이 없기 때문이라고 하였다. 나는 동인에 대하여 누구의 통지를 받고 왔느냐고 물으니 최남선(崔南善)의 통지에 의하여 왔다고 하였다.[56]

일이 진행되는 동안 불교 측도 참여시켜야 거족적 운동이 될 수 있다는 의견이 개진되었다. 이에 따라 최린이 한용운을 만났고 이후 기독교, 천도교, 불교의 연합으로 독립운동 계획이 진행될 수 있었다.[57] 기독교계는 이승훈과 함태영, 천도교는 최린, 불교계는 한용운이 대표가 되었고 최남선은 개인 자격으로 참여했다.[58] 3·1운동을 기획하는 과정에서 최남선에게 독립선언서를 맡겨졌다.[59] 최남선은 2·8독립선언서를 참고로 독립선언서를 작성했고[60] 2·8선언서의 입장을 대부분 따랐다.

---

56 「함태영 경찰신문조서」, 1919년 3월 2일. 함태영은 1월 23일이라고 말하지만, 정확히 2월 11일에 이승훈과 함태영이 만났다.
57 "3·1운동 前後의 密議",「동아일보」, 1962년 2월 27일자.
58 같은 신문.
59 최린, "자서전", 앞의 책 53쪽. 한용운이 자신이 독립선언서를 쓰겠다고 주장했지만 관철되지 않았다.
60 두 선언서는 명칭과 순서에 있어서는 차이가 있지만 이념과 구조에 있어서는 거의 차이가 없다.

송진우 등 3·1운동의 기획자들과 기독교, 천도교, 불교 측은 독립운동의 구체적 방법에 대한 양측의 합의 사항을 9개 사항으로 정리했다. 안세환과 임규는 독립선언서를 일본 정부와 일본 의회에 전달하는 책임을 맡았고 김세환은 각 민족대표로부터 서명을 받아오는 역할을 맡았다.[61] 송진우와 함태영, 최남선, 정광조, 현상윤 등은 "뒤에 남아서 3인이 체포된 후에 운동에 대한 계속 지도와 기타 제반 선후 조치를 담당할 것"을 결정했다.[62] 감옥에 갇힐 서명자들과 그 가족들의 뒷바라지를 위해, 그리고 일회성으로 끝날 것이 아니라 지속적으로 전개해야 할 운동이라 판단했기 때문이다.[63]

---

61 현상윤, "사모친 독립의 비원, 죽엄으로 정의의 항거-기억도 생생 31년 전 장거", 『기당 현상윤 전집4』, 214-215쪽.

62 현상윤, "3·1운동의 회상", 『기당 현상윤전집4』, 276쪽. 이와 같은 사실은 최린의 자서전에서도 확인된다. 현상윤은 회고에서 "나는 처음부터 관계는 하였으나 송진우, 함태영, 김도태, 안세환, 임규, 김지환, 정노식, 김세환 씨 등과 같이 제2진으로 남아 있다가 제2차 운동을 한 후에 잡혀가기로 되었으므로 1일에는 선포식에 참예하지 않고 뒷산에 올라가 구경을 하였습니다."고 술회했다. "사모친 독립의 비원, 죽엄으로 정의의 항거-기억도 생생 31년 전 장거", 위의 책, 218쪽.

63 함태영, "기미년의 기독교도", 「신천지」 1946년 3월(통권 2호, 제1권 제2호), 57쪽 참조.

4. 자유민주주의와의 연계성

'조선청년독립단'의 독립선언서, 곧 2·8독립선언서는 조선 민족의 독립이 정의와 자유에 의거한 것이라는 것을 밝혔고 정의와 자유민주주의의 새로운 자주독립국가를 이룩하겠다고 천명했다. 이를 위해 조선 민족대회의 소집과 민족자결의 원리에 따라 독립 문제를 처리해 줄 것을 요구했다. 이에 응하지 않으면 일본에 대해 영원히 혈전을 벌이겠다는 입장도 밝혔다.[64] 이 선언은 힘이 없는 나라는 당연히 근대화로 무장된 강한 나라의 보호를 받아야 한다는 일본의 주장을 정면으로 거부한 것이었다. 이러한 입장은 3·1독립선언서에서도 그대로 이어졌다. 3·1독립선언도 한국이 독립자주국임을 선포하면서 한국인이 전근대적인 신민(臣民)이 아니라 자주적 판단을 할 수 있는 근대 시민이라고 밝힌 것이다.

3·1독립선언서는 자유와 평등을 인류의 보편적 가치와 이념이라 믿었고 세계평화와 인권, 정의를 주장했다. 이런 인식 아래 2·8독립선언과 마찬가지로 그간의 절대왕정체제와 신분 계급이 구분이 뚜렷했던 주자학적 세계관을 외면했다. 그리고 민주체제를 가진 새로운 근대 독립국가를 기대했다. 당연히 대한제국의 정치체제를 외면했고 식민지 확장의 철학이 되는 서구의 사회진화론

---

64 국사편찬위원회, 『한국사-일제의 무단통치와 3·1운동』 (서울:국사편찬위원회, 2013), 316-317쪽.

(social Darwinism)을 거부했다. 또한 식민의 논리가 되는 천황제와 일본의 이데올로기를 거절했다. 민주주의를 외쳤고 그러한 의식은 자연스럽게 상해임시정부나 한성임시정부를 거쳐 대한민국 헌법 제1조, 곧 "민주공화제"와 연결되었다. 여기에서 주장된 민주주의는 당연히 미국식 민주주의, 곧 자유민주주의 체제를 의미했다.

4.1 대한제국 환원의 외면 - 주자학적 전통의 거절

1919년 1월 21일, 고종 황제의 갑작스러운 붕어(崩御)에 일본은 긴장했다. 특히 황제의 죽음에 대해 여러 소문이 퍼져나가면서 심상치 않은 분위기가 감지되고 있었다.

광무 태황제가 이(李) 왕세자와 나시모토 공주의 결혼식 나흘 전에 승하함으로써 스스로 목숨을 끊었다는 소문을 불러일으켰다. 말도 안되는 소리다! 이미 큰 굴욕을 감수한 터에 작은 일 때문에 목숨을 끊었을 리 없다. (중략) 모든 사람들이 광무 태황제가 만약 병합되기 전에 승하했더라면, 아무도 슬퍼하지 않은 상태에서 이 세상을 하직했을 것이라는 점에 동의한다. 그리고 조선인들은 지금 바로 자신들의 설움 때문에 눈물을 흘리고 있고, 광무 태황제를 위해 폭동을 일으키려고 하는 것이다![65]

윤치호는 고종의 갑작스러운 붕어가 조선인들의 울분을 자극하고 있고, 폭동의 조짐까지 보였다고 진술한다. 실제 고종의 죽음이 일제의 독약에 의한 것이라는 독살설이 퍼지면서 일본에 대한 불만과 울분이 들끓고 있었다. 이러한 상황은 거사를 계획하고 있던 이들에게 명분이 될 수 있는 절호의 기회이기도 했다. 장례식을 위해 모여들 군중들에게 독립의 당위성과 참여를 끌어내기가 쉬웠던 것이다.[66]

> 금일 오인(吾人)의 차거(此擧)는 정의, 인도, 생존, 존영을 위하는 민족적 요구이니 오직 자유적 정신을 발휘할 것이오. 결코 배타적 감정으로 일주(逸走)하지 말라[67]

3·1독립선언서 공약 삼장의 첫 번째는 이렇게 진술하고 있다. 독립선언이 정의와 인도 그리고 생존과 존엄함을 지키기 위한 민족적 요구에서 나온 것이니, 오직 자유로운 정신을 발휘할 것이며 결코 배타적 감정으로 치닫지 말라는 것이다. 그런데 여기에서 사용되는 "정의", "인도(人道)", "생존", "존영"(尊榮), "자유"(自由)라는 어휘는 대한제국이 표방하는 용어가 아니었다.

---

65   윤치호, 『윤치호 일기』, 1919년 1월 26일.
66   국사편찬위원회, 『한국사-일제의 무단통치와 3·1운동』, 318-319쪽.
67   현대 말로 하면 다음과 같다: 오늘날 우리의 이 행동은 정의와 인도 그리고 생존과 존엄함을 지키기 위한 민족적 요구에서 나온 것이니, 오직 자유로운 정신을 발휘할 것이며 결코 배타적 감정으로 치닫지 말라.

3·1운동은 예속을 거부했고 "자주독립"을 주장했다. 그렇지만 여기에 대한제국 복구나 존왕(尊王) 의식은 전혀 없었다. 중국으로부터의 정치적 독립을 표방하며 임금이 황제가 되었지만, 여전히 대한제국 체제가 불평등을 전제로 했기 때문이다. 3·1운동이 말하는 자주독립국가는 "정의", "자유", "평등"의 세계성을 갖춘 근대 민주주의 국가를 의미했다. 개화를 지향했다고 하지만 대한제국에 근대적 인간이 보편적으로 추구하는 개인의 자유와 평등, 정의와 인도주의(人道主義)적 태도가 없었던 것이 사실이다. 그만큼 2·8독립선언이나 3·1독립선언의 이념과의 간극이 컸다.

4.2 사회진화론과 천황제 이데올로기의 거절

4.2.1 사회진화론의 거절

알려진 대로 사회진화론(social Darwinism)은 찰스 다윈(Charles Darwin)이 발표한 생물진화론, 곧 '생존경쟁(生存競爭)', '적자생존(適者生存)'의 진행 과정이 인간 역사까지 적용될 수 있다고 믿는다. 이를 처음 주장한 허버트 스펜서(Herbert Spencer)는 진화론이 범우주적인 법칙으로 확대될 수 있다고 보았다.[68] 진화가 우주의

---

68 허버트 스펜서는 '적자생존'이라는 용어를 사용했고 '생존경쟁'이라는 표현은 토마스 맬더스(Thomas Malthus)의 『인구론(Essay on Population)』에서 처음 나왔다.

보편 원리라고 생각하게 되면, 인간이 살아가는 사회에도 강한 사람만이 살 수 있다는 '적자생존설'을 믿게 된다. 그리고 '사회 유기체설'도 주장하게 된다.[69]

사회진화론이 내세운 '우승열패(優勝劣敗)' 주장은 인종주의와 결합되면서 민족 또는 국가의 흥망 법칙으로 믿어졌다. 서구는 이 이론을 근거로 식민지를 확장했다. 근대문명을 선점한 백인들이 세계를 지배하고 강자가 약자를 지배하는 것을 당연하다고 여긴 것이다.

19세기, 한 국가가 주권을 인정받으려면, 국제사회를 주도하는 국가들(family of nations)에 의해 문명국(civilized state)으로 인정받아야 했다.[70] 또한 국가의지(state will), 곧 적대적인 세계에 대해 스스로 자위할 수 있는 힘도 가지고 있어야 했다. 이런 주장에 따라 한국과 중국은 문명국으로 인정받지 못한 반면 근대 일본은 문명국이 되었다.[71] 일본은 비문명국가인 대한제국을 보호한다는 명분으로 침탈했고, 국제사회는 일본의 한국 강점을 당연히 여겼다.[72] 사회진화론에 의한 것이었다.

---

69 로널드 L. 넘버스, 『창조론자들』 (서울:새물결플러스, 2016), 91쪽.
70 一又正雄, "日本の国際法学を築いた人々", 『国際問題新書』 37, 日本国際問題研究所, 1973, 67-80쪽.
71 최영철, "러일전쟁과 일본의 대한제국 영토 주권 침탈", 『독도연구』, 영남대학교 독도연구소, 2015, 343-344쪽. 19세기의 서구에 의해 만들어진, 이러한 일방적 국제법은 서구 국가들의 식민지 침탈의 이론과 근거였다. 타국의 영토와 타국민들을 식민지로 만들기 위한 국제법적 근거였던 것이다.
72 위의 책, 351-355쪽.

1905년 을사늑약(乙巳勒約)이 맺어졌을 때, 한국의 각지에서는 국권회복운동이 일어났다. 의병운동이 있었고 교육을 통한 계몽과 민도(民度)의 향상을 외치며 애국계몽운동이 일어났다. 언론 활동, 자강(自强)을 이론적으로 뒷받침하는 학회(學會)운동 등이 이를 위한 것이었다. 애국계몽운동이나 자강운동을 주도한 인물들은 서구의 근대문명을 섭렵해 국난(國難)을 타개하자고 외쳤다.[73] 그런데 이를 뒷받침했던 것이 사회진화론이다. 당시 서우사범학교의 학도가(學徒歌)는 이러한 당시의 경향을 잘 말해주고 있다.

"…生存競爭當此時代에 國家興亡이 니게 달녓네. 列强의 待遇 생각홀사록 奴隸犧牲의 恥辱일세. 二千萬同胞 우리 兄弟아 此時가 何時며 此日何日고 六大洲大陸의 形便살피니 弱肉强食과 優勝劣敗라…"[74]

---

[73] 애국계몽운동은 개화운동의 연장선에서 볼 수 있다. 그것은 주체세력이 독립협회 회원들이었다는 데서 알 수 있다. 그러나 독립협회의 활동 목적이 국가의 개혁이었다면, 애국계몽운동은 국권이 상실된 상황 아래서 전개된 국권회복을 목적으로 하는 운동이었다.

[74] 『西友』 4호 (1907), 39쪽.; 전복희, 『사회진화론과 국가사상』 (서울:한울, 1980), 140쪽에서 재인용. 현대 말로 풀이하면 다음과 같다: 생존경쟁 이 시대에 국가흥망이 네게 달렸네, 열강의 태도 생각할수록 노예로 희생되는 치욕일세. 이천만 동포 우리 형제야 지금이 어느 때이고 오늘이 어느 날인가 육주대륙의 형편을 살피니 강육약식과 우승열패라…

1905년 을사늑약(乙巳勒約) 이후, 헌정연구회가 1906년 4월에 대한자강회(大韓自強會)로 재편되는 것을 시작으로, 대한자강회의 후신(後身)인 대한협회, 서우학회를 비롯한 한북(흥)학회와 이 두 학회를 통합한 서북학회(西北學會), 기호학회(畿湖學會), 관동학회(關東學會), 호남학회(湖南學會) 등이 전국적으로 확대되어 나갔다.[75] 이들 자강단체들은 국권회복을 위해 교육과 식산(殖産)을 강조했다. 대한자강회는 취지서에서 다음과 같이 피력하고 있다.

"…然이나 如究其 自强의 術이면 無他라 在振作敎育也오 在殖産興業也니 夫敎育이 不興則民知未開ᄒ고 産業이 不殖則國富莫增ᄒ느니 然則 開民智養國力之道ᄂ 豈不在敎育産業之發達乎아 是知敎育産業之發達이 卽唯一 自强之術이라."[76]

자강의 방법은 근대교육을 진작하고 식산(殖産)을 흥(興)하게 하는 데 있다는 주장이었다. 교육은 국민의 지(智)를 계발하는 것으로서, 미개한 상태에서 벗어나는 유일의 방법이라고 본 것이다. 또한 자강지술(自强之術)만이 국가의 부강과 국권의 회복을 가져올 수 있다는 주장도 폈다. 서구의 부강은 국민이 교육을 통해 얻은 지력과 지식에서 연원 된다고 보았고, 지적(知的)으로 우세한 자가 생존경쟁에서 승리하고 열등한 자는 패하게 된다고 믿었다.

---

75 정관, "舊韓末 愛國啓蒙團體의 활동과 性格," 「대구사학」 제20, 21집 (1982) 참조.
76 "大韓自强會趣旨書," 『大韓自强會月報』 1호 (1906), 6쪽.

국민을 교육시켜야 국제사회에서 승리할 수 있고 국권을 회복할 수 있다고 보았다.[77]

삼남 지방을 중심으로 했던 서우학회도 월보『서우(西友)』를 통해, 생존경쟁(生存競爭)을 위해 이익을 주지 못하는 학문은 해로운 것이라고 주장했다. 그것을 위해 교육의 목적을 다음과 같이 말했다.

"敎育의 終局目的은 國民으로 其人格을 發達케홈에 在ᄒ나 其直接目的은 國民으로 現下 生存競爭에 適應홀 性質을 具備케홈에 在ᄒ니 次生存競爭에 資치 못혼 敎育은 無用혼 敎育이오 次生存競爭에 益이 無혼 學文은 有害혼 學問이라."[78]

자강단체들은 '자강의 정신'이 곧 "국민의 사상"이라고까지 인식했고,[79] 이들의 주장은 실력양성을 목적으로 했던 민족운동으로 계속 이어졌다.

사회진화론은 강한 힘에 긍정적인 시각을 갖게 한다. 일본에 대한 시각도 예외가 아니었다. 대한자강회의 후신인 대한협회가

---

77 같은 책.
78 박성흠, "普通敎育은 國民의 義務,"『西友』9호 (1909), 6쪽.
79 윤치호 연설,『大韓自强會月報』1호, p.35. "自强 二字로 目的을 삼아 國民思想을 지도…"

노골적으로 일본의 문명적 힘을 동경했던 이유이다. 이들은 이런 인식에서 일본의 한국 피탈을 당연한 귀결로 여겼다. 1908년 회장이 된 김가진(金嘉鎭)은 민족의 멸망을 우려(憂慮)하고 국가의 앞날을 비관해 배일(排日)하는 것은 경쟁 시대에 있어 편협한 우견(愚見)이라고 주장했다.[80] 그는 한국의 문명화를 일본이 선도해야 한다고 우기기도 했다.[81]

낡은 시대의 유물인 침략주의와 강권주의에 희생되어, 우리 민족이 수천 년 역사상 처음으로 다른 민족에게 억눌리는 고통을 받은 지 십 년이 지났다. 그동안 우리 스스로 살아갈 권리를 빼앗긴 고통은 헤아릴 수 없으며, 정신을 발달시킬 기회가 가로막힌 아픔이 얼마인가. 민족의 존엄함에 상처받은 아픔 또한 얼마이며, 새로운 기술과 독창성으로 세계 문화에 기여할 기회를 잃은 것이 얼마인가.[82]

---

80 "논설", 『대한협회 회보』 5호.
81 같은 책.
82 본문은 다음과 같다: 구시대의 유물인 침략주의, 강권주의의 희생을 작(作)하야 유사 이래 누(累) 천년에 처엄으로 이민족 겸제(箝制)의 통고(痛苦)를 상(嘗)한지 금(今)에 십년을 과(過)한지라 아(我) 생존권의 박상(剝喪)됨이 무릇 기하(幾何)이며 심령상 발전의 장애됨이 무릇 기하이며 민족적 존영의 훼손됨이 무릇 기하이며 신예와 독창으로써 세계 문화의 대조류에 기여 보비(補裨)할 기연(奇緣)을 유실(遺失)함이 무릇 기하이뇨.

3·1독립선언서는 한국이 침략주의와 강권주의에 희생되었다며 이렇게 지적했다. 여기에서 침략주의와 강권주의는 서구 식민지 확장의 이론이 되고 있던 사회진화론(Social Darwinism)과 그 특성을 의미한다. 선언서는 사회진화론이 구(舊) 시대의 유물이며 무력에 의존하는 방식이라고 지적한다. 이러한 방식은 세계평화를 위협하고 결국 자신도 또 다른 힘에 의해 파멸될 것이라 경고한다. 자신이나 자국의 이익만을 추구했기 때문에 인간 정신의 근원인 자유와 평등, 평화로운 질서를 파괴한다고 본 것이다. 3·1운동에는 '열등한 인종들'(inferior races)이나 '문명화된 사람들'(civilized people)이라는 차별의식이 없다. 힘의 차이는 있지만 우열(愚劣)의 차이가 없다며 이를 배격했다. 민주주의 의식이 자리했기 때문이다.

4.2.2 천황제 이데올로기의 거절

일본 근대 이데올로기의 개념은 천황(天皇)이 일본 민족의 가부장(家父長)인 동시에 군주(君主)라는 것과 일본의 신민(臣民)은 천황의 자식이라는 것에서 시작한다.[83] 천황에 대해 무조건 충효심(忠孝心)을 나타내야 했고, 그 권위에 절대적으로 복종해야 했다.

---

83 中村雄二郎, "加藤弘之の 制度觀と 自然觀", 『近代日本にをおける制度と 思想』(東京:未來社, 1967), 260쪽 참조.

애국한다는 것은 천황에 대해 충성한다는 것을 의미했고 최고의 미덕과 선(善)의 개념도 변치 않는 충성을 의미했다.

1880년대 후반부터 메이지(明治) 정부는 천황 절대주의를 체계적으로 확립해가기 시작했다. 그리고 1889년 2월 '대일본제국 헌법' 공포와 1890년 '교육칙어'를 발포하면서 자유민권운동을 단속하기 시작했다. 특별히 일본의 근대 정치와 교육의 이데올로기를 주도했던 이토 히로부미(伊藤博文)는 천황을 신(神)의 위치로 올려놓았다.[84] 이에 따라 천황은 국가의 중심, 국체(國體)[85]가 되었고 일본의 혼(魂)이 되었다. 모든 체제와 개개인은 천황을 위해서 존재해야 했다.[86]

일본의 천황제 이데올로기의 시작은 사회진화론에서 시작되었다.[87] 대표적인 사회진화론자이며 메이지 천황을 시독(侍讀)하였던 카토 히로유키(加藤弘之)가 사회진화론을 바탕으로 이론화

---

84 伊藤博文著, 宮澤俊義校註『憲法義解』(東京: 岩波文庫版, 1982) 참조.

85 국체(國體)라는 말은 원래 중국 송대(宋代, 10-13세기)에서는 단순히 정치체제, 제도를 가리키는 말로 사용되었고 에도시대에 일본에 이입되었을 때에도 이와 같은 의미로 사용되었다. 그러나 1853년 페리가 내항한 이래, '국체'라는 표현은 일본국가의 정체성을 상징하는 말로 급속히 확산되었다.

86 전복희, "사회진화론의 19세기 말부터 20세기 초까지의 한국에서의 기능", 『한국정치학회보』 27집 1호, 1993.

87 영국의 허버트 스펜서(Herbert Spencer)가 제시한 이 이론은 사회도 발전하면서 그 기능이 분화하거나 통합한다고 보았다. 그리고 생물진화론의 적자생존처럼, 사회도 적자생존의 원칙에 적용된다고 보았다. 곧 '우승열패(優勝劣敗), 생존경쟁(生存競爭)의 역사로 본 것이다.

시켰다. 유교와 사회진화론을 합치시켜 국가 유기체설을 탄생시켰고, 국가도 한 생명체로서 생존하고 번영하기 위해서 내부의 유기적 단결이 필수라는 논리를 만들어냈다.

카토의 이론에 의해 메이지 이후의 일본은 천황 중심의 나라가 되었다. 그가 주장한 국가관에 따라 모든 신민은 천황을 위해서 존재해야 했다.[88] 천황에 대한 무조건의 충효심(忠孝心)이 강조되었고 천황은 절대적 존재가 되었다. 개인의 자유와 권리는 없었고 국민은 천황을 위해 존재해야 했다. 가장 강한 자인 천황은 당연히 절대성을 가지게 되었고 문명국 일본이 열등국 한국을 병합하는 것은 역사의 순리가 되었다. 힘을 가진 일본은 도덕적 선(善)이 되었고 한국은 하등국(下等國)내지는 미개국(未開國)으로 취급되었다.

한국을 강점한 일본은 1911년 8월에 칙령(勅令)으로 '조선교육령'을 공포했다. "천황은 신성해서 범할 수 없는 존재"라고 강조했고 조선의 교육목적이 천황에 대한 "충성된 국민의 육성"에 있다고 선언했다. 천황제 이데올로기를 가지고 한국을 다스리려 했던 것이다.[89]

---

88 전복희, "사회진화론의 19세기 말부터 20세기 초까지의 한국에서의 기능", 『한국정치학회보』 27집 1호, 1993.
89 이용덕, "조선총독부 편찬 국어 교과서에 나타난 천황제의 의미", 『일본학지』 제11집, 일본연구학회, 124쪽.

낡은 생각과 낡은 세력에 사로잡힌 일본 정치인들이 공명심으로 희생시킨 불합리한 현실을 바로잡아, 자연스럽고 올바른 세상으로 되돌리려는 것이다. 처음부터 우리 민족이 바라지 않았던 조선과 일본의 강제 병합이 만든 결과를 보라. 일본이 우리를 억누르고 민족 차별의 불평등과 거짓으로 꾸민 통계 숫자에 따라 서로 이해가 다른 두 민족 사이에 화해할 수 없는 원한이 생겨나고 있다. 과감하게 오랜 잘못을 바로잡고, 진정한 이해와 공감을 바탕으로 사이좋은 새 세상을 여는 것이, 서로 재앙을 피하고 행복해지는 지름길임이 분명하지 않은가.[90]

3·1독립선언서는 일본 강점이 낡은 생각과 낡은 세력에 사로잡힌 일본의 정치인들 때문이라 비판한다. 그리고 강압적으로 민족을 차별하고 화해할 수 없는 원한을 만들어냈다고 비판한다. 여기에서 밝힌 "낡은 생각"은 천황제 지배올로기를 말했고 "낡은 세력"은 여기에 현혹된 일본의 정치였다.

---

[90] 3·1독립선언서의 일부. 원문은 다음과 같다: 구사상, 구세력에 기미(羈縻)된 일본 위정가의 공명적 희생이 된 부자연 우(又) 불합리한 착오 상태를 개선광정(改善匡正)하야, 자연 우 합리한 정경대원(政經大原)으로 귀환케 함이로다. 당초에 민족적 요구로서 출(出)치 아니한 양국 병합의 결과가 필경 고식적(姑息的) 위압과 차별적 불평(不平)과 통계 숫자상 허식의 하에서 이해상반한 양 민족 간에 영원히 화동할 수 없는 원구(怨溝)를 거익심조(去益深造)하는 금래 실적을 관(觀)하라. 용명과감(勇明果敢)으로써 구오를 확정(廓正)하고 진정한 이해와 동정에 기본한 우호적 신국면을 타개함이 피차간 원화소복(遠禍召福)하는 첩경임을 명지(明知)할 것 아닌가.

민주주의와 천황제 이데올로기는 상극(相剋)의 구조이다. 민주주의는 힘이 곧 정의가 된다고 믿는 사회진화론이나 절대화된 권력을 강요하는 천황제 이데올로기를 거절하게 되어있다.[91] 공익적 사명을 강조하지만 개인의 인권과 자유, 곧 개인의 존엄 의식을 근간으로 하기 때문이다. 카토(加藤)가 조물주에게서 동일한 자유, 자치, 평등한 권리를 갖고 있다는 신부적(神賦的) 인권론을 비판하고 인권에 대한 주장이 망상이라고 비판한 이유이다.[92] 자유와 평등, 공평과 정의, 세계성으로 대변되고 인간이 누려야 할 당연한 권리로 강조했던 3·1운동의 이념은 천황이 절대적 존재가 되는 이데올로기를 거부하게 되어있었다.

4.3 대한민국 헌법 제1조의 발현 - 자유민주주의의 표방

1919년 4월 10일 상해 '대한민국임시정부'는 임시 의정원을 구성했고 여기에서 헌법을 만들기로 했다. 1919년 4월 11일에 제정

---

91 이런 이유로 다이쇼시대의 일본의 지식사회도 '천황제' 이데올로기와 민주주의를 상극으로 취급했고 그런 이유로 일본정부는 민주주의를 위험 사상으로 치부하였다. 민주주의에 대한 일본 정부의 거부 인식으로 요시노 사쿠조도 '민주주의'를 '민본주의'라 쓰고 민주주의로 해석했다. 곧 선정주의(善政主義)와 민의권위주의(民意權威主義)로 표현했고 국민의 참정권 확장과 의회중심주의를 역설하는 논리를 폈다. 日本 內務省警報局, 我国におけるデモクラシーの思潮, 1918.11.; 荻野冨士夫 編, 特高警察関係資料集成 19 (特高関係重要資料, 不二出版, 1993, 51-64쪽 참조.

92 加藤弘之, "人權新說," 『日本の名著』(東京:中央公論社, 1972), 421쪽.

된, 전체 10조로 구성된, 임시헌장을 조완구의 동의와 조소앙의 재청으로 가결했다. 사전심사는 신익희, 이광수, 조소앙이 맡았고, 이들은 전날의 가안(假案)을 다듬었다.[93] 그리고 이틀 후인 4월 13일 상해임시정부는 공식으로 출범되었다.

임시헌장은 1918년에 조소앙이 만든 무오독립선언서를 일부 기초로 했지만,[94] 실제로 발표된 제1조 "대한민국은 민주공화제로 함"은 조소앙의 독립선언서와는 무관했다.[95] 상해임시정부 임시헌장과 감리교의 이규갑 목사가 만든 한성정부의 약법(漢城政府約法) 내용을 함께 보면 다음과 같다.[96]

대한민국임시헌장(1919. 4. 11)	한성정부약법(1919년 4월)
신인일치(神人一致)로 중외협응(中外協應)하야 한성(漢城)에 기의(起義) (임시헌장 선포문)	
제1조 대한민국은 민주공화제로 함	제1조 국체는 민주제를 채용함
제2조 대한민국은 임시정부가 임시의정원의 결의에 의하여 차(此)를 통치함	제2조 정체(政體)는 대의제를 채용함

---

93 4월 10일에 모여 임시헌장을 검토한 인물은 현순과 손정도를 비롯해 이회영, 이시영, 이동녕, 신채호 등 모두 29명이다.
94 신우철, "중국의 제헌운동이 상해임시정부 헌법제정에 미친 영향", 『법사학연구』 29호, 한국법사학회, 2004, 24쪽 참조.
95 김명구, "한민당과 기독교", 서울신학대학교 현대기독교역사연구소 엮음, 『해방공간과 기독교 I』(서울:도서출판 선인, 2017), 220쪽.
96 신우철, 앞의 책, 26-27쪽 참조.

제3조 대한민국의 인민은 남녀귀천 급(及) 빈부의 계급(階級)이 무(無)하고 일절 평등함	제3조 국시(國是)는 국민의 자유와 권리를 존중하고 세계평화의 행운을 증진케 흠
제4조 대한민국의 인민은 신교.언론.저작. 출판.결사.집회.신서(信書).주소.이전.신체 급(及) 소유의 자유를 향유(享有)함	
제5조 대한민국의 인민으로 공민자격이 유(有)한 자는 피선거 급(及) 피선거권이 유(有)함	
제6조 대한민국의 인민은 교육. 납세급(及) 병역의 의무가 유함	제5조 조선국민은 좌의 의무가 유함 - 납세, 병역
제7조 대한민국은 신(神)의 의사에 의하야 건국한 정신을 세계에 발휘하며 진(進)하야 인류의 문화급(及) 평화에 책헌(責獻)하기 위하야 국제연맹에 가입함	
제8조 대한민국은 구(舊) 황실을 우대함	
제9조 생명형(生命刑) 신체형(身體刑) 급(及) 공창제를 전폐함	
제10조 임시정부는 국토 회복 후 만 1개년 내에 국회를 소집함	제6조 본 약법은 정식국회를 소집ㅎ야 헌법을 반포(頒布)ㅎ기시ㅏ지 차(此)를 적용함
민족평등·국가평등 급(及) 인류평등의 대의를 전전함 (정강1조)	

도표에 나와 있듯이 대한민국 임시헌장뿐만 아니라 한성정부 약법도 뚜렷이 민주주의를 정체(政體)로 내걸고 있다. 그런데 상해임시정부와 한성정부가 제1조로 내세우고 있는 "대한민국은

민주공화제로 함"이나 "국체는 민주제를 채용함"은 미국식 민주정체, 곧 자유민주주의 체제를 의미했다.

조소앙이 작성했다고 알려진 1919년 4월 10일의 가헌법 초안 제1조는 "조선공화국은 북미합중국의 정부를 방(倣)하여 민주정부를 채택함"으로 되어있다.[97] 그리고 외부 발표용으로 영문, "The Republic of Korea adopts a Democratic Government after that of the United States"를 기술했다.[98] 다음 날 최종 검토 과정에서 "북미합중국의 정부를 방(倣)"한다는 구절이 삭제되었지만, 분명히 임시정부는 미국식 민주주의를 내세웠다. 이러한 이유에는 조소앙 등 임시정부 요인들 인식 속에 '민주주의', '미국', '기독교'가 한 카테고리 안에 있었기 때문이다.[99] 물론 이규갑의 의식도 다르지 않았다.

2·8독립선언서와 상해임시정부 임시헌장 기술의 주역이었던 이광수는 이미 1917년 기독교가 한국에 민주주의를 가르쳤다고

---

[97] 국사편찬위원회, "국외항일운동자료 일본외무성 기록", 「不逞團關係雜件朝鮮人-在上海假政府 1」, 1919년 4월 12일자 참조.
[98] 같은 책.
[99] 상하이의 신한청년당의 독립청원서에도 "야소교를 조선의 국교로 인정하여 민주주의와 자유의 가치가 야소교와 함께 조선에 들어왔다"는 내용이 기술되어 있다. 여기에서 민주주의는 미국식의 자유민주주의를 의미하며, 기독교와 민주주의를 동일 선상에서 보고 있다. 조소앙은 1911년 10월 상동교회 전덕기 목사로부터 안수를 받았고, 육성교를 창안했지만 삼균주의 주장 이후 기독교면 민주주의가 충분하다는 입장이었다.

피력한 바 있다.[100] 상해임시정부 시절 도산 안창호도 미국 기자와의 회견에서 미국과 기독교가 한국에 민주주의 의식을 심어주었다며 이광수의 주장을 뒷받침하고 있다.

> 한국은 4천 년의 고국(古國)이라. 불행히 서양문명에 촉(觸)함이 면(免)하였으나, 한국의 문명은 기독교와 민주주의를 기초로한 문명이라. 30년래 한국에게 신문명을 준 자는 미국이라. 귀국민은 종교로 교육으로 아(我) 국민에게 지도의 은(恩)을 가(加)하였고 독립운동 이래 공정한 언론으로 아(我) 국민의 친우가 됨을 감사하노라."[101]

1887년 초대 주미공사로 임명되어 워싱턴에 머물고 있던 박정양은 미국을 가리켜, "해국(該國)은 합중심성(合衆心成)의 권리가 민주(民主)에 있는 나라"[102] 라고 피력했다. 그리고 미국 민주주의 체제의 사상적 중심에 기독교가 있다고 생각했다.[103] 곧 '미국', '민주주의', '기독교'를 한 카테고리 안에서 본 것이다. 이후로 여느 개화파들과 서재필, 윤치호, 이상재, 이승만 등 독립협회를 주

---

100 이광수, "耶蘇敎의 朝鮮에 준 恩惠", 『靑春』 9, 1917년 7월, 『李光洙全集』 17 (서울:삼중당, 1962), 19쪽.
101 안창호, 『도산안창호 논설집』 (서울: 을유문화사, 1973), 131-132쪽.
102 박정양, "美俗拾遺", 『박정양전집』 6 (서울: 아세아출판사, 1984), 639쪽 "該國 卽 合衆心成之權 在民主者也"
103 박정양, "美俗拾遺," 『朴定陽全集』 6, 611-612쪽.

도했던 인물들도 이런 생각 아래에 있었다.[104] 이들은 미국식 민주주의가 "자유, 평등, 정의"를 지향한다고 알고 있었고 이를 통해 한국을 바꿀 수 있다고 믿고 있었다. 이런 인식은 미국인 선교사들의 선교가 활성화되면서 한국 사회 전반으로 폭넓게 각인 되었다. 전술한 대로 한국의 재일유학생들이 미국을 '민주공화국의 개조(開祖)'로 믿었고 한국의 근대지식사회가 선교사들에 의해 전해진 기독교를 "민주주의의 기초"[105]라고 인식했던 이유이다.

안창호도 인정했듯이, 선교사가 들어온 직후부터 기독교는 선교의 접촉점으로 근대교육을 시작했고 교회마다 남녀 학교를 운영했다. 기독교 사회기관이었던 YMCA도 학관을 운영했다. 여기에서 개인의 권리와 타인에 대한 존중이 가르쳐졌다.[106] 특별히 기독교 학교들은 기독교 이데올로기를 미국식 민주주의와 연결

---

104 잡보, 『독립신문』, 1896년 5월 23일자 참조. 윤치호는 에모리대학 학장 캔들러(W. R. Candler)에게 남감리교회 선교사들을 조선에 파송해 줄 것과, 조선에 기독교 학교를 개설해 달라고 요청한 바 있다. 이를 위해 수중에 있던 200달러를 헌금했다. 미국인들이 누리는 풍요로움과 자유, 사회개선과 사회정의, 민주주의 체제가 기독교에서 비롯되었고, 기독교 학교를 통해 퍼지게 되었다고 믿었기 때문이다. 그런 목적을 이루기 위해 윤치호는 개성에 한영서원을 설립하고 1906년에 한영서원의 교장이 되었다. 아산 음봉면 보통학교, 송도고등보통학교, 이화여자전문학교, 세브란스의학전문학교 등에도 재정적 지원을 아끼지 않았다.
105 『윤치호 일기』, 1890년 3월 7일자.
106 실제로 1920년대 연희전문에서 교육학을 가르치던 남감리교 선교사 피셔(J. E. Fisher)는 학생들에게 민주주의(Democracy)에 대해 교육시켰다. 그는 선교 교육도 민주주의적 관점에서 진행되어야 한다는 주장을 서슴지 않았다. James Earnest Fisher, *Democracy and Mission Education in Korea*(New York: Columbia University, 1928), 53쪽 참조.

시켰다. 이를 통해 주자학 세계관이 갖고 있던 부정적 전통, 곧 신분 차별의식, 노동의 천시, 기술 천시, 과도한 형식주의, 여성에 대한 비하 의식, 축첩제도와 조혼제도, 조상숭배 의식 등을 극복하게 했다. 인간 생명의 존엄과 엄중함을 각인시켰고 모든 세상 사람이 한 근원이라는 공동체 의식을 심어주었다. 오산학교와 대성학교, 배재학당과 이화학당, 숭실학교 등 기독교 학교를 거친 사람들이 '기독교, 민주주의, 애국사상, 미국, 민족주의'를 하나의 범주로 인식하고 활동했던 이유이다.[107]

한국인들은 미국이 전한 기독교를 통해 민주주의 태도, 곧 법의 준수, 평등한 참여, 자유롭고 합리적인 토론, 민주적 합의에 대해 배울 수 있었고 특별히 기독교 학교를 통해 민주주의의 이념과 그 지향점, 실천력을 습득할 수 있었다. 세계와의 소통 방식을 배웠고 기독교 이데올로기를 통해 전통적 계급의식을 극복했다. '인간 평등의 인간 의식'을 통해 남녀가 평등하다는 사상, 노동의 존엄성, 강연회나 토론회를 통한 인간 권리의 발현, 그리고 이웃과 민족을 위해 봉사하는 새로운 차원의 사회도덕과 새로운 정치의식도 습득했다.

기독교 학교에서 공부한 사람들은 "교육받은" 사회세력 집단을 형성했고 곳곳에 조직망을 이루었다. 그리고 가장 영향력 있는

---

[107] 1909년에 이르렀을 때, 장로교에서 운영하는 학교는 719교에 학생수가 17,231명이었고, 감리교는 200교에 6,423명의 학생들을 가르쳤다. 1921년에 이르러서 기독교학교는 약 1,200개에 이르렀다.

민족적 사회세력으로 자리 잡았다.[108] 이들이 받은 교육은 일제가 내세웠던 황도정신(皇道精神)을 거부하는 규범이 되었고,[109] 독립과 저항의 근거가 되었다. 전국의 교회가 3·1운동에 적극 참여하고 연희전문을 비롯한 기독교학교 교사와 학생들이 3·1운동의 선도에 섰던 이유이다. 물론 임시정부가 '민주공화제'를 채택하는 데에도 중요한 이유가 되기도 했다.

상해임시정부 헌장은 중경정부에 이르기까지 5번이나 개정을 했지만 제1조는 계속 유지가 되었다. 해방 후에도 대한민국 헌법 제1조로 계속되고 있다. 미국식 민주주의, 곧 자유민주주의 체제가 대한민국의 정체성이 된 것이다.

5. 여언(餘言)

3·1운동은 비폭력의 만세운동, 종교 단체가 민족대표가 되었던 운동, 국내 민족주의자들이 기획한 운동이었던 것이 그 특징이다. 최린과 현상윤의 회고와 당시의 기록을 종합해 볼 때, 중앙학교의 송진우 등을 시작으로 천도교 측도 국내에서 대규모의 독립운동이 필요하다고 판단했다. 중앙학교 교사 현상윤이 중간 역할을 해

---

108 박영신, "기독교와 사회발전", 『기독교사상』 28, 1984.5월호, 152-153쪽.
109 민경배, 『日帝下의 韓國基督敎 民族·信仰運動史』 (서울: 대한기독교서회, 1991), 75쪽 참조.

서 천도교 측과 연결이 되었고, 송계백이 가지고 온 2·8독립선언문이 촉발의 직접적 계기가 되었던 것이다. 이후 송진우, 최린, 최남선, 현상윤 네 사람에 의해 각층의 광범위한 참여 아래 독립운동을 전개할 방안이 모색되었다.

일본의 자료도 천도교와 기독교 측과의 연합운동을 추진한 주체는 최린, 최남선, 송진우 3인이었고, 현상윤은 중간 역할로 지시를 받고 움직였다고 확인한다. 또한 이들이 독립운동을 1차에서 끝내지 않고 지속적으로 확산시키려 했다는 것도 기술하고 있다.

그런데 3·1운동은 단순히 일제 강점기를 벗어나 독립을 이루겠다는 것에서 그치지 않는다. 새로운 체제와 이념을 가진 나라를 만들어야 한다는 의식을 확연히 드러냈다. 대한제국으로의 환원을 의미하는 것이 아니었다.

춘원 이광수에 의해서 작성된 '조선청년독립단'의 독립선언서, 곧 2·8독립선언서는 독립의 당위성이 근대적 정의와 자유에 따랐다는 것과 자유민주주의의 자주독립 국가를 설립하겠다는 의지를 천명했다. 이를 위해 일본 당국에 조선 민족대회의 소집과 민족자결의 원리에 따라 독립문제를 처리해 달라고 요구했다. 이 선언은 힘이 없는 나라는 당연히 근대화로 무장된 강한 나라의 보호를 받아야 한다는 일본의 강점의 논리와 주장, 그리고 천황제 이데올로기를 정면으로 거부한 것이었다. 이러한 주장과 개념은 3·1독립선언서에서 그대로 이어졌다.

3·1독립선언도 그간의 절대 왕정체제와 신분계급의 구분이 뚜

렷했던 주자학적 세계관의 폐기, 민주화된 나라와 민주체제를 가진 근대 독립국가를 기대했다. 당연히 그간의 절대 왕정을 근간으로 했던 대한제국의 정치체제를 외면했고 식민의 논리가 되는 천황제와 일본의 이데올로기를 거절했다. 또한 식민지 확장의 논리가 되는 서구의 사회진화론도 거부했다.

3·1운동의 의식과 개념은 자연스럽게 '상해임시정부'의 '대한민국임시헌장'과 '한성임시정부'의 '약법(約法)'으로 나타났다. 곧 두 임시정부는 "대한민국은 민주공화제로 함"과 "국체는 민주제를 체용함"을 표방한 것이다. 여기에서 주장된 민주주의는 미국식 민주주의로 곧 자유민주주의 체제를 의미했다. 그것은 박정양 등의 초대 공사관 이후에 각인된 의식이었고 개화파들 속에 자리 잡은 의식이기도 했다. 곧 '민주주의, 미국, 기독교'가 한 카테고리에 있다는 의식은 재한 미국인 선교사들의 선교 활동으로 한국 사회 일반으로 각인되어 있었다.

'민주주의, 미국, 기독교'가 한 카테고리 안에 있다는 의식 아래 미국 대통령이 주장한 민족자결주의와 2·8독립선언은 3·1운동의 도화선이 되었고, 상해임시정부의 헌장 제1조로 연결되었다. 미국식 민주주의는 현재의 대한민국 헌법 제1조가 되었다. 곧 3·1운동의 지향점이 자유민주주의였다는 것과 대한민국의 정체성이 3·1운동에서 시작되었다는 것을 확인하고 있다.

4
한시 1수(首)

이승만(李承晩)

일가정전월(一可亭前月)

(일가정에 비친달 빛이) (註: '一可亭'은 남강의 산정)

사인부득면(使人不得眠)

(사람을 잠 못 이루게 하는구나)

배회환독좌(徘徊還獨坐)

(거닐다 다시 홀로 앉아)

무어앙청천(無語仰青天)

(말없이 푸른 하늘만 바라본다)

주: 3·1운동의 동지이자 동아일보 제4대 사장을 역임한 후
　　오산학교(五山學校) 경영을 맡고 있는 정주(定州)의 남강 이승훈(南岡 李昇薰)은
　　고하가 1926년 영어(囹圄)의 몸이 된 기별을 전해 듣고
　　고하가 겪고 있는 어려움을 하와이에 있는 우남 이승만(雩南 李承晩)에게
　　편을 얻어 알렸다. 우남은 위의 한시(漢詩)를 써서 인편으로 남강에게 보냈고,
　　남강은 이를 족자로 만들어서 고하를 위로하기 위하여 보내왔다.

5
동방의 빛이여,
너의 이름은 한국이다

타고르(인도의 노벨문학상 수상 시인), 동아일보, 1929년 4월 3일

In the golden age of Asia,

Korea was one of its lamp-bearers,

And that lamp is waiting

To be lighted once again

For the illumination

In the East.

(일찍이 아시아의 황금 시기에,

빛나던 등촉(燈燭)의 하나인 조선,

그 등불이 다시 한 번 켜지는 날엔

너는 동방의 밝은 빛이 되리라.)

주: 동아일보 사장 고하가 일본에 온 인도 시성(詩聖) 타고르를 조선에 초청했으나
그의 일정상 못오게 되자 당시 동아일보 동경지국장 이태로(李泰魯)와
극웅 최승만(極熊 崔承萬)을 통하여 보낸, 압제받는 조선민중에게 보낸 격려의 시이다.

6
나만이 아는 비밀
古下 宋鎭禹氏의 두 가지 밀령(密令)

서범석(徐範錫: 전 국회의원), 진상(眞相), 1959년 9월호

<첫 번째 밀령> 주일중국공사 왕영보(汪榮寶) 씨에게 준 비밀쪽지

 만보산사건! 이것은 일본의 간교한 수단으로 일어났던 사건이었다. 그러니까 만주에 있던 한국인 농민들과 중국인 농민들에게 싸움을 붙여 그것을 핑계로 야망하던 대륙침략의 발판을 튼튼히 하려고 배후에서 조정하였던 것이다.
 어디까지나 음흉했던 일본 – 때는 1931년 봄이었다.
 사건이 발생했던 만보산은 장춘현에 있었다. 그런데 일본은 사건이 일어나자 이것을 국내에 선동적으로 보도시키기 위하여 갖은 수단을 다했다. 이용가치가 가장 있는 신문은 민족지인 동아일보와 조선일보였다. 이 두 신문에 대대적으로 보도케 하여 국내 한국민들을 자극시켜 한국인과 중국인간의 반목을 꾀하려고 하였던 것이다.
 그러한 형세에 그들 일본에게는 다행히도 장춘에는 동아일보와 조선일보의 두 지국이 다 있었는데 그 지국장이라는 자가 일본 관헌에 아부하는 작자였다.

김이삼(金利三) -- 이것이 그의 이름인데 김이삼은 평소부터 일본 영사관에서까지 적극적인 후원을 받고 있는 터라 그들의 노리개가 되지 않을 수 없었다. 그는 일본이 시키는 대로 사건을 침소봉대하여 본사에 기사를 보냈다. 그러나 동아일보에서는 사건 자체가 중대함을 직감하고 어디까지나 신중을 기하는 뜻에서 우선 만보산사건이 발생하였다는 정도로 보도하고 자세한 것은 현지에 특파원을 파견하여 취재하기로 하였다.

한편 조선일보는 그렇게 하지 않았다. 중대사건이라고 호외까지 발간하여 대대적으로 보도하게 되었으니 실로 일본의 흉계는 예정대로 척척 들어맞게 되었다.

만주에 있는 한·중 농민들 사이는 계속해서 험악해져 갔다. 국내 민심도 점차 동요되었다. 만주에 있는 동포들이 중국관민에게 부당한 박해를 받는다니 이것이 될 말이냐? 라는 것이었다.

흥분된 민심은 그대로 가라앉지를 못하였다. 급기야는 새로운 사태가 발생하고야 말았다. 즉 평양과 인천을 비롯한 여러 지방에서 만주 동포들의 분풀이를 한다고 소리 높이 외치면서 중국인들을 집단폭행하는 사태가 발생하였던 것이다.

이 순간 일본의 침략괴수들은 회심의 웃음을 짓고 있었을 것이 아니겠는가? 국내에서 중국인들이 입은 피해는 결코 적은 것이 아니었다. 또한 중국 당국에서 그저 방관만 하고 있을 리가 만무했다. 드디어는 그 진상을 조사하기 위하여 주일공사 왕영보(汪榮寶) 씨가 국민정부의 명으로 내한한다는 소문까지 떠돌게 되었는데 바로 그 무렵이었다.

　나는 그때 동아일보의 국경특파원으로(만주의 안동과 신의주 일대) 근무하고 있었다. 하루는 사장인 古下 宋鎭禹 씨로부터 속히 본사에 올라오라는 호출이 있었다. 무슨 영문인지 사전에 말하지 않으므로 퍽이나 궁금한 노릇이었으나 여하간에 그날 밤 기차 편으로 상경하였다.

　나는 서울역에 도착하는 바로 그 길로 신문사에 직행했다. 여러 선배와 동료들을 오래간만에 만나게 되어 무척 반가웠으나 그들과 일일이 인사를 나눌 겨를도 없이 사장실로 들어갔다.

　사장실 문을 열고 들어가자 송진우 씨는 혼자 있었다. 그는 나의 귀사했다는 인사를 받을 뿐 아무 말도 하지 않았다. 의자에 깊이 기대어 눈을 감은 채 무엇을 생각하는 듯한 표정이었다. 순간 나는 이상하게 생각하였다. (저분이 원거리에 있는 나를 불러 올라오게 하고서는 왜 아무런 말도 하지 않을까?) 이렇게 혼자 생각을 하고 있는데 문뜩 한다는 말이 천만 뜻밖의 것이었다.

　"우리 신문은 정부행세까지 해야겠어!" 어떻게 대답을 하였으면 좋을지 모를 말이었다. 잠시 후에 "주일 중국공사 왕영보 씨가 온다지?" "예, 옵니다." "폭행사건 조사를 온다니 그에게 꼭 전할 말이 있어. 서 군이 좀 해주어야겠네--"

　이번 사건은 한국인들의 본의가 아니라 일제의 한·중 간에 이간을 붙이려는 정략 하에 일부 한국사람들을 선동한 것이라는 내용을 왕(汪) 씨에게 전하라는 것이었다. 나는 무의식중에 "글쎄요"

라고 대답하였다. 전혀 예기하지 않았던 지시이며 또한 어떻게 하라는 구체적인 설명도 하지 않았었다. 그저 어떠한 수단으로든지 국내 중국인에 대한 폭행사건은 우리나라 사람들의 본심이 아니라는 것을 왕 씨에게 알려 주어야 하겠다는 것이었다. 이와 같은 중대한 지시를 받기는 하였지만 그 방도가 막연하였다. 어떻게 하면 일본 관헌에게 발각되지 않고 알려줄 수 있을 것인가? 얼마 동안을 곰곰이 궁리하다가 다음날이면 부산에 도착할 왕 공사를 수행하기 위하여 좌우간 서울역을 출발하였다.

갈 때에 글로 쓴 쪽지를 미리 마련하였다. 만약 요행히 일경이 없는 틈을 이용할 기회가 생긴다 하더라도 말로 하면 시간이 오래 걸릴 것 같았기 때문이었다. 그리하여 먼저 번과 같은 말의 내용을 엷은 양지에 써서 그것을 담배처럼 말아서 간직하였던 것이다.

부산에 내려가 보니 일본 관헌의 감시는 상상하던 것보다도 더욱 엄격했다. 일본 관헌이 보이지 않는 곳에서 가까이 할 틈이란 도저히 없었다. 차중에서도 기회가 오기를 초조히 기다렸으나 모든 것이 허사였다. 기차는 서울에 도착하고 다시 신의주에 도착할 때까지도 기회를 포착할 수가 없었다.

중국 조사단 일행이 신의주에서 유숙한 곳은 2층에 자리 잡은 철도호텔이었다. 그들은 여기에서 하루를 묵으면서 사건을 조사하였던 것인데 국경 도시라 그러했던지 이번에는 정복을 한 관헌까지 주위를 빙빙 도는 것이었다. 식당 복도 회석 기타 왕 씨가 나돌아 다닐 때이면 항상 기회를 노리었으나 틈이 없었다.

마음은 더욱 초조했다. 송진우 씨는 나를 믿고 시킨 일인데 이 일을 실패한다면 어떻게 하겠는가? 그들 일행이 신의주에서 일을 마치고 서울 쪽으로 되돌아 갈 때 나는 (끝내 실패하고 마는구나…) 라고 낙심하였다.

그러나 기회는 드디어 오고야 말았다. 일행을 태운 기차가 바로 평북 정주를 지났을 무렵이었다.

그 때에 기회를 보느라고 왕 공사가 탄 외교관 전용특별실 옆을 (당시 특별실에는 일경도 들어가지 못하였다) 지나다가 보니 어찌 된 일인지 주위에는 아무도 보이지 않았다.

나는 일각도 주저할 수가 없었다. 무턱대고 문을 노크하였다. 또한 안에서의 회답을 기다릴 여가도 없었다. 노크와 함께 문을 열고 방안에 들어섰다. 들어서면서 미안하다는 말을 하였는데 왕 씨는 벌써 내가 기자라는 것을 알고 있었다. 신의주에서 가졌던 기자회견 때에도 만나본 일이 있거니와 그 보다도 나는 그의 앞에 서는 항시 동아일보 기자라는 것을 알도록 행동을 취했던 것이다. 특별실에는 왕 공사 외에 수행원 한사람뿐이었다. 기회는 더욱 좋았었다.

호주머니에서 준비했던 종이쪽지를 내밀었다. "당신에게 하고 싶은 말은 이 종이쪽지에 적혀 있습니다"라고 다급하게 말하고 묵례를 하자 그도 알았다는 듯한 표정을 지으면서 묵례를 하는 것이었다. 말로는 긴 시간 같지만 불과 1, 2분의 순간이었다. 밖에 나와 보니 다행히도 아무도 없었다.

나는 바쁜 걸음으로 특별실과의 거리를 멀리 하였다. 이때까지의 긴장이 일시에 풀려지자 갑자기 온몸이 노곤해지는 것을 느꼈다. 그리고 잔등에서는 땀이 비오듯이 흘러내렸다.

그 후 왕영보 씨는 나에게 친필로 된 족자 한 폭을 보내왔었다. 나는 이것을 귀중히 간직하고 있다가 6·25사변 당시에 분실하였다. 그때의 허전한 마음 무엇에 비길 데가 없었다.

그렇지만 인연 깊은 이 족자는 다시 찾게 되었다. 9·28 직후였다. 우연한 기회에 동대문 시장을 지나가는데 누가 나를 부르는 것이었다.

누굴까? 하고 뒤를 돌아보았더니 고서화상(古書畵商)을 하는 이상철(李相喆) 씨였다. 중국인 글씨인 고서가 하나 있는데 어찌된 일인지 기증받은 사람의 이름이 나의 이름과 한자도 틀리지 않으니 한번 보라는 것이었다. 순간 혹시나 하고 가보았더니 아니나 다를까 그것이 바로 몇 달 전에 분실되었던 문제의 족자였다. 나는 지금도 왕영보 씨가 보내준 족자를 보관하고 있다.

<두 번째 밀령> 국제연맹 중국대표에게 준 비밀쪽지

릿튼 경을 단장으로 한 국제연맹 만주현지조사위원단이 봉천에 도착한 것은 만보산사건이 발생한 지 약 반년 후였다. 만보산 사건 후부터 일본은 허울좋게도 만주에 있는 한국인들을 보호한다는 구실 하에 만주의 각 지방에 무장군을 주둔시켰었다.

이렇게 하여 제반 침략준비를 끝내게 되자 이번에는 정말 엉뚱한 사건을 날조하였다. 그것은 무엇인가 하면 일본은 그 전부터 남만주철도 관할권을 장악하고 있었는데 그 한 가닥을 폭파시켰던 것이다.

실지로 폭파시킨 것은 중국 군인들로 가장한 일본이 돈으로 매수한 중국인 '쿠리'들이었는데 그들은 중국 군인들이 일본재산을 침해하였다고 트집 잡아 수많은 군인들을 투입하여 순식간에 전 만주를 석권하여 버렸던 것이다. 그것이 1931년 9월 18일에 발생한 류타오후사건(柳條溝事件) 즉 만주사건 즉 만주사변의 발단이었다.

한편 억울한 침략을 당하게 된 중국은 가만히 있을 리 만무했다. 이 문제를 국제연맹에 호소하여 이사회에서 일본군의 만주철병 권고안을 가결하였고 11월 16일에는 국제연맹 만주현지조사위원회를 설치하고 그 실정을 파악하고자 릿튼 경을 단장으로 하는 조사단을 만주로 파견하였던 것이다.

이럴 즈음 동아일보 봉천(奉天) 특파원으로 가있던 나는 또다시 귀국 상경하라는 宋鎭禹 사장의 명령을 받았다. 이번에도 그 영문을 전혀 몰랐다. 그 당시 나는 특파원으로서 취재는 안하고 놀러만 다닌다는 중상모략을 받은 바 있었다. 그러므로 혹시 나에게 무슨 주의라도 시키려고 부르는 것이 아닐까? 라고 의심도 하여 보았다.

영문을 모른 채 부랴부랴 여장을 갖추고 본사로 돌아오니 송진우 사장은 마침 춘원 이광수(春園 李光洙) 씨와 무슨 이야기를 하고 있다가 "언제 왔오?" 무뚝뚝한 표정으로 (본래부터 그러함) 이렇게 묻는 것이었다. 그래서 "이제 막 오는 길입니다"라고 대답하였더니 이광수 씨는 사장과 나는 무슨 비밀이야기를 할 것이라고 생각하였던지 곧 자리에서 일어났었다. 방안에 단 두 사람만이 있게 되자 그는 얼굴에 웃음을 피우면서 나의 얼굴을 잠시 바라다보더니 "봉천에 조사단이 와 있지!" "예, 와있습니다." "가끔 만나나?" "공식회견 이외에는 도무지 기회가 없습니다. 조사단 관계 보도는 관동군 신문보도반에서 공식적으로 발표하는 것 이외에는 아무 것도 못합니다" 이렇게 대답하던 나는 순간 내가 취재에 불성실했다고 물어보는 것이 아닌가 하는 느낌을 갖게 되었다. 그러나 이러한 의혹은 잠시 후에 일소되었다.

"또 한 번 수고해야 하겠는데 잘못하면 큰일 나! 조사단 중국대표로 와 있는 외교부장 고유균(顧維均) 씨에게 먼저번 왕영보 씨에게 하듯이 우리의 의사를 전달할 수 없을까?" 이와 같은 말을 들은 나는 대뜸 그 사명이 무엇이라는 것을 직감하였다. 만주를 침략한 일본은 만주에 있는 한국인들이 자기들의 생명재산을 보호하기 위하여 일본군을 만주에 주둔케 하여 달라는 진정서를 제출한 것처럼 허위조작을 하였는데 결코 그렇지 않다는 사실을 고 대표에게 전할 수 있겠느냐는 것이었다.

다시 말하자면 만주에 있는 한국인들의 진정서는 일본 관헌이 허위 조작한 것으로서 사실은 만주에 있는 한국인들은 그 진정서 내용과는 정반대의 견해를 갖고 있다는 것을 중국대표 고유균 씨에게 전하라는 것이었다.

　얼마동안의 면담 후 밖으로 나온 나는 무척 어려운 일임을 직감하였다. 그러나 누구에게 그 방법을 묻거나 조력을 요청할 수는 없었다. 이와 같은 행동은 송진우 사장과 나만이 간직해야 할 비밀이었기 때문이었다. 사명은 어떠한 일이 있더라도 완수해야 하였다. 송 사장은 그와 같은 중대한 사명을 나를 신임하였기에 맡기었던 것이 아니겠는가?

　사명을 맡고 보니 조금이라도 서울서 지체할 필요가 없었다. 그 이튿날 곧 봉천으로 되돌아가서 일에 착수하기 시작하였다.

　국제연합 만주 현지조사단이 묵은 봉천에서 가장 큰 대화호텔의 제반 분위기를 내사하였다. 그랬더니 그 첫날에 대뜸 실망을 느끼지 않으면 안 되었다.

　왜냐하면 나는 봉천에서 동아일보 특파원으로 있었기에 대화호텔의 내용에 관해서는 비교적 잘 알고 있었다. 그런데 서울에서 돌아와 보니 이때까지 보지 못하던 보이들이 많이 눈에 띄었다. 전부터 알고 지내던 종업원에게 어찌된 일이냐고 물었더니 그는 긴장된 표정을 지으면서 좀처럼 말하려고 하지 않았다. 얼른 말하지 않는 눈치로 보아서 더욱 의심나는 일이었다. 사유를 알아내기 위해 그를 달래기 시작하였다. 너와 나와는 그러한 처지가 아닌데 그럴 것이 없지 않느냐고 반 억박다짐으로 캐어물었더니 자기가 말한 것에 관하여 비밀을 지켜줄 것을 되풀이하면서 사연을 말하는 것이었다.

그의 입을 통하여 비로소 알게 된 것인데 새로 들어온 보이들은 전부가 일본의 첩보원이라는 것이었다. 현역 첩보장교나 하사관 중에서 행동이 민첩하고 영어를 잘 하는 자들을 엄선한 후 그들에게 사복을 입혀 조사단이 유숙중인 대화호텔에 배치하여 보이 행세를 시켰었다.

일본은 자기들의 침략행위가 조사단에 발각될까봐 무척 두려워했었다. 그리하여 조사단원이 외부사람과 접촉하는 것을 극력 감시하였다. 관동군 특무대원들이 눈을 부릅뜨고 항상 조사단원의 주위를 감시하고 있는데 어느 누가 감히 그들에게 접근하거나 묻는 말에 사실대로 대답할 수 있었겠는가?

호텔에서의 감시는 더욱 엄했다. 보이로 변장한 첩보원들은 의심나는 사람이 호텔에 들어서면 시치미를 떼고 미행하기도 하고 또한 다른 보이들에게 그 사람을 주의하라는 것같이 구석진 곳에서 귓속말을 주고받곤 하였다.

감시가 이와 같이 삼엄한데 어떻게 하면 중국대표 고유균 씨를 비밀리에 만날 수 있을까? 나는 다행히 신문기자여서 비록 감시는 받았으나 호텔의 복도를 마음대로 왕래할 수는 있었다. 그러다가 복도에서 조사단장인 릿튼 경이나 중국대표 고유균 씨를 만날 기회는 각각 한두 번 있기는 하였으나 보이로 변장한 관동군 첩보원이 눈을 부릅뜨고 노려보는 판국에서 어찌 하는 도리가 없었다.

기회를 엿보는 사이에 하루가 지나고 이틀이 지났다. 그렇지만 그들의 감시는 여전히 심하여 좀처럼 틈이 없었다.

3일째 되던 날 -- 나는 이른 아침에 아침밥도 먹지 않고 호텔로 달려갔다. 거기에는 이유가 있었다. 한낮과 밤이면 비교적 한산하였다. 또한 지난 이틀동안 살펴본 결과로 보아서 아침이면 감시를 다소 등한히 하는 경향이 있음을 눈치채게 되었던 것이다.

대표들의 방은 3층에 있었다. 엘리베이터로 3층에 올라오니 예상한대로 왕래하는 사람들이 드물었다. 물론 감시원들은 들락날락 하였지만…… 나는 주저 없이 고유균 씨 방 앞 복도에 놓여 있는 의자에 앉아 동태를 살피었다. 그러다가도 감시원들이 가까이 오면 신문을 보거나 취재한 것을 메모하는 시늉을 하였다. 어떤 놈들은 나의 행동이 아무래도 의심하였던지 바싹 곁으로 다가오기도 하였는데 나는 그럴 때일수록 태연을 가장코 그들에게 웃음을 던졌다. 그러던 중 내가 호텔에 도착한 지 삼십 분가량 경과하였을 무렵이었다.

돌연 도어가 열리는 소리가 들렸다. 분명히 고유균 씨 방문이 열리기 시작하는 것이 아닌가? 순간 나는 긴장되었다. 주위를 살펴보았다. 일은 제대로 되기 마련이었던지 다행히 감시원은 보이지 않았다.

그러는 사이에 고 씨는 내가 앉아 있는 앞을 뚜벅뚜벅 지나가고 있었다. 나는 무턱대고 뒤를 따랐다. 따라가노라면 무슨 기회가 생기겠지 하고…… 그는 때마침 4층에서 내려오는 엘리베이터를 타는 것이었다. 또다시 주위를 살펴보니 보는 사람은 없었다. 그리하여 나도 엘리베이터에 뛰어들었다. 엘리베이터 안에는 세

사람밖에 없었다. 고유균 씨와 나 그리고 중국인인 엘리베이터 운전사 뿐이었다.

두 번 다시 없을 절호의 기회였다. 나는 낮은 소리로 먼저 동아일보의 특파원임을 밝혔다. 그랬더니 그는 고개를 끄덕이면서 미소를 짓는 것이었다. 다음에 미리 준비한 쪽지를 주었더니 고 씨는 외교관인지라 그러한 눈치가 빨랐었다. 알았다는 듯이 고개를 끄덕하면서 양복저고리 윗 호주머니에 재빨리 넣고 있었다. 쪽지에 써진 내용을 대충 설명하려고 하였으나 엘리베이터는 벌써 1층에 닿아 문이 열리고 있었다. 하는 수없이 묵례만 하고 헤어졌다.

7
성명서

이충무공유적보존회, 근대한국명논설집, 1979년

　우리는 이충무공의 유적을 영구보존하기 위하야 이제 이 모임을 발기하는 것이다. 묘소, 사당, 위토로부터 친필, 일기, 상시 쓰시던 기물 미세한 것까지도 어느 것이나 다 민족적으로 보중할 것은 이제 긴 말을 부칠 필요도 없거니와 근일 신문에 보도되는 바를 보건대 기약을 정한 바 없이 근촉(勤促)을 받은 바 없이 시시각각 붓고 날로 커지는 성금은 참으로 충무의 당일 지성을 느끼게 영사하는 것 같다. 처음 걱정하던 문제로 말하면 이렇다. 이 어른의 사당과 묘소 수호와 향화(香火)가 없이 황송스럽게 되어 일구황량(一區荒凉)으로써 우리의 심면(心面)을 미루어 볼 수 있지 아니할까 하였던 것인데 이제 저같은 열성으로써 차차 처음 걱정을 놓을 만큼 되었으나 다시 또 걱정할 바 있으니 목전의 보존을 넘어 만세의 보존을 기하지 아니할 수 없으며 충무의 사묘(祠墓) 이외 일체를 보존하는 문제가 지금으로는 충무 한 분의 대공(大功), 성열(盛熱)을 받드는 것뿐 아니라 이 모든 유적에 전 민중의 그칠 줄 모르는 열성이 위요(圍繞)한 것이 더한층 보중(寶重)에 보중(寶重)을 더하야 놓았나니 우리로서 더욱이 그 영보(永保)를 걱정하지 아니할 수 없다. 그런즉 구안(苟安)에 그칠 수 없고 초솔(草率)히 마말을 수 없고 숙조(肅條)하던 전상(前狀)을 그대로 뒤에 끼칠 수가 없다.

　채무액변제의 걱정은 피어오르는 열성이 노화(爐火)에 소료(燒燎)될 것으로 본다. 충무유적을 영구히 보존하고 장엄히 보존하야 법인의 조직으로써 사묘(祠墓)는 사묘다웁게 구식(構飾)하고 유물은 유물다웁게 진열하야 밧둘매 시설이 있고 두매 관우(館宇)가 있어야 할 것도 또한 우리의 천성(淺誠)이 끝끝내 대방(大方)의 아독(阿督)하심을 받을지라 소수(所需)는 원(圓)으로 이만(貳萬) 이상을 산(算)하나 우리는 성금을 구한다 못하며 회원을 모은다 하지 않는다. 삼가 기다림에 그칠 뿐이다. 오즉 이 어른의 유적이 조선에 있어 거대한 광휘(光輝)인 동시에 이제 전 조선의 열성까지 아울러 뭉치어 이 고금 희유(希有)의 고사(故事)를 이루운 것을 한걸음 더 나가 자손만대에 길이 길이 찬란병기(燦爛炳期)할 기초의 공고함이 있어야 할 것을 호기(互期)하랴 한다.

쇼와 6년(1932년) 5월 26일

이충무공유적보존회 위원
윤치호(尹致昊) 남궁훈(南宮薰) 송진우(宋鎭禹) 안재홍(安在鴻)
박승빈(朴勝彬) 유억겸(兪億兼) 최규동(崔奎東) 조만식(曺晩植)
정광조(鄭廣朝) 김정우(金正佑) 김병로(金炳魯) 정인보(鄭寅普)
한용운(韓龍雲) 윤현태(尹顯泰) 유진태(兪鎭泰)

8

3대 신문의 거두

월단생(月旦生), 철필(鐵筆)

앞으로는 조선의 민간언론계가 얼마나 많은 발전을 보일는지 아직 의문이나 현금의 정세로 보아서는 금속으로 치면 전성(展性)과 연성(延性)을 함께 가지지 못한 조선의 언론계이나 조선·동아·중외의 세 신문이 조선 언론계의 전적(全的)이며 따라서 패자(霸者)들이라고 아니할 수 없다.

3사 공히 조선인 대중의 표현기관으로 자처하고 각각 자칭 10만의 독자를 옹(擁)하여 조선의 여론을 일반에게 소개도 하며 경우에 따라서는 대변도 한다. 그리고 그들 당로자(當路者)의 안중에서나 염두에서 언제나 조선이 사라지지 아니하는 것도 자기네의 변명을 기다릴 것 없이 우리 스스로도 능히 짐작하는 바이다.

이리하여 이 3대 신문은 한 '쩌날이스트'로서 존재하는 그 이외의 의미 깊은 역할을 맡아가지고 현실의 조선에서 존재해 있는 것이다. 이런 의미에서 우리는 이 세 신문을 일종 합법(?)적이나마 운동단체로 본다고 하여도 망론은 아닐 것이다. 그러면 우리 2천 3백만 민중의 표현기관이며 대변자이며 보도와 지도를 겸해 맡은 이 세 기관은 어떠한 사람들의 팔뚝을 빌어 키(舵)를 돌리는가?를 알아둠도 매우 긴요한 일일 것이다.

<여자라면 상부(喪夫)할 송진우 씨>

정간 중에 고독한 세월을 보내고 있는 동아일보 사장 송진우 씨부터 보자. 씨는 얼른 보면 내시같이 되고 어깨가 올라가지 아니한 것을 보면 씨(氏)가 과거에 대궐 출입이 없었던 것만은 누구나 잘 양해할 것이다. 그러나 그 평면이라도 과도히 평면적으로 된 씨의 얼굴과 여자로 되었던들 상부할 정도로 쑥 나온 양경골(兩頸骨) 그리고 '이루(離婁)의 명(明)'을 가진 사람이 현미경 쓴 후에 족집게를 들고 대들어도 찾아보기 어려운 수염 등으로 보면 추정하기는 어려울 것이나 그 널찍한 이마(額), 헌앙한 기상 거기에서 씨의 독특한 기백을 찾아볼 수 있는 것이다.

그러나 씨의 널찍한 이마와 헌앙(軒昂)한 기품을 간파하지 못하고 다른 점만을 보아 씨를 속속들이 짐작하지 못하는 사람이 있다면 그것은 사람을 몰라보는 데도 분수가 없는 사람일 것이다. 씨의 얼굴은 대체로 보면 외화의 인은 아니다. 그 대신 내실의 인이다. 일한합방 이후 세상일이 자기의 뜻과 어그러지매 몸을 상서(庠序)에 투(投)하여 백묵가루를 마시며 총준자제(聰俊子弟) 교양에 일념이 자자(孜孜)하였으되 항상 탈영(脫穎)할 기회를 보아 오다가 기미(기미 3·1운동) - 일과(一過)한 후에 민중의 움직이는 경향이 전과 다름을 보고는 탈영할 시기가 다다랐음을 간파하고 개연(慨然)히 일어나니 그때의 씨는 교단의 인, 학구의 사(士)를 벗어나 운동의 책사가 되었었다.

그러다가 동아일보가 제1기 창간자의 경영난이란 함정에 들었음을 보고 다시 씨는 평소에 교분이 두텁고 지기가 상합하는 김성수(金性洙) 씨와 천하사를 공론하다가 드디어 이것을 지킴으로써 방향 없이 움직이는 민중의 지남(指南)이 되기를 결의하고 나선 것이 10년 미만이나 그동안 조선으로 하여금 언론을 이해하고 대세에 합류케 하는 한편 또다시 동아일보 자체의 내용도 충실하여 완연 1개의 왕국을 이루게 하였으니 씨는 여태껏 지나온 바로 보아 능소능대하며 대세의 귀추를 알아 이로써 장래의 겪을 바를 아는 모양이다.

그러나 필자의 보는 바로는 씨는 정치가라기보다는 책략가이다. 운주유악(運籌帷幄)의 모사(謀士)이다. 씨 자신으로서는 섭섭히 여길는지 모르지만 표면에 나설 정치가로는 외화(外華)에 무게가 적고, 연단에 올라서 정치연설 한마디 하기에 성량(聲量)이 적다. 그리고 씨는 물론 홀망(惚忙)한 사무와 기타 여러 가지로 정신을 너무 쓰는 탓이겠지만 건망증이 있는 모양이다.

그리고 씨는 부하를 통제하는 데 역시, 어떤 묘방을 가진 모양이다. 그리하여 그렇게 많은 부하 중에서도 불평을 토하는 자가 없는 것을 보면 과연 씨가 부하통제를 잘하는 모양인지 수염 한개 없는 씨의 얼굴에 교태가 어떤 매력을 가지고 부하를 겸제(箝制)하는지 알기 어렵다. (신석우, 안희제 기사는 생략)

9

동아일보 사장 송진우 씨 면영(面影)

백릉(白菱), 혜성(彗星), 제1권 제1호, 1931년 3월호

화동 동아일보 구사옥 -- 때는 오후 2시. 하루일이 가장 바쁜 시간이다.

편집국장자리 암체어에 큼직한 체구를 푹신 잠그고 한 팔로 뺨을 고인 채 예에 의하야 눈을 감고 오수(?) 명상(?)을 하고 있던 송진우 씨가 무슨 생각이 났는지 눈을 번쩍 뜨고 바로 그 옆에 있는 사회부를 바라본다.

오후 2시니까 사회부 외근기자도 다 들어왔다. 일상 하는 대로 나란히 앉은 고영한(高永翰) 군과 유지영(柳志永) 군도 잡념 없이 원고를 쓰고 있는 판이다.

그때에 송진우가 넙죽한 목소리로 '고지영 씨-'하고 불러 놓았다. 이 서슬에 고영한 지영 양군이 다같이 한꺼번에 "네?" "네?" 대답을 하고 이편을 바라본다. 그러면서 사회부를 중심으로 웃음이 왁 터져 나온다.

그때에 송진우 씨가 고영한 군을 부르려다가 고지영 씨라고 했는지 유지영 군을 부르려다가 고지영 씨라고 했는지 그것은 모르겠으나 이것으로써 씨가 일상 '생각'을 골똘히 하다가 뜻밖에 그

러한 망발을 잘 한다는 것을 알 수가 있다.

A사원이 설렁탕을 먹으면 자기도 설렁탕을 급사더러 시키라고 해놓고 또 다른 B사원이 모리를 시키면 먼저 시킨 설렁탕은 잊어버리고서 모리를 시키라고 하고… 등등 절창이 많다.

지금 사업에 있어 일신양면이라고 할 만한 김성수 씨와 한가지로 일본으로 건너간 것이 약 20년전인 듯하다(그때 시모노세키에서 잘못 2등차를 타고 차장에게 혼이 나서 도쿄(東京)역(?)에 내려 인력거 3등 타기를 고집했다는 말도 유명한 일화다).

도쿄서 메이지대 법과를 마치고 귀국하여 김성수와 한가지로 그때 바로 폐문의 비운에 빠진 중앙학교를 인계하여 기미사건 이전까지 처음에는 학감으로 나중에는 교장으로 교육 사업에 종사하였다.

그때의 씨는 지금의 활달하고 때가 벗은 정치가적 인물임에 비하야 다만 한 교육자요 선생님일 따름이었다.

씨 자신 역시 학생들에게 '나는 일생을 교육가로서 마치겠다'고 하였다. 그에 알맞게 -- 말하자면 약간 고릿하게 -- 시험문제를 칠판에 써 놓고 난로 옆에서 꾸벅꾸벅 졸고 있었다. 과연 졸음만은 예나 지금이나 변함이 없으나 기미운동을 획기로 씨는 당당히 정략가로써 나서게 되었다.

변재(辯才)도 그 당시는 그다지 신통스럽든가 싶지 않다. 그 고유한 말 습관과 사투리는 그대로 있으나 '…그리 각꼬-는' 하며 꽉 쥐인 주먹으로 테이블을 땅 치고 눈을 한번 꿈벅 입을 움찟하고 청중을 내려 보는 모양은 우습기는 하나 웃음은 나오지 못하고 귀와 눈이 번쩍 띄이는 무엇인가가 있다.

기미 이후 씨는 다시 김성수와 한가지로 동아일보를 세우며 일을 하게 되었다.

김성수 씨의 말이 여러 번 나오니 말이지 이 양씨는 일신양면이다.

무슨 일이든지 둘이서 같이 나선다. 그것은 마치 한 쌍의 부부와도 같다.

물론 두 성격은 전연 다른 점이 많다.

일을 착수 혹은 진행하는데 있어 김 씨는 소극적인데 반하야 송 씨는 적극적이다.

김 씨는 약간 성질이 급한데 반하야 송 씨는 뱃심이 나온다.

김 씨는 돈을 모으고 송 씨는 돈을 쓴다.

김 씨는 쪽을 맞추고 짝을 짓는데 반하야 송 씨는 떼어놓고 벌려 놓는다.

김 씨는 군자적으로 얌전하며 살림꾼인데 반하야 송 씨는 외교적이요 수호지식이다.

김 씨는 자자본하니 고요한데 반하야 송 씨는 거칠고 왕뗑-한다.

김 씨는 군자적으로 공평한데 반하야 송 씨는 정치가적으로 다소 당파적이다. 그러므로 그 수하의 사람 중에 씨가 한번 신임한 사람이면 그 보호가 두터운 반면에 한 눈이 벗은 사람이면 포인트로 이하 떠 내려놓고 만다.

그것은 그렇다고 이상과 같이 송, 김 양씨는 서로 반대되는 두 성격을 잘 종합하여 가지고 오늘날의 사업을 이룬 것이다.

그러므로 김 씨가 없었으면 오늘날의 송 씨와 그 사업이 없었을지도 모르는 것이요 송 씨가 없었더라면 오늘날의 김 씨와 그 사업이 없었을지도 모르는 일이다.

동아일보는 초창기인 화동 구 사옥 시절이 가장 어려웠던 때다.

따라서 그를 배경삼아 오늘날까지 이르는 송진우 씨도 그 시절이 가장 어려운 고비였을 것이다.

편집국장으로 사장으로 한번은 일단 인퇴를 하였다가 다시 고문으로 편집국장으로 급기야 사장으로 --

그리하는 동안에 신문 자체로도 아슬아슬한 경우를 많이 넘겼고 씨도 어려운 재주를 많이 넘었다. 필화사건으로 철창에 들어간 것도 그때요 말썽 많은 사회단체의 뭇 공격을 받던 때도 그때요 ○○○에게 시달림을 받던 때도 그때다.

○○○이라니 우스운 이야기가 생각난다. ○○○이는 부하를 데리고 어떠한 때는 피스톨까지 차고 온다.

마주 붙어 싸울 수도 없는 일이요, 그러자니 당하기가 창피하고 어쩔 수 없이 실컷 시달리고 나서 어떻게 쫓아 보내고는 영업국으로 쭉--오면서 당시 영업국장(?)인 신구범(愼九範) 씨더러 "신구범 씨 총 갖다 놓으시요. 총……그 놈이 내일 또 오면 내 그

놈을 쏘아 죽일테야" 하며 분에 못이겨 하던 모습은 실지로 아니 본 사람 말이지 아니 웃을 수가 없었다.

곤란이 있었을 뿐 아니라 많은 유혹도 있었다. 이것은 확실하다고 단언하기는 어려우나 '도지사'라는 미끼까지도 있었다고 한다.

어쨌거나 곤란과 난관을 디디고 넘어 한층 두층 동아일보의 기초가 굳어짐에 따라 송 씨의 지반도 든든하여지고 가부간에 씨의 정체도 또한 선명하게 나타나게 되었다.

그것은 신사옥을 건축하고 다시 사장의 자리로 올라가 앉으면서부터이라 하겠다.

그러나 일반이 보기에는 송진우 씨가 평생을 한 저널리스트로 보내리라고는 생각지 아니한다. 그리하기에는 씨는 너무도 정치적으로 두뇌가 생겨졌다.

언뜻 보기에는 둔한 것 같고 우물우물 하는 것도 같다. 손님을 앉혀놓고 혼자 졸기가 일쑤요 '하이 하이 와다구시가 소징구데스' 하는 한심한 일어로 외교는 하건만 어디를 가든지 발을 척 개이고 앉았지 납작 엎드려 국궁하거나 반쯤 쪼그리고 앉거나 할 질이 아니다.

이만큼 버틴다. 그리고 그만큼 밝게 관찰을 하며 그 관찰을 실지에 이용할 수단을 부린다.

물론 이것은 송진우 씨가 현재 디디고 서서 있는바 배경인 그 정세 밑에서라는 전제로 두고 하는 말이다.

그러므로 만일 그 배경이나 그 정세를 '선(善)'으로 보지 아니하는 사람의 입장에 서서 논한다하면 그동안까지 써온 중 송 씨의 공적 생활에 대한 것은 전부 부인할지 모를 것이다. 그보다 더 그 전체까지도 부인할지 모를 일이다.

각설 씨는 앞으로 정치적 무대가 허여된다면 그때에 비로소 씨의 씨다운 활동과 면목이 나올 것이다. 그러므로 동아일보 사장으로의 송진우 씨는 그 앞날로 보아 아직도 잠복기라고 말할 수도 있을 것이다.

씨는 아직 42세. 연령으로 보아도 지금으로부터가 한창 일을 할 때다.

아침마다 원동 자택에서 인력거에 몸을 싣고 예의 예대로 팔찌를 꽉 끼고 입도 꽉 다물고 눈을 꽉 감지 않으면 무슨 소린지 흥얼흥얼 하면서 사로 향하야 출근을 하고 있다. 그 큼직한 얼굴에 수염이 없는 것이 좀 섭섭하다.

몸은 비교적 퍽 건강한 편이요 정객답지 않게 술에는 약한 모양이다.

연애사를 조금만 썼으면 좋겠으나 선생님 꾸중하실까봐 그만둔다. 가장 신임하기는 주요한(朱耀漢), 설의식(薛義植), 이광수(李光洙) 씨. 말이 났으니 말이지 전날 구 사옥에서 생긴 이야기이다.

이광수가 병으로 나오지 못하고 그 대리 겸 해서 그 부인 허영숙 씨가 학예부 일을 잠시 맡아본 일이 있었는데 하루는 아침에 지성으로 허영숙 씨를 불러놓고는 "춘원 좀 어떻습니까?" 하고 물었다. "아이구 웬일인지 어제 오늘 열이 더해요." "엉? 그거 안됐군! 저 저 허영숙 씨를 춘원한테서 격리를 시켜야해 격리." 이런 의외의 농을 하고 모두들 웃은 일이 있었다.

자녀 간에 소생은 없다.

소생이 없다는 것보담 연전에 만득으로 하나 얻은 애기를 앗차 잃어버리고 말았다.(폭언다사)

10
나의 팔인관(八人觀)

황석우(黃錫雨), 삼천리(三千里), 제4권 제4호(총25호), 1932년 4월 1일

조선의 인물 중에서 이미 완성된 권위자를 골라내려면, ×옹 안창호, 정객 송진우(宋鎭禹), 사업가 김성수(金性洙), ××가 김한(金翰), 웅변가 박일병(朴一秉), 외교가 김규식(金奎植), 문호 이광수(李光洙), 호인물 안재홍(安在鴻)(후일의 호재상?) 등이 될 것이다. 정객 측 인물에는 신석우(申錫雨), 장덕수(張德秀) 군 등이 있으나 신 군은 좀 더 긴 시일의 현실 이력을 가져야 할 인물(그는 너무 빨리 은퇴한 감이 없지 않다)이며 장덕수 군은 의회정치가류의 인물이나 학계로 향해 가는 편(충실한 정치학자로서)이 더 좋은 길일까 한다. 이 외에 또 빼어놓지 못할 인물로는 최린(崔麟)이 있으나 그는 새 시대 사람들의 신뢰하는 지지를 받기에는 너무나 음험하고 구식 인물인 듯싶다.

(전략)

송진우(觀)

씨는 이론가는 아니다. 그는 모략 종횡의 가장 활동적인 정객이다. 조선 안의 인물로서는 정치가로의 그럴듯한 소질이 제일 풍부한 인물은 송 씨일 것이다. 그는 조선 안의 젊은 인물로서는 벌

써 정치가로의 급제점 이상을 돌파한 인물이다. 그러나 송 씨는 그 정객으로의 성격이 너무나 활동적인 것에 많은 실패와 또는 그에 따르는 많은 시비가 있을 것이다. 그는 그 앞날의 정치적 활동에 있어서 풍운이 자못 잦을 것이다.

장덕수 군과 같은 충실함과 굳센 곳이 없는 점이 그이의 큰 결점, 그러나 종인어인지술(縱人御人之術)에 있어서야 장군(張君)은 비할 바가 못 된다. 장군은 그 점에 있어서는 송 씨의 발아래에 멀리 내려다보이는 순진한 보이일 것이다.

11

조선신문론

한양학인(漢陽學人), 동방평론(東方評論), 1932년 5월호

  현하 조선의 신문은 일대 위기에 봉착하고 있다. 지난 5월 한 달 동안에 '조선', '중앙' 양지는 필경 휴간의 비운을 안고 생사의 기로에서 방황하게 되었으니 '동아' 홀로 굳은 반석 위에서 태평악을 울리고 있는 팔자이다. 이로서 종래 정립지세를 형성하여 오던 조선의 민간 신문계는 거세의 폭풍 앞에서 전전긍긍하게 되었다.(중략)
  그러면 조선의 신문은 왜 이와 같은 부진상태에서 종시일관하여 심하면 운명을 하고 설혹 운명까지는 이르지 않는다 하나 만신창이의 자신을 끌고 구구한 명맥을 지탱하여 가게 되는가.(중략)
  여기에 참고로 세계 신문기업계의 동향을 일별하기로 한다.
  신문은 초기에 개인 기업에서 출발하여 회사 기업으로 완전히 발전할 수는 없었다. 산업합리화라는 현대 고속도적 자본주의 경제의 외침이 신문기업계에도 진동되자 신문 기업가들은 그들의 방대한 자본력을 가지고 대소 신문의 합동에 착수하고 일신문 발행회사로부터 무수한 신문지를 발행하게 된 것이다. 이는 불가항력의 일이니 자본주의 경제에 있어 독점화하는 것은 반드시 신문

기업이라고 제외하지는 않는 것이다. 그래서 현재 세계의 신문계는 대기업에의 약진을 감행하는 중에 있어 영국의 로더미어 베리, 미국의 허스트는 그 중에 대표적 기업가이다.

이렇듯 세계 신문계는 소기업에서 대기업으로 약진을 감행하고 있다. 가까운 곳의 예로는 일본의 '대조'(大阪朝日新聞) '대매'(大阪每日新聞)만 하더라도 비록 영미와 같은 신문 합동의 대규모에까지는 도달치 못하였으나 개인 기업에서 회사 기업으로 전화하여 현재 일본 내 다른 군소신문 위에 군림하는 2대 위관을 이루고 있는 것은 우리의 목도하는 사실이다. 이로 보아 신문 경영은 기업 형태를 갖추지 않을 수 없을 뿐 아니라 기업 형태는 자본주의의 고속도적 발전과 함께 독점화한다는 경향을 우리는 세계 신문계의 동향으로부터 추상할 수 있는 것이다.

상술한 바에 의하여 신문은 결코 초기의 정당, 단체, 개인에 종속 관리되는 신문(원시적 기업형태)으로서는 도저히 존속할 수 없는 것이요, 현대 자본주의 경제의 고속도적 발전과 병행하여 자체의 대기업에서 약진이 없으면 아니될 뿐더러 때와 장소에 구애하지 않고 그것의 원칙은 불변하는 것이다. 그러면 조선의 신문사업은 그동안 어떠한 과정을 밟아 어떠한 기업 형태에까지 이르렀는가를 잠간 살펴보면 다음과 같다.

'동아'는 1920년에 김성수(金性洙), 박영효(朴泳孝), 유근(柳瑾) 제씨의 손으로 창간되어 처음에는 순연히 개인 기업의 형태로서 생장되었으나 시대의 요구에 따르는 백퍼센트의 신문기능을 발휘

하는 열성의 나머지에 (이 부분 삭제)

그러다가 그 후 김성수 씨의 발분의 결과로 칠십만 원 주식회사가 성립되었으나 이때부터 동사는 회사 기업 형태로 완전히 전화되는 한편으로 점차 사운이 호전하여 현재에는 조선 신문계에 왕좌를 점하고 있다.

다음에 '조선'은 시초를 1920년 대정친목회의 송병준(宋秉畯) 백작의 단독 경영으로부터 출발하였으나 그 후 신석우(申錫雨), 조설현(曺楔鉉), 이상협(李相協) 제씨 등이 인계하여 이상재(李商在) 씨를 사장으로 추대하고 동사의 주의주장을 민중적 욕망에 두고 대혁신을 하였으니 이때부터 동지는 욱일승천의 기세를 가지고 당시 신문 판매시장에 패왕이라고 자처하던 '동아'에 육박하였던 것이다. 그리하여 동사는 지금까지 9년간을 조합기업형태를 지속하여 전후 오십여 만원의 자본을 동(同)경영에 투자하였다고 한다.

'중앙'은 이상 양지와는 그 기업 형태가 불규칙적으로 변전하였으니 1923년 동명(잡지)을 하던 최남선 씨가 '시대'를 처음으로 창간하여 혹시는 보천교(普天敎)로 혹시는 홍명희(洪命熹) 씨 등의 개인 형식으로 경영되었으나 그 후 '중외' 때에 내려와서 이상협(李相協), 안희제(安熙濟) 제씨 등을 중심으로 한 경상도 재벌이 회사 기업 형태로 전화시켜 십오만 원의 주식회사를 창립하더니 이도 유령이 되어 휴간되었다가 작년 말경에 마침내 노정일(盧正一) 씨의 개인 기업으로 현재의 '중앙'이 출생된 것이다.

이를 다시 요약하여 말하면 '동아'는 창간 전후 여러 파란을 겪었을망정 그의 기업형태는 정상적으로 발전되어 금일의 건실을 보여주었다고 볼 수 있고, 이와 반대로 '조선'과 '중앙'은 수난의 역사를 거듭하였으되 그의 기업 형태는 원시적임을 면치 못하는 한편으로 신문 기업에는 패배자가 되었다는 것을 드러내는 것이다. 그러면 조선의 3신문 중에 하필 '동아'만은 금일의 융성을 보여주고 '조선'과 '중앙'은 옛날의 부진이 지금껏 계속되어 결국 이 꼴이 되었는가?

여기에는 조선의 신문기업이 외국과는 딴판으로 기업으로서의 특수성을 갖고 있다는 것을 알아야 한다. (중략) 이것이 항시 신문과는 불가분의 관계를 갖고 있기 때문에 '동아', 비록 현재의 좋은 성적을 보이고 있기는 하나 이로 하여 무한한 신고를 당하고 무수한 희생을 공한 것은 일일이 기억으로 헤일 수 없는 일이며 '조선', '중앙'이 금일의 불운을 당한 것은 그 반분 이상이 여기에 기인하였다고 보는 것이다. 즉 이 특수성이 종래 조선의 신문기업 부진의 제일 원인이 된 것이다.

그러면 기업으로서의 발달을 저해(沮害)하는 특수성 - 그 내용은 무엇인가? 또한 이 특수성과 아울러 조선의 신문으로 하여금 조락(凋落)의 운명을 지게 하는 제이 원인은 무엇인가? 편의상 전자를 외부적 조건이라 하고 후자를 내부적 조건이라 하여 다음에 구명한다.

외부적 조건이라 함은 기업형태로서의 신문 사업이 식민지 조

선에 있어서 발전되어나가는 도정의 모든 불리한 정세를 의미한다. 다음에 축조 설명하면

(1) 자본력의 빈약

신문 경영에는 중대한 요소가 자본력이다. 더욱이 신문 기업의 경향이 대기업에의 약진으로 전화하는 세계 신문 기업계는 자본력의 대소 여하로 그의 제패가 결정되는 금일에 있다. 그러나 조선은 이와 달리 특수한 정세에 처하여 있으니 신문에 대한 조선인 기업의 관심과 주의가 아직껏 부족한 것이다. 종래 신문지의 나쁜 성적의 영향으로 대개는 신문 기업에 대하여는 불안을 품고 있다. 물론 가난한 민족의 탓도 있거니와 이 까닭으로 해서 자연히 신문 경영에 혈액과 같은 작용을 하는 자본의 투자열이 작고 그 결과로 일부의 투자가 기왕에 있었다 하더라도 신문 운영에 지장을 가져오지 않을 만한 정도의 후원이 없는 관계로 항상 조선의 신문은 활발한 활동을 하지 못한 것이다.

(2) 일반의 생활이 부유치 못한 것

신문 기업 수입의 2대 원천은 광고와 판매이다. 이 양자로부터의 수입다과로 신문의 존속이 결정되는 것이니 이를 안중에 두지 않고 기업을 지속할 수는 없다. 그러면 조선의 신문은 이 양자와 어떠한 관계를 맺어왔는가? 조선의 신문은 그동안 광고보다 판매에 치중하여 왔다. 최근의 '동아'가 어떠한지는 몰라도 필자의 추측으로는 판매 수입이 광고 수입을 초과하지는 않으리라고 생각한다. 그 이유는 제일로 조선인 중에 대광고주가 없는 것과 제이

로 일본의 동경, 대판 광고를 극히 염가로 가져오기 때문에 외국이나 일본과 같이 자국 내에서의 광고 수입을 판매 수입의 2배로 노력한댔자 그 수자에 더 달할 수는 없는 것이다. 그러므로 조선의 신문은 자연히 판매망 확장에 필사의 노력을 하여 지대의 증가를 기하는 현실에 있다. 그러면 이 지대의 증가만을 가지고 신문을 운영할 수 있을는지는 또한 별문제에 속하는 것이다.

이나마 일반의 생활이 대개는 궁빈한 탓으로 지대의 수금도 호성적을 나타내지 못하는 한편으로 판매망의 확장도 여의치 못한 형편이니 이러한 이유로 조선의 신문 기업은 자체 존속에 일대 위협을 느끼고 있는 것이다.

(3) 당국의 방침

신문의 효용은 그의 기능에 있다. 그래서 그의 기능을 완전히 발휘함에는 조선의 현 단계에 있어서는 대립적 사회의식(민족주의, 사회주의)을 표현시키는데 있으니 전기 3신문이 그동안 이 기능을 발휘치 못하였다. 이여성(李如星), 김세용(金世鎔) 양씨의 '수자 조선 연구' 제1집에 의하면 당국의 신문 단속은 1929년도의 '동아' 삭제 26, 압수 22, '조선' 삭제 22, 압수 24, '중외' 삭제 24, 압수 17, 1930년도의 '동아' 삭제 30, 압수 19, '조선' 삭제 30, 압수 14, 1931년도의 '동아' 삭제 24, 압수 7, '조선' 삭제 15, 압수 5, 이상의 수자는 종래 조선의 신문이 자체의 과다한 희생을 회피하려고 하는 최근 2, 3년의 것인 것을 보아 1928년 이전에 당국의 단속이 여하한 정도이었음을 미루어 생각할 수가 있다. 뿐만 아니라 정간의 수난을 당하여 신문운영에 일대 지장을 가져온 적도 한두 번이 아니었으니 이로 하여 조선의 신문은 이상에 열거한 제 조건과 함께 진통의 역사를 창조하고 한시라도 재정의 곤란을 떠날 수가 없었다.

(4) 민중의 신문에 대한 기대의 과다

전술한 바와 같이 신문은 그의 기능을 효용으로 한다. 신문이 극도로 상품화한 외국과 일본은 몰라도 조선은 신문의 기능이 대립적 사회의식을 표현하는데 있다. 그러므로 일반 민중은 신문은 민족주의 사회주의의 표현기관으로만 관념하여 신문의 기업형태로서의 발전을 무시하는 경향까지 있다. 그것의 예로는 광고를 들 수 있다. 흔히 신문에 화류병, 화장품 따위의 일본 광고가 게재되는 것을 조선의 신문이 타락하는 것이라고 떠드는 것도 그중의 하나이다.

그 밖에 여러 가지로 신문 본연의 기능보전과 상품가치 증가와의 충돌로 신문기업가가 기로에 서게 되는 경우가 종종 있으니 여기에도 신문이 기업으로서의 활발한 활동을 하지 못하는 원인이 있는 것이다.

다음에 내부조건이라 함은 신문 기업 자체의 결함을 지칭한다. 이는 비단 조선신문에서만 적발할 수 있는 것은 아니다. 외국의 신문에서도 그 허다한 예를 찾을 수 있으나 조선은 상술의 정세와 병행하여 상호 연쇄관계를 맺으면서 우심한 폐단을 일으키는 감이 있는 것이다. 지수의 제한도 있고 더욱이 이에 한하여서는 그

동안 시내의 '혜성', 그의 후신으로 '제일선', '별건곤', '비판', '동광', '삼천리' 등 그 외 여러 종류의 잡지에도 단편적으로 혹은 비판적으로 소개 논란된 바 있음으로 긴 설명을 피하겠거니와 요약하여 그의 결함을 들추면 다음과 같다.

(1) 내부의 분규

조선의 신문은 거개가 파쟁의 역사로 일관한 폐가 있다. '동아'가 초기에 소파란을 겪은 일이 있으나 송진우(宋鎭禹) 씨 사장 하에 통제가 된 뒤부터는 완전히 이 권내에서 벗어나 안온한 상태에 들어갔음에 반하여 '조선'은 혁신 후 얼마 안되어서부터 암투가 시작되어 타파 세력의 구축, 자파 세력의 부식으로 지금까지 내려왔다.

간부 등은 사의 운영보다 자기네들의 지위안전을 더욱 중시한 결과를 나타내어 결국 그 여독으로 사운에는 막대한 영향을 끼쳤으며 자본주가 들고 날 적마다 사의 인사행정은 난마상태를 이루는 한편 사내에 불안을 일으켜 사의 행정은 동시에 무질서 무통제에 빠지고 마는 추태를 연속해 왔다. 지금의 '조선'이 저 지경이 된 것도 이러한 파쟁에 결정적 원인이 있는 것이다.

(2) 자본운용의 실패

'현대 신문지의 성쇠 여하는 실로 기계중의 배경이 되는 자본과 자본을 운용하는 기업가의 능력에 기인한다고 해도 과언이 아니다'라고 주장하는 사람이 있다. 즉, 거대한 자본과 유위한 기업가가 있는 연후에야 신문기업을 할 수 있다는 말이다. 이에 의하면 신문은 유능한 기업자가 절대 필요하다. 다시 말하면 자본운용의 묘리를 아는 사람이 절대 필요하다는 말이다.

그러면 재래의 '조선'과 그 나머지 신문은 어떠했나? 솔직하게 말하면 '동아'를 제쳐놓고는 과연 이렇다 할만한 기업가가 없었던 것이다. '조선'은 전후 투자액이 50여 만에 달한다고 한다. 그러나 지금의 현상은 무엇을 보여주고 있는가? 이는 오로지 신간부의 방만 정책의 결과와 그 여파가 금일의 혼란을 가져온 것이다. 전하는 말에 의하면 '조선'은 혁신 후 분변 없이 그의 풍부한 자본을 흥청거리고 썼다 한다. '중외'도 주식회사 당시에는 경기가 좋았다고 한다. 그러나 지금에는 알 것도 없는 빈털털이가 아니냐? (중략)

상술에 의하여 조선의 신문이 기업으로서 아직 유치한 상태에 있는 것은 그의 과정이 외국과는 정세를 달리한 식민지 조선의 특수성으로 말미암아 활발치 못하고 무기력한 발전을 하고 있다는 것을 지적하고 아울러 이 문제의 특수성과 병행하여 더욱 심각히 조선의 신문으로 하여금 그 피로케 한 신문 자체의 내부적 결함에까지 언급하였다. 즉 특수성과 내부결함, 이 두 가지가 조선의 신문이 혹은 신음하고 혹은 비명을 지르게 된 원인 - 불굴의 원인이 되는 것이다. (중략)

12

서재필(徐載弼)이 고하에게 보낸 편지

서재필(徐載弼)

宋鎭禹 선생 귀하

지난여름 호놀룰루에서 일별 후에 매양 글을 올리려 하였으나 오늘까지 시간이 없어 뜻을 이루지 못하였습니다. 일전에 들은 즉 동아일보가 정간을 당하였다 하니 그 이유는 분명히 알 수 없으나 하여간 언론의 자유가 없는 사회의 어떠한 법률에 저촉된 것인 줄 알고 불상사에 대하여 동분(同憤)을 금치 못하던 바 이제 해제의 소식을 들으니 오히려 더 늦지 않은 것만 다행입니다. 선생과 기타 제위가 이같이 자주 곤고(困苦)를 당하게 되는 것은 개인으로는 유감이지마는 민족 전체에 대하여는 도리어 ○○할 일이라고 믿습니다. 오직 이런 역경의 교훈을 받아야만 조선민족은 자유와 정의의 가치를 해득하고 인류의 이상 사회를 출현시키기에 노력할 것입니다. 우리는 과거에 자유와 정의를 위하여 노력하지 못하였으므로 지금 그것을 못 가진 것이외다. 선생과 기타 제위가 이런 시련을 당하는 것은 조선민족의 과거의 허물을 보상하는 동시에 장래에 올 날을 위하여 길을 닦는 것인 줄 압니다. 선생은 마땅히 생각할지니 선생이 ○○ 된다 하면 이는 개인 때문에 됨이 아니요 조선의 언론의 자유를 위하여 ○○ 됨인 것이외다. 언론의 자유를 위하여는 위대한 인물들이 자진하여 ○○ 되기를 주저하지 아니할지오. 따라서 조선이 선생의 지금 고초 받는 동기를 이해하고 감사할 날이 올 것이외다. 현재의 언론계의 고통에서 장차 ○○○○○할는지 누가 예언하리까. 세계상에 어떠한 사실이든지 그를 위하여 분투하는 용사가 없이 성공된 법이 없습니다. 언론의 자유를 위하여 선행(先行)의 ○○로 인하여 ○○의 날이 올 것을 나는 확신합니다.

 ○에 있거나 사무를 보거나 선생은 조선민족에게 합작적(合作的) 정신을 고취하며 물질 및 정신상으로 분투 맹진해야 할 것을 알려주어야 하겠습니다. 우리 민족은 아직 분투의 일을 하기 전에는 그 장래는 암흑합니다. 우리는 일하여야 하겠습니다. 일하되 합하여야 되겠습니다. 그것이 오직 우리를 살리는 길이외다. 명년의 태평양회의에 출석하게 되면 다시 거기서 대안(對顔)할 줄 압니다. 마지막으로 사건이 속히 해결되기를 바라며 회신을 고대하면서 그칩니다.

주: 1926년 6월 6·10 만세사건으로 국내가 뒤숭숭하던 때 미국에 살고 있는 서재필박사로부터 고하는 위안과 격려의 글월을 받았다. 영문으로 된 것인데 6월 12일부였다(당시 신동아 부록에 번역하여 실렸고, 총독부가 꺼려하는 부분은 삭제하였으나 대체의 뜻은 알 수 있겠다).

13

소문의 소문
― 송 사장(宋社長)과 독재자(獨裁者) ―

호외(號外), 일간지, 1933년 12월호

최근 동아일보사에 입사한 한 신입사원이 술회하여 가로되 "나는 그전에 송진우 씨라면 그저 고집투성이 독재자로만 알았더니 이번 동아일보에 입사를 하여 보니까 아주 말과는 딴판입니다.

그야 신문제작에 대하여서는 모든 점을 통솔하는 관계상 자연 독재적으로 나가는 점도 없지 않지만 아침 아홉시면 벌써 출근하여 다른 사원이 거진 다 나간 오후 6, 7시까지 편집국에 혼자 떡 버티고 앉아서 새로 찍혀 나온 신문을 글자 한 자 빼어놓지 않고 샅샅이 주워 읽는 열성에는 정말 감탄치 않을 수 없습니다. 그 까닭에 글자 한 자라도 잘 못 쓸래야 잘못 쓸 수가 있어야지요. 역시 송진우 씨는 부지런한 일꾼입니다…."

14

도전하는 조선일보, 응전하는 동아일보

석병정기(石兵丁記), 삼천리(三千里), 1936년 2월호

(전략)

동아일보의 대책

　그러면 여기에 주목되는 것은 동아일보의 대책이다. 싸울 칼이 잘라져 패전할 경우면 포로 되기보다 차라리 자문(自刎)하여 버리는 용사와 같이 만일 자본력이나 인재 배치에 있어 부족하여서 다른 신문의 어깨 밑에 서게 된다면 동아일보는 스스로 폐문 정간하여 버리기는 할지언정 굴욕적 지위에 서 있지 않을 것이 동사(同社)의 긍지요, 배짱이요, 세인도 또한 동아일보의 진가를 그러리라 평하여오는 터이다. 환언하면 동아일보는 결코 제2위에 자감(自甘)할 신문이 아니다. 제1위가 못되면 적어도 동위에 서야 만족할 신문이다. 만일 돈을 내기 싫어서 주주 측이 제2위에 서라 하더라도 송 사장(宋鎭禹 社長)의 기골이 그를 인정하지 아니할 것이오, 송 사장도 막무가내라 할지라도 15년 친애한 십 수만 독자가 그를 인정하지 아니할 것이다.

　그러므로 결국 응전하는 동아일보의 '대포'가 시급히 발사될 것

인데 그 탄환은 어떤 것일고. 천기(天機)를 누설할 수 없으므로 고급 간부 수인과 최고 중역 사이에 쉬쉬하여 사람의 눈을 피하여 가며 비밀히 날카롭게 갈고 있는 중인데 이제 그 내용을 추측컨대 지면을 12면 또는 그 이상으로 증면하여 놓을 것은 불가피의 기정(既定) 또는 기본적 사실이 되리라. 만일 10면지를 불변한다면 사대사상에 젖은 신문 독자는 딴 곳으로 가게 될 것이오, 그를 피하자면 동아는 정가 1원 하던 구독료를 90전이나 80전으로 내려야 된다. 내리는 날이면 동아지는 중앙일보 급에 편입되어 제2류지에 스스로 떨어질 수밖에 길이 없는데 그러면 대신문지주의를 취하는 도쿄·오사카의 광고량이 훨씬 줄어들 것이오, 독자층도 도시에서 농촌으로 옮겨진다. 이리되면 혁혁한 과거 동아지의 역사는 진흙에 묻히고 그 후 발전은 극히 소극적이 되어 한마디로 말하자면 자살의 길에 오르게 된다. 동아일보는 12면 이상으로 증면해야 한다.

그러나 여기 한 가지 스스로 파놓은 함정이 있다. 광고료 5할 인상설이다. 광고료의 인상이란 말은 지면은 없고 광고량은 폭주하고 하니 부득이 광고요금을 올리겠소 하는 것인데 이제 증면을 행한다면 현재 광고료 단가를 유지하기조차 고심초사할 판인데 그 반대로 도리어 지면 량은 늘었음에 불구하고 희소가치설을 부정하는 광고미증유의 어불성설 '로직'이 생긴다. 여기에 동아일보의 영업상 번민이 생긴다. 그러면 증면과 광고료 인상관계에 대하여 조선일보는 어떠한가. 마찬가지로 동사 역시 여기에 모순을 싸

안고 있다. 그러나 조선일보에는 정형(定型)이 없다. 신흥하는 곳이니만치 체면과 전통에 뭉개지 않을 것이니 무슨 길이든지 누이 좋고 매부 좋다 할 - 광고주 좋고 신문사 좋고, 체면은 체면대로 유지할 안을 발견키 그렇게 어려운 일이 아닐 것이다. 말하자면 저돌적인 점에서 무슨 활로인가 엿보고 있을 것이다.

어쨌든 동아일보가 12면으로 증면하는 것으로 응전의 기본무기로 삼을 것은 기정의 사실이다. 그러나 세인의 눈은 살(肥)이 쪘다. 12면쯤으로 '동아일보' '동아일보'하고 떠들 때는 이제는 벌써 지나갔다. 만일 조선보다 선수(先手)로 그를 착수하였던들 효과 백퍼센트였을 것을….

백전백숙(百戰百熟)한 동아 당국자 이것을 모르는 바 아니다. 조선일보에서 증면 발표 후 지방의 지국장으로부터 독자지반(讀者地盤)을 공세에 있는 조선지국에 다 빼앗길 염려가 있으니 하루 바삐 증면을 단행하라고 항의 전보가 매일 다수히 들어오는 것을 보고 있는 동아 간부 흉중에는 백척간두(百尺竿頭) 갱진일보(更進一步)할 길이 닦이고 있으리라. 여기에 '덤'으로 내놓는 제2안이 없어서는 안 될 그것이 무엇일꼬. 우리의 흥미는 여기에 쏠린다.

상상컨대 극동문제의 중요한 일면을 보여주는 의미에서 남북 중국에 요미우리(讀賣)가 무로후시(室伏高信)를, 대매(大每=오사카 마이니치신문)가 마츠무라(松村)를 보내듯이 주간이나 편집국장급 인물을 보내서 장제스(蔣介石), 장군등(張群等)을 회견시켜 지상을 찬란하게 장식치 않을까. 또 중국이 아니면 필리핀으로 또는 하와

이(布哇)나 남양으로 시찰단을 보내지 않을까. 이러한 안도 생각된다. 그렇지 않으면 인기 있는 외국 사상가를 — 후한민(胡漢民)이나 후쉬즈히(胡適之)나 혹은 타골, 아인슈타인 급의 인물을 수만금을 들이어 초빙하여오지 않을까, 요미우리신문의 지혜를 빌어 미국서 야구단을, 프랑스에서 음악가나 무용가를 초청하지 않을까. 어쨌든 인기를 한번 푹신 끌어놓을 안을 생각하고 있을 것 같다.

그리고 대외적으로 보아 사옥도 급하다. 서울 장안 신사숙녀의 집회를 상적(相敵) 이정(二町) 이내에 우뚝 선 '조선일보 강당'에 자꾸 빼앗기고 있는 것을 바라볼 때 인기장사인 동아는 전차 속에서 달음박질하고 싶도록 초조한 생각과 열탕을 마시는 듯한 고뇌를 맛보리라. 또 도쿄, 오사카 광고주 앞에 남만 못한 사옥을 폭로시킬 때 단장(斷腸)의 괴로움이 생길 것이다. 그러니 급(急)하고도 긴요한 이 사옥을 짓자면 현재 있는 저금 10만 원 돈만으로는 부족하므로 결국 제 몇 회 납입을 새로 하여야 할 터인데 그러자면 대주주 김성수 씨의 현금출자가 1, 20만 원 정도로 새로 있어야 할 터인즉 김 씨 부담이 커진다. 그러나 우리는 비록 외채를 얻어서라도 동아는 증축계획대로 올봄에 사옥이 서는 것도 중요한 무기가 될 줄 안다. 이밖에 광범위하게 독자층에 서비스할 안으로 매년 실시하는 '동아상', '동아박람회', '동아도서관' 등이 나오지 않을까….

양사 재정, 인적관계, 전략 등

요즘 항간에 떠도는 말이 있다. 동아일보는 새해부터 영업정책을 갱신하였던 까닭에 공돈으로 연 3만 원의 이익을 보게 되었는데 그 돈으로 큼직한 항구적 사업을 하리라 한다. 즉 종래 선일지물회사(鮮一紙物會社)에서 쓰던 신문권지를 이번에 동경 부근에 있는 북월(北越)제지회사에서 사 쓰기로 되었는데 동아일보의 1년 권지(卷紙) 사용량은 약 6천 본으로 그 가격은 24만 원에 이르는 바 이번 북월과의 반개년 계약에는 싼값으로 대기로 되어 종이값 3만 원이 절약된다 함이다. 이와 같이 공돈이 뜨는 것을 살핀 조선일보에서는 동아일보에 선착(先着)하여 돌차적(突嗟的)으로 12면을 단행한 것이란 말도 있는데 다시 선일계(鮮一系)도 들은 말에 의하면 북월 종이는 선일보다 1련(連)에 5전 정도로 쌀뿐 제반 비용을 넣으면 조금도 싸진 폭이 아니라 하며 동아 송 사장의 말에는 직접간접으로 3만 원이 뜬다고 한다.

어쨌든 이번 싸움의 시초는 이 신문권지의 신계약에서 시작된 것으로, 싸우고 보니 그는 독자, 회사에 이로운 것이라 이 싸움이 더 커지고 더 지속되기를 바라는 경향이 있다. 금춘 3월에는 부사장 장덕수 씨를 맞는 동아일보는 인적 진용에 있어서도 좀 더 충전(充塡)할 것이오, 이에 따라 심파적 필자망 확대를 쓰는 조선일보 또한 그 대안을 강구할 것이니 천하의 주시가 다시 이 신문전(新聞戰)에 모일 것 같다.

15
송진우 씨의 '단군'설

삼천리(三千里), 1936년 2월호

어느 날 동아일보 사장실에서 보전 교장 김용무(金用茂) 씨가 온 것을 붙잡고 송진우 씨가 케케묵은 누런 종이 책을 일부러 꺼내놓고 "단군(檀君)의 단(檀)자는 단(壇)자가 분명한데 육당(최남선)이 잘못 단(檀)자로 쓰기 시작했고…"하면서 옛날 남원 양성지(梁誠之)란 홍유(鴻儒)의 저서 구절을 가리키면서 장시간 열론, 송진우 씨의 말씀에 의하면 통정대부까지 지낸 양성지란 정치가는 벌써 4백 년 전에 단군(壇君)을 모셔야 한다고 입론하였더라고.

16

동아일보의 금후의 코스

삼천리(三千里), 1936년 4월호

　나로 하여금 세 신문의 사상적 계열을 평하라면 동아는 민족주의, 조선은 자유주의, 중앙은 사회주의라 할 것이라. 물론 이 말은 엄격한 의미에서가 아니고 그저 가벼운 의미에서 그 태도도 갈 길이 바쁜 석양 과객이 연도풍광(沿道風光)을 한 두 마디 지적하고 가듯이 그러한 의미에서 하는 말이다.

　중앙을 좌익계라 함은 여운형(呂運亨), 배성용(裵成龍), 임원근(林元根), 안병수(安炳洙), 이천진(李天鎭), 홍덕유(洪悳裕), 김복진(金復鎭) 등 과거의 색채가 그러하였던 분이 여럿인 점으로도 수긍되며 조선은 그 간부층에 아주 강렬한 '사회주의 아니면 못 산다' 하는 이도 많지 못한 대신, '민족주의 아니면 못 산다' 하는 식의 굳센 민족의식을 가진 이도 많지 못하다. 그래서 일언으로 요약하면 가벼운 의미의 자유주의 경향이 농후하다 할 것이오, 그에 반하여 동아는 창간 초의 사시에도 '이천만 민중의 표현기관'이라 공언하여 비교적 순일한 민족주의계 인물이 중추신경이 되어 신문사가 움직이고 있다.

　송 사장의 신망도 이러한 의미로서의 신망이다. 이것이 동아일보로서는 무형의 힘임에 틀림이 없다. 그러나 동아일보사 간부가 잠자코 지키는 이 경향은 최근 격동하는 세계의 사조와 보조가 맞추어져 가는가 함을 일부 급진층들은 우려한다. 같은 민족주의면서 너무 보수적이 아닌가 한다. 지면에도 최근에는 과거의 생기를 잃는 듯한 감이 없지 않다. (중략)

전 조선 내 3백의 분지국장은 이 때문에 비분의 암루(暗淚)를 흘리고 있다. 워털루의 대전도 그 승패는 극히 짧은 일순간에 달린 것을 잊었던가. 송 사장은 이에 대하여 다만 말없는 실행이 있을 뿐이라 한다. 그러나 어떻게나 빛없고 말없는 실행인고!

그러나 역시 동아일보다! 이것을 다른 모로 해석한다면 호호자적(浩浩自適)하고 호호탕탕(浩浩蕩蕩)하여 어디까지든지 자신 있는 배짱의 표현인 듯도 하다. '떠들지 마라, 내가 여기 있노라' 하는 듯한 기압도 느껴진다.

그래서 제1착으로 대사옥주의(大社屋主義)로 나가기로 되어 방금 현사옥보다 2배 더 큰 증축을 하기로 되어 그의 설계 중인데 송 사장의 언명에는 앞으로 3개월 내에 기공하여 명년 춘 3월에 낙성하리라 한다. 또 지면도 '필요에 응하여는' 12면을 하여 나가리라 한다. 공약한 말이 아니기에 이 말은 14~5면을 낼 날도 있는 대신, 옛날의 10면 지도 낼 수 있다는 말이 된다. 증자설도 있는데 이 증자가 되는 날이면 지극히 적극적인 방면에 약진할 것 같이 관측된다. 그러나 동아일보의 강점은 금성철벽(金城鐵壁) 같은 탄탄한 그 재정이라 신문사가 짊어진 빚이라곤 없다. 종이도 선일(鮮一)

을 그만두고 북월(北越) 것을 갖다 쓰는 바람에 년 수삼 만원의 이득을 보고 있다 하며 도쿄·오사카·나고야의 광고량은 점점 늘고 있다 한다.

지국도 모두 5년, 10년, 요지부동할 지반이 다져지고 있은즉 무슨 필요 있어 수만금 거두자면 이 지국지반을 통하여서도 일조일석에 가능하게 보여진다. 이것이 더 말할 수 없는 힘이오, 보물이오, '강점'이다. 요컨대 대사옥이 완성되고 12면 단행을 공약하는 날 동아의 위세는 다시 일세를 떨치리라.

그리고 나의 관측으로는 10년을 사장의 한자리에 있어 심신이 피로하였을 송 사장은 한 1, 2년 작정하고 세계주유(世界周遊)에 오르지 않을까. 또 재미 장덕수(張德秀)를 맞아 발발한 새 기개를 보이지 않을까. (하략)

17
동아일보 정간 진상

삼천리(三千里), 1936년 10월호

손 선수(孫選手) 국기말소
사원 10명 경찰구금 취조 중

　우선 동아일보가 정간되기까지의 진상은 탐문한 바에 의하면 베를린으로 출정하였던 손기정(孫基禎) 선수가 우승하여 전 세계가 절찬하는 속에서 월계관을 받고 올림픽 단상에 섰다. 이 좋은 뉴스의 앞에 동아일보도 다른 동업 신문인 조선일보나 중앙일보와 마찬가지 태도로 작약하여 매일 조석으로 센세이셔널하고 화려한 지면을 꾸미어 연일 발행하였다. 여기에는 히틀러가 손기정에게 악수를 하여 주었으니 향리 평북에서는 제등행렬이 있었으니 어디서는 기행렬(旗行列)이 있었고 연설회가 있었으니 누구는 돈을 내었느니 하는 기사가 만재(滿載)하였다.

　신문에 이러한 보도 있음에 따라 손기정은 점차로 더욱 놀랐다. 그래서 송진우(宋鎭禹), 방응모(方應謨), 여운형(呂運亨)의 이름은 몰라도 손기정의 이름은 아동주졸(兒童走卒)이라도 다 알게 되었다. (중략)

　어쨌든 손 선수의 우승은 통쾌하고도 감격한 일이었다. 부임초의 미나미(南) 총독도, 사임하고 간 우가키(宇垣) 전 총독도 모두 기뻐 축배 드는 광경이 오사카 마이니치(大阪每日)에 실렸었고 각의에선 내각의 여러 대신이 또한 '손 선수 자랑'에 한동안 좋아했다고 도쿄신문은 보도하였다. 이와 같이 모든 국민은 관민이든 노소든 모두 기뻐하였다. 그러나 여기에 문제가 생겼다. '조선의 특수성'이 이 축배를 민중적으로 들기를 꺼리게 하였으니 손 우승의 감정이 민족적 어떤 감정으로 전화(轉化)하기 쉬운 것을 간취(看取)한 경무당국에서는 중도에 이르러 축하회도 금지, 기념체육관 설립 발기도 금지, 연설회도 금지로 손 선수 찬양을 금하였다. 따라서 경무국장과 도서과장은 격일에 한 번쯤 신문사장이나 편집국장을 불러다가 손 기사에 격별 주의하기를 당부하였다.

이럴 즈음 8월 25일 동아 석간지가 압수를 당하였다. 손 선수 가슴에 있어야 할 일장기를 말소한 사진이 게재되었던 까닭이라 그 뒤 곧 경기도 경찰부에서는 고등과원이 출동하여 신문사로부터 사회부장 현진건(玄鎭健), 부원 장용서(張龍瑞), 임병철(林炳哲), 운동부원 이길용(李吉用), 화가 이상범(李象範), 사진반 4인의 10씨를 검거하여 구류 취조한 결과 고의로 일장기를 말소했던 사실이 탄로되어 27일 저녁에 이르러 정간 처분을 당한 것이다.

전기 10명의 사원 외에 동사 주필 김준연(金俊淵) 씨도 일시는 검거되었으나 곧 석방되었고 편집국장 설의식(薛義植) 씨는 그 사건 전후하여 지방여행 중이었기에 하등 관련이 없었다. 들리는 말에 의하면 그날 지면에 낼 사진을 동사에서는 오사카 아사히(大阪

朝日)로부터 전재했는데 사진반원과 운동부원과 사회부원 몇 사람이 흰 붓으로 가슴의 일장기를 지워버려 약간 알려지게 한 것이었다고 한다.

'신동아' 주간 구인(拘引)
양원모(梁源模) 씨도 일시는 소환

모지(母紙) 동아일보가 이런 불상사 속에 끼어있을 즈음 불똥은 동사 경영의 월간 잡지 신동아에도 비화하여 동사 주간 최승만(崔承萬) 씨도 경기도 경찰부에 검거 취조 중이오, 동지 편집 겸 발행인이자 동아일보 영업국장 양원모 씨도 일시 검거되었으나 곧 석방되었는 바 신동아 9월호는 압수요, 10월호 이후는 당국에서 가(可)타 하는 지령이 있기까지 발행치 못하게 되었고, 신가정은 부분 삭제 처분을 당하였는데 신동아가 처분된 까닭은 마찬가지로 권두 그림으로 낸 사진의 일장기를 같은 방법으로 말소하여 비국민적 태도를 취한 데 있었다.

동아일보 정간 이유
경무국장 담화로 발표

동아일보는 금회 발행정지 처분을 당하였다.

전일 베를린에서 개최된 세계올림픽대회의 마라톤경기에 조선 출신의 손기정 군이 우승의 월계관을 획득한 것은 일본 전체의 명예로 일본 내지(內地)와 조선 공히 함께 축하할 것이며 또 일본

내지와 조선 융화의 자료로 할 것이지 이를 역용하여 조금이라도 민족적 대립의 공기를 유치하는 일이 있어서는 안 될 것이다. 그런데 사실은 신문지 등의 기사는 자칫하면 대립적 감정을 자극함과 같은 필치를 취하는 것이 있음은 일반으로 유감시하던 바이다.

동아일보는 종래 누차 당국의 주의가 있었음에도 불구하고 8월 25일 지상에 손기정 군의 사진을 게재하였는데 그 사진에 명료히 나타나야 할 일장기의 마크가 고의로 말소한 형적이 있었으므로 즉시 차압 처분을 하고 그 실정을 조사하였는바 이는 8월 23일부 오사카 아사히신문에 게재된 손기정 군의 사진을 전재함에 제하여 일장기가 신문지상에 나타남을 기피하여 고의로 기술을 사용하여 이를 말소한 것이 판명되었으므로 마침내 그 신문지에 대하여 발행정지 처분을 내리게 되었다. 여차한 비국민적 태도에 대하여는 장래에도 엄중 단속을 가할 방침인데 일반도 과오가 없도록 주의하기를 바란다.

김 주필, 설 국장 사표
=송 사장 이하 사원 출근 근신 중=

이 정간사변이 일어나자 동사 주필 김준연(金俊淵)과 편집국장 설의식(薛義植) 씨는 송진우(宋鎭禹) 사장에게 인책의 사표를 제출하였는데 경찰 측 취조가 아직 일단락을 짓지 않고 있으므로 사건의 발전성과 또 그 진상을 명백히 알 수 없기에 아직은 동 사표를 수리치 않고 송 사장이 보류하고 있다고 전한다. 더욱 사장 이하

사원 일동은 근신의 뜻을 표하고 있으며 전과 같이 매일 사에 출근하여 독서에 열심하는 중이라고 전한다.

손해 십여만 원설
복구에는 거대한 힘이 들리라고

이번 정간으로 동아일보의 손해는 얼마나 될른고. 직접 손해액을 적어보면 8월분 1개월 신문대 약 3만 원 중 미수를 3분지 2로 보아 약 2만 원, 도쿄, 오사카로부터 들어오는 광고료 약 1만 원, 기타 잡수입 등 월 3~4만 원의 수입이 전혀 없어지는 반면에 사원의 생활비 지급 기타 비용으로 적어도 매월 수만 원의 직접 손해를 보고 있는 듯이 추측된다.

전자(前者) 즉 제3차 정간 당시 4월 17일부터 8월 말일까지 약 5개월 동안 동아일보사의 손해액이 15만 원이라고 전하여 9월 1일 새 지면을 내보낼 때에는 겨우 잔액 3만 7천 원인가 하는 적은 돈을 가지고 속간 자본으로 삼았다고 한다. 그로 미루어 보면 그 당시보다 지금은 광고수입도 늘었고 독자수도 많은 만큼 그 손해도 더 많을 것으로 관측된다. 정간 중도 정간 중이려니와 속간을 하게 되면 다 빼앗긴 독자 지반을 복구하기에 거대한 인력과 자금력이 들어야 할 것이요, 또 오사카, 도쿄의 광고지반을 회복시키려면 도저히 단시일로 되어 질 일이 아니다. 이일 저일에 생각이 미치면 동아일보는 금번 사고가 치명상에 가까운 중창(重瘡)인데 아마 복구하자면 사주로 대주주인 김성수 씨의 재정적 대영단이 있어야 할 것이오, 또한 해내 해외의 인재 다수를 망라하여 지면을 타지보다 정채(精彩) 있게 꾸미지 않으면 지난날의 동아일보에 돌아가기 힘들지 않을까?

동아일보 정간사(停刊史)

금월까지 동아일보는 네 번째나 정간을 당했다. 이제 사건별로 보면 이러하다.

1. 제1차는 사설 '3종의 신기' 사건으로
 다이쇼9년 9월부터 다이쇼 10년 2월까지 약 6개월간
 (당시 총독 사이토(齊藤實), 경무국장 마루야마(丸山), 츠루코오(鶴光) 도서과장)
 (당시 사장 박영효, 편집국장 장덕수)
2. 제2차는 '러시아서 온 축사' 게재사건으로
 쇼와 2년 3월부터 4월까지 40일간
 (당시 총독 사이토(齊藤實), 경무국장 미츠야(三矢), 다나카(田中) 도서과장)
 (당시 사장 겸 주필 송진우)
3. 제3차는 '10주년 기념 축사' 게재사건으로
 쇼와 6년 4월부터 9월까지 약 6개월간
 (당시 총독 우가키(宇垣), 경무국장 아사리(淺利), 다치다(立田) 도서과장)
 (당시 사장 송진우, 편집국장 이광수)

4. 제4차는 손기정 흉간(胸間) 국기 말소사건

   쇼와 11년 8월 27일부터

   (당시 총독 미나미(南), 경무국장 다나카(田中), 야규(柳生) 도서과장)

   (당시 사장 송진우, 주필 김준연, 편집국장 설의식)

동아일보의 해금(解禁)은?

8월 27일 정간 이래 벌써 한 달이 경과했다. 3백의 사원과 천여의 그 가족 생계를 앞에 둔 동아일보의 초조는 하루바삐 해금되기를 고대하고 있다. 그런데 소식통의 관측에 의하면 하나는 장기화되리란 비관설인데 그것은 시국이 예전과 달라 국가비상시의 차제에 이와 같은 비국민적 태도를 보였으며 더구나 과거에 황실 기사에 대한 태도와 총독정치에 대한 적극적 협조가 없었던 점으로 당국의 미움이 누누하였으니 만치 이번에는 여간 근신치 않고는 해금되지 않을 것이란 설이 있고 또는 해금이 된다 할지라도 엄중한 내락 조건이 붙을 터이며 극단으로 관측하는 이는 상하이사변 같은 것이 동아 정국 어느 곳에서든지 다시 터지는 날이면 아주 멀어져서 수개월로는 가망이 없으리라고 한다.

둘은 단기에 해금되리란 설이 있는데 그 근거는 이번 사건은 사의 상층부는 전연 몰랐고 그 아래 사진반원 등 수인이 공모하고 한 사건인 바 이 때문에 큰 기관을 장기적 제재를 줌은 가혹하다 함이오, 또 미나미(南) 신 총독은 은위(恩威) 병행의 정치를 할 터이므로 정간으로써 이미 십분 징치를 하였은즉 신 총독의 온정이 머지않아 베풀어질 듯하며 경무국장 또한 신임 직전의 일이라 미츠하시(三橋) 신 국장의 방침이 아무쪼록 세력 있는 언론기관으로 하여금 하루속히 반성하여 시세에 배반함이 없도록 인도함에 있을 것이므로 충분히 계칙(戒飭)을 가한 뒤 속히 해금이 되리라고 함이다. 아지 못할 게라, 모든 것은 미나미(南) 총독, 오노(大野) 총감, 미츠하시(三橋) 국장, 야규(柳生) 과장의 흉중에 있음인저….

일반 여론은 어떠한가.

동아일보의 금반 태도를 가장 통렬히 꾸짖은 것은 경성일보가 사설로 혹은 기사로 연일 공격함이었고 동경서 발행하는 '신문의 신문', '신문의 일본'도 모두 필수(筆鉄)를 가하였으며 그밖에 갑자구락부, 국민협회, 대동민우회 등에서 혹은 단체로 혹은 개인으로 공격하는 문서 및 언설(言說)이 있었다. 그런데 한 여론을 살피건대 국기를 말소한 행위는 더 논의할 여지없이 비국민적 행사라 한다. 이 한 건에 대하여는 여하한 제재를 가하여도 오히려 부족하다. 동아일보, 중앙일보 모두 이 건에 대하여는 무언으로 모든 제재를 받아야 한다고 한다.

그러나 이것이 과연 신문사의 태도였을까? 경찰에서의 검거 범위로 보아 이것은 수개 사원의 실행(失行)인 것이 판명되었다. 같은 손 선수가 사진을 지면에 내기 시작한 지 7, 8차, 늘 일장기가 가슴에 붙은 사진을 내던 동사가 무슨 마음으로 단 한번 국기말소를 하자고 했으리오. 그러므로 이번 실행은 사의 전체 의사가 아니오, 오직 한 두 사원의 실행일 것이 분명하며 또는 동아일보와 같이 유력한 민간지가 아직도 배일색채를 띠고 있다 함은 총독정치에도 영향 있는 일인즉 금번은 금후의 태도를 십분 계칙(戒飭)한 뒤 속히 해금하여 줌이 좋겠다고 일반은 희망하고 있다.

18
송진우 씨는 무엇하고 계신가.
- 전 신문 사장의 그 뒤 소식 기이(其二) -

삼천리(三千里), 1938년 5월호

동아일보사에 15년 가까이 계시던 선생이 신문사를 그만두신 지 이제 햇수로 2년, 그리 짧은 시일이 아니다. 그 짧지 않은 동안 선생의 소식은 너무도 적막한 감이 있다.

'조선형의 신사풍'을 갖춘 선생이라 전원으로 돌다가 한가하게 계시는가? 그렇지 않으면 두문불출, 독서삼매경에 드셨는가? 또한 그렇지도 않을진대 전부터 몸에 있는 병환 때문이신가? 오라 오라! 작년 가을 도쿄, 오사카로 여행하셨다지, 아마 틈 있는 대로 이곳저곳 산수 따라 돌아다니시지나 않을까?

이런 생각에 갈피를 잡지 못하는 채로 기자는 대한(大寒)의 고개를 갓 넘은 지난 스무 사흘날 이른 새벽 시내 원서동(苑西洞 74번지) 선생 자택으로 발걸음을 옮겼다. 간밤에 내린 눈이 장안을 곱게 덮었고 창경원 내의 마른나무에 백화가 만발한 아침 아홉 시 반이었다.

이 댁 하인을 불러 물으니 선생은 사랑방에 손님과 같이 계시다 한다. 첫새벽 추위를 참아가며 찾은 보람이 있구나 하는 생각이 들어 적이 마음이 놓였다. 조그만 대나무 문을 열고 돌층계로 올라섰다. 높다란 돌층계 위에 우뚝이 서 있는 집 한 채(사랑채), 이 집은 마치 어느 사찰의 '당우(堂宇)' 같은 감을 느끼게 한다.

방안에 들어서니 웬 젊은 청년 두 분이 선생과 자리를 같이하고 무슨 이야기를 하는 중이었다.

"이 군은 이제 대학을 갓 나왔을 뿐이므로 사회에 대해서는 아직 아무런 경험도 없습니다마는 선생께서 꼭 힘써주셔야 합지요.…"

"글쎄 신문사에서도 모든 것을 긴축하는 때이니까 어디 쉬워야지. 더구나 나는 신문사와는 아무 상관이 없으니까. 내 힘 있는 대로는 힘써 보겠지마는…"

간단한 대화만 들어보아도 한 분은 어느 중학교 교유로서 선생을 전부터 친히 아는 사이요, 또 한 분은 지금 신문사(동아일보사)에 직을 구하는 청년임을 알 수 있다.

동아일보와는 지금 어떤 관계이신가? 내 거동이 그리 속히 물러갈 것 같지 않은 것을 알았던지 두 청년은 자리에서 일어서 나간다. 실내에는 선생과 기자 단 두 사람뿐이다.

"신문사를 나오신 뒤, 선생이 딴 방면에 관계하시고 있는 일은 없으십니까?"

"아무 데도 상관하지 않습니다. 그저 이렇게 집에 꾹 박혀있는 것이 일이지요."

"세상에서는 선생의 그 뒤 소식을 궁금히 여기는 사람들이 많은 줄로 아는데 언제까지나 선생은 침묵만 지키시렵니까?"

"허허…. 침묵을 안 지키면 무얼 합니까? 나이도 먹을 대로 먹어서 이제는 아무런 일도 다 이 사회에 늙은 사람이 어디 소용이 있습니까?"

"선생이 신문사를 그만두실 때만 해도 건강이 좋지 못하다던가, 정력이 약하다던가 하는 그런 점은 별반 느끼지 않으셨겠지요?"

"왜요, 그렇지도 않지요. 내가 신문사에 15년 가까이 있었지만 지금 가만히 생각해보면 기적이었지요. 꿈같이 지나온 셈이지요.… 그러나 이제 생각해보니 또다시 그런 분주한 일을 감당해나갈 것 같지가 않습니다."

"선생이 만일 신문사로 다시 들어가실 환경에 이른다면 어떻게 하시겠습니까?"

"신문사로는 아주… 말도 마십시오."(무슨 굳은 결심이 있으신지 두세 번 손을 내저으신다)

"선생님께서 지금은 신문사와 어떤 관계가 있습니까?"

"아무런 관계도 없습니다. 다만 십여 년 넘어 신문사에 있었던 관계로 사의 일에 대해서 간혹 물어오면 참고될만한 점을 일러줄 뿐이지, 그밖에는 전연 상관이 없습니다."

"그러시면 역시 간접으로는 많은 관심을 가지시고 늘 도우시는 보람입니까?"

"뭐 간접 운운할 것까지도 없습니다. 오랫동안 있던 데니까 정으로 보더라도 묻는 말씀은 응답해야지요."

"신문사에는 자주 출입하십니까?"

"자주 간다고 할 수야 없겠지요, 요새는 늘 한가하니까 간혹 들러보곤 합니다."

"신문사 말씀은 그만하고 선생께서 요즘 지내시는 생활 상태나 좀 말씀해 주십시오. 나날이 무얼로 소일을 하십니까?"

"아무것도 하는 일이 없습니다. 최근에는 병으로 인해서 약도 먹었고, 틈 있는 대로 신문, 잡지나 뒤적이고 또 아침에는 일찍 산책하는 것뿐이지요."

"독서는 어느 방면의 것을 주로 하십니까. 물론 시기가 시기인 만치 정치 방면이나 시국에 관한 서적을 많이 보시겠지요?"

"아니오. 인제 정치 방면의 책은 전혀 읽지 않습니다. 첫째, 읽을 정력도 없을 뿐만 아니라 읽고 싶지가 않습니다. 그런 방면에는 아주 무관심 일관주의로 나갈 작정입니다. 몸도 건강한 편이 못되고 머리도 피로하고 해서 독서를 그리 정력적으로 못하고 틈 나는 대로 조선 고대문헌류, 예를 들면 '동국보감' 같은 서적을 비교적 많이 읽게 됩니다. 그 밖에도 이것저것 그때그때에 필요하다고 생각하는 것이면 어느 것이고 가리지 않고 읽습니다."(마침 선생의 책상을 살펴보니, 고대서류가 가득히 쌓여있고 또 당산방판(當山房版)인 백과대사전 30여 책이 가지런히 놓여있다. 이것을 보아도 선생의 독서하시는 부류를 짐작할 수가 있다)

"독서는 하루에 몇 시간쯤 하시며 어느 때쯤에 하십니까?"

"꼭 몇 시간이라고 말할 수는 없고 틈 있는 대로 두 시간이고 세 시간이고 계속하게도 되고 몇십 분하다가 마는 때도 있습니다. 또 대개는 조용한 밤 자리에 누워서 읽는 것이 제일 편하더군요"

"도서관에는 종종 다니시는지요."

"별로 가지 않습니다. 한 달에 겨우 두세 번쯤 가는 쪽이지요."

"한시는 조용한 때에 한 두수 적어봄직도 한데 그동안 읊으신 것이 있으시면 하나 주십시오."

"허허, 내가 무슨 시인입니까? 십여 세 전후에 서당에서 좀 지어보았으나 그 뒤 한 번도 없습니다. 나는 예술과는 아주 인연이 먼 사람입니다. 내게 다소라도 시재(詩才)가 있다면 지금의 심경을 시로써 읊을 만도 합니다마는…"

"요즘 선생께서 나다니시는 곳은 주로 어디이십니까?"

"어디라고 꼭 정해 놓고 다니는 곳은 없고 여러 친지들을 찾아 다닙니다."

"선생께서는 무슨 일로 작년에 도쿄엘 다녀오셨나요?"

"그저 도쿄, 오사카 등지를 두루 여행했을 뿐입니다"

"접촉하신 인물들은 어떤 층입니까?"

"내가 신문사에 십여 년 있었던 관계로 그동안 광고 거래하던 광고주들을 만나보는 것이 커다란 일이었으니까요"

"도쿄에 갔을 때의 감상은?"

"오사카에 약 1주일, 도쿄에서 약 1주일 간 있었는데 그때가 이번 사변의 초기였던 만큼 모두 긴장하여 역시 전시 기분이더군요. 그밖에는 매년 다녀오는 관계로 해서 별다른 감상이 없습니다.…"

"선생께서 이런 한가한 생활을 하실 바이면 안온한 전원으로 가시든지, 명산대찰을 찾아 조용한 생활을 하실 생각은 없으십니까?"

"그런 생각까지는 아직 없고 서울에 있으면서 여러 곳을 여행이나 할까 합니다. 십여 년의 신문사 생활에서는 시간의 여유가 있었나요. 늘 바빴지요. 그러기에 조선 내만 해도 못 가본 곳이 많습니다. 금강산이나 부여 같은 데도 아직 못 가보았습니다. 참 경주는 중앙고보 시절에 생도들을 데리고 수학여행 다녀온 일이 있군요. 그중에도 남원의 광한루는 한번 가볼 만한 줄로 압니다. 어쨌든 차츰 따뜻해질 터이니 여장을 꾸려가지고 산 좋고 물 좋은 데나 고적으로 알려진 데를 찾아볼 작정입니다"

"요즘은 어떤 방면의 사람들과 많이 접촉하시며 청년들은 어떤 일로 선생 댁을 찾습니까?"

"내가 찾는 이는 대개 중년 이상 노년층이지마는 찾아오는 사람은 청년층이 많습니다. 이제도 보셨지마는 대개는 구직청년들입니다. 하루에도 몇 명씩 됩니다. 모두 전문, 대학을 나온 유위(有爲)의 청년들인데 직업을 못 얻어 어깨가 축 처져 힘없이 다니는 것을 보면 한심합니다. 그들은 모두가 미목이 수려하고 씩씩하고 외모가 얌전한데 그렇게 쩔쩔매고 다니는 것을 보면 내 마음도 무거워집니다. 실로 조선사회는 한심합니다. 어떻게 해서든지 이런 청년들을 모두 받아들일 만한 기관이 필요한데 어디 지금 현상으로야 가능한 일입니까? 오늘날 우리에게 긴요하지 않은 것이 없지마는 그중에서도 산업 방면이나 기업 방면으로 좀 더 활동무대를 넓혀서 유위한 인재들은 모두 수용하도록 하는 것이 당장의 급무가 아닌가 합니다. 나도 그런 청년들이 가득히 쌓여있는 것을 볼 때 적지 않은 책임감을 느낍니다마는 내게야 어디 힘이 있어야지요. 참으로 딱합니다."

"김준연 씨와 자주 접촉하신다는데 그분은 무슨 사업을 하십니까?"

"그분은 지금 전곡이라는 시골에 가 있습니다. 한 달에 3·4차 올라오는데 어디 자주 만나게 됩니까? 전곡에는 보성전문학교 농장이 있는데 그 농장 총감으로 내려가 있습니다."

"김병로 씨 댁엔 자주 가십니까?"

"그분도 직업을 가진 이가 되어서 늘 바쁜 관계로 자주 만나지 못합니다."

"계동 김성수 씨 댁엔 자주 가십니까?"

"무슨 일이 있으면 가봅니다마는 거기도 자주 가는 편은 아닙니다."(선생이 가장 많이 접촉하실 분이 몇 분 있으련만 좀체 확답을 피하신다. 아무리 날카로운 질문을 던져도 끝끝내 실패다. 입이 무거운 터인지라)

"거리에 나가셨다가 점심은 어디서 잡수십니까?"

"요즘은 점심을 대개 안 먹습니다. 먹는다 해도 집에 들어와서 먹지요."

"요즘 극동 풍운이 점차 사나운데 거기에 대한 감상을 말씀해 주십시오."

"아까도 말했지만 정치나 시사문제는 금후 전혀 무관심하렵니다. 그런 말씀은 물어주지 마십시오. 모릅니다."

"끝으로, 앞으로는 어떻게 하실 작정입니까?"

"뭐, 지금 이 상태대로 지내는 수밖에 없지요. 한 낭인이 된 셈입니다. 구태여 금후의 플랜을 말하라면 오랫동안 못 다닌 곳으로 여행하려는 것이 될까요? 물론 오랜 앞날의 일은 말할 수 없고…"

긴 시간을 말씀해 보아도 별로 신통한 자료를 얻지 못했다. 기자는 실례를 사례하고 일어섰다. 송 사장의 배웅을 받으며 뜰아래 내려서니 건너편으로 보이는 창경원 내의 봉황각이 꿈속에서 바라보는 듯하다.

19

신문출판계 인물론

우수산인(愚愁散人), 신세기(新世紀), 1939년 9월호

현금(現今) 조선의 출판계는 명실공히 활황을 보이고 있다. 양뿐 아니라 질에 있어서도 30년대 이전에 비하여 훨씬 발전하여 있는 것이 사실이다. 30년대 이전의 출판계는 정기적인 간행물이 거의 전부였다. 무정기적인 단행본은 1년 1책이 있는 일도 드물었다. 그러나 성세(聲勢)만은 굉장하였다.

이와 반대로 현대의 출판계는 정기적인 간행물은 적어지고 무정기적인 단행본의 간행이 자못 성황을 이루고 있다. 성세는 예전같이 굉장하지 않으나 그 대신 허위성세의 폐는 없다. 그러나 두 손을 들어서 대환영할 기운이라고 하기에는 어려운 점이 적지 않다. 왜 그러냐?

현금(現今)의 단행본을 간행하는 사람들은 세 부류로 나눌 수 있으니 하나는 자비로 출판하는 사람이오, 두 번째는 상업으로 출판하는 사람이오, 세 번째는 순전히 문화향상 그것을 위하는 마음으로 출판하는 사람이다.

즉 첫 번째는 대개가 현실에 절망해서 이왕 문필을 업으로 삼아왔던 길이니 이 기회에 기념으로 무엇이든지 남겨두지 않으면

영영 유업(遺業) 없이 종생 할지도 모른다는 자포 반, 과거사에 대한 애착 반의 심정에서 억지로 단행본 한 권이나마 간행하는 자이며, 두 번째는 이러한 문화인의 심리를 이용하여 문화 정도가 다소 높아진 대중에게 책을 팔아먹으려는 생각 위주로 단행본을 발행하는 자이며, 세 번째는 보다 더 의의 있는 일은 하기가 극난하니 부족하나마 허여된 조건을 최대한 최선으로 이용하여 문화의 지지한 진보를 비호하는 동시에 과거가 남겨놓은 것이나 잘 정리해서 새로운 제네레이션에 유산(遺産)하자는 심산으로 이윤불계(利潤不計)하고 단행본을 간행하는 자이다.(중략)

먼저 신문계를 보면 불행히도 조선중앙일보가 재난으로 파산한 뒤에 조선인 측 민간 신문은 동아일보와 조선일보 그리고 최근의 반민간화한 매일신보가 있을 뿐이다.

동아일보는 수차의 추상(秋霜)에도 불구하고 어찌어찌 연명은 해왔으나 지난날의 면모는 그 그림자도 볼 수 없게 변하여졌다. 조선일보 역시 그렇기는 하나 동아일보가 더 심하게 창백해진 것 같다. 사세관계도 있겠지만 인적 소재에도 다대한 원인이 있지 않은가 생각된다. 다른 사람들은 사장 백관수(白寬洙) 씨를 어떻게 생각하는지 모르나 내게는 송진우(宋鎭禹) 씨에 비견할만한 인물로는 보여지지 않는다. 신문에 의하면 송진우 씨가 지금도 후원을 하는 모양인데 힘을 빌리고서도 그만한 힘밖에 발휘 못하니 큰 인물로 볼 수는 없는 것이다. 편집국장 이하 각부의 수급인물도 인재를 얻었다고 하기는 퍽 어려우니 매일의 동아일보를 펴서 읽어

보면 그 속에 역력히 나타나고 있는 사실이 증명한다.

조선일보는 사장 방응모(方應謨) 씨가 원래 아성적(俄成的) 인물이라 기묘한 풍설도 더러 있는 모양이나 씨의 뜻이든지 아니든지 간에 현재에 있어서는 인적 소재를 동아보다는 고르게 가진 편이다.

두 신문사의 하루바삐 고쳐야 할 악습은 지방적 파벌이다. 현상으로 보아서는 백 씨나 방 씨가 그것을 시정할 만한 인격을 가졌으리라고 하기는 어려우나 어쨌든 고치지 않아서는 안 될 절대 필요한 일이다.

매일신보는 사장과 부사장을 둘 다 특이한 의외의 인물을 갖고 있다. 최린(崔麟) 씨와 이상협(李相協) 씨의 과거사를 아는 사람은 누구나 이러한 생각을 할 것이다. 그러나 동아와 조선보다는 인재를 얻은 것만은 사실이다. 그리고 각부의 수급인물도 상당히 선별 배치되어 있다. 인적, 물적으로 동아와 조선보다 훨씬 우위에 있음은 누구든지 부인치 못할 것이다. (중략)

조선일보사 출판부 발행의 '조광', '여성', '소년'의 세 잡지도 없는 것보다는 좋은 책이다. 방응모 씨도 아주 생각 없는 사람은 아닌 것 같다.

'삼천리'지의 김동환(金東煥) 씨는 꽤 끈덕진 사람이다. 어수선하게 벌려놓기 좋아하는 것이 좀 병이기는 하나-.

'동양지광'은 국어잡지이다. 사장 박희도(朴熙道) 씨와 편집담당자 김용제(金龍濟) 씨와 객원 인정식(印貞植) 씨는 내선일체와 신동아주의를 위하여 쉬지 않고 활동하는 모양인데 기반이 튼튼히 되기 전에는 무어라고 비평할 수가 없다. (중략)

　　인문사(人文社)에서는 새 잡지를 발간하고 서춘(徐椿) 씨는 무슨 출판사를 계획한다니 조선의 출판문화의 앞날은 아직도 다행한 때문에 이러한 현상이 접종(接踵) 흥기(興起)하는 것일까? 그렇다면 작히나 좋으랴만 -- 비관이 무용(無用)이라면 낙관은 상조(尙早)일 것이다.

20
국민대회준비회 취지서

국민대회준비회, 한국근대명논설집, 1979년

　천하의 공도와 인류의 정의는 마침내 우리에게 자유와 해방의 기회를 약속하였으니 망국의 한을 품은 채 인종(忍從)과 굴욕의 악몽에 시달리던 우리에게 광명의 새날을 위하여 진군하라는 큰 종은 드디어 울었다. 필경 울고야 말았다. 번민과 원한의 눈물로 점철된 과거를 회고할 때 혹은 철창에서 혹은 해외에서 동지의 의혈은 얼마나 흘렸으며 선배의 고투는 얼마나 쌓였던가. 우리에게 이 날이 있음은 진실로 고절(苦節) 36년 동안 누적한 희생의 소산이며 전 세계의 평화를 위하여 싸우던 우방의 후의로 인함이니 우리는 이 날을 위하여 이 날을 동경치 못할 우리 재천의 영령을 추도치 않을 수 없으며 연합제국의 의거에 대하여 만강의 사의를 표명치 않을 수 없다.

　울적하고 압축되었던 잠재력이 순간에 폭발되고 일시에 반발하는지라 충천하는 의기 저절로 상도(常道)와 정궤(正軌)를 벗어나게 됨은 이 또한 자연이니 세력이 단단함은 당연하다 할 것이다. 그러나 광복의 대중은 요원하고도 착잡한지라 그러므로 하여서 더욱이 선후완급의 질서는 절대로 유지되어야 할 것이며 대의명분의 기치는 선명하여야 할 것이다.

　강토는 잃었다 하더라도 삼천만 민중의 심중에 응집된 국혼의 표상은 경술국변 이래로 망명지사의 기백과 함께 해외에 엄존하였던 바이나 오늘날 일본의 정권이 퇴각되는 이 순간에 있어서 이에 대위될 우리의 정부 우리의 국가대표는 기미독립 이후로 구현된 대한임시정부가 최고요 유일의 존재일 것이다.

　파당과 색별을 초월하여서 이를 환영하고 이를 지지하고 이에 귀일함이 현하의 내외정세에 타당한 대의명분이니 구정의 잔재가 상존한 작금에 있어서 우리 전 국민의 당면한 관심사는 우선 ▶ 국민의 총의로써 우리 중경에 있는 대한임시정부의 지지를 선서할 것. ▶ 국민의 총의로써 연합 각국에 사의를 표명할 것. ▶ 국민의 총의로써 민정수습의 방도를 강구할 것 등이다.

　정체 정당의 시비론도 이후의 일이며 정강정책의 가부론도 이후의 일이니 이리하여야 비로소 우리 대업의 거보는 정정당당할 것이다.

　이에 참월(僭越)하나마 동우(同憂)의 책(責)을 자부(自負)하는 발기인 일동은 연합군의 정식주둔과 일군의 무장해제를 위하여 국민 총의의 소재를 성명할 필요를 느끼며 아울러 총의집결의 방법으로서 국민대회의 발회를 준비하는 바이니 현하의 실정은 만사가 임시적 편법이라 명실이 상부할 최선의 방법이 있을 수 없거니와 우리의 의도와 우리의 염원은 차선 3선일지라도 철두철미 대의명분의 지표를 고수하고 이를 구명코자 함에 있다.

만천하의 동포여, 국가재건의 제일보를 위하여 국민총의의 기치하에 삼천만 민중의 심혼을 응결하라. 그리하여 현재와 미래 영겁에 우리의 행복과 번영을 기하라.

1945년 9월 7일

21

한국민주당(韓國民主黨) 창당대회

1945년 9월 16일

결의안

1. 연합군 총사령관 맥아더 원수에게 감사의 타전을 할 것.
2. 조선이 북위 38도선을 남북으로 미소 양군에게 분단 점령된 것은 불편불행한 일이니 속히 이것을 철폐하여 행정적 통일을 기할 것.

선언

　일본제국주의의 철쇄는 끊어졌다. 피와 땀의 투쟁 참으로 35년, 세계사의 대전환과 함께 우리는 드디어 광복의 대업을 완성하게 되었다. 그리하여 우리는 반만년의 빛나는 역사를 도로 밝혀 완벽무결한 자주독립의 국가로서 구원의 발전을 약속하게 되었다.

　3천만의 가슴에 뒤끓어 용솟음치는 오늘의 기쁨이여! 이 기쁨은 곧 혁명동지들에게 바치는 감사로 옮겨지고 더욱 한을 품고 돌아가신 순국 제현의 생각이 사무치매 도리어 못내 슬플 뿐이다. 참으로 이 크나큰 광복의 공훈은 해내해외의 고귀하고 감추어진 무수한 혁명동지들의 피와 땀의 결정이 아니고 무엇이랴! 우리는 머지않아 해외의 개선동지들을 맞이하려고 한다. 더욱이 이웃나라 중경(重慶)에서 고전 역투하던 대한임시정부를 중심으로 집결한 동지들을 고동(鼓動)하며, 밖으로 민족생맥을 국제간에 현양하면서 나중에 군국주의 박멸의 일익으로 당당한 명분아래 맹방(盟邦) 중·미·영·소 등 연합군에 끼어 빛나는 무훈까지 세웠다.

오늘의 기꺼운 광복성취가 이 어찌 우연한 것이랴! 우리는 맹서한다. 중경의 대한임시정부는 광복벽두의 우리 정부로서 맞이하려고 한다. 또 우리는 약속한다. 군국주의 전쟁근거들을 폭멸하고 세계평화를 확립시키는 세기적 건설기를 당하여 자주독립을 회복한 우리는 맹방제국에 최고의 사의를 표하는 한편으로 국제평화의 대헌장을 끝까지 준수확충하려고 한다. 나아가서 우리 민족이 장래(將來)할 세계의 문화건설에 뚜렷한 공헌이 있기를 꾀할진대 무엇보다도 완벽 무결한 자주독립국가로서 힘차게 발전하여야 될 것이다. 이는 오직 전제와 구속 없는 대중 본위의 민주주의 제도아래 모두 일하고 배움으로써 국민의 생활과 교육을 향상시키며 특히 근로대중의 복리를 증진시켜 조금의 차별도 중압도 없기를 기한다.

그리하여 우리는 전 국민의 자유로운 발전을 보장하며 전민족의 단결된 총력을 기울여 새 국민의 기초를 반석위에 두고 세계 신문화 건설에 매진하려고 한다.

강령

1. 조선민족의 자주, 독립국가 완성을 기함.
2. 민주주의 정체 수립을 기함.
3. 근로대중의 복리증진을 기함.
4. 민족문화를 앙양하여 세계문화에 공헌함.
5. 국제헌장을 준수하여 세계평화의 확립을 기함.

정책

1. 국민기본생활의 확보.
2. 호혜평등의 외교정책 수립.
3. 언론, 출판, 집회, 결사, 신앙의 자유.
4. 교육 및 보건의 기회균등.
5. 중공업주의의 경제정책 수립.
6. 중요산업의 국영 또는 관제 관리.
7. 토지제도의 합리적 편성.
8. 국방군의 창설.

22
주지(主旨)를 선명함

동아일보 중간사, 1945년 12월 1일

(一)

천도(天道) - 무심치 않아 이 강토에 해방의 서기를 베푸시고 성조(聖祖)의 신의(神意) 무궁하시어 천민(天民)에게 자유의 활력을 다시 주시니 이는 오로지 국사에 순절한 선열의 공덕을 갸륵타 하심이오, 동아에 빛난 십자군의 무훈을 거룩타 하심이다. 세계사적 변국의 필연성 일면이라 한들 이 얼마나 감격이며 이 얼마나 홍복(鴻福)인가?.

일장기 말소사건에 트집을 잡은 침략자 일본 위정자의 최후 발악으로 폐간의 극형을 당하였던 동아일보는 이제 이날을 기하여 주지의 요강을 다시금 선명하여서 삼천만 형제와 더불어 동하동경(同賀同慶)의 혈맹을 맺으려 하는 바이다.

창간 이래로 20여 년간 압수 삭제의 난장(亂杖)이 천 번을 넘었으며 발행정지의 악형이 4차에 이르러 온몸이 혈흔이었으나 그러나 민족의 표현기관으로 자임하였던 동아일보는 잦은 모욕과 잦은 박해를 받아가면서도 오히려 민족의 면목을 고수하기에 최후의 고절(苦節)을 다하였던 것이다.

적은 집권자라 1938년 8월 10일 필경 살해를 당하고 말았던 것이니 그날에 민족은 감각을 잃었고, 지성을 잃었고, 정조를 잃어 이 땅의 일월은 빛이 있은 듯 없었으며 탐정의 행패는 그 극에 달하여 이른바 공출은 걸레와 잡초에 이르고 약탈은 성명과 언어에 이르렀으며 겸하여 망량(魍魎)의 조악(粗惡)이 날로 더하매 천지는 진실로 암흑한 바 있었으나 8월도 15일, 뇌성벽력이 일순(一巡)하자 푸른 하늘(蒼天)은 한고비 높아졌으며 대지는 그대로 넓어졌으니 이 얼마나 장관이며 이 얼마나 성사(盛事)였던가?

(二)

동아일보는 창간 벽두에 (1)민족의 표현기관으로 자임하노라, (2)민주주의를 지지하노라, (3)문화주의를 제창하노라의 3대 주지를 선명하여 언론보국의 대강을 삼은 바 있었거니와 이 주지(主旨)를 통하여 흐르는 일관한 정신은 예나 이제나 다름이 없다. 시세의 제약을 따라 용어의 한계가 있었음은 세고불피(勢固不避)라, 하는 수 없었거니와 경경일념(耿耿一念)이 오직 민권의 창달을 주장하고 민생의 안도를 희구하여서 민족전체의 영원한 번영을 위하여 필치의 전능을 경주하려는 단성(丹誠)은 금석(今昔)의 별(別)이 있을 리 없다. 이제 중간에 임하여 우리는 창간 당초의 3대 주지를 그대로 계승함에 하등의 미흡을 느끼지 않거니와 현국에 처한 우리의 주지를 구체적으로 부연한다고 하면 대개 다음과 같다.

첫째로 우리는 시간 공간이 자별(自別)한 우리의 독자성을 고조(高調)한다. 5천 년 동안 시간의 집적으로 육성된 우리의 전통과 긍지, 아세아적 영역의 풍토로 순화된 우리의 이념과 향기로써 민족의 완성, 민족문화의 완성을 부익(扶翼)코자 한다.

둘째로 우리는 민주주의에 의한 여론정치를 지지한다. 그리하여 민의에 의한, 민의를 위한, 인민의 정체를 대성하여서 국권의 존엄과 국운의 발양(發揚)을 위한 모든 건설을 협찬코자 한다.

셋째로 우리는 근로대중의 행복을 보장하는 사회정의의 구현을 기약한다. 그리하여 기회균등의 공도(公道)에 의한 이상사회의 실현을 추진코자 한다.

넷째로 우리는 철두철미한 자주호혜의 정신이 교린(交鄰)의 원칙됨을 신봉한다. 그리하여 영토의 대소, 국력의 강약 등 차별을 초월한 국제민주주의의 확립에 기여코자 한다.

(三)

난을 달리하고 붓을 다시금 다듬어 축조적으로 해명할 기회가 있음을 약속하거니와 우리는 이상과 같은 주지로써 우리의 행동궤범을 규정하는 동시에 이 선을 연하여 여론을 환기하여 중의(衆議)를 응집하여서 대도를 개척하고 정궤(正軌)를 부설하려는 것이다.

신문도의 고유한 직능과 사명이 사상의 충실한 보도에 있음은 물론이려니와 그렇다 하여 단순한 전달기관에 안주하기에는 우리의 요청이 너무도 거대하며 불편부당의 언론이라 하여 시비의 병렬과 곡직의 혼잡을 그대로 용인하기는 우리의 지표가 너무도 확연하며 우리의 정열이 너무도 강렬한 바 있다.

 우리는 이미 붓을 들었다. 이 붓이 꺾일지언정 이 붓에 연결된 우리의 혈관에는 맥맥한 생혈이 그대로 격류를 지으리니 화살이 바야흐로 활을 떠난지라 회의준순(懷疑浚巡)이 있을 수 없으며 좌고우면이 있을 수 없다. 오직 우리는 인도와 정의에 칙(則)하고 대의와 명분에 죽으려는 강철같은 의지로써 춘추의 정필을 잡으려 할 뿐이니 이리하여 우리의 이 붓이 왕사(王師)의 전위되기를 자면(自勉)하며, 파사(破邪)의 이검(利劍)되기를 자기(自期)한다.

(四)

 만천하의 동포여! 형제여! 자매여!

 우리의 염원을 바르다 하시고 우리의 단성(丹誠)을 믿쁘다 하시어 엄혹한 편달을 아끼지 말지며 절대한 성원을 늦추지 말아 광복의 홍업을 대성하여서 우리 민족으로 하여금 미래 영겁에 빛나게 하라.

 단기는 4278년 12월 1일, 동아일보 동인일동은 삼가 이 일문(一文)을 초(草)하여서 해방전선에 의혈을 뿌린 재천의 영령께 봉고의 예를 갖추며 아울러 삼천만 동포의 심장에 격한다.

23

와전(瓦全)보다 옥쇄를

동아일보 사설, 1945년 12월 29일

편집자 주: 瓦全(겨우 명을 구하여 도생함)

(一)

이른바 외상회의는 끝났다. 국제신의를 배반하고 조선민족을 모욕하는 '신탁통치'를 결정하였다. 도대체 '탁치(託治)'의 주창자는 어느 나라의 누구이냐? 미·영·소 3국의 어느 나라가 우리에게 불공대천할 이 치명적 모욕을 던지려 하였느냐?

자기의 자유를 주장하려는 자는 남의 자유도 존중하여야 하며 자가의 주권을 옹호하려는 자는 남의 주권도 시인하여야 한다. 이것이 문명사회의 이상이오, 문명인의 통념이다. 이 명백한 공리를 모를 리 없거늘 어찌하여서 이 같은 비행(非行)을 감행하였는가? 강도의 약탈을 당하여 적수공권(赤手空拳)이 되었다고 인권을 무시할 것인가? 일시 강도의 침해를 받았던 것은 사실이다. 그리하여 만신창이로 피폐하였던 것도 사실이다. 그러나 우리는 속담에 이른바 '물어도 준치요 썩어도 생치(生雉)'다. 5천 년의 역사와 문화를 가졌고 3천만의 두뇌와 생혈을 가졌다. 자립여부를 운운함도 무지와 불손이려든 하물며 모략적 의도로 자작한 삼팔선을 구실삼아 투표불능을 운운함과 같음은 교활한 지능범의 일종이니 이 지능범이 3국 중에 어느 나라이냐?

(二)

수범(首犯)을 추궁하여 글이 여기에 이르렀으나 나타난 결과를 일별할 때 우리의 받은 상처는 오직 하나다. '탁치'라는 문구에 일격된 심각한 모욕 하나뿐이다. 이 국욕(國辱)을, 이 민욕(民辱)을 어떻게 설욕할 것인가? 타력의존이란 원래 이러한 것임을 삼천만 형제는 알았는가? 조력자의 조력은 순수해 무방하리라. 그러나 조력은 어디까지 조력이오 주력은 -- 동력은 철두철미 자력의 여하에 있는 것이니 하늘은 스스로 돕는 자를 돕는다 함이 그것이다.

자력으로 이 상처를 회복하자! 갱생의 험로를 이 자력으로 타개하자. 광복의 큰 역할을 이 자력으로 건설하자. 피만 가지고 결전하였던 기미 당년을 회고하라. 원자탄이 없더라도 이 생혈이면 족하다.

'와전(瓦全)보다는 차라리 옥쇄를' 이 기백이면 족하다. '외모(外侮)의 극복은 내부적 결속!' 이 노력이면 족하다. 연면 5천 년 유구한 우리의 긍지를 다시금 가다듬고 망국 사십 년, 뼈에 사무친 통한을 그대로 폭탄삼아 삼팔장벽에 부딪혀 보자! 기치정권에 부딪혀 보자! 빛은 동방에서! 정의의 승리는 필경 우리에게 있으리라.

24
일주(一柱)를 잃다!
민족의 금일을 일곡(一哭)

동아일보 사설, 1945년 12월 31일

단기 4278년 12월 30일 이른 아침 고하 송진우 선생은 원동(苑洞) 자택에서 흉탄을 받고 거연히 작고하였다.

해방의 서광이 요운(妖雲)에 쌓인 채 저물어 가는 이해의 아주 막 전날이오 망국의 통한을 풀지 못한 채 탁치의 비보를 듣게 된 다음의 다음날 독립전선에 뿌려질 허다한 생혈의 선두를 가로막아 엄연히 순국하였다.

슬프다! 이 무슨 비보인가? 이 무슨 통사(痛事)인가? 그러나 비보라 하여서 통사라 하여서 곡지통지(哭之痛之)만 하기에는 이 거인의 최후가 빚어놓은 국가적 민족적 표정이 너무나 장엄하고 너무나 존귀한 바 있음을 직감하지 않을 수 없다.

하수자가 그 누구임을 사색(査索)할 필요가 없으리라. 암해(暗害)의 목적이 그 어디에 있음을 추궁할 필요도 없으리라. 다만 민족의 갱생을 위하여 진군하는 우리의 전도에 피를 보았다! 하면 그만일 것이다. 삼천만 민중이 다 같이 그 피를 뚜렷이 보았다! 하므로 족하다 할 것이다. 광복의 큰 역할을 위하여 고투하려는 우리의 건설에 한 개의 기둥(柱)을 잃었다는 사실을 직시하고 응시하고 투시하고, 그리고 이로써 민족적 정기를 다시금 다듬어 권토중래의 진군을 그대로 계속한다고 하면 선생의 한 죽음은 단순한 비보가 아니라 경보다. 애국의 경보요, 애국의 신호다. 선생의 속마음 진실로 여기에 있었거니 생생한 이 혈사의 일행을 읽는 자 다같이 신지(信地)의 일점에 응집되어 자주의 독립을 완성한다면 선생 저세상의 낙이 오히려 무궁할 것이다.

선생의 풍도와 선생의 평생을 여기에 서술할 여유 없음을 한스러워 하거니와 한 마디로 따지면 선생은 철두철미 의지의 사람이며 신념의 사람이었다. 나라를 걱정하고 민족을 사랑하되 소신을 움직이지 않고 고절(苦節)을 고수하는 강혁(强革)의 사람이었다.

육영의 터를 닦았으나 낙이 있을 수 없었고, 보필의 책임을 맡았으나 쾌(快)를 얻은 바 없었으니 위정(僞政)의 압제 하에 영일(寧日)이 없었던 까닭이었다. 이리하여 혹은 투옥의 괴로움를 겪고 혹은 누박(累縛)의 아픔을 당하되 전전일념(轉轉一念)은 오로지 국가민족의 재생에 있었고 세도민심의 쇄신에 있었다.

때도 때인 이때 조국은 광복미반(光復未半)에 선생을 중도에 잃게 되니 동지의 한은 얼마나 깊을 것이며 민족의 손실은 얼마나 클 것인가? 선생을 위하여 곡(哭)함이 아니라, 선생의 사를 위하여 곡함이 아니라, 이 겨레의 금일을 위하여, 이 겨레의 명일을 위하여 우리는 곡을 금할 수 없으니 삼천만 형제여! 이 거인의 훙변을 기연(機緣)삼아 다 같이 오늘에 방성대곡하자! 그리고 명일부터

다 같이 방성대호(放聲大呼)하자! "각 길로 한 신지(信地), 완전한 자주독립"!

송진우 선생 피화실기(被禍實記)

박상호(朴相浩), 새벽, 1957년 3월호

(전략) 4278년 12월 12일 오정방(吳正邦)을 저격한 신동운(申東雲)이가 경찰에 피검되자 중국에서 남의사(藍衣社)와 CC단을 전전하던 전백(全柏)의 지시로 한현우(韓賢宇), 유근배(劉根培), 백남석(白南錫), 김의현(金義賢), 최모 정모 등과 새로 포섭된 김인성(金仁成), 이창희(李昌希), 이여송(李如松)의 전원이 남산동 어느 구석진 곳으로 옮겨갔다.

수사의 손이 미치거나, 오정방이 영도하는 건국청년회원들의 보복이 두려워서이다.

그러나 죽었으리라 믿었던 오정방은 병원에서 소생하고 범인의 완강한 부인으로 범행은 단독행위로 단정되었다. 남산으로 옮겨간 뒤에도 유근배는 계속하여 고하 선생을 저격할 기회를 노리고 있었으나 경호원들이 안면 있는 지난날의 동료들이라 좀체로 하수 할 겨를을 얻을 수 없어서 몹시 초조한 날을 보내고 있었다.

그날도 무거운 발길을 옮겨 어깨가 처져서 돌아오는 근배는 현우에게 다가앉으면서, "한 선생! 오늘도 허탕입니다. 방법을 달리 합시다. 원서동 송진우 집 뒷담은 사람의 가슴 높이밖에 안 됩니다. 이 담을 넘으면 바로 송이 거처하는 산정입니다. 그러나 산정에서 총소리가 나면 행랑방에 있는 경호원이 뛰어나올 것이니 이 자들을 견제할 인원만 잠복해 두면 감쪽같이 해치울 수 있으니, 밤에 집을 습격합시다" 하고 권했다. 그가 고하 선생의 신변경호원으로 있을 때, "뒷담을 높이든지 철조망을 치든지 해야겠다"고 선생의 신변을 염려하던 그가 오늘날, 이곳이 선생을 해하는데 가장 손쉬운 침입로라고 지적하게 되니, 이 얼마나 얄궂은 운명의 농간인가? 근배의 말에 귀를 기울이고 앉았던 현우는 그 무엇을 결심한 것 같은 비장한 얼굴을 번쩍 들며 입을 열었다. "좋소! 내가 진두지휘하지요. 그렇지 않아도 노상 저격이란 신동지의 경우 오정방이를 놓치듯이 확실성이 희박해요. 그럼 나는 총기를 준비할 테니 유동지는 그동안 배치할 인원이나 생각해 두시오"

다음날부터 곧 준비에 착수하여 부족한 권총, 도검 등 흉기를 손에 넣었는데, 만일의 경우에 쓸 수류탄이 좀처럼 구해지지를 않았다.

생각던 끝에 화약취급에 자신이 있다고 자부하는 현우가 깡통에다가 시멘트와 철편을 빚어 놓고 화약을 장치한 사제폭탄을 만들었는데, 실험할 곳을 선택한 곳이 짓궂게도 그때의 소화통(현 퇴계로)에 있던 '일본인세화회(日本人世話會)'이다.

꽃송이 같은 함박눈이 펑펑 내리던 날이었다. 정오를 좀 지나서 자그마한 물건이 든 보자기를 들고 '일본인세화회' 앞을 지나가던 젊은이가 걸음을 멈추더니 문득 피어물고 있던 담뱃불을 보자기에서 빠져나온 짧은 줄 끝에 갖다 댄다.

"지지지지!" 하는 이상한 소리와 함께 가느다란 연기를 뿜는 보자기가 획하니 1층으로 던져졌다. "쾅" 백주의 거리를 진동시키는 폭음과 함께 아우성소리, 울부짖는 소리로 수라장을 이룬 건물 속에서 피투성이가 된 왜인남녀들이 밖으로 뛰어나와서는 눈 위에 쓰러진다.

길 건너 가로수 그늘에서 이 광경을 보고 있는 현우의 얼굴에는 불현듯 쾌재의 웃음이 스치고 다음 순간 그는 소리 없이 골목길로 사라졌다.

이렇게 사제수류탄(私製手榴彈)의 시험에도 성공하고 모든 준비를 갖추어 갈 때, 마침 12월 28일의 반탁소동(反託騷動)이 일어나자 세상이 어수선해서 그들의 흉계에 절호의 기회를 주었다.

30일 새벽 결행하기로 결의한 현우는 근배를 시켜 29일 국민대회소집준비위원회를 정탐하게 하였다.

지난날의 동료이던 경호원들을 넌지시 찾아가서 그날도 고하선생이 원서동 자택으로 돌아가리라는 것과 그날의 경호는 정종근(鄭鍾根)이가 혼자 한다는 정보를 가지고, 근배가 남산동으로 돌아오자 현우가 지명하는 백남석, 김의현, 이창희, 김인성, 이여송, 유근배의 7인이 2층의 밀실에 모였다. 근배가 그린 원서동 집의 약도를 둘러싸고 숙의한 결과,

- 하수는 현우와 근배가 하고

- 경호원이 있는 행랑방 앞뒤 문은 백남석, 김의현, 두 사람이 지키고,
- 이여송은 전면의 대문을 파수보아 외부와의 연락로를 차단하고
- 김인성은 안채 마당에서 가족들이 나오지 못하게 하고
- 이창희는 돌층계 위에서 온 집안을 망보기 하는 등 각자의 부서를 결정하였다. 그리고 소지할 무기는
- 현우는 모젤 2호 권총
- 근배는 5연발 24식 권총(두 세발의 달달 탄환이 섞여있었다)
- 백남석은 부로닝 2호 권총
- 김의현은 14식 권총
- 김인성은 부로닝 2호 권총
- 이창희, 이여송은 각각 도검(일본도의 소도)을 나누어 가졌다.

여기에서 특기할 것은 백남석, 김의현, 김인성에게 사제폭탄을 나누어 주면서, 만일 가족이나 경호원이 암살자의 정체를 눈치챘을 경우에는 서슴지 말고 폭탄을 던져 몰살하라는 소름끼치는 지령을 현우가 하였다는 사실이다. 신발은 가볍고 편한 운동화로 통일하되 물러날 때에 시간의 여유가 있으면 거꾸로 돌려 신어서 눈 위에 나간 발자국을 반대방향으로 남겨서 추격에 혼동을 일으키게 하고 복장과 복면을 임의로 하되 모자는 '도리우찌'로 통일하여 혼전이 있을 때 분별이 쉽게 한다는 등, 주밀한 계획이 세워

졌다. "그럼 내일의 행동에 지장이 없도록 푹들 쉬시오." 현우가 이렇게 말하고 아래층으로 총총히 사라진 다음 그들은 자리를 깔고 누웠다.

이튿날 종시계가 찌르릉 다섯 시를 알리자 무거운 몸을 가누어 자리에서 일어났다. 계란 몇 개씩으로 아침요기를 하고 현우가 따러주는 위스키를 한잔씩 마시고 두 패로 나누어 남산동을 떠났다. 현우가 세 명을 데리고 종로2가를 지나 재동 쪽으로 해서 가고, 근배는 두 명을 데리고 종로3가 단성사 앞을 지나 돈화문으로 해서 갔다.

5시 50분이 좀 지나서 그들은 약속하였던 원서동집 뒤 언덕 위에 서있는 고목 밑에 모였다. 서북풍이 휘몰아치는 12월의 새벽은 아직도 어두웠다. "땡! 땡!⋯⋯" 어디서인가 괘종이 여섯시를 치는 소리가 들린다. 정각 여섯시다.

근배는 정신을 차려서 날쌔게 뒷담을 뛰어넘어 집안의 동정을 살핀 다음, 담 밖을 향하여 조심스럽게 휘파람을 휴 - 불었다. 이상 없다는 신호다.

차례로 담을 넘은 그들이 허리춤에서 권총과 도검을 꺼내들고 앞을 겨누면서 각자 맡은 곳에 이르러 대기하자, 현우는 근배를 앞에 세우고 눈을 밟으며 산정 앞에 다가섰다.

이때, 안에서 기침소리가 나더니 "거 누구냐?" 하는 것이 선생의 목소리다. (옳지, 있구나!)

이렇게 속으로 부르짖으면서 창문을 드르르 열고 마루에 올라서는데, 방 안에서 또 "누구냐?" 하는 것이 몹시 초초한 목소리다.

근배가 구육적(狗肉的)인 침착성으로 전등 스위치를 누르니 방 안에 불이 화안하게 켜진다. 방문을 열고 들어서니 선생과 웬 노인이(신문에서 그가 선생의 친척인 양중묵 노인임을 알았다) 자리 위에 일어나 앉아 있다가, 이 불의에 침입한 괴한들에 질겁을 하고 주춤 물러앉는다.

"어느 쪽이오?" 하고 현우가 초조히 물었다. "이 쪽이오!" 하고 근배가 턱으로 가리키자 들었던 권총을 겨누어 마구 쏜다.

탕탕탕! 탕탕탕!

새벽의 적막을 뚫고 총소리가 요란히 울린다. 몇 방의 흉탄을 맞은 선생은 방구석에 쓰러져 허우적거리면서 "응 --!" 하고 신음한다.

눈앞에서 벌어지는 처참한 광경에 얼이 빠진 노인은 얼굴 근육이 굳어졌는지 입을 실룩거리면서 방구석으로 기어들어간다.

"쏘지!"

현우의 호령에 정신을 차린 근배가 간신히 머리를 들고 흉한들을 쏘아보고 있는 선생의 머리를 겨누어 방아쇠를 당겼다.

"탕! 탕!"

획하니 앞으로 고꾸라진 선생은 다시 움직이지 않는다. 이때 겁에 질려 사시나무 떨듯 몸을 떨고 있는 노인이 "사 사람 살류 --" 하고 소리치자 "떠들지 말어!" 하면서 근배의 총구에서 또 불이 터졌다.

"나가세!" 하고 밖으로 나가는 현우의 뒤를 따라서 마루에서 내려서는데 "쾅!" 하는 총성이 행랑방 쪽에서 나더니 총탄이 근배의 신발을 꿰뚫었다.

"나오면 죽인다!" 하는 고함과 함께 "탕탕탕탕 탕탕탕탕" 콩볶듯 총성이 나는데, 김의현과 백남석이가 총소리에 놀라 잠을 깬 경호원이 발포하면서 뛰어나오는 것을 견제하느라고 쏘는 총격이다. 이때 사랑방에서 "아버지!"하는 울부짖음과 함께 문이 열리자 "꼼짝 말아! 나오면 목숨이 없어질 줄 알라!" 하고 이르는 소리와 함께 김인성의 권총이 불을 뿜는다.

"그만!" 현우가 내뱉는 호령에 전원이 숨소리 발소리를 죽여가며 조용히 산정 앞에 모였다. 이곳에서 운동화를 거꾸로 고쳐 신고 차례로 담을 뛰어넘었다. 둘, 셋씩 작패하여 남산동으로 돌아온 그들은 위스키를 병 채로 들이마셨다. 술로 죄악감을 마취시켜 보려는 것이었으나 악몽에서 깨어난 사람들같이 신경은 날카로워지기만 하는 것이었다.

그날 밤 어디인지 다녀온 현우는 창백해진 얼굴에 깊게 째진 눈에는 독기가 서리고 분노로 몸을 떨면서 "엄ㅇㅇ이란 놈은 죽일 놈이야! 인제 와서 꽁무니를 빼다니…… 이놈 어디 두고 보자! 내가 네놈을 그냥 둘 줄 아느냐…… 배신자에게 돌아가는 무자비한 보복을 맛 좀 봐라" 하고 노발대발 고함을 지르는 것이었다.

모든 언론이 이 저주할 테러 행위를 건국의 암, 망국의 좀이라고 비난하고 온 겨레가 지도자를 잃은 슬픔에 잠겨 끝없는 불

안감에 떨고 있을 때, 그들은 전백(全柏)의 지시로 38선을 넘었다.(중략)

이북 땅에 잠입한 그들은 할 일 없는 날을 보내다가 2주일 뒤인 1월 15일쯤 서울로 다시 돌아왔다.

평안도 태생으로 창씨명을 기산원률(箕山元律)이라고 하고 있던 현우는 와세다대학 정경학부에 적을 두고 있을 때, 일본의 국수주의자 나카노 세이고(中野正剛)를 흠모하여 그가 영도하던 동방회에 가담했었다.

2·26사건의 주모자로 극형에 처해진 기타 잇키(北一輝)의 거사를 찬양하고 그를 추모하던 현우는 그 당시 수상이며 군벌의 원흉이던 도조(東條英機)를 죽여 세상을 깜짝 놀라게 하여 보겠다고 기회를 엿보고 있었다. 이러던 때 도조(東條)의 횡포가 날로 심해가서 일본 국민의 원성이 높아가자 동방회의 젊은 동료 몇 사람과 도조 암살을 공모하였으나, 선전적인 그의 성벽이 화근이 되어 마침내 관헌에게 피검되었다. 소아병적 소영웅주의자의 현우는 을유년 봄에 집행유예라는 관대한 처분으로 방면되어서 서울, 춘천 등지에 나타났다.

한국으로 돌아온 현우는 강원도 경찰부 요코야마(橫山) 경시의 주선으로 춘천에서 계몽의숙을 개강한다고 박춘금(朴春琴), 이사카(伊坂和夫), 한인, 황해도경찰부장 등 친일거두들을 찾아다니고 있었다.

해방이 되자 갈피를 못 잡고 있던 현우는 동경유학 당시부터 호형호제로 지내던 고하 선생의 비서 정종근(鄭鍾根)을 찾아서 여러 차례 고하 선생에게 추천해 달라고 졸랐으나 그때마다 정종근은 머리를 가로 흔들었다.

"저자는 미친개야! 미친개는 주인도 물거든……"

비열감에 실룩거리는 표정으로 돌아가는 현우의 뒷모습에 내 배앝듯이 이렇게 중얼거리는 정종근이었다.

이때 필자도 정종근이와 같이 고하 선생을 모시고 있었으나 하찮은 언쟁으로 국민대회소집준비위원회를 탈퇴하고 말았다. 얼마를 지내려니까 유근배, 신동운, 백남석, 김의현이도 정종근이와의 감정대립으로 그와 결별하고는 현우와 같이 계몽의숙을 재건한다는 소식이 들렸다. 그러나 전백이와 결탁한 현우는 차차 테러리스트의 본성을 나타내더니 급기야는 신동운에게는 오정방을 살해하라고 종용하고 유근배에게는 고하 선생을 저격하라고 강요하였다.(중략)

건설적인 의견을 발표할만한 주변과 용기가 없는 자에게 불평이 있고, 불평이 지나친 곳에 테러의 고질이 있다. 청년들의 피를 매명과 영달의 값싼 걸음으로 자멸의 길을 재촉하는 테러 군상들!

목적을 위하여서는 수단과 방법을 가리지 않는 것은 공산당의 전매특허가 아니다. 이용가치가 있는 모든 사물과 현상을 100% 이용하라는 스탈린의 교훈(?)은 그들 테러 군상들에게도 행동신조가 되고 있는 것이다.

해방이 되자 해외에서 돌아오고 또는 자유를 찾아 월남한 젊은 이들이 동가숙 서가식(東家宿西可食)하는 질서 없는 날을 보내면서 삶의 길을 찾아 헤매일 때 일숙일반(一宿一飯)의 친절을 베풀어 이들을 낚아가지고는 조국에의 정열에 테러지상의 그릇된 관념을 주입시켜 차례로 피의 제단에 장사지내고 있었다.

어느덧 따스한 봄이 다가왔다. 훈훈한 봄바람이 부는 3월 말의 어느 날 느닷없이 근배가 찾아왔다. 때가 꾀죄죄 흐르는 한복에 중의 머리를 한 그의 모습은 처참하리만큼 초라했다.

"지금 포천에서 오는 길일세! 그러니 박 형과 달포만에 만났네 그려" 하면서 방에 들어서자, 자리에 쓰러질듯이 드러눕는다. 핏기 하나 없는 그의 얼굴은 절망에 가까운 수심으로 일그러져 있다. "박 형! 일은 바로 제 코스를 찾아 들어가는 것 같으이"하는 그의 말이 무슨 뜻인지 몰라서 어리둥절하고 있는데, "오는 길에 의현이를 만났는데 작자가 평안도 성미로 괄괄하기는 하나 뒤가 무르고 좀 우둔한 편이야"하면서 밝히는 근배의 일이 제 코스를 찾아 들어갔다는 말은 이런 것이다.

며칠 전 의현이가 동대문 근처를 지나가는데 뜻밖에도 그때 군사영어반에 다니고 있던 정종근이와 마주쳤다.

의현의 앞으로 바싹 다가선 정종근이가 다짜고짜 "네가 송 선생을 죽였지?" 하고 다잡으니 그는 그만 얼김에 "아니, 내가 한 짓은 아니야!" 하고 주춤 물러서는데 목소리가 떨려나오는 것을 감출 수는 없었다.

"이놈아! 네가 안 했으면 누가 했단 말이냐?" 정종근이가 멱살을 휘여 잡고 어르니 그는 그만 겁이 나서 멱살 잡힌 손을 뿌리치고 달아나고 말았다. 다음날 광화문 노상에서 최모가 수도청 형사에게 체포되고, 어제는 최가 형사들을 데리고 짚차로 신당동 현우의 집인 그들의 숙소 앞을 지나갔다는 것이다.

"정이 덜미를 쳐보는 수작에 작자가 감쪽같이 넘어가서 눈치를 보이고 말았네!" 하고는 몸을 일으키더니 다시 말을 이어 그동안의 회포와 마음의 변화를 이렇게 말한다.

"박 형과 그날 헤어진 다음 얼마를 지내면서 생각해보니, 자신에 대한 회의와 환경에의 염증에서 차차 고민하게 되었네. 피와 철의 통일을 염불 외우듯 하고 있는 현우의 어처구니없는 시대착오의 궤변에 귀를 기울이고 이순신 장군의 주리를 틀던 이 민족의 결함을 송두리째 지니고 있는 전백과 현우의 몸에서 풍기는 피비린내를 끝내 맡지 못하고 정치야욕에 눈먼 테러리스트의 꼬임에 빠져 고하 선생을 내 손으로 죽이고 말았네 그려! 망상의 흙탕 속에서 허덕이다가 청춘의 정열을 헛되게 한 유감은 고사하고 민족에게 다시 씻을 수 없는 죄악을 범했네……"

말을 마치고 깊은 오뇌에 잠긴 듯이 침울히 앉아있는 근배의 어깨는 힘없이 처지고 늘어진 여윈 목이 퍽이나 애처롭게 보인다. 그러나 나는 반가웠다. 중학교 동기동창인 근배의 오늘 있기를 나는 얼마나 바랐던가.

"유 형! 반가워, 진정 반갑네, 유 형은 이제 옛 근배로 돌아왔네,

전백, 현우의 무리야말로 살인이 생활화된 악성인 정신병자야. 더욱이 현우는 제거되어야 할 존재야! 득인(得人)이라야 득천하(得天下)라고 하네, 멀지 않아 그들은 그들이 저지른 죄의 값을 치르고 이 땅에서 사라질 것이네!"

"고민하던 끝에 나는 여운형 씨를 노리고 있던 현우와 결별하고 머리를 깎고 38이북의 포천 산속으로 들어가서 새끼도 꼬고 독서도 하는 날을 보냈다네. 그곳에서 번민과 오뇌의 날을 보내면서 나는 오늘의 시대성을 잘못 본 어리석음을 깨달았네……"

말을 채 맺지 못하고 얼굴을 두 손으로 가리고 책상위에 엎드린다.

"유 형! 우리는 아직 완전한 인간이 못 되는 인간들이 아닌가. 과오도 있고, 실수도 있는 것이야. 그러나 유 형이 저지른 과오에 대한 뉘우침이 빠른 곳에 유 형의 광명한 미래가 있지 않을까……"

너무나 깊은 상처에 우는 그를 위로할 말이 이렇게 밖에 나오지 않았다.

"마비된 인간성에서 국가대사를 그르치고 윤리에 반기를 들었던 나에게 오직 한 갈래 갈 길이 있다면 속죄의 길일세. 그릇된 사정에 눈이 어두워 대의를 저버린 자로서 악의 길을 걸어온 내가 아니었던가. 포천 산속에서 명상의 날을 보내는데 이곳도 공산당 놈들의 등살에 배겨날 수가 있어야지. 머리를 깎은 나를 중으로나 알았든지 종교는 민중의 아편이라는 판에 박은 레닌의 말을 되풀

이해 가면서 못 견디게 굴더군……" 하면서 쓴웃음을 짓는다.

"하기야 큰일을 저지른 나를 이 나라 이 땅이 받아줄 리가 있겠나. 한줌의 흙도 나의 무덤되기를 원치 않을 것일세. 박 형! 고마워. 아직도 나를 친구로 알아준 박 형의 우정이 눈물겨웁네. 나는 자수하겠네. 실은 건국하는 날 자수하려고 하였으나 지금의 마음에 마(魔)가 들기 전에 자수하려고 포천을 떠나온 것일세. 며칠 동안 인천의 숙부 집에 가서 부모님께 하직을 사뢰고 죄의 값을 치를 마음의 준비를 갖추겠네……"

다음날 그는 발길을 옮겨 인천으로 떠났으나 며칠 뒤 인천의 숙부 집을 급습한 수도청 형사대에 체포되어 자수하겠다던 그의 양심의 부르짖음과 마지막 소원이 이루어지지 못하고 말았다.

주: 필자는 고 송진우 선생 경호원이었으며 공범자 유근배의 동창생

26
비화 - 송진우의 암살

동아일보, 1973년 6월 26일-7월 5일

　한해도 거의 저물어가는 연말의 어느 날 새벽. 비원(祕苑) 돌담을 낀 원동(苑洞)의 골목길을 따라 두 명의 젊은 청년이 오버코트 속에 얼굴을 푹 파묻은 채 말없이 북쪽으로 거슬러 올라가고 있었다.
　서북풍이 몰아치는 쌀쌀한 새벽길엔 아직도 어둠이 깔렸고 정체를 알 수 없는 두 사나이들이 얼어붙은 눈길을 밟는 발자국 소리만이 사박사박 적막을 깨뜨렸다.
　새벽 5시 50분. '종로구 원동 74번지'라고 쓴 주소 팻말이 나붙은 한식 기와집 문 앞에 다다른 이들은 집 주위를 몇 차례 배회하다가 뒤미처 계동 쪽 골목길을 따라 나타난 세 명의 다른 청년들과 합류, 그 집 뒷골목 언덕배기에 있는 노송 밑에 모였다. 둘은 주위를 두리번거리며 인기척을 살폈고, 셋은 무엇인가 귀엣말을 주고받았다.
　1945년 12월 30일이니까 해방을 맞은 지 불과 4개월 남짓 미군정 초기의 정국은 대소정당이 우후죽순처럼 난립하는 가운데 상해임시정부요인들이 막 환국을 했고 좌우익의 대립 등으로 격동을 치르고 있었다. 더구나 신탁통치설로 물 끓듯 소연해가고 있을 때였다.

딱 벌어진 체구에 중절모자를 깊숙이 눌러쓴 사나이를 가운데 두고 귀엣말을 주고받던 두 청년은 그들이 배회하던 한식 기와집 담을 단숨에 뛰어넘어갔으며 중절모의 사나이도 뒤따라 담을 넘어 들어갔다. 두 사나이는 여전히 밖에서 망을 봤다. 어디선가 괘종시계가 정각 6시를 치는 소리가 가냘프게 들려왔다. 돌층계를 몇 계단 돌아 대문이 굳게 잠긴 이 조선 기와집이 바로 한국민주당 수석총무 고하 송진우의 집이었다.

난데없이 13발 난사

송진우는 전날도 아침상을 물리자마자 한민당사로 발길을 옮겼고 미군정청을 찾는가 하면 오후엔 같은 한민당(韓民黨)의 김준연(金俊淵)과 같이 죽첨장(竹添莊) 뒤의 경교장(京橋莊 지금의 고려병원 자리) 임정회의에 참석, 김구 등 임정요인들과 신탁통치문제 등을 장시간 논의했다. 돌아오는 길에 동행하던 김준연을 병원으로 보내고 저녁 10시가 넘어서야 집으로 돌아왔다.

마침 여러 날 묵고 있던 외사촌동생 양중묵(梁仲黙)(53)이 출타하고 없어 혼자 저녁상을 받은 송진우는 양중묵이 돌아온 후 자정이 넘어서야 양중묵과 같은 방에서 잠이 들었다.

"만일 가족이나 경비원이 나오면 서슴지 말고 폭탄으로 해치워 버려"

중절모의 사나이가 나지막한 소리로 명령하며 허리춤에서 권총을 뽑자 다른 두 청년도 권총과 단검을 꺼내 들었다. 송진우는 산정(山亭) 별채에 기거하고 있었다. 철조망을 넘어든 세 사나이 중 한 명이 재빨리 산정 밑으로 내려가 본채를 감시하는 사이 중절모의 사나이와 다른 한 청년은 곧바로 산정 별채로 향했다. 이들은 이 집의 내막과 구조를 잘 알고 있는 듯했다.

두 청년은 미닫이식 유리문이 닫혀있는 별채 앞 신발돌 위에 멈춰 섰다. 중절모의 사나이가 유리문에 손을 대려 할 찰나 "게 누구요"하는 나지막한 목소리가 방에서 들려나왔다. 중절모의 사나이가 유리문을 드르륵 열고 마루 위로 올라온 청년이 전기스위치를 올려 방안에 전등불이 켜지는 순간 송진우는 벌떡 일어나며 "아니 웬놈들이냐"고 소리쳤다.

방문을 열어젖히며 "탕탕탕……" 연속으로 쏘아대는 도합 13발. 총소리는 고요한 새벽공기를 찢었다.

범인들은 같은 방에서 자다 놀라 깨어 이불을 뒤집어쓰고 부들부들 떨고 있는 양중묵에게도 총을 쏘았다. 총탄 1발이 양중묵의 오른쪽 대퇴부를 뚫었다. 뜰아래 방에서 자던 송진우의 조카 영수(英洙)(33·송진우 작고 후 양자로 입적)와 경호원 정종근(鄭鍾根)(26)이 총소리에 놀라 깨어 방을 뛰쳐나왔다. 산정 별채에 불이 켜져 있는 것을 보고 무슨 변이 일어났음을 직감한 이들이 산정으로 황급히 올라가려 하자 총알은 이들에게도 날아왔다.

정종근의 다리 사이와 송영수의 머리 위를 스치고 지나갔다.

범인이 연속으로 쏘아대는 총탄은 행랑방 기둥을 뚫고 나갔다.

범인이 가까운 거리에 있다고 판단한 정종근은 "누구냐"고 소리치며 호신용 브라우닝권총을 꺼내 방아쇠를 잡아당겼으나 불발, 몸을 벽에 착 붙이고 범인의 총탄을 피했다.

조카 영수와 경호원 정종근이 산정으로 올라갔을 때는 송진우는 온몸이 피투성이가 된 채 쓰러져 있었고 양중묵도 오른쪽 대퇴부에 관통상을 입고 넘어져 있었다.

송영수는 황급히 몇몇 친지들에게 이 변을 전화로 알렸다. 전날 밤에도 늦도록 송진우와 담소를 하고 돌아갔던 익선동의 강병순(姜柄順)이 근처 김웅규(金雄奎) 외과 의사를 데리고 허겁지겁 달려왔다.

"이미 숨을 거두셨습니다"

의사는 고개를 저었다. 흉탄은 심장과 안면하관절에 각각 1발과 복부에 3발 등 도합 6발이 관통했다.

1945년 12월 30일 아침 6시 15분. 송진우는 이렇게 해서 숨을 거두었다. 송진우의 나이 만 55세였다. 급보에 접한 종로경찰서 형사들이 출동, 현장을 보존하고 현장검증에 나섰다. 넓은 정원 안과 집 주위를 샅샅이 조사했으나 증거가 될 만한 것이라고는 범행에 쓰인 권총탄피와 산정 뒤편으로 난 발자국뿐 범인들이 장갑을 끼었는지 지문조차 찾을 수 없었다. 새벽에 일어난 사건이라 범행현장 주위에서 수상한 사람들을 보았다는 목격자도 나타나지 않았다.

대퇴부에 관통상을 입고 근처 외과병원에 입원한 양중묵은 다음날 아침에야 정신을 가다듬고 송진우와 한방에서 자다가 흉변을 겪은 악몽 같은 그날 새벽의 상황을 다음과 같이 말했다.

 사건 전날 밤 송진우는 자정이 넘어서 양중묵과 같이 잠자리에 들었다.

 "안으로 문을 걸까요" 하고 송영수가 물었더니 "문은 왜 거느냐, 내버려두어……"하며 송진우는 대수롭지 않게 말했다.

 12월 중순께부터 시정에는 지도자 암살설이 떠돌았고 원동 송진우집 주변에도 이상한 공기가 감돌아 조카 영수가 문단속을 제의했으나 송진우는 응하지 않았다. 문을 안으로 잠그지 않는 것이 송진우집의 관습이었다.

 송진우는 새벽 4시경 깨어 일어났다. 양중묵도 함께 일어나 이런 이야기 저런 이야기 시국담을 하다가 담배를 한 대씩 피우고 새벽 5시경 다시 잠을 청했다.

허전 착잡한 이승만

 아침 6시쯤 해서 양중묵이 잠이 어렴풋이 들었는데 인기척이 뒤꼍에서 들렸다. 이때 송진우가 "누구요" 하고 평상대로 말했으나 아무 대답이 없더니 잠시 후 마루 유리문이 갑자기 열리고 영창문이 활짝 젖혀지면서 순간적으로 괴한들이 총을 쏘아댔다.

 "형님은 흉탄에 쓰러지신 후 아무 말도 못하셨지만 태연자약한 모습으로 최후를 마치셨어요……"

양중묵의 말이었다.

경무국장 조병옥(趙炳玉)과 장택상(張澤相)이 흉보를 듣고 맨 먼저 달려왔고 뒤미처 김성수가 잠옷 바람으로 황망히 달려와 이미 숨을 거둔 차디찬 송진우의 손을 붙잡고 "깨끗한 일생을 마쳤구려"하며 침통해했다.

돈암장의 이승만도 흉보에 접하자 마음이 허전하고 착잡했다. 한때나마 한민당 총재 추대문제와 좌우합작문제의 이견으로 다소 소원했던 송진우지만 얼마 전 자기에게 "지금 시국으로는 이승만 박사밖에 정국을 맡을 인물이 없으니 사소한 일에 낙심 말고 나가기를 희망한다"고 말했던 것을 상기했다.

송진우 암살을 공산당의 소행으로 판단한 경기도경찰부장(후에 수도청장) 장택상은 무슨 일이 있어도 이 사건의 범인만은 체포해서 공산당의 음모를 백일하에 폭로하겠다고 결심, 미국 육군특무대(CIC)와 서울지방법원 검사국에 수사협조 의뢰를 하는 한편 수사본부를 설치하고 범인수사에 나섰다.

그러나 단서가 될 물증이라고는 사건현장에서 발견된 일본제 99식 권총탄환과 탄피뿐 도움이 될 만한 다른 증거품이 없어 수사는 처음부터 난관에 부딪쳤다.

사건 전날 밤 송진우가 김구의 숙소인 죽첨장에서 늦게 돌아온 사실을 눈여겨 우선 사건 전날 밤 죽첨장에서 무슨 일이 있었는지 수사를 폈다.

그러나 송진우 암살에 관계될 만한 아무런 단서도 떠오르지 않왔다. 보름이 지나도록 수사에 아무런 진전을 보지 못한 장택상은 초조한 나머지 수사과장 겸 관방장인 노덕술(盧德述)을 불렀다.

"수사과장, 어떻게 속한 시일 내에 범인을 체포할 묘안은 없소. 내 생각으론 공산당의 소행이 분명한 것 같으니 수사과장 책임 하에 그 방향으로 철저히 수사해보시오"

장택상의 이 같은 명령에 한참 생각에 잠겼던 노덕술은 "'6인조'를 풀어 수사하겠습니다"고 말했다.

'6인조'란 당시 노덕술 수사과장의 직속조직으로 강력사건을 전담해 온 고영환(高英煥), 장창해(張昌海), 주철순(朱哲淳), 김순화(金順華), 최난수(崔蘭洙), 김임전(金任銓) 6명의 민완형사를 말하는 것이었다. 큰 강력사건은 모두 이들이 척척 해결해냈다.

나는 새도 떤다는 '6인조'가 수사에 투입되자 수사는 전보다 훨씬 활기를 띠었다. 우선 많은 정보가 이들을 통해 입수됐다.

일제 때 고등계 형사를 지낸 수도청 지능주임 최난수는 정보를 얻기 위해 서북청년단 등 이북에서 내려온 청년들이 들끓는 한미호텔(현 대원호텔)에서 노상 살다시피 했고, 동대문경찰서 사찰계 김임전(金壬銓) 형사는 주로 공산계열 내부에 의심을 두고 조선공산당의 박헌영 일파를 뒤쫓았다.

그러던 어느 날 '6인조' 앞으로 이상한 정보가 날아들었다. 서울 적십자병원의 어느 간호원이 송진우 살해범을 알고 있다는 정보였다.

형사대들을 급히 적십자병원으로 보냈으나 문제의 간호원은 1

개월 전에 사직해버려 이미 없었다. 그러나 다른 간호원들을 통해 정보를 캐던 형사대는 의외로 중요한 단서를 잡았다.

문제의 간호원 윤봉삼(尹鳳三)(31)은 송진우 암살사건이 있기 바로 한 달 전인 11월 병원에 재귀열(再歸熱)로 입원한 백모라는 환자를 간호하다가 사랑을 속삭이게 됐는데 그 환자는 병원에 입원한 지 2주일가량 되어 완치가 됐는데도 퇴원을 않고 근 2개월이나 입원해 있었다는 것이다. 그 사나이가 독방으로 쓰고 있는 3층 28호실에는 여러 청년들이 자주 드나들었다. 환자는 때로 윤 간호원의 양해를 얻어 외출을 하곤 했다는 것이다. 그러나 백모라는 그 사나이에게 처자가 있다는 것을 알게 된 윤 간호원이 다소 쌀쌀해지자 그 자는 어느 날 윤 간호원에게 환심을 사기 위해서인지 "송진우를 죽인 것은 우리 편에서 한 것이야. 우리들은 이렇게 큰 일을 하고 있다"며 뽐냈다.

환심은커녕 윤 간호원이 "그런 끔찍한 일을 당신네들이 저질렀단 말예요" 하며 크게 놀라는 빛을 보이자 백은 "우리에게는 무기가 있으니 함부로 어디 가서 입을 놀리면 재미없어"하며 위협을 했다는 것이다. 이렇게 총각인줄 알고 백모라는 환자와 한때 사랑을 속삭이던 윤 간호원은 결국 풍기를 문란시켰다 하여 병원에서 축출당했고 고향인 진남포로 돌아갔다는 이야기였다.

고하 경호원에 단서

수사진은 우선 백이라는 성을 가진 송진우 주변인물을 찾아보

앉으나 선뜻 떠오르지 않았다. 46년 2월 13일 또 다른 정보가 날아들었다. 송진우의 신변경호자로 있던 청년이 해안경비대에 입대하게 됐다는 것이었다. 당시 해안경비대 입대자는 미군의 인솔을 받게 돼 있었으므로 장택상(張澤相) 수도청장은 미군당국의 협조를 얻어 노훈경(盧勳慶) 경위와 이만종 형사를 경성역(서울역)에 급파했다. 두 형사는 미군 2명의 안내로 열차를 기다리고 있던 입대자 가운데서 송진우의 경호를 맡은 적이 있던 김일수(金日洙)를 찾아내 임의동행을 시켰다.

송진우의 신변경호책임을 맡은 적이 있던 백남석(白南錫), 김의현(金義賢), 신동운(申東雲), 박민석(朴閔錫), 유근배(劉根培) 등이 사건이 나기 한 달 전 송진우와 '주의주장(主義主張)이 맞지 않는다'는 이유로 경호직을 물러났는데 김일수가 종로통에서 한번은 김의현을 만나 "송진우를 누가 암살했냐"고 물은즉 김의현은 "그런 걸 왜 내게 묻느냐. 누구면 알아서 무엇 할테냐"면서 당황한 표정으로 사라졌다는 것이다. 김일수는 "신동운과 백남석을 잡아 물어보면 진상을 알 수 있을 것 같다"고 진술했다. 수사진은 김일수가 말하는 백남석과 적십자병원에 입원했었다는 백모가 동일인물일 것으로 보았다.

'6인조'의 최난수(崔蘭洙)는 당시 정치에 관심을 둔 청년들의 동태를 훤히 파악하고 있었기 때문에 이들 용의자 검거는 떡먹기였다. 다음날 최난수는 아침밥을 먹고 있던 백남석과 신동운을 검거했다.

"너희들이 송진우를 살해했지"

"직접 범행은 하지 않았소"

두 용의자는 끝까지 자신들의 범행을 시인하지 않을 뿐 아니라 범인을 모른다고 딱 잡아뗐다.

"용의자들이 전혀 배후를 불지 않고 있습니다"

노덕술(盧德述) 수사과장의 보고를 받은 장택상(張澤相)은 무슨 다른 방도가 없느냐 하고 물었다.

"한 가지 방법이 있습니다만 자칫하면 모든 것을 잃어버릴까 해서……"

"그 방법이 무엇인데"

장택상은 다그쳐 물었다.

"용의자를 석방해 주고 미행을 하는 겁니다"

가만히 듣고 있던 장택상은 "옳지, 그거 좋은 생각이야. 그러나 용의자까지 놓치지 않도록 하라구"

나흘 뒤 수사본부는 신동운과 백남석을 "혐의가 없다"고 풀어 주고 형사대를 따라 붙였다.

한편 한미호텔에 거의 상주하다시피 하며 명백한 용무 없이 호텔을 드나드는 사람을 조사하던 최난수 형사는 돈을 물 쓰듯 하며 호텔을 무상출입하는 한현우(韓賢宇)란 사나이를 유심히 관찰하기 시작했다. 하루는 이 자를 미행키로 했다.

한현우 등 일망타진

한이 도착한 곳은 성동구 신당동 304 2층집이었다. 청년은 주위를 한번 살펴본 뒤 무엇에 쫓기는 사람처럼 황급히 들어가 버렸다. 최난수는 이 집에 대한 정보를 이웃사람들로부터 수집, 우선 이 집이 일본군 대좌가 살던 적산가옥이라는 사실과 매일 이 집속에서는 총소리 같은 것이 들린다는 것을 알았다. 문틈으로 집속을 기웃거려보니 널따란 마당 한가운데 고목나무 한 그루가 서있고 거기다 표적을 만들어 청년들이 권총사격 연습을 하고 있었다. 의심이 짙게 가는 집이었으나 당분간 관찰만 하기로 했다.

백남석과 신동운에 대한 형사대들의 미행도 계속됐다. 1개월 반이나 끈덕지게 미행하는 동안 수사본부에 각종 정보가 날아드는 가운데 이들 두 용의자가 드디어 신당동 한현우의 집에 드나드는 사실이 포착됐다. 수산선상에 오른 유근배는 인천부두에 잠복 중이라는 정보도 입수됐다. 노덕술은 '6인조'와 각 수사진들에게 범인들의 일망타진을 명령했다. D데이는 4월 8일. 2개 반의 형사대중 한패는 인천으로, 한패는 용의자들이 밤에 모이기로 된 신당동 한현우의 집 주위에 잠복했다.

이날 밤 8시 30분 인천 화평동에 숨어있던 유근배가 체포되었다. 10시 20분 한현우 집에서는 한과 김의현, 이창희(李昌禧), 김인성(金仁成) 등이 검거되었다. 송진우가 살해된 지 4개월 8일 만이었다.

한현우(28)는 태연자약하게 범행을 시인했다. 유근배(19), 김의현(20), 김인성(20), 이창희(18) 등과 함께 범행을 했다는 것이었다.

한현우 일당을 검거한 수도경찰청은 그 배후에 공산당의 사주가 있지 않나 하는데 수사의 초점을 돌렸다. 우선 한현우의 처 이봉득(李鳳得)(22)을 소환했다. 만삭이 된 이봉득은 춘천여고 출신, 취조형사 앞에서 그는 "그이가 그런 끔찍한 일을 저지르리라곤 생각할 수 없다"면서 울음을 터뜨렸다.

한현우의 처 이봉득이 숨이 찬 목소리로 말하는 범인 한현우는 이런 사람이었다.

고향은 평북 중강진. 4형제의 장남으로 비교적 넉넉한 집안에 태어나 일본에 유학했다가 해방 바로 직전인 45년 2월에 귀국했다.

고향에서 세 동생들과 살고 있는 홀어머니를 잠깐 찾아보고 난 한현우는 바로 춘천으로 내려와 '계몽의숙(啓蒙義塾)'이라는 사설학원을 차리고 청년계몽운동을 벌였다. 그가 하는 청년운동이라는 것이 어떤 내용인지는 알 수 없었지만 많은 청년들과 어울려 강의 토론 등으로 밤을 꼬박 새우기도 했다.

아내가 본 한현우

자신이 한현우를 사귀게 되고 장래까지 약속한 것은 이 무렵이었다.

해방 뒤 한현우는 자기와 함께 서울로 올라와 한때는 종로의 어느 친척집에 묵다가 남산동, 신당동 등으로 주거를 옮겼으며 신당동의 2층 적산가옥으로 이사한 후로는 다시 청년들과 접촉이 많아졌다.

"이때부턴 어디서 벌어오는지 생활비도 많이 갖다 주곤 했어요"

이봉득은 이렇게 회상했다.

"그러나 남편은 밖에서 무슨 일을 하고 있는지, 생활비는 어디서 벌어오는지 일체 밝히려 하지 않았고 수시로 청년들을 자주 집에 몰고 와 저녁과 술대접을 했다"고 말했다.

이봉득은 한참 생각에 잠겼다가 "그이가 늘 일제 때 고향(평북 중강진)의 경찰서 사법주임인 요코야마(橫山)에게 많은 도움을 받았다고 말한 점으로 보아 그이도 본래 공산주의자가 아니었던가 싶다"고 의외의 진술을 했다. 이봉득의 진술에 귀가 번쩍 뜨인 취조형사가 다그쳐 물었다.

"평소 주인에게서 무엇인가 이상하다고 느낀 점은 없소"

"글쎄요. 서울에 온 후로 그이는 권총을 늘 몸에 지니고 다녔어요. 그런 위험한 무기를 왜 차고 다니느냐고 물은 적이 있어요"

이봉득은 의문에 싸였던 지난 일을 되살렸다.

한편 형사대는 범인의 한 사람인 유근배의 부모가 살고 있는 서대문구 천연동 120번지를 찾았다. 서대문 밖 동명여학교 옆 꼬불꼬불한 골목길을 한참 걸어 올라가니 예배당 둘째 골목 셋째 집에 유창호란 문패가 붙어있다.

재목상을 하는 유근배의 아버지 유창호(劉昌浩)는 인천 친척집에 가고 없었고 어머니 김경순(金慶順)(43)이 문을 열었다. 유근배의 집에서는 이렇다 할 수사의 뒷받침이 될 자료를 얻지 못했다. 왜냐하면 내성적인 성격의 유근배는 집에서는 일체 밖에서 하는 일을 입 밖에도 내지 않았을 뿐만 아니라 집을 등지고 주로 밖에 나가 살았기 때문에 집안 식구들조차 그의 동정을 알지 못한다는 것이었다.

역시 평북이 본적인 유근배는 배재중학시절 총검술 선수였으며 17세에 중학을 졸업하고 일본 육사에 지원했으나 낙방하자 체신국과 공산연구소 등에 한때 취직했었다. 일제말엽 폭격이 두려워 강원도 춘천에 소개(피난)를 갔다가 해방 뒤 서울로 돌아온 유근배는 정치운동에 흥미를 갖고 매일 밖에서 살았다. 송진우 암살 직전인 45년 12월 초 "선생 집에 간다"면서 집을 나간 후 소식을 몰랐다는 것이 어머니의 말이었다. 하지만 '선생'이 누구인지는 분명치 않았다.

배후 수사는 오리무중이었다.

수도경찰청 수사과장 노덕술은 한현우를 달래가며 그의 배후 조종자가 누구인가를 캐고 들었다. 한현우는 시종일관 배후관계를 부인하면서 자신들의 독자적인 범행임을 주장했다. 수사과정에서 떠오르는 범인들의 공통점은 모두 일본에 가있었거나 학병 출신들이라는 점이다. 호연지기가 대단한 것처럼 보였고 자신들은 민족주의자요 애국자라고 자부하는 것이었다. 또 이들은 모두

가 사격의 명수였으며 한현우를 제외하고는 모두 팔팔한 20대 전후의 미혼자들이었다.

수도청장 장택상은 배후수사가 난관에 부딪치자 회유책을 쓰도록 지시했다. "범인들을 특별대우하라"고 그는 수사관들에게 타일렀다. 범인들은 경찰에 신병이 확보돼 있는 동안 특별 주문한 좋은 음식에 잠은 침대에서 자도록 했다.

어느 날 장택상 청장이 취조실로 직접 한현우를 찾아갔다.

"어떤가? 만약 자네가 배후관계를 솔직히 자백하면 자네들의 죄는 가벼워지네. 솔직히 말해봐"

"뭐요. 애국지사를 존대는 못할망정 자네가 뭡니까"

한현우는 발끈 화를 내며 외면을 했다.

"그래 한동지 미안해. 다음부턴 자네라고 안 그러지"

장 청장은 이렇게 얼버무리고 말았다. 별다른 소득이 없었다.

"그래 지금 심정은 어떤가"

수사과장 노덕술이 한현우에게 묻자 그는 "체포되고 보니 마음은 편안하다"고 태연했다.

"나를 공산주의자로 아는 모양이나 그것은 나를 모르는 때문이오. 사실 나는 송진우 암살을 노린 것이 아니라 여운형, 박헌영도 함께 죽일 생각이었소" 하고 천만뜻밖의 말이 오랜만에 터져 나왔다.

진짜 범행 동기는

"그럼 범행 동기는……"

"나는 동경유학시절부터 철저한 민족주의자로 자부했소. 그런데 해방직후 상경하여 각 방면의 정세를 살펴보니 자주독립을 표방하는 정당이 속출하여 '자유해방'이다, '자주독립'이다 말들만 떠들고 의견통일이 되지 않는 것을 보고 치가 떨렸소"

"그렇다면 송진우, 박헌영, 여운형 씨 등을 죽이면 그런 정치풍토가 개선되리라고 생각했단 말인가"

"물론입니다. 말로만 애국자인 체하고 뒷구멍으로 야심만 채우려는 정치인은 제거해야 한다고 생각했습니다"

"우선 고하를 암살한 건 어떤 근거에서인가"

노덕술은 집요하게 캐물었다.

"훈정(訓政)을 주장하다니 될 말입니까"

한현우는 분명하게 대답했다. 송진우가 '신탁통치를 받을 바에야 차라리 미군정이 더 연장되는 편이 나을지도 모른다'는 이른바 훈정설(訓政說)을 주장했다는 풍문이 나돌았었다. 그것이 사실인지는 확인되지 않았다. 좌익계에서 그런 풍문을 조작해 냈을 가능성도 없지 않다는 말도 나돌았다.

전백(全栢)이라는 새 인물

수사진의 끈덕진 취조 결과 한현우의 배후에 전백(41)이라는 새 인물이 수사선상에 떠올랐다.

다음은 한현우가 자백하는 범행모의와 경위.

- 해방직후 서울에 올라와 동경유학시절 동지인 이용봉(李龍奉)의 소개로 성동구 신당동 333 전백을 찾아갔다. 한현우와 전백은 시국관에 뜻이 맞자 그 후 자주 만났다.

이들은 "정치적 야심가를 제거해서 정치풍토를 바로잡자"는데 합의, 전백은 우선 무기와 자금은 자신이 조달하고 한현우는 심복부하를 물색하는 책임을 맡기로 했으며 거사일을 정해 그들 나름대로 정치적 야심가라고 규정한 송진우, 여운형, 박헌영을 차례로 암살할 계획을 꾸몄었다.

그해 12월 29일 오후 5시경 신당동 전백의 집에는 전백을 비롯하여 한현우, 김의현, 유근배, 김인성, 이창희, 신동운, 백남석 등 8명의 청년이 모여앉아 음모를 꾸몄다. 전백은 거사자금으로 10만 원과 중국에서 돌아올 때 가져온 일제 99식 권총 한 자루를 한현우에게 내놓았다.

"이것은 환자에 대한 독약과 같은 것이니 신중히 사용해야 하오"

거사 성공을 비는 뜻에서 그들은 축배를 들었다. 송진우가 이들에게 피살된 것은 다음날 새벽이었다.

새 사실을 밝혀낸 노덕술 수사과장은 형사대를 풀어 서울시내 모처에서 이들이 숨겨두었던 권총 세 자루, 단도 네 자루, 권총실탄 200여 발과 사제폭탄 2개 등 범행에 쓴 무기를 압수하는 한편 행방을 감춘 전백을 전국에 지명수배했다.

수도경찰청은 범인 일당 5명을 20일 동안 취조하면서 배후에 전백이라는 새로운 인물이 있었다는 사실과 한현우는 범행직후인 1월 17일 서울에 돌아왔다는 사실밖에는 다른 배후관계는 밝혀내지 못했다.

한현우는 끝까지 다른 배후는 없으며 범행 동기는 순수한 애국에서 나온 것이라고 주장했다.

사건직전 송진우와 임정사이에 심한 불화가 있었다는 설도 없지 않아 경찰은 임정의 주변까지 수사 각도를 돌려 보았지만 역시 아무런 단서도 잡지 못했다.

"그래 배후가 안 나온다면 미친놈들의 소행이란 말인가"

수사과장 노덕술의 수사결과 보고를 듣고 난 수도청장 장택상은 답답한 심정에서 불끈 역정을 냈다.

"전백이란 자를 검속하면 다른 배후관계가 나올지 몰라도 지금 단계론 광란자들의 소행으로 보는 수밖에 없습니다"

노덕술 수사과장의 결론이었다. 그해 4월 29일 수도경찰청은 결국 한현우 등 5명만을 살인과 포고령 3호 및 5호 위반으로 경성지방법원 검사국에 송치했다. 전백은 잡지 못한 채 수사는 일단 종결했다.

주범 한현우의 과거

"정부수립이 이렇게 지연될 바에야 하루빨리 이 세상을 떠나서 모든 것을 잊는 것이 편할 것 같습니다"

한현우가 담당 김점석(金占錫) 검사에게 하는 말이었다.

주범 한현우는 어떤 사람인가. 41년 12월 와세다(早稻田)대학 정경과를 졸업했다는 한현우는 43년 5월경 동경에서 국수주의자인 일본인 나카노 세이코(中野正剛)와 알게 되어 그를 숭배하고 따르다가 나카노의 권유로 재일조선인 유학생을 모아 '조선독립연맹(朝鮮獨立聯盟)'이라는 비밀결사를 조직, 지하독립운동을 한 적이 있다고 그는 경찰과 검사국에서 말했다.

그는 나카노의 지도아래 '일본국제연구소'라는 간판을 내걸고 일본 황실 중심주의를 표방하다가 도조 히데키(東條英機) 수상의 암살을 음모한 혐의로 일경에 체포되어 44년 3월 징역 10개월에 집행유예 4년을 선고받은 일도 있다고 주장했다.

그러나 한현우의 주장은 앞뒤가 잘 맞지 않았다. 검사국 조사 결과 당시 일본에서 정말로 한현우가 나카노 세이코의 지도를 받았다면 그가 조직한 '도요렌메이(東洋聯盟)'에 가담했었을 것이 분명했고 그 당시 조선독립연맹이란 조직이 있었다는 것은 믿기 어려운 말이었다.

또 나카노는 국수주의자가 아니라 좌익계 인물로서 도요렌메이는 조선독립과는 전혀 무관한 '동양인은 동양인들끼리'라는 동양주의를 표방한 좌익성을 띤 단체였다. 또한 일본내각총리 도조 수상을 살해음모하고도 집행유예를 받았다는 주장은 더욱 납득이 가지 않았다.

검사국의 김홍섭(金洪燮) 검사와 김점석 검사도 10일간 범인들을 수사했으나 경찰에서의 수사보다 이렇다 할 다른 사실을 캐내지 못한 채 5월 9일 한현우 등 5명을 살인 및 포고령위반으로 기소했다.

송진우 암살사건 공판이 경성지방법원에서 이천상(李天祥) 판사 주심으로 진행되고 있을 무렵 수도경찰청의 끈덕진 수사 끝에 7월 5일 배후인물로 지목된 전백도 체포되었다.

한편 7월 19일 오전 10시 40분. 공판정인 4호 법정에는 김준연(金俊淵)(한민당 민주의원)과 함대훈(咸大勳)(한성일보 편집국장)이 증인으로 나왔다.

먼저 함대훈이 증언대에 올랐다.

"한현우 피고인이 범행직후 황해도 해주로 가서 당시 조선민주당 사무국장으로 있던 증인을 만났다는 게 사실이요?"

"네 사실입니다"

"그때 한현우 피고인이 송진우 씨 암살에 대해 이야기하는 것을 들은 일이 있소?"

"송진우 씨를 누가 죽였을까 하고 물어보았더니 '아마 우익 쪽에서 저지른 범행일 것'이라고 한현우가 말하더군요"

"한현우 피고인이 서북지방을 다녀온 것은 바로 범행직후인데 증인은 한 피고인이 누구 명령을 받고 서북지방을 다녀왔는지 알고 있소"

"해주에서 만났을 때 한의 말이 임정의 엄항섭(嚴恒燮) 씨가 시킨 것이라고 말했으나 나중에 알고 보니 그것은 거짓말이었습니다"

　재판부는 김준연에겐 송진우가 생전에 건국준비위원회 등을 배척하고 한민당을 만든 사상의 동기와 당 운영 상황에 대해 물었다.

동기까지도 베일에

　검찰은 구형을 앞두고서도 갈피를 잡을 수 없었다. 살인도 범인 자신이 자백하고 있고 또 증거가 뚜렷하지만 살인의 배후나 동기는 확신이 서지 않았기 때문이다.

　담당 김점석 검사는 김용찬(金溶燦) 검사장을 찾아갔다.

　"송진우 씨를 범인들이 죽인 동기와 배후가 뚜렷하지 않은 이상 사형구형은 공소유지상 어렵지 않겠습니까?"

　"어쨌든 총장과 상의를 해봅시다"

　김용찬 검사장은 김점석 검사와 같이 검찰총장 이인(李仁) 방을 두드렸다.

　"주범에게도 사형구형만은 피하는 것이 어떻겠습니다"

　"사형을 구형하라구"

　이인은 명령하듯이 딱 잘라 말했다.

　"이 사람들아, 치안확보가 제대로 안돼 야단인데 설사 지도자 살해가 아니더라도 사람을 살해했다는 사실만으로도 용납할 수 없어……"

　송진우와 친분이 두터운 이인은 송진우가 암살되던 날 현장으로 달려갔던 일이 생생한데 자신이 직접 이 사건을 지휘하게 되는 것이 벅찼다.

이인의 명령대로 김점석 검사는 다음과 같이 구형했다. 한현우 사형, 유근배 무기징역, 이창희, 김의현 단기 5년, 장기 10년 징역, 김인성 징역 10년.

"한 개인의 테러로 인하여 위대한 조선의 지도자를 살해한 주범 한현우의 행위는 무기징역형으로도 일반사회가 용서치 않는다"는 김점석 검사의 사형구형 이유의 한토막이다.

그러나 판결은 구형보다 훨씬 가벼웠다. 8월 2일에 열린 판결공판에서 이천상 판사는 한현우와 유근배에게 무기징역형을, 김의현과 김인성에게 징역 10년을, 이창희에게는 단기 5년에 장기 10년을 각각 선고함으로써 담당 김점석 검사가 예측한 대로 주범 한현우에게도 극형은 피했다.

검찰총장 이인은 법원판결에 불만이었다. 검찰이 즉시 불복항소를 제기하자 피고인 측에서도 모두 항소했다.

한편 한현우 등 5명에 대한 1심판결이 끝난 뒤인 8월 19일 살인방조 및 불법 무기소지 등 혐의로 기소된 문제의 인물 전백은 어떤 인물이었던가.

본명은 전병구(全秉龜), 전백은 영화(永和)기업사라는 해운회사 사장으로 돈도 제법 있었다. 그는 경남 양산군 양산면 중부리 출신으로 중국 광동성에 있는 건국광동대학(建國廣東大學) 문과와 철학과를 나와 귀국 후에는 조철호(趙喆鎬), 방정환(方定煥) 등의 소년운동에 참가한 일도 있었다는 것이다. 어릴 때부터 모험심이 많았다는 전백은 중국에 있을 때 중국정부의 첩보기관인 '남의사(藍衣社)'에서 일한 일도 있었다고 한다.

"한현우의 범행 직전 전백은 한현우를 만나 한민당의 송진우와 건준의 여운형, 공산당의 박헌영 등에 대한 암살계획을 듣고 이 계획에 찬의를 표시, 일본 99식 권총 1자루를 내주며 '이것은 환자에 대한 독약과 같은 것이니 신중히 다루어야 한다'고 암살계획을 협조 내지 방조했으며 범행직후에는 한현우를 불러 범행경위를 듣고 '용감하게 처치했다. 그 애국정열을 끝까지 잊지 말라'고 칭찬했다"

검찰은 이와 같이 기소장에서 전백을 살인을 방조한 인물로 지목했다.

그러나 이와 같은 전백에 대한 공소사실은 전백과 한현우의 자백에 따른 것이었지만 역시 다른 정치 배후관계가 밝혀지지 않은 맥빠진 내용이었기 때문에 한민당과 송진우 측근에서는 매우 불만스러웠다. 왜냐하면 배후수사에 큰 기대를 걸었던 전백마저 그것도 공범으로서가 아닌 단순한 살인방조혐의로 기소된 데 대한 불만이었다.

전백 검찰진술 번복

46년 9월 3일 전백에 대한 제1회 공판, 재판장 이천상(李天祥), 배석판사 이봉규(李奉奎), 심동구(沈同求), 검사 姜錫福(강석복).

"피고인은 범행 직전 한현우를 만나 '조선은 중병환자고 그대는 독약이 든 주사기를 소지한 의사라고 볼 수 있다. 그 주사를 잘못 사용하면 환자는 급사할 것이니 경솔히 쓰지 말고 주사액의 분량과 시기를 잘 택하라'고 말했다는 게 사실인가"

"그런 말은 한현우에게 직접 한 일은 없고 경찰에서 취조받을 때 그 당시의 나의 심경을 말한 것뿐이오"

이렇게 전백이 경찰에서 진술한 사실을 번복하자 이천상 재판장은

"한 말을 하지 않았다고 부인하면 되는가"

하고 준엄하게 꾸짖고 전백이 부인하고 있는 범죄사실의 핵심부분인 '독약든 주사' 발언내용 여부에 대해 계속 추궁했다.

"피고인은 한현우에게 독약도 적당히 쓰면 효과가 있다는 의미로 말한 것인가"

"그렇습니다"

"한현우가 요인암살 계획을 상의할 때 왜 말리지 않았는가"

"벌써 결심이 굳게 된 것을 말린들 소용없다고 생각했기 때문입니다."

"권총은 한현우에게 언제 주었는가"

"작년 10월 상순입니다"

"권총을 왜 주었는가"

"권총이 고장난 것 같아 수리해달라고 부탁한 것입니다"

"범행전후에 피고인은 한현우에게 10만 원의 현금을 준 사실

을 경찰에서 자백했는데 그 돈은 무엇에 쓰라고 주었는가"

"'계몽의숙(啓蒙義塾)'을 만들어 청소년들을 훈련한다기에 그 자금으로 주었습니다"

전백은 경찰과 검사국에서의 진술 내용을 재판관 앞에서는 번번이 부인하고 번복했다.

10일 뒤인 9월 13일에 다시 열린 제2회 공판에선 전백에 대한 공소사실 중 제일 중요한 부분인 '무기대여' 여부에 대한 증인심문이 진행됐다.

전백은 법정에서 "한현우에게 당시 수리를 부탁했던 권총을 송진우 암살 직전 도로 받아 경찰에 맡겼기 때문에 범행과는 전혀 관계가 없다"고 딱 잡아뗐었으나 이 진술의 증인으로 출정한 수도경찰청 노훈경 경위는 "전백이 권총을 경찰에 납입한 일은 있으나 그 날짜가 범행 후인 금년 2월 23일"이라고 증언, 무기납입 기록카드까지 제시함으로써 중요한 범죄사실 부분을 부인하려던 전백의 안간힘은 수포로 돌아가고 말았다.

"피고인은 한현우를 물심양면으로 지원한 사실을 자백했고 송진우, 여운형, 박헌영 씨 등 살해계획에 찬의를 표시한 사실도 자백했다. 피고인은 어느 점에서나 지도자적 입장에 있으며 국내외에서 조국을 위하여 투쟁한 데 대해서는 본직으로서도 동정에 넘치는 바나 피고인이 역사적 조국재건의 위대한 지도자들의 암살계획을 찬양한 것은 용서할 수 없는 사실이다. 만약 피고인이 범죄 직전 한현우의 그런 악착스런 계획을 지도자로서 방지했다면 이런 비참한 사실을 발생시키지는 않았을 것이다. 살인에 있어서는 방조나 교사에 죄의 경중은 없다. 따라서 피고인에게 징역 7년의 형을 구하는 바다"

간여 강석복 검사의 논고였다. 그 후 선고공판에서 전백에게는 살인방조 및 무기불법 소지죄가 적용돼 징역 5년이 선고됐다.

한편 한현우 등 5명의 범인은 2심에서도 1심대로 형을 선고받고 대법원에 불복상고, 그 후 대법원(이상기(李相基) 대법관 주심)에서 한현우와 유근배에게는 징역 15년씩이 확정됐고, 전백은 대법원에서도 원심판결대로 징역 5년이 확정됐다.

그러나 이들의 수감은 판결보다는 짧았다. 48년 8월 15일 정부수립 및 광복절 특사로 모두 풀려난 것이다.

한현우는 옥중수기에서 "피와 땀이 없이 자유를 획득하여 행복을 차지할 수 없다. 피를 아끼고 땀을 아끼는 민족에게 무슨 행복이 있을 것인가. 노력치 않고 싸우지 않는 자에게 승리는 없다"고 그럴듯한 말을 썼다.

당시 이 사건을 담당했던 수사관들 대부분의 견해는 한현우나 전백은 일종의 정치방랑자로 자기형성을 타인의 제거로 꾀하려던 철면피들로서 이와 같이 전율할 암살범들의 범행은 사회가 안정돼 있지 못하고 모든 것이 어수선하여 자리가 잡혀있지 못할 때 청년들이 흔히 품게 되는 범죄심리에서 비롯된 것으로 보았다. 또 다른 배후가 송진우 암살사건에 관계되었는지는 알 수 없다는 것이다.

한현우는 출옥 후 한때 일본에 건너갔다가 한국에 다시 돌아왔으나 장택상이 국회에서 "살인범이 서울에 와서 활개치고 다니는데 무엇들 하느냐"고 소리를 친 후로 다시 한국에서 자취를 감추었는데 현재 일본에 살고 있다는 말도 있다.

김성수(金性洙)와 동고동락

　55년 동안의 송진우의 생애는 한국 역사상 일찍이 겪지 못했던 혼돈과 격동의 시대였으며 그의 일생은 마지막 순간마저 이렇게 순탄하지 못했다.

　어려서부터 깊이 사귄 인촌 김성수와 구한말기 일본유학을 함께 다녀온 후로 "독립을 찾기 위해 국민의 무지를 깨우쳐 주어야 한다"고 판단한 송진우는 김성수와 일심동체가 되어 교육, 언론, 문화 등 크고 작고 간에 동고동락하여 왔으며 특히 중앙학교 교장으로서 3·1운동에 참여했고, 동아일보 사장으로서 민족정신 고취와 민족문화 발굴에 앞장서 왔다.

　윌슨의 민족자결주의원칙에 힘입어 1919년 3월 1일 기미독립선언에 주도적인 역할을 해 3년간의 옥고를 치르기도 한 송진우는 일경의 탄압과 재정난 등 갖가지 수난을 겪으면서도 절조를 지켰다.

　해방 직전 연합군에 대한 무조건 항복을 각오한 총독부 당국이 일본이 항복하고 나면 유혈사태를 빚지 않을까 우려한 나머지 송진우에게 치안권 이양을 교섭해왔을 때 송진우는 "내가 중국의 왕조명이나 프랑스의 페탕이 되고자 한다면 벌서 됐을 것이다. 내가 만일 그대들의 청을 받아들여 왕조명이나 페탕이 돼버린다면 당신네가 일본으로 떠나버린 뒤 나는 조선민족에게 발언권이 없게 된다"면서 이를 거절했다는 것은 너무도 유명한 이야기다.

반면 몽양 여운형이 조선총독부로부터 치안권을 이양 받아 해방을 맞은 이틀 후 안재홍과 제휴해서 '건국준비위원회'를 조직하는 등 어수선한 가운데도 송진우는 어디까지나 상해의 대한민국임시정부를 추대하기 위한 '임정봉대론'을 내세웠다.

민족주의세력을 묶어 한국민주당을 이끈 송진우는 여운형, 박헌영 등의 좌익세력과 대결하였으나 신탁통치 반대의 회오리바람 속에서 배후조차 분명치 않은 정치테러의 희생이 되고 만 것이다.

27
인물소묘 - 송진우

임병철(林炳哲), 신천지(新天地), 1946년 1월 창간호

열(熱)의 신문인.

뱃심의 정객.

고하 송진우(宋鎭禹) 씨를 논하려면 이 두 가지를 논하지 않을 수 없다.

여름날, 엷은 두루마기 밑으로 고하(古下) 선생의 옥색 조끼 그리고 옥색 대님을 볼 수 있다.

어린 정몽주의 안은 붉고, 밖은 파란 저고리를 연상케 하는데 그 옥색 조끼도 속의 정열과 겉의 평화를 뜻함인가. 즐겨 입으신다.

그리고 손에는 언제나 종이 한 장을 들고 종이를 치마 주름잡듯 접는 것이 고하 선생의 유일한 오락이다.

그의 일생은 종이와 떠날 수 없다. 종이에 먹칠하는 것이 그의 일생 사업인 까닭에 언제나 종이를 놓을 수 없다. 그는 부하, 많은 기자들에게 언제나 입에 익어 저절로 나오는 부탁은 '들고 쓰라'는 것이다. 들고 쓰라는 뜻은 언제나 붓과 종이를 땅에 놓지 말고 그 좋은 생각들을 열성으로 써서 발표하라는 말씀이다.

그는 동경(東京) 학생시대부터 학과보다 신문 읽는 것을 더 소중히 여겨서 매양 신문을 읽고 연구를 하였다. 그의 머릿속에 자라던 병아리 신문은 마침내 동아일보라는 이름으로 세상에 나타났다. 어쩔 수 없는 그 가슴에서 뛰는 민족주의의 사상은 민족자결, 3·1운동의 큰 조류에 돛을 달고 화동시대의 동아일보 때부터 자라기 시작했다. 동아의 20년 역사는 이 민족의 기록이오, 이 기록이야말로 우리 민족의 수난기록이오, 눈물의 기록이오, 박해의 기록이라 하겠다.

용사라기보다 좋은 참모라는 것이 더 적절하겠다. 그는 하루에 2시간의 수면밖에 취하지 않는다. 그 밖의 시간은 오로지 사색과 정담(政談)뿐이다. 그처럼 다른 취미를 가지지 않는 이도 흔치 않을 것이다. 단지 있다면 그가 숭배하는 손문 전(孫文傳) 같은 것을 읽는 것이리라.

고하 선생은 동아의 참모가 아니었다. 동아일보는 당시 우리 민족의 의존할 곳이 없어 마치 물에 빠진 사람이 지푸라기라도 잡는 격으로 박해받는 민족이 울며 달려오는 곳이 동아이었다. 동아는 눈물을 씻어주는 어머니였다. 그 어머니 역이, 그 참모역이 고하 선생이었다. 여기에 한 예를 들면 오산중학교가 화재로 소실되었을 때 주 교장(朱校長)이 먼저 동아를 통하여 많은 부흥금이 모여들어 화재 전보다 더 훌륭한 교사를 지었다. 그 많은 수해, 한재, 몰려다니며 박해받던 남북만주의 이재동포구제의 손, 이순신사당으로 이 백성에게 민족심을 넣어주고, 손 선수의 장거를 보도하여 민족우월을 고취하여 철저한 민족주의의 본색을 여지없이 발휘하였다.

이 모든 일이 열(熱)의 신문인 고하 선생을 중심으로 일어난 것이라 하겠다. 당시에도 사회주의의 넘치는 파도는 커서 이 모든 사업도 동포 간에 적지 않은 반대가 그의 앞을 막았다. 그러나 고하 선생의 뱃심은 능히 이를 밀고 나갈 수 있었다.

그의 주장, 그의 사업 중에 계몽운동을 뺄 수 없다. '이 민족에게 문자를 가르쳐 계몽을 시키는 것이 무엇보다 급선무라'고 하였다. 민도(民度)를 올리는데 가장 큰 노력을 아끼지 않았다.

그를 혹 방문하여 무슨 이야기를 하면 때로는 동문서답을 한다. 그의 머릿속에는 언제나 딴 세계가 진전되고 있는 까닭이다. 그의 넓은 아량과 심사(深思)와 분명한 판단은 누구나 탄복하리라.

혹 많은 질문을 품고 선생을 찾는 객이 나타날 때 선생은 열(熱)에 넘치는 주견과 주관을 고성으로 흐르는 폭포와 같이 퍼부으면 내객이 언권도 얻어 보지 못하고 정신을 잃고 퇴진하는 경우가 많다.

그런 까닭에 선생의 독단이 여기에서 생긴다. 주장보다 조용히 경청하는 것이 더 좋은 때가 있다. 선생의 단점을 구태여 든다면 그 독단과 인재용법의 편협이라 하겠다. 조용히 듣는 것, 친척보다 인재를 천하에 구하여 쓰는 법에 어둡다 하지 않을 수 없다.

붓을 돌려 동경 정계에 선생이 나타날 때 이야기를 쓰려 한다.

일관(日官)을 찾을 때 흔히 뒷짐을 짚고 현관에 나타난다. 만일 오래 응접실에 기다리게 하면 그냥 나와 버리고, 주인이 속히 맞아주면 예의 '송진우데스'하고 인사를 하는 것이다.

1940년 동아를 빼앗기지 않으려고 2, 3개월 제국호텔에 투숙하면서 귀족원의원 우사미(宇佐美), 마루야먀(丸山), 척무성의 고이소(小磯), 타나카(田中) 등과 상의하였다.

'너희들이 조선민족에게 준 유일의 선물인 언론기관을 어느 때는 주고 지금은 빼앗고'

이렇게 공작하여 마침내 오노(大野) 정무총감으로 하여금 귀족원 추밀회의석상에서 '강제로 조선의 언론기관을 폐간시키지는 않겠다'고 언명하도록 하였다. 그러나 당시 독종 미나미(南) 총독은 동경에서 이런 공작을 하고 돌아오는 고하 선생을 그냥 둘 리가 없다. 예상과 같이 유치장신세를 끼치게 되었다. 바지춤을 잡고 그 더러운 감방 속에서 척 덮인 눈꺼풀 밑으로 구르는 눈초리, 그 모든 현실에 무엇을 생각하는지 그 심중을 누가 알랴.

강약이 부동이라 빼앗기고 넘어졌다. 그는 원동거사(苑洞居士) 두문불출이었다. 세상은 싸움으로 물을 들였다. 총칼이 모든 사람으로 하여금 전쟁협력에 춤추게 하였다.

그때 서슬에 총독부와 군이 고하 선생을 그대로 둘 리 없다. 일선에서 외쳐 달리는 무서운 권고(勸告)가 빗발친다. 그의 생명을 누가 보증하랴. 그러나 그의 대답은 '내 입을 봉해 놓고 날더러 말하라면 내가 말할 수 있소?' 이 한 말로 모든 것을 거절했다. 선견의 명(明)이 있는 선생이 이를 모를 리 없다. 작년 겨울 어느 밤 선생을 찾았더니 반기며 이야기를 시작했다. 밤이 깊어 한시를 지나는데도 붙잡는다. 젊은이와 농담, 정담을 즐기는 선생.

'이제 독립은 몇 달 안 남았어' 하시던 그때 나는 '이 영감이' 하고 지나쳐 들었다. 그 후 5, 6개월 뒤 해방의 날이 이 땅에 왔다.

8월 15일 후 어느 날 원동에서 정담으로 목이 쉰 고하 선생이

'그놈들이 정권을 준다고 내 손으로 받다니' 이 말의 속뜻을 그 때에는 잘 이해 못했다. 만일 고하 선생이 총독부로부터 그 바통을 받았다고 하면 고하 선생의 정계출발은 낙제였을는지 모른다. '국민대회, 임시정부 지지, 강력한 민주주의' 이것이 고하 선생의 뜻이다. 비록 외견으로는 좋은 선생, 평범한 아버지 같으나 그의 끊고 맺은 듯한 정견, 용진하는 담력은 우리 정계에 거보를 내어 디딜 것으로 믿는다.

28
송진우

손세일(孫世一), 한국근대인물백인선, 1979년

'혹 절조를 자랑할 수는 있어도 지략과 포부를 갖춘 이는 드문데 이를 겸해 갖춘 선비'(정인보가 지은 비명) 송진우는 한국근대화 과정에 있어 누구보다도 폭넓은 역할을 담당했던 인물의 하나일 뿐 아니라 그 추진세력의 집결에 이바지했다는 점에서 평가되어야 할 것이다. 언론인이라는 관점에서 보면 그는 독립신문 이래의 한국 언론의 정통을 계승·발전시킨 이른바 대기자였고, 항일독립운동의 지도자로서는 대부분의 다른 사람들과는 달리 구미유학이나 중국대륙에의 망명을 하지 않고 국내에서 합법·비합법의 아슬아슬한 선에서 때로는 감옥에 갇히기도 하고 혹은 협박과 회유를 받으면서도 굽힘이 없이 민족운동을 전개해 온 투사였다. 그러므로 해방 후 국가건설의 단계에 이르러서는 어느 '혁명가'보다도 '정치가'로서의 경륜과 기반을 갖추었으며, 불행히도 그것이 그를 해방 4개월 만에 정치테러의 첫 희생자로 만들었다고 할 수 있을 것이다.

송진우의 민족주의자로서의 성장은 그의 가계와 유년기의 교육에서부터 시작되었다. (중략)

송진우가 신학문을 접하게 된 것은 열일곱 나던 1907년 창평의 영학숙에 들어가서였다. 영학숙은 창평학교와 함께 규장각 직각 고정주(高鼎柱)가 기우는 국운에 관직을 버리고 낙향하여 설립한 것으로 송진우는 이곳에서 고정주의 아들 광준(光駿), 사위 김성수(金性洙) 등과 함께 영어 등 신학문을 깨우쳤다. 1908년 김성수와 함께 가족들 몰래 일본 유학을 결심, 군산에서 머리를 깎고 두루마기 차림으로 도일했다. 두 사람은 먼저 세이소쿠영어학교(正則英語學校)와 킨죠우중학교(錦城中學校)를 거쳐 1910년 와세다대학에 입학했지만 송진우는 이해의 한일합방에 충격을 받고 귀국, 이듬해 봄 다시 도일하여 메이지대학(明治大學) 법과로 전입학했다. 광복운동을 하려면 조직을 가져야 한다는 신념 아래 남과 별로 사귀는 일이 적었던 종래의 태도를 바꾸어 친구를 사귀기에 힘썼다. 유학생친목회를 조직하고 그 총무 일을 맡는가 하면 다시 호남유학생다화회를 만들어 회장이 되기도 하고 김병로(金炳魯) 등과 함께 유학생 기관지 <학지광(學之光)>을 펴내기도 했다. 그가 <학지광>에 발표한 '공교타파론(孔敎打破論)'은 전래의 존화사상(尊華思想)을 통렬히 비판한 것으로 국내의 일부 노유(老儒)들 사이에 말썽이 되기도 했다. 26세 되던 1915년 명치대학을 졸업할 때까지 최남선(崔南善), 장덕수(張德秀), 현상윤(玄相允), 조만식(曺晩植), 신익희(申翼熙), 김준연(金俊淵), 현준호(玄俊鎬), 조소앙(趙素昻) 등과 교우를 가졌고 이들의 대부분은 후일 오래도록 그의 활동에 동지가 되었다.

송진우와 김성수가 동경유학동안 결심한 광복운동의 제일단계 사업은 교육이었다. 1916년 김성수가 지사 유근(柳瑾)이 경영하다 운영난에 빠져 있던 중앙학교를 인수하자 송진우는 27세의 젊은 나이로 교장이 되어 3·1운동이 터질 때까지 온 정열을 학생훈육에 쏟았다.

그러나 송진우의 교육열은 단순한 교육만을 위한 것이 아니었다. 단군과 세종대왕과 이순신을 강조하며 민족정기를 고취했는데, 이 세 위인에 대해 송진우는 1917년 따로 삼성사(三聖祠)건립 기성회를 조직하고 남산에 삼성사를 세우는 운동을 일으켰고, 당황한 총독부는 부랴부랴 남산에 신사를 세우고 말았다.

전민족의 에너지가 집결되었던 3·1운동은 천도교·기독교·불교 등 종교계 인사들이 협력하여 주도한 것이었지만 그 직접적인 산실이 된 것은 송진우가 기거하던 중앙학교 숙직실이었다. 1918년 10월 김성수, 현상윤 등과 민족의 의사표시 방법을 논의하던 송진우에게 상해로부터 장덕수가 특파되어 오고, 12월에는 미국의 이승만으로부터도 밀사가 찾아왔었으며 1919년 1월에는 동경유학생 송계백(宋繼白)이 나타났다. 현상윤, 최린(崔麟), 최남선 등의 회합은 빈번해져 구한말 원로들과의 교섭은 실패했지만 2월에는 최린을 통하여 천도교, 이승훈(李昇薰)을 통하여 기독교의 궐기가 확정되어 나갔다. 처음 계획으로는 송진우는 계속적인 운동 추진을 위해 남기로 했었지만 곧 피검되어 48인의 한 사람으로 투옥되고 1년 반의 미결수생활 끝에 경성복심법원판결에서 무죄로 출감했다. 그가 무죄가 된 것은 그동안 적용법이 모의의 처벌규정이 없는 보안법 및 출판법으로 바뀌었기 때문이라 한다.

옥중에서 어머니를 여읜 송진우는 1920년 10월 출감 후 잠시 하향하여 정양하는 동안 지방유지들과 더불어 학교설립 기금운동을 벌이다가 고광준(高光駿)과 함께 그해 겨울을 담양경찰서의 유치장에서 지냈다. 이 유치장 생활에서 그는 구국운동을 추진함에 있어 항상 국제정세와 연계관계를 지닐 것과 해외에 망명한 독립운동자들과 긴밀한 연락을 취할 것을 결심했다고 하는데, 이 결심은 이후 그의 전 생애를 통해 행동으로 나타났다.

앞서 송진우가 옥중 생활을 하고 있는 동안 김성수는 유근(柳瑾), 진학문(秦學文), 이상협(李相協), 장덕준(張德俊) 등과 더불어 민간신문 발행을 발기, 박영효(朴泳孝)도 참가시켜 총독부로부터 허가를 얻고 1920년 4월 1일 마침내 민족주의, 민주주의, 문화주의의 3대 사시를 내걸고 <동아일보>를 창간했다. 그러나 동아일보는 창간과 더불어 가시밭길을 걸어야 했다. 시세에 뒤진 부유(腐儒)들의 각성을 촉구하는 논설로 인해 유림을 중심으로 한 불매동맹운동이 일어나는가 하면 이어 일본의 소위 3종 신기(神器) 비판으로 황실을 모독했다 하여 창간 5개월 만에는 무기정간 처분을 당했다. 정간은 이듬해 1월에야 해제되었고 속간을 하는 데는 자금난으로 한 달 이상이 걸렸다. 이 무렵 송진우는 김성수의 재혼 청첩장을 받았는데 이것이 그가 동아일보와 생애를 같이하게 된 계기였다.

동아일보 운영을 통해 뜻을 펴기로 결심한 송진우는 곧 김성수와 함께 주식회사 동아일보사 설립을 위한 주식 공모 및 창립총회 준비 등을 위해 분주히 활동, 10월에 이르러 총 주주 256인의 주식회사를 설립하고 32세로 그 사장에 취임했다. 이로부터 20여 년간 송진우는 상황에 따라 사장, 고문, 주필 등 직책은 달랐지만 실질적으로 동아일보를 주도했으며, 그가 부득이 사장직을 물러나야 할 경우에는 김성수가 그 자리를 맡거나 두 사람이 신뢰하는 동지에게 위촉했다.

송진우의 민족주의자로서의 정열과 패기는 그가 동아일보를 운영하면서 벌인 각종 운동 및 사업에서도 약여하다. (중략) 이러한 그에게 일제의 탄압이 따를 것은 당연했다. 1924년 4월에는 김성수와 함께 친일단체 대표 박춘금(朴春琴)의 권총 협박을 받았으며, 또 사내의 내분도 있어 잠시 사임했다. 이승훈이 사장에 취임하고 송진우는 10월 고문이 되었다. 주필이 된 1926년에는 국제 농민본부에서 보내온 3·1기념사 '조선농민에게'를 게재했다 하여 신문은 제2차 무기정간을 당하고 그는 11월에서 이듬해 2월까지 투옥되었다. 1927년 10월 다시 사장이 되어 36년까지 10년간 사장으로 있으면서 동아일보의 기반을 굳혔다. 그러나 1936년 일장기말소사건으로 신문은 제4차 무기정간을 당하고 송진우는 사장직을 백관수에게 맡기고 물러났다. 그동안 동아일보는 1930년 창간 10주년 기념호에 게재한 미국 네이션지 주간의 축사 '조선현상 밑에 귀보의 사명은 중대하다'가 문제되어 제5차 무기정간을 당했었다.

1937년 6월 다시 고문에 취임한 그는 40년 8월 10일 동아일보가 조선일보와 함께 일제에 강제 폐간당할 때까지 있으면서 '파리를 잡자', '산보를 하자'는 등의 사설로 일제의 전쟁 협력강요를 끝까지 거부했다.

송진우의 지도자로서의 특성은 흔히 '세계대세에 대한 정확한 분석, 역사의 진운에 대한 예리한 선견'(고재욱(高在旭)이 쓴 <고하 송진우 선생전> 서문)으로 평해진다. 그가 남긴 그다지 많지 않은 문장 중에서 1925년 6월 하와이에서 열린 제1회 범태평양회의에 신흥우(申興雨) 등과 함께 한국대표로 참석하고 돌아와 동아일보에 연재한 '세계의 대세와 조선의 장래'라는 논문은 그의 예언자적인 선견을 보여 준다.(중략) 20년대의 국제정치 안정기에 이미 2차 대전 이후의 정황을 전망하고, '세계대세의 추이와 동양정국의 위기로 보아서 4, 5년을 불과하여 태평양을 중심으로 한 세계적 풍운이 야기될 것'을 예언했다. 그리고 조국의 광복이 열강의 대일전의 결과로 얻어지는 것이 되어서는 안 된다고 경고했지만 그러나 현실은 그의 경고를 적중시켰다.

이러한 일제필망(日帝必亡)의 신념에서 그는 일제 말 적지 않은 지식인들이 저들의 소위 '황민화운동'에 협력 내지 동원된 것과는 달리 혹은 지방으로 나가 옛 동아일보 주주들을 찾고 혹은 신병을 빙자하고 자리에 누워 견디어 냈다.

1944년 말 송진우는 동아일보 폐간 후 광산에 종사하면서 단파 라디오를 들어온 설의식(薛義植)으로부터 카이로 선언의 내용을 전해 들었고, 45년 5월경에는 일본 외무성에 근무하던 장철수(張徹壽)로부터 구미 측 동향을 상세히 들었다. 그리하여 측근에게 일본의 항복이 몇 달 남지 않았음을 공언할 수 있었다. 8월 10일 마침내 총독부로부터 정권인수의 교섭을 받았지만 이를 거절했다. 연합군이 일본의 정식항복을 받은 다음 연합국으로부터 3·1운동 이후의 정통정부인 임시정부가 인수받아야 한다는 것이었다. 민중의 보복을 두려워한 총독부는 송진우와의 교섭을 단념하고 15일 새벽 여운형(呂運亨)에게 교섭했다. 여운형은 즉석에서 이를 수락하고 8·15와 동시에 건국준비위원회를 조직하여 임시정부의 정통성을 부인하고 나서 미구에 공산당에게 이용당하는 바 되었다.

건준(建準)과 맞서 국민대회를 준비하던 송진우는 9월 민족주의 세력을 규합하여 한국민주당을 결성하고 수석총무가 되어 미군정에 적극 협력하면서 뒤이어 환국한 이승만(李承晩) 및 임시정부와 함께 정부수립을 위해 노력하는 한편 12월 1일 속간된 동아일보의 사장이 되었다.

12월 28일 모스크바 삼상회의의 신탁통치안이 전해지자 혼돈 속의 정국은 걷잡을 수 없이 격앙되었다. 이날 임시정부 요인들과 반탁의 방법을 논의하던 회의에서 송진우는 임정 측과 의견이 다소 달랐다. 물론 탁치에는 반대였지만 과격한 반탁운동으로 미군정과 충돌 사태가 발생해서는 안된다고 그는 주장했다.

암살자 한현우(韓賢宇)의 흉탄에 쓰러진 것은 그 이틀 뒤인 30일 새벽이었다.

29

고하 송진우(古下 宋鎭禹)

임석기(林石基) 전 중앙일보 편집국장 대리,
한국언론인물사화(韓國言論人物史話) 8·15전편(상권),
(사)대한언론인회, 1992년 12월 15일

■ **언론과 항일독립 투쟁사에 길이 빛날 거인(巨人)**

　일제하에서는 독립운동가이며 언론인으로서 8·15 후에는 정치인으로서 항일투쟁과 조국광복을 위해 일생을 바친 고하 송진우(古下 宋鎭禹)의 발자취를 돌이켜보면 민족의 기틀을 닦고 민족혼을 일깨운 거목(巨木)이었음을 어느 누구도 부인할 수 없다.

　55년간에 걸친 그의 생애는 1890년 전남 담양(潭陽)에서 태어나 1945년 12월 첫 정치테러의 희생자로 서거하기까지 그야말로 파란중첩, 비범한 일생이었다.

　일본 메이지(明治)대학 법과 출신의 그는 널리 잘 알려져 있다시피 인촌(仁村 金性洙)과 함께 서울 중앙학교를 설립하고 29세 때 교장에 취임하여 젊은이들에게 민족의식을 일깨워 주었고 3·1운동을 기획한 48인의 한 사람으로 기사 직전에 피검되어 옥고를 치른 항일독립투쟁의 선구자였다.

　또한 고하가 동아일보의 창간과 더불어 주필, 사장(33세 때)

등을 역임하면서 일본의 '3종의 신기(神器)' 모독사건, 손기정(孫基禎) 선수 일장기말소사건 등으로 비롯된 발매금지, 압수, 강제정간, 폐간 등 온갖 탄압을 겪으면서도 끈질기게 민족지의 명맥을 이어온 것은 백절불굴의 투지와 탁월한 신문편집, 경영능력을 갖춘 당대 최정상 언론인임을 말해준다.

그의 생전의 인간적 면모를 살펴보면 전형적인 한국선비로서 차라리 꺾일지언정 휘거나 굽히지 않는 강직성, 상대방 심중을 꿰뚫어 보는 혜안과 압도하는 위엄, 검소하고 소탈한 생활, 지도자로서 갖추어야 할 덕목과 경륜 등은 생전에 그와 가까이 지냈던 사람들뿐만 아니라 후학 후배들의 일치된 고하론(論)이라 할 것이다.

이러한 고하의 인간상은 일제 36년간의 암흑기를 통해 줄기차게 다짐해 왔던 "일본필망(日本必亡), 민족불멸(民族不滅), 독립필지(獨立必至)"라는 굳은 신념으로 승화되었고 민족교육 및 계몽활동과 더불어 항일언론 및 독립운동 등에 앞장서서 온갖 시련과 고통을 감내한 헌신적인 삶을 통해 여실히 조명되고 있다.

■ 새 학문이 민력배양의 지름길임을 역설

고하는 1890년 5월 8일 전남 담양군 고지면(古之面) 손곡리(현 금성(金城)면 대방(帶方)리)에서 부친 송훈(宋壎)과 모친 양(梁) 씨의 8남매 중 다섯째로, 아들로서는 막내로 태어났으며 아명은 옥윤(玉潤)이었고 어린 시절 집에서는 금가지로 불리었다. 금가지라는 애칭은 어머니가 금빛나는 가지를 채소밭에서 한아름 따온 꿈을 꾼 지 얼마 되지 않아 태기가 있었기 때문이다.

그의 유소년시절은 당시 5대가 함께 동거하는 대가족 생활에서 평화스럽고 구김 없는 선비형으로 성장했으며, 어린 시절 그는 대단한 고집쟁이로 알려졌었다.

이 같은 어렸을 때의 고집은 장성해서는 신념으로 변했고 신념이 명하는 바는 생사를 걸고서도 물러서지 않았던 그의 삶의 궤적들과 맥을 같이한다.

고하는 4살 되던 해부터 마을 서당에서 한문 공부를 시작하였고 7살 때는 성리학자이며 애국지사였던 기삼연(奇參衍) 선생에게 한학을 익히게 되었다. 그의 스승은 일제가 명성황후를 참살한 을미(乙未)사변이 일어나자 「호남창의회맹소(湖南倡義會盟所)」를 조직하고 의병을 일으켰던 인물로 어린 시절의 그에게 많은 영향을 끼쳤다.

그 후 1906년 고하는 고향에 새로 설립된 창평영학숙(昌平英學塾)에 들어가 신학문을 익히게 되었는데 이곳에서 인촌(仁村 金性洙)과 동문의 인연을 맺게 된다.

고하는 신학문을 접하면서 새로운 세계에 눈을 뜨게 되었는데 당시 국내에서 일어난 헤이그밀사사건, 고종황제의 양위, 일본 통감부 설치 등 잇따른 격변 속에서 오직 신학문과 신지식을 통한 민력배양만이 구국의 길이라는 사실을 깨닫게 됨으로써 1908년 인촌과 함께 신학문과 신문명을 익히기 위해 일본유학길에 오르게 된다.

그는 당초 와세다(早稻田)대학에 입학하였으나 그해 한일합병에 따른 충격으로 유학을 포기하고 귀국했다가 이듬해 다시 도일해서 메이지(明治)대학 법과에 전입학 했다. 학구에도 열심이었지만 조선학생친목회 조직에 앞장서서 유학생 기관지〈학지광(學之光)〉을 발간, 지식교환과 더불어 민력배양 및 독립정신을 일깨우려는 노력에 더한층 정열을 기울였다.

당시 이 기관지에〈思想改革論〉을 발표, 『새 세대는 새 생활을 요구하고 새 생활은 새 사상으로부터 발현된다』는 정연한 논지를 펴서 주목을 끌기도 했다.

당시 그가 주동이 되어 조직했던 조선유학생친목회는 1919년 최팔용(崔八鏞), 백관수(白寬洙), 송계백(宋繼白) 등이 일으킨 동경 유학생 2·8독립선언운동으로 이어지는 커다란 맥이 되었다.

■ 중앙학교 교장취임, 3·1운동 책원본부(策源本部)로

일본 유학을 마치고 귀국한 고하는 교육자로서 사회 첫발을 내디디게 되었다. 일본 유학을 함께 떠났던 인촌이 1915년 서울 중앙학교를 인수하자 그 이듬해인 1916년 인촌의 권유로 학감으로 취임했는데, 당시 고하는 혈기왕성한 26세의 청년이었다.

고하와 인촌은 중앙학교와 동아일보를 이끌어 가는 동안 형영상반(形影相伴) 수레의 양바퀴처럼 생사고락을 함께 나누었는데 이들의 우의는 고하가 눈을 감는 날까지 지속되었다.

또한 고하와 인촌은 일본 유학시절부터 우리 민족의 장래를 위해 깊이 거듭 상론한 끝에 언론, 교육, 산업육성을 구상하게 되었으며 민족중흥과 독립운동을 원대한 목표로 삼아 첫 사업으로 교육 분야에 뛰어들게 되었던 것이다.

18년 고하는 중앙학교 교장에 취임했는데, 당시 그의 교육이념은 학문과 지식도 일급이 되어야지만 어디까지나 민족정신에 투철한 동량 양성에 더욱 중점을 두었다. 이것은 중앙학교가 3·1운동 거사의 기획 및 산실이 되었다는 점에서 그가 가슴속 깊이 갈고닦아온 항일투쟁정신의 최초의 발현이었다고 할 수 있다.

미국의 윌슨 대통령은 18년 제1차 세계대전의 전후처리를 위한 방안으로 14개 조의 평화안을 발표했는데 그 가운데에는 민족자결론이 포함되어 있었다. 이 민족자결론은 당시 일본 내 조선유학생들을 크게 자극하여 2·8 도쿄유학생들의 독립선언 시위를 태동시켰으며, 이 유학생들의 거사계획이 고하에게 전달된 것이 국내에서 3·1운동을 일으키게 된 기폭제가 되었다고 할 수 있다.

고하는 중앙학교 숙직실에 기거하면서 인촌, 현상윤(玄相允) 등과 수개월 동안 모의한 끝에 천도교, 기독교 지도자들을 주축으로 한 독립선언운동을 구체화하기 위해 천도교의 최린(崔麟), 기독교의 이승훈(李昇薰) 등과 접촉하여 거사계획을 착착 추진시켜 나갔다.

■ 민족지 동아일보 창간에 중추적 역할

고하는 천도교 15명, 기독교 16명, 불교 2명 등의 종교지도자들로 독립선언을 위한 민족대표를 구성하는 막중한 임무를 성공적으로 수행했는데 그 자신은 사후 수습책 강구와 후속 투쟁을 위해 독립선언서에 비서명한 15명과 함께 48인의 일원으로 참여하게 된다. 그러나 그는 3·1운동이 일어나기 직전, 일경에 검거되어 1년 7개월의 옥고를 치러야만 했다.

무엇보다도 고하의 일생에서 특기해야 할 위업을 든다면 3·1운동 거사와 더불어 민족지 동아일보를 끝까지 이끌어가면서 보여준 그의 굽힐 줄 모르는 항일투쟁의 과감한 실천이라고 할 수 있다.

1921년 동아일보 사장으로 공식 취임한 그가 20년 동안에 걸쳐서 남긴 주요 업적은 비록 일제의 방해로 빛을 보지도 못했으나 민립(民立)대학의 설립추진을 비롯해서 만보산사건과 한중민족의 충돌 미연 방지, 물산장려운동, 모금으로 이충무공(李忠武公) 현충사 건립, 단군성적(檀君聖蹟)보존운동, 권율 도원수(權慄都元帥) 사당 중수, 농촌계몽 브나로드운동, 광주학생사건 자금지원, 한글 신철자법 보급, 손기정 선수 유니폼 일장기말소사건 등 이루 헤아릴 수 없을뿐더러 이에 따른 숱한 일화를 남겼다.

고하는 특출한 신문경영인이기는 해도 「현하의 논객」으로만 머무르지는 않았다. 그러나 고하가 25년 태평양민족회의에 참석하고 귀국한 후 "세계대세와 조선의 장래"라는 논문(8월 6일~9월 6

일까지 동아일보에 게재)은 "근세 한국 명논설" 66편 중의 하나로서 그의 해박한 식견과 적확한 국제정세 판단, 미래에 대한 선견지명을 극명하게 보여준 명론탁설이라 하겠다.

그는 이 논문에서 「일본의 조선통치, 조선민족 유린 압박은 천추의 한이 될 것이며 조선문제의 해결 없이는 중일의 평화, 나아가서는 세계 평화도 있을 수 없고 앞으로 4, 5년이 덜 가서 세계적 풍운은 태평양을 중심으로 전개된 것이다」라고 설파했었다.

또한『태평양을 중심으로 한·미·로·일의 충돌은 불가피하다』고 강조하면서 「일본의 필패론(必敗論)」을 시사한 다음, 『민족의 자유쟁취, 사회적 생존권보장, 세계평화에의 노력이 조선민족의 웅위한 포부가 될 것』이라고 주장했다.

■ 국민대회, 임정봉대론으로 해방정국 주도

항일독립운동의 민족지도자로서의 가시밭길을 선택해 온 고하는 1945년 8·15해방과 더불어 정치인으로 전신하게 된 것은 필연적인 귀결이라고 할 수밖에 없다.

그가 20년 동안 몸담아 온 동아일보가 일제에 의해 강제 폐간되자 고하는 동아일보 청산인 대표로서 마지막 뒤치다꺼리를 한 후 5년여 동안의 칩거생활에 들어갔는데, 이는 일제의 이른바 대동아전쟁 수행을 위한 협조 강요를 물리치기 위한 신병(身病)을 내세운 은둔이기도 했다.

1945년 일본패망, 조국해방이 박두하자 고하는 그의 영향력을 믿는 일본 총독부로부터 종전 후에 국내 통치권을 맡아줄 것을 요청받게 된다. 그러나 고하가 『나를 프랑스의 페탕이나 중국의 왕조명이 되라는 말이냐』고 일언지하에 거절한 것은 너무나 잘 알려진 사실이다.

해방 후 정계에 투신한 고하는 해외에서 독립운동을 해온 지도자를 포함한 범민족국민대회를 조직하는데 심혈을 기울였으며, 그해 9월에 한국민주당을 창당하게 된다. 한국민주당은 당 고문에 권동진(權東鎭), 오세창(吳世昌)을 추대하고 고하 자신은 수석총무로서 잠시동안이나마 해방된 조국의 건국사업에 마지막 열정을 쏟아부었던 것이다.

한편 고하는 이 무렵 좌익정당들과는 달리 재중 임시정부의 법통(法統)을 이은 새 정부의 수립이 민족화합의 길이라면서 「임정봉대론(臨政奉戴論)」을 주창했는데, 이는 최근 우리 헌법이 「임정법통계승」을 규정한 것을 감안할 때 더한층 감회가 새롭다.

30

사라진 정치지도자 군상 : 송진우론
- 오늘의 시점에서 본 고하의 사상과 업적 -

이환의(李桓儀), 정경연구, 1965년 9월호

해방 이후 20년간의 한국정치사를 살펴보면 비록 우열성쇠(優劣盛衰)의 기복(起伏)은 있을지언정 그 가운데는 꾸준히 흐르고 있는 2대 사상의 근간이 있다.

그 하나는 '상해임시정부 봉대(奉戴)'와 '미군정 지지'의 노선 위에서 한국민주당을 세워 이승만 박사의 대한민국 건립에 추진력이 된 고하(송진우) - 인촌(김성수)의 뿌리요, 다른 하나는 '건국동맹'과 '건국준비위원회'를 구성하여 미국일변도의 이승만 씨나 소련을 맹신하는 좌익공산세력의 박헌영 등을 배격하면서 자율적 독립 즉 민주적 사회주의를 표방하던 몽양(여운형)의 '이즘'이다.

전자인 고하 - 인촌의 뿌리는 성분상 호남의 토착 지주층으로서 우리나라의 민족자본가·신흥재벌 등과 함께 보수정당을 형성하여 혹은 여의 위치에서 혹은 야의 대열에서 전후 20년간 우리나라 정치사를 주름잡은 주인공역을 했고 후자인 '건동(建國同盟)' '건준'의 아류 즉 민족주의 또는 민주사회주의를 표방한 몽양 '이즘'은 중산층 이하의 서민대중과 일반적인 부동 인텔리계층에 파고들어 가면서 건국준비위원회를 만들었고 그 여세로 일부 우익인사를 포함하여 조선인민공화국을 수립했으나 임시정부 추대파와 미군정 견제탄압으로 결국 삼일천하의 운명을 겪고 말았다.

그러나 이 '건준'의 씨앗인 몽양의 민주사회주의적 '이즘'은 그 후 우리나라 헌정사의 흐름 속에 때로는 진보당이란 형태로 때로는 통사당(統社黨)·사대당(社大黨)·민사당(民社黨)이라는 이름으로 보수야당과 함께 꾸준히 명멸했으며 오늘날 그 잔명은 공교롭게도 민족적 민주주의와 후진국 근대화를 주창하고 있는 집권당의 일우(一隅)에서 아니면 친진보 반보수속에서 유지되고 있다.

이러한 우리나라 정치사의 2대 조류 속에서 볼 때 해방 직후 암흑 정치시기에 임정환국환영준비위를 결성하여 여운형 씨의 '건준' 세력과 조선인민공화국을 형성한 좌경적 세력을 견제 제거시키고 임정파를 봉대하여 한민당을 구성, 대한민국 건립에 결정적인 역할을 하게 한 고하 송진우 씨의 사상과 업적은 보수영역의 정당사 면에서는 단연 비조적(鼻祖的) 존재요, 높이 평가할 점이 있다고 할 수 있다.

물론 해방 직후 암흑정치시기를 거쳐 미군정과 대한민국 건립을 하는 고하가 내건 과정에서 '임정봉대'라는 명분하에 민족적으로 도저히 용납할 수 없는 일제하에 친일파와 일부 지주계급들이 그 그늘에서 서식 조략하였고 그것으로 인하여 향후 20년간의 이 나라 정치풍토와 관료기강 등이 퇴폐화하게 했다는 '과(過)'도 없지 않다.

그러나 모스크바 삼상회의에서 한국의 신탁통치가 결의되고 서울의 미소공동위원회가 결렬된 후 재빨리 제창한 '자율정부운동'의 방향을 설정했고 후일에 인촌(김성수)으로 하여금 한국민주당을 이끌고 임시정부와 노선을 달리하면서까지 대한민국 건립에 일역을 하게 길을 닦아놓은 것 등은 보수정치영역에서나마 확실히 선구자적 역할을 하였고 어느 의미에서는 선견지명이 있었다고 평가할 수 있다.

이 나라 보수정당의 타수(舵手)였고 오늘의 야당 근간을 이루고 있는 구한국민주당의 비조격(鼻祖格)인 고하 송진우 씨의 정치경륜과 그의 사상을 다음의 몇 가지 분야로 나누어 분석 비판해 본다.

왜정 인계를 거부한 송진우

연합군에 대한 무조건항복을 각오한 일본의 군국주의자들은 카이로회담과 포츠담선언에서 확인된 조선독립의 불가피성을 인정하고 천황의 항복선언이 내려지기 전에 미리 선수를 쓰려했다.

즉 1945년 8월 10일 '일본이 국체호지(國體護持)의 조건부로 포츠담선언을 수락할 것을 연합국에 통고했다'는 사실을 동경정부로부터 비밀히 연락받은 조선총독부 당국은 종말에 이르는 조선통치가 유혈사태로 끝나는 두려움을 미리 제거하기 위해 조선 내의 지도급 인사에게 8·15 전 치안권 이양을 교섭한 것이다.

총독부 측은 맨 먼저 동아일보 사장을 지낸 바 있는 송진우 씨에게 그 교섭을 해 왔다.

1945년 8월 9일 당시 조선총독부 정무총감 엔도(遠藤柳作)는 송진우 씨를 경기도경 시청에 초청하여 전세의 급박함을 알리고 행정위원회 같은 것을 조직하여 독립준비를 하도록 권유했다.

8월 10일과 11, 12일에는 조선관구군참모인 간사키(神崎), 경기도지사 이쿠다(生田淸三郞), 경찰부장 오카(岡久雄) 등이 송진우 씨를 지사실로 초청하여 "총독부가 가진 권력의 4분지 3을 내놓겠다. 그리고 헌병, 경찰, 사법, 통신, 방송, 신문을 넘겨주겠으니 조선인들끼리 행정위원회를 하되 일본인의 생명, 재산을 보호해 달라"고 간청했다.

이때에 고하는 이를 거절한 것이다. 그때 고하가 왜정 인계를 거절한 이유로서 내세운 것을 현역 모 정치인의 전언으로 소개해 보면 대개 이런 것이었다.

"내가 중국의 왕조명(汪兆銘)이나 프랑스의 페탕이 되고자 한다면 벌써 되었을 것이다. 만일 내가 그대들의 청을 받아들여 왕조명이나 페탕이 되어버린다면 당신네가 일본으로 떠나 버린 뒤 나는 조선민족에게 발언권이 없게 된다. 앞으로 조선도 일본과 국교를 맺어야 할 텐데 한 사람의 올바른 지일인사(知日人士)라도 남겨두어야 하지 않는가"(중략)

이렇게 해서 치안권 인수를 조건부 수락한 몽양은 낭산 김준연(朗山 金俊淵) 씨를 통하여 고하에게 협조할 것을 의뢰했다.

그러나 당시 고하는 "일본은 기왕 망해가는 정권이니 왜정이 완전히 패망될 때까지 치안권 이양은 안하는 것이 좋다"고 거절,

"머지않아 돌아올 중경임시정부를 정통정부로 추대해야 한다"고 은근히 몽양의 건국준비에 선수 쓰는 것을 견제하였다.

이때부터 벌어진 고하와 몽양 간의 정치적 식견과 판단의 기준 차이는 후일의 정치추세를 결정하는 데 있어 결정적인 갭을 가져오게 하였고, 나아가서는 미군정 치하의 정치질서 확립과 민국수립 후의 정치 판도를 형성하는 데까지 큰 영향을 끼치게 했다.

즉 후일의 좌우대립의 시초적 근원은 이미 이때 고하와 몽양 간에 벌어진 일본치안권의 이양문제에서부터 비롯된 것이다.

건준에 대항하는 우익진영의 영수급으로서의 고하

조선총독부로부터 치안권을 이양받은 여운형 씨는 8·15를 맞은 이틀 후(8월 17일) 민정장관 안재홍 씨와 제휴하여 건국준비위원회를 조직하고 치안유지와 건국준비에 분망했다. 몽양은 즉시로 '건동(建國同盟)'의 핵심동료인 이여성(李如星)을 고하에게 보내어 "그대 보기에 나의 출발이 잘못된 점이 있더라도 국가의 대업이니 허심탄회하게 나와서 대중의 신망을 두텁게 하고 차질이 없게 하라"고 권고했으나 송진우 씨는 "경거망동을 삼가라. 우리는 중경임정의 환국을 기다려 임정을 법통정부로 추대해야 된다"고 끝내 협동하기를 고사했다.

몽양은 김준연, 장덕수 양씨에게도 건준에 협조할 것을 요청했으나 낭산과 설산 역시 "우리는 고하의 노선과 분리할 수 없다"하여 송진우 씨의 노선을 따라갔다.

우익진영의 중심인물들로부터 협조를 거절당한 몽양의 '건준(建準)'은 그해 9월 6일의 소위 전국인민대표자회의를 거쳐 하룻밤 사이에 '조선인민공화국'을 수립하기에 이르렀다. 몽양이 이토록 9월 6일로 서둘러서 '조선인민공화국'을 수립한 것은 맥아더 휘하의 미군이 9월 8일이면 인천에 상륙하기 때문에 그 이전에 자율적인 독립국가의 정치가 형성되어 있어야 미소 양군의 간섭을 받지 않을 것이라는 판단에서였다. '민족반역자'의 토지몰수와 이의 '무상분배', '비몰수토지의 소작료를 3·7제로 한다' '일본제국주의와 민족반역자들의 광산·철도·선박 등의 국유화조치' 등 조선인민공화국이 내건 개혁적인 시정방침이 대외적으로 발표되자 국내 재산가들은 물론 일제하에서 암암리에 총독부에 협력했던 대소지주, 상공인들은 은근히 사유재산의 침해를 두려워했고, 우익진영의 정계인사들은 몽양의 '건준'과 조선정부를 좌익으로 규정하게까지 했다.

뿐만 아니라 9월 8일에 인천에 상륙한 미군은 10월 10일 군정장관 아놀드의 이름으로 성명을 발표하고 "38도 이남에의 조선 땅에는 미군정부가 있을 따름이고 그 이외 다른 정부가 존재할 수 없다"고 조선인민공화국을 정면으로 부인하고 나왔다.

이때에 고하 송진우 씨를 중심으로 한 임정봉대파들은 몽양의 '건준'과 '조선정부'에 대항하여 '대한민국임시정부 환국환영위원회'를 결성하고 9월 7일에는 국민대회준비회로 발족, 송진우 씨는 국민대회준비위원장이 되었다.

이로부터 고하의 정치적 활동의 첫걸음은 시작되었으며 좌익단체의 영수로서 혁신파인 몽양에 대항하는 행동이 개시된 것이다. '국민대회준비회'의 주요 멤버로는 송진우, 김성수, 서상일(徐相日), 김준연(金俊淵), 장택상(張澤相), 김동규(金東圭), 이경희(李慶熙), 안동원(安東源), 강병순(姜柄順), 설의식(薛義植), 김동원(金東元) 씨 등이었다.

이에 앞서 8월 28일에는 김병로(金炳魯), 백관수(白寬洙), 조병옥(趙炳玉), 이인(李仁), 나용균(羅容均) 씨 등의 이름으로 조선민족당(朝鮮民族黨)이 발기되었고, 9월 4일에는 백남훈(白南薰), 김도연(金度演), 허정(許政), 장덕수(張德秀), 윤보선(尹潽善), 윤치영(尹致暎) 씨의 이름으로 한국국민당(韓國國民黨)이 발기되었다. 뿐만 아니라 고하가 지금의 동아일보 사옥에서 국민대회준비회를 결성하던 9월 1일 같은 날 안재홍 씨가 '건준'에서 이탈하여 조선국민당(朝鮮國民黨)을 결성함으로써 우익진영의 조직활동도 활발해지기 시작했다.

당시의 실정으로 보아 우익진영의 정당정치단체의 추세는 안재홍 씨의 국민당(國民黨), 백남훈(白南薰), 김도연(金度演) 씨의 한국국민당(韓國國民黨), 임영신(任永信) 씨의 조선여자국민당(朝鮮女子國民黨), 송진우 씨 등의 국민대회준비회의 4개 단체가 두각을 나타냈으며 이들 우익단체 중에서도 인물면에 있어서는 고하가 단연 탁월했고 영수급으로 지지받고 있었다.

한민당 수석총무로서의 송진우

건국준비위원회와 조선인민공화국에 자극되어 고하를 중심으로 한 우익단체가 차츰 '임정 추대'의 기치를 높이고 집결하였으나 8·15 직후부터 치안과 건국준비 등 정치활동에 선수를 치고 나온 몽양의 건준 세력에 정면 대항하기에는 대중의 지지와 조직이 미흡했다.

그리하여 9월 8일에는 김병로, 백관수 씨의 조선민족당, 백남훈, 장덕수 씨 등의 한국국민당 발기체가 합쳐 한국민주당을 발기하였고 송진우 씨는 일약 수석총무로 추대되었다. 이때 편성된 한국민주당의 부서를 보면 영수에 이승만, 김구, 이시영, 서재필, 오세창, 문창범, 권동진 씨를 옹립해 놓고 중앙집행위원의 인선에서 오늘날 각 정당의 간사장이나 사무총장격인 수석총무에 송진우 씨를 추대하였으니 이때부터 한국민주당의 실질적인 운영권은 고하의 수중으로 들어가게 된 것이다.

참고로 이때 한국민주당의 중앙집행위원 부서를 보면

총무 원세훈(元世勳), 백관수(白寬洙), 서상일(徐相日), 김도연(金度演), 허정(許 政), 백남훈(白南薰), 사무총장 나용균(羅容均), 당무부장 신유국(申裕局), 조직부장 김약수(金若水), 외교부장 장덕수(張德秀), 재정부장 박용선(朴容善), 선전부장 함상훈(咸尙勳), 정보부장 박찬희(朴瓚熙), 노농부장 홍성하(洪性夏), 문교부장 이관구(李寬求), 후생부장 이운(李 雲), 조사부장 유진희(俞鎭熙), 연락부장 최윤동(崔允東), 청년부장 박명환(朴明煥), 지방부장 조헌영(趙憲

泳), 훈련부장 서상천(徐相天), 중앙감찰위원장 김병로(金炳魯) 등으로 우익진영의 거물급은 거의 망라되었다.

9월 16일 천도교 강당에서 열린 정강과 8개 항목의 당면정책을 채택했는데 이 정강정책은 9월 7일 동아일보 사옥에서 구성된 국민대회준비회의 중심 멤버인 송진우(宋鎭禹), 김성수(金性洙), 서상일(徐相日), 김동규(金東圭), 이강희(李康熙), 김준연(金俊淵), 안동원(安東源), 설의식(薛義植) 씨 등에 의해서 주로 작성 검토되었기 때문에 그 대부분이 고하의 경륜과 정치관이 그대로 반영되었다고 볼 수 있다.

우선 정강에서 본 고하노선의 정치지표를 보면 <1> 조선민족의 자주독립국가완성 <2> 민주주의의 정부수립 <3> 근로대중의 복리증진 <4> 민족문화를 앙양하며 세계문화에 공헌 <5> 국제헌장을 준수하여 세계평화의 확립 등 5개 항목을 표방하면서 정치지표의 초점을 내국적으로는 일본과 미군정으로부터 완전한 독립획득에 치중하면서 다음으로는 한국의 자주독립을 국외에 선양 인식시키려는 데 두고 있음을 알 수 있다.

다만 5개 항목의 정강 중에 가장 중요한 경제정책을 빼면서까지 '근로대중의 복리증진'을 강조한 것은 몽양의 건준과 인민공화국이 반민족자 친일파의 토지·공장의 몰수와 이의 무상분배·국유화 조치 그리고 노동자·농민을 위한 최저한의 임금 보장문제를 정책 속에 어필시키고 있기 때문에 이에 대응하는 항목으로써 설정한 것으로 해석된다.

다음으로 8개 정책에 표시된 시정목표를 보면 <1> 국민기본생활의 확보 <2> 호혜평등의 외교정책수립 <3> 언론·출판·집회·결사·신앙의 자유 <4> 교육·보건의 기회균등 <5> 중공(重工)주의의 정책 <6> 주요 산업의 국영 또는 통제관리 <7> 토지제도의 합리적 재편성 <8> 국방군의 창설 등을 내세움으로써 전기 5개 항의 정강에 비하면 한결 진취적이고 대중적인 방면으로 나가려고 애를 썼다.

시정공약에서 드러난 이 보수정당의 고민은 전후의 무질서와 황폐 속에서 어떻게 하면 국민의 최저기본생활이 영위되도록 경제정책을 시행하느냐와 모든 국민사이에 거의 맹목적으로 조성되어 있는 친일파 민족반역자, 대지주계급들에 대한 설욕과 복수감정을 여하히 완화 충족시키느냐에 있음을 알 수 있다. 그래서 토지의 합리적 재분배와 주요 산업의 국유화조치를 내걸었고 사회복지의 향상책으로서 교육·보건의 기회균등에 큰 볼륨을 둔 것으로 보인다.

고하와 몽양의 시국관, 한민당과 인민공화국의 정책비교

고하의 시국관과 정치사상을 이해하는 데는 항상 그의 상대적 위치에서 왔던 몽양의 정치권과 사상을 대조시켜 살펴보는 것이 중요하다.

성장과정에서 본 두 사람의 환경은 한 사람이(古下) 호남지방의 순탄한 여건 하에서 일본유학을 한 정치인인데 반해 한 사람

(夢陽)은 기독교의 영향력을 받으며 국내에서 여러 학교를 전전하다가 대중 속으로 파고 든 차이가 있을 정도이지만 이 두 사람이 가진 정치관과 사상의 근간은 본질적으로 큰 차이를 보이고 있다. 민국 수립 이전에 양자가 펴고 나간 정치노선을 보면 고하는 그의 사상적 바탕을 서구적 자유민주주의에 두고 미군정의 협조 하에 반봉건적인 상해임시정부의 법통을 그대로 이어받으려는 온건한 보수주의자인데 비하여, 몽양은 그의 사상적 기초를 사회민주주의 또는 민족주의에 두고 건국과정에 있어서도 미·소 양 세력을 배격하여 조선의 독립은 조선민족의 손으로 이룩해야 한다는 진보주의자이었다.

때문에 몽양은 미군정의 비호 하에 중경임정을 추대하려는 친일파 반민족자들을 그대로 감싸주는 과오를 범한다고 판단하여 임정 귀환을 기다리지 않고 미·소 양군이 진주해 오기 이전에 국내의 진보적 인사들로서 조선인민공화국을 수립, 그대로 밀고 나가려는 용기를 낸 것이다.

양자의 시국관은 조선총독부 말기에 있었던 치안권 인수교섭 과정에서도 현저한 차이를 나타냈다. 해방에 따르는 시국수습의 절차에 있어서도 고하 송진우 씨는 일본이 항복을 하면 연합군이 즉시 진주하여 일본군의 무장을 해제하고 중경의 임시정부가 들어와 정권을 담당할 것으로 단정한데 비해, 몽양 여운형 씨는 일본이 패전하면 미소 양군이 동시에 서울에까지 들어오되 그 이전에 국내의 정치세력을 규합하여 민족대표기관으로서 과도정부를 구성하면 일체의 건국은 우리 민족자체의 힘으로 완성된다고 믿었다.

그리하여 고하는 왜정의 인계를 거부하고 해방 직후의 혼란한 치안수습에 건준과의 협조를 외면한 채 우익진영을 규합, 임정봉대를 위한 국민대회준비에 골몰했고, 몽양은 '건동'과 '건준'을 기반으로 하여 미군의 인천상륙 직전에 우리나라에서는 최초의 정부형태인 조선인민공화국을 구성했던 것이다.

결국 전승군의 지지를 받은 고하 - 인촌의 한민당 세력은 그들이 목표했던 임정추대가 다소의 방향을 바꾸어 미국으로부터 혜성처럼 귀환한 이승만 씨의 초대정권을 수립하는데 밑거름이 되었지만 고하 - 인촌 세력으로부터 견제받고 미군정으로부터 호된 서리를 맞은 몽양 세력은 몽양 자신이 극우테러의 흉탄에 쓰러진 뒤 얼마동안 그 형체를 감추어 버린 것이다.

"독립전선에 귀중한 선혈! 30일 조조 흉탄을 맞고 고하 송진우 선생 순국!"

12월 28일 모스크바 삼상회의에서 '조선에 대한 5개년 신탁통치안'이 결정되어 삼천리강토가 왈칵 뒤집힌 지 2일 후인 12월 30일 새벽 송진우 씨의 암살 흉보는 또다시 전강토를 뒤흔들었다.

후일의 공판기록에서도 범인 한현우의 정치적 배경은 끝내 가려지지 못했지만 고하가 암살될 무렵 서울 장안에는 공교롭게도 한국민주당 수석총무 송진우 씨가 "우리는 아직 자치능력이 없으니 5년간의 훈정기를 거쳐 자주독립을 해야 한다는 말을 했다"는 유언(流言)이 삽시간에 퍼지고 있을 때였다.

　이 유언의 근거가 사실이건 아니건 간에 고하의 암살은 신탁통치안이 발표된 3일 후의 일이고 보니 고하는 신탁소란에 쓰러진 동족 테러의 첫 희생자가 된 것이다.

오늘의 시점에서 본 고하의 사상

　보수의 카테고리 안에서 본 고하의 사상은 확실히 온건한 자유민주주의자이었다. 정치다운 정치활동을 개시해서 테러의 흉탄에 맞아 숨지기까지 불과 4개월 동안 그가 남긴 정치행적과 노선은 지극히 짧지만 이를 요약해서 하나의 줄거리로 엮어 본다면, 왜정 인계거부 - 중경임정 추대 - 법통주의건국 - 미군정과의 협조 - 친진보세력의 배제 - 우익세력의 규합 - 한국민주당의 결성 - 이승만 씨 초대건국의 기초구축으로 연결된다.

　간악한 왜정말기의 뒤치다꺼리를 끝까지 거부한 것이라든가 일제가 패망하면 연합군이 진주하여 일정한 기간 동안 군정을 실시할 것이라는 선견지명을 가진 점이라든가, 난립하는 우익정당의 통합을 꾀하여 민족세력의 대동단결을 지향한 것 등이 고하의 현명한 경륜이요, 정치적 공로라 한다면 '임정' 추대만을 주장함으로써 그 그늘 속에다가 친일파·민족반역자의 서식온상을 길렀다는 것과 민족세력의 대동단결을 표방하면서도 공산주의가 아닌 친진보세력인 봉양의 '건준' 참여를 끝까지 거부 견제함으로써 민족분열의 원인(遠因)을 조성케 한 점, 5년간의 훈정기간이 불가피하다는 지론을 내세웠고 그것이 모스크바 삼상회의 결정으로 나타나리라고 예견했으면서도 자신이 이끄는 국민대회파와 한민당은 후일에 반탁으로 일관케 하는 이율배반적인 노선을 걸어왔다는 것은 정치철학의 빈곤이라고 말할 수 있다.

특히 고하 - 인촌이 구축한 기본세력인 구한국민주당과 그 후속들이 혹은 이승만 정권에 혹은 장면 정권에 개별적으로 참여하기는 했어도 거금 20년 동안 떳떳한 집권당으로서 단 한 번도 정권을 잡아보지 못하고 오늘날의 야당 속에 그 잔명을 유지케 했다는 것은 어디인가 그 정치이념과 경륜의 바탕에 결함과 오류가 있지 않았는가?

이 나라 보수정당의 비조(鼻祖)요 태두인 고하의 정치사상을 분석하는 데 있어서 이 점에 대해서만은 늘 일말의 회의를 품게 하고 어딘가 정치철학의 빈곤성을 느끼게 한다.

31

쓰러진 거목 - 송진우

전 국회의원 이상돈(李相敦), 신동아, 1977년 8월호

암흑 속에서

8·15광복 이후의 고하 송진우(古下 宋鎭禹)의 행적을 추적하자면 무엇보다도 먼저 동아일보가 강제폐간된(1940.8.10) 이후의 시대적 배경과 사회적 양상의 윤곽을 말해야 될 것이다.

당시는 일본제국주의가 중국 대륙까지 침략하여 중일전쟁이 한창인 때였고, 일본군벌의 화신인 조선총독 미나미 지로(南次郞)는 1936년에 총독으로 부임한 이후 공석 상에서 조선말 사용을 엄금하고 일본어만 쓰게 함은 물론, 조선 사람에게 일본식으로 창씨개명까지 강요하였다(1940.2.11). 그리고 각급 학교를 비롯하여 각종 직장 단체소속 조선 사람들에게 강제로 일본신궁 신사에 참배시킬 뿐만 아니라 전국 기독교 목사 장로 신부 교구장들에게 신사참배를 강요하고 불응하는 기독교인과 신자는 가차 없이 구속 투옥하였다. 소위 황국신민서사(皇國臣民誓詞)를 전 국민에 암송토록 강요하고 조선청년에게도 징병제를 실시(1943.8.1)하여 수십만의 청년들을 죽음의 전장으로 끌어갔다. 전세가 일본에 불리하자 조선학생을 '학병제'라는 명목으로 강제징집하여(1943.10.20)

전선으로 내몰았다.

이와 같은 식민지 폭정과 암흑시대에 고하는 철두철미 반일독립주의자이고 총독부정치에 거부하는 반골 인물이었다. 미나미 총독이 동아·조선 두 신문을 강제 폐간할 때만 보더라도 당시 동아일보사 고문인 고하는 비밀리에 일본 동경에 건너가서 평소 고하와 친분이 있는 일본귀족원 의원과 중의원의원을 만나 동아일보 강제 폐간의 부당성을 역설하여 정치문제화시켜 총독 정책에 정면으로 항거하였다. 그러나 역부족으로 소기의 목적을 달성치 못하고 돌아오자 서울역에서 대기하고 있던 종로경찰서 형사에 의하여 연행·구속당했다가(1940년 5월 초) 3개월 후에 동아일보 폐간이 결정되자 석방되었다.

그 당시 필자도 동아일보 기자로 있다가 신문이 폐간되는 바람에 실직자가 되어 간혹 원서동 고하 댁을 찾아가면 "일본은 중일전쟁과 태평양전쟁에서 반드시 패망할 것이니 낙심 말고 적당한 직장에 가서 은신하고 있다가 재기를 도모하라"고 말하는 것이었다. 그래서 나는 고하 말에 따라 보신책으로 나의 개성과는 거리가 먼 천일약방(천일제약주식회사)에 취직하여 2년간을 보냈다.

일본이 군벌독재체제를 강화하고 독일 이탈리아와 군사동맹을 맺어 미국·영국 등 세계 자유국가를 상대로 제2차 세계대전을 도발하게 되자 조선식민지 통치는 필설로 형언키 어려운 폭정이 자행되었다. 국민총동원, 내선일체, 황국신민화 등의 구호 밑에 그 당시의 지도급 인사와 지식인 등을 강제로 동원하고 협력하게 만들었다. 본의든 본의 아니든 간에 많은 교육자, 언론인, 문인, 종교인 등이 일제에 아부하는 연설을 하고 글을 쓰고, 시를 쓰는 등 추잡한 세류가 우리 사회를 뒤덮게 되었다. 철석같이 믿었던 민족의 지도급 인사가 변절하여 일본제국주의 침략전쟁을 정당화하고 합리화하는 작업에 동원되었다. 뿐만 아니라 그들은 일제에 충성을 다하는 표징으로 창씨개명까지 하여 설치고 다니는 판이었다. 물론 일제의 간흉한 정략에 의한 위협과 협박, 회유 등으로 본의 아닌 변절을 한 사람도 없지 않았지만, 시국에 대한 오판으로 자기의 지조와 정치 신조를 헐값으로 팔아버린 사람이 많았다.

울분의 세월

일제는 고하에게도 전쟁에 협력하라고 회유도 하고 위협도 하였다. 그러나 고하는 창씨개명을 거부한 것은 물론이고 그들의 회유와 협박을 지혜스럽고 슬기롭게 회피하는 것이었다.

언제인가 여름철에 나는 원서동 고하 댁을 방문하였다. 고하는 별당 넓은 방에서 모시 고의적삼을 입고 혼자서 골패 짝을 맞추고 있다가 나를 반가이 맞아 주는데, 풍로에 약탕반이 놓여 있기에 나는 어디가 편치 않으시냐고 물었다. 고하는 나의 물음에 대답하지 않고 요사이 달갑지 않은 손님이 자꾸 찾아와서 졸라대는 것이 있어 견딜 수가 없다고 말하는 것이었다. 그런데 잠시 후에 그때 유행하던 국민복을 입고 머리도 까까머리로 깎은 손님이 찾아왔다. 명함을 보니 조선 사람으로 총독부 과장 자리에 있는 사람이었다. 나는 잠시 자리를 피하여 옆 대청마루에 있었는데, 그 사람이 "전국이 점점 심각하게 되니 송 선생께서 나오셔서 협력해 주셔야겠습니다"고 말하는 것이었다. 그 말을 듣고 고하는 "보시다시피 나는 신병이 있어서 현재 한약을 장기 복용하는 중입니다. 그리고 나보다는 더 역량과 기량이 있는 분이 많이 있는데 굳이 나 같은 인간이 나가서 무엇을 하겠습니까"라고 정중하게 거절하는 것이었다. 그는 하는 수없이 아무쪼록 복약하고 몸조심 잘하시라는 말을 남기고 돌아가는 것이었다. 그제야 나는 풍로에 한약을 달이는 것이 고하의 위장전술인 것을 깨닫고 회심의 미소를 지었다.

1944년 봄이라고 기억된다.

내가 기억하기로는 그 당시 지도급 인사로서 총독부 기관지 매일신보에 글을 한 번도 쓰지 않은 사람은 만해 한용운(萬海 韓龍雲)과 고하(古下)와 유석 조병옥(維石 趙炳玉), 벽초 홍명희(碧初 洪命憙) 등 몇 사람뿐인 줄 안다. 고하는 여러 가지 협박과 회유도 물리치고 전쟁을 찬양하는 본의 아닌 글을 끝내 쓰지 않았다. 그런데 총독부 당국에서 고하에게 너무도 집요하게 방송을 하라고 강요하자 고하는 하는 수 없이 방송국에 나갔다. 10분 이내로 방송 시간이 제한된 것을 기화로 해서 고하는 마이크 앞에서 "전국의 동포 여러분! 시국이 날로 중차대하고 전쟁의 양상이 날로 심각해 가고 있습니다. 이런 때일수록 여러분은 각자 생업에 충실하고 생산력 증강에 가일층 힘써야 되겠습니다. 그리고 이웃과 화목 단결하고 보건위생에 주의하여 신체를 단련하고 유언과 비어에 조심하여 법망에 걸리지 않도록 각별히 조심하기 바랍니다."라고 간략하고도 의미심장한 몇 마디 말로 방송을 끝맺고 말았다. 이 방송을 듣고 나서 일본인 모 고관은 "송진우란 자는 참으로 상대하기 곤란한 자다. 간단히 다룰 수 없는 인간이다"고 말하더라는 것을 그 당시 매일신보 총독부 출입기자인 곽복산(郭福山)에게 들었다.

일제총독부에 의해서 동아일보가 강제 폐간된 후에도 고하는 동아일보 사옥을 일본기업체에 매각하라는 총독부의 권유를 일축하고 인촌 김성수(仁村 金性洙)와 상의 후에 동본사(東本社)라는 간판을 붙이고 일본인 대기업체에 임대해주어 임대료를 매월 또박또박 받았다. 고하는 머지않아 일본이 패전하면 조선이 독립될 것이고, 그때에는 동아일보도 복간되고 동아일보 사옥도 요긴하게 사용될 것이라는 선견의 명(明)과 확신을 가지고 김우성(金佑成)(전 동아일보사 경리사원)에게 동본사의 관리책임을 맡겼다. 고하 자신도 유서 깊은 동아일보 건물 한 귀퉁이 동본사 사무실에 간혹 나와서 친구도 만나고 저녁에는 옛날 동아일보 관계자들과 만나 요릿집에 가서 술을 마시고 실의를 달래기도 하였다.

고하는 앞에서 말한 바와 같이 민족의 정기가 사라지고 정(正)과 사(邪)가 혼란된 암담하기 비할 데 없는 식민지 암흑폭정하에서 정치적 신념과 지조를 변치 않고 호방한 기개와 불굴의 투혼으로 날이 갈수록 패색이 농후해가는 전국을 응시하고 있었다. 때로는 상경하는 옛날 동아일보 지방지국장들과 저녁에 술을 나누며 서로 위로도 하고, 때로는 인촌 김성수(仁村 金性洙), 근촌 백관수(芹村 白寬洙), 가인 김병로(街人 金炳魯), 남강 김용무(南崗 金用茂), 낭산 김준연(朗山 金俊淵), 위당 정인보(爲堂 鄭寅普) 등과 서울 교외 창동에 나가 동아일보사 주주이고 친우인 장현중(張鉉重) 댁에서 술을 마시고 그 특유의 고담준론으로 울분을 달래기도 했다.

일제의 치안권 인수 요구 거절

1945년 8월 13일께로 기억한다. 나는 동아일보 기자생활을 같이 하던 양재하(梁在廈)로부터 8월 15일에 일본이 항복한다는 극비소식을 들었다. 당시 양은 역시 동아일보사 조사부장을 지낸 바 있는 이여성(李如星)과 친교가 있고, 이는 몽양 여운형과 친교가 있어 극비외국정보를 입수하여 나에게 일본의 무조건 항복 소식을 주었다.

나는 곧바로 원서동으로 고하를 찾아갔다. 내객이라고는 시골서 올라온 고하의 친척으로 보이는 몇 사람이 있을 뿐이었다. 평상시와 다름없는 정적한 분위기였다. 양재하로부터 들은 이야기를 함부로 할 수는 없고 해서 십여 분 동안 이말 저말 하다가 작별인사를 하고 나오는데 고하가 별당 돌층계까지 내려오면서 "이군, 무슨 소식 못 들었나? 이런 때일수록 말조심하고 경거해서는 안돼! 며칠 후에 다시 한번 찾아와. 15일 오후에 만나!"자고 말하며 나의 손을 힘주어 잡는 것이었다. 나는 직감적으로 고하가 일본의 무조건 항복 소식을 알고 있으면서도 나에게 직선적으로 말하지 않고 언행을 조심하라는 간접적 표현으로 일본의 항복을 암시하는 것을 알았다.

고하는 기국(器局)이 크고 그 성격이 호방하고 담대하면서도 한편 세심하고도 추호의 허점이 없는 주도면밀한 성격의 소유자였다.

그리고 고하는 아무리 난처한 경우 또는 혼란한 국면에 직면해도 냉정 침착하게 사태의 추이와 진전을 예의주시하고 달관하는 동시에 소아의 명리와 영달보다는 대아에 대한 명분과 대의를 존중히 여기는 것이었다. 8·15광복 직전의 총독부 당국과 고하와의 사이에 오고가던 치안권 인수에 대한 고하의 의연한 태도가 바로 그것을 증언하여 주고도 남음이 있다. 1945년 8월 11일 저녁 일본총독부 경무국 차석사무관 하라다(原田)가 고하를 만나자고 요청했다. 고하는 이미 그 전날 친교가 있는 젊은 변호사 강병순(姜柄順)의 정보를 통해서 일본이 8월 15일을 시한으로 무조건 항복한다는 소식을 듣고 있었던 바이지만, 시치미를 떼고 일인 하라다가 지정한 현 충무로(그때는 본정)에 있는 일본인 모의 사택으로 갔다.

고하가 그 집에 가보니 그 자리에 조선군사령부 참모 간사키(神崎)와 총독부 경무국 보안과장 이소사키(磯崎)가 고하를 고대하고 있었다. 하라다는 개구하자마자 이 자리를 마련한 것은 자기들 개인 의사로 된 것이 아니라 총독부 고위층의 지령에 의한 것이라는 것을 말하고, 소련군이 8월 9일에 두만강을 건너 조선에 침입한 만큼 앞으로 조선의 치안 관계가 중대국면에 접어들 것이라는 말과 총독부로서는 조선의 치안책임을 조선 사람의 신망이 많은 조선인 지도자에 일임하고 싶은데 당신이 그 책임을 맡아주면 좋겠다는 말과 그런 경우 우리는 당신에게 상당한 권한을 위임하겠다는 말을 했다. 고하는 그들의 속셈을 다 알면서도 "천하무적의 막강한 일본관동군이 건재한 이상 소련군쯤이야 무슨 걱정이 되어 치안 문제를 걱정하는가"라고 그들의 요청을 그 자리에서 거절하였다.

그다음 날 즉 8월 12일에 전기 일인 하라다는 경기도 보안과장과 동행으로 원서동 고하 자택을 방문하고 또다시 조선치안 책임을 맡아줄 것을 간청하였다. 그러나 고하는 냉혹하게 그들의 요청을 거절하였다. "내가 만일 당신들 말대로 치안책임을 맡는다면 나는 총독부의 앞잡이에 불과할 것인즉 민중이 나의 말을 믿어줄 리 전무하지 않는가" 하라다는 하는 수 없이 돌아갔다.

총독부에서는 초조하여 항복 하루 전인 8월 14일에 경기도지사 이쿠다(生田)가 고하에게 면담을 요청하였다. 고하는 경기도 도지사실(지금 중앙청 앞 치안국 자리)에서 그를 만났다. 그 자리에는 경기도 경찰부장 오카(岡)도 동석하였다. 그때에 비로소 그들은 일본이 포츠담선언을 수락하여 무조건 항복한다는 말을 하면서 조선에 있는 60여만 일본인의 생명과 재산을 보호해 달라는 말과 만일에 고하가 치안책임을 져준다면 치안을 유지하는데 필요한 권한을 맡기겠다고 말하였다. 그러나 고하는 기왕지사 일본제국주의가 패망하면 필시 연합국이 진주할 것이 틀림없는 판국에 총독부의 앞잡이로서 비록 단시일간이라도 치안책임을 진다는 것은 어리석기 짝이 없는 일이라고 판단하여 그들의 제의를 단호히 거절하였다.

여기에서 총독부 당국은 고하를 단념하고 제2차로 몽양 여운형에 접촉하여 8월 15일 아침 총독부 정무총감 엔도(遠藤)가 몽양을 자기 관저로 초대하여 치안유지의 책임을 맡아달라고 요청하고, 몽양은 즉석에서 정치범과 경제범석방과 향후 3개월간의 식량 확보 등 5개 항의 조건을 제시하여 합의를 보고 치안책임을 맡을 것을 수락하였던 것이다.

우리는 탁치를 거부한다

1945년 8월 15일 정오! 일본 천황의 떨리는 목소리로 포츠담선언을 무조건 수락한다는 항복 방송을 듣고 나는 흥분을 억제치 못하고 원남동 근촌 댁을 거쳐 계동 인촌 댁에 갔으나 인촌은 연천 전곡농장에서 돌아오지 않았다. 나는 원서동 고하 댁으로 발을 옮겼다. 고하 댁에 가보니까 별당으로 올라가는 대문이 활짝 열려 있고 고하가 쓰고 있는 응접실은 각지에서 모여든 내객으로 꽉 차 있었다. 고하는 내객과 인사를 나누기가 바쁘게 앞으로의 시국에 대한 전망과 정확한 정보의 입수에 큰 관심을 갖는 듯 보였다. 창랑 장택상(滄浪 張澤相), 낭산 김준연(朗山 金俊淵), 소오 설의식(小梧

薛義植), 심강 고재욱(心崗 高在旭), 변호사 강병순(姜柄順) 등 십여 명의 평소 고하와 친분이 두터운 사람들이 찾아와 감격의 악수를 나누는 것이었다. 그래도 고하는 비록 일본이 패전 항복하였지만 아직도 조선의 군권, 경찰권이 일본인 수중에 있는 만큼 경동해서 무용한 희생을 당해서는 안된다고 역설하는 것이었다.

1945년 9월 8일 미국의 제8군이 온 국민의 열렬한 환영을 받고 서울에 진주한 3일 후로 기억된다. 나는 원서동 고하 댁을 방문하였다. 때마침 중국 유력지 '대공보'지 기자가 찾아와서 고하와 회견을 하는 중이었다. 군복차림으로 권총까지 차고 온 대공보사 기자와 고하의 회견을 나도 그 자리에서 지켜보았다. 중국어 통역은 정래동(丁來東), 이상은(李相殷) 두 교수가 하였다. 그때 회견내용 중에서 지금까지 내가 기억하고 있는 몇 가지만 적어보기로 하자.

문(대공보 기자)---36년간 일본제국주의의 식민지통치하에 있던 조선의 장래에 대한 귀하의 전망과 소신은?

답(고하)---비록 일본에게 주권을 뺏겨 36년간 식민지통치를 받았지만, 우리 민족은 5천 년의 역사와 고유의 전통을 견지해 온 단일민족인 만큼 카이로선언에 의해서 연합국의 후원과 승인을 받아 독립국가로 발전할 수 있다고 생각한다. 특히 우리 조선독립에 대하여서는 귀국 장제스(蔣介石) 총통의 배려함이 크다는 것을 우리 온 국민이 감사히 여기는 바이다.

문---조선이 독립국가가 되는데 주동적 역할을 할 사회계층은 어떤 것인가?

답---비록 식민지교육일지라도 전문학교 이상 대학교육을 받은 수십만의 지식 계급과 해외에 나가서 조국의 독립을 위하여 항일투쟁을 해온 혁명세력이 주축이 되어 독립국가 건설이 달성될 것으로 믿는다.

문---36년간이라면 긴 세월인데 더욱이 잔인무도한 일본제국주의의 식민지 노예생활을 해온 조선이 일약 독립국가로 발전한다는 것이 그다지 간이한 것으로 보는가? 몇 해 동안 국제연합의 후견 또는 신탁통치를 받는 과도적 과정을 밟는 것이 보다 현실적이 아닌가?

답--귀하는 카이로선언에 '적당한 시기에 조선이 독립될 것이다'는 조항을 염두에 두고 질문하는 모양인데, 나와 우리 국민은 어느 국가 또는 어느 국제기구의 신탁 또는 후견도 원치 않고 있다. 미국, 중국, 영국이 경제적으로 또는 군사적으로 원조만 해주면 우리는 독립국가로 훌륭히 자존 자립할 수 있다. 이것이 나의 확고한 신념이다.

문---이곳에 와서 나는 조선공산당수 박헌영(朴憲永)에 대한 벽보가 여러 곳에 붙어 있는 것을 보았다. 박헌영이는 어떤 인물이며 조선에 공산당세력은 현재 어느 정도인가?

답---박헌영이라는 사람이 하늘에서 내려왔는지 땅에서 솟아올랐는지 나는 잘 모른다. 크게 관심을 가질 필요조차 없는 인물로 안다. 현재의 조선 공산당세력도 보잘것없는 줄로 안다. 출옥한 극소수의 공산분자를 중심해서 철모르는 젊은 아이들이 부화

뇌동해서 만든 것이 조선공산당이다.

문---귀하의 앞으로 정치적 구상과 활동목표는 무엇인가?

답---우리 국민은 하루바삐 중국에 있는 망명정부(대한민국임시정부)가 환국하기를 바라고 있다. 임시정부의 혁명원로를 중심으로 굳게 뭉쳐서 민주주의 신생독립국가를 세우자는 것이 나의 정치구상이다. 그리고 시급한 것은 언론기관의 부활이다. 동아일보는 일본제국주의의 야만적 탄압으로 1940년에 폐간되었는데, 그것을 복간시키는 것이 시급한 문제라고 생각한다. 건전한 신문과 방송국만 우리 수중에 있다면 공산주의를 두려워할 바가 못된다고 생각한다.

눈부신 정치공작

8·15해방 직후 국내 정국은 혼란의 극에 달했다. 몽양과 민세 안재홍(民世 安在鴻)이 중심이 되어 건국준비위원회를 발족시켜 8월 17일에는 그 중앙조직을 완료하고 방송과 신문을 손에 넣었고, 공산당은 전국 각지에 인민위원회를 조직하고 각지에 보안대, 치안대, 학도대 등이 결성되었다. 미군이 진주하기 전, 그리고 미국 극동군사령부에서 남조선에 군정을 선포(9월 7일)하기 하루 전인 9월 6일 공산당 박헌영과 건준의 몽양이 합작해서 조선인민공화국을 수립 선포하였다.

이렇게 정국이 격변하자 고하는 공산당과 인민공화국과 민주주의민족전선을 타도하기 위하여 미군정 선포일에 국민대회준비위원회를 결성하고 그 위원장에 취임하였다. 9월 8일에는 미8군 24군단이 서울에 진주하고 9월 11일 미군정시정 방침을 발표하였다. 고하는 그때 벌써 미군정에서 인민공화국을 부인하는 성명이 미구에 발표될 것을 예상하고 미군정 고문에 취임하고 미군정 인선작업에 깊숙이 관여하여 자기와 막역한 친우 김용무(金用茂)를 사법부장(司法部長)에, 조병옥(趙炳玉)을 경무부장(警務部長)에 추천 발령케 하였다.

한편 고하는 국민대회준비위원회 각 지방조직을 결성하는 동시에 인공반대 세력인 민족주의 정당 한국민주당을 결성(9·16)하고 수석총무에 취임하였다. 그런데 8·15해방 후 미군정 초기에는 방송국과 신문사에는 공산좌익계가 침투하여 사상적 혼란이 이루 말할 수 없는데다가 11월 23일 매일신보가 서울신문으로 개제 속간되자 그 사설과 논조가 좌경화되고 우후죽순 같이 발행되는 공산당 기관지('인민일보', '해방일보' 등)가 판을 쳐 세상이 온통 공산당 천하가 되는 느낌이었다.

이때에 고하는 동아일보의 복간을 서둘러 12월 1일에 동아일보사 간판을 서울 공인사(公印社)에 붙이고 사장에 취임하였다. 공산당의 최대의 적인 한국민주당 수석총무가 되고 반공신문인 동아일보 사장이 되고 미군정 고문이 된 고하를 비난 공격하는 공산당의 모략중상 벽보와 전단이 서울 시내에 범람하게 된 것은 당연한 현상이라고 하겠다.

그러나 해외에서 돌아온 임정파에서까지도 고하를 질시하고 중상하는 것은 참으로 의외의 사태로, 임정 절대 지지를 위해서 분골쇄신하며 공산당과 투쟁한 고하로서는 정치무상과 냉혹한 현실을 개탄치 않을 수 없었을 것이다. 하기야 해외파가 국내에 돌아와서 고하의 탁월한 식견과 그의 폭넓은 정략가로서의 역량과 그리고 강대한 정치적 기반 등을 종합해 볼 때 미구에 전개될 정권쟁취에 가장 무시 못할 적수라고 보았을 것만은 사실이다.

아닌 게 아니라 고하의 기개는 북악과 한강수를 삼킬 큰 야망과 불타는 의욕을 갖추었다. 격동하는 정세를 예의 응시하면서 호시탐탐 기회를 노리고 정치적 기반을 정지하기에 여념이 없었다. 자기의 영도 하에 있는 한국민주당의 지방조직을 강화하는 한편 초대 집권자로 공인된 이승만 측근에 고하 자기 사람을 배치하고 미군정 요직에 한국민주당 간부를 추천하는 등 빈틈없는 정치공작을 추진하고 있었다.

그와 같은 판국에 고하에 대한 정적도 많고 고하에 대한 질시와 중상모략도 심하였다. 거목일수록 강풍에 닿는 면이 많은 것과 같이 정치적 거인일수록 정적의 중상과 모해가 큰 것이다. 고하에게도 예외가 있을 수 없었다.

쓰러진 거목

12월 27일 모스크바 3상회의에서 조선 5개년 신탁통치안이 결정 발표되자 정국은 극도의 혼란상태로 들어갔다. 전국 각지에서 신탁통치반대의 파고가 높게 치솟았다. 이때에 고하가 신탁통치를 찬성한다는 중상과 모략이 해외파(임정파)에서 흘러나오기 시작한 것이다. 그러나 분명히 말하지만 고하는 앞에서 말한 중국 '대공보' 기자와의 회견내용에서도 밝힌 바와 같이 신탁통치는 절대 반대하는 입장이었다. 다만 신탁통치를 반대 투쟁하는 그 방법과 수단에 있어서 해외파(임정파)와 의견을 달리할 뿐이었다. 임정파에서는 신탁통치를 반대하는 방법으로 미군정을 반대하고 임정기구가 접수하여 임정이 곧 신생대한민국의 정식정부로 그 주권행사를 하자고 주장하는데 반해서, 고하는 어디까지나 미군정과 협력해서 공산당을 타도하고 신탁통치를 반대하자는 현실론을 앞세웠던 것이다. 고하는 본디 성격이 호방하여 측근들이 신변보호를 권고하였지만 듣지 아니하고 침실의 덧문도 잠그지 않고 자는 습성이었다. "앙천부지(仰天俯地)해서 민족과 조국에 죄를 짓지 않았는데 누가 감히 나를 죽이겠는가!" 이와 같은 신념과 자신이 고하로 하여금 자기 생명을 무방비상태로 방치하여 정치테러의 희생이 되고 만 것이다.

고하가 원서동 자택 별당에서 한현우(韓賢宇)의 흉탄에 쓰러지던 날 즉 12월 29일 밤 8시쯤 나는 종로 YMCA 강당에서 고하를 만났다. 그때 각 정당사회단체연합으로(좌우익 전부 참석) 시급한 식량대책회의를 하고 있었는데, 고하가 뒤늦게 한복에 인바네스 외투를 입고 참석하였다. 내가 인사를 하니까 임정요인들과 경교장(京橋莊)에서 신탁반대 대책회의를 끝마치고 집에 돌아가는 길에 잠시 들렀다고 말하고 중도에 퇴장하였다. 그것이 내가 고하를 만난 마지막이었다.

　만일 고하가 음험한 정치테러에 희생이 되지 않았다면 대한민국 수립 전후의 우리나라 정치판도가 달라졌을 것이다. 고하는 확실히 정치적 거인이었다. 정치에서 잔꾀와 술수를 배제하고 '무책이 대책'이라는 정치신조와 철학을 과감하게 실천하다가 경륜을 펴보지도 못하고 55세를 일기로 아깝게 쓰러진 거목이었다.

32

동산(東山)회고록 -
"윤치영(尹致暎)의 20세기"

삼성출판사, 1991년 3월 30일

(전략)

해방 2개월

일제의 패망은 8월에 들어서면서 소련의 대일 참전과 미군의 히로시마(廣島), 나가사키(長崎)에 대한 양차의 원자탄 투하 때문에 의외로 빨리 앞당겨졌다. 조선총독부 수뇌들은 한국에 거주하는 75만의 일본인 생명과 재산을 보호 보전하기 위하여 국내에 있는 민족진영의 지도자들을 종용 회유하려고 획책하고 있었던 것이다.

맨 처음에 요시찰인사 가운데 한 사람인 송진우(古下 宋鎭禹) 씨와 접촉을 가지고 한국 측의 어떠한 조건도 다 들어주겠으니 일본인들의 안전한 본국 철수가 가능하도록 협력해 달라고 수삼 차에 걸쳐 교섭이 진행되었다.

서울에서도 북촌이라고 일컬어지는 안국동이나 가회동, 원서동은 비교적 부유한 사람들이 많이 살았지만 지식인, 지사 급 인사들도 많이 살기 때문에 우리들은 일경의 눈을 피해가며 자주 이 집 저집 사랑방에 은밀히 모여 시국을 논하고 핍박받는 설움을 나누곤 했다.

해방되던 해 8월 초순의 어느 날 중앙학교 정문에서 동쪽 좁은 골목 언덕을 넘어서면 창덕궁 뒤뜰 비원이 훤히 내려다보이는 고하 송진우 씨의 집을 찾아갔더니 고하는 뜻밖의 교섭을 엔도(遠藤) 정무총감과 이쿠다(生田) 경기도지사로부터 받았노라고 하며 이놈들의 망할 날이 가까워왔나 보다고 하는 것이었다.

시국을 꿰뚫어 보는 혜안에다 세상을 냉철하게 판단하는 경륜 있는 고하는 일언지하에 거절하였고 그 후에도 단호하게 그들의 간청을 물리쳤다고 했다. 결국 그다음으로는 몽양(夢陽)에게 일인들이 매달렸던 모양이다.

고하의 지론은 다 패해가는 총독부의 앞잡이노릇을 자기가 왜 해야 하느냐는 것이고 앞으로 저들이 연합국에 어차피 항복을 하게 될 것이며 그렇게 되면 중경이나 미국에 있는 우리 임시정부 요인들이 귀국하는 대로 국내 유지들이 협력해서 독립정권을 세우면 된다는 것이었다. 몽양 여운형의 입장은 달랐다. 그는 지하운동을 일삼아온 좌익 공사주의자들과 연계하여 일본 측에 몇 가지 조건의 수락을 전제로 일본인의 생명과 재산을 보호하겠다는 확약을 하게 되었던 것이다.

나중에 알게 된 일이지만 그는 1944년 8월경부터 공산주의자인 박헌영(朴憲永), 이강국(李康國), 이현상(李鉉相), 정백(鄭栢), 권태석(權泰錫) 등과 건국동맹(建國同盟)이라는 지하단체를 점조직 방식으로 진행시켜 왔던 터이고, 해방이 되면 독자적으로라도 국내에서 기선을 잡아 해외의 임시정부 환국을 앞질러 정국을 주도해 나가려 했던 것이다. 또 이것이 해방 후의 정국을 떠들썩하게 했던 그들의 소위 고려인민공화국 수립의 기본적인 각본이었던 것이다. 그러한 그가 감지덕지로 일본 측의 제의를 받아들이게 되었으니 그 속셈을 뻔히 알고 있는 고하가 그러한 각본을 알고 유유낙낙했을 리가 없다.

아니나 다를까 8월 15일 정오, 일본 천황의 이른바 항복 방송이 있기 전인 오전에 여운형은 정무총감 엔도와 만나 정치범, 경제범들의 즉시 석방과 자기들 조직에 대한 불간섭, 3개월간의 식량 확보 등 5개 항목에 대한 승인을 받아내고 즉시 각본대로 건국준비위원회(建國準備委員會) 조직에 들어가 이를 공표하고 [위원장 여운형, 부위원장 안재홍(安在鴻), 총무부장 최근우(崔謹愚), 재무부장 이규갑(李奎甲), 조직부장 정백(鄭栢), 선전부장 조동호(趙東祜), 무경부장 권태석(權泰錫)], 다음날인 8월 16일에는 덕성여중의 운동장을 매운 군중들에게 여운형은 건준의 위원장으로 연설을 하였고 안재홍은 전국을 향해 건준 조직을 공표 방송하는 등 대단한 기염을 올리고 전국적인 지방조직에 들어가 활발한 활동을 개시하였다.

계동 입구에서 중앙학교로 들어가는 길가 휘문학교 운동장 모서리에 위치한 신문기자 홍증식(洪璔植)의 집은 해방 전만 해도 여러 지식인 유지들이 모이는 곳의 하나였는데 해방 후로는 주로 박헌영, 이강국 등 좌익계 인사들이 모여 모의를 일삼는 일종의 아지트로 변해버렸다.

일제에 항거하여 뜻을 같이 하고 서로 위로와 격려 속에 동고동락해 온 인사들이 이제는 서로 눈치를 보고 수군대는 꼴을 나는 자주 목도하게 되었다. 고하가 몽양의 주변 인물들을 못 마땅히 여기고 있는 이유도 알만하였다.

건준을 중심으로 똘똘 뭉친 좌익인사들은 기고만장하여 대세를 주름잡는 듯하였고 특히 무경부(武警部)가 주동이 되어 시내의 일인재산을 마구 접수하며 횡포가 날로 심해가는 가운데 조선군사령부는 미군의 진주 전임을 기화로 총독부에 대해 몽양과의 결탁을 힐난하면서 일개 사단을 동원하여 서울 일원을 포위하고 위협하기에 이르니 총독부는 자기들이 승인한 건국준비위원회의 무효를 선언하는 촌극마저 빚게 되었다.

여기에 더하여 일본인 세화회(世話會)라는 단체가 주선하여 일인의 생명과 재산을 무사히 일본 본토로 철수해 주기로 하고 여운형이 거액을 자금을 받아먹었다는 소문이 나돌아 국내 정계가 발칵 뒤집히는 가운데 혼란만 더해갔다.

건준(建準)에 뒤질세라 경향각지에서는 이모저모의 정당사회단체가 우후죽순격으로 난립을 계속하였다. 공산주의자들이 중심이 되어 판을 치는 정국의 추이를 지켜보며 나름대로의 살 길을 모색해야 하는 국내 각계각층의 인사들은 그들대로 동지들끼리의 규합과 이합집산 현상이 두드러지게 나타났다.

　국내 상황을 관망하며 임시정부의 환국을 기대하던 송진우(宋鎭禹) 씨는 드디어 9월 7일 김성수(金性洙), 김준연(金俊淵) 씨 등 민족진영 인사들과 상의하여 시국대책전국국민대표자대회 소집을 위한 국민대회준비위원회를 조직하기에 이르렀다.

　동아일보사 강당에서 가진 이 모임에는 고하(古下)를 주축으로 한 국내 민족진영의 거물급 인사들이 망라되었는데 이 일을 계기로 급격히 확산되어 나가던 좌익세력에 브레이크가 걸렸던 것이다.

　백관수(白寬洙), 장덕수(張德秀), 서상일(徐相日), 김준연(金俊淵), 장택상(張澤相) 등 제씨가 각 부서를 맡아 국민대회 준비 작업을 진행시키게 되었는데 이 모임이 근간이 되어 결국 한국민주당(韓國民主黨)이 창당의 길을 밟게 되었고 나는 장택상 형과 함께 외교부의 일을 맡아달라는 요청을 받았다. 이 날은 바로 미국 측이 뒤늦게나마 남한에서의 좌익세력 팽창의 음모를 알아채고 맥아더 사령부의 이름으로 군정포고 제1호를 발표하여 38선 이남에 미군정을 실시한다고 한 날이다. 38선 이북에서는 이미 8월 22일에 소련군이 원산에 상륙하였고, 8월 24일에는 평양을 점령하여 일본군을 무장 해제시켜 8월 말까지는 북한을 완전히 장악하는 동시에 38선을 봉쇄하고 남한으로의 철도, 전기, 통신 등을 단절하였던 것이다.

　사람들의 자유왕래는 물론 모든 물자의 교류를 금하고 소련의 시민권을 가진 한국인 2세들을 속속 입국시켜 북한의 공산주의자들과 함께 인민위원회를 재빨리 조직하고 중요 부서를 좌익 일색으로 만들었으니 38선은 이미 이때부터 서서히 굳어지면서 철의 장막이 내려지고 있었다.

이렇게 시국이 급전직하로 소련 국제공산주의자들의 음모에 의해 주도되고 있었지만 몽양은 소련 지령 하에 움직이는 좌익분자들에 얽혀서 꼭두각시 노릇을 하고 있다는 사실조차 인식하지 못하고 있는 듯하였다.(중략)

9월 6일은 또 하나의 엉뚱한 각본이 연출되던 날이다.

나의 집 안국동 104번지에서 담 하나 사이인 당시 경기여고 강당에는 6백여 명이 모여 소위 인민대표자회의가 열렸다. 여운형은 공산당 지도자인 박헌영(朴憲永), 허헌(許憲) 등과 함께 각본대로 좌익 인사들이 중심이 된 55인의 헌법기초위원을 정하고 소위 조선인민공화국 임시정부 조직법을 통과시켰다.

그때까지 아직도 귀국하지 못한 이승만 박사를 비롯한 중경의 임시정부 요인들을 포함시켜 그럴듯하게 민족진영 인사들을 망라한 듯이 가장하였고, 11일에는 이 박사를 주석으로 한 인민공화국 정부 조각 내용을 발표하였다.

주석에 이승만(李承晩), 부주석 여운형(呂運亨), 국무총리 허헌(許憲), 내무부장 김구(金九), 외무부장 김규식(金奎植), 재무부장 조만식(曺晩植), 문교부장 김성수(金性洙), 사법부장 김병로(金炳魯), 경제부장 하필원(河弼源), 체신부장 신익희(申翼熙) 외에도 교통,

군사, 농림 등 15개 부를 포함 전 각료 18명 중 아직도 해외에 체류 중인 인물이 7명이나 끼어 있고, 국내 인사라 하더라도 본인의 동의를 받지 않은 채 멋대로 부서를 정하고 발표하여 마치 거국적인 새 정부가 탄생한 것처럼 쇼를 부렸던 것이다. 이는 그들이 3·1운동으로부터 면면히 이어내려 온 대한민국 정부에 대하여 정면으로 도전하고 2차 대전 후 동구권 공산위성국가들이 연출한 각본 그대로 일차적으로 우익 인사들을 영입하면서 주요 핵심 부서들은 자파가 독점하고 있다가 서서히 본색을 드러내는 식으로 진행시켰던 것이다. 이에 맞서서 국민대회준비위원회가 주동이 되어 우익 민족진영의 국내 인사들을 망라하여 한국민주당이 탄생된 것은 어쩌면 역사의 순리로 보아야 할 것이다.(중략)

그리하여 김병로(金炳魯) 씨 주동의 조선민족당(朝鮮民族黨)과 백남훈(白南薰) 씨 등이 이끄는 한국국민당(韓國國民黨) 그리고 원세훈(元世勳) 씨의 고려사회민주당(高麗社會民主黨) 등 3파가 송진우(宋鎭禹) 씨 등이 이끄는 국민대회준비위(國民大會準備委) 측과 4파 연합을 이루면서 9월 초부터 종로초등학교 등에서 발기의 모임을 가지며 당명까지 정해놓고 준비 작업을 서두른 결과 9월 16일 드디어 천도교 강당에서 1천6백여 당원이 전국에서 소집된 가운데 한국민주당(韓國民主黨)의 창당을 맞이하게 되었다.

이날은 공산분자들의 습격과 방해공작마저 있었으나 백남훈 씨의 개회사로 시작되어 김병로 의장 사회로 순조로이 진행되었고 국내 보수 우익 민족진영의 대동단결을 내외에 과시하며 해외

임시정부를 적극 지지하고 가공적이고 허구적이며 소련의 폭력혁명노선을 추종하는 건준과 인민공화국을 타도하여 국가재건에 총 매진하자는 선언문을 채택하였다.

창당대회에 뒤이어 선출된 대의원 3백 명이 연일 회의를 계속하여 부서를 확정했는데 영수로서 이승만(李承晩), 김구(金九)를 필두로 이시영(李始榮), 문창범(文昌範), 서재필(徐載弼), 권동진(權東鎭), 오세창(吳世昌) 등 7인을 추대하고, 중앙집행위원으로는 수석총무에 송진우(宋鎭禹), 총무에는 원세훈(元世勳), 백관수(白寬洙), 서상일(徐相日), 김도연(金度演), 허정(許政), 백남훈(白南薰), 조병옥(趙炳玉) 등을, 사무국장 나용균(羅容均), 당무부장 이인(李仁), 조직부장 김약수(金若水), 외교부장 장덕수(張德秀), 재무부장 박용희(朴容喜), 차장 장진섭(張震燮), 한학수(韓學洙), 이석주(李錫柱), 고광표(高光表), 선전부장 함상훈(咸尙勳), 차장 백낙준(白樂濬), 송남헌(宋南憲), 이하윤(異河潤), 정보부장 박찬희(朴讚熙), 노동부장 홍성하(洪性夏), 문교부장 김용무(金用茂), 차장 신도성(愼道晟), 양주동(梁柱東), 현제명(玄濟明), 후생부장 이운(李雲), 차장 김효석(金孝錫), 유자후(柳子厚), 조사부장 유진희(兪鎭熙), 차장 이관구(李寬求), 연락부장 최윤동(崔允東), 차장 서상천(徐相天), 김법린(金法麟), 김산(金山), 중앙감찰위원장 김병로(金炳魯), 위원 이중화(李重華), 최승만(崔承萬) 외 27명 등 국내 민족진영 인사들이 대거 참여하였다.(하략)

33

설산 장덕수(雪山 張德秀)

이경남, 동아일보사, 1981년 8월 15일

仁村 무사(無事), 古下 피수(被囚)

3·1운동은 국권 회복이라는 대목표 성취에는 실패하였고 전국적으로 사망자 7천여 명, 부상자 1만 5천여 명, 피수자(被囚者) 4만 6천여 명이라는 큰 희생을 치렀으나 한국민족의 자결의지를 세계 만방에 드높이 선양하고, 일본 통치자에게 일대통봉(一大痛棒)을 가하였으며, 민족자각에 의한 자주역량의 함양이라는 면에서 큰 의의를 쟁취하였다.

더욱이 3·1운동을 계기로 그해 4월에 대한민국 임시의정원(臨時議政院=臨時國會)이 독립운동의 책원지인 상해에서 구성되었으며 임시헌장(臨時憲章)의 제정과 임시정부(臨時政府)수립을 보게 되었다.

모든 언론이 통제된 국내에서, 특히 총독부 기관지(機關紙)조차 구독할 수 없는 감방에서 피검자들은 이러한 〈기쁜 소식〉을 들을 수 없었지만, 간혹 한국인 간수(看守)들이 일본 관헌의 눈치를 보아가며 흘려주는 정보와 뒤늦게 국내에 잠입했다가 검거되어 온 공작원들의 전언(傳言)을 통해서 임시정부수립 소식을 확인하고는 모두들 옥중만세를 부르며 마음 든든해했다.

설산이 경무총감부에서 취조를 받는 동안 또 하나의 흐뭇한 일로 마음을 놓은 일은 그를 가장 아껴 주고 그가 가장 따뜻하게 경모하는 인촌 김성수가 검거 선풍을 모면했다는 사실이었다.
(중략)

중앙학교를 태실(胎室)로 한 3·1독립선언은 이렇게 준비되어 마침내 민족대표 33인의 서명자를 확정하고 기미년 3월 1일 봇물이 터진 듯 화산이 폭발한 듯 일대민족운동의 본 막을 열게 되었는데 이 운동의 모의(謀議)과정에서 고하, 현상윤, 최남선, 정노식(鄭魯湜), 김도태(金道泰), 박인호(朴寅浩), 노헌용(盧憲容), 함태영(咸台永) 등은 민족대표 서명자 연명(連名)에 올리지 않고 제2선에 머무르기로 했던 것이다.

이러한 조치는 독립운동은 한 번으로 그치는 것이 아니고 제2, 제3의 운동으로 이어져야 하며, 또한 제1선에서 희생되는 인사들의 뒷바라지도 해야 할 사람이 필요하므로 사회적 명망은 어떠하든 간에 신진기예층(新進氣銳層)을 제2선에 남기기로 했다.

그러나 경무총감부의 집요한 수사와 제1선 인사들에 대한 혹독한 고문으로 제2선에 머물렀던 인사들도 검거망(檢擧網)에 걸려 3인 아닌 4인이 3·1운동 주모자로 묶여 예심 송치되고 말았다.

이러한 와중에서도 인촌이 이 검거망을 피할 수 있었던 것은, 인촌의 남다른 입장을 동지들이 깊이 헤아려 그의 표면 노출을 극력 억제토록 하였으며, 3월 1일 거사일이 다가오자 고하와 현상윤은 『중앙학교를 지키기 위해 기왕 이 운동의 표면에 나서지 않기로 한 이상에는, 나중에 무슨 트집을 잡히지 않기 위해서라도 아예 3월 1일 당일은 서울을 떠나 있으라.』라고 권고하여 인촌은 그의 고향 줄포(茁浦)로 내려가 며칠을 머무르다 돌아온 것이다.

사실, 105인 사건 때, 신민회 주동 인물 안창호가 세웠던 평양의 대성학교(大成學校)를 폐교시켜 버린 전감(前鑑)으로 보거나 이번 3·1운동에 이승훈이 기독교 대표였다 해서 그가 세운 오산학교(五山學校)를 일본 헌병들이 방화 전소(全燒)시킨 것으로 볼 때 인촌을 연루자권(連累者圈) 밖으로 돌려 앉힌 것은 먼 앞날을 내다보는 예지의 소치였고 사심 없는 동지애의 발로였다.

그러므로 48인으로 망라되어 수감된 고하, 현상윤, 최남선, 김도태 등 인촌과 모의를 같이 했던 동지들은 갖은 고초를 겪으면서도 인촌의 관련 사실만은 끝까지 부인하였으며 이 무사함으로써 중앙학교는 유지 발전되었고, 얼마 안가 《동아일보》라는 민족 언론과 「경방」이라는 민족 산업을 일으킬 수 있게 된 것이다. (중략)

인촌은 이처럼 민족교육, 민족산업, 민족언론을 함께 밀고 나가려는 대구상(大構想)을 무르익히고 실현해 나가면서 지혜와 용기를 서로 보탤 수 있는 송진우, 장덕수, 현상윤 등이 피수(被囚)의 몸이 되어 있는 것을 무엇보다도 안타까워했다.

고하, 설산, 기당(幾堂 玄相允)-어떤 사업, 어떤 문제에 있어서나 인촌의 좋은 벗이요 상경상애하는 동지이지만 특히 고하의 식견(識見)과 설산의 지낭(智囊)과 기당의 성열(誠熱)이 어느 때보다도 아쉬워지는 그런 시기였기 때문이다.

그런데 천만다행스럽게도 설산이 여운형과의 동경행을 계기로 하의도 유배생활에서 풀려나게 되었으니 이것은 인촌에게 있어서 마치 유비(劉備)가 제갈공명(諸葛孔明)을 얻은 것 같은 낭보였던 것이다.

동아일보 창간에 참여

설산이 서울에 돌아와서 하의도 유배생활을 벗게 된 것은 자동적으로 이루어진 일은 아니었다.

총독부 당국은 여운형·장덕수 일행의 동경에서의 언동을 몹시 못마땅히 여겼으므로 설산에 대한 조치를 「원상 복귀」 즉 하의도로 다시 유배시킬 것을 고려하였다. (중략)

이때 설산의 중형 장덕준이 팔을 걷고 나섰다. (중략)

정무총감 미즈노는 여·장 일행의 동경 담판 때 총독부 대표로 참석한 바 있는 몸이었으므로 그의 입장이 매우 난처해져 사이토 총독과 협의한 후 선처할 것을 약속하였다. 장덕준을 돌려보낸 미즈노는 우선 아카이케(赤池濃) 경무국장과 장덕수 문제를 의논하였는데 일본 시즈오카(靜岡縣)현 지사로 있다가 새로 부임한 경무국장은 전임자와는 달리 유연성이 있는 사람이었으므로 정무총감의 미묘한 입장도 헤아려서 「장덕수 방면(放免)」 쪽으로 생각을 기울였다.

이리하여 설산은 유배 조치가 해제되어 서울에 그대로 주저앉아 새로운 활동무대를 얻게 된 것이다.

그런데 추송 장덕준이 아우의 신상 해금(解禁) 문제를 발 벗고 나서 교섭한 것은 혈육 동기로서의 진한 정도 물론 정이려니와 그가 방금 추진하고 있는 「대사업」 즉 인촌 중심으로 진행하고 있는 신문 창간 사업에 아우를 참여시켜 함께 일하려 했기 때문이다.(중략)

한편 추송과는 별도의 선으로 《매일신보》 편집국장을 지내면서 신문의 편집·영업·공장 일에 정통한 「유일한 재사」로 손꼽히던 하몽 이상협(何夢 李相協)도 3·1운동 후 최남선이 투옥되자 육당이 운영하던 신문관(新文館) 사업을 보살피면서 민간지 발행을 구상하고 있었다. 하몽 역시 추송과 마찬가지로 누군가 재정적 독지가(篤志家)를 찾고 있었으며 그밖에 《오사카아사히신문(大阪朝日新聞)》 기자로 활약하던 순성 진학문(瞬星 秦學文)도 일본정부의 정책전환을 재빨리 확인하고는 국내에서의 민간신문 창간에 신경을 경주하였다.

추송·하몽·순성 등 신문의 유경험자들은 신문사라는 것이 영리(營利)만을 추구하려다가는 실패하게 마련이며 더욱이 민족의 대변지를 창간 운영하려면 신문 사업을 민족해방운동의 한 방편으로 생각하는 「돈 있는 지사」가 아니고는 불가능하다는 것을 잘 알고 있었으므로 그들의 눈길은 한결같이 계동의 인촌 댁으로 쏠리었던 것이다. (중략)

이리하여 하의도 배소(配所)의 설산이 서울이 있는 쪽의 북극성을 바라보며 잠 못 이루고 있던 이해 10월 9일에《동아일보》발행허가 신청을 총독부 경무국에 제출하였으며 인촌은 10월 27일에 부인 고광석(高光錫)을 상배하는 아픔을 겪으면서도 경성방직의 경우가 그러했듯이 주식공모(株式公募)를 위해「짚신감발하다시피」전국 13도를 몸소 편력하고 나선 것이다.(중략)

설산의 성격이 적에게는 열화로 대하지만 선배·동료·후배에게는 은은하고 부드러운 것도 인촌의 마음을 흐뭇하게 했다. 특히 운명적으로 형영상반(形影相伴)하는 고하 송진우를 옥중에 둔 인촌의 심정을 헤아려 위로하며『고하가 빨리 풀려 나와야 동아일보는 진짜 기관사(機關士)를 맞이하고, 인촌은 교육·산업·언론 등 모든 사업의 기국(器局) 구실을 할텐데……』하고 말하는 설산의 진솔하고 겸허한 태도에서 인촌은「참사람 참아우」를 보는 듯 했다.

무기정간의 필화「장본인」

촌철자골(寸鐵刺骨)의 필봉이라는 말이 있듯이《동아일보》의 사설과 논설은 붓으로 의제(擬制)된 칼날이요 총탄이었다. 논설기자(논설위원) 누구의 붓끝이 더 날카롭고 누구의 글이 더 매섭고가 없었다.

편집국 취재부서의 보도기사도 다름이 없었다. 총독 사이토에게 폭탄을 던진 강우규(姜宇奎) 의사에 대한 공판이나 평양(平壤)

에서 일어난 만세시위사건이나, 무장독립군(武裝獨立軍)의 분전(奮戰)이나, 정략결혼에 희생된 전 황태자 이은(李垠)과 그 약혼자 민규수(閔閨秀)의 비화 등 겨레의 피를 끓게 하고 겨레의 분루(憤淚)를 뿌리게 하는 기사들이 지면을 메웠다.

논설과 기사가 항일필봉으로 일관하는 중에서 특히 설산이 집필한 사설 〈미국 의원단을 환영하노라〉 제하의 글은 여러모로 의미가 깊었다. 미국 상하원(上下院)의 의원시찰단은 1920년 8월 필리핀·홍콩·중국 등 극동일대를 시찰하고 일본을 거쳐 귀국하는 여정을 잡고 있었는데 그들 일행이 조선 땅을 경유하는 것을 계기로 국내외에서는 여러 형태의 독립운동이 일어났다. 상해임시정부 요인들은 한국독립 청원서를 전달하였으며, 평양과 신의주에서는 투탄사건(投彈事件)이 일어나 한국인의 항일 의지를 구체적 형태로 보여주었다. 의원단이 통과하는 철도연변의 주요도시에서는 만세시위로 그들을 환영하는 등 조선 천지가 한때나마 떠들썩하게 술렁거렸던 것이다.(중략)

이 사설을 집에서 집필한 설산은 밤을 꼬박 새워가며 초고를 잡고 퇴고(推敲)를 거듭했다. 그의 누이동생(장덕희) 말에 의하면, 설산은 눈물을 줄줄 흘리면서 이 사설을 썼다고 한다. 이 사실은 신흥우(申興雨)의 번역을 받아 이례적(異例的)으로 영문판(英文版) 사설까지 함께 게재하였는데 이러한 처사는 미국 의원들이 곧바로 읽고 감명을 받을 수 있게 하기 위한 것이었다. (중략)

古下의 출옥

　언젠가는 이런 수난이 있을 것을 각오하였지만 막상 무기정간이라는 시련을 맞고 보니《동아일보》의 어려움은 이루 설명할 수 없게 되었다. 그렇지 않아도 경영에 허덕이던 터였으므로 사원과 종업원들에게 봉급마저 지급할 수 없는 난감한 처지에 놓였다. (중략)
　바로 이 무렵에 고하 송진우가 감옥에서 출감했다. 3·1운동의 산파역을 맡아 48인의 한 사람으로 검거되었던 고하는 1년 반 만에 무죄 석방되었는데 이것은 국내외의 세찬 여론을 의식한 총독부가 48인에게 내란죄를 적용하지 않고 보안법(保安法)과 출판법(出版法)만을 적용하여 다스렸기 때문이었다. 당시의 보안법과 출판법은 표면에 나타난 행위자(行爲者)만을 벌할 수 있을 뿐, 모의(謀議)나 획책(劃策)에 가담한 자를 직접 벌하는 조문이 없었던 것이다.
　미결수 생활을 끝내고 서대문 감옥에서 출감한 고하는 인촌과 설산, 하몽, 추송, 순성 등《동아일보》간부진의 따뜻한 영접을 받았다.
　인촌 댁에서 고하를 환영하는 만찬이 열렸을 때, 설산은『형님께서 출감하셨는데 신문사 인쇄기가 돌아가지 못해 면목이 없습니다.』하고 미안해하자 고하는 이렇게 말했다.
　『내가 오히려 당신들을 위로해야 되겠군. 그렇지만《동아》의 숨이 아주 끊어진건 아니잖아. 더욱이 여기 안촌이 있으니 여러분은 붓끝에 녹이 안 슬도록이나 해요..』 옆자리의 인촌은 빙긋이 웃었고, 설산은 눈시울이 찌릿해지는 감전(感電)을 느꼈다.

고하는 곧 고향으로 내려갔다. 인촌은 고하에게 구미(歐美) 시찰을 권했고, 설산은 신문 일을 같이 해주었으면 하고 기대하였으나 고하는 자기가 옥중에 있는 동안 어머니께서 돌아가신 것을 불효의 한(恨)으로 가슴 아파하여 우선 어머니 묘소에 머리를 숙이고 앞으로 할 일에 대한 정확한 방향을 조용히 모색해 보려고 고향땅 담양(潭陽)으로 내려간 것이다.

작은 형 장덕준(張德俊)의 실종

고하의 출감을 원군(援軍)의 내도인양 마음 든든히 반겼으나 고하가 홀홀히 향리로 내려가는 바람에 마음 한구석이 또다시 허전해진 설산에게 이번에는 살점을 도려내는 아픈 비보(悲報)가 날아들었다. 간도(間島)로 특파된 중형 장덕준이 실종된 것이다.(중략)

한 달, 그리고 두 달…… 두만강에 불어오는 바람은 한층 더 매섭기만 할 뿐, 장덕준의 신상에 대해서는 지푸라기 같은 소식도 전해주지 않았다.

해가 바뀌어 《동아일보》의 정간이 해제되자 논설반 기자 김명식은 2월 2일 자 1면 머리에서 울부짖었다. (중략)

김명식은 〈추송 장덕준 형을 사(思)하노라〉라는 글에서 장덕준의 인품과 간도 특파 동기 등을 이렇게 논한 다음 만천하 독자들에게 다음과 같이 절절히 호소했다. (주=원문을 현대문으로 약간 고침)

널리 우리 형제들에게 고(告)하노니 추송 장덕준 형은 당년 30 이라. 그 모습은 초췌하고 체질은 약하되 활발한 기개와 맹렬한 담력은 사람들을 압도하며 첩첩한 구변에 방방한 조리는 또한 사람들의 경앙(敬仰)을 모으며, 그의 외모는 그의 성품을 그대로 그리었고 그의 성품은 그의 외모를 도장(印)찍은 듯하니 비록 초면의 인사라 하더라도 첫눈에 장추송(張秋松)인 줄 알게 될 것인즉, 이 사람을 어디서든지 보거든 우리의 뜻을 고해 주고 그 소재지를 알려 주시오.

오오라, 청천에 말이 없으니 그 삶을 알 수 없으며, 인사가 무도(無道)하니 그 존(存)을 듣지 못하겠구나. 추송아, 추송아, 살아 있느냐 살아 있느냐. 방초에 봄도 돌아왔으니 그대도 돌아오라.

두 청년지사(편집자 주=장덕수와 허정)의 의기투합으로 마침내 준비 작업에 들어간 이 신문의 발간 경위와 거기에 얽힌 비화들을 허정(許政)의 회고담은 다음과 같이 전해주고 있다.

신문의 제호(題號)는 3·1운동 정신을 계승 발전시킨다는 의미에서 《삼일신보(三一申報)》로 정했다. 교민사회의 언론공기(言論公器)임을 다짐하면서도 3·1운동으로 집약된 한민족의 독립정신을 단적으로 표징(表徵)한 제호였다.

신문의 성격은 노농대중(勞農大衆)을 위한 진보적 언론으로 정향(定向)했다. 창간동지(創刊同志)들 중 설산을 제외하고는 거의 모두들 지주나 상인 등 비교적 부유한 가정환경 출신이었지만 고등

교육을 받는 과정에서 민주주의와 사회정의 사상을 터득하였으므로 그들이 구상하는 독립 조국의 미래상은 국민 절대다수의 권익을 보호하는 복지사회(福祉社會)의 실현이었던 것이다.

창간 목표일은 1928년 3월 1일로 잡았다. 겨레의 함성이 터져 올랐던 1919년 3월 1일 그날로부터 만 9년이 되는 역사적 기념일에 제호도 걸맞는 《三一신보》가 고고의 소리를 지른다는 것은 얼마나 뜻 있는 일이겠는가.

창간일을 그렇게 잡고 보니 여러 가지 준비 작업이 촉박해졌다. 허정(許政), 장덕수(張德秀), 김양수(金良洙), 윤홍섭(尹弘燮), 김도연(金度演), 최순주(崔淳周), 홍득수(洪得洙), 신성구(申聖求), 서민호(徐珉濠) 등은 연일 이마를 맞대고 숙의한 끝에 각자가 업무를 분담하여 수행키로 했다.

자금 마련은 교민단장 허정을 비롯한 윤홍섭, 신성구 등이 앞장을 섰다.

신문제작을 위한 제반 시설물 준비는 유경험자인 설산에게 일임되었다.

설산은 신문제작 공정의 골격이 되는 활자(活字), 제판기(製版機), 인쇄기(印刷機) 등을 수소문해보았다. 그런데 동판을 만드는 제판기와 인쇄기는 국내의 동아일보사에서 본 것보다 성능이 더 좋은 것이 얼마든지 있었지만 국문활자만은 전혀 구할 길이 없었다.

창간 준비 작업이 난관에 부딪치자 누군가가 대안(代案)을 조심스럽게 내놓았다.

『국문 활자를 구할 수 없으면 영문(英文)으로 내면 어떻겠소. 우리 교민들은 모두 영어를 알고 있으니까……』

궁여지책으로서는 그것도 일리 있는 의견이었다. 영문으로 신문을 낸다면 우리 교포뿐 아니라 미국인들도 읽을 수 있어 한민족의 독립운동에 대한 국제여론을 환기시키는 데 일석이조가 되기도 한다.

그러나 신문 창간의 주창자(主唱者)인 허정의 마음은 선뜻 돌아서지 않았다. 그는 이 신문을 외국인 상대의 선전지(宣傳紙)라기보다는 교민사회의 공정한 대화의 광장으로 삼으면서 해외교포들에게 민족의 얼과 독립사상을 일깨워 주며 여러 형태의 독립운동을 지원하려는 데 그 목적을 설정했던 것이다.

그건 그렇다 하더라도 매잡이가 꿩을 잡으려면 매가 날아야 하듯이 시설 가운데 진짜 알맹이인 한글 활자가 없고서야 어찌 신문 발행이 가능하단 말인가, 허정은 꺼질 듯한 한숨을 삼키며 고개를 떨구었다. 그때였다.

『좋은 수가 있어 본국에 연락하면 그분들이 도와줄 거야!』

설산이 무릎을 탁 치며 방안의 침통한 공기를 깨뜨렸다.

『본국의 그분이라니?』

『동아일보사 말이요. 인촌과 고하에게 부탁하면 꼭 도와줄 거요. 자모(字母)만 한 세트 가져오면 활자는 얼마든지 주조(鑄造)할 수 있으니까』

장덕수는 인촌 김성수와 고하 송진우의 인품을 동지들에게 소개하고, 독립운동을 지원하는 대의(大義)를 위해서라면 지혜와 용기를 아끼지 않는 두 분의 성행(性行)을 거듭 강조하면서 자기가 곧 편지를 쓰겠노라고 다짐했다.

그는 밤을 새워가며 고하 앞으로 긴 편지를 썼다.

일본 관헌(官憲)이 편지를 뜯어보고 훼방질 칠 것을 염려하여 독립운동의 일환으로 신문을 창간할 계획이라는 것은 덮어둔 채 그저 국문활자 자모가 아주 긴요하다고 기술한 설산의 편지였지만 그 편지를 받아 본 고하는 행간(行間)에 숨어 있는 진의를 어렵잖게 읽을 수 있었다.

송진우 사장은 이 문제를 인촌과 의논한 다음 지체 없이 조치를 취하였다.

동아일보사가 이역만리 미국으로 보낸 우편 소포는 설산 손에 무사히 도착되었다.

떨리는 손길로 소포 꾸러미를 풀어헤치다가 국문 자모임을 확인한 설산은 소포 꾸러미를 부둥켜안고 벌떡 일어나 덩실덩실 춤을 추었다.

『됐다! 드디어 《三一신보》가 나오게 됐다!』

둘러앉아 지켜보고 있던 창간 동인들도 일제히 환호성을 올렸다.

고하가 고마웠다. 인촌이 한없이 고마웠다. 설산은 자기가 《동아일보》부사장 겸 주미특파원이라는 직함에 대한 깊은 자부심을 새삼스럽게 되씹었다.

인쇄기 앞에서 통곡(慟哭)

가장 난감스러웠던 활자 문제가 해결되었으니 이제는 창간작업에 본격적으로 돌입할 차례였다.

신문사 사옥을 다운타운 23가 어느 빌딩에 잡고 인쇄소도 이 빌딩에 마련했다.

창간 목표일이 가까워지자 외형상의 진용(陣容)도 갖추었다. 사장에 허정, 주필 김양수, 편집에 장덕수, 김도연, 최순주, 영업 홍득수, 재정 신성구 등-

그러나 이와 같은 진용·부서는 외형상의 표시에 지나지 않았다. 직업적인 기자(記者)를 따로 두거나 문선, 조판, 정판 등에 전문기술자를 고용할 형편이 못되었으므로 창간동지 모두가 기자도 되고 기술자도 되는 공동작업 체제였다.

아무튼 다운타운 23가의 《三一신보사》는 3월 1일 창간호 발행을 향해 활기 넘치게 움직였다. 국내 혹은 일본에서 대학을 마친 젊은이들이 더 심오한 학문 연구를 위해 이역만리 미국에까지 건너와서 수동식 평판기(手動式平版機) 한 대를 가운데 놓고 어수선하게 움직이는 그 풍경은 서부영화(西部映畵)에 가끔 나오는 18세기 때의 시골 신문사를 방불케 하는 진풍경이었다.

드디어 《三一신보》의 창간호가 나와야만 하는 D데이가 되었다. 그러나 허정의 회고록은 이러하다.

역사적인 창간호의 첫 장을 찍기 위해 인쇄기를 돌리기 시작했다. 환희와 초조가 뒤섞인 숨 막히는 순간이었다. 그러나 곧이어 터져 나와야 할 환희의 함성이 아니라 절망의 한숨소리가 들려왔다. 분명히 조판을 끝내고 꼭꼭 묶어 놓은 활자가 제멋대로 튀어나와 사방으로 흩어져 버렸던 것이다. 우리는 다시 부랴부랴 판을 묶고 인쇄를 해보았으나 결과는 마찬가지였다. 설산은 인쇄에 실패하자 하늘이 우리를 버렸다고 하면서 주먹으로 땅을 치며 통곡했다. 그때의 애타는 설산의 울음소리가 아직도 귓가에 쟁쟁하다……(중략)

해방 – 식민지시대의 종식 – 독립국가 건설……3천리 강토에는 빛나는 태양이 내려 비쳤으며 3천만 동포는 새 시대를 향하여 그동안 축적했던 민족의 에너지를 한껏 분출하게 되었다.

설산은 이날 저녁, 원서동(苑西洞) 고하 댁에 달려가 몰려든 동지들과 해방의 감격을 나누었다. 인촌은 며칠 전에 연천(漣川)으로 내려간 채 아직 귀경하지 않았으므로 설산은 밤늦게 제기동 자택으로 돌아왔다.

그는 이 한밤을 거의 뜬눈으로 지새웠다. 해방의 기쁨과 내일에 대한 구상이 52세의 설산에게서 수마(睡魔)를 날려 버린 것이다.

8월 16일, 설산은 보성전문학교로 나갔다. 아무리 세상이 바뀌었다 하더라도 자신의 정위치는 보성전문이며, 학교 나름대로 해야 할 일이 있기 때문이었다. 동지들과의 연락을 위해서도 자기의 원위치에 있어 주어야 한다.

밖에서는 어느덧 독립만세를 부르는 민중의 환호성이 거리를 메웠다.

라디오(京城放送局)는 안재홍(安在鴻)의 방송 연설이 오후 3시에 있을 것이라고 예고해 주었다.

휘문중학 교정에서 대중 집회가 열린다는 소문도 있고, 여운형(呂運亨)의 이름과 함께「건국준비위원회」라는 낯선 이름도 귓전을 울렸다.

동료 교수들과 이야기를 하고 있는데 허정(許政)이 설산을 찾아왔다. 이날의 이야기를 허정은 다음과 같이 회고한다.

해방 다음 날인 8월 16일, 나는 보성전문학교로 장덕수 씨를 찾아갔다. 내가 설산을 찾아간 것은 그 전날 밤에 신중히 생각한 정당(政黨)조직을 논의하기 위해서였다.(중략)

일찍부터 상해임시정부의 정통성과 합법성을 역설해 온 우리들로서는 새로운 정당이 임시정부를 맞이할 기반을 닦는 준비기관적 역할을 수행하는 것으로 만족해야 한다고 생각했던 것이다.

설산과 나는 곧 이러한 원칙 밑에서 각계각층의 인사를 만나 정당 조직의 의사를 타진하기로 했다. 설산은 지도급(指導級) 인사들을 만나고, 나는 주로 젊은 층을 만나기로 했다. 당시 국내에서 지도적 인물로 존경을 받던 사람들은 인촌 김성수, 고하 송진우, 민세 안재홍, 몽양 여운형 씨 등이었다.(중략)

정당의 필요성 역설

이제 수문은 열렸고, 주사위는 던져졌다.
설산은 그날부터 움직이기 시작했다.

고하를 만나 의견을 타진했고, 여운형을 찾아가 해방정국의 항로를 논의했다. 안재홍의 거취에 조명등을 비쳐보았고, 대구에 사람을 보내 서상일(徐相日)을 서울로 끌어 올렸다. 계동 댁에 돌아온 인촌을 자주 찾아가 건국의 방략을 허심탄회하게 토로했다.

이렇게 시작된 설산의 자치활동은 바로 인촌, 고하를 비롯한 민족진영 인사들의 정치적 행적과 동궤(同軌)를 이루는 것이었으며 한국민주당(韓國民主黨)의 생성역사와 동일한 것이었으므로 해방정국의 진전상과 정객들의 동정을 개관하면서 설산이 걸어간 발자취를 함께 살피기로 한다.(중략)

설산은 공산주의자들의 조직적 책동이 여운형 개인 뿐 아니라 해방정국을 사도(邪道)로 몰아갈 것을 예견하고 옛정이 두터운 여운형을 만나 공산주의자들의 꼭두각시가 되지 말도록 간곡히 경고했다. 여운형 역시 설산에 대해서는 외경(畏敬)에 가까운 정의(情誼)를 품고 있었으므로 정면으로 반론을 제기하지는 않았다.

그러나 여운형은 이지(理智)보다는 감정이 승한 성격이었으며 그 자신이 진수시킨 〈건준호〉에 대한 정치적 과대평가와 미련 때문에 회군(回軍)의 결단을 못 내리고 질질 끌려가기만 했다. 한편 고하 송진우는 패전전야의 조선총독부가 행정권 일부 위양을 교섭해 왔을 때 단호히 거부하고 8·15를 맞이한 다음 원서동 자택에 버티고 앉아 좀처럼 움직이려 하지 않았다. 여운형이 협력을 청하러 찾아왔을 때 「정권수립을 보류하고 임시정부 환국을 기다려야 한다」고 일축한 고하는 김병로·김준연·백관수 등이 〈송진우·여운형의 제휴로 국내 정치세력의 대집결체〉 구성을 적극 권유하였으나 「지금은 연합군과 임시정부 환영준비에 역점을 둬야할 때」라고 말하며 신중한 자세를 견지했다.

설산은 고하의 정치적 식견을 높이 평가하고 있었으므로 여운형의 제휴가 불가능하다는 것을 알고 민주정당 조직을 적극 건의했다. 그러나 고하는 설산의 의견에 원칙적으로 찬동하면서도 「문제는 그 시기(時機)」라고 하며 유보적 반응을 보였다.(중략)

설산은 뒤늦게 귀경한 인촌을 찾아가 고하게 진언했던 말과 같은 이야기를 꺼내보았으나 역시 고하의 의견과 대동소이한 반응을 들었다. 인촌은 덧붙여서 《동아일보》 복간 준비와 보성전문학교를 명문대학으로 발전시키는 데 대한 강한 집념과 열의를 피력하였다.

설산이 접촉한 선배급 인사 중에서 정치적으로 가장 적극적 반응을 보여준 사람은 안재홍이었다.

안재홍은 8월 15일에 여운형의 연락을 받고 〈건국준비위원회〉라는 이름을 지을 정도로 적극 호응하여 16일 낮에는 방송국을 통해 〈건준〉 발족을 전국에 알렸으며 17일에 확정된 부서에서는 부위원장이라는 제2인자가 되었었다.

그러나 안재홍은 〈건준〉 내부에 침투하는 공산주의자들의 붉은 마수를 일찍 감지하고 김병로·백관수·김도연·김용무 등 민족진영 인사들과 은밀히 접촉하여 〈전국유지자대회(全國有志者大會)〉를 소집키로 하는 등 〈건준〉의 폐쇄성을 타파하고 좌경화를 방지하려고 노력했다. 그렇지만 이 같은 시도는 공산주의자들의 교란공작과 안재홍 자신의 성격적 취약성 때문에 무위로 끝나 버렸다.

설산은 안재홍을 만나 〈건준〉 같은 불투명한 정치단체에 관여할 것이 아니라 민주주의적인 민족정당의 조직이 무엇보다 급선무라고 설득하였으며, 정치학을 전공했고 언론인이기도 했던 안재홍은 설산의 말에 적극 동조한 것이다.

설산의 정당 결성 노력은 당시의 지도급 인사들에 대한 설득에 관한 한 별로 큰 성과를 거두지는 못했다. 그러나 이것은 8·15 직후 10여 일간의 정치서막(政治序幕)에 있었던 일에 불과할 뿐 본막이 오르자 양상은 달라졌다.

한국국민당(韓國國民黨) 발기

설산이 지도급 인사들을 순방하며 정당 조직의 필요성을 강조하고 그분들의 적극적 지도참여를 권유하는 동안 허정은 거의 동년배라고 할 소장급 인사들을 규합하는 일에 전력하였다.

그러나 8·15 직후의 정계에는 같은 민족진영에 속하는 인사들이 여러 갈래로 정당 조직 운동을 진행하였으므로 설산·허정의 활동은 잡다한 계류(系流) 중의 하나에 지나지 않았다.

맨 먼저 정당 간판을 내걸은 것은 고려민주당(高麗民主黨)이었다. 원세훈(元世勳)을 중심으로 한 고려민주당은 8월 18일에 조직되었으며 사회민주주의적인 강령을 내걸었고, 이병헌(李炳憲)·한학수(韓學洙)·박명환(朴明煥)·송남헌(宋南憲)·이민홍(李敏弘) 등이 주요 부서를 맡았다.

그밖에 정치 그룹으로는 다음과 같았다.

① 김병로계(金炳魯系=주로 호남출신 인사들)=김병로·백관수·김용무·나용균·정광호
② 홍명희계(洪命熹系=신간회 경성지회계)=홍명희·조헌영·이원혁·박의양·김무삼
③ 이인계(李仁系)=이 인·조병옥·박찬희·신윤국
④ 백남훈계(白南薰系=황해도출신 인사들)=백남훈·함상훈·이운·원익섭
⑤ 전향파(轉向派)=김약수·유진희

이같은 계파는 이념이나 시국관의 확연한 구분으로 이루어졌다기보다는 출신지역의 지연(地緣)과 개인적 친소관계로 자주 접촉하는 사이에 자연히 그룹을 형성하게 된 것으로서 해방정국을 암중모색 하는 분자(分子)운동에 지나지 않았다.

그러므로 조선민족당(朝鮮民族黨)이라는 신당 결성기운이 일어나자 위의 계파중 상당수의 인사들과 먼저 발족했던 고려민주당까지도 이에 합류하여 8월 28일 계동 한학수(韓學洙) 집에서 발기인 총회를 열었다. 조병옥(趙炳玉)의 감동적인 개회사에 2백여 명의 발기인들이 모두 눈시울을 적신 이날의 조선민족당 발기인 총회는 민족정당 태동의 효시가 된다.

한편 설산과 허정을 중심으로 하는 또 하나의 정당 조직 준비도 급속도로 진척되었다. 설산은 당의 발기취지문과 정강·정책 초안을 만들기에 골몰하였고, 허정은 동지 규합에 동분서주했다. 구미지역과 일본 등지에 유학을 한 지식층 인사들이 대거 참여했다.

이리하여 8월 29일 안국동의 해위 윤보선(海葦 尹潽善) 집에서 창당준비위원회가 열렸다. 설산이 작성한 정강·정책을 놓고 진지한 토의가 진행되었다. 당의 이름은 「한국국민당(韓國國民黨)」으로 결정하였다. 손문(孫文)이 주도한 신해혁명(辛亥革命)의 모체였으며 장제스(蔣介石) 정권의 기반인 「중국국민당」을 연상하여 붙인 이름이었다.

백남훈·김도연·윤보선·이운·홍성하·이순탁(李順鐸)·최윤동(崔允東)·구자옥(具滋玉)·유억겸(俞億兼)·윤치영(尹致暎)·최승만(崔承萬) 등 참석자들은 인촌·고하 등 지도급 인사들을 영입하여 보다 광범위하고 강력한 정당을 발기할 것을 다짐하였다.

그런데 해괴한 일이 벌어졌다. 설산의 설득으로 흔연히 참여키로 다짐했던 〈건준〉 부위원장 안재홍은 이날의 준비위원회에 나와 설산이 작성한 신당 강령에 문화앙양(文化昻揚)의 항목이 빠졌다고 지적하여「민족문화를 앙양하여 세계문화에 공헌함」이라는 항목을 첨가토록 하는 등 적극적 열의를 보인 바 있었는데 이 준비위원회가 산회된 지 3일 후, 아무런 사전연락도 없이 박용희(朴容羲)·명제세(明濟世) 등과 함께 별도 신당의「조선국민당」발기를 선언한 것이다.

안재홍의 이러한 돌연변신(突然變身)에 대하여 한국국민당 발기위원들은 매우 서운해 하였고, 교량역할을 맡았던 설산은 동지들 앞에 체면이 손상되었다. 그러나 설산은 자기변명을 위해 안재홍을 비난하는 말을 입 밖에 내지 않았다. 다만「한국국민당」준비에 참가했던 사람이「조선국민당」이라는 엇비슷한 당명(黨名)을 발기한 것이 마음에 걸리는 듯『일이 이상하게 됐는데……몸만 갈 것이지「국민당」이름까지 가지고 갔으니……』하며 씁쓸히 웃었다. 설산은 마음이 언짢거나 자기 생각과 다른 상황이 벌어졌을 때 남을 비난하는 소리는 하지 않고, 그저 씁쓸히 웃는 버릇이 있었다.

안재홍 이탈 문제에 관하여 허정은 이렇게 회고한다.

『내 생각으로는 조선국민당의 창당은 민세(民世)가 주도한 것이 아니라 오히려 그가 끌려들어 갔을 것이다. 그의 성품에는 그런 일면이 있었기 때문이다. 문제는 국민당이라는 당명을 횡령당한 우리가 새로이 당명을 정하는 것이었다. 우리는「민주주의 정체(政體)수립을 기함」이라는 강령의 정신을 살려 당명을「한국민주당」으로 정했다』

 이러한 곡절을 겪으면서 설산과 허정은 초지(初志)대로 9월 4일에 발기총회를 주도하여 얼마 후에 탄생될 범민족 세력의 통합체인 한국민주당 결성에 일익을 담당하고 나섰다.

한국민주당(韓國民主黨)으로 대합류

 조선민족당과 한국국민당이 구체적 윤곽을 드러낼 무렵 원서동의 고하와 계동의 인촌도 무거운 몸을 움직이기 시작했다.

 설산과 허정, 그리고 김병로와 백관수 등이 여운형의 독주를 견제하고 공산당과 강력히 대결하기 위해서는 민족정당의 조직이 시급하다고 여러 번 종용하였으나 「그 시기가 아니다」라는 간명한 이유를 들어 정세를 관망해 온 고하와 인촌은 정당은 아니지만 넓은 의미의 정치적 기동에 발을 떼기 시작한 것이다.

 그 직접적인 동기가 무엇인지 단정적으로 말할 수는 없지만, 8월 30일 연합군 총사령관 「맥아더 원수의 지시에 따라 31일 오후부터 오끼나와의 미 제24군단과 서울의 조선관구사령부(일본군) 사이에 직통무전(直通無電)이 개시되었음을 어떤 루트를 통하여 확인함으로써 미군의 한반도 진주를 확인하게 된 것이 하나의 촉매제였던 듯하다.

 그도 그럴 것이 고하와 인촌은 우리의 당면과제가 〈연합군 환영〉, 〈임시정부 봉대〉라고 생각하고 있으면서도 이미 원산(元山), 평양(平壤), 해주(海州) 등지를 점령한 소련군이 서울까지 남하할는지 모른다는 갖가지 풍설이 난무하고 있었으므로 자칫 잘못하면 〈연합군 환영 조직〉이 〈소련군 환영 조직〉으로 둔갑될 위험성도 없지 않아, 구체적 환영 준비 조직은 유보해 두고 있었던 것이다.

더욱이 9월 2일 서울 상공에 비래한 미 항공기는 미 제24군단 사령관 하지 중장의 다음과 같은 포고 비라를 살포하여 미군의 서울 진주를 기정사실로 확인시켜 주었다.

〈미군 상륙에 즈음한 미군사령관의 포고 제1호〉

남조선 민중 각위에게 고함

미군은 근일 중에 귀국에 상륙하게 되었다. 당군(當軍)은 동경에서 금일 일본군의 항복문서에 조인하게 되었으므로 여기에 의거하여 미군은 연합군 대표로서 상륙하는 것이다. 그 목적은 귀국을 민주주의 제도하에 있게 하고 국민의 질서유지를 도모하는 데 있다.

국가조직의 개선은 일조일석에 이루어지는 것이 아니며 안녕질서에는 큰 혼란과 유혈이 따르지 않게 하지 않으면 안 되는 것이다. 미군은 이상의 목적을 조속히 수행하기 위하여 한국민중에 대하여 다음 여러 가지 점에 대한 원조와 협조를 요망하는 바이다

(하략)

국토의 분할점령(分割占領)은 확실해졌고 수도 서울에 존·R·하

지 중장의 미군사령부가 진주한다는 것도 분명해졌다.

그러므로 고하와 인촌은 9월 4일 서상일·김준연·설의식·장택상·김동원·안동원 등과 〈대한민국임시정부 및 연합군 환영준비위원회〉를 조직하였다. 임시정부 환영이란 임시정부의 법통(法統)을 지지한다는 정치적 기치이며 연합군 환영이란 해방된 민족의 도덕적 감정의 표시인 것이다. 준비위원회 위원장에는 33인의 한 분인 권동진(權東鎭)을 추대하였고 부위원장은 인촌과 이인·허헌(許憲)이 맡았다.

그러나 정국은 고양이 눈빛처럼 변해 갔다. 아니 그것은 만담(滿湛)을 이루었던 고지대의 호수물이 수문을 밀어 젖히고 급경사의 계곡으로 왈칵 분류(奔流)하듯이 급전한 것이다.

여운형은 재빨리 백상규(白象圭)·조한용(趙漢用) 등을 인천 앞바다로 내보내 미 진주군 사령관에게 〈건준〉 위원장의 메시지를 전달토록 조치했다.

박헌영의 재건파(再建派) 공산당은 통일된 공산당 조직을 서둘러 9월 8일에 열성자대회를 열기로 확정했다.(중략)

좌익의 움직임은 분류(奔流)라기 보다는 전광석화(電光石火) 같았다. 조직을 장기로 하는 그들은 계획대로 인민대표자대회를 열어 〈조선인민공화국〉의 수립을 선포했다. (중략)

공산계열이 이처럼 민첩하게 조직적으로 움직이니 민족진영 역시 느슨하게 방관할 수만은 없었다. 민족진영 인사들의 시선은 고하와 인촌에게 따갑게 집중되었다. 설산도 원서동과 계동을 자주 드나들며 공산계열의 책동과 그들이 노리는 전략 목표를 나름대로 분석하여 「이러고 있을 때가 아니다」고 역설했다.

9월 6일 미군의 선견군사(先遣軍使) 해리스 준장 일행이 김포비행장에 도착해 숙소인 조선호텔에 진을 쳤다.

고하는 마침내 일어섰다. 9월 7일《동아일보사》3층 강당에 모인 각계각층의 3백50명 인사들은 〈임정·연합군 환영준비위원회〉를 〈국민대회준비회(國民大會準備會)〉로 발전적으로 개편하고 고하를 위원장으로 선출했다. 이 〈국민대회준비〉는 좌우익을 망라할 뿐더러 해외망명인사까지 포함시켜 초당적인 정부 조직을 모색하는 합의기구(合議機構)를 지향하고 있었다.

그러나 설산을 포함한 한국국민당과 김병로·조병옥 등이 망라된 조선민족당의 핵심인사들은 〈국민대회준비회〉는 정당이 아니라 하나의 합의연합기구에 불과하므로 공산계열과 대항하기 위해서는 강력한 민족정당의 출현이 역시 필요하다는 것을 절감하였다.

『민족당과 국민당을 하나로 묶어 출범토록 하자!』

『고하도 이미 발을 떼었으니 국민대회 쪽 인사도 모두 합류시키자!』

『시간이 급하니 빨리 통합정당을 발족시켜 좌익 책동을 만천하에 고발 성토해야 되겠다!』

누구도 이론(異論)을 제기하지 않았다. 이리하여 발기총회를 서두른 한국민주당 발기인 1천여 명은 9월 8일 다음과 같은 결의문을 발표하였다.

- 우리는 독립운동의 결정체이요, 현하 국제적으로 승인된 대한민국임시정부 외에 소위 정권(政權)을 참칭(僭稱)하는 일체의 단체 및 그 행동은 그 어떠한 종류를 불문하고 이것을 단호히 배격함.

발기인들은 함께 발표한 성명서에서 〈건준파〉 소위 인민공화국파를 「오오라 사도(邪徒)여!」라고 매도하고 격렬한 어조로 「3천만 민중이여, 제군은 이같은 도배들의 반역적 언동에 현혹치 말고 민중의 진정한 의사를 대표한 오등(吾等)의 주의에 공명하여 민족적 일대운동을 전개하지 않으려는가」라고 호소했다.

이 결의문과 성명서는 좌익진영에 대한 최초의 공식적인 선전포고였다.(중략)

미군정과의 교량역(橋梁役)

설산이 담당한 외무부에는 구미유학을 마친 제제다사가 망라되어 있어 한민당 내에서는 〈해외유학부〉라는 별명을 들을 정도였다. 윤보선·윤치영(尹致暎)·이활(李活)·구자옥(具滋玉)·문장욱(文章郁)·박용하(朴容夏)·최순주(崔淳周)·윤홍섭(尹弘燮)·이상은(李相殷) 등 거의 모두가 해외유학 출신이므로 외국어에 능통했고, 또한 설산과 의기 상통하는 동지들이었다.

구성인원이 이러하였으므로 미군이 진주하여 총독부 청사에 군정청(軍政廳)을 개설함에 따라 이들의 할 일은 아연 활기를 띠게 되었다. 그런 가운데서도 설산은 민족진영의 간판격이요, 한국민주당 대표인 고하 송진우를 하지 사령관이나 아놀드 군정장관과 긴밀히 연계(連繫)시켜야 하는 중요한 임무를 수행하게 되었다. (중략)

　이 무렵의 미국정부와 미군정이 얼마나 무계획·무준비·우유부단하였는지에 대하여 훗날 주한미대사관(美大使館)에 근무한 바 있는 그레고리 헨더슨(Gregory Henderson)은 《한국의 정치사회》라는 저서에서 다음과 같이 기술하고 있다. (다음은 위 책 〈제2부 한국정치의 변증법, 제3절 분열과 항쟁의 부활〉중에서 발췌한 것임)

- 미국 군인은 한국의 사정에 대하여 상식적인 일조차 모르고 있었다. 그들은 눈앞에 벌어지고 있는 사회의 유동성(流動性)을 분석할 수도 없었고 그 방향을 판단할 수도 없었다. 그들에게는 아무런 자료가 없었으며 자료를 정리하려 해도 정보가 입수되지 않았다. 미군은 이기적(利己的) 목적을 가지고 있지는 않았다. 아무런 정책도 수립된 바 없었으므로 목적 따위가 설정될 리 없었던 것이다.

- 한국문제에 대한 미국의 책임체제와 의사결정의 기구는 1947년 8월까지 믿어지지 않을 정도로 분열되고 혼란한 것이었다.

남한 진주가 군사적 의미를 가진 이상 그 책임은 육군성(陸軍省)에 맡겨졌는데 육군성에는 한국에 관심을 가졌거나 한국문제에 예비지식을 가진 사람은 한 사람도 없었다.

- 참으로 이해할 수 없는 일이지만 〈카이로선언〉 이후 20개월이 경과했지만 한국문제에 대해서는 아무런 준비도 이루어지지 않았다. 육군장관 로버트·P·패터슨이나 그의 모든 부하들은 한국문제를 사이드쇼 정도로 밖에는 생각하지 않았으며 섣불리 진흙탕에 빠지지 않으려고 한국문제에서 회피하려는 생각에 급급하였다.

- 국무성의 일을 보좌하기 위하여 육군준장 존 필드링이 점령지역 담당 차관(次官)으로 국무성에 전입되었다. 그와 그의 부하들은 유능하기는 하였지만 역시 한국에 대한 지식이나 경험은 전무하였다. 그들의 관심은 오로지 독일과 일본에 집중되었다. 사실 한국은 〈카이로선언〉에서 해방지역(解放地域)」으로서 특별히 다루어야 한다고 명기해 두었어야 했는데도 불구하고 「점령지역(占領地域)」이라는 범주에 집어넣은 것이다.

- 미국에서 첫손에 꼽히는 한국문제 전문가는 퇴역한 해군중위(海軍中尉)였다. 그는 한국에 가본 적도 없었고, 한국에 대한

전문가라고 자처하지도 않았는데 주위에서는 모두들 그를 한국문제의 권위자로 떠받들어 올린 것이다.

미국정부, 더 정확히는 점령행정을 다루는 육군성이나 외교정책을 다루는 국무성이 하나같이 한국문제에 대해서는 아무런 사전준비도 없었고 장님이나 다름이 없었는데, 그러면 실제로 38도선 이남에 진주한 미군과 그 사령관인 하지 중장은 어떠하였던가. 그레고리 헨더슨은 같은 책에서 이렇게 지적하고 있다.

- 하지 사령관은 정력적으로 일하고 결단력도 있는 일리노이의 농장(農場) 출신으로 실전파(實戰派)의 장군이었다. 그는 웨스트 포인트 출신이 아니며 졸병에서부터 실전을 통해 장군에까지 승진하였으므로 전형적인 야전지휘관이었다. 지적(知的)인 면도 없었고, 정치적 성격의 일을 처리해 낼 그런 자질도 없었다. 다만 그의 제24군단이 한반도와 가장 가까운 거리인 오끼나와에 있었다는 그 이유 하나만으로 서울에 진주하게 된 것이다.

- 하지 장군은 본국 정부로부터 이렇다 할 도움을 받지 못했다. 그는 국무성에 정치고문(政治顧問)의 파견을 요청하였는데 이에 대하여 제2급의 외교관이 명백한 훈령(訓令)도 스태프도 없이 서울에 왔다. 하지 장군은 그 외교관이 한국에 관한 실제적

지식도 없고 쓸모도 없어 보이므로 본국으로 돌려보냈다.

- 하지 사령부에 배속된 최고의 보좌관이란 웨스트 포인트에서 미식축구의 묘기로 이름을 떨친 군인이었다. 하지 장군과 함께 진주한 부대에 민정(民政) 전문가는 한 사람도 없었다. 최초의 가장 중요한 5주일(週日) 동안 하지 사령관은 「코리아」라는 단어조차 들어본 적이 없는 제6, 제7, 제40보병전투사단 장병들을 지휘하며 세계에서 가장 까다로운 정치 상황에 대처하지 않으면 안 되었다.

- 겨우 10월 20일이 되어 최초의 민정요원(民政要員) 일단이 도착했다. 그러나 그들은 필리핀에 파견될 예정으로 교육 훈련을 받았으며 한국에 대해서는 단 한 시간의 강의도 받은 바 없었다. 그 후에 도착한 제2차 민정요원단은 일본에 관하여 교육 훈련을 받은 다음 갑작스러운 목적지 변경으로 남한에 온 사람들이었다.

- 하지 장군이 인천(仁川)에 상륙할 때 가지고 있던 것은 〈미육군 민정요람(美陸軍民政要覽)〉뿐이었다. 이 책은 해방지역이 아닌 점령지역에서의 진주의 정책에 대하여 기술한 것이었다. 이 책 속에는 「정치의식이 아무리 건전하다 하더라도 조직화된 민간 정치그룹을 군정부(軍政府)의 정책 결정에 참여시

켜서는 안 된다.」라는 대목이 있었으며, 또한 그러한 그룹과 접촉할 때는 지극히 신중해야 한다고 강조되어 있었다. (중략)

그러나 설산을 비롯한 외무부 인사들과 조병옥·윤치영·장택상 등 영어에 능통하고 민주정치이론에 밝은 인사들이 미군 장교들과 접촉해 본 결과 〈판도라의 상자〉에는 군사 지도 하나만이 있을 뿐이라는 것을 감지하게 되었다.

설산으로부터 미군정의 허상을 전해들은 고하는『그렇다면 그들을 깨우쳐 줘야겠군. 알아야 면장도 한다고 한국 실정에 까막눈이 돼서야 정이 잘 될 리 없지!』

그는 외무부장 장덕수에게 미군사령관 및 군정청 고급장교들과 긴밀히 접촉하여 한국민주당과의 대화 루트를 마련해 보도록 당부했다.

설산은 하지 사령관, 아놀드 군정장관, 윌리엄스 대령, 버치 중위 등이 미군정의 중추인물임을 알게 되었고 따라서 반도호텔과 군정청을 자주 방문했다. 조병옥·윤치영·허정·장택상·임영신(任永信) 등도 혹은 개별적으로, 때로는 짝을 지어 미군 수뇌들과 대화를 해보았다.

진주군을 따라 들어온 이순용(李淳鎔)이 설산의 도미 유학시절 동지였다는 것은 여러모로 다행스러운 일이었다.

설산의 하루 일과 중에는 미군정과의 연계 절충역을 수행하는 것이 중요한 과제가 되었다.

고하·하지 사령관 면담 주선

　군정장관 아놀드 소장은 설산과 조병옥이 컬럼비아대학의 박사학위 취득자이며 윤치영이 프린스턴대학 출신이라는 사실을 알고 감명을 받은 듯했다. 일본 군국주의의 식민지 통치기간, 한국인들은 노예상태에 있었으므로 모든 한국인은 반야만(半野蠻)의 미개인일 것으로만 짐작했었는데 자기네 나라에서도 명문에 속하는 일류대학의 학위 소지자이며 학식이나 영어실력이 상류에 속한다는 것을 확인하고는 경탄의 눈을 번쩍 떴던 것이다.

　『닥터 장이 우리 미군정을 도와주어야겠소. 남한의 정치정세는 어떠하고 한국인들에게 미군정이 성공하기 위해서는 어떻게 해야 하는지 우리 진주군은 모르는 것이 너무 많소.』

　아놀드 장관이 가슴을 절반쯤 풀어 젖히자 설산은 유창한 영어로 대꾸했다.

　『미군정의 성공은 한국인과 미국인 모두에게 행복을 기약할 것입니다. 그러자면 먼저 송진우 선생을 만나보도록 하시오. 김성수 선생도 만나봐야 합니다. 물론 여운형 씨도, 공산당 대표도 접촉은 해봐야 되겠죠. 그렇지만 가장 큰 민주정당인 한국민주당의 송진우 대표 의견이야말로 미군정에게는 가장 보람 있는 도움이 될 것입니다.』

　설산은 8·15 해방 후 〈건국준비위원회〉의 독주로부터 시작된 남한 정치정세와 소위 〈인민공화국〉의 허구성(虛構性)을 이로정연하게 설명해 주었다. 그리고 3·1운동 이후 인촌과 고하가 언론·

교육·사회사업·산업분야 등에서 어떠한 업적을 쌓았으며 국내의 모든 민주주의적 민족주의자들이 두 분을 구심점으로 삼고 계속되어 있음을 강조했다.

아놀드 군정장관과 윌리엄스 대령은 설산의 말에 깊은 감명을 받은 듯했다. 그들이 접촉해본 다른 해외유학파 인사들도 설산이 한 말과 대동소이하였으므로 아놀드 장관은 이를 하지 사령관에게 보고하였다.

하지 사령관은 마침내 고하와의 면담을 요청해 왔다. 윌리엄스 대령에게서 이 연락을 받은 설산이 고하에게 이를 전하자 고하는 말했다.

『설산이 함께 가줘야겠소. 나는 영어회화를 잘 못하니까……』
그리고는 고하 특유의 유머를 잊지 않았다.

『설산의 통변은 이래저래 유용하군. 4반세기 전의 〈동경담판〉에는 설산이 몽양과 동행했었지만 이번에는 나의 말 지팡이가 되니』

고하는 3·1운동 직후 여운형의 이른바 〈동경담판〉에 설산이 부사(副使)격의 통역으로 일본에 건너가 일본정부 고관들과 설전을 벌였던 일을 상기시킨 것이다.

그런데 이날의 〈고하·하지 회담〉은 여운형의 선착대기(先着待期) 때문에 유산되고 말았다. 하지 사령관은 그동안의 정보를 분석한 결과 남한 정치판도가 송진우 중심의 민족진영과 여운형을 스타로 내세운 좌익진영으로 대별되고 있음을 알고 이 좌우익의 양웅(兩雄)을 함께 불러 소위 3자회담 같은 것을 진행해 보려고 했던 것이다.

대기실에 들어선 고하는 먼저 온 여운형이 한쪽 소파에 앉아 있는 것을 보고 설산의 옷소매를 잡아끌며 호텔 밖으로 나와 버렸다.

『빙탄불상용(氷炭不相容)인데 외국인 사령관 앞에서 우리끼리 입씨름하면 무슨 꼴이 되노!』고하는 하지 사령관과의 면담에 여운형이 동석하는 것은 회담 분위기로 보거나 체통으로 보거나 백해무익이라고 생각한 것이다. 설산도 같은 생각이 들어 『하지는 군인이 돼서 정치적 감각이 둔한가 봐요. 따로따로 만나 양쪽의 의견을 깊이 새겨들은 다음 제3의 조정자(調停者)로서 중재를 하고 싶으면 그때 가서 합석시켜도 되는 것인데…』『내 생각이 바로 그것이오. 앞으로 설산이 그 군사령관을 좀 교육시켜야 되겠소.』『참, 일이 맹랑하게 됐습니다. 그렇지만 아직 시간 여유는 있습니다. 곧 요청이 있겠지요.』(중략)

고하와 하지 사령관의 면담은 얼마 후에 실현되었다. 당초 계획대로 설산이 통역을 맡았다.

고하는 하지 사령관에게 공산계열이 벼락치기로 날조한 소위 〈조선인민공화국〉에 대하여 미군정이 공식성명으로 이를 불인정(不認定)할 것과 미군정을 보좌하고 자문에 응할 한국인 지도자들을 선정하여 고문으로 추대할 것 등이 급선무라고 말해 주었다.

10월 5일, 하지 중장은 11명의 지도급 인사들을 군정장관 고문

(軍政長官顧問)으로 임명했다. 김성수·전용순(全用淳)·김동원·이용설(李容卨)·오영수(吳泳秀)·송진우·김용무·강병순(姜炳順)·윤기익(尹基益)·여운형·조만식(曺晩植) 등 11명이었다. 그 인적 구성은 인촌·고하를 비롯한 한국민주당계가 주축을 이루었고, 비정치적 전문분야 인사와 좌익계열의 여운형이 들어 있었다. 평양에 있는 조만식이 참석치 못한 가운데 첫 고문회의가 열려 인촌을 의장에 추대했다. 여운형은 사퇴했다.

 이 군정장관 고문의 임명은 군정청의 군정업무를 수행함에 있어서 한국인 지도층 인사들의 의견을 참작한다는 면에서 의의가 있었지만 한국민주당의 입장에서 본다면 민족정당의 의견을 군정 당국에 반영시킬 수 있는 현실적인 파이프라인을 설정했다는 점에서 매우 중요한 일이 되었다.

 10월 10일 군정장관 아놀드 소장은 〈인민공화국〉을 정식으로 부인하는 성명을 발표하였다. 공산계열은 치명적 타격을 받았다.

 군정장관 고문회의의 구성과 〈인민공화국〉 부인 성명은 미군이 남한에 진주한 이래 1개월 만에 한국민주당이 쟁취한 최초의 개가(凱歌)였다.

 이것을 가리켜서 한민당과 미군정의 유착(癒着)의 시작이라고 평한다 하더라도 미군정하에서 정치투쟁을 전개해야 하는 엄연한 현실 상황에서는 기필코 점령해야 하는 첫 고지였던 것이다.

 고하와 인촌 그리고 설산은 이 1차 개가를 모두 흐뭇해했다.

 (중략)

임시정부 측이 이처럼 극한적인 반탁투쟁을 주도하게 되니 미군정이 가만히 좌시할 수 없게 되었다. 하지 사령관은 임정의 반탁투쟁 총동원령을「한계를 넘은 폭주」라고 단정하고 임정요인들을 중국으로 추방조치 하겠다는 극언을 서슴지 않았다. 미군정 측의 감정적 반응을 완화시키기에 노력한 경무부장 조병옥은 고하와 설산에게 군정 당국의 험악한 공기를 전해 주면서『경교장의 불은 당(한민당)에서 잡아보시오. 코쟁이들은 내가 맡으리다.』라고 말했다.

이때 설산이 고하와 함께 어느 정도 깊이 숙의하였는지는 잘 알려지지 않았지만, 아무튼 고하는 김준연과 함께 경교장에 가서 임정 측의 무모한 극한투쟁론에 제동을 걸었다.

『반탁 국민운동 전개하는 것, 대한사람이면 누구나 반대 못합니다. 영화 같은 반탁 의사를 군정 사령관이나 미국 대통령 귀에 쩌렁쩌렁 울리도록 해야죠. 그렇지만 미국을 반대하고 미군정을 적대시(敵對視)하여 무모하게 머리로 받아넘기려 하다가는 작은 것을 얻고 큰 것을 잃게 되기 쉽습니다.』

고하는 김구에게 차근차근히 말했다.

『시정(市井)의 필부들이 주먹을 높이 쳐들고 고함을 칠 때 그 주먹질을 가상히 여기면서도 정치지도자는 사태의 앞뒤 진전을 헤아리면서 물구비를 잡아 나가야 합니다.』

고하나 임정이나 신탁통치 반대라는 대의(大義)에서는 이론의 여지가 없었지만, 고하는 미국의 여론에 작용하는 실리적 투쟁방식을 더 중히 여겼고, 임정 측은 「맨주먹 붉은 피로 부딪혀보자」는 강경론을 주장한 것이다. 고하로 대표되는 한민당이 실리적 온건파였다면 김구로 대표되는 임시정부 측은 이상적 강경파가 된 것이다.

그런데 예나 지금이나 마찬가지로 한국 정치인들의 정치운용 속성의 하나인 평행선(平行線) 달리기가 〈경교장 회의〉에서도 그대로 나타났다.(중략)

아무튼 28일 밤과 29일 저녁 이틀간에 걸친 〈경교장 회의〉는 목표는 동일하되 방법론의 차이로 격론을 벌였으며 겨우 다음날을 기약하고 반탁투쟁 전개를 위한 국민총동원위원회의 중앙위원 40명과 상임위원 21명을 선출하는 선에서 일단락을 지었다.

고하는 밤이 어둑해서 당사(黨舍)에 들렀다가 원서동 자택으로 돌아왔다.

그는 연일·연야 회의로 좀 지쳐 있었으므로 밤 10시께 잠자리에 들었다.(중략)

이튿날 새벽, 고하의 침실 밀창문을 여는 소리와 함께 총소리가 울렸다. 괴한 6명이 침입하여 연속 13발을 난사하였고, 그 중 6발이 새벽잠에 들어 있는 고하의 육신을 관통했다.

1945년 12월 30일 오전 6시 15분, 고하 송진우는 56세를 일기로 파란 많은 생애를 마쳤다.

고하의 죽음은 민족진영으로서는 기둥을 잃은 타격이었다. 인촌으로서는 평생의 지기지우(知己之友)를 잃은 아픔이었고, 설산으로서는 가장 식견 높은 외형(畏兄)을 잃어버린 손실이었다.

이승만·김구는 물론 미군정의 하지 사령관, 아놀드 장관도 경악과 애도를 금치 못하였다.

고하를 쓰러뜨린 범행 일당의 주범 한현우(韓賢宇)는 직업적 테러리스트로 알려졌다.

고하가 세상을 떠나자 한민당은 그 슬픔을 딛고 하루라도 빨리 당을 이끌어나갈 후임 수석총무를 선출하지 않으면 안 되었다. 중론은 오직 한 사람이었다. 1월 7일에 열린 중앙집행위원회는 인촌 김성수를 수석총무로 추대했다.

34

동은 김용완(東隱 金容完)

동은기념사업회, 삼화인쇄주식회사, 1979년 10월 5일

　송진우(古下 宋鎭禹) 선생 - 동은(東隱)이 민족이란 무엇인가를 알기 시작한 것은 중앙학교(中央學校)에 들어와서 부터였는데, 특히 고하가 담임하고 있던 수신시간(修身時間)을 통해서 동은은 민족정신이란 무엇이며, 애국애족은 어떻게 해야 하는가를 비로소 배우게 되었다.
　古下의 수신시간은 책에 있는 이론을 이야기하는 것이라기보다는 시종 古下 자신의 포부와 민족정기에 대한 강연으로 끝났고, 역사상 훌륭한 인물에 대한 이야기로 강의를 진행하곤 하였다. 수신시간은 원래 교장인 仁村이 가르치게 되어 있었는데 仁村은 학감인 古下에게 맡기고 있었다.
　古下는 칠판에다 크게 「인격이란 무엇이냐」고 써놓고 그 정의를 그 나름대로 내렸다. 「인격이란 양심에 복종하는 힘이 강한 것을 말한다」고 하면서 학생들과 더불어 때로 여러 가지 사상을 토론하곤 하였다. 주식 시간이 되면 古下뿐만 아니라 다른 선생들도 으레 교정으로 나와 학생들과 함께 얘기와 토론의 꽃을 피웠다.
　한 번은 동은(東隱)이 古下에게 불리어 갔는데 「너 장가갔다며?

어린애가 무슨 장가야? 더구나 중학교 애들이 장가가는 게 아니야. 공부부터 해야지?」라며 유머를 담은 얘기도 하였다. 이처럼 古下는 가정적으로도 동은을 잘 알고 있었다.

古下의 시험문제는 간단했다. 인격이면 인격, 수양이면 수양, 도덕이면 도덕, 이런 제목으로 시험문제를 내놓고 작문을 쓰라고 했다. 한번은 동은이 3학년에서 4학년으로 올라가는 학기말 시험을 치를 때였는데 그 나름대로 머리를 짜내어 답안을 작성했으나 시간이 모자라 생각한 것을 반 정도 밖에 못쓰고 말았다.

그러나 바로 옆에 자리를 같이 하고 있는 친구는 이미 답안을 깨끗이 써서 종이 치기를 기다리고 있었다. 그래서「그 친구는 백점이고 자기는 낙제로구나.」하고 우울해 하고 있었다. 그런데 성적표가 나온 것을 보니 이게 어찌된 일인가, 동은은 백점이고 그 친구는 6점이었다. 다음 학기가 되자 그 친구는 화가 나서 수신시간에 古下에게 따지고 들었다 한다. 그랬더니 古下는 서슴지 않고「시험 답안이 무슨 소용이야! 평소의 행동이 제일이지.」이렇게 한마디로 대답했다.(중략)

이와 같은 와중에 하루는 古下로부터 동은에게 전화가 걸려왔다.「김 군인가?」

「예.」

「경성방직(京城紡織)에 돈이 얼마나 있나?」

「돈 없습니다.」

「여보게, 나라가 흥하고 망하는 일이야. 돈 있는 것 전부 거두어주게.」

古下의 전화는 거의 명령조였다. 당시 古下는 한민당(韓民黨)에 관계하고 있었는데 공산당에 대처하기 위한 정치자금을 대라는 것이었다. 古下는 동은이 중앙학교 때 제자였기 때문에 수당(秀堂)이나 전무로 있던 최두선(崔斗善)보다는 좀 더 수월하게 말할 수 있었는지도 모를 일이었다.

그러나 동은은 이 일을 혼자서 임의로 해결할 수는 없었다. 그래서 사장인 수당에게 古下로부터 받은 전화 내용을 상의하였다.

동은의 이야기를 듣고 있던 수당은 한참 동안 묵묵히 있다가 단호히 말하였다.

「돈을 내세. 나라가 이렇게 혼란에 빠지다가는 모든 게 공산당 수중에 들어갈 수도 있네. 경성방직(京城紡織)보다는 나라가 더 중요하지 않은가!」

결국 긴급 중역회의를 소집하게 되고 경성방직은 재고품을 몽땅 처분하여 당시로는 거액이랄 수 있는 삼백만원의 자금을 마련하였다.

동은은 그때 수당의 인품에 깊이 감명받았다.

그 무렵 경성방직은 별로 돈이 없었다. 공장은 제대로 돌아가지 못하는 실정이었고, 회사의 운영자금도 모자라는 판국에 재고품을 몽땅 팔아 거금을 내놓는 데 수당은 인색치 않았던 것이다. 말하자면 동은이 감명받은 것은 돈 쓸 데를 분명하게 알고 있는 수당의 안목에 있었던 것이다.

　이후 경성방직은 이승만(李承晩) 박사가 건국준비를 위해 미국으로 갈 때 여비 마련을 위한 자금으로 또 한 번의 정치자금을 댔는데 이것이 경성방직으로서는 정치자금을 대는 일로서는 마지막이었다.

　이해 11월에 수당은 판매수익금의 20% 범위에서 전 사원과 종업원에게 해방 기념 특별상여금을 지급하였다. 이것은 해방을 기념하는 뜻도 있고 타 회사처럼 「재고품 나누어 먹기」도 없었던 데 대한 배려의 뜻도 있고, 이제부터 합심하여 재출발하자는 다짐의 의미도 포함되어 있었다.

　이 상여금은 사원의 경우 5천원에서 2만원 베이스로 지급되었는데 이 금액은 당시 월급의 약 백배가 되는 것으로 상당히 큰 액수였다.(중략)

　수당은 이 해 12월, 제37기 주주총회를 마지막으로 27년간 심혈을 기울여 이룩해 놓은 경성방직을 떠났다.

5. 사장

　해방 직후부터 동은은 혼란한 틈을 이용한 종업원들의 행패로 하루도 편안한 날이 없었다. 아침에 눈을 뜨면 또 오늘도 뛰어 다녀야 하나 하는 생각이 들었고, 멋대로 날뛰는 종업원들의 군중심리를 어떻게 다룰 것인가 하는 생각이 머리를 무겁게 만들었다.

9월부터는 남만방적(南滿紡績)에서 일하던 사원들과 종업원이 돌아오기 시작했다. 남만방적은 경성방직이 전액 투자했던 회사이며 사원은 말할 것 없고 종업원도 만주에서 충원할 수가 없어 인원의 태반이 국내에서 모집해 간 사람들이었다.

귀환해오는 이들 사원 및 종업원들은 우선 영등포공장에 짐을 풀었고, 회사는 그들을 수용하는 한편 그들의 일자리를 마련해 주어야 하는 부담을 짊어지게 되었다. 마침 일인 경영의 방직공장이 한국인들에 의해 다시 조업(操業)을 서두르게 되었다. 그러나 이들 공장들은 당장 기술자 부족을 겪게 되어 갈팡질팡하게 되었다. (중략)

이런 와중(渦中)에 그해 12월 29일 최두선(崔斗善)이 사장으로 취임하고, 수당을 위시한 경성방직의 전 임원이 사퇴했다.

수당은 최두선을 사장으로 앉히면서 하는 말이 「당신더러 자본가라고 할 사람은 없을 테니 할 때까지 해 보시오..」하는 것이었다.

제3대 최두선 사장이 취임하면서 새로이 취체역(取締役=이사)에 선출된 임원들은 자본과는 관계없는 경영진으로 구성되었다.(중략)

동은은 이때 경성방직 상무 취체역을 내놓고 그가 전무 취체역으로 겸무해 오던 삼양상사(三養商事)의 사장으로 자리를 옮겼다. 그리고 동은은 최두선 사장이 동아일보 사장으로 가게 되어 사장직을 내놓게 되자 그 후임으로 1946년 6월, 경성방직 제4대 사장으로 선임되었다. 동은은 6개월만에 다시 경성방직으로 복귀했고 이제 최고경영자로 무거운 짐을 짊어지게 되었다.

수당을 비롯한 경성방직의 전 임원이 물러나던 1945년 12월 29일을 하루 지난 30일, 고하가 테러범에 의해 암살되었다. 古下의 참변으로 동은은 정치의 무상과 냉혹(冷酷)을 목도하고 느끼는 바 컸으며 앞으로 정치에는 관여하지 않겠다고 스스로 다짐하게 되었다.

실상 후일 동은은 몇 번 고향 사람들로부터 국회의원 출마 권유를 받았지만 이를 모두 물리쳤다.

古下가 비명에 간 뒤 仁村이 그 뒤를 이을 기미가 보이자 수당과 동은은 仁村이 정치에서 손을 떼게 할 심산으로 仁村을 찾아갔다. 그러나 仁村은 「친한 친구가 흉탄에 맞아 비명에 갔는데 내가 손을 뗄 수는 없다.」고 하면서 한마디로 거절했다. 그후 仁村은 결국 한국민주당 당수로 취임했고, 고하의 참변으로 사장을 잃은 동아일보사는 1947년 2월 최두선을 새 사장으로 맞았던 것이다.

35

고하와 낭산(朗山)

김준연(金俊淵), 독립노선(獨立路線), 제6판 시사시보사 출판국,
1959년 7월 30일

(1) 정계회복 1년
- 해방과 정치운동의 출발-

동아일보 1946년 8월 15일

1

"공산혁명으로 일로 매진하겠소!"

이것이 건국준비위원회위원장 여운형(呂運亨) 씨가 작년(1945년) 8월 15일 오전 10시경 창덕궁 경찰서 앞에서 내게 선언한 말이었다.

"소련군이 곧 경성에 들어오고 우리가 곧 내각을 조직할 터인데 당신 후회하지 않겠소?"

이것이 건국준비위원회 조직부장 정백(鄭栢) 군이 역시 작년 8월 15일 오후 3시경에 내게 전화로 한 말이었다. 정계 1년을 회고하는 데 있어서 이 여, 정 양씨가 내게 한 말은 참으로 우리가 기억할 가치가 있는 말이라고 하지 아니할 수 없다. 그리고 내가 직접

들은 말은 아니지마는 세상에 이미 널리 알려져 있는 또한 사람의 다음 말도 기억할 가치가 있다고 생각한다.

작년 9월 8일 계동서 개최되었던 공산당 열성자 대회 석상에서 책임비서 박헌영(朴憲永) 군은 "조선인민공화국 만드느라고 동무들 대하기가 늦어졌소!" 하고 말하였다.(중략)

벌써 무조건 항복은 기정사실이었고 다만 그 절차에 관한 것이 논의되고 있었던 것이다. 중앙정부와의 연락으로 인하여 그 형세를 깊이 관찰한 조선총독부 당국은 창황 실색하야 어찌할 줄 모르고 송진우 씨에게 향하야 시국 담당을 요청하게 되었다.

총독부 보안과장 이소자키(磯崎)와 차석사무관 하라다(原田)와 조선군참모 간사키(神崎) 외 또 한 참모와 박 모와 송 씨의 5인이 본정(本町) 모 일인의 사저에서 회합하게 되었다. 그때에 그들은 물론 일본이 무조건 항복한다는 말까지는 내지 못하였고 다만 형세가 급박 중대하다는 것을 말하고 행정위원회 같은 것을 조직하라고 권하고 독립준비까지를 하여도 좋다고 하였다. 그러나 송 씨는 응종하지 않고 양취(佯醉)하고 일본의 필승을 말하고 그 자리를 피하여 버렸다.

그 이튿날 아침에 하라다 사무관이 또 와서 권유하고 경기도 보안과장 전봉덕(田中鳳德: 후일 대한변호사협회장)이도 와서 권하고 최종에는 경기도지사 이쿠다(生田)가 경찰부장 오카(岡)와 함께 적극적으로 권하였으나 송 씨는 여전히 거절하고 응치 아니하였으니 그것이 8월 13일의 일이었다.

그때에 오카 경찰부장은 앉았다 섰다 왔다 갔다 하면서 어찌할 줄 모르고 형세가 절박하니 송 씨가 담당하지 아니하면 아니 되겠다는 것을 협박적으로 말하였다. 총독부가 가진 권력의 4분지 3을 밀어줄 터이니 해달라고 말하였다. 신문·라디오·교통기관·헌병·경찰·검사국 등을 다 밀어주겠다고 하며 일본인의 거류를 인정하며 그 사유재산을 보호하여야 되지 않겠느냐고 하며 당신이 응락하면 지금 당장에 정무총감 엔도(遠藤)에게 함께 가서 결정을 짓자고 하였다.

그러나 송 씨는 여전히 거절하므로 오카 경찰부장은 "당신이 그같이 고사하면 김준연 군으로 하여금 하여보게 하면 어떠한가? 김준연 군을 만나게 하여달라"고 하였다. 그래서 송진우 씨는 "김준연 군도 나와 동일한 의견일 줄 안다. 그러나 당신이 만나기를 원하니 연락은 취하겠다."고 대답하고 나에게 그 뜻을 전하였으므로 나는 경기도지사 이쿠다(生田)를 만나게 되었다.

2

8월 14일 오전 9시경에 나는 경기도지사 이쿠다를 경기도지사실에서 만나게 되었다. 오카 경찰부장도 들랑날랑하였다. 이야기는 5-6시간 계속되게 되었다. 그날 처음으로 경성에 B29가 2차례나 날아와 나는 그들과 방공호에 들어가서 피난하고 점심까지 같이하고 이야기하였는데 조선 내에서 폭동이 일어나지 않을까 하고 퍽 염려하는 모양으로 더군다나 학생들의 동향에 대하여서는 지대한 관심을 가지는 모양이었다. 그들이 무조건 항복에 관한 의사를 표시치 아니한 이상 나는 물론 그 눈치도 보일 수 없는 것이고 그들이 듣기 좋게 위안될 만한 말을 하여주고 갈리게 되었는데 맨 끝에 이쿠다 지사는 "당신이 송진우 씨를 만났는가?" 하고 묻기에 나는 "그렇다"고 대답하였다. 조선총독부의 시국담당에 관한 송진우 씨 측에 대한 교섭은 이와 같이 결별되고 말았는데 15일 아침에 들은즉 여운형 씨가 오전 7시 반에 정무총감 엔도를 만나러 갔다고 하였다. 물론 송진우 씨 측에 대한 것과 동일한 문제인 줄을 짐작하였다.

그때 14일 밤 라디오 방송은 15일 정오에 중대방송이 있으리라는 것을 예고하였다. 그런데 나는 정백(鄭栢) 군에게서 송진우 씨와 여운형 씨와의 제휴에 관하여 알선하여 달라는 부탁을 받았다. 정백 군 등의 의견에 의하면 송진우 씨 측과 여운형 씨 측이 제휴하면 국내에 있어서는 대항할 만한 세력이 없을 터이니 그 뜻을 송진우 씨, 김성수 씨에게 말해달라는 것이었다. 그러나 나는 김성수 씨는 14일 오후에 연천(漣川)으로 떠나는 길에 잠깐 만났을 뿐으로 그 문제에 관하여서는 이야기할 기회가 없었고, 송진우 씨에게는 14일 밤에 그 이야기를 하였더니 거절하고 응치 아니하였다. 총독부 측으로부터 4차례나 교섭을 받았는데 그것을 거절하였은즉 지금 다시 응낙할 수도 없고 연합군이 들어오기 전에 일본 사람의 손에서 정권을 받는다는 것은 불가할 것이기 때문이라고 하였다. 송진우 씨는 중일전쟁(일지사변)이 일어나고 미일전쟁(대

동아전쟁)이 계속하여 일어나 일본이 혁혁한 승리를 얻어가는 동안에도 일본필망(日本必亡)의 신념을 굳게 가지고 있었다. 나는 송진우 씨에게서 다음과 같은 말을 수백 번 들었다.

"일본인이 망하기는 꼭 망한다. 그런데 그들이 형세가 궁하게 되면 우리 조선 사람에게 자치를 준다고 할 것이고 형세가 아주 궁하게 되어서 진퇴유곡의 경우에 이르게 되면 그들은 조선 사람에게 독립을 허여 한다고 할 것이다. 우리가 자치를 준다고 할 때에 나서지 아니할 것은 물론이려니와 독립을 준다고 하는 때에도 결코 나서서는 안 된다. 그때가 가장 우리에게 위험할 때다. 망해가는 놈의 손에서 정권을 받아서 무슨 소용이 있겠느냐. 프랑스의 페탕 정권을 보라. 중국의 왕조명(汪兆銘) 정권을 보라. 또 필리핀의 라우엘 정권을 보라. 그들이 필경 허수아비 정권밖에 되지 못할 것이고 민족반역자의 이름을 듣게 된다."

이와 같은 생각으로 총독부의 교섭도 거절하고 여운형 씨의 제의도 거절한 것이었다. 이것은 송진우 씨가 총독부 측 제안을 거절한 이유가 되는 동시에 여운형 씨의 제안을 거절한 이유도 되는 것이지마는 여 씨 측 제안을 거절한 것은 또 다른 중대한 이유가 있었던 것이다.

여운형 씨에게는 해외에 있는 재중경 대한임시정부를 위시하여 여러 독립운동 선배들의 존재를 무시하는 경향이 농후하게 있고 또 공산주의적 색채가 농후한 것이 간취되었기 때문이다. 이와 같이 되어서 최초의 합작시험은 실패로 돌아가고 말았다.

그리하여 여운형 씨는 15일 오전 7시 반에 정무총감 엔도를 만나고 와서 건국준비위원회를 조직하여 가지고 운동을 전국적으로 전개하였던 것이다.

3

8월 15일 정오에 과연 중대방송이 있었다. 그것은 일본 히로히도(裕仁) 천황의 무조건 항복에 관한 것이었다. 여운형 씨 등은 바로 활동을 개시하였다. 건국준비위원회 운동이 대대적으로 전국적으로 전개되었다.(중략)

17일 아침에 평양서 송진우 씨 댁으로 전화가 왔다. 이것이 남북 연계에 관한 중대한 사실이다. 그 전화의 내용인즉 이러하다. "지금 조만식(曺晩植), 오윤선(吳胤善), 김동원(金東元) 세 사람이 모여서 전화를 한다. 그런데 지사로부터 시국 담당의 교섭이 있는데 어찌하면 좋을까?"하는 것이었다. 그래서 송진우 씨는 "치안유지 정도로 하는 것이 좋겠다!"고 회답하였다.

20일경에 김병로(金炳魯), 백관수(白寬洙) 씨 등은 건국준비위원회를 방문하고 "정권을 정무총감에게서 받는 형식을 버리고 각계 유지를 총망라하여 그 자리에서 공론하여 치안을 유지하는 정도로 하여 명칭도 치안유지회 같은 것을 채택하라!"고 제의하였었는데 찬성자도 많이 있었으나 건국준비위원회 측에서 응종치 아니하여서 성립되지 못하고 만 것은 또한 기억할만한 사실이었다.

그래서 여운형 씨 등은 그대로 나가서 9월 6일 밤에 경기여고 강당에 모여서 인민공화국을 만들고, 13일에는 그 각원의 명부까지를 발표하여 그의 숙원이던 조각을 완성한 듯하였다.

송진우 씨는 8월 말에 와서야 겨우 활동을 개시하였다. 연합군이 9월 7일에 경성에 돌아온다는 것이 확실히 알려진 때문이다. 국민대회준비회를 발기하였다.(중략)

9월 16일에는 한국민주당(韓國民主黨)이 결성식을 거행하였는데 송진우 씨는 그 수석총무(首席總務)로 취임하게 되어서 국민대회준비위원장인 동시에 한국민주당 수석총무인 송진우 씨는 두 단체를 영도하게 되어 건국준비위원회, 인민공화국에 대한 대항적 세력을 집결하게 되었던 것이다.

9월 말에 안재홍(安在鴻) 씨의 국민당(國民黨)이 결성되고 또 임영신(任永信) 씨를 중심으로 한 조선여자국민당(朝鮮女子國民黨)이 결성되어서 민족주의 진영은 국민대회준비회, 한국민주당, 국민당, 조선여자국민당 이와 같은 4개 단체로 두각을 나타내게 되었다.

10월 16일에 이승만(李承晩) 박사가 미국으로부터 미국 비행기를 타고 김포공항에 도착하였고, 11월 중에 중경에 있던 대한민국 임시정부가 들어오게 되어서 민족주의진영은 강화되게 되었다.

그동안에 민족통일, 정당통일, 좌우합작 등 많은 문제가 논의되고 시행도 되었으니 10월 5일에는 양근환(梁槿煥) 씨의 알선으로 좌우요인들이 창신동 백낙승(白樂承) 씨 집에서 회합하였고 이승만 박사는 중앙협의회를 중심으로 하여서 노력하여 보았고 중경서 돌아온 임시정부에서는 조소앙(趙素昻), 장건상(張建相) 씨 등을 내세워서 합작을 도모하여 보았으나 다 성공하지 못하고 신탁문제가 나오고 박헌영 군의 소련연방 가입론이 나오게 되어서 합동되지 못할 것이 명확하게 되었던 것이다.

4

경성서는 12월 30일에 송진우 씨가 암살을 당하고 평양서는 미구에 조만식 씨가 연금을 당하게 되었다. 민족주의진영에 대한 반격이 남북에서 거의 동시에 시작된 것으로 보지 아니할 수 없는 것이었으니 이것은 일대 경종이었다.

건국준비위원회, 인민공화국의 지도자들 즉 인민당, 조선공산당의 간부들 즉, 여운형, 박헌영 씨 등은 공산혁명으로 일로매진하기를 주장하고 내각을 즉시 조직할 것을 주장하야 그 결론으로 9월 6일에 인민공화국을 만들어서 13일에는 각원(閣員)까지 발표하고 신탁을 지지하야 조선의 절대자주독립을 부정하고 소연방 가입을 주장하야 4천년 문화민족을 러시아의 노예화하려고 한다. 그들이 이러한 태도를 고수하는 동안에는 도저히 합작이 될 수 없는 것이고 어느 편이든지 굴복이 있을 뿐일 것이다.

합작문제는 비상국민회의 때에도 시험되었고 민주의원 성립시에도 시험되었다. 금년 2월 14일 민주의원 발회식 때에도 여운형 씨는 바로 회의장 앞에까지 왔다가 들어오지 않고 말아버린 일도 있었다. 미소공동위원회가 무기 연기되게 되자 초조한 외빈들은 또다시 합작문제를 끌어내어 권하여 보고 있는 중이다. 중국에 있어서 마샬 특사의 노력도 크려니와 조선에 있어서의 버취 중위의 수고도 또한 적지 아니한 줄 생각된다. 고열을 무릅쓰고 동분서주하며 노력하여주는 그 노고를 나는 크다고 생각한다. 민족주의 진영에서는 민주의원 부의장 김규식(金奎植) 박사 이하 5인을 대표로 선정하여 성의 있게 덕수궁에 가서 기다리지마는 좌익 측 대표들은 단장 여운형 씨의 병을 이유로 하여 3, 4차례나 회기를 도과케 하고 1장의 쪽지만 남기고 갔으니 이것이 소위 5원칙이라는 것으로서 토지의 무상몰수를 주장하고 남조선에 있어서도 북조선에서와 마찬가지로 정권을 모두 인민위원회로 넘기라는 것이다. 요컨대 남부조선도 북부조선과 꼭 동일하게 하여서 공산혁명을 실시하자는 것이다. 이것은 국제, 국내형세로 보아서 도저히 용인될 수 없는 것이다. 거기 대하여 민주주의진영에서는 합작 기본대책 8개 조를 작성하여 발표하였는데 이것은 누구나 적절타당하다고 인정하는 바이다. 그동안에 북조선에서는 공산당과 신민당이 합작하여 북조선노동당을 만들었는데 평양에 가서 지령을 받고 돌아온 박헌영 군은 인민당을 시켜서 제기케 하여 남조선에서도 그와 같이 실시하려고 한다. 그런데 그에 관련하여 공산당 내에 대파문이 일어나게 되어서 이정윤(李廷允), 강진(姜進), 서중석(徐重錫), 김철수(金錣洙), 김근(金槿), 문갑송(文甲松)의 육중위원(六中委員)이 반간부 성명을 발표하여 박헌영 군의 당내 파벌성을 폭로하게 되었다. 그리하여 이정윤 군은 제명처분을 당하게 되고 그 외 5명은 무기정권처분을 당하게 되어서 사회의 주목을 끌고 있는 터이다.(중략)

사태가 이러하므로 우리는 국내에 있어서 조선의 독립을 최고 목표로 두고 민족적 결합을 공고하게 하면 목적을 달성할 수 있을 줄 안다. 그러므로 좌우합작이 필요하다는 것이다. 그러나 여운형, 박헌영 씨 등의 종래의 태도로는 합작은 거의 불가능이라고 보여진다. 몇 번 껍질을 벗겨내 버리고 참으로 조선민족을 사랑하고 참으로 조선독립을 염원하고 참으로 민주주의를 희구하는 새 세력이 나와야 될 줄 안다. 그 점에 있어서 나는 조봉암(曺奉岩), 이정윤(李廷允) 군 등의 행동을 주시하고 있는 바이다.

8·15를 당하여 감개무량하다. 순국선열들에게 감사하고 연합국에 감사한다. 그리고 기뻐도 한다. 그러나 민생이 날로 곤란하여가고 정부는 수립 못되고 더군다나 이북에 있는 동포들을 생각할 때에 가슴이 메여질 듯하다.

자! 조선 사람들! 다 같이 손잡고 나가 보지 않겠는가? ML당 옛 동지들! 독립깃발 아래로 태극기 아래로 다 같이 모이지 않겠는가?

(2) 국민대회준비회의 1년

동아일보, 1946년 9월 7일

　산고이수아(山高而秀雅)하고 수심이청징(水深而淸澄)한 한강의 상류, 경승지 팔당에는 와룡강(臥龍岡)이 아닌지라 복룡선생(伏龍先生)은 없었지마는 인걸(人傑)은 지령(地靈)이라 그래도 일개왕좌지재(一個王佐之才)를 포장하고 있었다. 때는 소화 20년 여름 6월 어느 날 이 땅에는 한실(漢室)을 부흥코저 하는 유관장(劉關張)의 3인은 아니지마는 일황의 쇠운(衰運)을 만회코저 하는 조선총독부 정무총감 엔도(遠藤), 보호관찰소장 나가사키(長崎)와의 2인의 내방을 보게 되었다.

　범피중류(泛彼中流) 강상(江上)에 동실 떠나간다. 강태공의 낚싯밴가? 위수(渭水) 아닌 이 한수(漢水)에 같은 여선(呂船)이지마는 한운야학(閑雲野鶴)을 벗 삼아 유유자적하는 흥주(興周)의 비책을 낚싯대에 부치는 것이 아니고 병마공총지제(兵馬倥傯之際)에 일황의 잔명을 구하려는 기계(奇計)를 안출코저 개최된 군사회담이었던 것이다. 삼천리강산에 삼천만 대중이 사는 터이라 별별 인물이 다 있게 되어 박장헌상(縛蔣獻上)을 진언하는 망동자도 있었고 일본을 위해 연소공미(聯蘇攻美)에 충성을 다하겠다는 인물도 튀어나오게 되었다. 이것이 그들의 수호책이라고 변명할는지 알 수는 없지마는 사실은 사실(史實)로 남아있게 될 것이다.

　엔도(遠藤)와 나가사키(長崎)의 2인은 이 팔당 선상에서 여운형

(呂運亨) 씨에게 연안(延安) 행을 권하게 되었다. 그래서 여 씨는 그것을 담당하고 최 모와 함께 가기로 하였던 것이었다. 전자에 여 씨는 자기가 가면 연안의 모택동(毛澤東) 씨를 설득시켜서 일본 및 소련과 연합하여 미·영을 치게 할 수가 있다고 큰소리친 일이 있었다. 잔뜩 궁한 판에 참 묘안이라고 생각하고 나가사키는 여 씨를 엔도에게 소개하여 총독 관저에서 모 씨의 통역으로 만나게 되었고 또다시 팔당 회담까지 보게 된 것이었다. 또 그전에 고이소(小磯) 총독시대에도 마나베(眞鍋)와 연락하여 총독의 알선 하에 '민족유신회'라는 것을 여 씨는 계획해 본 일이 있었던 것이었다.

 여운형 씨는 연안 행을 수행치 못하고 8월 15일을 맞이하게 되어서 그날 오전 7시 반에 정무총감을 만나서 결정을 짓고 '공산혁명으로 일로매진하겠다!'고 선언하고 건국준비위원회를 조직하여 전국적 활동을 개시하여 곧 조각에 착수하여 9월 6일 밤에는 벌써 인민공화국을 만들어서 13일에는 각원(閣員)의 명부까지 전부 발표하여 버리는 대활약상을 표시하였던 것이었다. 8월 16일에는 소련군이 꼭 경성으로 들어올 줄 알고 수만 군중을 동원하여 가지고 경성역으로 환영 나갔던 것은 유명한 이야기꺼리였다. 그들은 경성 이남까지도 전부 소련이 점령하게 될 줄 알고 '버스에 미처 못 타서는 큰일이라!'고 생각하고 조선에다가 공산주의를 실시하여 소비에트 공화국을 만들려고 한 것이었으니 그들의 안중에는 아무 것도 보이는 것이 없었고 눈앞에 떨어진 전조선의 정권이 보였을 뿐이었다.

이때에 결연히 일어나서 여 씨와의 다른 방향으로 나가는 일부의 인사들이 있었으니 그는 고 송진우 씨를 중심으로 한 집단이어서 작년 9월 7일에 국민대회준비회라는 간판을 내걸게 되었다. 9월 중에 한국민주당, 국민당, 조선여자국민당도 나오게 되어서 건국준비위원회, 인민공화국과 그 배경이 되는 인민당과 공산당에 대립하게 되었다. 그러나 국민대회준비회가 최초에 간판을 내걸고 건국준비위원회, 인민공화국과 항쟁하여 나왔다는 것은 기록될만한 사실이라고 하지 아니할 수 없는 것이다.(중략)

국민대회준비회 정보부에서는 작년 10월 14일부로 다음과 같은 문서를 발표하였는데 이것은 지금 와서 생각하여 보면 퍽 중대한 의미가 발견되는 것인 고로 용장(冗長)을 혐피(嫌避)치 않고 전문을 인용하기로 한다.

공동성명서

단기 4278년 10월 24일 오후 2시 서울시 광화문통 동아일보사에서 한국민주당, 조선공산당, 국민당의 3당 대표와 알선자인 국민대회준비회 대표가 연석하여 지난 17일의 명월관 회담을 계속한 결과 만장일치로 아래와 같이 결의하였다.

단기 4278년 10월 24일
△ 한국민주당대표 = 송진우(宋鎭禹), 원세훈(元世勳), 김병로(金炳魯), 백관수(白寬洙), 홍성하(洪性夏), 백남훈(白南薰)

△ 국민당대표 = 안재홍(安在鴻), 박용희(朴容羲), 엄우용(嚴雨龍), 백홍균(白泓均), 김인현(金寅炫), 채규연(蔡圭淵), 민대호(閔大鎬)

△ 조선공산당대표 = 이영(李英), 최익한(崔益翰), 황욱(黃郁), 주진경(朱鎭璟), 서병인(徐丙寅)

△ 국민대회준비회대표 = 김준연(金俊淵), 설의식(薛義植), 장택상(張澤相), 서상일(徐相日), 강병순(姜柄順)

△ 개인자격 = 최성환(崔星煥), 윤형식(尹亨植)

결 의

一. 우리는 재 중경 대한임시정부의 정치적 외교적 활동을 전면적 적극적으로 지지함.

一. 우리는 재외 제 혁명단체의 수 십 년간의 우리 민족해방투쟁에 공헌한 위대한 업적을 지지함.

一. 우리는 대한임시정부의 환국을 촉진하여 국내국외의 반민족분자를 제외한 민주주의적인 각층 각파와 제휴 연결하여 국민총의에 의한 정식 정부의 급속한 수립을 기함.

一. 한국민주당 국민당 조선공산당은 전조선민족의 통일된 완전한 민주주의적 자주독립적 정식 정부 수립을 위한 준비로 국민의 총의가 반영되고 집결될 수 있는 국민대회준비위원회를 구성 함.

◆ 부대결의의 一. 우리는 독립촉성중앙협의회의 강력한 발전을 위하여 적극적으로 협력할 방법을 강구함.

◆ 부대결의의 二. 국민대회준비위원회 기구 구성연구위원 및 국민대회준비회와의 교섭위원을 아래와 같이 선정함.

김병로(金炳魯), 김준연(金俊淵), 백홍균(白泓均), 최익한(崔益翰), 최성환(崔星煥)

좌우합작문제가 지금도 논의되고 있는 이때에 이 문서를 보니 감회가 깊다고 아니할 수 없다. 이만한 양해가 전면적으로 되었더라면 우리 독립 사업은 훨씬 더 진보되었을 줄 안다.

그러나 공산당에도 두 가지가 있어서 이영(李英), 최익한(崔益翰), 이정윤(李廷允), 서중석(徐重錫) 등을 중심으로 한 작년 8월 15일에 성립된 공산당이 있고, 박헌영 군을 중심으로 하여 동년 9월 8일의 계동 열성자 대회의 결정에 의하여 성립된 공산당이 있어서 전자는 조선독립에 관하여 적극적으로 열의를 가지는 파이고, 후자는 소련방 가입론까지를 내세워서 조선독립을 부인하는 파라고 단정할 수 있는 것이다. 그들은 합하였다가 이번에 또다시 분열을 보게 되어서 공산당의 반간부운동의 형식으로 이정윤, 서중석 군 등은 박헌영 군 등 간부파를 배격하게 되었다. 여운형 씨도 인민당수를 사임하고 금년 말까지는 정계에서 은퇴하겠다는 풍설도 들린다.

좌우합작은 1년간을 두고 방황하다가 다시 옛길로 들어선 감이 없지 않다. 세칭 장안파 공산당이라고 하는 상기 공동성명서에 서명한 이영, 최익한 군 등의 제씨에 의하여 진보되지 아니할까 생각된다.

국민대회준비회에서는 금년 1월 10일을 기하여 국민대회를 소집하여 여러 가지 방책을 토의하려고 하였으나 위원장 고하 송진우 선생의 작년 12월 30일의 흉변으로 인하여 실행을 보지 못하고 금년 2월 1일의 비상국민회의는 국민대회와 유사한 성질의 것이었는고로 그 사업은 실현 완료되었다고 할 수 있다. 그래서 우리 동인들은 1주년을 기념하면서 구락부로 개작하여서 창립 당시의 기분을 잃지 않고 보전하여 가려고 하는 바이다.

(3) 고하 송진우 선생 1주기를 맞이하여

동아일보, 1946년 12월 29일

고하 선생! 선생께서 돌아가신 지 벌써 1주년이 되었삽나이다. 작년 12월 30일 오전 6시 15분에 흉한들에게 해를 당하신 후 소조하게 한양이 공허한 듯한 느낌도 없지 아니 하였삽나이다.

선생께서 돌아가니 그때가 마치 우리 조선독립문제에 하자가 되는 모스크바 삼상회의 결정 중의 신탁통치문제가 전해오던 그때이었나이다. 그때에 우리 삼천만 동포는 일치하였나이다. 민족주의진영에서 그에 대하여서 반대하였을 뿐 아니라, 공산당과 인민당 등 좌익진영에서도 그에 대하여 반대하는 태도를 취하였던 것입니다. 그리하여 미국 국무장관 번즈 씨로 하여금 '조선 사람이 원치 아니하면 신탁통치를 실시하지 아니할 수도 있다!'고 성명케까지 하였던 것입니다.

고하 선생! 작년 12월 28일의 일이었나이다. 모스크바 삼상회의의 결정이 알려지고 그중의 신탁통치 조항이 알려지자 노소남녀 할 것 없이 대경실색하여 서울 시중은 물 끓듯이 되었나이다. 죽첨정(竹添町) 임시정부요인 숙소에서는 밤에 들어가서 이 문제에 대한 토의가 개시되었던 것입니다. 김규식(金奎植) 박사가 하지 장군과 만나서 이야기한 전말을 보고하였지요. 장택상(張澤相) 형도 선생과 함께 가서 하지 장군을 만난 보고를 하였나이다. 조소앙(趙素昻) 씨도 보고를 하였나이다. 요컨대 결론이 그 문제가 우리 독립과는 불상용(不相容)이라는 것이었나이다.

28일 밤에 개시된 회의는 29일 새벽 2시까지 계속되었습니다. 새벽 2시경에 회의를 마치고 자동차로 돌아오는 도중에 자동차에 고장이 생겨서 1시간이나 지체하였던 일도 생각나나이다. 새벽공기는 설한풍에 몸을 찌르는 듯 하였었나이다.

29일 오후에도 죽첨정(竹添町)에서 또 회의가 있었지요. 선생과 함께 나도 또 그 회의에 참가하고 한국민주당에 들렀다가 선생과 창랑(滄浪) 형과 동차(同車)하고 돌아가는 길에 나는 몸이 불편해서 선생께서 동행하자고 누차 권하시는 것을 듣지 않고 서소문 사위집에서 내렸었습니다. 그 전야 회의 때문에 냉기가 침입하여 복통이 심하였기 때문이었나이다. 그 당시 한 달에 25회는 선생 댁에 가서 동숙하던 나는 복통 때문에 29일 밤은 결석하였던 것입니다. 그리하였더니, 어찌 뜻하였으리! 그날 밤에 우해(遇害)하실 줄이야? 30일 조조 기침전(早朝起寢前)에 나는 그 소식을 듣고 전지도지(轉之倒之), 원동 댁을 달려간 것입니다. 송석암(松石菴)에 들어가니, 선생께서는 벌써 완전불귀의 객이 되셨던 것입니다.

그동안 1년간의 우리 독립의 보도(步度)는 퍽 지지부진의 상태에 있었나이다. 민생문제의 해결도 역시 그와 관련되어서 보도가 지지합니다. 그러나 부단히 진전되고 있다는 것을 나는 간취하고 있는 고로 희망을 가지고 나아갈 수 있삽나이다. 신탁문제는 우리 국민에게 진작(振作)의 기회를 주었던 것입니다. 작년 말에 벌써 그 반대 대 시위운동이 경성서 전개되었던 것입니다. 수십만의 군중이 신탁통치 절대반대를 부르짖고 경성시가에 대(大)시위행렬을 하였던 것입니다. 공산당 측에서도 곧 그 뒤를 이어서 금년 1월 3일에 경성운동장에서 회합하여 신탁통치반대 시위운동을 전개하여 자당(自黨)의 기세를 보이려고 하였던 것입니다. 그리하여 좌익 측에 권유당한 군중들은 신탁통치에 반대하는 운동에 참가하기 위하여 반대표어의 기치를 가지고 참집하였던 것입니다. 그리하였는데 간부들의 태도가 돌변하여서 신탁통치 찬성으로 전환하였던 것입니다. 그래서 반대의 깃발은 똘똘 말아서 집어넣고 찬성의 깃발을 들고 시위행렬을 하게 하였던 것입니다. 그때 그들은 일반대중의 앞에 그 신용을 추락하게 되어서 독립을 참으로 희망하는 것이 아니라는 깊은 인상을 주게 되었던 것입니다.

그 후에 신탁통치 반대운동은 일대국민운동을 전개하게 되어서 각지에 국민회의 발생을 보게 되고 북에서도 조만식(曺晩植) 씨가 그 문제로 최후까지 반항하여서 유폐의 몸이 되고 만 것입니다.

2월 14일 민주의원 발회식 때에 이승만 박사는 특별히 이 문제에 언급하여서 '하지 장군 이하 한국에 주둔하고 있는 미국장병은 모두 이 신탁문제에 반대하고 있는 것을 안다!'고 하였습니다.

3월 20일에 미소공동위원회가 열리었는데 소련대표 스티코프 중장은 개회벽두에 이 문제를 끌어내어 '신탁통치에 찬성하는 정당이나 단체가 아니면 임시정부 수립에 참가시키지 않겠다!'고 하였습니다. 이 문제로 인하여 미소회의는 결렬되고 말았던 것입니다. 5월 8일에 결렬될 때에 미국 측은 한국인의 언론자유를 제한할 수 없으니 신탁통치에 반대한다고 하여서 임시정부 수립에서 제외할 수는 도저히 없다고 주장하였던 것입니다.

그리하였는데 10월 7일에 좌우합작의 7 원칙에 발표되어 그 제1조와 2조가 문제가 되어서 신탁통치문제에 대하여서 불분명한 점이 있다는 것입니다. 그런데 좌우합작위원회의 김규식 박사와 여운형 씨가 10월 16일에 성명을 발하여 미소공동위원회의 속개를 요구하였나이다. 소련 측에서는 금월 20일 모스크바방송에 있어서도 신탁통치에 대한 태도를 고집하고 있나이다. 그동안에 이승만 박사는 미소공동위원회는 믿을 수 없다고 하시고 미국 뉴욕에 가셔서 국제연합을 상대로 하고 운동을 전개하셨습니다. 나는 금월 22일 동아일보 지상에 김규식 박사께 공개장을 발하여 신탁통치문제에 대한 태도를 명백히 하여 주시기를 요청하였습니다. 이 점에 관하여는 점차 명백하여질 줄 믿고 있삽나이다.

한국민주당 측에서는 김성수 선생을 위원장으로 하고 신탁통치 반대노선에 따라서 활동하고 있삽나이다. 나는 지금 이 눈 속에 망우리 묘지에 누워계신 선생을 생각하고 우리 독립 문제를 생각하고 다시 두 주먹을 불끈 쥐고 전진할 생각을 하고 있삽나이다.

(4) 고하 송진우 선생 2주기를 맞이하여

동아일보, 1947년 12월 29일

고하 선생! 선생께서 이 세상을 떠나신 지 벌써 만 2년이 되었삽나이다. 재작년 12월 30일 조조(早朝)에 흉한들에게 우해(遇害)하신 후 날이 가고 달이 가고 해가 가서 벌써 삼상(三喪)이 다 지내게 되었삽나이다. 시일이 지날수록 선생을 사모하는 생각이 간절한 것은 동인들 사이에서 뿐만 아니라 전 민족적이라고 하겠삽나이다.

나는 작년 이때에 선생의 1주기를 당하였을 때에 선생을 추모하는 글을 썼삽거니와 지금은 그 후의 경과를 대강 말씀드리려고 하옵나이다.

금년 1년간의 우리 민족적 대수확은 신탁통치 철폐라고 하겠삽나이다. 재작년 12월 28일에 모스크바 삼상회의 결정이라는 것이 우리에게 전하여 오지 아니 하였습니까? 그때는 아직 선생께서 이 세상에 계실 때이었나이다. 우리 3천만 동포는 남녀노소 할 것 없이 그에 반대하였던 것이 아닙니까? 그때에 미국 국무장관

번스 씨 같은 이는 '한국인들이 신탁통치를 그와 같이 싫어하면 시행하지 아니할 수도 있다'고 선언하였나이다.

그러나 한번 결정된 국제협정은 파기하기가 용이한 것이 아닙니다. 반탁운동이 전국적으로 맹렬히 일어나서 그 파기를 주장하였지마는 미소공동위원회의 당국자들을 움직이기는 결코 용이한 일이 아니었나이다. 미국 측 대표자들의 의견에 의하여 보더라도 삼상회의 결정이라는 것은 불가변의 것이라는 것이었나이다.

그런데 소련 측에서는 신탁통치는 그 결정에서 결정적으로 결정된 것이지 결코 변경될 성질의 것이 아니라는 것이었나이다. 그래서 소련 수석대표 스티코프 중장은 작년 3월 20일 미소공동위원회 벽두에 있어서 양언하기를 모스크바 삼상회의 결정을 전면적으로 지지하는 정당이나 사회단체가 아니면 임시정부 수립하는 협의에 참가시키지 않겠다고 하지 아니하였습니까. 그래서 신탁통치 지지로 포섭하였던 좌익분자들은 축연을 베풀고 정권의 독점을 축하하였던 것이 아닙니까? 그러나 미국 측에서는 언론의 자유를 주장하여서 신탁통치조항 그것 자체도 반대하는 의사를 표시할 자유까지도 인정하자!고 주장하여서 소련과 충돌되어서 작년의 미소공위가 결렬되었던 것입니다.

금년의 미소공위도 동일한 원인으로 결렬된 것입니다. 소련 측에서는 신탁통치를 반대하는 24개 정당단체를 협의대상에서 제거하자!는 것이었습니다. 금년 5월 21일 개회되었던 미소공위는 작년과 마찬가지로 신탁통치문제를 가지고 싸웠던 것이외다.

그런데 신탁통치를 반대하는 강력한 24개 정당단체를 제외하고 보면 남는 것은 민전산하의 남북정당단체와 그 추종군들이 있을 뿐인 고로 그렇게 되면 조선에 좌익정권이 수립될 것이 확실하여졌으므로 미국 사람들도 그 재래될 결과에 상도하고 놀라지 아니할 수 없었던 것입니다. 미국 수석대표 브라운 소장은 금년 8월 9일에 저 역사적 대 성명을 발표하여 '주권을 침해할 수 있는 신탁통치를 한국인이 반대하는 것은 당연한 일이 아니냐?'고 하였습니다. 우리는 브라운 소장의 이 성명을 듣고 퍽 기뻐하였나이다.

금년 8월 10일에 서울시내 풍문여자중학교 강당에서 '신문기자협회'가 발회되었는데 나는 그 석상에서 연설하여 말하기를 '나는 1945년 8월 15일 정오에 일본천황의 무조건 항복 선언을 들을 때에 기뻤고 오늘 신문지상에서 브라운 소장의 성명을 볼 때에 기뻤다'고 하였습니다. 이 미국 수석대표 브라운 소장의 성명은 우리에게 우리 독립에 대한 현실적 희망을 준 것이었나이다. 해방이 되면 곧 독립이 되는가 하였더니 난데없는 광풍이 불어서 저 마의 38선이 생기고 소련세력에 의존하야 국토와 국민을 외국에 헌납하려고 하는 소연방 가입론자들이 생기고 추후해서 좌우합작론자들이 생겨서 미소의 합작을 조선에서 실현하여 신탁통치를 연입(延入)하려고 하는 태세를 갖추려고 할 때에 우리의 독립은 영원의 꿈속에 사라지고 말려는 때도 없지 아니하였던 것입니다.

금년 1월 20일에 입법의원에서 44대 1로 반탁결의안의 통과를 보고 이어서 반탁투쟁위원회의 결성을 보게 되고 하지 장군의 2

월 24일의 신문기자회견담이 발표되고 미국 국무장관보 힐드링 중장의 3월 10일의 대연설이 나오고 3월 12일의 미국대통령 트루만 씨의 희·토 양국원조를 역설하는 반공산주의적 역사적 대연설이 나오게 되었습니다. 그리하였지마는 5월 21일에 미소공위가 다시 열리고 보니 소련대표 스티코프 중장은 여전히 자설을 고집하여 신탁통치를 지지하는 사람만 협의대상으로 하자는 것이었나이다.

그런데 브라운 소장의 전기 성명은 소련대표의 그 주장을 맹렬히 반격한 것으로서 유엔총회 정치위원회에서 46대 0으로 또 유엔총회에서 43대 0으로 소련 측의 보이코트에도 불구하고 우리 한국 문제가 통과된 것은 그 기초가 브라운 소장의 성명에 놓여진 것이었나이다.

고하 선생! 나는 재작년 11월 중에 청운동 모 씨 댁에서 소련영사관원들을 초대하던 일이 지금 생각나나이다. 그때에는 창랑 장택상(滄浪 張澤相) 형도 그 자리에 있지 아니하였습니까? 오후 6시부터 오전 2시까지 가는 7, 8시간 동안에 선생은 1분간도 쉬지 않으시고 조선독립 이야기만 하시고 정치 이야기만 하셨나이다. 그래서 우리는 이야기하였습니다. 참 입심도 좋으시고, 정열도 대단하시다고 하였습니다. 선생의 유일의 취미는 정치이었나이다. 선생은 자나깨나 정치를 생각하시고 앉으시나 누우시나 조선독립을 생각하시고 조선의 어느 일부분 문제만을 생각하시는 것이 아니라 조선의 온갖 문제를 자기 책임으로 알고 생각하셨습니다. 선생께서 계셨으면 현하 우리 조선 국면을 여하히 보실는지요? 곤란한 가운데 있어서도 희망의 빛을 잃지 않으시고 터덕터덕 걸어 나가실 줄 아옵나이다.

고하 선생! 신탁통치 철폐를 말씀하였습니다. 이것은 광명면이 올시다. 그러나 전 조선 문제를 총찰하시려고 하시던 선생께는 암흑면도 또한 말씀드리지 아니할 수 없습니다.

고하 선생! 금년 1년간의 우리 민족적, 최대 불행사는 설산 장덕수(雪山 張德秀) 형의 참변이외다. 설산 형이 그 풍부한 학식과 수용산출(水湧山出)하는 문장과 현하(懸河)의 변(辯)으로써 한국민주당 정치부장의 요직에 있어서 당을 지도하고 따라서 국론을 지도하여서 국가민족의 동량지재가 될 터이니 그 손실이 크다고 하여서 애통하는 것뿐만이 아닙니다. 설산 형의 참변은 우리 민족진영에 고쳐낼 수 없는 상처를 내인 통격을 주었다는 점에 있어서 나는 민족적 최대 불행사로 보는 것이외다.

서기 1947년 12월 2일 오후 7시경에 설산 형은 제기동 자택에서 현직경관 박광옥(朴光玉)이란 자에게 장총으로 저격당하여서 즉시 절명하였습니다. 12월 8일에 45 애국단체 연합장으로 정중히 보냈습니다. 8일 오전 10시에 서울시청 앞 광장에서 그 영결식이 거행되었습니다. 한민당 부위원장 백남훈(白南薰) 씨의 조사는 사람의 폐부를 찔렀습니다. 성루구하(聲淚俱下)하는 그 조사에는 만장이 숙연한 가운데 눈물을 흘린 사람들은 한민당원뿐이 아니었나이다. 나도 실큰 울었삽나이다. 식이 끝난 후에 동대문까지

도보로 행렬을 하고 거기서는 자동차로 가서 선생 누워계신 바로 뒷등척이에다가 매장하였습니다. 만도(滿都)의 사녀(士女)는 숙연하게 도로 양편에 서서 고인을 보내었고, 종로 4정목 근처에서 어느 노부인은 나와서 합장하면서 '황천에 가서도 일 많이 하여 주십시요!' 하고 묵례하였습니다. 하늘도 슬퍼하심인지 때 아닌 비가 내려서 사람의 마음을 더욱 산란하게 하였습니다.

'삼한종차장적막(三韓從此長寂寞), 구원락락유여애(九原落落有餘哀)'

이것은 창랑 장택상 형의 설산 형을 보내는 만장(輓章)이외다.

고하 선생! 설산 형의 참변으로 인하여 우리의 신앙의 탑이 무너져 버렸습니다. 우리 민족진영의 통일이 붕괴되어 버렸습니다. 이것을 다시 쌓아야 하겠습니다.

설산 형의 참변, 신앙탑의 붕괴! 이것이 민족적 최대불행이 아니고 무엇이겠습니까? 하수인들은 38시간 만에 경찰에 의하여 체포되었습니다. 범인 박광옥은 태극기 앞에서 사진을 백였습니다. 범인 체포 후에 그 사진이 신문에 났습니다. 세인은 의아하기를 시작하였습니다. 추후에 국민회의 관계자 10여 명이 그 사건혐의로 체포되었습니다. 이어서 국민회의 의장이고 한국독립당 부위원장이고 임정 외교부장인 조소앙(趙素昻) 씨, 임정 선전부장인 엄항섭(嚴恒燮) 씨의 양씨가 경찰문초 중이라는 신문기사가 발표되었습니다. 그래서 세인은 단안을 내리게 되었습니다. 이 사건은 좌익에서 행한 것이 아니라 우익에서 행한 것이라고 믿게 되었습니다. 지금까지에는 이것을 부정할 근거가 없습니다.

이래서 우리의 신앙의 탑은 무너진 것이외다.

고하 선생! 놀라지 마십시오! 선생이 우해(遇害)하신 이틀 뒤에 나는 한국민주당 2층에서 모 씨에게서 '이번 일은 임정 가까운 측에서 한 것인데 미구에 이 박사도 해댈 작정이라고 한다'는 말을 들었삽나이다. 그러나 나는 기연(期然), 기연(期然), 기기연호(豈其然乎) 하고 모략인 줄 알았던 것이외다. 그 후에 선생 가해범인 한현우의 입에서 모모 씨의 이름이 나왔다고 하였으나 역시 모략으로 알았던 것이외다. 그리하였더니 금번 설산 사건을 보니 선생 사건에 대한 의심도 새로 난다고 하지 아니할 수 없습니다. 중국 국민당은 송교인(宋敎人)을 잃었지마는 더 커졌습니다. 한국민주당에서는 수석총무이신 선생과 정치부장인 설산 장덕수 형을 잃었습니다. 그러나 우리는 한층 더 노력하여서 당을 더 공고하게 하여서 국가와 민족에 진성(盡誠)할 결심을 더욱 굳게 하는 터입니다.

고하 선생! 나는 지금까지 여러 번 선생을 추모하는 글을 썼습니다. 사자(死者)를 추모하려니 자연히 어조도 슬퍼집니다. 그러나 지금부터는 선생을 추모하는 글을 쓰지 않고 우리 건설을 위해서 붓을 잡겠습니다.

(5) 대법관에게 보내는 항의
- 송진우 씨 살해범 판결에 관련하야 -

동아일보, 1947년 3월 11일

서기 1947년 2월 14일 대법원에서 송진우 씨 살해범에 대한 상고심 판결이 있었는데 재판장은 대법관 이상기(李相基) 씨였다. 제1심에서 무기징역의 선고를 받은 주범 한현우(韓賢宇), 유근배(劉根培) 양인에 대하야 각각 15년과 5년(단기) 내지 10년(장기) 징역의 판결의 언도가 있었다.

나는 이 판결에 대하야 엄중히 대법관 이상기 씨에게 항의하는 바이다.

사건의 판결 전에 그를 논의하는 것은 재판에 간섭한다는 비난을 받겠지마는 판결 후에 그에 대한 비평을 행하는 것은 우리의 언론의 자유의 범위 내에 관한 것이라는 것을 미리 말하여 둔다.

본 건을 법률적 관점으로 볼 때에 대법관의 행한 판결이니 거기 대한 이유는 무엇이든지 있은 줄 안다. 그러나 그 점에 대하여서는 나는 원심에서 검사로부터 사형의 구형이 있었는데 무기징역의 판결이 있었고 검사 측으로부터 그것이 부족하다고 하야 대법원에 상고하야 다시 사형을 구형하였다는 것을 지적하여 두고저 한다. 물론 상고심에서는 원심의 판결을 수정할 수 있는 것이지마는 그들의 소위 법률론이라는 것도 그다지 확고한 것이 아니라는 것을 말할 수 있는 것이다. 그러므로 대법관이 이 판결을 정당하다고 주장하면 나는 그 반대를 주장하더라도 조리상 용허될 줄 안다.

그러나 본 건을 정치적, 사회적 관점으로 볼 때에는 극악졸렬한 판결이라고 하지 아니할 수 없는 것이니 이 점에 있어서 대법관은 통절한 책임을 느끼지 아니하면 아니될 것이다.

송진우 씨가 우리에게 얼마나 큰 존재이었던가는 만인이 공지하는 바이다. 포학한 일제시대에 독야청(獨也靑)의 고절(苦節)을 지켜왔으며 8·15해방 후에도 민족국가를 위하야 석경천지(石傾天地)를 한 손으로 붙잡은 감이 있던 위대한 존재이었다. 지주중류(支柱中流), 백세청풍(百世淸風), 이것은 송진우 씨를 두고 한 말이라고 할 것이다. 좌우측을 물론하고 그 거대한 존재에 대하여는 경의를 표하지 아니하면 아니 될 처지이었다. 건국준비위원회에 대항하야 국민대회준비회를 만들고 인민공화국을 격파하기 위하야 한국민주당을 이끌고 분전한 그 자취는 건국도상의 일대장관이었다. 그러므로 암살을 감행한 한현우, 유근배 그 자신들도 그 야말로 문자 그대로 사(死)를 각오하였을 것이다. 그런데 지금 이와 같이 흐지부지하고 말아버린다는 것은 범인 자신들도 도리어 의외로 생각하는 바일 것이다.

일제시대에 부장판사로 있어 온실의 화초와 같이 곱게 곱게 자라난 이 대법관의 일인 고로 일본의 선례를 들어서 내게 항변할 구실을 만드는지도 알 수 없다. 하라다(原敬)사건을 말하고 하마구치(濱口)사건을 말할는지도 모르겠다. 그러면 나는 그에게 대하여 사이토(齋藤)를 저격하려다가 그의 털끝 하나도 범치 못하고 사형을 받은 강우규(姜宇奎) 의사가 있었다는 것을 말할 것이다. 더군다나 유근배에게 대하여 5년(단기)의 경형을 판정한 것은 무슨 이유인지 알 수 없지마는 그는 송진우 씨를 호위하고 있었다는 점으로 보아서 이 대법관의 도덕적 표준이 아니고 우리네 도덕적 표준으로 한다면 가중할 필요를 인정하였으면 인정하였지 경감할 이유는 발견하지 못할 줄로 안다.

사자불가복생(死者不可復生)이라 한번 죽은 송진우 씨를 다시 살려내는 수는 없겠지마는 이와 같은 중대한 사건을 잘 규명하야 사회를 진정시키는 것이 필요할 터인데 한현우가 옥중에서 이모에게 친서를 보내서 전 모와의 관련관계를 말하고 검사 측에서는 그것이 그 필적에 틀림이 없다는 것을 지적하여 재판을 연기하여 신중 심리하기를 요청하였음에도 불구하고 급속 처리하여 버렸다는 것은 도저히 이해할 수 없는 편파적 행동이라고 하지 아니할 수 없는 것이니 '불유쾌하기 짝이 없다'는 것은 내 한사람만의 감상이 아닐 줄로 생각되는 바로서 이 사건에 관하여서 언제든지 다시 철저히 심리될 날이 있어야 할 것을 나는 절실히 느끼는 바이다.

최근의 소식에 의하면 북에서는 남으로 암살대를 자꾸자꾸 보내는데 '2, 3년 징역만 하면 나올 터이니 염려 말고 단행하라'고 격려하여서 보낸다고 한다. 작용자(作俑者)는 누구인고? 이상기 대법관이라고 나는 말하려고 한다. 우리 민족의 최고영도자 이승만 박사를 저격하고 치안의 최고책임자인 경무부장 조병옥(趙炳玉) 씨, 수도경찰청장 장택상(張澤相) 씨에게 수류탄을 던진 범인들도 대법관은 다 흐지부지로 말아버려야 할 것이 아닌가? 탄우하(彈雨下)에서 친히 진두지휘를 행하야 수도의 치안을 확보함으로써 남조선 전체의 치안을 유지하게 하고 군의(群議)를 배제하고 쌀 한 가마니 이하 자유반입을 허가하야 경성시민을 기아에서 구제하여낸 것이 장택상 씨가 아니였는가. 이 대법관이 배부르고 발 뻗고 잠자는 것이 뉘 덕인 줄 아는가. 민족 국가를 해독하는 이러한 판결을 감행한 이 대법관 자신은 정와(井蛙=우물안 개구리)의 견(見)이 아니고 대붕(大鵬)의 견(見)이며 조충(雕蟲)의 소지(小技)가 아니고 맹호(猛虎)의 대지(大技)라고 자부할는지 알 수 없지마는 수양을 더하여 대법전서만 떠들어 보지 말고 세간을 더 잘 알 필요가 있다. 나도 법률에 과히 무식하지 않다는 것을 표시하기 위하야 대법관들도 잘 아는 일본의 형법학자 마키노(牧野) 씨에게서 들은 말 하나를 여기 부기하려고 한다. Weltfremdheit(世間忘却性)? 이것은 독일의 법학가들이 세간의 실정을 모르고 법률의 관념적 유희만 하고 있는 것을 조소한 말이었다. 나는 지금 이 말을 이 대법관과 그 동료들에게 보낸다.

    듣건대 이 대법관은 근일 중에 미국 시찰의 장도에 오른다 하니 견식을 넓혀 가지고 와서 우리 실정을 잘 아는 법률가가 되지 아니하면 아니 되리라는 것을 일언하여 둔다.

(6) 고하 송진우 선생을 추모함
- 일제필망론과 동아일보 때의 이야기 -

김준연(金俊淵), 신태양, 1957년 12월

대책무책(大策無策)의 고하

(전략)내가 고하 선생으로부터 들은 말 중에 가장 인상 깊게 남아있는 말은 대책무책('大策無策')이란 말이다.

8·15해방 후인지 전인지 분명히 기억되지 않으나 어느 때 타처에서 만찬을 같이하고 원동 댁으로 가는 도중에 창덕궁경찰서를 조금 지나 궁 담을 지나갈 때에 고하는 나를 부르면서 '낭산, 대책은 무책이요, 아시지요?' 하였다.

나는 의미를 즉시 파악하였다. 그래서 나는 대답하기를 '네 - 알았습니다'고 하였다. 큰 방침을 한번 정하면 부동하여야 한다는 의미이고 또 큰 방침은 명백한 것으로서 그리 쉽게 변경되어서는 안 된다는 것을 의미하는 것으로 해석되었다.

대책무책(大策無策)이란 말은 그 의미를 음미하면 참으로 맛이 있는 말이라고 생각되었다. 그래서 전번에 어떤 친구가 국무총리가 된다기에 나는 이 말을 적어 보낸 일이 있었다. 고하는 항일운동에 있어서나 반공투쟁에 있어서도 대책무책의 구호를 실천궁행하였던 것이다.

그러면 고하의 입장과 태도를 이 한 말로 표시할 수 있을까?

나는 '대책무책'은 그 전략이고 그것을 실행하는 전술에 있어서는 임기응변의 책략을 구비하였다고 본다. 그래서 그 전술적 입장은 임사이구 호모이성('臨事而懼 好謨而成')이 여덟 자로 표시할 수 있으리라고 생각된다.

혹은 고하의 성질이 호방함을 보고 모사(謀事)에 소루(疏漏)한 점이 있을 줄로 생각할는지 알 수 없지만 씨는 퍽 치밀하고 물 샐 틈 없는 계획을 세우고 소관 매사에 부지런하기 짝이 없다. 씨가 일생의 힘을 경주한 것은 동아일보 경영인데 3·1운동 후에 일어났던 수많은 주식회사가 거의 다 쇠퇴하였지만 그 어려운 압박 하에서도 동아일보사는 사업적으로 성공하였던 것이다.

물론 김성수 씨의 절대적인 후원이 중대한 요소가 되었던 것이지만 고하의 탁월한 식견과 경영능력이 신문의 발전에 중대한 공헌을 하였던 것도 부인 못할 사실이다.

나는 1925년에 독일유학으로부터 고국에 돌아와서 처음에는 조선일보사에 들어갔다가 그다음 해인가 동아일보사로 옮겨갔었다. 여기서 고하의 신문사 경영에 관한 활동태도를 보고 놀랬었다. 편집국으로 영업국으로 아래층으로 위층으로 왔다 갔다 하면서 빈틈없이 활동한다. 동아일보는 광고까지 한자 빼지 않고 정독한다. 또 박람강기(博覽强記)에는 누구든지 놀라지 아니할 수 없게 하고 세계정세에 통달하며 인정의 기미를 잘 살펴 편집이나 영업에 관하여 항상 적절한 지시를 내려준다.

1926년 3월 1일의 3·1운동 기념일을 당하여 모스크바 국제농민조합에서는 조선 내의 각 신문에 축사를 보내왔는데 다른 신문사에서는 조선총독부의 검열관계를 고려하여 어떤 부분은 삭제하고 발표하였는데 동아일보만 그대로 게재하게 되었다. 이 관계로 동아일보 관계자들이 체형을 받게 되어 고하는 영어의 몸이 되게 되었다. 총독부 측에서는 직접책임자에게 책임을 전가할 생각을 가지고 있었지만 선생은 기어이 명의상의 책임을 자진 부담하여 체형을 받았던 것이다.

수난(受難)의 2대 사건

1936년 8월에 백림 올림픽대회에의 손기정(孫基禎) 선수의 마라톤 우승에 관련하여 일장기 말살사건이 동아일보에 발생되어 신문은 11개월간의 발행정지처분을 당하게 되었지만 고하는 총독부의 요구에 굴복하지 아니하고 동지 백관수(白寬洙) 씨를 사장으로 하는 조건으로 신문의 발행을 다시 계속하게 되었던 것이다.

그 후 소위 일지사건(日支事件)이 일어나서, 일본제국주의의 최후 발악은 동아일보의 존립을 불가능하게 함으로 발행금지를 승인하지 아니치 못하게 되었던 것이다. 고하는 20년 동안 동아일보사를 육성하여 왔다. 파란곡절은 말할 수 없다. 그러나 양보할 것은 양보하고 지킬 것은 지켜서 민족의 체면을 유지하면서 민족의 표현기관으로 시종하여 온 공적은 고하의 불면불휴의 노력이 많이 관여한 바라고 하지 않을 수 없는 것이다.

나는 1928년의 동아일보 편집국장 시대에 3차 조선공산당사건 즉 세칭 ML당 사건에 관련되어 7년간 서대문형무소에 있다가

1934년 7월에 나와서 다시 동아일보에 관계하게 되어 그 2년 후에 손기정 선수 일장기 말살사건 때에 이르렀다. 내가 재옥 중의 동아일보 사건으로 두 가지 사건을 들 수 있다.

하나는 이충무공유적보존회사건이다. 또 하나는 만보산사건이다.

이충무공유적보존회사건은 1932년 5월 29일부 동아일보 지상에 상세히 보도되었다. 임진왜란에 상실할 뻔한 3천리 강토를 건져낸 충무공 이순신의 업적을 찬양하자는 것으로서 민족의 '얼'을 찾아내자는 것이었다.

이 사업의 추진에는 동아일보가 특별히 기여한 바 크거니와 고하의 노력이 막대하였던 것이다.

만보산사건은 만주 만보산에서 우리 한국인 농부와 중국 사람 사이에 분쟁이 일어나서 우리 동포가 박해를 당한 까닭에 조선 내에서 군중운동이 일어나서 다수의 중국 사람을 살해함으로부터 야기된 사건이다.

그 당시에 조선일보에서는 이 사건을 호외로 보도하고 대대적으로 선동 선전하였다.

그리하여 전북 삼례에서 호떡장수 중국인 1명을 살해함으로부터 점차 조선각지에 파급하게 되었다. 그때에 평양에서만 중국인 2백여 명이 살해되는 대불양사가 야기되었던 것이다.

이때에 고하는 동아일보에 침묵을 지키도록 명령하였다. 흥분된 군중들은 동아일보가 중국인에게 매수되었다고 비난하고 투석까지 하여 동아일보의 유리창을 깨뜨리기까지 하였다.

당시 부산 동아일보지국장 강(姜) 씨는 서울로 장거리 전화를 걸어서 고하에게 힐문하고 침묵을 지키는 데 대하여 엄중히 항변하였다. 그랬더니 그저 덮어놓고 서울로 올라오라고 하였다. 그래서 강 씨는 서울로 와서 고하를 만났더니 사리를 순순히 설명하여 줌으로 납득하고 집으로 돌아갔다고 한다.

고하는 이 만보산사건에 관하여 며칠 동안 침묵을 지키다가 중국인을 박해하는 군중을 폭도난민이라고 지칭하여 양 민족 간의 고유의 친선관계를 지적하고 무모한 만행을 즉시 정지할 것을 요청하고 1면으로는 중국영사관을 방문하여 박해당한 중국인들을 위문하고 구호기관을 조직하여 이재민의 구호에 착수하게 하였다. 그리고 사이토(齊藤) 총독이 다시 조선에 내도함에 고하는 그에게 엄중 담판하여 중국인 박해운동을 즉각에 정지케 하였다.

내가 감옥에서 나온 후에 고하는 당시의 일을 회고하면서 내게 말씀하기를 "그때에 조선 사람들이 감히 일본 사람 상점의 유리창 하나를 부수지 못하는 때가 아니겠오? 그런데 조선 사람들이 다수의 중국 사람을 살해하여도 일본경찰이 간섭하지 않고 수수방관하고 있다는 것은 무엇을 의미하는 것이겠소? 이런 사리를 판단하지 못하고 움직인다는 것은 참 딱한 일이 아니겠소? 뒤에 들은 바이지만 일본군부에서는 이 운동을 일으켜서 한·중 양 민족 간에 충돌을 조장하여 한인을 보호한다는 명목아래 만주에 출병하려고 한 것이었다고 하오!"라고 하였다.

나는 얼마 전에도 현 평안북도지사 백영엽(白永燁) 씨에게서 이런 말을 들었다.

"만보산사건 때에 내가 산동성에 있었는데 그때에 중국인들이 퍽 흥분하여 우리 한인들에게 보복적 조치를 취하려고 하는 기색도 보였다. 그러나 동아일보 사설을 번역하여 그들에게 갔다 주고 중국 사람들을 진정시킨 일이 있었다"고 하였다.

그래서 중국 장제스(蔣介石) 총통도 고하에게 대하여 퍽 고맙게 생각하였다고 한다.

민족적 과오가 무한히 확대될 것을 고하 송진우 씨가 방지하였다고 대서특필 할 만하다고 나는 생각한다. 이것은 춘추필법으로 보아서도 타당한 일이라고 생각되는 바이다.

나는 전술한 바와 같이 1936년 8월 손기정 선수 일장기말살사건에 관련하여 동아일보사를 그만두고 경원선 전곡역에 가서 해동흥업농장(海東興業農場)을 관리하게 되었다.

일본필망론

1937년부터 1945년 해방되는 해까지 나는 그곳에 머물러 있었다. 9년간의 긴 세월이었던 것이다. 그때에 한 정거장을 철원 쪽으로 가면 연천에 어떤 동무가 있고 서울서 떠나서 경원선 쪽으로 한 정거장을 오면 창동(倉洞)에는 고하의 양사자(養嗣子) 송영수(宋英洙) 군이 있고 또 가인 김병로(街人 金炳魯) 씨가 있었다. 나는 9년간 전곡에서 연천으로 서울로 창동으로 개미 쳇바퀴 돌듯이 내왕하고 있었다. 고하도 내왕의 범위가 대개 그와 같이 한정되어 있었던 것이다(중략).

내가 전곡에 있던 9년 동안에 가장 많이 만난 분은 고하와 인촌 두 분이었다.

고하는 전곡으로 오시기를 좋아하시고 나도 서울 오면 고하 댁에 유숙하는 것이 통례이었다. 그동안에 소위 일지(日支)사변을 거쳐 소위 대동아전쟁이 벌어져 미·일간의 충돌이 일어나고 전국은 결말을 지었던 것이다.(중략)

나는 이 전곡에 와 있는 것을 만족히 생각하고 여기선 진성을 길러서 후일의 대비 약을 준비한다고 자부하였던 것이다. 고하는 나와 세사(世事)를 의론할 때마다 입버릇처럼 철저한 분은 없었을 것이다. 고하의 일본필망론은 감정에서만 유래된 것은 아니었다.

민족적인 큰 감정이 발동되는 때에 모든 것은 그에 호응할려고 할 것은 이해할 수 있는 일이지만 고하의 논리는 그 투철한 세계정세관에서 유래한 것이고 또 심오한 역사철학적 배경을 가졌던 것이다.

고하는 말씀하기를 "한일합병 당시에 어느 일본 명사가 영국 런던에 있었는데 런던대학 정치학 교수인 한 헝가리인을 만났었다. 그랬더니 그 교수는 말하기를 한국민족이 너의 일본민족보다 더 문화적으로 진보된 민족이라는데 그를 일본이 합병한 것은 큰 과오를 범한 것이다. 문화민족인 한국민족은 전력을 다하여 국권회복운동을 전개할 터이니 백방으로 일본에 반항하게 될 것이다.

그러므로 일본은 조선을 확보하기 위하여 만주에 손을 대야 할 것이니 그러자면 러시아와 충돌해야 할 것이고 만주를 확보하려고 하면 북지(北支=북부 중국)에 손을 대야 할 것이니 그러자면 미국과 충돌하게 될 것이다. 일본이 한국을 합병한 그 보복을 30년 후에 받게 될 것이다 라고 하였다"고 한다.

이와 같이 생각하여 고하는 진주만이 습격당하고 영국 동양함대가 전멸당할 때에도 조금도 일본의 패망을 의심하지 아니하고 그럴수록 일본필망의 이유를 발견하기에 조금도 주저하지 아니하였다.

그 신념이 이러한 고로 동포들이 혹 만주에서 혹은 중국에 가서 무슨 사업이나 경영하려고 하면 어디까지든지 반대하는 것이었고 조금이라도 일본 사람과의 타협은 용허하지 아니하였다. 동아일보를 경영하는 동안에 일본 사람과의 상종도 없지 않았지만 정세가 발전되어 갈수록 일본인과의 관계를 기피하였던 것이다. 이런 면에서 고하는 한국의 다른 소위 명사들과 판이한 사람이라 말할 수 있다. 때문에 조선총독부에서 백방으로 고하를 끌어내려고 하였어도 일체 불응하였던 것이다.(중략)

이런 중에 고하는 전곡에 와서 세상사를 의논하기를 즐거워하였다. 전국이 가열하여짐에 일본 사람들은 한국 사람의 물력 외에 인력을 적극적으로 동원하기로 하여 징용, 징병에 별별 수단을 다 강구하게 되었다. 한편으로는 조선 사람들을 달래는 체도 하였다. 그리하여 경성일보 등 총독부기관지에서는 학병권유 강연을 시키기 위하여 명사를 시골에서 동원시켜 마치 남양초당에서 제갈공명이나 모셔오는 듯이 대서특서하고 사진을 게재하여 숭앙하는 태도를 보이기도 했다. 그러면 그에 끌려가는 사람들이 있었다.(중략)

고하의 신념

　1945년 8월 9일 소련군의 참전으로 고전을 거듭해오던 일본의 침략전은 결정적인 단계에 이르렀다. 이 기미를 짐작한 나는 신변의 위험을 고려한 끝에 시골보다 서울에서 피신함이 상책이라는 생각에서 이튿날 아침 서울로 올라왔다. 그리하여 며칠 동안 이곳저곳으로 은신하였다. 13일에야 고하 댁을 찾았다. 고하는 그동안 4차례나 총독부 측에서 자기에게 뒷일을 담당하라는 교섭이 있었으나 불응하였다고 말하면서 경기도 오카(岡) 경찰부장이 나를 만나자고 한다는 이야기를 해주었다.

　고하는 일본 사람의 손에서 정권을 받을 수는 없다는 것이다. 그래서 끝까지 거절하고 말았던 것이다.

　그 이튿날 나도 이쿠다(生田) 경기도지사를 만나서 장시간 담화하였지만 나 역시 송 씨와 동일한 의견이라고 대답하였다.

　바로 그때였다. 정백(鄭柏) 군은 나에게 여운형, 송진우 양씨의 합작을 알선해 달라는 것이었다. 고하는 그것을 거절하였다. 나는 14일 밤에 내일 정오에 일본천황의 중대방송이 있다는 말을 듣고, 또 다음날 아침 7시 반에 여 씨가 엔도(遠藤) 정무총감을 면회하러

갔다는 말을 들었다. 나는 그것이 정권이양에 관한 교섭인 줄 알았다. 나는 고하 댁에서 조반을 먹고 아침 10시경에 계동 장일환(張日煥) 군 댁에 있는 정백(鄭栢) 군에게 고하의 여, 송 합작에 관한 거절 회답을 전하러 가는 길에 창덕궁경찰서 앞에서 남쪽으로부터 혼자 탈래탈래 올라오는 여운형 씨를 만났다.

나는 대번에 엔도(遠藤) 정무총감을 만나고 오는 길인 것을 알아챘다. 여 씨는 평소의 활발한 태도로 내게 악수하고 나서 "고하는 나오오?" 하기에 나는 "안 나옵니다" 하고 대답하였다. 그는 또 내게 묻기를 "그럼 동무는 어떻겠소?" 하고 말하였다. 그러기에 나는 "나도 못 나가겠습니다" 하고 대답하였다. 그랬더니 그는 흥분한 어조로 말하기를 "그럼 나 혼자 나서겠소. 공산혁명으로 일로매진하겠소!"라고 하였다. 나는 그 뒤에 다시 여 씨를 보지 못하였다. 그리하여 여 씨는 결국 모스크바로 가는 길을 걸어가고, 고하 송진우 씨는 한양으로 오는 길을 걸어서 민주주의의 민족독립국가를 건설하기에 일로매진하였던 것이다.

나는 그 길로 정백 군에게 가서 고하의 거절의 회답을 하였다. 정 군은 재고를 요구하면서 적어도 나만이라도 그들과 행동을 같이 하여주기를 요망하였다.

오후 2시경에 정 군은 고하 댁에 있는 나에게 전화를 걸어왔다. 그리하여 말하기를 "아까 여 씨를 만나서 확실히 이야기했다니 다시 송 씨의 의향은 물어볼 필요도 없소. 다만 동무의 태도를 묻겠소. 소련군이 곧 경성으로 들어오고 우리가 곧 내각을 조직하겠소. 동무가 후회하지 않겠소?" 한다. 그래서 나는 "후회하지 않겠소!" 하고 대답하였다.

고하는 미군이 9월 7일에 서울에 도착한다는 소식을 듣고 동지를 규합하여 국민대회준비회를 결성하였다. 재 중경 대한민국임시정부를 절대지지할 것과 미군정에 협조할 것의 두 슬로건을 내걸었다. 9월 16일에는 한국민주당이 결성되었는데 고하는 그 당시 수석총무로 취임하셔서 민주건국으로 일로매진하다가 12월 30일에 흉한의 탄환에 쓰러지고 만 것이다.

원한경(元漢慶=Underwood) 박사는 고하의 영결식장에 와서 추모사를 하였는데 미국 사람들이 링컨 대통령을 사모하듯이 한국 사람들이 송진우 선생을 '날이 갈수록 더욱 생각할 것이다!'라고 하였다.

나도 그와 같이 생각하고 또 그와 같이 하고 있다.

36
나의 회고록(回顧錄)

조병옥(趙炳玉), 민교사, 145-194면, 1959년 8월 25일

　소련군이 나진(羅津) 상륙을 한 지 3주일이 지나 건국준비위원회(建國準備委員會)는 각 지방마다 간판을 내걸고 조직하게 되었던 것이다. 그 건국준비위원회가 소련군의 지령에 의하여 조직되었던 까닭에 중앙책임자와 각 부서책임은 민족주의자로 직책을 맡김으로써 건국준비위원회가 공산주의집단이 아님을 가장하고 그 차장은 공산주의자에게 맡김으로써 실권을 좌익이 장악하려고 하였던 것이다. 그것을 증명하는 것은 9월 6일에 발표한 소위 조선인민공화국(所謂朝鮮人民共和國)의 각료명단을 보면 알 수 있는 일이었다.

　이에 반하여 고하(古下) 송진우(宋鎭禹) 씨는 국민대회준비위원회(國民大會準備委員會)를 결성하고 중경(重慶) 대한민국임시정부(大韓民國臨時政府)를 절대지지하는 동시에 정권은 일제식민지총독에게서 이양할 것이 아니라 연합군으로부터 일본군의 무장을 해제한 다음 연합군으로 인수하여야 한다고 주장하여 결국 한국민주당(韓國民主黨)의 반대로 건국준비위원회는 아베 총독(阿部總督)으로부터 정권을 인수하지 못하고 유야무야(有耶無耶)로 유명

무실하게 되었던 것이다.

　동년 9월 16일에 창당된 한국민주당은 집단지도제인 8총무제를 채택하고 수석총무에는 송진우 씨가 피선(被選)되고 총무에는 김병로(金炳魯), 이인(李仁) 씨 등과 나도 그 8총무의 하나로서 활동하였던 것이다.

　그리하여 한국민주당은 건국준비위원회를 타도하였고 그다음 소위 조선인민공화국과 인민위원회 조선민주주의민족전선 등의 좌익집단을 성토 타도하는데 중대한 역할을 하였다. 그런데 인민위원회의 조직은 지방 방방곡곡으로 뻗히었던 것이다. 따라서 조선민주청연동맹(朝鮮民主靑年同盟)이라는 것도 결성되었던 것이다.(중략)

　미군은 남한에 진주하자마자 맥아더 사령부의 포고문을 붙이는 동시에 군정(軍政)을 실시한다는 포고령을 내렸던 것이다. 그때 카이로와 포츠담선언에 의하여 한국은 곧 독립정부를 수립할 수 있다고 생각하였던 한국민주당은 하나의 딜레마에 빠지지 않을 수 없었던 것이다. 즉 우리 한국민주당이 미군정에 협력하느냐 그렇지 않으면 반대하느냐 하는 문제로 딜레마에 빠지지 않을 수 없었던 것이다. 그러나 당시의 국제정세에 비추어 보아 한국 군정 단계의 훈정기(訓政期)를 거치지 않고서는 치안유지를 할 수가 없고, 또 전 한반도의 적화를 면치 못할 것이라는 결론을 내려 한국민주당 수뇌부에서 와신상담(臥薪嘗膽)의 격으로 군정에 협력하기로 결정을 하였던 것이다. 이렇게 우리 한국민주당의 결정이 현명(賢明)하였음은 동년 10월 16일에 금의환국(錦衣還國)한 이승만 박사나 동년 11월 23일에 귀국한 대한민국임시정부요인도 미군 정에 협력할 것을 약속하고 군정시대의 고국에 돌아온 것을 보더라도 우리들의 결정이 현명하였다는 것을 증명할 수가 있었던 것이다.

한국민주당이 이렇게 미군정에 협력하기로 결정을 내리고 위선 미군진주에 환영회를 개최하기로 하였던 것이다. 그것은 미군이 한국에 진주한다고 해서 의식적으로 환영회를 개최한다는 것이 아니라 무엇보다 한국의 해방을 위하여 태평양전쟁에서 갖은 고초와 사선(死線)을 넘어 군국주의 일본을 항복케 하는데 용전(勇戰)하였다는 그 노고를 우리 한민족으로써 진심으로 위로의 뜻을 표하자는 의미에서 환영회를 열게 되었던 것이다.

나는 이 환영회의 위원장이 되어 환영회 준비에 착수하게 되었다. 「아취」를 세우고 「프랑카트」를 영어와 한글로 혼용하여 수백 종 만들고 환영회 회장은 중앙청 앞 광장을 사용하기로 결정하였던 것이다.

그리하여 동년 10월 20일에는 36년 동안 우리 한민족을 탄압하고 괴롭히고 착취하던 일제식민지정책의 아성(牙城)이었던 조선총독부청사인 중앙청 앞 광장에서 거족적인 성대한 환영회를 개최하게 되었다. 나는 환영회위원장의 자격으로 환영사를 하였고 연합군 대표로서는 하지 장군이 답사를 하였던 것이다. 그 통역은 영어에 숙달한 나의 친구 창랑(滄浪) 장택상(張澤相) 씨가 맡

아서 하였던 것이다. (중략)

 그런데 이 환영회를 개최하기에 앞서 이승만 박사의 좌석문제로 하나의 삽화(揷話)가 있는 것이다. 즉 동년 10월 16일에 귀국한 이승만 박사를 사실상 평민의 자격으로 환영회에 참석하기로 되었는데 어떻게 앞자리에 앉게 할 수 있겠느냐 하고 하지 장군이 항의 비슷하게 말하므로 나는 대답하기를「이승만 박사는 비록 평민의 자격으로 환영회에 참석하게 될 것이로되 그는 독립운동의 원훈(元勳)이므로 당연히 앞자리에 앉아 여러분을 환영해야 된다」고 2일간이나 주장하였던 것이다. 하지 장군도 내 말을 수긍하고 자기가 답사할 때 자기 스스로가 이승만 박사를 소개하기도 하였던 것이다. (중략)

 그런데 이 역사적인 연합군 환영회가 열리기 3일 전인 동년 10월 17일에 나는 미군정부의 경무국장 취임의 교섭을 받았던 것이다.(중략)

 그런데 10월 17일 오전 중이라고 기억되는데 당시 한민당의 사무처였던 동아일보 사옥에 하지 중장의 고문으로 있던 윌리암스 대령이 송진우 수석총무를 찾아와서 요담(要談)하고 갔던 것이다. 그 요담의 내용은 시간을 내어 한민당 수뇌부와 요담할 기회를 달라는 것이었다.

 그리하여 그날 밤 송진우 수석총무의 자택에서 송진우, 원세훈, 나 그리고 윌리암스 등 4씨가 회동하고 회담을 하였던 것이다.

 그때 윌리암스 대령은 말하기를「지금 군정부의 조직은 완료되었는데 가장 중요한 경찰의 총책임 경무국장의 자리가 공석에 있습니다. 여러분도 아시다시피 지금 북한에는 공산군이 점령하고 있습니다. 그러므로 이에 대비하기 위하여 공산주의 이론에 투철하고 반공사상에 철저한 유능하고도 실천력이 강한 한인(韓人) 중의 애국적 인사가 아니면 도저히 이 중책을 감당해 나가기가 어려우니 우리 군정을 협력하고 또 한국을 위한다는 의미에서 그러한 인사를 추천해 달라는 하지 중장의 요청이니 여러분께서 심사숙고하여 그와 같은 인사를 추천해 주기 바랍니다」 하고 말을 맺는 것이었다.

송 수석총무는 대답하기를 「추천하겠다는 원칙만은 지금 말할 수 있으나 누구를 추천한다는 말은 지금 이 자리에서 말할 수 없으니 내일 다시 만나 의논합시다」 하고 대답하였던 것이다. 윌리암스 대령은 그대로 돌아갔던 것이다. 그날밤 송진우 수석총무는 바깥까지 나와서 나를 전송해주면서 말하기를 「유석(維石)과 나와 단둘이서 비밀리에 그 건에 대해서 할 이야기가 있으니 내일 아침을 우리 집에서 같이 하면서 결정하는 것이 어떻겠소?…」 하고 나의 의견을 묻는 것이었다. 나는 다음날 아침 송 수석총무의 자택을 다시 방문키로 하고 그날 밤은 그대로 돌아왔던 것이다.

그 이튿날 아침 내가 송 수석총무 댁을 방문했을 때 송 총무는 벌써 기침하고 나를 기다리고 있었던 것이다. 나와 송 총무는 경무국장 문제에 대하여 의논하기 시작하였던 것이다. 송 수석총무는 나에게 이렇게 말하는 것이었다.

「어제 윌리암스 대령으로부터 그 말을 듣고 난 후 밤새도록 생각해보았으나 유석밖에 할 사람이 없어. 그러니 유석이 맡아보는 것이 어떻겠소. 유석은 어학에도 능통하고 식견도 풍부하며 외교관계에도 능숙하니 경무국장 담당자는 유석밖에 없다고 생각하니 한번 맡아서 해보구려…」하고 말하는 것이었다.

그래서 나는 대답하기를 「나는 오늘까지 군정불관여(軍政不關與)의 태도를 취해 왔소. 그것은 내가 영어를 잘 한다는 것만으로 영어를 값싸게 팔아먹을 수가 없었기 때문이었소. 그런데 지금 내 스스로가 관여하여 하지 중장에게 자천(自薦)하는 것도 모순된 일이고 하니 송 총무께서 추천해 보구려…」하고 나의 의사를 말하였던 것이다. 내 말을 듣고 송 총무는 희색만면(喜色滿面)한 얼굴로 자기가 극력 추천해 보겠다고 하는 것이었다.

그리하여 송진우 총무와 나는 아침밥을 먹고 같이 한민당 사무처에 나갔던 것이다. 윌리암스 대령은 그날 오전 11시경 해서 동아일보 사옥에 있는 한민당을 방문하고 고하 송진우 총무와 약 40분가량 요담(要談)하고 돌아갔던 것이다. 송 총무는 나에게 말하기를 「유석의 경력 또 항일 투쟁의 내력 등을 자세히 이야기해서 가장 경무국장의 적임자라고 추천했지…아마 하지 장군도 좋다고 할 것입니다」하고 말하는 것이었다.

과연 12시경 해서 윌리암스 대령이 다시 한민당으로 찾아 왔던 것이다.

나는 윌리암스 대령의 안내를 받아 조선호텔을 사령부로 쓰고 있는 하지 사령부에 갔던 것이다.

하지 사령관실에 들어서니 그 방 안에는 하지 중장, 아놀드 군정장관, 쉭 헌병사령관 등이 나를 대기하고 있었던 것이다. 윌리암스 대령의 소개로 그들과 나는 인사를 교환한 후 의자에 앉으니 하지 장군은 말하기를 「귀하는 원래가 학자이며 인격자라는 명망이 있는 분으로써 우리의 희망으로서는 경무국장의 직책을 맡아 주었으면 좋겠다고 생각하는데 경무국장을 할 의사가 있습니까?」하고 묻는 것이었다.

나는 그에게 대답하기를 「나는 책임감을 가지고 경무국장의 자리를 인수하겠습니다」하고 간단히 말하였던 것이다.

내가 경무국장의 취임의 의사를 표명하니까 하지 장군은 나에게 한민당의 탈당권유를 하는 것이었다.

그래서 나는 한민당의 총무직은 내놓을 수 있으나 탈당만은 할 수 없다고 말하였던 것이다. 그리하여 나는 한민당의 요직만을 사임한다는 조건하에 경무국장에 취임하기로 결정하고 그 취임의 날자는 10월 20일에 거행되는 연합군환영회를 필(畢)하고 난 후 10월 21일에 취임할 것을 양해가 되어 나는 10월 21일부터 군정에 관계를 맺게 되었던 것이다. 결국 내가 군정과의 관계를 맺게 된 동기와 경위는 이상과 같은 것이다.(중략)

그리하여 나는 하지 중장과 아놀드 군정장관에게 진언하여 인민공화국의 불법화와 인민위원회의 해체를 선포하자고 주장하였던 것이다. 그래서 하지 중장은 여운형, 허헌 등이 조각발표(組閣

發表)한 소위「조선인민공화국」은 한민족의 자유독립 달성을 방해하는 것이라고 1945년 12월 12일에 성명을 발표하고 해산시켰던 것이다. 그러나 남로당과 인민위원회는 불법화시킬 수 없다고 하지 중장은 말하는 것이었다. 그 이유로서는 당시 미국의 국무성은 미국헌법에 의거해서 결사(結社)의 자유를 보장하고 있는 까닭에 인민위원회는 하나의 정당으로 간주하고 있기 때문에 불법화는 시킬 수 없다는 것이었다. 그러나 인민위원회는 정당으로 간주할 수가 없었다. 왜냐하면 당시의 인민위원회의 간판은 행정관서에나 국민학교(초등학교) 등에 붙이고 마치 행정관서의 행세를 하였기 때문에 인민위원회를 그대로 두어서는 군정의 운영상 또는 치안유지상 커다란 방해를 초래하는 결과가 되므로 나는 하지 중장과 아놀드 군정장관에 강력히 진언하여 마침내 인민위원회를 해체하게 되었고 나자신 지방에 순시할 때 직접 인민위원회의 간판을 뗀 적도 있었던 것이다.

그리고 해방직후부터 청년단체가 우후죽순처럼 조직됨에 따라 그 시기를 이용하여 남로당에서는「조선민주청년동맹(朝鮮民主青年同盟)」을 조직하여 공산주의 선전을 일삼고 있었으며, 탁치(託治)찬성, 폭동, 파업, 방화 등을 선동(煽動)하므로 해서 한번「조선민주청년동맹」을 해체선포를 하였는데 남로당에서는 그「민청(民青)」을 간판만을 고치고「조선민주애국청년동맹(朝鮮民主愛國青年同盟)」이라는 간판으로 또다시 그 조직망을 강화하여 30여만 명이라는 수자를 과시하면서 남한에 있어서 강력한 단체로 화(化)

하여 가는 고로 나는 하지 중장에게 진언하여 해체시키는데 성공하였던 것이다. 이와는 반대로 하지 장군은 「민애청(民愛靑)」을 해체시킴과 동시에 「서북청년회(西北靑年會)」를 해산시키라고 3차에 걸쳐 아놀드 군정장관을 통하여 지시가 내려왔던 것이다. 그러나 나는 서북청년회의 해체의 부당성을 지적하고 그대로 있었는데 그동안 군정장관이 경질되어 러치 장군이 군정장관으로 취임하게 되자 서북청년회의 해체를 또다시 지시하는 것이었다. (중략) 나는 직접 하지 장군을 방문하여 전기 이유를 들어 설명하고 서북청년회의 해체할 것을 중지해 달라고 요청하였던 것이다. 그래서 하지 장군은 나의 이유 설명을 잘 듣고 나서 서북청년회의 해체를 중지하였던 것이다. 만약 그 당시 서북청년회를 해체하였더라면 「민애청(民愛靑)」의 지하조직은 더 활발히 전개되었을 것이며 각지에서 공산당의 지령하에 의하여 산발적으로 일어나는 폭동을 국립경찰만으로는 도저히 진압할 수가 없었을 것이라고 생각할 수 있는 것이다.

또 남로당 산하에 있는 「전평(全評)」은 「민애청(民愛靑)」과 마찬가지로 치안과 질서를 문란(紊亂)시키는 동시에 재건과정에 있는 생산 공장의 종업원들을 선동하여 파괴와 파업을 일삼아 군정의 운영을 곤궁에 빠트리게 하는 강력한 노동단체였던 것이었다.(중략)

그런데 여기에 또 한 가지 두통거리가 생겼던 것이다. 그것은 군사단체 해산문제였던 것이다.(중략)

그와 같이 하지 장군의 군사단체의 해체명령을 받은 나는 미군정당국에 설명하기를 「군사단체의 발생은 우리민족의 민족적 요구인 자연발생적인 현상이다. 즉 한국은 자유독립국가가 될 것은 기정사실이고 독립국가가 되는데 있어서는 자연 군사문제가 야기되는 것이다. 또 우리민족이 자유독립국가가 될 때에는 이 군사문제는 가장 중요한 문제일 뿐만 아니라 우리민족은 이 군사문제에 주력할 것은 당연한 일이라고 생각한다. 그러므로 미군정이 우리 한민족의 자유독립을 준비하는 기관이라면 이 군사문제를 군정이 해결하지 않으면 안된다고 생각한다. 군정이 이 군사문제를 해결할 때 나는 모든 군소군사단체(群少軍事團體)를 해체시킬 것이다」라고 설명하면서 군정에 국방부를 설치할 것을 건의하였던 것이다.

그런데 이와 같은 나의 건의안은 기적적으로 3일 만에 발효를 보게 되었던 것이다. 즉 1946년 1월 초에 국방부 설치가 착착 진행되었던 것이다.

국방부 설치에 관한 고문진의 추천을 위촉받은 나는 일본 육군사관학교 출신계 및 군인계에는 이응준(李應俊) 씨, 독립군인계는 오광선(吳光鮮) 씨를 추천하여 미군정당국은 이를 채택하였던 것이다. 그리고 원래 명칭은 「국방부」라고 하였다가 소련군의 항의로 「국방부」를 「통위부(統衛部)」로 개칭(改稱)하게 되었던 것이다.

그리고 미군정당국은 초대 통위부장 전형에 있어서 나의 의견을 구하는 고로 나는 장래 한국에는 일본군인계, 독립군인계, 만주군인계, 중국군인계 등의 출신들을 총망라하여야 될 것임으로 적어도 이들의 숭앙할만한 인물을 선택해야 된다고 강조하면서 일본육군사관학교 출신이며 또 독립운동에 있어서도 이갑(李甲) 씨와 40년간 혁명생활의 관록을 쌓은 유동렬(柳東烈) 씨를 추천하여 마침내 초대 통위부장으로 임명되었던 것이다.(중략)

그런데 이 군사단체 해체에 있어서 한 가지 비화가 있는 것을 여기에 소개하고자 한다. 즉 1945년 12월경 모 군사단체에 속하는 간부들이 친일파였다는 이유로 운현궁과 한상룡(韓相龍) 씨 저택, 김계조(金桂祚) 씨의 저택 등을 접수한 후 한상룡 씨의 경우에 있어서는 그집 식구들을 모두다 지하실에다 감금시켜 놓고 위협공갈을 하였던 것이다. 이러한 보고에 접한 나로서는 강력한 조치를 취하여 그들 접수자들을 모조리 축출하고 원상복구를 시켜주었던 것이다. 나는 그 군사단체에 속하는 간부들에게 말하기를「친일파들은 앞으로 반민족행위자로 반드시 법적조치가 있을 것인데 그 법적조치의 절차를 밟지 않고 친일파라고 해서 덮어놓고 그들의 사유재산을 침해점유해서는 안 되는 것이다.

개인의 범죄와 사유재산을 혼돈해서 몰수한다거나 강탈한다는 것은 도저히 법치국가로서는 용납할 수 없는 일이다. 그러므로 개인의 죄과는 법적조치에 의하여 처벌하면 되는 것이고 개인의 사유재산은 어디까지 보호하여야 될 것이다. 또 경제사범에 의하여 재산을 몰수한다고 하더라도 거기에는 반드시 법적절차를 밟아야 하는 법인데 덮어놓고 어떤 막연한 이유만을 가지고 개인의 사유재산을 침해한다거나 강탈한다는 것은 응당 법의 제재를 받아야 할 것이다.」라고 설득하고 서약서를 쓰게 하고 다시는 그런 일을 범해서는 용서하지 않겠다고 경고를 한 후 그대로 석방조치를 취한 바가 있었던 것이다.

그런데 내가 군정의 경무국장으로 취임(취임 1개월 후 경무부장으로 개칭하였음)한 지 만 2개월이 지난 1945년도 해 저물어가는 12월 27일 우리 민족에게는 청천벽력과 같은 비보가 전파를 타고 전해져 왔던 것이다.

그것은 모스크바에서 열린 미, 영, 소 3개국 외상회의(外相會議)에서 한국의 신탁통치(信託統治)를 실시한다는 결정을 보았다는 것이었다.(중략)

즉 소위 신탁통치를 모스크바 삼상회의(莫府三相會議)에서 결의하였다는 것은 제2차 세계대전 중, 혹은 종전 후 연합제국이 해명한 전후처리의 기본방침에서 위배될 뿐만 아니라 한민족을 모욕한 것이니 이것을 반대하지 않을 수 없다는 것은 당시 한국 내 좌우익단체를 통해서 폭발된 민족적 감정이요 민족적 자존심의 자연발생적 귀결이었던 것이다. 그리하여 중앙정계의 여론은 비등(沸騰)하기 시작하여 그것을 반영하는 도하 각 일간신문(都下各日刊新聞)은 우익계의 동아일보, 조선일보, 대동신문 등을 위시하여 좌익계의 인민보(人民報), 서울신문, 자유신문 등 모두 공동보조를 취하여 반대 사설을 게재하였던 것이다.

그 한 예를 들어보면 이러한 일도 있었던 것이다. 즉 동년 12월

28일 좌익계에 속하는 대한여론사 주최로 종로 기독교청년회회관에서 공산주의선전 강연회가 있었는데 이 강연회가 끝나기 전인 오후 4시경에 개회사를 한 박헌영(朴憲永)이가 등장하여 「방금 모스크바 삼상회의(莫府三相會議)에서 우리나라를 최고 5개년간 신탁통치를 한 후에 독립을 시켜준다」고 결의하였다고 하니 이것이야 말로 민족의 자존심으로써 절대 반대하지 않으면 안 된다고 절규하였을 때 장내 대부분의 청중들은 좌익계열임에도 불구하고 반대의 기세를 올리면서 박헌영 선창으로 만세까지 불렸던 것이다. 그러나 그렇게 열렬히 신탁통치를 반대하던 공산도배(共産徒輩)들은 소련의 지령이 옴으로써 하루아침에 돌변하여 찬탁을 부르짖게 되었던 것이다. (중략)

이때에 1946년 1월 3일에는 애국부녀단체 주최로 기독교청년회회관에서 반탁강연회가 개최 되었고 다음날 1월 4일에는 시 공관에서 4개 정당 공동주최로 반탁강연회를 열기로 합의를 보아 그 연사로서는 한국민주당에 함상훈(咸尙勳), 조선공산당에 정태식(鄭泰植), 국민당에 엄우용(嚴雨龍), 인민당에 이여성(李如星) 제씨 등이 지정되어 신문보도까지 하였는데 좌익계열은 그 태도를 돌변하여 강연의 불참석은 물론 이때부터 좌익계열은 찬탁운동의 매국적 반동행위로 나타났던 것이다. 그리하여 1월 3일은 시내 서울시민을 기만하여 전과 같이 반탁국민대회를 한다고 모아놓고 대회순서에 의하여 모스크바 삼상회의결정을 전폭적으로 고수 지지한다는 문구가 나왔던 것이다.(중략)

반탁국민운동이 거족적으로 전국방방곡곡에서 치열하게 전개되어 신탁통치를 지지하는 공산도배(共產徒輩)들을 타도하라는 국민들의 불뿜는 듯한 아우성소리가 요원(燎原)의 불길처럼 일어났던 것이다. 그리하여 반탁의 애국 기혼(愛國氣魂)을 표현하는 혈서(血書)와 격문이 작 지방에서 미군정청에 매일같이 쇄도(殺倒)하였던 것이다.

이렇게 사태가 돌발적으로 개기되므로 인하여 하지 장군은 미국정부에 조회전문(照會電文)을 치지 않을 수 없었던 것이다.(중략)

그래서 하지 장군은 다시 그들에게 언명하기를『한국인에게 신탁한다는 것은 점령, 또는 침략적 식민지정책을 실시하는 것이 아니라 독립된 국가로서 정부가 수립될 때까지 협조 또는 원조하는 것을 의미한다』고 설명하였던 것이다.

따라서 하지 장군은 그와 같이『신탁』에 대한 설명을 하는 반면에 모든 한국정치지도자들의 오해된 해석을 풀어보려고 격별한 노력을 하고 자기의 정치고문들을 각 요인들에게 심방(尋訪)케 하여 설득공작을 하였으나 별다른 효과가 없었던 것이다.

그것은 그럴 수밖에 없었던 것이다. 즉 그 당시의 정치지도자들 중에는 양론이 대립되어 적극론자들은「미군정 및 각 기관을 점령하여 정부를 즉시 수립하고 독립을 선포하자」고 주장하였으며, 또 한편 온건론자들은『미, 소 양군의 한국철퇴를 주장하면서 그렇지 못할 경우에는 한국의 신탁통치를 포기하라』고 말하였던

것이다.(중략)

그러나 나는 당시의 현존한 국제정세에 비추어 군정단계를 통과하여야만 자유독립을 실현시킬 것이라고 믿고 임정의 미군정에 협조의 필요성을 역설하면서 군정의 접수, 미군인의 축출은 부당하다고 생각하였던 것이다. 그리하여 경무부 관할하에 있는 경찰관 및 공무원들은 경솔한 행동을 취하지 말라고 시달(示達)하였음에도 불구하고 서울시내 8개 구(區) 경찰서장이 총사직의 의사를 표명하였다는 보고를 듣고 나는 즉시 파면조치를 취하였던 것이다.

그리고 임정 주최의 반탁국민운동이 그 극치에 달한 동년 12월 31일 하오에 하지 중장은 연락관을 보내어 자기 사령관실에서 나와 요담(要談)할 것을 요청하여 왔음으로 나는 즉시 하지 중장을 만나러 갔던 것이다

하지 중장을 만나러 갔더니 하지 중장은 말하기를 『군정을 접수하려는 임시정부 요인들을 처치해야 되겠다』고 말하면서 그날 저녁 임정요인 처치에 대한 방송을 하겠다고 나에게 원고를 보여 주는 것이었다.(중략)

그래서 하지 중장은 나의 말을 신중히 듣고 있다가「그러면 방송을 중지하겠다」고 말을 하므로 나는 하지 중장에게 말하기를「나에게 김구 주석과 협상할 것을 전권(全權)으로 맡겨 달라」고 요청하였던 것이다. 하지 중장은 나의 요청을 쾌(快)히 승낙하였던 것이다. 그리하여 나는 그날 저녁 서대문에 있는 경교장으로 김구

주석 숙소를 방문하게 되었던 것이다.

나는 김구 주석을 만나 진언하기를 「주석께서 입국하실 때에 독립군 한 명도 대동하지 못하고 정치자금도 한 푼도 없이 미군정에 협력하겠다고 서약한 이상, 현재의 임정이 계획하고 있는 미군정의 접수운동(接受運動)은 포기해야 할 것입니다. 지금 북한은 공산주의 치하에 붉은 물이 들어가고 그에 따라 한반도는 전역에 걸쳐 공산주의 철제(鐵蹄)에 휩쓸려 갈지도 모르는 이 역사적 단계에 있어서 우리 민족은 미군정의 단계를 통과하지 않고서는 도저히 자유독립을 완수하지 못할 것이니 그 점 신중히 심사숙고하시어 한 번 하지 장군과 만나 기탄없는 의견을 교환해 보시는 것이 어떻습니까? 하고 말하였더니 김구 주석은 하지 중장을 만나 보겠다고 나의 진언을 들어주었던 것이다.

그리하여 하지 중장과 김구 주석은 1946년 1월 1일 오후 1시에 반도호텔 사령부에서 회담하게 되었던 것이다. 그 회담 결과는 좋은 효과를 가져왔던 것이다. 즉 동 회담 결과는 반탁운동은 계속 전개하되 질서의 파괴행위는 자제한다는 조건으로 합의를 보았던 것이다. 이러한 합의점에 대하여 당시 한국독립당 선전부장 엄항섭(嚴恒燮) 씨는 방송을 통하여 질서를 파괴하는 반탁운동을 즉시 중지하라고 흥분된 서울시민 및 전 국민에게 호소함으로써 서울의 공공의 안녕질서는 복구되고 미군정은 그것을 계기로 하여 군정실시에 관하여 획기적인 전환정책을 썼던 것이다. 즉 그것은 미군 정부라는 명칭을 폐지하고 「남조선과도정부(南朝鮮過渡

政府」라고 개칭(改稱)하는 동시에 군정행정기관에 병립해서 입법의원을 설치하여 군정결의기관으로 발족할 것을 결정하였던 것이다. 그 군정기구에 대한 획기적 변혁에 따라서 국(局)은 부(部)로 승격하고 각 국의 미군인 국장은 순전한 고문격으로 두도록 변경하고 남조선과도정부의 각 부장이 자문하는 형식을 취하여 군정을 운영하기로 결정하였던 것이다. (중략)

사실 임정 주최의 반탁운동의 계획은 무정견, 무계획, 무질서하였던 것은 틀림없던 것이었다. 내가 생각하였던 반탁운동은 그러한 무질서한 것이 아니었다. 나는 어디까지나 반탁운동이 질서정연함을 희망하고 있었던 것이다.(중략)

사실 반탁운동이 치열하여 그 극치에 달하였을 무렵에는 서울시는 철시가 되어 장국밥까지 사먹을 수 없는 정도의 마비상태에 빠져 있었던 것이다. 또 삼천여 명의 군정관리 중에 구백여 명밖에 남지 않고 있었으며 심지어는 하지 장군의 「쿡」까지 도망하여 자기 숙소에서 식사까지 못할 정도로 혼란상태에 빠졌던 것이다.

그런데 이러한 혼란상태에 놓여 있을 때 경무부장의 지위에 있는 나로서 또 한국민주당의 입장에서 보더라도 한민족의 전체적인 절대반대의사를 합법적으로 그리고 자유스럽게 거족적으로 표시하는 것은 절대 찬성할 수 있었으나 공안질서를 파괴하고 군정을 접수한다는 것은 한국의 자주독립을 천연(遷延)시키고 장해(障害)하는 결과가 됨으로 이에 대해서는 제한된 반탁운동을 하여야 된다고 말하고서 위에도 지적한 바와 같은 이유로 미군정에 협조의 필요성을 역설하였던 것이다. 나의 역설의 결과는 임정으로 하여금 미군정에 협력하기로 태도를 결정하게 되었던 것이다. 그리하여 질서는 복구되고 위와 같은 행정기구의 획기적 변혁을 보게 되었던 것이다. 이렇게 미군정의 행정기구의 획기적인 변혁을 단행하게 됨에 따라 남조선과도정부는 두 가지의 새로운 현상이 나타나게 되었던 것이다.

그 첫째의 현상은 무엇인고 하니 태극기를 게양하는 것이었다. 즉 1946년 2월 초에 미육군 장관 페터슨 씨가 내한하였는데 어느 날 군정장관이 나에게 말하기를 「내일 아침에는 한국국기 게양식이 있을 것이니 경무부장은 예복을 입고 정장하고 나오라」고 하는 것이었다. 나는 그 이튿날 아침 그 국기게양식에 참석하기 위하여 아침 일찍이 예복을 입고 군정청 앞 광장에서 거행되는 그 식에 참석하였던 것이다. 그 식에서 미육군 장관 페터슨 씨는 태극기를 나에게 수교(手交)하는 고로 동쪽의 국기게양대 위로 가서 내손으로 태극기를 올리고 난 후 우리 한인관리들은 감격에 넘치는 감정으로 애국가를 제창하였던 것이다. 그날 후부터는 동쪽에는 태극기가 휘날리게 되었으며 서쪽에는 성조기가 병립(倂立)하여 휘날리게 되었던 것이다.

그 둘째의 현상은 무엇인고 하니 군정장관의 경질을 보게 되었다는 것이다. 즉 초대군정장관 아놀드 소장은 순수한 군인에 불과하였음으로 정치를 요리할 수 있는 군정장관으로서는 부적당하게 생각되었다. 물론 그는 짧은 기간 군정장관을 해오는 동안 대

과없이 하였던 것은 사실이다. 그러다 미군정이 단순히 군정(軍政)으로 그치는 것이 아니라 다음 한국의 자주독립을 하기 위한 준비기관이었던 관계로 군정장관은 다분히 정치성을 띠지 않고서는 안 되었던 것이다. 그런 관점에서 생각해볼 때 신임(新任)된 러치 군정장관은 충분한 정치적 수완을 지니고 있는 군인이었다. (중략)

그리하여 입법의원을 새로 설치하고 새로 설치된 입법의원에서는 김규식(金奎植) 의장의 사회로 개회된 지 며칠도 못되어 탁치 반대의 결의안을 만장일치로 가결하였던 것이다. 이 입법의원의 반탁결의안 통과의 보고를 듣고 하지 장군은 화가 치밀어 하룻밤을 잠도 못자고 꼬박 새웠다는 것이었다. 이에 대하여 러치 소장은 나에 대하여 정담(政談)하기를 요청해 왔음으로 내가 군정장관실을 갔더니 러치 소장은 나에게 말하기를 하지 장군은 군인임으로 인하여 이 결의에 대해서 초조하기는 하나 나같은 변호사의 제3자적 입장에서 볼 때에는 민주정치제도에 있어서 의사표시는 자유이고 또 존중해야 된다고 생각하는 의미에서 입법의원의 반탁결의에 관해서는 한민족과 미군정 사이에 시간이 경과되면 사필귀정으로 원만한 양해가 성립될 것이라」고 하면서 자기는 『입법의원의 결의가 한민족의 자유의사의 표시로서 자연발생적인 결의라」고 하는 평을 들었던 것이다. 그는 군인이면서도 군인 특유의 격앙된 감정적 언동을 표현하는 일이 없었으나 언제나 침착하고 냉철한 이성으로 모든 일을 잘 처리해 나갔으며 사리판단을 올

바르게 하였던 것이다. 나는 좋은 상담역을 만나 일하게 되었다고 생각하였던 것이다.

이와 같은 좋은 상담역을 만나 군정운영을 해가는 중에 가장 두통꺼리의 하나는 공산도배(共産徒輩)들의 불법적인 난동이었다. 원래 남한공산당은 사회질서를 파괴할 뿐만 아니라 군중을 선동하여 폭동을 일으키고 그것을 계기로 하여 남한의 군정부를 전복하려고 획책하였던 것이다. 그리하여 치밀한 계획하에 남로당의 박헌영 영도하에 의하여 모든 파괴공작의 지령을 북한으로부터 받아가지고 남한에서 실시되었던 것이다.(중략)

그런데 대구 10월 폭동이 진압된 이후 대구 폭동에 대한 좌익의 사주를 받은 중간파들은 미군정당국에 서면 내지 구두로 진정하기를 「대구 폭동은 경무부장 조병옥(趙炳玉)이가 친일파 경찰관들을 등용함으로써 민심이 이탈되어 이번과 같은 폭동이 자발적으로 일어난 것이다」라고 주장하였던 것이다. 이리하여 하지 중장은 군정수뇌부 중간파 대표들과 합석하여 동년 10월 말일 경 한미회담을 개최하게 되었던 것이다.

나는 조선호텔에서 열리는 이 한미회담의 단두대에 올라서게 되었던 것이다. 그리하여 경무부장으로서의 나의 입장을 해명하지 않으면 안 되게 되었던 것이다. 이 회담이 개최되기 전에 러치 군정장관은 나에게 은근히 말하기를 「이번 회담의 결과에 따라 당신의 진퇴문제가 결정되고 또 그러한 중요한 회담인 고로 당신은 회담에 출석 전에 만반의 해명준비를 갖추도록 하라」고 하는 것이었다. 나는 러치 소장의 말을 고맙게 생각하면서 즉시로 중간파들의 음모에 대항하기 위하여 그들이 조선총독 고이소 구니아키(小磯國昭)에 대한 대일협력의 언약 또는 소위 대동아전쟁에 협력하겠다는 논설 그리고 황국신민(皇國臣民)이 되겠다는 등의 여운형(呂運亨), 안재홍(安在鴻), 양씨의 담화 내지 성명, 논설 등을 영역 등사(英譯騰寫)하여 가지고 동 회담에 참석하였던 것이다. 회담 장소에서 하지 중장, 러시 소장 등이 왼편쪽에 앉아 있었고, 바른편 쪽에는 김규식(金奎植), 여운형(呂運亨), 안재홍(安在鴻) 등 3씨가 중간파를 대표하여 앉아 있었던 것이다.

나는 그 회담석상에서 먼저 경무부 인사관에 대하여 연설을 시작하였다. 그 연설요지는 다음과 같은 것이었다.

「당신네들은 대구 10월 폭동에 대해서 주장하기를 경무부장인 내가 친일파 경찰관들을 많이 등용하였기 때문에 그로 인하여 민심이 이탈되어 폭동은 자연발생적으로 일어났다고 주장하는 것을 나는 잘 알고 있습니다. 그러나 일본제국주의 통치하에서 있던 우리 한국에는 친일을 했다는데 대하여 두 가지 종류로 구별할 수가 있다고 생각합니다. 즉 그 하나는 직업적인 친일파였고 또 하나는 자기의 가족과 생명을 보호하기 위한 연명책으로 일정 경찰을 직업적으로 했다고 생각합니다. 그러므로 많은 동포들은 proJAP이 아니라 pro JOB이라고 할 수 있는 것입니다. 그 많은 동포들 중에는 가족을 살리고 자기의 생명을 보호하기 위하여 경찰관을 지낸 사람도 있으며 조선총독부관리 또는 고등관 등도 지낸 사람도 있습니다. 그러나 친일파는 정말로 극소수에 불과합니다. 가령 창씨(創氏)를 주장한 칠인조(七人組) 같은 인물들은 정말로 친일파들입니다. 이러한 친일파를 A professional Pro Japanese 라고 할 수가 있습니다. 그런데 당신들은 항일파(抗日派)요, 민족적지도자라고 자처했던 분이 아니요. 그러나 여운형, 안재홍 양 씨는 일정말기에 어떠한 처신을 하였습니까? 전에는 항일파(抗日派)요, 민족적지도자로 관록(貫祿)을 가진 여운형, 안재홍 씨 두 분은 영국령 싱가포르(新嘉坡)가 함락되고 필리핀(比律賓)의 마닐라가 일본군에 의하여 점령당한 후 미, 영 연합국이 패전하고 일본이 승리한다고 오산(誤算)한 나머지 당시 조선총독 고이소 구니아키(小磯國昭)에게 불려가서 소위 대동아전쟁에 협력할 것과 황국신민이 되겠다고 맹서한 것을 기억하고 있습니까? 만약 기억이 안 난다고 하면 여기에 그 증거로서 매일신보에 실린 담화와 논문과 사진들이 있으니 자세히 들여다 보시오. 누구의 필적이며 누구의 사진인가를……」 말하고 그 다음에는 김규식 박사를 향하여 「선생님은 내가 1년 동안 배재전문학교에서 배운 까닭에 사제지간입니다. 그리고 선생은 학식이 풍부하고 인격이 고매(高邁)한 분으로써 나는 중경(重慶)서 임정요인들 중에 가장 존경하였으며 가장 촉망이 많았던 것입니다. 그런데 선생은 해방이후 귀국하여 국내에서 정치활동을 하는 것을 볼 것 같으면 좌도 아니고 우도 아닌 중간노선을 걷는다고 하여 한국민의 노선을 애매하게 하여 혼란을 일으키게 만들고 있습니다. 따라서 선생의 자제 자신은 일제시대에 무엇을 하였습니까? 일제 때 상해에서 일본 해군의 스파이로 8년간 활약한 책임을 어떻게 하려고 하십니까. 애국자요, 영도자로 자처하고 계시는 선생이 이런 모순된 생활태도를 가지고 있었거늘 하물며 나나 다른 많은 한국 범부(韓國凡夫)들이 어찌 태평양전쟁이 미리 일어날 줄로 알고 일제협력을 용감히 거부할 수가 있었을 것이며, 또 나 자신 항일투쟁을 한 일원이지만 역시 범부인지라 내 자식의 운명을 내 운명과 같이 할 수가 없어서 일본 동경에 있는 게이오대(경응대학·慶應大學)에 유학시킨 일도 있습니다. 그러나 학병에는 단연코 거부하는 태도를 취하였던 것입니다. 이러한 나이면서도 경무부의 인사방침은 고의로 자기의 영달을 위하여 민족운동을 방해하였거나 민족운동자를 살해한 자 이외에는 일반경찰에 전직(前職) 경험이 있는 경찰관 출신자를 proJOB(프로 잡)으로 인정하고 국립경찰관으로 등용하였던 것입니다」라는 나의 종래의 인사방침정책을 설명하였던 것이다. 이 설명은 우리말과 영어를 병용하여 나 자신 용기를 가지고 역설하였던 것이다. 그런데 여운형 씨는 병 때문에 병원에 가겠다고 중간에 나가고 안재홍 씨는 체머리만 흔들고 앉아있었으며 김규식 박사는 나의 연설이 끝나자 일어나서 입을 열어 말하기를 시작하였던 것이다.

「원래 경무부장 조병옥 박사는 내가 가르친 사람입니다. 그리고 미국에 가서 박사학위까지 받은 훌륭한 학자로서 지식이 풍부하고 인격과 덕망이 있는 사람이므로 주마가편격(走馬加鞭格)으로 군정행정에 있어서 더 잘 해달라고 부탁할 따름입니다. 그리고 더 이야기할 것이 없습니다.」하고 말을 맺었던 것이다. 그리하여 이 회담을 끝마치고 말았는데, 이 회담이 산회(散會) 후 하지 중장과 군정수뇌부들은 나의 승리를 축하한다고 나에게 굳은 악수를 하는 것이었다. 이리하여 좌익과 중간파의 합작모의로 이루어진 나의 군정에서부터의 축출계획은 마침내 좌절되고 말았으며, 이것을 계기로 군정당국은 나에 대한 신임이 가일층 두터워졌던 것이라고 생각하였다.

이러한 문제가 연거푸 발생하는 가운데 또 한 가지 중대문제의 하나였던 것은 미소공동위원회에 대한 문제였다.(중략)

1946년 1월 7일 하지 중장을 위시한 군정수뇌부들은 백방으로 한국의 민족지도자와 정당사회단체지도층을 역방(歷訪)하면서 삼상회의 결정에 대하여 적극적인 설득공작을 한 결과 1946년 1월 9일경에는 대다수의 정당사회단체들이 모스크바 삼상회의 결정에 대하여 토의하여 보자는 정도의 공동성명을 발표하였던 것이다.

그리하여 유서 깊은 백아전당(白亞殿堂)인 덕수궁 석조전에서 1946년 1월 16일 제1차 미소공동위원회가 개막되었던 것이다.

그 첫 의제는 행정적, 경제적 사항에 관한 항구적 협조를 수립하기 위한 것이었다. 이 회담의 미국 측 수석대표는 브라운 소장이었고 보좌관에는 찰스 W. 제이야였고 소련 측 수석대표로서는 태랜리, 스티코프 중장이 평양으로부터 파견(派遣)되어 왔으며 문서작성에 이름이 있다고 하는 「씨미온 K. 짜리프킨」이라는 자가 스티코프의 고문으로 수반(隨伴)하여 왔던 것이다.

　미소 양 대표들은 통역관을 통하여 인사를 교환한 후 처음부터 제반 토의사항에 있어서 진척이 잘되지 않고 며칠 동안 의례적인 회담이 있었던 것뿐이고 미소공동예비회담이 있었으나 별다른 소득도 없이 동년 2월 7일 폐막을 고하고 말았던 것이다. 즉 2월 7일 폐막에 앞서 미소 양측대표들은 여러 안건을 상호연구한 후에 다시 회담을 열자고 하고 폐막하였던 것이다.(중략)

　그리하여 소련 측 대표들은 1946년 3월 20일에야 서울에 도착하였던 것이다. 그래서 미소공동위원회는 재개되었으나 개회사에 있어서 스티코프는 말하기를 「모스크바 삼상회의 결정을 반대하는 정당이나 혹은 사회단체 및 개인과는 한자리에서 회의할 수 없다」고 예외의 선언을 하였던 것이다. 그리하여 회의의 순서의 안과 콤뮤니케 발표방법에 대해서 수주일 동안 토의한 끝에 스티코프의 개회사 및 협의대상(開會辭及協議對象)의 자격에 대하여 토의하기로 작정하고 회담은 진행되었던 것이다. 이 협의대상 자격 문제에 대하여 미국 측 수석대표 브라운 소장은 말하기를 「한국인의 대부분은 모스크바 삼상회의 결정을 원칙적으로 반대하고 있다」고 주장함에 대하여 소련 측 수석대표 스티코프는 말하기를 「한국인 또는 모든 정당 사회단체들은 최초에는 반대하였으나 지금 와서는 신탁에 동의하고 있으며 또 마소공동위원회가 장차 결정할 결론에 협력만 한다면 자격을 부여하겠다」고 타협적인 태도

를 보였던 것이다. (중략)

이러한 미소공동위원회에 대하여 동년 5월 1일 「메이데이」를 전후하여 시비가 대두되어 양파로 나누어지게 되었던 것이다. 반탁이냐 찬탁이냐 하는 점을 중심하여 미소공동위원회에 참가를 거부하고 반대투쟁을 전개하느냐, 또는 미소공동위원회에 참가하여 내부투쟁을 전개하느냐 하는 양론으로 논쟁이 있었으나 한독당과 임정은 애당초부터 불참가를 주장하고 한국민주당을 위시한 우익진영단체들은 내부투쟁의 방법으로 미소공동위원회에 참가할 것을 결정하고 반탁운동의 목적을 달성하고 한국통일을 모색하였던 것이다. 그리하여 한민당을 위시한 우익단체들은 선언에 서명하였던 것이다. (중략)

그리하여 미국 측은 미소공동위원회의 업무를 개관(槪觀)하고 동(同) 회담을 좌절시키게 한 책임은 소련 측에 있다고 성명을 발표하였던 것이다.

그러한 비난의 성명을 발표하면서 한편으로는 하지 중장이 직접 북한의 소련사령관 치스챠코프에게 서한을 보내어 한국정당 사회단체에 대하여 의사표시의 자유만을 보장한다면 조속히 회담을 재개시킬 용의가 있다고 하였던 것이다.

그러나 동년 6월 30일부 소련의 프라우다지(紙)는 하지 중장과 미국 측 대표들에게 미소공동위원회 실패에 대하여 책임이 있다고 비난하고 치스챠코프로부터는 곧 회한(回翰)이 오지 않다가 동년 10월 26일에야 비로소 하지 중장에게 치스챠코프의 회한이 전달되었던 것이다. 그 회한은 회담 재개를 제안하였던 것이었다.

하지 중장은 또다시 11월 1일 회답하면서 미국 측의 입장을 반복하여 강조하였던 것이다.(중략)

이렇게 양측 간의 서한이 왕래되었지만 회담 재개의 적극적인 행동은 없었던 것이다.

그리하여 1947년 2월에 하지 중장이 워싱턴을 방문하였을 때 회담 재개에 대한 적극적 행동은 상부에서 취하여야 할 것이라고 진언(進言)하였던 것이다.(중략)

그동안 워싱턴에 있어서는 공산주의를 방어하기 위한 트루만 정책에 의거하여 3개년간의 일방적 한국 원조안이 기초되고 있었던 것이다. 이 정책기초로 말미암아 소련은 좀 더 협조적 태도로 나왔을는지 모를 일이었다.(중략)

한민당의 협의 참가 이유로서는 미소공동위원회가 한국임시정부를 수립하는데 협조한다고 하는데 있어서 우리 한국민은 그 속에 들어가서 무엇을 어떻게 해서 독립시켜주는가를 알아야만 한다는 의미에서 미소공동위원회에 참가하여야 한다고 주장하였던 것이다. 사실 소련 측은 대중정당 및 사회단체라는 미명아래 협의대상자로서 7할을 좌익으로 하고 2할을 우익으로써 참가시키자고 고집하였던 것이다. 따라서 소련 측의 우익의 해석은 김규식(金奎植), 안재홍(安在鴻) 씨 등 같은 중간파를 말하는 것으로써 한민당이 내부투쟁을 하기 위하여 협의대상자로 참가하기로 결정하지 않았더라면 좌익은 물론이려니와 소련은 좋다고 하면서 미소공동위원회의 속개(續開)를 주장하였을 것이다.

이러한 관점에서 볼 때 한민당의 정책은 미소공동위원회의 음모계획을 분쇄하는데 승리적 영도를 하였다고 하여도 과언은 아니라고 생각한다.

이러한 제2차 미소공동위회의 결렬 결과는 한국독립 문제를 유엔 총회에 상정하는 길을 열어놓게 하였던 것이다. 그리하여 유엔총회는 한국문제를 상정하여 1947년 11월 14일에 46대 3으로 탁치(託治) 없는 한국독립안이 가결되어, 한국통일을 위한 남북총선거를 유엔 감시하에 실시하기로 결의하였던 것이다. 즉 유엔 감시하에 자유로운 분위기속에서 남북한을 통하여 선거를 실시한다는 결의가 통과되었던 것이다.

이러한 낭보(朗報)가 있은 지 2주일이 좀 지나서 미소공동위원회 참가문제 때문에 그 주동적인 역할을 하고 정치적 촉망이 많았던 한민당의 정치부장 설산 장덕수(雪山 張德秀) 형이 그만 흉탄에 맞아 암살당하고 말았던 것이다. 유능한 정치가의 한사람이 또 이 세상에서 사라지고 말았다. 즉 설산 장덕수 형의 불의의 흉사는 한국민주당만의 비통지사(悲痛之事)가 아니라, 건국과정에 있는 한민족 전체의 애통지사(哀痛之事)라 아니할 수 없는 것이었다.(중략)

당시 미국무성이나 미군정부에서는 이승만 박사와 김구 주석 및 김규식 박사를 장래 한국정치를 담당할 수 있는 자격자로서 삼영수(三領袖)라고 부르며 인정하였던 것이다.

그런데 이승만 박사로 말한다면, 1945년 11월 3일 이래 좌우합작의 독립촉성중앙협의회(獨立促成中央協議會)의 실패로 말미암아 그 역량이 박헌영을 따를 수 없다는 평을 받았으며 또 이승만 박사는 완강한 정치인이라고 해서 한국정치계에서 제거되리라고 하였던 것이다.

또 김구 주석은 극렬한 반탁운동을 하였기 때문에 미국의 신망을 얻지 못하였던 것이다. 그리하여 민족자주연맹을 영도(領導)하고 있는 중간파의 영수인 김규식 박사를 한국정치계의 영도자로 등용시키려는 미군정의 방침을 알게 된 나로서는 하나의 대책을 강구하지 않을 수 없었던 것이다.(중략)

좌익은 수단과 방법을 가리지 않고 군정을 전복하려고 하였고 반면 우익은 우익대로 반탁운동을 계기로 폭력화하였던 것이다.

그 첫 희생자가 한민당(韓民黨) 당수(黨首) 송진우(宋鎭禹) 선생이었던 것이다. 즉 고하 송진우 선생은 임정을 중심으로 전개되는 극렬 반탁운동을 반대하였던 것이다. 다시 말하면 군정을 접수하는 반탁운동이란 위험천만한 것이라고 반대하고 제한된 반탁운동을 주장하였던 것이다. 그런 까닭에 송진우 씨는 암살당하였던 것이다.

즉 1945년 12월 30일 송진우 씨는 서울시 원서동(苑西洞)에 있는 자택에서 암살을 당하였던 것이다. 이 송진우 씨가 암살당한 것은 비단 한국민주당의 일대 손실일 뿐만 아니라 민족진영의 큰 손실이었던 것이다.

고하 송진우 씨는 1890년에 전라남도 담양에서 태어나 어렸을 때부터 매우 총명하고 재조(才操)가 남보다 뛰어나 하나를 보면 열을 아는 명석한 두뇌를 가진 존재였던 것이다.

즉 고하 선생은 원래 고매(高邁) 활달하고 정치적 역량이 풍부한 존재였다. 일제통치하에 있어서도 고하 선생은 끝끝내 고절(高節)을 지켰을 뿐만 아니라 대일본교제(對日本交際)와 교섭에 있어서도 자기의 독특한 수단과 자신을 가지고 처신하였던 것이다.

그리고 동아일보 사장을 오랫동안 한만큼 동아일보 지국망의 독자층을 통하여 해방 전이라 할지라도 민족진영의 지도자로써 엄연한 존재와 권위를 가졌던 것이다.

3·1독립운동의 지도자로 오랫동안 감옥에서 복역하다가 출감한 선생은 조금도 일제에 굴함이 없이 동아일보사에 입사하여 사장에 취임하여 한국고유문화 향상과 민족문화계몽에 헌신적 노력을 아끼지 않았던 것이다. 그때의 수난사(受難史)를 소개하여 선생의 넓은 도량과 민족독립운동의 선구자였음을 다시 한번 상기(想起)하여 보는 것도 무의미한 노릇은 아니라고 생각한다.

즉 1936년 8월에 독일 백림(伯林)(베를린) 올림픽대회에서 우리 한민족이 낳은 손기정(孫基禎) 선수가 세계 각국의 우수한 마라톤 선수들을 물리치고 당당히 우승을 하였던 것이다. 이때 선생이 경영하던 동아일보에서는 일장기를 단 손기정 선수의 사진을 그대로 신문에 보도하면 우리 민족의 수치라고 하면서 어디까지나 「코리아」의 선수임을 국내외에 알리기 위해서 일장기를 말살한 것을 신문에다 태극기를 단 사진까지 수록하여 다대적(多大的)으로 보도한 적이 있었던 것이다. 이야말로 일제 총독정치하에서 선생이 아니고서는 감히 그러한 용단을 내릴 분이 없었다고 하여도 과언이 아닐 것이다. 따라서 이 일장기말살사건으로 인하여 동아일보는 11개월 동안의 발간정지처분을 받게 되었으며 선생은 사장을 그만두고 일제총독부의 탄압에도 굴복하지 않고 동아일보를 민족진영의 대변지로 살리기 위하여 선생과 뜻을 같이하는 동지인 백관수(白寬洙) 씨를 사장으로 하는 조건으로 다시 동아일보를 계속 발행하게 하였던 것이다.

 그 후 소위 중일전쟁(中日戰爭)이 일어나서 일본제국주의의 최후발악은 한민족의 대변지인 동아일보를 발행금지케 하였던 것이다. 그리하여 선생은 동아일보가 폐간될 때까지 20년간 동아일보의 융성과 민족언론자유의 창달을 위하여 진력하였던 것은 우리 후학이 잘 알고 있는 일이다. 물론 그동안 파란곡절이 많았던 것은 이루 헤아릴 수 없었으나 선생은 양보할 것은 깨끗이 양보하고 지킬 것은 한사코 지켜서 민족의 체통과 면목을 유지하려고 노력하면서 민족의 표현기관으로 시종일관하였다는 것은 민족적 입장에서 볼 때 불후(不朽)의 공적이라고 아니할 수 없는 것이다.

 또한 선생이 쌓은 공적의 하나로서 이충무공유적보존회사건(李忠武公遺蹟保存會事件)이 있다. 즉 이충무공보존회사건이라는 것은 1932년 5월 29일부 동아일보 지상(紙上)에 자세히 보도되어 있으므로 여기서는 그 구체적 설명을 생략하겠거니와 그것을 간단히 설명하면 다음과 같다.

즉 임진왜란 당시 상실할뻔한 삼천리강토를 건져낸 충무공(忠武公) 이순신(李舜臣) 장군의 업적을 찬양하자는 것으로서 민족의 「얼」을 찾아내자는 것이었다. 이 사업의 추진은 동아일보가 기여한 바 크거니와 선생의 노력도 지대하였다는 것을 말하지 않을 수 없는 것이다.

또 선생은 중앙중학교장 때에도 앞날의 한국을 걸머지고 나갈 젊은 학도들에게 민족의식과 독립사상을 고취하기에 여념이 없었던 것도 사실이다. 그러기 때문에 중앙중학교의 학생들은 3·1운동 당시에도 선봉에 서기를 서슴지 않았던 것이다.

이와 같은 위대한 민족의 지도자를 잃게 된 한국민주당으로서는 당수추대(黨首推戴)에 신중을 기하지 않을 수 없었으며 또 그것은 한국민주당으로서 중대한 문제가 아닐 수 없었던 것이다.

그러므로 고하 송진우 씨의 당수 자리에 추대할 사람은 자연히 인촌(仁村) 김성수(金性洙) 씨에게 중론이 집중되지 않을 수 없었던 것이다.

한국민주당의 당수로서 인촌 선생을 추대하는데 있어서 다른 당 동지들도 힘을 많이 썼겠지만은 나 자신도 힘을 많이 썼던 것이다.

어느 날 나도 계동(桂洞)에 있는 인촌 선생 댁에 가서 점심을 같이 하면서 세 시간 동안이나 직접 면담하면서 한국민주당의 수석총무로 취임할 것을 종용한 바 있었던 것이다. 그리하여 나의 권유의 탓인지는 모르나 인촌 선생은 마침내 한국민주당의 당수로 전임할 것을 승낙하였던 것이다. 인촌 선생의 성격은 단아겸양(丹雅謙讓)한 까닭에 높은 자리를 점령하여 중인(衆人) 앞에 군림하기를 싫어하는 줄도 알고 있으며 또 교육자로서 평생 헌신하겠다는 굳은 결심도 잘 알고 있는 나로서는 한국민주당의 수석총무 취임을 권유하기가 거북하였던 것이다.

그러나 인촌 선생은 민족의 정치적 자유독립을 전취한다는 중대한 과업을 실현시켜야만 된다는 굳은 각오 아래 한국민주당 수석총무를 쾌(快)히 승낙하였으며 한국민주당원 동지들도 쌍수를 들어 이를 환영하였으며 동시에 우리 국민의 전진을 위하여서라도 다행한 일이었던 것이다.

원래 인촌 선생은 일제시대부터 한민족의 자유독립은 우리 민족의 실력에 달려있다고 압박과 착취를 일삼는 일제암흑정치하에서도 민족의 실력배양을 위하여 교육기관, 언론기관, 생산기관 등을 창설 발전케 하여 오늘날의 우리 사회에 지대한 공헌을 하였다고 할 수 있는 불세출의 선각자였던 것이다.

즉 고하와 인촌 양 선생과 같은 민족주의자들이 국내에 머물러 있으면서 민족의식을 가지고 젊은 청년들의 장래를 위하여 실력양성에 전력하고 지도하였다는 것은 우리 민족의 실질적 해방을 가져오는데 있어서 커다란 공헌을 세웠다고 하여도 과언은 아닐 것이다. 만일에 우리 국민들이 자포자기(自抛自棄)하여 한반도를 버리고 전부가 도피하였던들 오늘날의 해방과 자유는 예상조차도 하지 못하였을 것이다.

　그리고 고하와 인촌 양 선생은 원래가 창경지우(創頸之友)로서 인촌 선생의 사업 각 분야에 있어서 상호의논하고 협조하여 모든 사업이 잘 되도록 힘썼던 것이다. 그러므로 사업 각 분야에 있어서 지방색을 타파하고 남북인의 차별이 없이 인재본위(人材本位)로 등용한 점에 대하여는 나도 마음 깊이 경의를 표하고 있는 바이다. 나 자신도 평양에서 공부도 하고 또 흥사단(興士團)에도 관계하였던 까닭에 이북출신의 친구도 많을 뿐만 아니라 사실 남북인의 차별문제라는 것은 하루빨리 없어져야만 우리나라는 실질적으로 통일된 대국민(大國民)이 되리라고 믿고 있는 바이다.

고하와 추정(秋汀)

추정 임봉순 선생 소전(秋汀 任鳳淳先生 小傳), 1969

중앙학교 시절

　중앙학교는 외국 선교사나 국내 종교단체에서 경영하는 딴 학교와는 성격이 달랐다.

　우선 순수한 민족재단으로서 개인의 사재를 희사해서 이루어진 점이 활기와 긍지를 주었다. 딴 학교처럼 까다로운 의식(儀式)으로 구속하지 않았으며 그 학풍이 민족의식에 충일했다. 더욱이 동경 유학시절 때 규합해 온 항일투사의 그룹들이 팀워크를 짠 민족운동의 산실이며 본거지였다. 학생들도 이 학교를 선택한 동기가 강한 민족의식에서였지만 학교에 들어와서 더욱 굳어지는 풍토였다.

　젊은 교장 고하 선생은 숙직실에 기거하면서 낮에는 강의와 교무에 분골쇄신의 정열을 쏟았고 시간이 파하면 일일이 학생 집을 직접 방문해서 학생 단합의 조직에 나섰었다. 고하 선생의 사제제일주의(師弟第一主義)와 민족일가주의(民族一家主義)가 바로 그 방법에 실효를 거두었다. 스승과 제자 사이의 간격이 좁혀지고 뜨겁게 밀착되면서 완전히 민족운동의 전위대로서 정수부대를 편성해 갔다. 여기서 추정과 고하 선생과의 깊은 관계를 상상하기에 어렵지 않다. 추정은 진작 이런 면에 예비지식이 충분한 학생이다. 그는 배영, 봉명에서 잔뼈가 굵은 학생이다. 조종대 선생이 어쩌다 상경하면 어김없이 추정을 찾아주곤 하는 사이였다. 두 사람 사이는 사제간이라기보다 연령을 초월한 우정이었다. 조종대 선생이 오셨다는 기별을 받으면 추정이 달려가기도 했다. 애국자의 마음에 당기던 추정의 인품이니 고하, 인촌 두 스승에게 바로 인정을 받을 수가 있었다. 추정은 이곳 동창으로 좋은 선후배의 친구를 사귀게 되었다. 세속적인 친우(親友)가 아니라 뜻을 같이 한 지기지우(知己之友)를 얻었었다.

일 년 윗반에 이희승(李熙昇:서울대 교수) 씨가 있었고 일 년 아랫반에 유홍(柳鴻:국회의원) 씨가 있었다. 인촌, 고하 두 선생과 함께 신명을 걸고 민족전선의 전우가 될 수 있듯이 이분들과도 굳게 서약할 수 있는 맹우였다. 추정은 거기다 스포츠맨이었다. 정구로 학우들의 인기를 모았었다. 그는 검소한 복장에 성실했고 신념에 일관한 사나이였다.(중략)

추정은 중학생 모자를 쓰고 다니면서도 장차의 웅지(雄志)를 구상하기에 바빴다. 더구나 고하 선생이 교장의 신분으로 삼백여명의 학생들을 일일이 하숙이나 가정방문하는 숨겨진 의도를 진작 눈치 채고 있었다. 그것은 조직이요, 결사(結社)라고 판단했다.

훈육을 명목으로 사상적인 결속과 인간적인 유대를 의리(義理)의 밧줄로 묶어가는 동지규합의 공작이었다. 고하 선생과 추정은 사적으로 마주 앉으면 이심전심(以心傳心)으로 무엇인가 기맥이 통한듯했다.

1918년 겨울.

중앙학교를 거점으로 무엇인가 심상치 않은 움직임이 바삐 돌아가고 있었다. 미국 윌슨 대통령이 주장한 민족자결주의(民族自決主義)는 이 나라에 한 가닥 희망을 주었던 것이다. 불면증으로 피곤해 보인 고하 선생의 얼굴은 늘 굳어 있었다. 학생들 사이에도 딴 학교와의 접촉이 빈번해지면서 하루하루 긴장과 급박감이 더해만 갔다.

추정은 어느 학생보다도 이 기미를 빨라 알아차렸다. 머리 큰 학생들 사이에는 공개된 비밀로 차츰 그 윤곽이 나타나기 시작했다. 고하 선생은 각계에 손을 뻗혀 빈틈없는 조직력을 강화해 갔다. 동지섣달의 혹한에도 시내 각 학교의 학생 대표들은 연일 회합과 연락으로 추위 따위는 아랑곳이 없었다. 학생 연락의 총책은 경성법률전수학교(京城法專)에 주익(朱翼), 세브란스의전(世醫專)에 이용설(李容卨), 경의전(京醫專)에 한위건(韓偉鍵), 경성공고(京城工高)에 이종선(李鍾宣) 그리고 중학교 대표로는 중앙에 장기욱(張基郁), 보성(普城)에 장채극(張彩極), 경신(儆新)에 강우열(康禹烈) 등으로 되어 있었다.

이 조직을 움직이는 총참모의 주역은 뒤에 고하 선생이 맡고 있음을 아는 이는 알고 있었다.

고하 선생은 손병희(孫秉熙), 한용운(韓龍雲) 선생 등 민족대표자 33인 선정과 이번 거사의 결의 촉구 상호 연락과 회합 알선 등을 면밀한 계획으로 진행해 나갔다. 중앙학교를 본부로 거사 기운(氣運)은 바야흐로 예정된 그날을 향하여 무르익어 갔다. 그리고 이때 진작 중앙학교 교사로 봉직하다 재차 동경유학을 떠난 백관수(白寬洙) 씨의 밀사로 국내에 잠입한 송계백(宋繼伯)을 통하여 국내외(國內外)가 호응해서 궐기키로 추진되어 온 것이다.

일이 급진적으로 구체화되기는 고종 승하(1919년(기미) 1월 28일) 직후부터였다. 고종이 승하한 이면에는 일인들의 흉모로 필시 독살했으리란 혐의가 농후했었다.

드디어 그날은 다가왔다. 고종 국장일로 택한 독립선언의 봉화를 올린 그날 3월 1일의 정오는 시시각각으로 다가오고 있었다.

추정이 중앙학교 4학년 졸업반에 있었던 약관 이십 이세의 일이다. 예정보다 두 시간이 지연된 두시 정각을 기해서 탑골공원에선 산천을 뒤흔드는 독립만세 소리와 함께 빛을 못 보던 태극기로 하늘을 덮었다.

학생들은 노도와 같이 거리로 쏟아져 나와 호응하는 시민들과 합세해서 목이 터져라고 만세를 불렀다. 학생들은 미리 정해준 가두를 태극기를 흔들고 만세를 외치며 휩쓸었다. 한줄기는 대한문에서 남대문으로 그리고 의주통(義州通)을 누비는가 하면 일부는 창덕궁 앞을 홍수와 같이 스쳐가기도 했다. 또 다른 물줄기는 진고개(그 당시 본정 - 충무로)로 쏟아져 밀렸었다. 쫓기고 채이고 총과 칼에 맞아 피 흘리며 쓰러져도 만세 소리는 더욱 우렁찼다.

추정은 유홍(柳鴻) 동지와 함께 진고개 쪽으로 달려가 일인 상점을 닥치는 대로 습격했다. (중략)

3·1운동과 잣골파

추정은 이희승, 유홍 씨와 함께 속칭 잣골파에 속해 있었다. 자핫골파(紫霞洞派)라는 뜻이다. 3·1운동의 거친 파도는 방방곡곡으로 거세게 번져만 갔고 기어이 독립을 쟁취하고야 말 기세로 끈덕지게 들고 있어났다. 거리에서 만세를 부르고 함께 몰린 잣골파는 통의동(通義洞) 108번지 세도 있던 이 모(이홍묵) 씨의 사랑에 숨어 버렸다. 깊숙한 방에는 밤늦도록 20여 명의 학생들이 수군대고 있었다.

다만 모의만 하는 게 아니라 그들은 태극기를 그리기에 바빴고 등사판을 놓고 독립선언문을 복사하기에 여념이 없기도 하였다. 이들은 출출하면 호떡을 사다 밤참으로 먹어가며 밤을 새기도 했다. 방은 넓어서 그다지 불편이 없었다. 이 집에는 한인(韓人) 순사가 경비원으로 있어서 오히려 경찰의 눈을 속일 유리한 조건도 있었다. 주인은 유홍 씨의 대고모부가 되었다. 여기 모인 학생들을 통솔한 대표 격은 이희승, 임봉순, 유홍이었다. 이 세 사람은 상부에서 내린 지령을 하부로 전달하는 전령과 동원 그리고 조계사(曹溪寺)에서 찍어낸 독립신문을 비밀리에 배부하는 전위대였다. 혹시 어느 한 사람이 경찰에 발각되면 전 책임을 혼자서 감당하고 조직의 전모나 계획을 사전에 누설 않는다는 굳은 신조로서 활동했다. 잡히면 일체 함구하기로 각오가 서 있었다. 이들은 등사판이 없어서 인촌 선생의 계씨 김연수(金秊洙) 씨가 창설한 지 얼마 안 되는 경성직유(京城織紐: 오늘의 경방)에서 훔쳐다 복사의 임무를 다했었다. 이 등사판을 이희승이 훔쳐온 것이다. 또 추정도 고향 회천면(檜川面)사무소에서 가져온 일도 있다.

  그러나 이 잣골파의 숨은 투쟁처도 그다지 오래가지는 못했다. 하도 많은 학생들이 출입을 하니까 혈안이 되어 수색에 나섰던 일본 경찰의 눈을 언제까지 피할 곳은 아니었다. 어느 날은 추정이 밖에 나갔다가 대문 밖에서 용변을 보다가 힐끔 안을 보니 형사들이 와서 조사를 하고 있었다. 어찌할까? 당황한 그는 재빨리 옆에 서있는 오동나무에 올라가 큰 입새 사이에 숨어서 방안기색을 살피면서 안전하게 피신하였다. 그러나 그날 잣골파는 각자 분산하기로 결의했다. 3·1운동의 봉화를 올린 지 여러 주일이 지난 후였다. 뿔뿔이 헤어진 동지들과 손을 나누고 이 집에서 나온 추정은 갈 곳이 막연하였다. 익선동(益善洞) 집에 가면 당장 잡힐 몸이다. 궁리 끝에 그는 동묘(東廟) 앞 전농동(典農洞) 141번지의 집을 찾았다. 그곳은 무관으로 일등 주계(主計)의 벼슬을 지냈던 임형준(任炯準) 씨 댁이었다. 이분은 추정의 대부 항렬이 되는 분이다. 그래서 향관(鄕官) 할아버지 댁이라 불러온 집안이다.

  추정이 들어서는 것을 보고 임형준 씨 내외는 무척 반가워하면서도 주위부터 살피기 시작했다. 추정은 이 댁 뒷방에 숨어 바깥 정세를 관망했다. 이 집 노부부는 추정이 기거하는 방의 담장이 너무 낮아서 늘 그걸 걱정하는 눈치였다.

그동안 중앙학교는 고하 선생이 서대문형무소에 투옥당한 뒤라서 그 자리를 이어 인촌 선생이 교장직에 취임했었다. 추정에게는 졸업장도 간접적으로 수여되어 왔다. 이해에 졸업할 예정이던 추정이니 당연한 처사였다. (중략)

그러던 추정이 하루는 일경에게 덜컥 붙잡히고 말았다. 이곳에 숨어 있은 지 5개월은 추정에게 너무도 무덥고 지루한 나날이었다. 시일이 가자 다소 긴장도 풀렸고 흩어진 동지들의 소식도 궁금했던 그는 잠깐 밖에 나갔다가 집요하게 그를 찾아다니던 경찰에게 체포된 것이다.

서대문형무소에 구금된 그는 혹독한 매질을 당하면서도 끝내 그 굳센 의지로 버티어 나갔다. 모진 고문을 이겨낸다는 것은 첫째 남에게 피해가 가지 않으며 자기 자신의 중벌을 면하는 결과도 되는 것이다. 아무리 얽어매도 자신의 입으로 불지 않으면 어떻게 할 도리가 없는 것이다.(중략)

동아일보사를 무대로

젊은 청년 중의 호프였던 추정은 무관의 제왕이 되었다.

1926년 10월이었다. 민족운동자의 규합처요, 필봉으로 조국독립과 사회정의를 위해 싸우던 동아일보사(東亞日報社)에서는 그를 사회부 기자로 임명했다. 그는 집회에서 변설로 민중을 움직여 오다 이제는 붓으로써 민족전선의 투사로 가담한 것이다. 그의 초기

사상이 열렬한 사회주의인 것은 분명하나 그의 목적이 공산혁명에 있지 않고 어디까지나 민족자결독립에 투철했었다.

여기서 중앙고보 시절의 은사였던 인촌, 고하 두 선생과 재회한 것이다. 재회라는 뜻은 단순히 헤어졌던 인간관계의 결합이나 상봉이라는 말과는 다르다. 사상적인 해후요 동지적인 제휴라는 뜻이다. 말하자면 정신과 육신의 완전한 재결속인 셈이다.

제자 때부터 유의해 두었던 추정을 원대한 백년지계를 세운 그분들이 놓칠 리가 만무했다.(중략)

추정이 동아일보에 입사할 당시는 인촌 선생이 사장으로 추대된 직후였고 고하 선생은 남강 이승훈(南岡 李昇薰) 선생과 고문으로 있으면서 주필을 겸직하고 있었다.

추정이 스물아홉 되던 해다.

동아일보가 1920년 4월 1일에 창간했으니까 창간되지 6주년이 넘은 뒤였다. 추정이 입사하던 전해 7월에 현재의 위치 광화문(光化門) 139번지 신축 사옥을 착공하고 있었다. 추정은 셋집으로 빌려 쓰고 있던 화동(花洞) 138번지의 한식 구옥에서부터 기자 생활의 첫출발을 했었다.

동아일보는 세인이 주지한 사실로 인촌의 사재(私財)와 그분이 주선한 발기인으로 운영 멤버가 됐지만 인촌, 고하가 중심세력이 된 것이다. 실은 인촌과 고하는 동경 유학시절부터 계획한 사업의 하나로 손꼽아왔고 그 시기만을 노렸던 터였었다.

주식회사를 목표로 발족한 이 신문사의 초대 사장에는 박영효

(朴泳孝) 씨였었다. 고하는 이 무렵 3·1운동의 주동인물로 연좌되어 서대문형무소에서 복역 중이라 옥중에서 동아일보 창간을 맞이한 것이다.(중략)

동아일보는 처음부터 형극의 길을 걸어온 민족수난사의 동반자였다. 일본이 식민지 조선을 탄압한 발자취가 바로 동아일보 탄압의 발자취로 점철되어 왔기 까닭이다.

고하가 처음 사장이 된 것은 1921년 9월 15일이다. 주식회사 사장으로는 초대였고 나이 32세 때였다.

초창기의 2년 동안에 벌써 동아일보는 많은 파란을 겪어 왔었다. 사설에 일본 황실과 신기(神器)를 모독했다는 죄목으로 발간하지 1년도 못 가서 무기정간을 당한 기구한 사운(社運)이었다.

고하가 초대 사장으로 취임한 후 추정이 입사할 때까지의 다사다난한 갖가지 사건도 이루 헤아릴 수가 없었다. 사장에서 고문으로 주필로 또 사장으로 이렇게 무수한 직위의 변천을 거친 것이다.

고하의 수난이 바로 동아일보사의 수난이었다. 고하는 공적 책임으로 제물이 되어 파란에 따라 부침하면서 동아일보를 굳건히 키워가고 있었다.

친일파 거두인 박춘금(朴春琴)이 백주에 권총을 차고 사장실에 나타나 고하를 위협했고 인촌과 고하를 다시 식도원(食道園) 요릿집으로 유인해서 공갈하던 저 유명한 사건이 추정 입사 전 해에 벌어진 사건들이다. 추정은 입사 전에 벌써 이 사건을 소상하게 전해 듣고 몸을 떨며 분개했었다.

추정이 입사한 지 불과 한 달 후에 고하는 영어(囹圄)의 몸이 되었다. 그것은 소비에트 러시아의 국제농민본부로부터 보내온 메시지의 전문을 게재했다는 이유로 소위 보안법(保安法)에 걸린 것이다. 이해 3월 7일 자로 정간되어 한 달 후인 4월에 속간되기는 했으나 이번에는 순종(純宗) 승하로 인해서 6·10만세사건을 책모했다는 죄목으로 고하 선생이 또다시 심리를 받아오다 확정형의 선고를 받고 옥고를 치르게 된 것이다.

그런데도 동아일보는 계속 윤전기가 돌아갔고 추정도 사회부 민완기자로서 사회의 목탁을 간단없이 두들겨 왔다. 추정이 입사한 지 두 달 만인 12월 10일엔 완성된 새 사옥으로 옮기어 신문사는 더욱 활기를 띠웠다.

동아에는 쟁쟁한 베테랑급의 명사들이 자리 잡고 있었다. 추정의 선배사우들로는 홍명희(洪命憙), 김준연(金俊淵), 이광수(李光洙), 주요한(朱耀翰), 박찬희(朴瓚熙), 박금(朴錦), 국기열(鞠琦烈), 현진건(玄鎭健), 양원모(梁源模) 제씨가 있었고, 비슷한 해에 전후해서 입사한 동료사원으로는 이은상(李殷相), 설의식(薛義植), 이상범(李象範), 서항석(徐恒錫), 최형종(崔衡鍾), 이길용(李吉用) 등 여러분이 있어 친교를 맺었었고, 홍효민(洪曉民), 함상훈(咸尙勳), 고재욱(高在旭), 이무영(李無影), 송지영(宋志英) 등 몇 분은 추정보다 몇 년 혹은 훨씬 후배사원으로 인재동아(人材東亞)의 기염을 토했었다. 그 후 10년 후배로서 곽복산(郭福山) 씨가 있었으니 추정은 우리나라 언론계에 대 선배급의 서열에 끼어 있다.

추정은 총독부 경무부 출입기자로 활약했었다. 사건 취재차 자주 일본 경찰의 수뇌진과 접촉해야 될 입장이지만 속으로는 서로 증오하고 경계하고 감시당하는 처지였다. 그것은 개인끼리의 감정보다는 한 민족과 민족 사이에 얽힌 숙명적인 감정불화였다. 서로 아니꼽고 꺼려하며 탐색하고 견제하는 묘한 직업의식과 민족감정이 겹친 상극이었다.(중략)

1934년경의 일이었다고 한다. 매일신보(每日新報) 이상철(李相哲), 중앙일보 이홍직(李鴻稙 - 월남 이상재 선생의 직손) 이 셋이서 경무부에 들렀으나 그날따라 별로 기사거리가 없었다. 그래서 모두들 귀사했고 이홍직 씨가 남아 있었다. 추정더러 인제 그만 나가자고 권했었다. 추정은 별 대꾸도 없이 기자실에 앉아 바둑만 두고 있었다. 으레 그런 사람이거니 생각하고 이 씨는 총총히 사로 돌아왔다. 그런데 이튿날 동아일보에는 독립투사 '이동휘(李東輝) 선생 체포'라는 제목으로 2단 기사가 실려 있지 않은가. 딴 신문에는 전혀 볼 수가 없었던 특종(特種)이었다. 추정이 일본 관리들의 수상한 움직임에서 미리 눈치를 채었던지 아니면 평소에 원만하고 인상이 좋은 추정에게만 기밀을 제공했던지 둘 중에 하나였으리라고 한다. 타사의 동료기자들은 으레 서로의 정보를 상통해 오던 불문율이 있어 골탕 먹은 분풀이로 뉴스 소스를 대라고 추궁도 했고 원망도 했지만 추정은 싱글싱글 웃기만 했다.

추정은 술이 무량주(無量酒)였다. 친구가 좋아 술 마시도록 분위기도 되었지만 나라 잃은 그리고 압제받는 울분들이 자연 술을 마시게 했었다.

　대주호(酒豪)라는 별칭을 듣던 현진건 씨와 취하도록 마시는 일이 빈번했다.(중략)

　그는 인촌, 고하와 두 분과도 곧잘 술자리를 같이 했다.

　"봉순이 우리 약주 한 잔 할까" 하면서 인촌이 청해오기도 했다. 사제의 정은 담소에서 무르익었고 국가민족에 대한 근심이나 앞으로 해야 할 일에 호흡이 맞았었다. 남들이 평하기를 인촌과 추정은 외유내강한 그 성격이 많이 닮았다고들 했었다. 그런지 인촌도 추정을 인간면에서도 퍽 좋아했다. (중략)

　그가 동아에서 사회부 기자로만 내리 10년을 꾸준히 근속했었다. 그동안 그가 다룬 굵직한 사건만도 이루 헤아릴 수가 없었고 직접 나서서 그 사건에 관여한 일도 허다하였다. 그는 반일투쟁이라면 무슨 일이고 어느 때든지 서슴없이 나섰던 것이다. 그 당시 동아일보사는 정부(政府) 아닌 민중의 정부였다. 그만큼 민족을 위해서 일했고 그만큼 민중에 미치는 영향에 공신력과 권위가 있었다. 기자생활 자체가 그대로 항일이며 민족운동이며 독립투쟁이지만 신문사 밖의 일로도 민족의 이익이 되는 일이라면 그는 용감하게 선두에 나서는 정열을 가졌었다.

　그 무렵 국내에는 민족주의진영과 공산주의 2대 조류로 나누어져 항일투쟁에 자못 혼선을 가져오기도 했다. 당시의 국제정세는 러시아혁명의 여파로 공산주의 사상이 강한 세력으로 침투하고 있어 그것이 집단을 이루어 민족진영과 맞서는 상태가 되었다. 공산주의자의 투쟁목표는 계급혁명이었다. 그러면서도 국민에게는 항일 투쟁의 인상을 주도록 되어있다. 물론 공산주의자 집단 자체 내에서도 독립투쟁의 한 방편으로 그 운동에 가담한 사람도 적지 아니 있기는 했었다.

　일경은 국내 공산주의자들을 속속 검거하기 시작했다. 여기서 누락된 좌익노선을 걸어온 사람들은 드디어 민족진영과 합작하는 길을 모색하여 민족대동단결의 명분 밑에 단일전선을 펴기에 이르렀다. 민족진영에서도 이를 흔연히 받아들여 뭉쳐진 단체가 신간회(新幹會)였다. 이 신간회를 실질적으로 통솔해 나가는 인물이 고하(古下), 가인 김병로(街人 金炳魯), 허헌(許憲) 등이었다. 내분이 완전 불식된 건 아니지만 표면상으로나마 국내 항일세력을 하나로 뭉쳐 민족운동의 방향으로 이끌어 가는데 공헌이 컸었다. 추정도 이 신간회의 쟁쟁한 중견으로서 일하였다. 추정이 신간회에 있으면서 또는 사회부 기자로서의 활약상은 장진강(長津江) 일대의 토지 수용령 반대 투쟁이었다. 신간회가 발족한 지 몇 달 후에 마침 장진강 일대의 농민들이 궐기하여 총독부 정책에 반기를 들고 나섰다. 장진강 수력발전소 건립을 위해 그 일대의 농토와 가대(家垈)를 헐값으로 강매(强買)하기 시작하자 이에 불응하고 봉기한 것이다. 신간회에서는 신간회대로 농민투쟁을 돕기 위해 언론계의 대표로서 신석우(申錫雨 - 조선일보) 사장과 동사 주필 민세 안재홍(民世 安在鴻) 법조계 등 제씨가 사태수습에 나섰으며 동아일보사는 이해 8월부터 한 달 동안 전국 수리조합 답사(踏査)로 착취와 억압당한 농촌실태를 대대적으로 보도케 하였다. 여기에 김준연(金俊淵), 서춘(徐椿) 박찬희(朴瓚熙), 국기열(鞠琦烈) 등 여러분과 함께 추정의 취재 활동은 실로 눈부신 바가 있었다. 그는 기자라는 직업의식에서 보다도 한 민족운동으로서의 사명감에서 이 사건을 취재보도 하는데 힘을 기울였다고 할 수 있다.

금호결의(錦湖結義)

또 하나의 큰 사건으로는 1929년 1월 14일에 벌어진 원산부두 노조의 총파업일 것이다. 이 총파업이 단행되기 전해에 추정은 박금(朴錦=동아일보 사원) 씨와 더불어 금호결의(錦湖結義)라는 비밀결사를 해둔 일이 있었다. 이 금호결의는 1928년 2월 11일(음력)에 있었던 박금 씨 회갑잔치에서 맺어진 것이었다. 금호라는 명칭은 박금 씨 고향인(원산 북항에서 더 깊숙이 들어간다) 문천(文川)의 금성(錦城)호수에서 연유된 것이라 한다. 이 금호결의는 천명으로 하되 그 지도적인 두수(頭首)급 열두 명이 겉으로는 의형제를 맺고 제2차 기미운동을 일으키자는 굳은 서약을 한 것이다. 이 12인의 명단은 다음과 같다.

최경식(崔境植), 김두산(金頭山), 박금(朴錦), 임봉순(任鳳淳), 차주상(車周相), 이재갑(李載甲), 김동철(金東轍), 최등만(崔等萬), 이항발(李恒發), 한기수(韓琦洙), 김대욱(金大旭), 강반(姜反)이었다. 이 12총사의 총무는 박금 씨가 맡고 사상지도에는 추정과 북간도에서 공산운동을 해오던 김두산이 맡기로 했으며 조직담당에 차주상이었다.

원산부두노조의 총파업이 이 멤버의 주동으로 단행된 것은 야마나시(山梨) 총독이 새로 부임한 다음 해가 되고 금호결의를 한 다음 해가 된다.

총파업의 슬로건은 일제(日製) 상품을 일체 보이코트 하자는 내용이었다. 일본 제국주의는 조선의 주권을 강탈한 후 경제적 잠식(蠶蝕)을 강행하는 악랄하고 교활한 수법을 써오고 있어 이를 결사적으로 저지하려는 투쟁이었다.

독립의 3대 요소인 정치, 경제, 문화의 세 부분을 완전히 장악하려는 일본제국주의의 흉계를 분쇄하는 운동이었다. 일본 화물선이 산더미처럼 싣고 들어오는 물품을 몰아내기 위해서 '일본물품 쓰지 말자!'라는 구호를 외치며 장장 백일에 걸친 이 투쟁에 동원된 인원은 연 1만 5천 명이었다.

원산부두노조(元山埠頭勞組)의 파업

원산부두노조에서 전단을 끊자 문평(文坪) 라이징구 석유회사 종업원 5천 명도 즉시 호응했고 노조와 같이 번져가는 파업의 물결은 부산, 군산, 청진, 진남포의 각 주요 항구의 부두노조를 휩쓸었다. 이에 당황한 경찰은 총칼로 억눌렀으며 검거 투옥 선풍이 회오리바람을 일으켰다. 일본 아사히(朝日)신문사에서도 마쓰다히라(松平)라는 특파원을 급파시켜 진상을 보도케 했으나 그자도 노동자의 주장에 동정적인 기사로써 칭찬까지 표시했다. 날품을 팔던 노동자의 생활에 석 달 열흘을 임금을 못받고 싸웠으니 아무리 투쟁이 강한들 당장 생활의 궁핍을 견디기 어려웠다. 이 딱한 정상을 구원하기 위해 인촌, 고하 두 분이 숙의 끝에 만주 좁쌀을 사들여 후원하였으며 법조계에서는 김병로, 김용무(金用茂), 김태영(金泰榮) 제씨가 달려가 법정투쟁으로 구금된 노동자 석방에 필사적인 활동을 했었다. 이 파업이야말로 국내는 물론 세계적인 거사였다. 그 규모에 있어 세계적인 파업에 비등할 만큼 대대적인 것이었다. 이것을 전기 금호결의 12용사가 주동자적 역할을 해왔었다. 그 당시 원산 특파원으로 가 있던 박금씨는 추정과 긴밀한 연락을 취하며 노조투쟁에 적극적인 참획을 해 왔다. 생명을 걸고 싸운 이 노조투쟁은 공산주의 수법을 빌린 일대 민족항쟁이었다. 비록 정치적으로는 실운(失運)을 했지만 우리나라를 일제 상품의 시장화를 꾀하는 식민지 정책을 물리쳐 자립경제의 기틀을 확고히 지키려는 레지스탕스 운동이었다. 여기에 그 당시 정세로는 우파 좌파가 없었다. 일제히 총공세로 결속했던 것이다. 이 원산부두노조 총파업이 일어나기 전에도 추정은 많은 일을 했었다. 1928년 4월은 동아일보사의 8주년 돌맞이였다. 이때 동아일보사에서는 8주년 기념사업의 하나로서 전국적인 문맹퇴치(文盲退治) 운동을 전개키로 했었다. 이 운동의 기안(起案)에 주도적인 역할을 한 이가 추정이었다.

추정은 브나로도(Vnarod)운동으로 조선의 무지몽매를 퇴치하자고 주장했다. 민중 속에 파고 들어가 우매한 농촌의 눈을 뜨게 하자는 운동이었다.

그러나 총독부의 불허로 사고(社告)로 까지 공개한 이 사업은 좌절되고 만 것이다. 이 운동을 크게 해보려던 고하의 실망도 컸겠지만 추정의 실망은 이만저만이 아니었다.

비범한 민족지도자인 고하의 넓은 도량과 용기의 뒷받침을 얻어 모처럼 계획한 사업이 강압은 당했으나 항상 옛 스승이자 동지였던 고하의 좋은 참모요, 조언자로 일해 왔었다.

이 운동이 비록 중단은 되었지만 추정에게는 이 해가 인생 일대의 경사가 있던 해이기도 했다. 즉 이 해 4월 초 8일(음력)은 그가 설흔 둘이라는 노총각의 생활을 청산하고 동지요, 실천 여학교 교원으로 있던 황신덕(黃信德) 씨와의 결혼 날이었다. 황 여사의 고향은 이북이기 때문에 남남북녀(南男北女)의 부러운 표본이라고 주위의 선망을 모았었다.

그날 동아일보 회의실에서는 고하 선생의 주례로 조촐한 혼례식이 있었다. 신랑은 모시 두루막을 입고 신부는 시간이 임박해서야 최은희 씨가 빌려온 면사포를 억지로 쓰고 식이 거행되었었다. 힘에 겨운 허례를 싫어했던 두 부부는 지극히 간략하게 식을 마치었다. 번거로운 피로연도 피했다. 그러나 당일 주례를 맡은 고하 선생을 비롯한 몇 분에게는 결례해서 안 되겠다 싶어 대접한 비용이 50원 정도이었는데 그것마저도 요릿집에 외상으로 달아두었다고 한다. 군색한 신접살림이라 월급으로 갚아 나갈 길이 없어

몇 달 후 인촌 선생에게 두 내외가 함께 사정을 했더니 껄껄 웃으며 내어주었다는 일화가 있다.

추정이 결혼한 다음 해인 1929년 11월에는 저 유명한 광주학생사건이 발생하여 또 한 번 그의 피를 들끓게 하였다.

8주년 기념사업으로 문맹퇴치운동은 중단된 지 4년 만에 다시 재연되기 시작했다. 2천만 동포 가운데 8할을 점하는 1천3백만 문맹자를 상대로 전개될 이 운동이야말로 먼 안목으로 볼 때 크나큰 의의가 있는 사업이었다. 일본 총독 야마나시가 갈렸고 그의 후임 사이토(齊藤實)가 또한 갈리고 우가키(宇垣)가 부임하자 약간 해이된 무단정치의 틈을 타서 들고 나선 것이다. 그것이 1931년 7월이었다. 젊은 남녀학생들은 너도나도 이 운동에 가담하여 농촌을 가는 대열에 끼기를 자원했다. 이 무렵 각 농촌에 야학당(夜學)이 세워지고 어두운 등잔 밑에서 '가갸거겨'를 밤늦도록 배우게 하며 '낫 놓고 기억자도 모른다면……' 하는 창가를 소리높이 부르게 한 것도 다 브나로드운동의 덕택이었다.

이 운동을 제일 먼저 동아일보사에서 서둘렀고 이 운동을 주창한 중요한 인물이 추정이었건만 1929년에 조선일보사에 기선(機先)을 빼앗겼던 것도 사실이었다. 먼저 착안하고 뒤늦게 실천하게 된 것은 동아일보사의 대내적인 사정이라 어쩔 수 없었다. 그러나 일단 서막을 올리자 그 기세는 대단하였다. 여름방학을 이용해서 농촌계몽을 자원해 가는 학생들의 대열은 그야말로 장사진을 이룰 형편이었다. 이 운동은 남녀 중학생과 전문 학생을 분대 별로 편성해서 방방곡곡의 몽매한 농촌을 순회케 하였다.

　1931년 기치를 올렸던 이 브나로드운동도 4년 만에 닻을 내리게 됨에 추정은 허전한 마음을 금치 못했다.

　여기에 특기해 둘 또 하나의 엄청난 사건이 있으니 만보산(萬寶山)사건이다.

　1931년 7월 브나로드운동과 겹치기로 겪어낸 사건이었다.

　조선을 유린한 일본은 차츰 그 야욕이 커져서 이번에는 만주(滿洲) 대륙으로 마수를 뻗쳤다. 만주침략의 서막으로 이들은 끔찍하게도 만보산사건을 유발한 것이다.

　이 사건의 발단은 이해 7월 3일 길림성(吉林省) 장춘현(長春縣) 만보산 삼성보(三城堡)에서 수전(水田)을 개간하던 한국인과 중국인간에 사소한 충돌을 일으킨 것에서 비롯되었다. 이것을 과장 선전해서 중국인은 한국인을 집단적으로 습격 폭행을 가해왔다는 것이다. 이 소문이 국내에 전파되자 국민들은 그대로 이성(理性)을 잃고 말았다. 곳곳에서 화교(華僑)들에 대한 보복이 자행되었다. 전북 삼례(參禮)와 인천(仁川)에서 화교를 습격 타살한 불상사가 발생했고 전국 각지에 파급했다. 평양에서는 무려 90여 명의 화교가 살해되었다. 국내 각 신문도 일제히 포문을 열어 화교 보복에 대한 선동에 나섰다. 그러나 오직 고하만은 즉흥적인 감정의 표시가 없이 심사숙고 끝에 전혀 다른 판단을 내리고 있었다. 이번 만보산사건은 일본의 흉측한 모략이요, 음모라고 생각한 것이다. 그는 한·일간의 이간책을 쓴 것이라고 그 진상을 투시했다.

동아일보의 만보산사건에 대한 침묵이 국민들의 불만을 사기도 했으나 침착한 동아일보는 사태만을 주시해 오다가 드디어 사설로서 허무한 선전에 속지 말고 이성(理性)으로 돌아가라는 요지로 국민의 흥분을 가라앉히면서 한편 피해 입은 화교 구제회를 결성해서 이 사태의 수습에 만전을 기했던 것이다. 한편 박금(朴錦) 씨는 만보산사건의 진상을 파악키 위해 현지로 특파되었고 추정도 이에 보조를 같이해서 그 진압에 최선을 다했다. 그는 고하의 냉철한 판단이 옳다고 여겼다. 국내에서 8만 명의 화교에게 피해가 가면 만보산에 있는 2백 명은 물론 전 중국에 흩어져 사는 수백만 우리 동포의 생명은 어찌 되겠는가? 이것은 필시 침략으로 팽창해 가는 일본 군벌이 뿌린 유언비어라고 국민의 설득기사에 팔을 걷고 맹활동을 한 것이다. 천만다행으로 동아일보의 영웅적인 행동으로 국민은 이성을 되찾았고 만주에서 중국인도 보복행위가 무마되었으며 한·중 양국의 친선이 회복하기에 이르렀다. 이 사건이 평정하게 돌아가 중국 장개석(蔣介石) 총통은 박금 씨에게 한·중 친선회복의 공로자로 표창되었으며 중산복(中山服)을 송정(送呈)해 왔다. 이 전달식은 중국대사관에서 성대히 거행되었으며 이 사실을 추정은 대대적으로 보도하기에 주저치 않았다. 이 만보산사건이 수습된 후 9월에 만주(滿洲)사변이 발발하여 일본의 본색이 여지없이 드러나고 말았다.

만주사변이 터지면서 동아일보사에서는 설의식(薛義植), 서범석(徐範錫) 특파원이 만주로 파견되어 조선인 거류민의 피난문제와 구호대책에 임하도록 하였었다.

여하튼 이 만보산사건 당시에 고하의 혼미한 정세에서 정확하게 내리는 판단력과 박금, 추정은 이를 받들어 언론인으로서 남긴 공적이 무척 컸었다. 그리고 이것은 한·중 양국 간에 우호를 맺는 데 지대한 도움이 되어 정치적으로도 크게 이바지되는 일을 했다고 보아진다.

우리나라 임시정부도 제2차 대전 중 중국 장정권의 원조를 받게 된 것도 만일 만보산사건이 끝내 불행한 사태로 끝났다면 여러모로 곤란했을 것이다. 만보산사건에 미쳐 발발한 만주사변은 일본 군국주의가 소위 대동아전쟁의 전단(戰端)을 끊은 침략 행위였다. 만주 침략이 조선에도 악영향을 미치는 건 뻔한 일이었다. 식민지 국가의 탄압은 으레 언론기관에서 나타내기 마련이다. 민족의 지도자가 규합된 곳이요, 민족전선의 최첨단인 언론기관을 무슨 형태로든지 압박을 가해 오는 건 그들 수단으로는 당연한 일일 것이다.

추정이 10년 동안 사회부 기자로 근속하다가 지방부장이 된 것은 1936년 11월이었다. 그해 8월 1일 독일 백림(伯林) 올림픽에 일본 대표로 출전했던 우리 손기정(孫基禎) 선수가 마라톤에 일착(一着)한 것은 조선 남아의 기상과 체력을 세계만방에 과시한 일대 경사였지만 원통하게도 코리아라는 국적을 떳떳이 못 밝힌 민족적 울분이 터지도록 만들었다. 손 선수의 앞가슴에 일본 국기 일장기(日章旗)가 그려져 있으니 신문사에서는 이것이 분했다. 세계를 제압한 마라톤의 영웅 손 선수의 사진을 차마 우리 동포 앞에 일장기를 그대로 드러내기가 원통하고 서러웠다. 신문사에서는 이 일장기를 지우기로 몇몇 실무자가 의논하고 기술적으로 말소(抹消)하는데 성공했다. 다행히 일경의 눈이 속아 넘어가기를 바랐지만 그들은 신문 검열에 절대로 소홀하지 않았다. 당장 발각이 났고 신문사는 발칵 뒤집혔다. 우선 그들은 몇 관계직원을 문초함과 동시에 보복조치로서 무기정간을 시켰다. 동아일보의 정간은 창간 이후 넷째 번이 된다. 신문만 정간이 아니라 자매 기관지이던 신동아(新東亞)와 신가정(新家庭)은 아주 폐간을 시켰다.

그것이 8월 25일의 일이었고 총독부는 같은 해 11월 11일부로 고하 송진우 사장이 물러나도록 압력을 가했다.

신문을 살려야 한다는 일념에서 고하 선생은 만부득이 사임을 했으며 거기 따르는 부수조건으로 몇몇 사원의 사퇴까지도 보게 되었다. 즉 당국의 기피로 이길용(李吉用), 현진건(玄鎭健), 최승만(崔承萬), 박찬희(朴瓚熙) 등이 물러나야 될 처지였다. 미국에 가 있던 장덕수(張德秀) 부사장은 물론 주필 김준연(金俊淵), 편집국장 설의식(薛義植) 제씨도 언론계에 머무를 수 없도록 강력한 명령을 내린 바 있었다.

박찬희 지방부장의 후임을 추정이 맡은 것이 동아에 입사한 꼭 10년 후의 일이다. 손 선수 일장기 말소사건 후의 파동으로부터 생긴 사내 인사조처였다. 추정 마흔 살의 일이다.

송 사장의 뒤를 이어 백관수(白寬洙) 씨가 제7대 사장이 된 것은 다음 해인 1937년(정축) 5월 31일이었다. 어수선한 일장기 말소 사건의 여파는 국민의 불안을 더 한층 피부에 느끼게 하였다. 침략전이 차츰 열을 올리자 일본은 조선의 사상 감시에 초조한 만큼 모든 면에서 구속과 억압을 전보다 더 심해가고 있었다.

근촌 백관수(芹村 白寬洙) 사장은 20 전후의 청년시절부터 인촌, 고하 두 분과는 막역한 친분을 맺었었고 뜻을 같이한 동지였다.

고하가 손 선수 사건의 일장기 말소사건의 책임을 지고 물러갈 당시는 조선총독도 우가키(宇垣)가 갈리고 미나미(南次郎)가 새로 부임한 직후였다. 같은 군(軍)이요, 무단정치를 하는 입장은 같았지만 사명을 맡고 온 임무나 성격이 달랐다. 미나미는 앞으로 있을 전쟁수행에 박차를 가할 인물로 등장한 것이니 식민지 조선을 억누르는 데는 몇 곱절 심하게 구는 존재였다. 그는 부임하자 그 달로 동아일보를 무기정간을 시켜 첫 솜씨를 보인 셈이다. 물론 공교롭게 일장기 말소사건으로 그들에게 구실을 주었다고 하지만 비단 그 일이 발생치 않았더라도 언론탄압으로 조선 민족의 눈과 귀를 가리자는 음흉한 정책이 변할 리가 없었다. 미나미는 부임한 그해 12월에 조선 사상범 보호관찰령(思想犯觀察令)을 내려 그야말로 걸핏하면 예비 구속이니 하여 사상 감시와 그 단속을 강화하는 것이었다.

아니나 다를까 그 이듬해인 1937년 백관수 사장이 사무를 인계받은 해였다. 6월에는 수양동우회(修養同友會) 사건으로 안창호 선생을 비롯 국내에 있는 독립 지도층의 인물들을 검거하기 시작했다. 일종의 예비 검속이다. 그들은 비밀결사라는 검거명목을 붙였지만 탄압이며 사상 단속이다. 이 검거선풍이 있었던 다음 달인 7월에 예상했던 중·일(中日)전쟁은 터지고야 말았다.

추정은 무엇인가 자신의 피부에 조선이 당해낼 모진 혈풍의 전주곡이 느껴져서 마음이 괴로웠고 그럴 때면 친구끼리 술로 달래었다. (중략)

문닫는 동아일보

드디어 일본 제국주의는 그 잔인한 수법으로 동아일보사의 목을 조르는 것이었다. 앞으로 석 달 말미를 줄 테니 시국에 순응하여 자진 폐간하도록 종용해 왔다. 그것이 1939년 12월의 일이었다. 사내의 간부급 간에 이 소식이 전해지자 모두들 자기 자신에게 자살권고를 내린 듯한 비분을 느꼈었다. 과묵하기로 이름난 추정도 이날만은 견딜 수가 없어 술집에 들러 쌓인 울분을 토했던 것이다. 그러나 문을 닫으라고 순순히 닫을 동아일보사가 아니었다. 가는 데까지 밀고 나가자는 배짱이었다.

추정은 타고난 대륙성 기질로 거의 무감각한 상태로 지낸 듯했지만 속으로는 무엇인가 검은 그림자가 자신에게 가까이 다가오는 예감이 들어 전율을 느끼기까지 했다.

이때, 고하는 사의 고문자격으로 동경(東京)에 건너가 정객들을 만나서 미나미(南次郞)의 횡포를 톡톡히 따지고 들었다. 동아일보의 폐간은 부당하다는 항의도 별무효과였다. 그들이 조선에서 가장 두려워하는 것이 동아일보의 세력인데 그들이 실현시킬 소위 내선일체(內鮮一體)와 대동아전쟁 수행에 큰 암을 미리 제거하자는 방침을 변경할 리가 없었다. 고하는 귀국도중 부산에서 피검되어 서울로 이송해 왔다.

고하가 일본에서 미나미(南次郎)를 규탄한 후 총독부는 즉각 동아일보사에 보복으로 앙갚음을 했었다. 그것은 첫 단계로 신문용지를 적게 배급하는 방법이었다. 모든 물자가 결핍하여 배급에 의존했던 형편이라 이것은 치명적인 타격이었다.

벌써 고하가 피검되고 용지를 군색하게 만드는 건 동아일보의 숨통을 끊는 처사라고 추정은 단정했다. 그러던 차에 동아일보사는 하루아침에 쑥밭이 되고 말았다. 백관수(白寬洙) 사장과 임정엽(林正燁) 상무 그리고 국태일(鞠泰一) 영업국장 등을 경리부정(經理不正)이라는 불명예스러운 누명을 씌워 한 그물에 얽어 놓은 사태가 벌어진 것이다.

신문사 경영 책임자를 구금해 놓고 일경은 폐간을 강요하는 것이었다. 끝까지 대외적으로는 총독부의 손에 의해서 문을 닫게 하였다는 구실을 주지 않고 실질적으로 폐쇄시키는 간악한 수단이었다. 일이 이에 이르자 별 도리가 없었다. 민중과 함께 살아온 정의의 자명고(自鳴鼓)는 야수 같은 일제의 칼끝에 찢기고 말았다. 이것이 1940년 8월 10일이었으니 추정의 나이 장년기였던 마흔셋의 일이었다.

지령(紙齡) 6119호로써 민중의 참된 벗이었던 동아일보는 일제의 독아(毒牙)에 먹히고 만 셈이다. 이와 때를 같이하여 조선일보(朝鮮日報)도 폐간당한 비운에 있었었다. 국가적으로도 슬프고 애석한 일이었지만 추정 개인에게도 크나큰 충격과 비애를 안겨다 준 비극이 아닐 수 없었다.

그가 동아일보사에 입사한 지 14년 만에 당한 일이었다. 청춘의 황금을 아낌없이 뿌려온 곳이었다. 온갖 정열을 기울였던 마음의 고향이었다. 10년이면 강산도 변하거늘 기나긴 14년을 춘풍추우 동아와 수난을 같이 겪어온 그였다. 슬픔을 억제하지 못하면서도 그는 입술을 깨물며 스스로의 마음을 달래기도 하였다. 동아는 죽고 여기 뭉쳤던 동지들은 사방팔방으로 흩어져 가지만 '마음만은 변치 말자!' 이렇게 그는 아픔을 참고 견디었다. 추정은 평소의 교유(交遊)에도 변덕을 무척 싫어했다. 변덕은 변절이나 배신할 수 있는 소질이 많이 있기 때문이었다.

이 점은 고하에게도 철저했다. 고하는 재주 있는 사람을 오히려 크게 쓰지 아니했다. 재승박덕(才勝薄德)이라 하여 자기 재주를 누를 줄 모르면 쉽게 변한다 하여 큰 인재로 평가하지 않았었다.

고하나 인촌 두 분이 추정을 특히 가깝게 했던 이유도 변할 줄 모르는 의지의 인이라 하여 가위 믿을만한 동지로서 간취했던 모양이다. 이것은 고하가 인물을 보는 안목이 남달리 비상했고 추정이 그런 인물로 꼽혀온 건 적중되었다. 인촌이나 고하가 사장실에서 초인종을 울리거나 급사를 보내 추정을 불러들이는 일이 종종 있었다.

'퇴근하면 다시 오게. 우리 한 잔 하세'

이렇게 친구처럼 대해오던 사이였었다. 고하나 인촌이 추정과 같이 마시면서 취중에 털어놓은 이야기가 절대로 새지 않겠고 이 다음 무슨 계기로나 한번 맺은 인연을 소홀히 할 위인이 아니라는 것을 익히 잘 알고 있었다. 그래서 마음 놓고 교유할 수 있다고 믿었던 것이다. 그렇게 추정은 남에게 든든한 믿음을 주는 사나이였다.

중앙일보는 경영난으로 진즉 폐간이 되었지만 자의 아닌 타의로 동아, 조선이 문을 닫게 된 후에도 한글로 찍어낸 신문이 하나 있었으니 이것이 매일신보(每日新報)였다. 비록 한글 신문이기는 하나 내용은 총독부의 어용(御用) 기관지였었다.

추정이 동아일보사에서 사운과 함께 물러나게 되자 매신은 재빨리 유능한 기자 포섭의 공작에 나섰었다. 몇 번이고 추정더러 오라는 유혹을 하였다. 그러나 추정은 '남자가 거취를 분명히 해야지 나는 갈 수가 없다'고 딱 잡아떼었다. 그는 동아일보의 폐간과 함께 붓을 꺾기로 작정한 것이다. 이 소식을 전해들은 인촌, 고하 두 분은 물론 친히 지내던 친구들까지도 '역시 추정다운 처사'라고 입을 모아 말했다고 한다.

38

근촌 백관수(芹村 白寬洙)

-봄기운은 어찌 이리 더딘가-

윤재근, 동아일보, 1995년 8월 10일

건국준비위원회와 몽양 여운형

당초 남한에는 해방 이후를 대비할 수 있는 세력으로 몽양 여운형을 중심으로 한 사회주의 세력, 좌파 공산주의 세력인 박헌영(朴憲永) 일파, 김성수와 송진우를 중심으로 한 토착 우파 민족주의 세력, 이승만 중심의 친미 기독교계의 흥업구락부, 안창호 중심의 수양동우회 등 5개 정도가 있었다.

이 중 박헌영 일파는 강력한 투쟁을 전개하기는 하였으나 민족보다 공산주의 이념을 내세웠고 해방 직후에는 동우회(同友會) 정도의 수준으로 전락하여 국가를 담당하기에는 역부족이었다.

토착 우파(土着 右派) 민족주의 세력은 동아일보사를 중심으로 온건한 민족주의 운동을 전개하였으나 이들 중 많은 이들이 지주(地主) 또는 자본가였기에 기층민 중에까지 뿌리를 내릴 정도의 조직력과 헤게모니는 없었다.

이승만의 흥업구락부, 안창호의 수양동우회 또한 항일투쟁단체라기보다는 민족의식이나 문화를 보존하자는 계몽단체에 지나지 않았다. 송건호의 평가대로 '이승만이 미국에서 벌인 독립운동이란 주로 미국 조야(朝野)에 대한 호소외교(呼訴外交)'가 고작이었다. 특히 이승만의 흥업구락부는 조직이 노출되자마자 부일협력(附日協力)을 서약할 정도로 민족의식이 약하였고 국내에 조직기반도 거의 없었다.

그나마 여운형을 중심으로 한 건국동맹(建國同盟)이 해방 이후를 준비하고 있었을 뿐이었다. 해방 전날인 14일 초저녁 조선총독부 정무총감인 엔도(遠藤)는 몽양에게 사람을 보내 내일 아침 관저(官邸)로 찾아와 줄 것을 요청하였다. 다음 날 몽양이 찾아가자 엔도는 한참 뜸을 들이더니 어렵게 말문을 열었다.

"일본은 패배하였소. 금일 중에 이것이 공식으로 발표될 것이요. 당신은 치안을 맡아주시오. 이제부터는 우리의 생명이 당신에게 달려 있소."(중략)

면담을 마치고 나온 몽양은 바로 본격적인 활동에 들어갔다. 그는 그날 저녁 안재홍을 비롯한 건국동맹원(建國同盟員)들을 중심으로 '조선건국준비위원회(朝鮮建國準備委員會)'를 조직하였다. (중략)

그러나 건준(建準)은 위원장인 몽양도 무시하고 제멋대로 날뛰는 좌익분자들의 수중(手中)에 놀아났다. 유력한 지도자들이 몽양과 견해를 같이하고 협력을 다짐하였지만 고하는 끝끝내 참여를 반대하였다. 몽양 자신이 원서동 자택을 찾아가 "내가 착수하는 일에 잘못이 있다고 그대가 생각한다면 서로 의논해서 고치도록 하겠고 또 우리들 사이에 다소의 의견차가 있다 하더라도 건국(建國)이라는 국가대사(國家大事)를 위하여 허심탄회하게 합심 협력하자"고 간곡히 청하였다. 이에 대하여 고하는 "경거망동(輕擧妄動)하지 말아야 하며 중경임시정부(重慶臨時政府)를 지지해야 한다"고 주장하며 거절하였다.(중략)

좌경(左傾)도 우경(右傾)도 아닌 민족의 대연합을

고하가 합작(合作)을 거부하자 건준(準) 내의 좌익 계열은 기다렸다는 듯이 목소리를 높였다. 건준이 급속도로 좌경(左傾)으로 방향을 틀자 우익인사(右翼人士)들은 이를 우려하였다. 이러다가는 신생 조국의 앞날이 좌익(左翼)의 수중(手中)에 떨어질 판이었다.

근촌은 자신의 평소 소신(所信)과 지론(持論)대로 대동단결을 꾀해야한다고 생각하였다. 또 그 전략으로 우익 민족진영의 인사들이 건준(建準)의 좌경 독주(獨走)를 그대로 둘 것이 아니라 건준에 대거 합세하여 이를 개조하여야 하고 거족적 입장에서 건국 대책을 강구하지 않으면 안된다고 판단하였다. 가인 김병로(街人 金炳魯), 이인(李仁), 박명환(朴明煥) 등도 같은 생각이었다.

해방을 맞이한 인촌 김성수는 정치를 떠나 교육과 신문 사업에 몰두하고자 하였다. 고하 송진우는 정치에 뜻을 두고 있으면서도 정당(政黨) 시기상조론(時機尙早論)을 들고 나오며 임정(臨政)의 환국을 가장 중요한 문제로 생각하고 있었다. 그러나 근촌과 김병로는 들불처럼 확대해 가는 좌익세력을 그냥 보고만 있을 수 없다고 생각하고 있었으며 임정은 언제 돌아올지 기약할 수도 없기 때문에 가능한 한 빨리 좌익세력과 맞설 수 있는 정당이 필요하다고 믿고 있었다. 근촌은 고하에게 현실을 바로 보라고 타일렀다.

"정치는 현실이요, 현실은 냉혹한 것이오. 고하가 몽양과 건준(建準)의 활동을 부당하다고 생각해도 그들은 그것이 좋은 방향이든, 나쁜 방향이든 그들의 일을 계속할 것이오. 고하가 총독부의 교섭을 받았던 일만 해도 우선은 동지들과 상의했었더라면 좋았을 것이오."

이인과 김병로가 근촌의 뜻에 동의하였다. 처음에 근촌은 청진동 이인의 집에서 원세훈(元世勳), 조병옥(趙炳玉), 김약수(金若水), 함상훈(咸尙勳), 박찬희(朴瓚熙), 서정희 등 15, 16명의 인사들과 모였고, 원남동 그의 집에서 건준(建準)과의 접촉을 모색하고 있었다. 근촌, 가인, 이인 등이 여운형이 건준(建準) 본부로 쓰고 있는 계동의 임용상 집을 찾아가 몽양과 민세 안재홍을 만나 협력 체제의 필요성을 역설하였다.

"합법적 국민대회 같은 걸 소집하여 전 민족의 총의는 어려울지라도 응급책으로 우선 서울 시내 각계각층의 유지인사, 또는 각 지방에서 상경한 유지들을 한 자리에 모아서 중심되는 기관을 만들어야 합니다."

근촌의 제안에 몽양과 민세도 동의하였다. 이리해서 김병로, 근촌, 유억겸 등이 안재홍 건준(建準) 부위원장(그 당시 몽양은 테러를 당하여 치료 중이었기 때문에 부위원장이 위원장 직무를 대행하고 있었음)을 비롯한 건준 간부진과 수삼차 회합하여 상의한 끝에 '건국 유지자대회'를 소집하여 건준을 '전 국민의 총의(總意)에 의한 조직체'로 확대, 발전시킬 것을 합의하고 일단은 대회에 참가할 각계 인사의 명단과 대회소집 일자까지 결정하였다.

그러나 건준(建準) 내부의 좌익계열은 이 계획을 맹렬히 반대하였다. 몽양 또한 이를 꺾지 못하고 동의하였다. 고하가 보았듯 몽양은 이미 공산당의 시녀 역할밖에는 감당할 수 없었기 때문이다. 몽양은 근촌과 양쪽에서 각기 55명을 선정, 화신백화점 영화관에서 회의를 갖기로 했던 것인데 건준(建準)은 100여 명의 소장파 자기 사람을 추가해 발표했던 것이다. 이미 근촌은 농락당하고 있음을 깨달았다. 그때 그는 고하가 사람 보는 혜안을 갖고 있음을 알고 감탄하였다. "몽양은 이미 공산주의자들의 시녀(侍女)에 불과하다"고 내뱉었던 고하의 말이 근촌의 뇌리에 떠올랐다.

한편 총독부의 간부들도 그들 나름대로 건준(準)과 민족진영(民族陣營)의 화해를 시도했다고 전한다. 당시 경북지사였던 김대우는 아베 총독의 요청에 따라 건준과 민족진영의 거중 조정을 했음을 고백하고 있다.

"아베 총독의 지시를 받아 서울에 온 나는 정무총감, 경무국장 등과 만난 후 그 의뢰를 따라 송진우, 여운형 양씨의 합작을 꾀했다. 여운형 씨는 이에 동의하여 박석윤(朴錫胤), 최근우(崔謹愚), 정백(鄭栢) 세 사람을 추천했고, 송진우 씨는 찬성을 하면서도 여운형 씨와는 함께 일하고 싶지 않다면서 백관수, 장덕수(張德秀), 김준연(金俊淵) 씨를 추천했다. 나는 이들 추천자에다 기독교, 천도교, 그 밖의 명망 있는 인사들을 망라하여 조정하려 했지만 시간적 여유가 없었다."

우익계열 인사들로부터 우유부단하다는 비판과 비난을 받아 왔던 안 민세의 입장은 건준(建準) 개조(改造) 계획이 이와 같이 파탄됨으로써 한층 난처하게 되지 않을 수 없었다. 그뿐 아니라 안 민세의 불만을 좀더 크게 만들 만한 또 하나의 사건이 일어났다.

그 당시 유억겸(兪億兼)과 강낙원(姜樂遠)이 별도로 치안을 위한 보안대(保安隊)를 조직하고 건준 치안대와 합류할 것을 요구하여 오자 안 민세는 이를 승낙하였다. 그런데 몽양은 이들이 들어올 경우 장권의 지휘 아래에 있는 치안대(治安隊)와 불가피하게 충돌하게 될 것을 염려하여 이를 거절하였다는 것이다. 그러자 안 민세는 건준(建準) 부위원장직을 사퇴하고 독자적으로 국민당(國民黨)을 창립하는 동시에 건준과는 완전히 손을 끊게 되었다.

전 민족이 대동단결하여 신생조국(祖國)의 기틀을 잡자는 것이고 좌우(左右)가 합작할 경우 그 폭발력으로 인하여 조국 건설을 위하여 상당한 일을 해낼 수 있는 것인데 반대할 이유가 없었다. 그러나 좌익들에게 중요한 것은 조국의 번영보다 인민혁명(人民革命)이었다. 그렇게 대동단결이 이루어질 경우 조국은 발전할 수 있으나 우익에게 많은 양보를 해야 하고 그러다 보면 신생조국의 밑그림이 빨간색이 아니라 붉은색도 푸른색도 아닌 색깔로 칠해질 우려가 있었다. 그들은 이를 혐오하였다. 너무도 정당성을 갖는 일이라 방해하기가 쉽지 않았지만 좌익분자(左翼分子)들은 갖은 방해공작(妨害工作)을 펼쳐 대회를 공중분해(空中分解)시키고 말았다. 이로써 전 민족(全民族)이 대동단결하여 하나의 정부를 세우고 이를 바탕으로 조국의 번영을 꾀할 기회를 잃게 되었다.

이 무렵에 건준(建準) 내부에서는 또 하나의 혼란이 일어났다. (중략) 그러자 몽양은 8월 31일 밤에 긴급 집행위원회를 소집하고 사의를 표명하였다. 이에 따라 안재홍 부위원장과 각부 간부들도 내분의 책임을 지고 총사퇴했다.

며칠 후인 9월 4일의 확대위원회(擴大委員會)에서 정·부위원장의 유임(留任)이 결정되고 또 한명의 부위원장으로 허헌이 추가로 선출되었다. 그러나 안재홍은 다시 사퇴를 단행하여 건준(建準)을 떠나고 말았다. 그리고 이날의 결의에 따라 중앙집행위원회가 개편되었는데, 집행위원 가운데 10여 명이 물러나고 10여 명이 새로 선임되었다.

그러나 건준(建準)의 부서가 개편된 지 불과 2일 후인 9월 6일 저녁 소위 인민공화국(人民共和國)이 수립되었다. 9월 6일 하오 7시 돌연히 '전국인민대표자대회(全國人民代表者大會)'가 경기여고 강당에서 열렸다. 이곳에서 박헌영을 중심으로 하는 좌익들은 일종의 정치극(政治劇)을 연출하여 인민위원 55명과 후보위원 20명을 선출하고 인민공화국(人民共和國)을 선포하였다. 그러나 건준(建準)은 그다음 날 '발전적 해체'를 단행하였다. 이렇게 하여 조선건국준비위원회는 불과 20일이라는 짧지만 그야말로 다사다난

하게 그 운명을 끝마치고 말았다.(중략)

한민당(韓民黨)의 창당(創黨)

그때 서울 교외 창동에 살고 있던 가인 김병로가 근촌을 찾아왔다. 그들은 신간회(新幹會) 우익으로, 함께 반일운동(反日運動)을 했던 지기(知己)였다. 그동안 원남동에 근거지를 두고 있던 근촌과 김병로와 이인은 좌익의 준동(動)에 맞서려면 우익을 대표하는 정당이 있어야 함을 절감한다. 이들은 김용무(金用茂), 나용균(羅容均) 등과 함께 한국민족당(韓國民族黨)을 결성하였다.

원세훈(元世勳), 이병헌(李炳憲), 현동원(玄東元), 박명환(朴明煥), 한학수(韓學洙), 유흥산(劉興山), 송남헌(宋南憲) 등은 같은 취지로 고려민주당(高麗民主黨)을 결성하였다.

백남훈(白南薰), 윤보선(尹潽善), 윤치영(尹致暎), 조병옥(趙炳玉), 유억겸(兪億兼) 등은 한국국민당(韓國國民黨)을 만들었다.

또 송진우(宋鎭禹), 김준연(金俊淵), 김성수(金性洙), 장덕수(張德秀) 등은 임정(臨政)을 맞는 국민대회를 준비하고 그 준비위원을 맡았다. 소위 '동아일보 조직'을 결성하였다.

이 무렵 민족주의진영에서는 네 개의 조직이 있었다.

그 첫째는 근촌, 김병로, 홍성하 등을 중심으로 한 기호로, 일명 '원남동 내각'이라고도 불리는 신간회(新幹會) 우파 중심의 모임이었고, 둘째는 장덕수, 김도연, 허정, 조병옥, 윤보선, 이영준, 윤치영 등을 중심으로 한 구미(歐美) 유학파로 이승만을 따르던 인물들이었다. 셋째는 원세훈, 김약수, 박찬희 등 북풍회(北風會)와 화요회(火曜會) 중심의 인물들이었다. 넷째로는 백남훈, 함상훈 등을 중심으로 한 황해도 인물들이었다.

이 네 집단은 이념적이라기보다 인물들의 학연(學緣)과 지연(地緣)에 따라 생겨났던 것이다. 근촌과 가인은 민족진영이 하나가 되어야 공산주의, 좌경세력과 싸워 이길 수 있다고 믿고 있었다. 근촌은 어느 세월에 돌아올지 모르는 임시정부를 기다릴 수 없다고 고하를 설득한다. 임정(臨政)이 돌아올 때까지 경거망동해서는 안 된다는 것을 믿는 고하도 결국 시간의 중요성을 터득하고 한민당(韓民黨)에 합류하였다.

이 시점에서 근촌은 서로 뜻을 같이하는 이들이 여러 정당을 만들어 난립할 필요가 없다고 판단했다. (중략) 이들은 몇 번의 만남을 거쳐 한국민주당으로 통합하기로 의견을 모았다.

최초 건국준비위원회의 세력에 대결하기 위해서 보수우파(保守右派) 진영의 결집체로 조직된 한국민주당은 조선민족당계(朝鮮民族黨系)의 근촌과 김병로, 이인(李仁), 김용무, 나용균 등, 고려민주당계(高麗民主黨系)의 원세훈, 이병헌, 현동원, 박명환, 한학수, 유흥산, 송남헌 등, 국민대회준비위원회계(國民大會準備委員會系)의 송진우, 김준연, 김성수, 장덕수 등, 한국국민당계(韓國國民黨系)의 백남훈, 윤보선, 윤치영, 조병옥, 유억겸 등, 신간회(新幹會) 및 사회주의계(社會主義系)의 홍명희(洪命熹), 김약수(金若水), 조헌영(趙憲泳) 등이 통합하여 정파(政派)들의 연합세력으로 출발하였다.

9월 16일 경운동 천도교 강당에서 한민당(韓民黨) 창당이 1,600여 명의 인사들로 성대히 거행되었다. 창당식에서 이 정당의 산파역을 맡았던 근촌은 선언문(宣言文)을 낭독한다.(중략)

송진우가 수석총무(首席總務)로 임명되었고, 근촌은 원세훈, 서상일, 김도연, 허정, 조병옥, 백남훈과 함께 총무로 선임되었다. 나용균, 이인, 장덕수, 김약수, 박용희, 함상훈, 박찬희, 홍성하, 김용무, 이헌, 유진희, 최윤동, 박명환, 서상천, 김병로 등은 기타 간부로 임명되었다. 그리고 근촌은 호남지방과 한국민족당을 대표하는 인물로 추대(推戴)되었다.

한민당(韓民黨)이 창당되자 민족주의자, 독립을 지지하였던 사람으로서 좌익을 마땅하지 않게 생각하였던 이들이 속속 한민당(韓民黨)의 그늘로 들어왔다. 국민들도 우익진영의 결합체의 탄생을 기뻐하며 줄을 지어 입당(入黨)하였다.

이처럼 근촌에게는 화이부동(和而不同)의 군자의 선비정신이 난관을 극복해 가는 시대정신으로 무장되어 있었다. 한민족이 살 길은 오로지 화합과 단합 그리고 단결밖에 없다는 인식은 근촌의 생애를 관류하고 있었다.

좌우(左右)의 대립과 합작

근촌은 한민당 창당 이튿날 아놀드 소장이 초청한 간담회에 참석하였다. 초청된 인사들은 50여 명. 아놀드 소장은 미군정의 정책을 설명하였다. 좌우익은 한 나라를 세우는 공동목표 아래 두 개의 다른 길일뿐이라고 생각하고 있었던 근촌은 현실이 너무나 비관적인데 놀랐다.

외국인 앞에서 참석자들은 좌우익으로 갈라져 서로 대립과 반목을 하였다. 근촌은 호소하였다.

"어떻게든 단합된 힘을 길러야 하고, 그것을 과시해야 한다. 미군정(美軍政)이 실시되었지만 그 앞에서 한민족이 분열되어 싸우는 추태를 보여서는 안된다."

그러나 현실은 막무가내였다. 좌익은 이미 수립한 '인민공화국(人民共和國)'을 기정사실로 만들어 기득권(既得權)을 주장하려 했고, 우익은 중경임시정부(重慶臨時政府)를 환국(還國)시켜 이를 정통적 정부로 만들려 했다. (중략)

이때 독립운동가의 한 사람인 양근환 또한 근촌과 같은 생각을 하고 좌우익(左右翼)의 화해와 협력을 주선하였다. 양근환은 5척 단구의 의협심(義俠心)이 많은 사람이었다. 1920년 친일파 민원식을 찔러 죽여 십 수 년 복역(服役)한 협객(俠客)이었다. 그는 분열되어 새 나라 건설을 망칠 것 같은 좌우익 싸움을 종식시키려 했고, 근촌과 김병로 또한 그 제안을 받아들였다. 좌우익의 인물들이 동대문 밖 창신동에 위치한 임종상의 집에서 만났다. 10월 5일이었다. 이 모임은 좌우익이 극비리에 모인 최초의 모임이었다.

한민당(韓民黨)에서 송진우, 근촌, 김병로, 장덕수, 중간계인 국민당에서 안재홍, 인민공화국에서 여운형, 허헌, 최근우, 박헌영,

조동호 등 당대 국내의 지도자를 망라한 모임이었다. 하와이의 이승만 박사는 아직 귀국 10여 일 전이었고 김구와 임시정부 요인들은 그로부터 한 달 남짓 뒤에 귀국하게 될 전망이었다.

이 모임에 제일 먼저 참석한 사람들은 근촌과 김병로였다. 김병로는 원남동의 근촌 집에서 기식(寄食)하고 있었기 때문에 누구보다도 가까운 처지였고 일심동체(一心同體)로 보였다. 그다음 장덕수가 도착했고, 흰 모시 두루마기를 입은 송진우가 도착했고, 이어 안재홍과 조동호가 도착했다. 그다음 건준(準)의 실력자, 인민공화국의 국무총리인 허헌이 도착했다. 그가 도착했을 때 분위기는 냉랭하였다. 허헌과 송진우는 서로를 눈엣가시처럼 생각하였다. 그리고 여운형이 도착했다. 박헌영은 두 시간이 지난 후에야 그의 대리로 이현상, 김형선(金炯善), 최용달(崔容達)을 보냈다.

가인 김병로는 여운형을 공격했다. 그가 해방 정국(政局)의 불안을 조성했다고 비난을 퍼부었다. 지금 이 시간엔 누가 대통령을 하고, 또 어떤 사람이 장관을 하는가가 중요하지 않다고 했다. 불과 몇 사람이 모여서 나라를 세울 수 있는가 물었다. 여운형은

"가인의 말대로 건준(建準)이나 인공(人共)이 우리 민족의 단결과 행동 통일을 이루지 못하고, 혼란을 가져 왔다면, 그 책임은 오직 여운형 이 사람에게 있다고 봅니다"고 말했다.

여운형은 솔직하게 자기의 잘못을 시인(是認)하고 나섰다.

"이 자리에서 이 민족의 진로에 대한 결론이 나올 수 있다면 인공(人共)은 백번 해산해도 좋다고 봅니다."

모임은 그 순간 화기애애해졌다. 평소 말이 없는 근촌은 "해방 전에 우리가 이렇게 모였다면 당장 미와(三輪)란 놈이 뛰어 왔을 텐데"라고 농담을 하였다. 항상 근엄한 표정을 짓던 안재홍도 이 농담에 손뼉을 치며 좋아했다. 미와는 3·1운동 당시부터 우리 독립운동가들을 고문하던 일제(日帝) 고등경찰의 한 사람, 더구나 종로경찰서를 주름잡던 악마 같은 존재였다.

양근환은 이 모임이 성공적으로 끝나지 못할 때 모두를 죽이겠다고 육혈포(六穴砲)를 준비하고 있었다. 그럼에도 불구하고 이들은 합의를 이끌어내지 못하였다. 이념(理念)의 골이 너무나 깊었기 때문이었다.

좌익분자(左翼分子)들은 교조(敎條)적에서 헤어나지 못하고 혁명적 야욕(革命的 野慾)만을 드러냈으며 고하 또한 자신의 입장을 고집하였다. 근촌과 가인같이 소아(小我)를 버리고 대아(大我)를 추구하는 이들이 양 진영의 화해를 모색하였지만 양쪽의 대립은 그들의 능력 밖이었다. 여운형 또한 좌익, 특히 박헌영 일파의 술수(術數)에 넘어가 약속을 어겼다.

양근환이 주선한 모임 다음에도 건국동맹, 조선공산당, 한국민주당, 국민당이 모였으나 갈라진 좌우익의 간격은 조금도 줄어들지 않았다. 불신은 불신을 초래할 뿐이었다.

10월 16일 이승만이 귀국하였다. 근촌과 한민당(韓民黨)은 이승만을 환영했다. 근촌과 이승만은 10월 19일 조선호텔에서 다시 만났다. 10월 21일에는 대한민국 임시정부 수반(首班)들의 환국

(還國)을 위한 영접위원회(迎接委員會)가 구성되었다. (중략)

11월 23일, 백범과 그 일행이 서울에 왔다. 그러나 백범도 한국 정치의 소용돌이 속에 빠지고 말았다. 정치역학(政治力學)과 서로 간의 개성 차이 때문에 만나봐야 서로 합의할 수 없는, 만날수록 서로 감정만 상하는 이상한 관계가 되어갔다.

임시정부의 민족진영은 한민당(韓民黨)을 반대하였다. 이유는 간단하였다. 같은 우익이기는 하였지만 한민당(韓民黨)에 근촌이나 가인과 같은 이만 있었던 것은 아니었다. 몇몇 이들이 일제시대에 공장과 기업을 경영하거나 지주계급이었기에 이들은 적당한 선에서 일제(日帝)와 협력하지 않을 수 없었다. 이들이 한민당(韓民黨)의 주류를 이루고 있었기에 보수파나 자본가의 이익에 밝았고 부일(附日)의 오명(汚名) 또한 완전히 씻을 수가 없었다.(중략)

김구와 그의 사람들은 한민당이 이승만을 전폭 지지한 것에도 불만을 표시하고 있었다. 그들은 이승만이 임정(臨政)의 주미 외교위원회(駐美 外交委員會)의 위원장에 지나지 않는다고 생각했다. 그야말로 풍찬노숙(風餐露宿)하며 조국의 독립을 위하여 목숨을 걸며 싸울 때 이승만이 한 것은 미국에서 호의호식(好衣好食)하다가 가끔 미국 의원들에게 한국을 독립시켜 달라고 부탁한 일에 불과하지 않은가. 이렇게 임정요인들은 이승만을 달가워하지 않았다.

근촌도 이 점을 이해하지 못하는 것은 아니었으나 다소 다른 관점을 가지고 있었다. 비록 이승만이 그런 약점을 지니고 있다

하더라도 국민들은 그의 경력을 보고 그를 우익진영의 가장 큰 지도자로 생각할 뿐만 아니라, 또 신생조국의 장래를 미국이 좌지우지하고 있으니 미국과 가까운 그가 필요하다는 생각을 갖고 있었다.

근촌은 임정(臨政)을 근간으로 하여 모든 민족세력이 단합할 것을 기대했다. 그 첫 단계로 국민대회를 개최할 것을 목표로 12월 초 한민당(송진우), 국민당(안재홍), 조선인민당(여운형) 그리고 장안파 공산당(이영) 등 좌우 4개 정당의 협의체를 구성하려고 시도했으나 재건파 공산당(박헌영)의 방해공작과 여운형의 우유부단한 행동으로 결실을 맺지는 못하였다.

12월 10일 미군정 사령관 하지 중장은 인민공화국(人民共和國)을 부인(否認)하는 성명을 발표하고 미군정(美軍政)이 승인한 적이 없는 단체가 정부와 같이 행동함으로써 많은 오해와 부작용이 일어나고 있음을 설명했다. 이 발표에 대해 근촌은 한민당(韓民黨)을 대표해서 이렇게 말했다.

우리 당으로서 이미 인민공화국 해산명령을 발동하도록 임시정부에 건의까지 하였으니만치 금일 미군정청의 조처는 당연하다고 생각한다. 금후에도 사기의 언사로써 말로만 그럴듯하게 이야기하고 실제에 있어서 상반되는 일이 있을 때에는 보다 더 강력한 조치를 발동하기 바란다. 지방에 따라서는 인민공화국 사수니, 무엇이니 하는데 이것도 결국은 미군의 미온적인 조치를 이용

하는 것밖에 안 된다. 오직 금후 그들의 태도가 주목처이다.(동아일보, 1945년 12월 13일)

근촌은 '신간회(新幹會)' 해산 이후 좌익분자들의 파괴적이고 파렴치한 행동을 경험했고, 더 이상 그들을 건설적인 새 나라의 주역으로 생각하지 않았다. 훗날 역사가들의 평가대로 그 당시 좌익들은 스탈린주의를 올바로 파악하지 못하고 맹종하여 스탈린주의보다 더 교조적인 자세를 취하였다. 또한 소비에트 공산주의 혁명을 너무 조급하게 받아들이려 했을 뿐 한국의 상황에 맞게 혁명을 적용하는, 즉 한국화에 대한 인식은 거의 없었다. 그래서 이들은 건국(建國) 당시에 종파에 휩쓸리고 조국의 완전한 독립보다 이념투쟁에 더 골몰하였으며 민족의 대단합조차 혁명을 가로막는 길로 생각하여 방해와 테러를 서슴지 않았다.

근촌의 반공산당(反共産黨) 선언이 있은 후 12월 18일 근촌의 원남동 집에 수류탄이 날아들었다. 다행히 수류탄이 정원의 포도나무 넝쿨에 걸려 인명피해(人命被害)는 없었으나 재산상의 피해는 컸다. 이 사건은 박헌영이 공산당원이었던 동대문 경찰서장에게 지시한 것으로 알려져 있다. 경찰조직 안에도 공산당원이 가득했고, 따라서 수사에도 큰 진전이 없었다. 그 당시 일간지들은 원남동 수류탄 투척사건을 크게 다루었다.(중략)

새로운 독립운동, 반탁(反託)운동

　1945년 12월부터 모스크바에서 열린 모스크바 3상회의에서 3국의 외상(外相)들은 전후의 세계문제와 함께 한국에 대한 연합국의 신탁통치의 구체적 실시방안을 다루었다. 이들은 이 첫날 회의에서 '독립한국 정부의 수립을 위한 한국통일행정의 창설'을 의제로 채택하였다.(중략)

　12월 28일 모스크바 협정의 전문(全文)이 외신(外信)을 통하여 한국에 알려졌다. 독립정부의 수립을 갈망하던 한민족에게 이것은 '민족적 모욕(侮辱)'이었다. 남녀노소, 민족진영, 공산진영(나중에는 찬탁(贊託)으로 돌변했지만)이 서로 합심하여 결사(決死)로 항전하였다. 즉각 가장 극렬하게 반대 입장을 표명한 단체는 임정(臨政) 측이었다. (중략) 백범은 국민의 반대에 호응하여 임정(臨政)을 중심으로 '신탁통치반대국민총동원위원회(信託統治反對國民總動員委員會)'를 조직하여 반탁운동(反託運動)을 전개하였다.

　28일 밤부터 서울의 상점들이 문을 닫았고, 유흥가에서는 가무(歌舞)가 정지되고 영화관도 문을 닫았다. 29일 무서운 겨울 추위 속에서 민중은 지도자 없이 시위를 벌였다. (중략) 백범의 말대로 반탁운동은 '새로운 독립운동'이었다.(중략)

　그때 고하 송진우가 그의 원서동 자택에서 5, 6명의 습격을 받고 절명(絶命)하는 사건이 터졌다. 해방의 혼돈 속에서 또 테러가 벌어졌던 것이다. 어떤 이유로도 테러를 정당화할 수는 없었다. 더구나 고하는 독립운동을 주도하였던 큰 인물이 아니던가.

젊은 시절 3·1기미운동을 일으킨 장본인이며, 일제하 조선의 심장이랄 수 있는 동아일보사를 지킨 인물이다. 한번 죽지, 두번 죽지 않는다는 신념으로 일제와 싸웠던 인물을 같은 조선인이 차마 쏠 수가 있었던가?

위당 정인보(爲堂 鄭寅普)는 고하를 평하여 "그 지조, 도량, 판단력, 식견, 통솔력에 있어서 역사적으로 보면 이충무공 이래의 처음 인물이며 이후 언제나 이런 인재를 우리나라가 가질 것인가"라고 한탄했다.

근촌은 너무나 큰 충격을 받았고 언어로 표현할 수 없는 슬픔을 느꼈다. 10대에 근촌은 인촌과 고하와 함께 청련암에서 나라 사랑의 정신을 키웠고, 민족에 대한 사랑을 키웠다. 그 이후 그들은 함께 인생의 여로(旅路)를 걸어왔다. 한민당(韓民黨)도 고하, 인촌, 근촌 세 사람의 힘으로 지탱하고 있었고, 해방정국의 소용돌이 속에서 자유민주주의를 지키고, 이승만에게 정권을 안겨준 힘도 그 세 사람의 공이랄 수 있지 않은가?(하략)

39

나의 일생(一生)

백남훈(白南薰), 해온 백남훈(解慍 白南薰)선생 기념사업회,
1968년 6월 15일

2·8독립선언

 민족자결원칙이 보도되자 한국 사람은 남녀노소를 막론하고 5조약 7조약을 비롯하여 통감정치(統監政治) 내지 총독정치(總督政治) 밑에서 입이 있어도 말하지 못하고 귀가 있어도 듣지 못하며 붓이 있어도 쓰지 못하는 처지라 우리에게는 민족자결(民族自決) 원칙이 실현될 수 없을까. 어찌하면 이 원칙이 우리에게도 적용되어 독립국가의 자유민족으로서 지금까지 받아 온 멸시와 설움을 면할 수 있을까? 서로 통하는 사람이 조용한 자리에서 만나면 한숨 섞어 속삭이었다. 동경에 있는 우리 학생은 배우는 가운데에 있을뿐더러 외국에 와 있으매 비교적 자유스러운 처지이므로 밀정을 피하여 가며 토론도 하고 또 방법론도 말하고는 하였다.

 그 해 12월 어느 날 백관수 씨가 내방(來訪)하여 담화 끝에 학생 사이에 독립운동을 일으키기 위하여 실천에 옮길 것을 결정하고 방금 준비 중인데 그 뒷수습을 위하여 나는 모르게 하는 것이라고 하며 청년회 등사판 사용을 원하므로 이를 허락하고 작별하였다.

내가 그렇게 생각한 탓인지는 모르거니와 시일이 경과함에 따라 학생들이 일반적으로 긴장하고 또 침울하여지는 것 같았다. 뒤에 들은 말이지만 송계백 군을 본국에 보내어 송진우, 현상윤 양씨를 방문한 후 동경에 있는 학생들이 2월 8일에 독립선언을 하기로 결정하고 준비가 다 되었는데 본국서도 같은 시기에 동(動)하는 것이 어떠한가고 하였더니 여러 가지 준비가 있으매 같은 시기에 할 수는 없으나 하기로는 되어 있으니 학생들은 먼저 하여도 좋겠다고 하여 재정적 원조가 있었다는 것이다.

  1919년 2월 8일 학우회(學友會) 총회가 동경시 신전구 서소천정(東京市神田區西小川町) 2정목(丁目) 5번지(番地)에 있는 재일본 동경조선기독교청년회 홀에서 개최되었다. 장내는 입추(立錐)의 여지도 없을뿐더러 일찍이 보지 못한 성황이었다. 회장 백남규(白南奎) 씨가 개회를 선언한 후 의사(議事) 순서를 변경하기 위하여 서춘(徐椿), 이종근(李琮根) 양씨의 연설이 있은 바 회장이 사회를 사퇴하고 윤창석(尹昌錫) 씨가 등단하여 기도한 후 백관수(白寬洙) 씨의 독립선언서와 결의문 낭독이 끝나고, 우렁찬 만세 소리가 장내외를 흔들 때 와 있던 경찰의 검속이 시작되자 여기저기에서 의자가 나르고 격투가 벌어졌는데 그중에도 눈에 불이 켜지는 것은 이놈 잡아라 저놈 묶어라고 하며 이리 왔다 저리 갔다 하는 밀정 선우갑(鮮于甲)의 모습이었거니와 백설이 분분한 밤이었는데 많은 학생과 나도 개중에는 구두도 신지 못하고 맨발로 끌리어 서신전(西神田)경찰서에 가보니 20여 명이 와 있었다. 이것이 동경에

있는 조선유학생의 2·8독립선언이었다. (중략)

한국민주당 시절

　1945년 8월 10일 신설동 집에 들어가니 최태임(崔泰恁)의 시모가 계시고 사랑방에는 김병선(金炳先) 군이 있었다. 자연히 조심스럽기도 하고 또 미안하기도 하였으나 수일 후 태임과 선기(善基)가 와서 다소 안정되는 것 같았다. 하루는 설산(雪山) 장덕수(張德秀) 군이 내방(來訪)하여 담화하는 중 일본천황의 무조건 항복이 방송되자 총독부 당국은 당황하여 고하(古下) 송진우(宋鎭禹) 씨에게 우리는 물러날 터이니 치안과 기타 모든 책임을 지고 뒤처리를 담당하여 줄 것을 요청하였다. 그러나 고하가 이를 거절하매 그들은 다시 여운형(呂運亨), 안재홍(安在鴻) 양씨에게 요청하였다. 양씨는 이를 승낙하는 동시에 건국준비위원회를 조직하는 한편 자위대를 만들었다는 것이다. 여, 안 양씨를 만나 여러 지명(知名)의 동지들과 같이할 것을 누차 종용하였으나 응답이 분명하지 않을 뿐더러 공산주의자들이 내면에서 움직이는 것을 보고 이를 말하는 동시에 공개적으로 여러 친구와 같이 하든지 그렇지 않으면 손을 끊고 여러 사람과 다른 기구를 조직하자고 권하였으나 듣지 않는다는 것이다. 그래서 여러 가지로 의논한 끝에 민족주의를 신봉하는 동지들과 보수정당을 결성하는 데에 의견이 합의되었다. 27일 10여 동지가 반도호텔(지금의 롯데호텔)에 모여 여러 가지로 토의한 끝에 지명인사가 전부 망라되어 한 개 정당이 되기를 원하여 지금까지 노력하여 보았으나 좋은 성과를 얻지 못한 것은 유감천만이다. 그러나 끝내 안된다면 어찌할 수 없으며 최후로 한 번 더 절충하여 보기로 하여 장덕수 군은 백관수, 김병로의 양씨를, 나는 송진우, 김성수의 양씨를 만나기로 하였다. 그리고 2일 후인 22일에 다시 회동하여 보고를 종합한 결과 어디나 참가하지 않는다는 의견, 따로 한다는 의견 등으로 되지 않았다. 그러면 우리 만으로라도 결성하자는 의견의 일치를 본 후 9월 1일에 모이기로 하고 산회하였다.

 9월 1일 하오 2시 약속한 바와 같이 100여 가까운 동지가 안국동에 있는 윤보선(尹潽善) 씨 집에 모여 악수를 교환한 후 시간이 되매 나에게 사회를 청하므로 일어나서 개회를 선포하고는 감개무량하여 눈시울이 뜨거워짐을 금할 길이 없어 잠시 동안 있다가 일본의 무조건 항복으로 우리에게 채워졌던 항쇄(項鎖) 족쇄(足鎖)가 벗겨지고 일본인의 그림자가 한반도에서 사라져 독립 국가를 이룩하고 자유민족이 되어서 세계에 활보하는 영광을 가지게 된 것을 감사히 생각하는 바, 이제는 전 국민이 마음과 뜻과 힘을 다하여 좋은 정치를 하여서 부끄럽지 않은 나라와 자랑스러운 국민이 되어야 할 것이다. 그러하기 위하여는 동지적 결합에 터전을 두는 정당을 만들 필요가 있다는 의미의 개회사가 있은 후 순서에 따라 당명은 한국국민당(韓國國民黨)으로 할 것을 결의하고 뒤 이어 정강 정책을 통과시켰다. 정강 정책이 어떤 것인지 기록함이 당연하지만 길지 않은 세월이나 6·25 때에 분실된 것을 불민(不敏)

하게 생각할 뿐이오, 독자의 양해를 바라는 바이다. 그 대체를 말한다면 국체(國體)는 공화국(共和國), 정체(政體)는 민주정치, 자유경제, 반공통일, 국민개병주의(國民皆兵主義), 우방과의 친선, 우리 문화를 향상시키는 동시에 세계문화에 공헌할 것 등이었다. 이날 한학수(韓學洙) 씨 집에서도 몇 분이 당을 조직하는바 가능하면 합당하자는 의견이 채택되어 그 대표로 백남훈(白南薰), 장덕수(張德秀), 정노식(鄭魯湜)(나중에 월북하였음) 3씨를 선출한 후 만세삼창으로 산회하였다.

당시 송진우 씨는 국민대회를 만들어 그대로 나아간다는 것이고, 김성수 씨는 아무 당에도 참가할 의사가 없다는 것이었으나, 백관수, 김병로의 양씨는 역시 9월 1일 한학수 씨 집에서 고려민주당(高麗民主黨)을 조직하는 동시에 가능하면 한국국민당과 합당한다는 전제 밑에서 그 대표로 백관수, 김병로, 원세훈(元世勳)의 3씨를 선출하였다는 것이다. 그래서 양당 대표는 2일 하오 2시 한학수 씨 집에 회동하여 의논한 결과 합당하기로 의견의 일치를 보고 4일에는 합당대회를 개최하기로 결정하였다.

9월 4일 하오 2시 낙원동에 있는 협성실업학교(協成實業學校)에서 한국국민당과 고려민주당의 합당대회를 개최하였다. 양당 당원 200여 명이 참집(參集)한 가운데에 백남훈 씨의 사회와 김병로 씨의 개회사로 시작되어 당명은 한국민주당(韓國民主黨)으로 결정한 후 본 대회를 발기인대회로 하는 한편 정강 정책, 기타 모든 것은 합당대표였던 6인에게 일임하고 만세삼창 후 산회하였다.

1945년 9월 16일 하오 2시 경운동 천도교당에서 1천 6백 명 당원의 참집(參集)하에 역사적 결당식(結黨式)을 성대히 거행하였다. 벽두(劈頭) 국기경례, 애국가 합창이 있은 후 백남훈 씨의 의미심장한 개회사가 있었고, 의장에 김병로 씨가 피선되어 의사를 진행할 때에 이인(李仁) 씨의 경과보고, 조병옥(趙炳玉) 씨의 국제·국내 정세 보고가 있은 후 원세훈 씨가 결의안을 상정하여

1. 연합국 군총사령관(軍總司令官) 맥아더 원수에게 감사의 타전(打電)을 할 것.
2. 조선이 북위 38°선을 남북으로 미·소 양군에게 분할 점령된 것은 불편 불행한 일이니 속히 이것을 철폐하여 행정적 통일을 기(期)할 것.

을 만장일치로 가결하였다. 뒤이어 백관수 씨의 선언과 강령 정책의 낭독이 있어 이를 이의 없이 통과시키고 이승만(李承晩), 서재필(徐載弼), 김구(金九), 이시영(李始榮), 문창범(文昌範), 권동진(權東鎭), 오세창(吳世昌) 등 7씨의 추대가 있은 후 내빈의 축사가 있고 만세삼창 후 폐회하였다.(중략)

타도 인민공화국(人民共和國)

  발기인대회를 마친 한국민주당이 임시 사무소를 종로소학교에 두고 앞에 있을 창당대회 준비에 분망하였는데, 시민들은 매일같이 찾아와서 혹은 입당하겠다고 하고 또 혹은 격려의 말을 주어 감사하고 있을 즈음 9월 7일 아침 시내 요소요소에 괴 벽보가 붙

었다. 이를 본 시민들은 어찌된 영문인지 알지 못하여 어리둥절하다가 우울에 빠졌다. 즉 조선인민공화국(朝鮮人民共和國)이 수립되었는데 각부 대신(大臣)은 누구누구라고 명단까지 쓰여 있었다. 위에 기록한 바와 같이 건국준비위원회에는 공산주의자가 침투하여 그들의 의견이 절대적인 모양이어서 한국민주당의 발기인 대회가 성대히 거행된 것을 보고 당황한 나머지 6일 밤 경기고녀(京畿高女) 강당에서 여(呂運亨) 씨는 않겠다는 것을 달래기도 하고 위협도 한 끝에 훤소(喧騷) 중에 되었다는 것이다. 이를 알게 된 우리는 비록 당은 결성되지 않았으나 좌시할 수 없다고 하여 한국민주당 발기인 600여 명 연서(連署)로 다음과 같은 타도 성명을 발표하였다. 즉 그 불법적임을 지적하는 동시에 망령된 행동을 규탄하였다. 이것을 본 후에 일반 시민은 그러면 그렇지 하는 듯이 활발한 모습으로 돌아갔거니와, 한국민주당이 결당(結黨)하기 전부터 공산당과 정면 투쟁을 전개한 최초이었고 또 계속하였으며, 그 구성원을 보아도 한국의 지식층, 즉 지명인사(知名人士)의 거의 전부가 망라되었기 때문에 그들이 더 한 층 미워하였고 따라서 그들이 개구(開口)만 하면 온갖 독설을 늘어놓아 악선전하기에 급급하였던 것이다. 열 번 찍어 안 넘어지는 나무가 없다는 격으로 민주진영에서도 한국민주당을 좋지 않게 평하는 이가 없지도 않았다.(중략)

임시정부요인(臨時政府要人) 환국(還國)

11월 22, 23일 양일에 걸쳐 중국 중경(重慶)에 있던 대한민국임시정부의 김구 주석을 비롯하여 이시영 선생, 김규식 박사 등 요원 일행이 환국하여 예약하였던 경교정(京橋町)에 있는 최창학(崔昌學) 씨 댁에 유숙하게 되었으니 이가 곧 경교장이다.

백범(白凡)이 처음은 김구(金龜), 호가 연하(蓮下)였는데 상하이에 망명하여 김구(金九), 호 백범(白凡)으로 개칭하였던 것이다. 김구 씨가 1930년 그 자당 곽(郭樂園) 씨를 모시고 내 고향인 장연(長淵)에 내왕(來往)하였다. 즉 나의 이종형 오인형(吳麟炯) 씨(진사)의 소유의 사직동 집에 거주하였다. 그때 오 씨의 3제(三弟)인 오순형(吳舜炯) 씨가 기독교의 독신자였던 관계로 김 씨도 신자가 되었고 얼마 후에 나도 신자가 되어 김 씨와 알게 되었으며, 같이 전도(傳道)에 힘썼을 뿐더러 교회에서 학교를 세우게 되매 또 같이 교원이 되어 열심히 일하였다. 약 4년 후에 김 씨가 안악읍(安岳邑)에 있는 양산학교(楊山學校)로 옮기게 되었다. 피차가 동서에 갈렸으나 교회와 학교 관계로 간혹 만나는 기회가 있었던 것이다. 내가 동경으로 간 후에는 만날 기회가 없었고 얼마 후 소위 데라우치(寺內)총독 암살사건에 연좌되어 김홍량(金鴻亮) 씨와 같이 감옥에서 7년 동안 곤욕을 당하고 출옥 후 상하이에 망명하였던 것이다.

그런데 금월(今月) 초부터 임시정부 요인의 환국 보도가 발표되었으나 연기되기 수차 나는 그사이에 은숙, 혜숙 두 손녀를 보기 위하여 개성에 갔었다. 보지 못한 것이 6개월 간 밖에 안 되었지만

천지개벽 후라서 그러한지 퍽도 반가웠다. 아이들과 놀기도 하고 앞뜰의 풀도 뽑으며 어느덧 4월 5일이 지나갔다. 어느날 하오 명기(命基)가 병원에서 돌아와서 임정요인이 귀경하였다는 것이다. 돌아가려던 차이라 이튿날 개성역에 가서 기차에 오르니 올 때도 그랬거니와 객차가 아니고 화차(貨車)였다. 해방 직후 전차나 기차의 유리창이 다 파괴되었을 뿐만 아니라 심지어 앉는 자리의 천까지 오려 갔기 때문에 화차를 쓰는 것이오, 가옥도, 다리도 다 파괴하였다는 것이다.(중략)

26일 아침 식사를 마친 후 경교장에 가니 방문객이 집의 상하층은 물론 정원에까지 넘쳐 있었다. 나보다 9 연장이나 고향에서는 평교간(平交間)으로 지내었다. 그러나 지금은 정부 주석이다. 깍듯이 절하였다. 그런 후 다시 손을 잡고 피차 평안하셨오 할 뿐 서로 바라보는 잠시 동안 30여 년 만에 만나는 두 사람의 심정은 무언중에도 무엇이 통하는 듯 곧 작별하고 연일 가 보았으나 언제나 마찬가지이다. 그래서 한 번 김 주석에게 방문객이나 서신 같은 것의 정리가 되지 않는 것 같은데 예전 장연예배당 학교에서 가르치던 요셉(그때 9세로서 귀염받던 아이였으나 지금은 장성한 최태영(崔泰永) 교수)이가 경성에 와 있으니 와서 모든 것을 정리도 하고 돕게 하는 것이 어떠할까 하였던 바 좋겠다고 하여 3, 4일 후 오게 하였다. 그 후 김 주석을 만났던 바 내가 상하이에 있을 때는 기호(畿湖)사람에게 둘러싸였더니 본국에 돌아와서는 황해도 사람에게 둘러싸였다고 합니다. 잘 알아서 하여 주시오 라고 한다. 나 역시 알겠다고 하고 최 군에게 오지 말 것을 부탁하였거니와 이는 내가 김 주석에게 가까이하는 것을 꺼리는 사람이 있었다는 것이다.(중략)

고하(古下) 송진우(宋鎭禹) 씨 피습(被襲)

30일 상오 6시 본당 수석총무 고하 송진우 씨가 흉한에게 암살되었다. 이 소식이 전하여지자 경성시민은 대경실색(大驚失色)하였다. 본당은 성명서를 발표하였는데 그 대의(大意)는 다음과 같다.

본당(本黨) 수석총무 고하(古下) 송진우(宋鎭禹) 씨는 금(今) 30일 상오 6시 원동(苑洞) 74번지 자택에서 흉한에게 저격되어 급서하였다. 본당이 발족한 지 불과 3삭여(朔餘)에 또 우리 민족의 광복 대업(大業)이 완성되려고 하는 이때, 특히 신탁통치 문제로 전 국민이 궐기하여 국가적으로 가장 중대한 이 시국에 씨와 같은 민족의 투사요, 또 위대한 지도자가 서거한 것은 본당의 손실일 뿐만 아니라 국가 장래에 커다란 손실이다. 씨의 일생을 통한 민족투쟁에 있어 일찍이 금일(今日)이 있을 것을 각오하지 않았던 바 아니었지만 본당으로서는 첫 희생인 만큼 참말로 애도하고 비통하기 한이 없다. 본당은 씨의 유지(遺志)를 계승하여 신탁통치를 배격하고 완전한 자주독립에 일로(一路)매진할 것을 굳게 맹서하는 바이다.

그리고 장례는 1월 5일 상오 11시 동아일보사 앞 광장에서 본당, 국민대회준비회, 동아일보사의 3단체 합동장으로 성대 차(且) 엄숙히 거행한 후 그 유해는 망우리(忘憂里)에 안장하였다.

한국민주당은 창당하여 겨우 3개월이 지난 오늘 수석총무를 재선(再選)하지 아니하면 아니 형편에 놓여 과연 중대 시련에 봉착하였다. 여러 모양으로 의논은 있었으나 별로 신통한 안(案)이 없었다. 그래서 장덕수(張德秀), 윤보선(尹潽善), 김도연(金度演), 허정(許政), 백남훈(白南薰)의 5인이 1월 10일경 어느 날 저녁 윤보선 씨 댁에 모여 이 문제에 대하여 여러 가지로 토의하였다. 당의 현재와 장래에 대하여 상세히 검토한 후 그 결론이 나에게 집중되었다. 즉 내가 수석총무 직을 맡아야 한다는 것이다. 그러나 나는 생각하였다. 수석총무는 당수 격이매 어느 정도의 재정적 배경이 있어야 하겠는데 나로서는 지금도 그러하지만 그 당시는 더욱 그러하였으니 불가능하지 않는가? 원래 정당이란 자기의 독력(獨力)으로 하는 것이 아니고 독지가의 회사에 의뢰한다고 하나 이점 자기의 힘이 조금이라도 있고 없는 데에 따라 관계가 있은 즉 달리 생각하는 것이 좋겠다고 하였다. 이에 대하여 상당한 시간 설왕설래하였으나 결론을 얻지 못하였다. 이튿날 아침 다시 의논하였으나 별(別)한 의견 없이 나의 생각과 같이 결론을 지었다. 그러면 어떻게 하느냐에 대하야 토의한 결과 김성수(金性洙) 씨가 좋겠다는 데 의견의 일치를 보고 교섭하는 것은 장덕수 씨에게 일임하였다. 조식 후 설산(雪山)이 계동(桂洞)에 가서 인촌(仁村)을 만나고 계속하여 수차 만난 후에야 동의를 얻었다. 곧 총무회를 개최한바 인촌이 출석하여 수락한 경위를 말한 후 김동원(金東元) 씨를 총무로 할 것을 가결하고 산회(散會)하였다. 그 후 당의 총무제(總務制)를 위원장제(委員長制)로 하는 것이 좋겠다는 의견이 많았던 바 9월 총회시에 정식으로 성안(成案)되어 만장일치로 가결한 후 위원장에 김성수, 부위원장에 백남훈의 양씨가 선출되었다.

대한독립촉성국민회(大韓獨立促成國民會)

이승만 박사가 귀국한 후 우리나라의 완전 자주독립을 염원한 나머지 어떻게 할 것인가 여러 가지로 구상하던 중 설산을 비롯한 몇 사람과 의논한 결과 독립촉성중앙협의회(獨立促成中央協議會)를 조직하였다. 그래서 금후 독립에 관한 모든 일은 여기에서 의논하게 되었던 것이다. 그런데 거년(去年) 12월 28일 신탁통치 운운의 외신 보도가 있은 후 29일 밤 경교장에서 신탁통치반대국민총동원회를 조직한 것은 전술한 바와 같거니와 이 박사는 독립촉성중앙협의회가 있는데 국민총동원회가 경교장에서 조직되었으니 이는 중앙협의회가 불필요한 것으로 생각하였거나 그렇지 않으면 이를 무시함이라고 하여 중앙협의회가 해체할 것을 주장하였다. 이 소식을 들은 한국민주당 간부들은 대경실색(大驚失色)하였다. 만일 이 문제가 세간에 알려지면 돈암장과 경교장 사이, 즉 이 박사와 김 주석 사이에 무슨 불화나 있는 듯이 전파되고 또 이 소문이 국민에게 알려지게 되면 모든 국민이 마음을 합하고 힘을 합하여 독립 전취(戰取)에 일로매진하여야 할 때인 만큼 큰일이라고 하여 우리 간부들은 이 문제가 표면화되기 전에 해소시키는 데에 전력을 다 할 것을 약속하였다. 곧 돈암장과 경교장에 가서 국민총동원회를 만들자 말고 중앙협의회에서 반탁운동을 하게 하든지 중앙협의회에 사전 양해를 구하든지 하였을 것을 우리가 미처 생각하지 못하여 이같이 되었은즉 천만용서(千萬容恕)를 바라는 바이며 만일 양해하여 주신다면 중앙협의회나 국민총동원회를 다 해체하고 대한독립촉성국민회라는 기치하(旗幟下)에 전 국민의 총역량을 집결하도록 함이 좋겠다는 의향을 간곡하게 재삼(再三) 요청한 결과 돈암장에서도 경교장에서도 동의가 되어 별(別)한 파동 없이 하나가 된 것은 천만다행한 일이었다.(중략)

합당문제(合黨問題)

미군이 경성에 입주(入駐)한 후 조선 사람의 의견을 알아보기 위하여 정당·사회단체를 등록하라고 하였던 바 나도 나도 하여 약 1개월 사이서 수십 개의 정당·사회단체가 그야말로 우후죽순과 같이 생기게 되어서 외국신문의 조소 거리가 되었던 때도 있었거니와 당의 수가 이같이 많아서는 의견도 종합하기 어려울뿐더러 결론을 얻지 못하고 일이 되지 않으므로 한국민주당은 가능하면 합당할 것을 검토하고 있었다.

임정요인이 귀국한 후 나와 설산이 김 주석을 방문하고 현금 한국에는 정당이 너무 많아서 무슨 일을 하려면 의견 종합이 극히 어려울뿐더러 무엇이나 실천에 옮기기 곤란한 즉 자연도태를 기다리기는 시국이 너무 긴급하매 합당하는 방법을 연구하여 당 수를 적게 하는 것이 필요할 것이라고 생각하는 바 이 시기에 한국독립당과 한국민주당이 합당하는 것이 민족진영의 큰 힘이 될뿐더러 독립 전취(戰取)에 필요한 과제로 아는 바 어떠한가 라고 하였더니 김 주석 역시 동감이나 우리 요인(要人) 중에는 보따리가 여러 개 있으므로 본국에 돌아와서는 이를 풀지 않기로 약속하였다는 것이다. 그래서 합당에 대한 이야기는 그만두었다.

세월의 흐름을 따라 그 보따리는 하나둘 풀리기 시작하였다. 독립국가가 하루라도 속히 설립되기를 원하는 마음은 전 국민이 마찬가지였으나 당이 수십이고 또 의견은 한층 더 많아서 종잡기 어려웠다. 그러나 그중에서도 비교적 크고 또 대표적이라고 할 만한 5당, 즉 한국독립당, 조선국민당, 신한민족당, 한국민주당, 조선공산당이 의견을 종합하기 위하여 한자리에 모였다. 현하 우리의 급선무는 먼저 국가를 건립하고 후에 주의 주장(主義主張)을 토의할 것이라고 하는가 하면, 국가를 건립하려면 막부(莫府=모스크바) 삼상회의(三相會議)의 결의를 승인하여야 한다는 것이다. 그것은 신탁통치를 받아들이는 것이매 불가하다고 하여 토론에 토론을 거듭하였으나 결론을 얻지 못하였다. 공산당이 퇴장한 후 4당 대표가 남아서 우리는 다 보수당이고 정강 정책도 소이(小異)는 있으나 대차(大差)는 없은즉 대동단결(大同團結)하여 공산당과 1대1의 형식으로 투쟁하는 것이 긴요하다는 의견의 일치를 본 후 각기 당에 가서 정식 대표 2인을 선출하여 협의하게 하되, 합당 직전에 전모를 발표하고 그때까지는 일체 비밀에 붙이기로 약속하였다.

수일 후 조선국민당이 한국독립당과 합당하였다는 신문 보도였다. 내가 민주의원에서 안재홍 위원장을 만나서 방금 4당 합당이 대표들 간에 의논 중인데 국민당이 한독당과 합당하였다는 보도인바 사실인가 물었더니 사실이나 아직 구체적으로 된 것은 아니라는 것이다. 그러면 지금 의논 중인즉 같이 하도록 하고 이 이상 더 진전시키지 말 것을 부탁하였다. 확실히 응낙하였음에도 불구하고 수일 후 완전히 합당하였다.

한국민주당은 상무집행위원회를 개최한 후 저간(這間)의 경과를 보고하는 한편 금후의 대책을 논의하였다. 국민당이 취한 태도는 대단히 불쾌하나 원래 우리가 합당할 것을 주장하였고, 지금도 초지(初志)를 관철하여 민족주의진영을 강력하게 만드는 것이 무엇보다도 긴요한 일인즉 김성수(金性洙), 백남훈(白南薰), 장덕수(張德秀)의 3인을 대표로 하여 한독당과 교섭하되 곧 다녀와서 보고하라는 것이다. 그래서 3인은 경교장에 가서 김 주석, 조완구(趙琬九)의 양씨와 만나서 내의(來意)를 말하고 합당에 대하여 진지(眞摯)하게 토의한 결과 한독당의 공식적인 의견은 아니나 양씨의 의견으로는 한독당 창립 당시의 선언을 받아들일 것, 총무, 재정, 조직, 선전 등 한독(韓獨)이 가져야 한다는 것, 상집(常執), 중집(中執)은 동수(同數)로 한다는 것 등이었다. 당시 한독당의 당원 수를 확실하게 알지는 못하나 우리 추측에 100명 이내로 생각되었지만 한민당은 중앙당부(中央黨部)와 각 도(道)를 통하여 상당한 수의 지부가 있는바 전기(前記) 조건하에 합당한다면 이는 합당이 아니고 헌당(獻黨)이 되는 것이다. 그래서 3인이 돌아와서 교섭 전말을 보고하였던바 합당은 단념하기로 가결하였다. (중략)

설산(雪山) 장덕수(張德秀) 씨 피습(被襲)

1947년 12월 2일 한국민주당에서 간부회의가 있었던 바 하오 5시경에 이를 마치고 김성수(金性洙), 김동원(金東元), 백관수(白寬洙), 장덕수(張德秀), 백남훈(白南薰)의 제씨가 동차(同車)하여 취운정(翠雲亭) 입구에서 내가 먼저 내리면서 4일에 열리는 군산시당 대회에 가기로 되어 4일 아침에 떠나게 된 설산과 악수하고 다녀와서 만나자고 작별한 후 집에 와서 석식을 마치고 아직 10시 전이었으나 자리에 누워 잠들기 전이었는데 「계동에서 왔습니다. 설산 선생님 피살되었습니다」고 하는 것이다. 나는 깜짝 놀라서 무엇이라고 하며 일어나서 옷을 입는데 이번은 현상윤(玄相允) 씨가 문밖에 서서 차를 가지고 왔으니 나오라는 것이 아닌가. 입기를 마치고 차에 올라 제기동에 가서 방에 들어가니 설산은 말없이 누워있다. 곁에 가서 얼굴을 보니 눈물이 앞을 가리우고 입은 굳어져서 아무 말도 없었다. (중략)

설산은 성격이 유순하고 쾌활하였으며 천진난만하였으며 학식이 풍부함은 말할 것도 없고 관찰(觀察)이 신속 또 정확하였으며 변(辯)과 붓이 겸전(兼全)한 관후(寬厚)하면서도 옳다고 생각하는 것은 솔직 대담하여 누구에게나 어디에서든지 굽힐 줄 모르고 자기의 할 일은 묵묵히 실행하여 정치, 외교 할 것 없이 한국민주당은 설산 혼자서 하는 것 같은 느낌이 있었던 이론가요, 투사요, 또 실무가였다. 이러한 설산, 한국민주당의 옥보(玉寶)인 설산, 아니 한국의 옥보인 설산을 잃었으니 한국민주당에는 청천벽력이었고 한국에는 그 대신을 얻을 수 없는 큰 손실이었다. 한국민주당이 당장(黨葬)으로 할 것을 가결하였던 바 일반사회에서 설산은 한국민주당만의 설산이 아니고 전 한국의 설산이니 대한독립촉성국민회, 한국독립당, 한국민주당 등 45 정당 사회단체가 연합하여 사회장으로 할 것을 결정하였다.

12월 8일 상오 10시 시청 앞 광장에서 고 설산 장덕수 선생 사회장 장례식이 개최되었는 바 45 단체를 비롯한 시민 다수가 운집하여 입추의 여지 없는 성황리에 한국민주당 위원장 김성수 씨의 애절한 개회사로 개막되어 고 설산 장덕수 선생의 약력보고가 있고 각계의 적사(吊辭)가 있은 후 나의 다음과 같은 성루구하(聲淚俱下)의 적사(吊辭)에는 만장(滿場)이 흐느껴 울었다. 식이 끝난 후 장렬(葬列)이 엄숙히 진행되어 망우리묘지에 안장하였거니와, 하관시에 쏟아진 소낙비는 하늘도 무심하지 않아 이날을 슬퍼하는 듯 미망인 박 여사의 애곡(哀哭)하는 모습은 차마 보기 어려웠다.

40

모세(暮歲)의 회고 - 고하 송진우 선생

의당 유홍회고록(衣堂 柳鴻回顧綠),
민족정기 출판부, 1989년

    고하 송진우 선생은 내가 18세 때 중앙학교에 입학하면서부터 선생이 서거하신 날까지 30년 동안 모셔온 은사이시다. 더욱이 고하 선생과 인촌 김성수 선생은 나의 전도를 교시해 주신 지도자이며 내 일생의 갈 길을 가르쳐주신 사부이시다. 내가 여기에서 선생이 품으신 큰 뜻이나 선생이 지니신 국가관을 술회한다는 것은 마치 반딧불이 태양을 논함과 같이 송구함을 금할 수 없다. 그만큼 선생의 대지(大志)는 필설로는 표현할 수 없을 만큼 크고, 깊고, 넓고, 높다.
    선생은 엄한 듯하시면서도 자비롭고, 예리한 듯하면서도 다정다감하여 잘 알기 힘든 인물이었다. 선생의 일상생활은 순 한식으로 하는 철저한 민족주의자였으며 지극히 검소하고 소탈했으나 주관이 정립하고 신념이 확고한 민족지도자였다. 또 천성이 강인하고 판단력이 예리하여 아무리 어려운 난관에 부딪쳐도 당황하거나 실망하지 아니했으며, 그 소신을 굽히거나 신념을 꺾지 아니하여 훼절(毁節)할 줄 모른 탁월한 독립투사요, 애국지사였다.

내가 중앙학교 3학년 시절의 어느 날이었다. 수신(요즘의 도덕) 시간에 헝가리 출신의 정치학자로 영국 런던대학 교수가 한 말을 다음과 같이 설명해 주셨다.

"한국민족이 일본민족보다 여러 가지 면에서 더 진보된 문화민족이다. 그런데 이를 합병한 것은 불가한 일이며 한민족은 멸망하지 않을 것이고, 20년 내외에 일본은 그 보복을 받을 것이다. 왜냐하면 한국병합을 유지하려면 만주를 차지하여야 할 것인데 그렇게 되면 러시아와 충돌하게 되고, 또 만주를 지키려면 북중지(北中支)를 도모해야 할 터이니 그렇게 되면 중국과는 물론 미국과 충돌되기 때문이다.

결국 일본은 끝없는 팽창야욕 때문에 30년 내에 미·영 등 열강과 정면대결하게 되어 패망할 것이고 한국의 보복을 받을 것이다"

이와 같은 말을 인용하여 학생들에게 민족정신과 항일의식을 일깨워 주었을 뿐만 아니라 선생은 일본유학을 마치고 귀국하여 별세하시는 날까지 일본필망의 굳은 신념에 변함이 없으셨다.

나는 선생의 이와 같은 독립신념의 말씀을 들을 때면 한편 겁이 나면서도 재미있었는데 그러한 선생의 예지와 판단력은 후에 모두 적중했던 것이다. 인촌 김성수 선생이나 위당 정인보(爲堂 鄭寅普) 선생은 고하를 가리켜서 독립광(獨立狂)이라고 말했듯이 그만큼 고하는 독립신념이 확고하여 그의 모든 언행과 모든 생활을 독립운동으로 귀착시켰던 것이다.

고하 선생은 1890(경인) 5월 8일, 전남 담양군 고지면 손곡리

(현 금성면 대곡리)에서 부친 훈(壎) 공과 모친 양(梁) 씨와의 8남매 중 다섯째로 태어났다. 아명은 옥윤이요, 애칭은 그 모친의 태몽에 따라 '금가지'라 불렀다.

4세부터 한문을 배웠고, 7세 때부터 14세까지는 성리학자며 애국자인 기삼연(奇參衍) 선생에게서 수학했다. 선생은 천성이 총명하고, 관찰력이 예리하며 집념이 강할 뿐만 아니라 범사를 정찰(精察)함이 비범하여 장차 대성할 인물임을 예견했다.

신문화가 조수처럼 밀려오던 1908(19세) 이미 국운이 기울고 있을 때 구국의 길은 우선 신학문을 배워야 한다고 판단하고 인촌 김성수 선생과 동반하여 부모님 모르게 도일했다. 일본 도쿄(東京) 세이소쿠영어학교(正則英語學校)를 거쳐서 와세다대학에 들어가 수학 중인 1910년 8월, 이른바 한일합방이 발표되었다. 비보에 접한 선생은 크게 충격을 받고, 침략자인 일본 땅에 하루라도 머문다는 것은 치욕이며 수치라고 생각하고 귀국했다. 울분과 적개심이 충만하여 집에 돌아온 선생은 자결과 의거의 갈림길에서 두문불출했다. 이와 같은 선생의 심경을 눈치 챈 부모님의 만류로 회천대업(回天大業)을 이루려면 먼저 지피지기(知彼知己)로 적에게서 적을 알아야 한다고 마음을 돌렸다. 그리하여 다시 도일, 메이지(明治)대학 법과에 들어갔다.

선생은 동경유학 중 유학생친목회를 조직하여 민족단합을 꾀했고, 일본유학생기관지 학지광(學之光)을 정기 발행하여 애국심 앙양과 국민단결에 기여하는 등 대일투쟁의 기틀을 세운 후 학업을 마치고 귀국했다.

고하보다 1년 앞서 와세다대학을 마치고 귀국한 인촌 선생은 독립운동의 일환으로 육영사업에 뜻을 두고 있었다. 마침 운영난에 빠진 중앙학교를 인수한 바 처음 고하는 학감으로 영입되었다가 곧 교장 직을 맡고 중앙학교의 중흥에 힘을 쏟았다. 본시 인촌이나 고하는 확고한 민족주의자요, 독립주의자였으므로 전교의 선생들도 제제다사가 모였으며 해방 후 부각된 각계의 지도자들에서 능히 추찰할 수 있다.

고하는 평소에도 학생들을 지도할 때 은연중에 민족의식을 고취하고, 배일독립사상을 주입하는 한편 유사시에 대처하여 학생들의 연락망을 조직하여 학생동원에 대비했다. 또 수시로 학생들의 가정이나 숙소를 방문하여 불우한 학생을 도와주기도 하고, 인자한 말씀으로 지도함으로써 사제제일주의로 뭉치고 민족일가주의로 단결함에 힘썼다. 내가 기숙하고 있는 통의동 108번지에도 들르신 바 있다.

선생이 3·1운동을 계획하고, 주동하고, 추진한 데 대하여는 전장(前章)에서 기술하였기로 생략하거니와 이 거창한 민족항쟁을 계획한다는 것은 고하가 아니고는 상상도 못 할 일이었다. 피압박 민족으로서 전무후무한 3·1독립항쟁은 상해에 대한민국 임시정부를 탄생시켰고, 현행 헌법에도 3·1정신을 받들도록 하였음을 오늘의 독립 또한 고하 선생의 독립정신에 기인한 것으로 볼 수 있다.

아무튼 고하가 이 독립운동을 성공하기까지는 숱한 우여곡절을 겪어야 했다. 이 거사를 민족운동화하기 위하여 당시의 국내 2대 세력인 기독교와 천도교의 양 교단을 단합하여야 한다고 보고 이에 주력하였으나 뜻과 같이 되지 않으므로 한때는 실의에 빠진 적도 있었다. 그러나 선생은 좌절하지 않고, 불퇴전의 집념으로 이를 극복하여 성공으로 이끈 것이다.

선생은 일제가 말하는 소위 48인사건(민족대표 33인 외에 고하, 기당 등 16인-33인 중 김병조(金秉祚)는 상해로 망명-을 합한 48인)으로 1년 반 여의 옥고를 겪고 1920년 10월 1일 출감하였다. 선생은 곧 고향으로 내려가서 재옥 중에 타계하신 모친의 산소에 성묘를 마치고 피로한 심신을 정양하고 있었다.

3·1의거로 표현된 한민족의 항쟁에 놀란 일제는 무단정치를 지양하고 문화정치를 표방하기에 이르렀다. 1919년 9월에 부임한 조선총독 사이토(齊藤實)는 언론, 집회, 결사, 출판의 통제를 완화하기로 함에 따라 민간신문의 발행이 허용되었다. 인촌과 고하는 동경 유학시절부터 민족을 대변할 언론기관의 필요성을 절감하던 차라 인촌은 마침내 숙원을 이룰 기회가 왔다고 생각하고 곧 동아일보의 창간을 추진했다. 천신만고 끝에 1920년 1월 6일 자로 발행허가가 나왔고, 4월 1일 자로 창간호를 발행했다(이때 고하는 재옥 중이었다).

동아일보의 초대 사장은 춘고 박영효(春皐 朴泳孝), 주간은 설산 장덕수(雪山 張德秀), 편집감독은 석농 유근(石儂 柳瑾), 편집국장은

하몽 이상협(何夢 李相協) 씨 등이었고, 사옥은 화동의 전 중앙학교 건물을 썼다. (중략)

고향에서 심신을 요양하고 있던 고하 선생은 동아일보사의 요청에 의하여 1921년 9월, 제3대 사장으로 취임하였다. 이로써 민족지를 이끌고 민족과 더불어 형극의 길을 걸어야 했다. 때로는 친일주구(親日走狗) 박춘금(朴春琴)의 권총협박을 받기도 했고, 숱한 필화사건으로 투옥, 정간, 삭제, 발매금지 등 형언할 수 없는 고난과 역경을 딛고 걸어야 했다.

1925년 6월, 미주 하와이에서 개최되는 범태평양회의에 초청을 받고 민족대표의 일원 겸 동아일보 특파원 자격으로 참가했다. 이 자리에서 고하는 한민족의 억울한 처지를 호소하고 일제의 침략만행을 규탄했다. 이때 우남 이승만(雩南 李承晩)과도 만나서 장차 독립운동에 대하여 협의했다. 이 자리에서 우남(雩南)은 고하에게 미주에 남아서 같이 독립운동할 것을 권고했으나 고하는 국내에 남아서 동포들과 더불어 고락을 같이하며 투쟁할 것을 천명하고 귀국했다.

1926년 3월에는 소비에트 러시아의 국제농민본부가 보낸 3·1운동 7주년 기념 메시지를 게재하였다가 필화사건으로 6개월간 옥고를 겪었고, 1929년에는 동경에 유학 중인 극웅 최승만(極熊 崔承萬) 씨를 통하여 인도의 독립운동가이며 대시인 라빈드라나트 타고르의 시 '빛나는 아시아의 등불'을 받아 게재함으로써 한민족에 희망을 주고 민족의식을 고취했다.

1930년에는 충무공유적보존회를 결성하고 모금운동을 전개하여 은행에 저당된 위토를 찾았고, 현충사의 신축과 한산도 세병관(洗兵館) 개수 등 충무공의 유적을 보호하고, 그 얼을 발양(發揚)함에 힘썼으며, 1931년 10월에는 임진왜란의 영웅 권율(權慄) 도원수의 전첩지(戰捷地)인 행주산성에 기공사(紀功祠)를 중수(重修)함으로써 우리 한민족의 민족정기를 발양하고 또 은연중에 항일의식을 앙양함에 주력하였다.

　또 선생은 단군, 세종대왕, 이충무공 등 세분의 영(靈)을 모시는 삼성사(三聖祠) 건립에도 뜻을 가지고 있었다. 이리하여 우리 민족이 숭앙하는 표적으로 삼아야 할 것이며 이 뜻이 이루어지면 여기서 기념식, 결혼식 등을 가져도 좋지 않겠는가 하였다. 선생은 이 삼성사 건립의 예정 부지로는 남산을 지목하였으나 후에 일제는 이 자리에 조선신궁(朝鮮神宮)을 세웠다.

　선생은 또 '브나로드'(V.narod=민중 속에)운동을 전개하여 농촌계몽과 한글보급의 선봉이 되기도 했다. 그리하여 근 10만 명의 문맹을 퇴치하는 등 민족정신 앙양에도 큰 힘이 되었다. 또 일부 지식인과 언론인의 반대를 무릅쓰고 사상 처음으로 한글맞춤법(철자법)을 신문에 채용하여 한글의 통일과 보급에 주력하였다.

　그동안 한글학자들 사이에는 유파를 달리하여 서로 논쟁해 오던 중 1933년 가을부터 다음 해 봄에 걸쳐서 각파의 논쟁점을 정리한 끝에 당시 조선어학회(현 한글학회) 안을 채택하기로 하고 신철자를 수십만 매 인쇄하여 전국 방방곡곡에 무료 배포했다. 따라서 여러 방면의 반대를 물리치고 거금을 들여서 신 철자를 주조(鑄造)하여 신문에 사용함으로써 우수한 우리 한글의 기반을 확립하고 신문화 발전에도 크게 기여한 바 있다.

1931년 7월, 만보산사건(萬寶山事件)이 발생하자 일부 신문의 오보와 악의의 허위선전으로 비등한 세론과 격앙된 민심은 일대 과오의 길로 들어가고 있었다. 이때 적의 계략에 빠지고 있음을 간취한 선생은 그의 예리한 기지로 일제의 흉계를 분쇄하고 위기에 직면한 재 만주 동포를 구출한 바 있다(전술).

적지 않은 피해를 감수하면서 이 사건을 평온하게 수습한 데 대한 사의로 후에 장제스(蔣介石) 주석은 친인선린('親仁善隣')의 은패(銀牌)와 동아지광('東亞之光')이라 쓴 족자를 보내온 바 있다. 1934년 평양 숭실전문학교 학생들의 신사 불참배 운동이 일어나자 선생은 동아일보의 논설·사설을 통하여 옹호함으로써 동교 교장 미국인 선교사를 크게 고무하고 성원한 바 있다. 그는 후일 태평양전쟁 시 자국에서 우리 민족을 성원하고, 또 독립이 성취되도록 크게 활동한 바 있다.

1936년 8월, 독일 베를린(伯林)에서 열린 제10회 올림픽경기에서 한국의 손기정(孫基禎) 선수가 마라톤경기에 출전하여 세계 신기록을 당당히 제1착 골인했다. 손 선수의 골인사진이 입수되자 체육담당 기자에게 암시하여 손 선수의 가슴의 일장기를 지워서 보도했다.

이 사건으로 동아일보는 무기 정간되고, 여러 관련기자들이 투옥되는 등의 고난을 겪었다. 이때 선생은 정간처분의 해제와 구속된 기자들의 석방을 조건부로 사장직에서 사퇴하고 고문직을 맡고 제2선으로 물러났다. 후임에는 근촌 백관수(芹村 白寬洙) 씨가 사장으로 취임했다(일장기 말소사건).

1937년 7월 7일, 세칭 노구교사건(蘆溝橋事件)을 조작하여 중일전(中日戰)을 도발한 일제는 일거에 중원 대륙을 석권하려 했으나 중국민족의 완강한 저항에 직면하여 마치 범의 꼬리를 잡은 격으로 진퇴유곡에 빠졌다. 이리하여 전쟁이 장기화하자 단말마의 일제는 동아일보를 강제 폐간할 흉계를 꾸몄다. '비밀결사', 혹은 '경리부정' 등 허구의 모함으로 강압하여 1940년 8월 동아일보는 강제로 폐간되었다(이때 조선일보도 함께 폐간되었음).

민족사업이며, 항일투쟁이며 또는 독립운동의 일환으로 설립되고 투쟁해 온 동아일보, 지난 20여 년간 나라 잃은 한민족은 동아일보를 정부로 믿고 의지해 왔다. 그러한 민족의 구심점이 소멸된 것이다.

1941년 12월 8일, 하와이 진주만을 기습 공격함으로써 태평양전쟁을 도발한 일제는 반년이 못 가서 고전하기 시작했다. 남방에까지 진출한 일본군은 처처에서 연합군에 섬멸되니 시간이 흐를수록 패색이 짙어갔다. 전력보충에 혈안이 된 일제는 한국장정을 학병, 징병, 또는 징용으로 강징(强徵)하여 그들 전선에 투입하는 한편 국내 애국지사들의 협조를 조작하고 또 강요했다. 이때 선생은 "나의 눈이요, 귀요, 입인 동아일보가 폐간되었으니 소경이요,

귀머거리요, 벙어리가 된 내가 무엇으로 어떻게 말을 하겠는가?" 하고 그들의 간청을 일축했다.

카이로선언, 얄타협정, 태평양 헌장 등 국제정세를 소상히 알고 있는 고하는 일제의 패망이 가까워옴을 짐작하고 혹 광포한 그들이 한민족에 위해라도 가하지 않을까 하여 신병을 빙자하고 두문불출했다.

1945년 8월 10일, 선생은 조선총독부 경무국 하라다(原田)의 방문을 받았다. 그는 일제는 미·영 측에 종전을 제의하고자 한다고 말하고 종전 후의 뒷수습을 맡아줄 수 없는지 의향을 알아오라는 하명을 받고 왔다고 했다. 이때 선생은 칭병(稱病)을 이유로 거절했으나 그들은 계속 4차나 교섭해 왔다. 마지막 날 조선군 참모 간사키(神崎), 경기도지사 이쿠다(生田), 경기도 경찰부장 오카(岡) 등과 자리를 같이했을 때 선생은 그들이 요청하는 통치권 인수교섭에 대하여 "나는 중국의 왕조명(汪兆銘)이나 프랑스의 페탕이 될 수 없소" 하고 거절했다(제2차 세계대전 중 왕조명은 일본군의, 페탕은 독일군의 괴뢰였다).

후일 일부 사가나 논객 중에서는 고하가 이때 정권인수를 거절했던 까닭에 좌우익의 대립이 격심해졌고, 이것이 원인이 되어 남북분단이 고착했다고 비방하기도 했다. 그러나 패자로서의 일본이 그들 마음대로 정권을 누구에게 줄 권한이 있을 수 없고, 설령 받는다면 그것은 잠정적으로 그들에게 이용당하는 것이다. 그것은 후(9월)에 인천에 상륙한 미군사령관의 포고에서 증명된 것이다.

고대하던 감격의 8·15해방은 왔다. 선생은 민족진영을 규합하여 민족대회준비회를 결성하고, 임정의 환국을 기다릴 때 일제의 요구를 수락한 여운형(呂運亨)은 그 세력 확보에 광분했다. 또 아직 환국하지도 않은 임정요인의 명의까지 도용하여 소위 인민공화국(벽보내각)이란 허구조직을 발표하는 등 초조와 조급으로 빈축을 샀다.

국가의 앞날을 걱정하는 민족진영에서는 난립된 정파들이 결집하여 한국민주당을 창건하고 고하를 중심으로 좌익타도의 기치아래 분연히 일어섰다. 선생은 이 시기에 미 군정청에 요청하여 폐간된 지 5년 3개월 만에 동아일보를 복간하고 사장직에 취임했다.

같은 해 12월 27일, 모스크바에서 열린 미·영·소 등 3삼회의(三相會議)는 한국의 5개년간 신탁통치안을 결정 발표했다. 아연실색한 국내정계는 혼란이 일었다. 민족진영은 고하를 중심으로 단합하여 대대적인 반탁국민대회를 계획하고 시위준비에 여념이 없던 동 12월 30일 새벽 6시경, 한현우(韓賢宇) 등 6명의 지각없는 자객으로부터 저격을 받고 징서(長逝)하니 고하의 춘추는 56세였다.

1946년 1월 5일, 온 국민의 비통 속에 장례식이 거행되고, 서울 교외 망우리에 유택을 모셨으나 나는 항상 한적한 곳으로 천봉(遷奉)하고자 고심했다.

1965년 12월 30일, 고하의 20주기 추도식이 신문회관에서 거행되었다. 식이 끝난 후 몇몇 분과 회식하는 자리에서 이장(移葬) 문제가 구체화되어 곧 고하 송진우 선생 천장추진위원회(遷葬推進委員會)가 구성되었다. 위원장은 각천 최두선(覺泉 崔斗善:전 국무총리) 씨였고, 나는 총무직을 담당하고 준비에 임했다. 유족 송영수(宋英洙)(고하의 사자(嗣子)) 군과 상의하고 산소자리를 찾아 여러 곳을 답사하여 물색한 끝에 양천구(구 영등포구) 신정동(新亭洞)의 내 소유 지향산(芝香山)에 쓸만한 자리를 발견하고 이곳에 확정했다.

1966년 6월까지 천장을 끝내고 새로이 국한문 보역(補譯)의 비석을 위시하여 부속 석물 일체를 구비하여 이해 11월 11일 묘비 제막 겸 천장봉안식(遷葬奉安式)을 현장에서 거행했다.

그로부터 20여 년이 흐르자 서울 인구의 팽창으로 지근거리까지 인가가 들어오고, 당국의 신시가지 개발계획 등으로 환경이 번잡하고 불결하여 송구함을 금할 수 없게 했다. 마침 유가족의 요청을 받아들인 당국의 배려로 동작동 국립묘지 내 애국지사묘역으로 다시 천묘하게 되었다. 해위 윤보선(海葦 尹潽善) 씨를 천묘장의위원장(遷墓葬儀委員長)으로 추대하고 나는 부위원장 직을 맡고 1988년 5월 3일 선생의 천묘장의식을 거행하고 천묘를 마쳤다.

이보다 앞서 선생의 고매하신 애국의지와 투철한 민족정신을 후세에 기리 전하고 또 배우게 하고자 1978년 기념사업회를 결성하고 동상건립사업을 추진했다. 동아일보사와 중앙학원 및 각계 각층의 후학으로부터 기금을 도움받아 성동구 구의동 어린이대공원에 동상을 건립하고 1983년 9월 23일 제막식을 가진 바 있다.

위당 정인보(爲堂 鄭寅普) 선생이나 그 외 사가(史家) 중에는 고하가 일제의 암흑시대에 불굴의 정신으로 민족을 이끌고, 민족에게 희망과 빛을 주어 갈 길을 밝힌 공로는 임란시(壬亂時)의 충무공의 공적에 비긴다고 했다. 임란시는 무력하나마 뒷일을 보살필 정부가 있었지만 선생은 오직 민족을 믿고, 민족에 대한 신념과 사명감으로 일생을 헌신했다. 수없이 많은 어려운 고비에도 고결한 지덕과 탁월한 판단력으로 이를 헤쳐 나가고, 끊임없는 유혹과 꾐에도 빠지지 않은 독야청청의 일생이었다고 설파했다.

국내의 일부 인사나 해외에서 환국한 일부 인사 중에는 국내에서 그만한 일을 하면서 친일을 안 했을 리 없다는 훼평(毁評)도 받은 바도 있다. 그러나 이는 선생을 잘 모르는 말이요, 격하하려는 악의의 언동이다. 선생은 일본을 알고, 일본인을 알고 있기에 투쟁할 수 있었으며, 민족불멸(民族不滅), 일제필망(日帝必亡), 독립필지(獨立必至)의 굳은 신념과 판단력이 확고했기에 만고부동의 자세로써 흔들림 없이 민족을 지켜왔던 것이다.

일제침략의 암흑 속에서 한 점의 등불이 되어 이 민족의 앞길을 비쳐주시던 선생의 훈업은 세월의 흐름에 따라 더욱 빛날 것이다.

41

보전(普專)·고대(高大) 35년의 회고

유진오(兪鎭午), 양호기(養虎記), 1977년

결연

　최용달(崔容達) 군의 부탁으로 내가 고하를 만난 것은 그때 내가 인촌과 아주 안면이 없기 때문은 아니었다. 실은 그보다 8년 전 1924년 초가을에 나는 인촌을 뵌 적이 있었다.

　경성일보(총독부의 일본어 기관지) 사장을 지낸 아베(阿部充家)라는 '낭인'이 있었는데, 1924년 10월경 서울에 온 그는 나와 이종수(李鍾洙) 군을 조선호텔 만찬에 초대하였다. 나와 이종수 군은 맥도 모르고 초대에 응해 갔지만 나중에 알고 보니 아베(阿部)는 동경 조선인 유학생들과 항상 접촉을 하며 지내는 사람이었다. 일본 정부의 대 조선인 - 특히 젊은 엘리트에 대한 고등정책을 은근히 맡아보는 사람이 아니었던가 싶은데, 어쨌든 그는 사상경향의 여하를 가리지 않고 한국유학생 가운데 좀 똑똑한 사람이면 모두 접촉을 가지려 했다. 일본유학생 중의 모모하는 사람으로서 그와 접촉이 없는 사람은 거의 없었다 할 정도였다.

　나와 이종수 군이 선택된 것은 그해 봄에 창설된 경성제국대학 예과의 문과 A(학부로 올라가서 법과 할 사람)에 내가, 문과 B(진짜 문

과 계통할 사람)에 이종수 군이 각각 수석으로 합격하였기 때문이었을 것으로 생각된다. (중략)

19세의 청년인 나는 그날 저녁 그저 얼떨떨하기만 했지만, 인촌을 만난 인상은 그 뒤 오래도록 선명하게 내 기억에 남았다. 만나 보니 온후하고 친절한 청년신사였지만(인촌의 나이는 그때 34세였다는 계산이 된다) 중앙학원의 창설자요, 동아일보 사장을 지낸 분으로 그분의 명성은 우리 사회에 그때 이미 그만큼 높았던 것이다.

인촌과는 그때 그렇게 한 번 만난 일이 있을 뿐임에 반해 고하 송진우 선생과는 자주 접촉이 있었다. 어떻게 해서 고하를 알게 되었는지는 지금 기억이 없으나 그때 동아일보 편집국장으로 있던 춘원(春園)의 발연이 아니었던가 싶다. 춘원과는 내가 글줄이나 쓴다고 해서 전부터 접촉이 있었으니 말이다.

고하도 춘원도 나를 몹시 아껴 주었다. 특히 고하는 나를 만나면 으레 '꼭 吉野作造(길야작조라고 고하는 발음했다)를 보는 것 같다'고 했다. 요시노(吉野作造)라면 그때 동경제국대학 정치학 교수로서뿐 아니라 급진적 자유사상가로서 일본의 쟁쟁한 학자 - 사상가였으므로, 고하의 그런 말을 들을 때마다 내가 어깨가 저절로 올라가는 것같이 느낀 것은 물론이다. 두 분의 부탁으로 나는 대학 3학년 재학 시에 벌써 이지휘(李之輝)라는 펜네임으로 동아일보 신춘특집에 당시의 이른바 민족단일전선인 신간회를 비판하는 글을 쓴 일도 있었다. 동아일보의 사시(社是)나 고하, 춘원 두 분의 주의주장과도 어긋나는 진보적 - 좌익적 입장에서 쓴 글이었으나 두 분은 쾌히 내 글을 신문에 실어주었을 뿐 아니라 '이지휘'란 자가 누구냐고 캐묻는 여러 질문에도 끝끝내 함구로 일관하였다.

고하와는 그렇게 지내던 처지였으므로 그때까지 누구에게 무슨 청탁이라고는 해 본 일 없는 나였지만 용기를 내서 나는 1932년 2월 어느 날 동아일보사 사장실로 그를 찾아갔다. 그것이 내가 보성전문학교와 인연을 맺는 첫걸음이 될 줄을 어찌 알았으랴.

친구를 추천하기 위해 찾아간 것이니 친구의 훌륭한 사람임을 극구 늘어놓는 것은 당연한 일이다. 나는 최용달 군의 인품과 학문에 관해 반시간 가량이나 장황하게 설명하였다. 대학입학은 나보다 1년 늦었지만 사실은 함흥고보 4년 수료 시에 중학졸업검정시험을 통과했다는 것, 21 단위면 대학졸업을 할 수 있는데 그는 법학뿐 아니라 정치·경제·철학·문학 등 여러 분야의 각가지 과목을 시간이 닿는 대로 이수해서 3년 동안에 40여 단위를 땄으니, 말은 법학사지만 학위를 한두 개 더 가진 사람이나 다름이 없다는 것, 대학졸업 후에도 부지런히 연구를 계속해서 그때 독일에서 회사법의 신학설로 등장해 각광을 받던 '기업 그 자체'(Unternehmen-an-sich)의 이론을 소개는커녕 정면으로 비판한 논문을 이미 완성해서 동경 일본대학에서 발간되는 법률학연구('法律學研究')에 발표 중이라는 것 등을 말했다.

고하는 가끔 "음, 음"하면서 고개를 끄덕일 뿐으로 말없이 내

얼굴을 건너다보면서 내 말에 귀를 기울이는 듯했는데, 내 말이 끝나자 그는 느닷없이 "거, 유 선생 와주면 어떻소?" 하고 엉뚱한 제의를 하였다.

너무나 의외의 반응이라 잠깐 머뭇거리다가 "나는 조수임기(助手任期)가 1년 남았으니 아직 급할 것 없고, 이번에 임기가 끝나는 최 군 일을 걱정해 달라고 온 것"이라는 말을 되풀이하였다. 그러나 고하는 최용달 군에 관해서는 여전히 가타부타 말이 없이 "어쨌든 인촌을 한번 만나시오" 하였다.

그래서 인촌을 만나게 된 것인데, 어디서 어떻게 만났는지는 지금 기억이 없으나 인촌은 "처음 뵙습니다"라는 나의 인사에 "우리 전에 한번 만난 일이 있지요. 왜, 그, 조선호텔에서……"라 하여 7, 8년 전에 나를 만난 일이 있는 것을 기억하고 있었다. 나로서는 전연 예기하지 않았던 일이다.

그날 인촌의 말은 보성전문(普成專門)의 인사는 벌써 대강 내정이 되었지만 내가 보전(普專)으로 와줄 생각만 있다면 무리를 해서라도 자리를 내도록 하겠다는 것이었다. 나는 거듭거듭 최용달 군 이야기를 하였지만 인촌은 자꾸 나의 이야기만을 앞세웠다.

그러나 나 자신의 문제에 관해서도 그때는 고하를 만났을 때와는 달리, 최용달 군 문제만 해결된다면 나도 함께 보성전문으로 갈 생각을 굳히고 있었으므로, 나는 보성전문의 앞날에 관한 인촌의 구상을 좀 더 따지고 들었다. 경성제대(京城帝大) 조수의 기간이 1년 남았다고는 해도 그 기간이 찬 뒤의 전망이 밝은 것도 아니므로, 보성전문으로 감으로써 학자로서의 생활을 계속할 수만 있다면 보전으로 갈 생각이었던 것이다. 명칭만을 가지고 말한다면 전문학교 교원도 대학교원과 마찬가지로 교수라 불린다. 그러나 전문학교의 교수는 여간해서는 학자생활을 하기 어려운 것이, 전문학교에는 학자를 길러 낼만한 시설이 없고, 세상도 또 전문학교 교수에게 학자 되기를 기대하지 않는 것이 보통이다. 따라서 나는 보성전문을 대학으로 승격시킬 의사를 인촌이 정말 가지고 있는지 아닌지를 따지는 것이 선결문제였다.

 "물론 있다"고 인촌은 즉답하고, 자기의 뜻도 대학을 세우려는 데 있는 것이지만, 총독부치하에서 대학은커녕 전문학교 설립도 인가를 얻기 어렵기 때문에 우선 기존하는 보성전문을 인계받는 것이라 하였다.

 그렇다면, 하고 나는 세 가지 조건을 내세웠다. 첫째, 도서관을 지을 것, 둘째, 교수마다 연구실을 마련해 줄 것, 셋째, 연구논문집을 발간할 것의 세 가지였다. 이 세 가지만 구비되면 명칭은 전문학교를 면할 수 없더라도 내용상으로는 대학의 실질을 갖출 것이라 생각한 때문이었다. 즉석에서 인촌은 세 가지 조건에 모두 적극 찬성하였다. (중략)

 그렇게 해서 나 자신의 문제는 끝이 났으나 해결되지 않은 것은 정작 최용달 군의 문제였다. 최 군의 이름이 아직 잘 알려지지 않아서 인촌의 마음을 움직이기 힘들 뿐 아니라 나와 최용달 군의 문제는 보전의 인사 문제가 대강 내정된 뒤에 일어난 것이어서,

사실은 나 하나를 채용하기 위해서도 인촌은 벌써 헌법, 행정법의 C모씨와 국제공법의 L某씨를 자르지 않으면 안 되었는데, 거기다가 최 군까지 채용하게 된다면 불가불 이미 내정된 인원 중 몇 사람을 더 잘라야 하는 어려운 문제까지 있었던 것이다.

그렇다고 최용달 군을 추천하기 위해 나섰던 내가 최 군을 제쳐놓고 내 문제만 해결하고 말 수는 없는 일이므로 나는 그때 일본의 각 대학에서 행해지고 있던 관례와는 좀 다른 이론을 내세웠다. 국제공법과 국제사법은 성질상 거리가 멀어서 한 사람이 맡는 것이 이론상 옳지 않고, 더군다나 나는 법철학, 국가학, 형법학 계통의 공부만 해 왔기 때문에 민법, 상법에 정통해야 되는 국제사법은 담당할 능력도 없으니 국제사법은 최 군에게 맡겨야 하겠다는 것이었다. 나의 주장은 이유가 안서는 것은 아니더라도 적어도 그때의 일반 관행에는 어긋나는 것이었는데, 인촌은 더 묻지 않고 그러면 그렇게 하자고 나의 의견을 그대로 받아들여 주었다.

국제사법을 내놓는 대신 나는 영어 원서강독을 신설해야 될 필요를 역설하고(이 과목은 대학에서나 두는 것으로서 그때 전문학교로서 이런 과목을 가진 예는 일본에도 아마 없었을 것이다) 자진해서 그 과목을 맡을 것을 건의하여 내 문제는 완전히 끝장을 맺었으나, 여전히 남는 것은 최용달 군의 문제였다. 일주일에 두 시간의 시간강사로는 생활의 방도가 서지 않기 때문이다.

그러나 그 문제도 곧 해결되었다. 그때까지 보전에 나와서 상법강의의 일부분을 맡아보던 고등법원(지금의 대법원에 해당) 판사

노무라(野村調太郎) 씨가 최 군의 딱한 사정을 듣고 자기가 맡고 있던 시간을 최 군에게 이양하였기 때문이다. 그리해 최 군은 어렵게 일주 6시간의 보전 시간강사가 된 것이었다.

    이것으로 나와 보전과의 결연은 성립되어 1932년 4월부터 나는 보성전문학교 전임강사로 부임하게 되었는데 그 예정은 성대(城大) 후나다 교오지(船田亭二) 교수의 호의적인 조언을 내가 받아들임으로써 일 년간 연기되었다. 그때 나는 경성제대 법철학연구실에 적을 두고 있었지만 법철학의 오다카(尾高) 교수가 양행중(洋行中)인 동안 후나다(船田) 교수에게 신분상 감독을 받고 있었는데 후나다 교수는 내 말을 듣고 보전으로 가기로 한 것은 잘한 일이나 성대 조수(城大助手)의 남은 임기 1년은 기득권이니 자진 포기할 필요는 없지 않느냐 해서, 그의 말을 따라 맡은 시간(1주 13시간)은 다하되 보전의 전임이 되는 것은 1년 늦추기로 한 것이었다. 그때 나는 성대 연구실에서 후나다(船田) 교수 외 또 한 사람의 교수와 공동으로 레온 듀기(Léon Duguit)의 '헌법학제요'(Traité de Droit Constitutionel)를 일본어로 번역 중에 있었던 관계도 있고 해서 후나다(船田) 교수의 조언을 따르기로 한 것이었다.(중략)

석탑(石塔)의 기상도

    새 교사를 말한 끝에 한 가지 덧붙여 둘 이야기가 있다. 인촌은 새 교사 정면입구 양편 기둥에 화강암 호랑이 머리 한 쌍과 뒷문 기둥에 역시 화강석으로 오얏 꽃 조각 한 쌍을 만들어 붙였는데 호랑이 머리에 관해 인촌은 우리나라에는 옛날부터 호랑이가 많다 하지 않느냐, 호랑이는 영특하고 용맹하고 기품이 있으니 민족의 상징으로 삼을 만도 하지 않느냐 하였다. 오얏 꽃에 대해서는 특별히 인촌의 말을 들은 기억이 없으나, 생각건대 이화(李花)는 이조 왕실의 문장(紋章)이었으므로 인촌이 무어 이씨왕조의 복귀를 바랐을 리는 없을 것으로 생각하지만, 역시 일본의 손에 폐기된 민족의 상징의 하나로 그것을 새겨 붙였던 것이 아닌가 싶다 (이 이화 조각에 관해서는 근래 무궁화라는 설이 퍼져 있어서 이번에 다시 확인해 보았으나 역시 이화에 틀림없었다). (중략)

　그 당시의 이야기를 하자면 우선 학교관계의 주연(酒宴)을 이야기하지 않을 수 없다. 학교의 전반적인 분위기가 그러니까 자연 주연이 잦았는데, 그때의 보전 관계 주연은 요사이 세상에서 흔히 보는 것 같은 서로 눈치를 보아가며 상대편의 속이나 뽑아보려고 하는 조심스러운 자리와는 판이하게 무슨 동지들끼리의 허물없는 자축연이나 같이 선배고 후배고 양껏 먹고 마시고 거리낌 없는 기염을 토하는 즐거운 자리였다. 인촌 주변의 분으로는 김병로(金炳魯), 김용무(金用茂), 송진우(宋鎭禹), 백관수(白寬洙) 씨 등이 자주 젊은 사람들과 자리를 함께 했는데, 그분들은 한결같이 술도 세려니와 젊은 사람 상대로 천하대세에 관해 담론하기를 즐겼다.

　주석(酒席)에서의 이야기는 사상문제가 되면 특히 열을 띠게 마련이었는데, 연장자 중에서도 특히 열렬하게 공산주의를 반대하고 나서는 것은 인촌과 고하였다.

젊은 패들 중에는 진짜 공산주의자도 있었지만 그렇지 않더라도 대체로 좌익적인 생각을 가지고 있는 것이 그때의 경향이었기 때문에 자연 인촌이나 고하의 말에 대해서는 반대론을 펴기가 일쑤였다. 그러나 그렇게 되면 인촌은 평소의 인촌답지 않게 팔을 걷어붙이고 어성(語聲)을 높이기가 일쑤였고, 고하는 곧잘 주먹을 휘둘러가며 열변을 토하였다.(중략)

인촌, 고하의 두 분 중 정치문제에 관해 좀 더 직선적인 의견을 펴는 것은 고하였는데, 고하는 언제나 민족은 자결(自決)해야 하니까 조선은 독립해야 한다는 간명직재(簡明直截)한 주장이었다. 그 주장에 반대할 사람은 없는 것이지만, 그 당시의 젊은 사람들의 생각은 약간 달랐다. 조선의 독립은 일본의 제국주의 체제가 무너지지 않는 한 불가능한 것으로 생각되었기 때문이다. 고하는 곧잘 자기의 뜻을 이해해 주는 인물로 도오야마(頭山滿), 오카와(大川周明) 등 일본의 극우계 거두들의 이름을 들먹였지만, 그런 인물들이 입으로 아무리 민족자결의 원칙을 말한다 하여도 그것은 결국 입치레에 지나지 않는 만큼 정말 조선이 독립하려면 일본 자체의 정치체제가 공산혁명으로 넘어져야 하므로, 우리는 일본의 극우계 인물에 기대를 걸 것이 아니라 반대로 일본의 좌익을 두둔하여 일본 자체의 혁명을 도와야 할 것이라는 것이 젊은 사람들의 생각이었다. 당시의 노장년층에도 그런 생각을 가지고 있는 사람이 많았었다.

평소부터 그러한 의견의 차이가 있었던 관계로 한 번은 고하의 민족자결론에 내가 불쑥 이의를 제기하여 고하를 몹시 흥분시킨 일이 있다. 아무리 민족자결(民族自決)을 외쳐 보아도 일본제국주의가 건재하는 한 조선독립은 무망(無望)하지 않으냐 한 것까지는 좋았으나, 그 끝에 내가 설사 일본의 현 체제가 유지되면서 조선의 독립이 이루어진다 하여도 자본주의 체제를 바탕으로 하는 한 독립을 뒷받침할 민족자본이 없지 않으냐, 문제는 어떻게 하느냐 한 것이었다. 그랬더니 고하는 흥분해서 "무어? 자본? 내 말 좀 들어보아요. 유 군"(인촌과 달리 고하는 가끔 '유 군'이라는 말을 썼다) 하고서 주먹을 휘두르며 "자본가라니 부자말이지? 부자라면 민영휘(閔泳徽)가 조선 갑부 아냐? 그래 민영휘가 어쨌단 말이야. 민영휘가 우리나라 독립을 뒷받침해? 민영휘 같은 건 순사 한 명만 보내면 그만이란 말이야. 안 그래 유 군?" 하였다.

이 이야기를 지금 내가 꺼내는 것은 고하의 '조선갑부도 순사 한 명이면 그만'이라는 철저한 정치우월론(政治優越論)이 기발하고도 통쾌해서 그 후 근 40년이 지난 지금까지도 내 기억에서 사라지지 않기 때문뿐 아니라, 이 간단한 문답 속에 정부수립 후 우리 민족이 안고 온 여러 가지 복잡한 문제들이 그대로 내포되어 있기 때문이다.

우리나라의 독립은 내 생각과는 달리 고하의 생각하던 방향으로 이루어졌으나, 자본형성의 문제는 나와 고하가 말을 주고받던 그대로의 문제점을 안고 여태껏 몸부림치고 있으니 말이다.

그 당시의 주석 이야기를 한다면 인촌의 보전인계 직후 전 교장 박승빈(朴勝彬) 댁에서 있었던 조촐한 주석 이야기를 빼놓을 수가 없다.

박승빈 교장은 본직은 변호사였지만 '계명구락부(啓明俱樂部)'를 조직하여 신생활운동에 앞장을 서는 한편, 한글학회의 맞춤법에 반대하여 '조선어학연구회(朝鮮語學研究會)'를 조직해 가지고 독자적인 철자법을 끝까지 주장하던 신념과 기개의 인물이었다. 교장 직을 물러난 후에도 여러 해 동안 노구를 무릅쓰고 무보수로 보전에 나와서 '조선어' 강의를 계속한 분이다.

늦은 봄의 어느 날 인사동 박 교장의 양식저택에서 언제까지나 물러가지 않는 황혼의 정원을 바라보면서 열렸던 맥주파티는 그분의 독특한 너털웃음과 함께 지금도 잊혀지지 않는다.

선후배가 한데 엉킨 술자리에서의 기염은 밤이 늦어지면 으레 어른들의 독단장(獨壇場)이 되는 것이 통례였다. 젊은 패들은 풋술이라 처음부터 마구 마시고 떠들고 하기 때문에 이내 기운이 지쳐 버리는 데 반해 인촌, 고하, 가인(김병로), 김용무 같은 분들은 주량이 센데다가 폭음을 하지 않기 때문에 술자리가 길어지면 길어질수록 기세가 점점 더 올라가는 것이었다. 그래서 자정이 가까워지면 나는 곧잘 옆방으로 가 드러누워서 반쯤 꿈결에 어른들의 기염을 듣곤 했는데, 한 번은 그렇게 누워 있는 나를 보고 서무의 오일철(吳一澈) 씨가 "무얼 벌써 그러슈. 저분들은 아직도 총론이요, 각론은 아직 시작도 되지 않았소" 하였다. 그 후로 '각론은 아직 멀

었나' 하는 말은 주석이 지루하도록 긴 때에 젊은 패들끼리 은어처럼 주고받고 하는 말이 되었다.(중략)

말없는 가운데도 저절로 통하는 사제 간의 이해 – 외부의 강압이 심하면 심할수록 도리어 굳어지는 선후배 간의 애정 – 그것이 그 당시의 보전을 지탱하는 정신적 지주였다.

그러나 그렇게 우울한 가운데에도 그 나름대로의 즐거움도 또한 있었다. 그해(1940년) 9월 말 경 하루는 무슨 까닭이었던가 인촌과 함께 종로거리를 걷다가 우연히 정인보(鄭寅普) 씨를 만났는데, 그때 역시 창동(倉洞)인가에서 은둔생활을 하고 있던 위당(爲堂)은 병객(病客)같이 야윈데다가 입고 있는 옥색 모시 두루마기 자락이 무릎 위까지 말려 올라가서 초라해 보이기가 짝이 없었다. 그러자 인촌은 무슨 생각을 하였는지 갑자기 밝은 목소리로, "우리 어디 가 술이나 먹을까" 하더니 "금천대회관(金千代會館)을 가면 지금도 술을 실컷 먹을 수 있단 말이야" 하였다.

그때는 벌써 돈을 가지고도 술을 사먹기 힘든 때이었다. 당당한 요릿집을 가도 청주는 한 사람 앞에 반합 조금 더 드는 소위 '도꾸리' 한 병밖에 주지 않는 때이었는데, 인촌 말씀은 금천대회관(지금 서울 시경찰국)은 조선에서 제일 큰 양조장을 가진 사이토(齊藤)라는 일인이 직영하는 곳이라서 말만 잘하면 지금도 술을 얼마든지 얻어먹을 수 있다는 것이었다.

아직 술 먹을 시간은 아니었지만 위당도 나도 당장에 인촌을 따라나섰음은 말할 것도 없다. 금천대회관에 이르러 조그만 방에 자리를 잡자 인촌은 "고하도 부르지. 고하도 요새 꽤 울적할 텐데" (동아일보 폐간 후 고하는 쭉 집에 칩거 중이라는 것이었다) 하더니, 일어서 나가 손수 전화를 걸었다. 물론 고하는 곧 달려갔다.

나는 그날 그 술좌석처럼 마음이 푸근했던 자리를 아직 알지 못한다. 이백(李白)의 장진주('將進酒') 말미에 있는 오화마(五花馬)와 천금구(千金裘)를, 아이 시켜 꺼내다가 술로 바꾸어, 그대와 함께 만고의 시름을 끄리라'라는 표현 그대로의 술자리였다.

그러나 술로 울분을 달래는 것은 잠깐 동안의 일이요, 현실은 날로 각박을 더해갈 뿐이었다. 해가 바뀌어 1941년이 되자 인촌은 보전의 체제를 정비하여 신설된 부교장과 생도감에 김영주(金泳柱) 씨와 장덕수(張德秀) 씨를 각각 임명하였다. 인촌으로서의 전시체제를 갖춘 셈이다. 그때까지는 인촌이 몸소 제일선에서 모진 비바람을 겪어 왔지마는, 이제 인촌으로서는 한계점에 온 것을 느꼈기 때문이었을 것이다. 부교장은 창피하고 난처한 대총독부관계에서 교장을 대신할 것이요, 생도감은 노동동원이네, 학생지도네 하는 궂은일, 뼈 빠지는 일에 교장을 도와 나설 것이다.

사실 설산(雪山)은 관록으로 보나, 현하(縣河)의 웅변으로 보나, 노고를 사양치 않는 성실한 성격으로 보나 비상시국하의 학생지도를 맡기에 적합한 인물이었다. (중략)

식사가 끝난 후 고이소는 이번에는 자기 차례라면서 한 시간 이상이나 조선학생들이 이 전쟁에 총을 메고 나가야 할 이유를 설명하였다. 그리고는 자신만만하게 학생들을 돌아보면서 "어떤가? 그만하면 알아들었겠지? 그래도 이의 있나?" 하였다. 학생들은 이의가 없을 리는 만무하였지만 그때의 공기로 차마 무엇이라 입을 떼지 못할 판이었는데, 별안간 이철승(李哲承) 군이 "네, 이의 있습니다. 무슨 말씀인지 저는 못 알아듣겠습니다" 외치고 일어나 뚜벅뚜벅 걸어 나갔다는 것이다.

학병문제에 관해서는 한 가지 더 남겨둘 이야기가 있다. 학병지원 소동이 일단락되어 해당학생들이 대부분 학병으로 나가게 되자, 이번에는 모모 하는 인사들에게 학병을 격려하는 글을 신문에 쓰라는 명령이 총독부로부터 내려온 것이다. 신문이라야 그때 우리말로 간행되는 것은 총독부기관지인 매일신보('每日申報') 하나뿐이었다.

나한테 그 명령을 전달해 온 것은 매일신보 기자인 김병규(金秉逵) 군이었다. 김은 일본에서 법문계 학생들이 학병으로 끌려 나갈 때 학업을 중단하고 돌아와 매일신보 기자로 다니고 있었다.

김의 말에 의하면 집필자 명단은 경무국에서 직접 인선한 것으로서 김성수(金性洙), 송진우(宋鎭禹), 여운형(呂運亨), 안재홍(安在鴻), 이광수(李光洙), 장덕수(張德秀), 나와 그밖에 1, 2인이었다. 그때 조선사회에서 영향력이 있다고 할 수 있는 인물을 총망라하다시피 한 것이었다. 모두 나보다 훨씬 연장자들뿐인데 어떻게 해서 내가 그 축에 끼어들게 되었는지는 알 수 없었으나, 어쨌든 집필은 경무국의 명령이라는 것을 김은 강조하였다.

나는 어떻게든 쓰겠지마는 글을 쓰지 않은 인촌이 문제였다. 김은 벌써 인촌을 만난 모양으로, 인촌의 글은 자기(金)가 대필하겠다 하였더니, 정 안 쓸 수 없는 것이라면 대필은 하되, 쓴 것을 나에게 반드시 보이고 내도록 하라고 인촌이 말씀하였다고 전하였다. 전화로 확인해 보았더니 '창피한 글'이나 안되도록 주의해 달라는 인촌의 대답하였다.

같은 말을 해도 즐겨 '창피'한 표현을 쓰는 사람이 있다. 기왕 본의 아니게 쓰는 글이니 창피하고 안 창피하고가 어디 있을까마는 그래도 입을 열면 으레 팔굉일우(八紘一宇)니 어능위(御稜威)니 해가며 과잉충성을 일삼는 사람들이 많은데 인촌은 그러한 '창피'를 특히 싫어하였다. 죽어도 더럽게 죽지나 말자는 뜻이었을 것이다. 김이 대신 집필해 온 인촌의 글 아닌 인촌 명의의 글을 보니 수재인 만큼 염려한 것 같은 '창피'한 표현은 거의 없는 조촐한 글이었다. 나는 '조선청년의 입영(入營)은 조선인의 힘의 증대다'라는 취지의 글을 써서 인촌 명의의 글과 함께 김 군에게 넘겨주었다.

내가 지금 그때 학병격려문이 나가게 된 경위를 말하고, 특히 인촌 명의의 글에 관해서는 진짜 집필자의 이름까지 밝힌 것은, 그 글 때문에 인촌은 해방 후 심히 부당하고 억울한 비난을 받은 일이 있기 때문이다. 김병규(金秉逵)는 해방 후 좌익에 가담했는데 김 등이 작성해서 그해 9월에 주로 미군기관에 뿌린 Traitors and Patriots라는 팸플릿에는 인촌 명의의 그 글이, 해방 후 해방의 감격 속에서 행한 여운형 씨의 연설문과 나란히 실리어, 좌익을 치켜 올리고 우익을 깎아내리는 데 부당하게 악용되었기 때문이다. 굳이 일제하의 글을 사용하겠다면 여 씨의 것도 그때 매일신보에 인촌이나 나의 글과 나란히 발표되었던 것을 사용했어야 할 일이 아닌가.

42

남기고 싶은 이야기들

이철승(李哲承), 중앙일보, 1975년 8월 28일

고하의 암살

반탁의 불길이 활활 타올랐던 45년 12월 30일. 조선독립에 앞장섰던 선각자 송진우 선생이 반탁의 시련을 헤쳐 나갈 경륜을 펴 보지 못한 채 저격범 한현우(韓賢宇)의 흉탄을 맞고 쓰러졌다.

평소에 고하를 따랐고 저격 이틀 전인 28일엔 경교장에서 그의 반탁전략을 경청했던 나로서는 저격 소식에 눈앞이 캄캄해오는 어둠을 느꼈다.

고하의 암살과 관련하여 당시 항간에는 별별 풍설이 다 나돌았다.

암살범 한현우의 자백처럼 해방 후 정국을 혼미하게 만든 세 사람 - 송진우·여운형·박헌영 - 으로 지목하여 죽였다는 이야기가 그 하나.

다른 쪽으로는 고하가 '신탁통치를 찬성했다' 또는 '3년에서 5년간의 훈정기가 필요하다고 했다'는 말과 이에 따른 오해, 그리고 공산당이 민족진영의 훌륭한 정치가인 그를 미리 꺾어버렸다는 설 등이 나돌았다.

다시 상황을 회고해 보면 반탁의 방법론을 둘러싸고 민족진영 내부에서 이견이 노출됐던 것도 사실이다. 김구 주석을 비롯한 임정 측은 반탁운동을 '새로운 독립운동'으로 규정하고 정국을 강경 일변도로 몰고 가려 했다. 미군정과는 정면으로 맞서 일전도 불사하겠다고 나섰다.

이와 같은 임정 측의 반탁운동 전개와는 대조적으로 이승만 박사나 고하 선생의 반탁운동 방법은 침착했고 탄력성이 풍부했다. 한국의 독립을 위해 미국 조야인사와 오랫동안 접촉해 온 이 박사는 미국무성 극동국장 빈센트가 한국의 탁치를 누차 공언해 온 바 있었으므로 이미 이러한 상황을 예견하고 반탁의 효과적 대책을 비교적 차분히 세워왔다.

고하의 경우도 마찬가지.

그것은 '탁치반대전국총동원위원회'가 경교장에서 열리던 12월 28일 밤 시종 강경일변도로 치닫고 있던 임정요인들의 주장에 맞서 융통성 있는 대응책을 내세웠던 그의 주장에서 잘 나타났다.

"반탁운동은 효과적으로 전개되어야 한다. 현재 우리의 처지에서 아무런 자체적인 힘과 준비도 없이 무조건 미군정까지를 적으로 돌리면 소련이나 공산계열은 미군정을 역이용해서 일시적 합작으로 나올 것이 분명하다"

고하는 말을 계속했다.

"그렇게 되면 우리 민족진영은 도리없이 그들의 장기적 통일전선전략에 말려들어 공산화가 필연적일 수밖에 없다"

고하는 이미 공산주의 전략을 간파하고 있는 듯했다.

나는 고하의 주장을 조심스럽게 받아들였다.

"미국은 여론의 나라이니 만큼 강력한 운동으로 국민의사를 표시하면 족히 신탁통치정책은 변경될 수 있다"

그는 냉철하고 조리 있는 경륜을 밝혔다.

고하는 경교장 회의를 마치고 그 이튿날 국민대회준비위원회 본부사무실에 나와 임영신(任永信), 장택상(張澤相), 윤치영(尹致暎), 원세훈(元世勳) 제씨가 모인 자리에서도 전날 밤의 상황을 보고하면서 "큰일 났어! 반탁은 해야겠는데 그들은 미군정과 정면으로 대결하고 짚신감발로 전국 방방곡곡으로 내려가 새로운 독립운동을 전개한다고 하니 어떻게 해야 할지 모르겠어" "국내치안과 국외정세에 대한 효과적 대안은 아니내고서" 하는 등 자기 나름의 시국관을 피력했다.

고하는 탄력성 있는 현실대응책과 장기적 안목을 가진 거시적 정치인임이 분명했다.

고하 선생의 정치도량은 해방 후 여운형이 건준과 인공을 선포하고 손잡고 일하자고 제의한 것을 거절한 데서도 잘 나타났다. 여운형이 '나도 임정에 있었기 때문에 그들의 인물됨과 역량을 잘 아는데 국내에서 고생한 나와 고하만 손잡으면 국민의 뜻에 맞춰 건국을 할 수 있다'는 유혹적인 제의를 한데 대해 도리어 '조국의 독립만을 위해 기약 없이 풍찬노숙한 해외 애국선배를 모셔다가 온 국민이 국민대회를 열고 받들어서 민족과 단결을 세계만방에 과시한 뒤에 그때 가서 국민이 임정보다 몽양을 원한다면 나는 온 정성을 다하여 몽양을 받들겠다'라고 응수했다. 그러면서 고하는 애국선배지도자들을 해외에서 환국시키기 위해 미군정과 적극 교섭을 벌였고 끝까지 자기희생을 통해 임정추대를 주장했다.

고하는 항상 이 박사, 김구 주석, 그리고 김규식(金奎植) 박사를 3 영수로 모시고 국내파와 해외파의 단결과 합작을 모색했다. 그래서 국내 민족세력을 규합해 한민당을 만들 때도 자기는 스스로 간사장격인 수석총무에만 머무르고 8도 대표 1인씩을 총무로 앉혀 파벌을 떠나 대동협력의 기반 위에서 건국의 채비를 마련했다.

하지 중장에게 한복을 처음으로 준 사람도 고하였다.

어느 날 내가 그 이유를 물어보았더니 고하는 "우리의 실정을 모르는 하지가 한복을 입고 있을 때 우리와 진짜로 이야기를 나눌 수 있다"고 대답해 줬다.

그분의 주도면밀한 관찰이 없었던들 하지의 좌경화된 성향을 바로잡지 못했을 것이고 조병옥(趙炳玉) 박사를 미군정의 경무부장에 추천, 공산당의 발호를 막거나 임정요인을 추방하려고 하였을 때 단호히 설득과 압력을 넣어 사태의 악화를 막지는 못했을 것이다.

나는 46년 1월 5일 고하 선생의 사회장 영결식에 참석해서 그분과의 관계를 회상하면서 그분의 명복을 빌었다.

43

횡설수설

동아일보, 1970년 12월 30일

　고하 송진우 선생이 이 세상을 떠난 지도 벌써 스물다섯 해가 흘렀다. 조국과 민족이 이민족의 굴레를 벗어나고 국권회복이란 회천대업을 비로소 이루려고 하는 찰나에 선생은 막 그 웅도(雄圖)와 심모(深謀)를 펴려 하다가 순국의 선혈을 뿌리고 말았다. 25년 전 오늘의 일을 생각하면 이보다도 더 분통스럽고 원한스러운 일은 없을 것이다. 신음하는 민족에게 항상 보여주었던 그 회확대도(恢廓大度)의 아량과 일제에게 넌지시 뽐냈던 그 불굴의 저항정신은 날이 갈수록 뒷사람들이 본받아야 할 사표가 아닐 수 없기 때문이다. 왕년에 있어 조국의 독립운동을 회고하면 이를 국내파와 국외파란 두 갈래로 나눌 수 있다고 본다. 어느 파나 큰 사명을 띠지 않은 것이 없겠으나 그중에서도 특색을 구태여 가려낸다면 국외파는 이역의 신산을 맛보지 않은 것이 없지만, 그래도 한결같이 독립정신을 지탱할 수 있었다는 장점이 있었다. 그러나 국내의 뜻있는 인사들은 이민족과의 군거(群居)를 마다하지 않고 갖은 위협과 유혹을 뿌리치면서 고결한 지조와 저항정신을 유지하기란 여간 힘겨운 일이 아니었다.

당시 삼천만의 우리 민족에게 뿌리를 박고 길잡이가 되고 등불이 된다는 입장을 지키기는 더욱 어려웠던 것이다. 이렇듯 선생은 명분적인 것보다는 차라리 실리적인 독립운동을 추구해 왔다. 선생은 우리 동포들과 삶을 같이하면서 그 가려운 곳이 있으면 이를 긁어주었고 그 아픈 곳이 있으면 어루만져 주었는가 하면 또 동포들과 울음을 터뜨려야 할 때는 같이 울었고 웃음을 나누어야 할 때는 같이 웃었다. 아마 후세의 사가들이 선생에 대한 일절을 논할 때는 반드시 이 대목을 소홀하게 다룰 수 없을 것이다. 선생은 조국의 독립과 함께 그 웅지를 펴지 못했다는 것으로서 과연 좌절의 정치가라고만 불러야 마땅할 것인가. 선생은 56년간이란 짧은 일생에 불과했지만 선생이 남겨놓은 숱한 일화와 업적은 아직도 우리들의 귓전을 울리고 있다. 선생의 거룩한 발자취는 역시 민족의 대변지였고 계몽지인 동아일보 사장 재직 시에 더욱 빛났던 것이 아닌가 싶다. 일제가 소위 만보산(萬寶山)사건을 저질렀을 때 이를 간파한 그 선견의 명, 1925년 범태평양회의에 참석한 뒤 본지에 실린 '세계대세와 조선의 장래'란 대논설, 이충무공유적의 보존운동, 6·10만세 때의 옥중 투쟁 등등에서 선생의 풍모가 역연하게 드러나고 있었던 것이 아닌가. 본사가 1926년 12월 현 위치에 신사옥을 짓고 이사할 무렵이었다. 그때 선생은 옥중에서 이 소식을 듣고 인촌 김성수 선생에게 다음과 같은 글월과 시를 지어 보냈다. "… 저 외로운 그림자를 벗 삼아 엄한의 폭위에 저항을 계속할 뿐이오나 다행히 별고 없사오니 안심하옵소서…" "…옥중에 갇힌 몸 밤마다 잠못이루네. 나라근심에 상한 마음 몇몇 해나 쌓였던고"(옥중야야불성면(獄中夜夜不成眠) 우국상심기적년(憂國傷心幾積年)) 오늘 선생의 25주기를 맞아 민족의 거인을 사모하는 마음 새삼 금할 길이 없다.

44

자유와 독립의 권화(權化)

- 고하 송진우 선생 25주기에 부쳐 -

이인(李仁), 동아일보, 1970년 12월 29일

　최근사상 우리 근역(槿域)에 왔다 간 사람이 무수하지만 그중에도 겨레의 품안에 안기고 가장 그리워지는 사람은 고하 송진우 선생이다. 고하는 동경에서 법학을 공부하던 약관시절부터 비명으로 돌아가기까지 천 가지 만 가지가 조국의 자유와 독립을 위해 살아온 자유와 독립의 권화(權化)였고 겨레로서는 잊어서는 안 될 위대한 거목이 되었다. 과거를 돌이켜 볼 필요도 없이 앞에 놓인 국내의 정형(情形)과 닥쳐올 장래를 바라볼 때 고하가 계셨다면 우리의 가난과 신고가 이럴 수가 있을까 하는 일념에서 고하에 대한 그리움은 더해 간다.
　고하는 일본유학시절부터 배워야겠고 적을 알아야겠다는 신념으로 살았다. 그래서 고하는 일본 유학생들이 조국이 침략됨을 비분강개한 나머지 2백 명만이 남고 모두가 떠나간 뒤에도 항상 남아 있는 유학생들에게 주권회복의 의지를 불어넣기 일쑤였다. 그 후 중앙학교 교장으로 취임한 뒤에는 인재배양에 전력을 기울였고 3·1운동 당시만 해도 막후에서 은밀한 획책과 막대한 노력으로 3·1운동을 도왔다. 이에 앞서 3·1운동의 전야작업인 동경 유학생의 2·8사건이 일어난 것도 고하의 평소 사상고취가 열렬했던 점을 상기하면 우연한 일은 아니었다.

고하는 잃은 자유와 주권을 회복키 위해 동아일보를 창간, 겨레를 눈뜨게 했다. 동아일보 창간뒤 일제의 탄압은 민족운동의 진원지인 동아일보로 쏠려 동아일보는 이유 없는 정간 판매금지, 종말에는 폐간의 강권을 당하고 말았다. 그러나 겨레의 가슴속에는 동아일보와 고하가 사라지지 않았다. 고하는 일제의 학정이 가혹해지는 가운데도 교육, 언론, 문화, 사회문제 등등에 하루도 자리를 따뜻이 할 시간 없이 분주했고 동지와 후배 학생 대중의 갈 길과 지침을 지시, 항도(恒道)했다. 그래서 민족주의자들은 고하의 주변에서 떠날 날이 없었다.

일제가 물러가기 직전 고하가 이쿠다(生田淸三郞) 경기도지사의 치안담당 부탁을 받고 '무조건 항복으로 물러갔으면 물러갔지, 일제의 뒷날의 한국치안문제를 운운하는 것은 부당한 일'이라고 힐책, 일언지하에 거부했던 일은 이러한 고하의 민족정기를 잘 보여준 일이었다.

해방이 되던 날 일제의 탄압으로 방방곡곡에 산재, 숨어있던 애국지사들 백여 명이 약속이나 한 듯 고하의 집으로 운집했다. 그러나 그들은 해방의 기쁨을 나누기보다는 오히려 앞으로의 건국방향을 논의, 국회창설을 위한 국민의회 준비대회 준비에 분망했다. 나와 조병옥(趙炳玉), 백관수(白寬洙), 원세훈(元世勳) 씨 등이 주동이 되어 창당된 한국민주당은 고하를 위원장으로 추대, 고하는 더욱 건국 작업에 몰두했다. 그 결과 공산세력과 건준세력은 격파되고 자유민주사상이 고취되어 민주공화국인 대한민국창건의 반석이 굳어졌다. 자손만대까지 자유민주로 일관토록 만든 것은 오로지 고하의 유훈과 유택(遺澤)이라 아니할 수 없다.

그러던 고하가 25년 전 경교장에서 원서동 자택으로 돌아온 후 12월 30일 새벽 일개 폭한의 흉탄에 쓰러지고 말았으니 고하는 민족통합의 대업을 이룩하지 못한 채 천고의 한을 품고 숨지고 만 것이다. 고하가 가셨을 때 암야에 등화를 잃고 일조에 민족의 항도자(恒道者)를 잃어버린 겨레의 슬픔이 남북을 통틀어 강산에 가득했다. 25년이 지난 오늘날에도 민족통합은 달성되지 못하고 북괴의 준동은 계속되고 있으니 고하에 대한 아쉬움은 금할 길이 없다. 지금 비록 민족통합은 안됐다 해도 고하는 해방 전후를 통해 민족적 불멸의 업적을 남기셨음에 이는 민족사상 백일관홍(白日貫虹)이라 아니할 수 없다.

45

한국신문사(韓國新聞史)

최준(崔埈), 일조각, 1960년 3월 25일

「동아일보」의 비약적(飛躍的) 발전

「동아일보」는 날이 갈수록 한민족의 지지와 인기를 독차지하여 점차로 그 지반(地盤)을 닦아 갔다. 3·1독립운동으로 복역 출옥한 송진우(宋鎭禹·1890~1945)가 1921년 7월 김성수(金性洙)의 뒤를 이어 사장에 취임한 후로는 그의 투지만만(鬪志滿滿)한 적극 정책으로 말미암아 동보(同報)는 진출발전(進出發展)의 일로를 걷게 되었다. 발행 겸 편집인의 명의도 한기악(韓基岳)으로 바꿨다.

이와 전후하여 「동아일보」의 주(株)는 2회째 불입 거부가 있자 김성수(金性洙) 재벌이 전적으로 그 토대가 되어 주식회사가 완전히 성립되었다. 또한 이해 가을에는 민간신문 최초로 윤전기(輪轉機) 1대도 승입(勝入)하여 종래의 평판인쇄로부터 윤전기의 대량 인쇄로 비약하여 업무면에 괄목할 만한 것이 있었다. 구독료도 80전으로 올렸다.

이 시기에 「동아일보」는 안창남(安昌男) 비행사의 조국방문비행을 계획하여 민족의 과학열에 자극을 주어 커다란 공헌을 하였다. 1923년 9월 1일 동경을 중심으로 한 관동대진재는 일본 국민들에게 일대 충격과 타격을 주었다. 이때 동경일대에서 한인의 일대 학살사건이 일어났다. 이것은 화란 중(禍亂中)에 일본인들이 일으킨 씻을 수 없는 악독한 참극이었다. 경무국 당국은 이에 대하여 일체 신문게재를 금지하였다. 이 때 「동아일보」는 이상협(李相協), 「조선일보」는 이윤종(李允鍾)이 각각 동경에 특파되었으나 당시 교통망이 마비상태에 빠졌던 관계상, 선편(船便)을 이용한 이상협만이 동경에 나타나서 취재활동을 하였다.

이리하여 「동아일보」는 그 투지(鬪志)와 민활한 취재활동에 있어서 「조선일보」를 제압하였으며 다시 지면제작(紙面製作)에 있어서도 1923년 12월 1일부터 종래의 1면이 논설과 논문란(論文欄)이었던 것을 논설과 정치면으로 고쳤고, 2면은 정치와 경제란(經濟欄)이었던 것을 사회면으로 하였고, 3면은 종래의 사회면이었던 것을 지방면과 영문란(英文欄)으로 하였으며 4면은 지방풍이었던 것을 경제란으로 하여 지면의 혁신을 꾀하였다.

한편 「조선일보」는 「골수(骨髓)에 맺힌 조선인(朝鮮人)의 한(恨)」이란 약 10회에 걸친 계속기사를 방한민(方漢旻)·최국현(崔國鉉) 양 기자가 집필하여 당시 마루야마(丸山) 경무국장의 엄중한 문초를 받은 일도 있었으나 동아지(東亞紙)와는 대차적(對遮的)으로 민중의 지지를 얻지 못하여 재정난은 날이 갈수록 심해 갔다. 이리하여 극도의 재정난에 빠진 「조선일보」를 위하여 그 후 1923년 봄 대정실업친목회원(大正實業親睦會員)의 하나로 배후에 있던 송병준(宋秉駿)이 마침내 복면(覆面)을 벗고 나오자 동보(同報)는 그의 개인의 소유로 되고 말았다. 이때 남궁 훈(南宮勳)이 사장으로 앉고 선우 일(鮮于日)이 편집국장으로 들어와서 동보의 회생책을 꾀하였으나 여전히 부진 상태에서 벗어나지를 못하였다.

또한「시사신문(時事新聞)」은 민원식(閔元植)이 1921년 2월 16일 동경 철도호텔에서 민족주의자 양근환(梁槿煥)에게 피살되자, 그의 개인 플레이로 경영되던 신문이라 자연 휴간하게 되어 그 후 이를 월간(月刊)으로 고쳐「시사평론(時事評論)」을 발행하였다.

따라서 1924년「조선일보」가 친일파의 손에서 민족진영으로 그 경영권이 넘어올 때까지「동아일보」는 한민족의 인기와 지지를 홀로 차지하여 그 지가(紙價)를 높였다.

이에는 여러 가지의 원인을 들 수가 있겠다. 첫째로 민중의 지향하는 바와 그 조류(潮流)를 잡는 데 민활(敏活)하였고 또 적극적이었다는 것, 둘째는, 편집진영의 우수와 인재등용의 탁월성을 들 수가 있으며, 셋째로는 착실한 김성수 재벌이 뒷받침한 것 등이 바로 그것이다. 이처럼「동아일보」는 민족의 표현기관을 자부한 동시에 자주독립성을 적극 지지제창(支持提唱)하여 한민족의 열렬한 지지를 획득하였으니 민족주의 전성시대에 올린 화동시대(花洞時代)의 기반이야말로 후일까지 민중 속 깊이 뿌리를 박은 좋은 시기였다.(중략)

언론모독(言論冒瀆)에 분기(奮起)한 민중(民衆)의 탄핵(彈劾)운동

노동상애회(勞動相愛會)의 박춘금(朴春琴)을 비롯한 친일단체의「동아일보」에 대한 언론모독과 송진우·김성수 양인에 관한 폭행과 인권유린에 대하여 1924년 4월 9일 서울 유일관(唯一館)에서 민간유지 40여 명이 모여 민중대회를 열기로 결정하고 친일단체를 응징(膺懲)할 것을 결의하였다. 그리고 박춘금 등의 폭행에 대한 총독부 당국의 태도를 규탄하기로 결의한 후 다음의 10명을 실행위원으로 뽑았다. 즉 이종린(李鍾麟)·김기전(金起田)·김철수(金喆壽)·안재홍(安在鴻)·양원모(梁源模)·고한(高漢)·김원벽(金元璧)·김승묵(金昇默)·김양수(金良洙)·이대위(李大偉).

이리하여 동 22일 서울 천도교회당에서 민중대회 발기인회를 열려 하였으나 종로경찰서에서 이를 금지시켰다. 동시에 민중대회발기인회에 관한 광고를 낸 서성달(徐成達)을 검속(檢束)하였다.

이러한 언론집회의 압박은 날이 갈수록 가혹하게 되므로 마침내 민간신문들을 비롯한 사상단체 31개 단체 대표가 그해 6월 8일 수표교(水標橋)의 조선교육협회관에 모여서 언론·집회 압박 탄핵대회를 가졌다. 여기서 결의된 것은 첫째, 우리는 언론 및 집회에 대한 당국의 무리한 압박을 공고(鞏固)한 결속으로써 적극적 항거할 일. 둘째, 언론 및 집회의 압박에 대한 항거방법은 실행위원에게 일임할 것. 이리하여 다음 13명이 실행위원으로 뽑혔다.

서정희(徐廷禧)·한신교(韓愼敎)·이종천(李鍾天)·윤홍열(尹洪烈)·이봉수(李鳳洙)·차상찬(車相瓚)·김병로(金炳魯)·김필수(金弼秀)·신명균(申明均)·이종린(李鍾麟)·이인(李仁)·김봉국(金鳳國)·안재홍(安在鴻). 이들 실행위원은 6월 20일에 경운동 천도교회당에서 언론·

집회 압박 탄핵대회를 열기로 결정하고 준비하던 중 19일 역시 종로경찰서 미와(三輪) 고등주임으로부터 치안방해라는 이유로 금지통고를 받았다. 그러나 실행위원 중 서정희·한신교·이종린·신명균·이현보 등은 이 사실을 알리러 천도교회당에 나타났으나, 엄중히 회장 일대를 경계하고 있던 기마대와 경찰대에게 검속(檢束)되었다. 검속 이유는 모이지 말라는 곳에 나타났으니 금지명령 위반이라는 것이었다.

총독부 당국의 이러한 탄압은 1924년에 접어들어서부터 가혹하게 되었으니 이제 1월 1일부터 30일 현재 신문·잡지 등이 압수당한 기록을 보면 「동아일보」 15회, 「시대일보」 9회, 「조선일보」 13회 그리고 월간잡지로 「개벽(開闢)」 3회, 주간지 「조선지광(朝鮮之光)」 11회 발행 중 7회였다. 그리고 집회 금지는 동년 3월부터 6월 사이에 서울에서만도 13회에 달하였다.

민중대회의 금지를 당한 언론·집회 압박 탄핵회에서는 6월 28일 조선교육협회관에서 제2차로 각 단체 대표자 100여 명이 모여 다음과 같이 결의하여 계속 투쟁할 것을 밝혔다.

결의문(決議文)

언론은 생존의 표현이요, 집회는 그 충동이라 우리의 생명이 여기에 있고 우리의 향상이 여기에 있다. 만일 우리의 언론과 집회를 압박하는 자 있다 하면 그것은 곧 우리의 생존권을 박해하는 자이다.

현하의 조선총독부 당국은 직접으로 우리의 언론을 압박하며 집회를 억압한다.

그러므로 우리의 생존을 위하여 당국의 이러한 횡포를 탄핵함.

이와 같이 탄핵결의문을 채택한 다음에 다시 실행위원으로 한신교(韓愼敎)·국기열(鞠琦烈)·이종린(李鍾麟)·신일용(辛日鎔)·강우(姜禹)·서정희(徐廷禧)·김정진(金井鎭)·김병로(金炳魯)·김영휘(金永輝)·이종천(李鍾天)·이봉수(李鳳洙)·신명균(申明均)·최창익(崔昌益) 등을 선출한 후 7월 20일을 기하여 전국 각지와 해외 필요한 곳에서 일제히 언론집회압박탄핵연설회와 시위운동을 행할 것, 언론집회 탄압에 대한 실정을 들어 세계적으로 선포할 것, 우리는 언론집회의 자유를 위하여 공고한 결속으로써 최선의 노력을 다할 것 등을 만장일치로 결의하였다.

이때「동아일보」와「조선일보」는 이 언론집회압박 탄핵회에서 채택된 탄핵결의문을 곧 보도하였으나 경무국 당국은 이를 전부 압수하였다. (중략)

민간 3대 지(紙)의 경쟁

재정난을 계속하던「시대일보」는 1925년 4월 초순 새로 이범세(李範世)를 비롯한 홍명희(洪命熹)·이희종(李喜鍾)·정희영(鄭喜永)·윤희중(尹希重)·유진영(兪鎭英)·홍순필(洪淳泌)·정인보(鄭寅普)·한기악(韓基岳)·이정희(李庭熙)·김익동(金益東)·신성호(申星浩)·조준호(趙俊鎬) 등이 재단을 만들어 그 진영도 다음과 같이 일신(一新)되었다. 편집국장에 한기악·영업국장에 김익동·논설부장에 구연흠(具然欽)·비서부장에 홍남표(洪南杓)·사회부장에 조강희(趙岡熙)·조사부장에 김정진(金井鎭)·광고부장에 조용국(趙鏞國)·계획부장에 홍성희(洪性熹) 등으로「시대일보」는 또다시 민간 3대지(紙)의 하나로 경쟁 틈바귀 속에 뛰어 들어가게 되었다.

「조선일보」가 민중의 절대적인 인망(人望)을 지니고 있는 이상재(李商在)를 사장으로 그리고 신문제작면에 뛰어난 재간을 지닌 이상협(李相協)과 그의 수하에 유능한 기자진으로서 다채로운 신문을 만들고 있자,「동아일보」역시 절첩식(折疊式) 윤전기를 사들이고 진용을 가다듬어 1925년 8월 1일 자부터 조석간(朝夕刊) 6면제를 단행하는 동시에 구독료 월 1원으로 개정하였다. 즉 조간이 4면제로서 1면 정치, 2면은 사회, 3면 지방, 4면 부인 및 문예란으로 배정되었고, 석간은 2면제로서 1면에 정치, 2면에 사회뉴스를 실었다. 특히 석간에는 연재만화『엉터리』를 실었다. 그러나 열흘 후에는 4면제의 석간으로 다시 되돌아갔다. 1925년 7월 서울 근교 일대를 비롯한 3남 지방에 일대 수해가 일어나자 민간 3대지(紙)는 서로 다투어 가면서 이 을축(乙丑)년 장마의 이재민구호에 열중하여 많은 성과를 거뒀다.

또한 아라사(俄羅斯=러시아)가 공산혁명으로 소연방정부가 생기고 일본과도 통상조약을 맺어 외교사절을 서로 교환하게 되자「동아일보」는 이관용(李灌鎔),「조선일보」는 김준연(金俊淵)을 특파원으로 모스크바에 보내어 현지 보도로서 각각 그 지면을 장식하였다.

이리하여 종래의 「동아일보」의 독단시대는 가고 민간 3대지(紙)의 정립으로 한국 신문계는 활발한 모습을 보였다. 특히 동아·조선 양 지의 경쟁은 더욱 치열하였다. 을축년 장마로 서울의 전기가 한때 정전되었다. 이때 조선일보는 미리 석유와 발동기를 준비하였던 까닭으로 「동아일보」가 인쇄불능에 빠졌음에도 불구하고 유유히 발행하여 독자의 인기를 끌었다.

기자(記者)의 위치(位置)와 그 명망(名望)

동아·조선·시대의 3대 민간지(民間紙)가 생긴 이후 1920년으로부터 1930년까지 약 10년 동안에 신문기자란 매력 있는 직업이었다. 민중의 신문기자에 대한 추앙은 실로 컸었을 뿐만 아니라, 또한 총독부 당국도 민중에 대한 커다란 그 영향력을 가지고 있는 점에 괘념(掛念)하여 경홀(輕忽)히 대하지 못하였다. 이와 동시에 신문기자 그 자신 역시 일종의 지사적(志士的) 내지 민중계몽운동가적인 뜨거운 기백(氣魄)과 자긍(自矜)을 가지고 처세하였다. 그러므로 동아지(東亞紙)를 제외하고는 조선·시대 양지(兩紙)가 항상, 재정난에 허덕이어 그 상태란 곤란하기 짝이 없어 반년 이상 월급을 받지 못하는 일이 비일비재였으나 그들은 이에 굴(屈)치 않고 오히려 민중의 공기(公器)인 신문을 유지하려는 그 고담(枯淡)하고도 치열(熾烈)한 지조(志操)는 더욱 강하여 당시 신문기자들의 빛나는 성품중 하나의 기록을 남겨 놓았다.

그러면 한국의 신문기자가 이른바 「무관(無冠)의 제왕이라 할 만큼 민중들의 인기와 앙모(仰慕)를 받고 있으며 지식계급분자(知識階級分子)들에게 매력(魅力)의 중심이 될 것은 과연, 그 무엇에 기인함인가. 이에 대하여 가장 단적으로 설명한 다음의 한 구절을 인용함으로써 족할 것이다.

『조선의 신문이 그 같이 민중에게 주는 영향이 큰 까닭은 다른 것이 아니라, 신문이 합법적으로 조선인의 주장을 조금이라도 대표하는 유일한 기관이기 때문일세. 즉 유일한 정치적, 경제적, 문화적 지도기관이요. 순전히 조선 사람의 손으로 경영되는 유일한 사업기관이란 말일세. 그래서 민중도 이것이야말로 나의 물건이요. 나를 위해주는 물건이란 생각을 가졌고 또 사업욕이 왕성한 지식계급분자 또 신문을 무슨 큰 세력 다툼할 자리인 줄로 생각을 한단 말이야.

신문기자가 지나가면 아이들이 따라가며 얼굴을 보려던 시대도 옛날 일일세마는 아직까지도 사람 귀한 조선에 신문기자라면 제법 하나 구실을 하니까 너도나도 하고 신문으로 덤벼드네그려. 외국은 갔다 오고 할 일은 없고 그렇다고 독립운동도 할 용기가 없고 그러니까 제 밥 먹고라도 기자명함만 쓰게 해 달라는 사람이 수두룩하지 않은가. 이렇게 해서 두서너 개밖에 안 되는 민간신문이 조선의 지식계급의 총집중소(總集中所)가 된 셈일세.』(중략)

1920년으로부터 1930년 사이에 민간 3대지를 거쳐나간 인사들의 거의가 모두 후일의 각 방면에 지명인사가 되고 있음을 미루어 생각할 때 그때의 신문기자의 위치가 과연 높았음을 증명하고 남음이 있다.

어쨌든, 신문인의 사회적 명망이란 1920년 이후, 10년 동안을 최절정이라 보겠고 그 후 점차 민중들의 개명(開明)과 아울러 종래의 영웅시하던 무조건으로 과대평가하는 풍조는 그 꼬리를 감추게 되었다.

태평양회의(太平洋會議)와 신문

1925년 7월 하와이에서 만국(萬國) 기독교청년회 주최로 태평양문제(太平洋問題) 연구회가 열렸다. 이 회의에서는 태평양 연안 여러 나라의 민족대표가 모여서 종교문제를 비롯하여 교육·경제·이민 및 정치문제에 대하여 의견을 교환하는 것이었다. 이에 한민족 대표로서 신흥우(申興雨)를 비롯하여 유억겸(俞億兼)·김양수(金良洙) 그리고 「동아일보」의 주필 송진우(宋鎭禹) 등과 미국에 있던 서재필(徐載弼)·김활란(金活蘭) 등이 출석하여 한민족이 당면한 여러 면의 실정을 소개하였다. 이때 참석한 민족대표는 한민족을 비롯하여 미국·호주·필리핀·일본·중국 등으로서 국제적인 회합이라 한민족의 커다란 관심을 끌었다.

이때 신흥우 대표는 총독정치의 실태를 다음과 같이 지적하였다.

첫째, 정치는 입법으로 시작되는 것이나 한국에서는 입법기관이 없이 조선총독이 제령(制令)을 발표하여 즉시 시행케 되는데 한민족은 이 제령에 의한 어떠한 형(刑)이라도 받게 된다. 이 제령은 발포(發布) 실시 후에 일본 천황의 재가(裁可)를 요하는 것으로서 재가의 거부를 당할지라도 그것을 실시하는 동안 형을 받은 사람은 그대로 그 형을 받는다.

둘째, 일본 경찰은 직결처분(直決處分)이라는 것을 행사하여 재판을 받지 않고 매년 몇 만 명씩을 처벌한다.

셋째, 교육에 대하여서는 조선총독부 교육령에 의하여 실시되고 있는데 이에 의하면 교육의 목적이란 한민족으로 하여금 충량(忠良)한 (일본 천황에게) 국민이 되게 하고 국어(일본어)를 보급하는 데 있다 하였다. 이것은 인격향상이나 인류의 도의를 전부 무시하고 한인을 일본인으로 만들겠다는 데 그치는 것이다.

넷째, 금융기관은 조선은행(朝鮮銀行)이 중심이 되어 있다. 동은행총재 미노베(美濃部)는 주주총회에서 언명(言明)하기를 조선은행의 설립목적은 일본제국의 정치적·경제적 권익을 조선과 만주에 확장하려는 데 있다 하였다. 이리하여 한국의 금융은 한국 내에 있는 한인의 산업발전을 도외시하였을 뿐만이 아니라 한국의 재산을 일본의 정치적·경제적 권익확충에 제공하는 데 주력하였다.

다섯째, 동양척식회사(東洋拓殖會社)는 대한제국시대(大韓帝國時代)에 공동으로 조직되어 대한제국에서는 역둔토(驛屯土)의 농지를 제공하여 공동경제키로 되어 있었다. 그러나 일한합병 후 일본은 일본인을 이민(移民)하는 데 전적으로 이용하여 그 농지를 갑·을 두 가지로 나누어 10년간 토지와 농구를 이용케 한 후 그 모든 것을 일인(日人)의 소유로 돌리는 계획 아래 운영되고 있다. 따라서 일본인만이 그 혜택을 받고 있다.

여섯째, 일본의 한국에 대한 근본적인 방침은 무엇이냐 이에 대하여서는 총독부 영문기관지 「서울·프레스」 사설에서 보는 바와 같이 『요새 일본의 조선정책에 대하여 동서간(東西間)에 많은 비난이 있으나, 그러나 일본으로서는 조선인을 일본화시키고야 말 것이다.』라 하였다. 그러나 한민족의 개별성 즉 독립을 시인하느냐 아니하느냐가 근본 문제이다.

이 태평양회의는 2년마다 열렸는데 1927년에는 「조선일보」의 이사였던 백관수(白寬洙)를 비롯하여 김활란(金活蘭)·유억겸(俞億兼)의 3대표가 참여하였다. 당시 한민족으로서는 국제적 회의에 진출할 기회가 거의 없었던 만치 민간신문들은 이 태평양회의에 대하여 많은 스페이스를 제공하여 그 보도에 힘썼다.(중략)

좌파기자(左派記者)의 대량(大量)괵수(馘首=해고)

민족주의신문이란 별칭을 받고 있던 「동아일보」에 대하여 「조선일보」는 사회주의신문이란 세평(世評)이 높았다. 사실 동보(同報)에는 사회주의적인 색채를 띤 기자들이 비교적 많았고 또 논조의 일부분에는 이러한 것을 나타내고 있었다. 혁신(革新)한 「조선일보」는 모든 면에서「동아일보」를 누르는 듯 괄목할 만한 것이 있어 그 발행부수도 사만대로 올랐다.

　이렇듯 약진도상에 있던 혁신「조선일보」는 전기와 같이 좌파 경향의 논설로 인하여 뜻하지 아니한 무기정간이라는 벼락이 내리자, 신석우(申錫雨)·최선익(崔善益)·김동성(金東成)·안재홍(安在鴻) 등의 간부들은 이의 해금운동에 몰두하는 한편 당국의사에 순응하여 결국 1925년 10월 모스크바에서 귀국 중 검거되어 1년 복역한 후 소위 3인당의 이름이 높던 김단야(金丹冶)·박헌영(朴憲永)·임원근(林元根) 등 화요회계의 기자를 비롯하여 손영극(孫永極)·김송은(金松殷)·유광열(柳光烈)·서범석(徐範錫)·백남진(白南震)·최국현(崔國鉉)·이종정(李鍾鼎)·강우열(姜禹烈)·홍종열(洪鍾悅)·최용균(崔容均)·피교설(皮教卨)·신일용(辛日鎔)·김상원(金相元)·국채진(鞠採鎭) 등 일부 적파(赤派)를 포함한 17명의 기자를 대량(大量)괵수(馘首)하였다. 동시에 이때까지의 고문제도를 폐지함에 따라 이상협(李相協)·장두현(張斗鉉)·신구범(愼九範) 등도 퇴진케 되었다. 이로써 홍증식(洪璔植)계의 적파기자와 이상협계의 백파기자가 때를 같이 하여 퇴진치 않을 수 없게 되고 보니 자연 최고운영권은 신석우(申錫雨)·최선익계(崔善益系)가 장악하는 바가 되었다.

　이로써 괵수(馘首)를 당한 주로 백파기자 측에서는 신석우·김동성·안재홍 등의 행동을 비난 배격하는 장문의 성명서를 1925년 10월 27일 자 동아일보에 광고로서 발표하였다. 즉

『전략--명호(鳴呼)--조선일보가 작년 9월에 혁신한 이래, 우리들은 동사원(同社員)의 1인으로써 필진을 편지 이미 1년이다. 우리들은 주야로 눈물과 땀을 흘리면서 국궁진췌(鞠躬盡瘁), 몸소 민중의 진실한 벗이 되려든 과거를 회고하여 요마배(妖魔輩)의 죄악 때문에 조선일보가 OO에게 공연하게도 백기를 들고 민중의 적이 되었다는 것을 봄에 이르러서는 무한의 감회가 일어나 가슴이 막혀 말할 바를 모르겠다.…하략』

등 요지의 괵수반대(馘首反對)의 결의와 태도를 표명하였다. 이것은 신문기자가 경영간부들에 대한 항거운동으로서 일찍이 보지 못하던 새로운 폭로전술이었다. 「조선일보」는 10월 15일 해금되어 그 후 다시 속간(續刊)되었다.

이러한 가운데 동년 11월 25일 신의주 공산당사건이 탄로되어 홍증식(洪璔植)·박헌영(朴憲永)·임원근(林元根)·김재봉(金在鳳) 등이 검거되었고 김단야(金丹冶)는 교묘히 국외로 탈주하여 소위 적파 기자들은 자연 민간신문계에서 그 자취를 감추게 되었다. 1926년 7월 조선일보사는 신축된 견지동 사옥으로 옮겼고 그 후 1927년 2월 이상재(李商在)가 별세하자 신석우(申錫雨)가 사장으로 취임하였다.

한편 신문에 대한 학구적 연구열도 일어나게 되어 1925년 9월에는 김학수(金學秀) 주재(主宰)의 월간잡지 「신문춘추(新聞春秋)」가 창간되었고 단행본으로서는 김동성(金東成) 지음의 「신문학(新

聞學)」이 이 시기에 출판되었다.

「동아일보(東亞日報)」「개벽(開闢)」의 정간(停刊)과 체형(體刑)

1926년 3월 1일을 맞이하여 민간 3대지는 제각기 1919년의 독립만세운동에 대한 기념특집을 내었다. 이때「동아일보」는 소련 국제농민조합본부로부터 보내온 삼일절을 축하하는 다음과 같은 축전을 3월 6일자 지상(紙上)에 게재하였다. 그러나 이것이 경무국으로부터 안녕질서를 문란케 하였다는 이유로서 3월 6일 오후 4시 40분 제2차 무기간 발행정지(無期間發行停止)의 행정처분의 통고를 받게 되었다.

동시에 주필인 송진우(宋鎭禹), 편집 겸 발행인인 김철중(金鐵中)을 기소하여 전자는 보안법 위반으로 징역 8개월, 후자는 신문지법 위반으로 징역 4개월을 각각 선고하였다. 이처럼 신문인에게 체형(體刑)을 가한 것은 조선일보에 이어 두 번째 일이었다. 그러나 이들은 곧 공소(控訴)하여 투쟁한 결과 2심 공판(公判)에서 송진우는 6개월, 김철중은 3개월의 징역선고를 받았다.

이와 같이 이중으로 탄압을 당한 동아일보는 그 해 4월 19일 제2차의 발행정지가 해제되어 동 21일 자(제2017호)부터 속간(續刊)되었으나 경영상 커다란 타격은 면치 못하였다. 그러나 동사(同社)의 적극적인 경영정책은 독자대중의 많은 지지를 받게 되었고 총 경비 20만원을 던져 광화문 네거리에 신축 중이던 새 사옥이 준공되자 그 해 12월 21일 이전함을 계기로 한층 활기를 띠게 되었다. 이미 화동시대(花洞時代)에 축적되었던 경영면의 확실한 지반과 더불어 민족주의(民族主義) 신문인 「동아일보」의 성가(聲價)는 더욱 그 뿌리를 민중 속 깊이 박았다.(중략)

만보산사건(萬寶山事件)과 민간지(民間紙)의 활동

일본이 계획적으로 만들어낸 소위 만주사변(滿洲事變)의 전주곡이 된 만보산사건이 1931년 7월 2일에 발발되자 「조선일보」 장춘지국(長春支局)은 즉시 본사에 지급전보(至急電報)로서, 중국인들의 한국 농민을 습격한 사실을 전하였다. 당시 동아일보와 맹렬한 경쟁 중에 있던 조선일보는 민족적 견지에서 이를 크게 다루어 호외(號外)를 발행하는 동시에 조간 「시평(時評)」란에 이를 논란(論難)하였다. 이리하여 완전히 「동아일보」를 눌렀으나 이 기사가 일단 보도되자 이튿날 아침 동보(同報) 조간을 받아본 이리(현재 익산) 지방에서는 당장 중국인 박해사건이 일어났다. 이것을 계기로 하여 서울·인천·평양·신의주 등지로 점차 확대되어 문제는 마침내 전국적으로 발전 확대되었다.

이로 말미암아 만보산사건은 한국농민 대 중국주민들의 단순한 일이 아니라 일본 대 중국의 국제문제화가 되고 말았다. 만보산사건이 이와 같이 복잡하여짐에 대하여 민간신문사 측에서는 곧 진상조사와 동포위문을 겸하여 조선일보는 신영우(申榮雨), 동아일보는 서범석(徐範錫) 등 양 기자를 각각 장춘(長春)에 특파한 후 관계각처(關係各處)를 역방(歷訪)하였다. 이에 앞서서 만주 재주

(在住)의 독립혁명단체에서도 만보산사건 대책위원회를 조직하고 사건전말을 엄밀히 조사한 결과 이면에는 중국의 주권을 무시하는 일본의 침략음모가 잠재하였다는 점 또한 만보산사건은 일본의 모략적 선전(宣傳)의 전파(電波)로 침소봉대(針小棒大)화하였다는 두 가지 점을 지적, 규정케 되었다.

이로 말미암아 장춘에 도착한「조선일보」특파기자 신영우는 당지(當地) 재류(在留)동포들에게 혹독한 힐난(詰難)을 받아 한때, 행방불명을 전할 위기사경(危機死境)에까지 빠졌었고 동보(同報) 장춘지국장 김이삼(金利三)은 만주에 망명중인 독립운동자들로부터 관동군의 앞잡이라 하여 그 해 7월 15일 길림(吉林)에서 암살을 당하였다. 따라서 「조선일보」의 후진(後塵)을 받아 처음에는 자중침묵하던 「동아일보」는 『재만(在滿) 동포안재(同胞安在)』라는 기사를 대대적으로 게재하여 흥분된 군중심리의 안정을 꾀함으로써 전반전에 부진한 것을 후반전에 겨우 회복한 셈이었다. 그러나 이 사건으로 말미암아 한인과 중국인 가운데 수많은 희생자를 내었다.

일본은 1931년 6월 18일 계획적으로 만들어낸 류탸오후폭파사건(柳條溝暴破事件)을 트집 잡아 일본의 관동군은 드디어 소위 만주사변이라는 것을 일으켰다. 물밀듯 엄습한 일본군의 강행과 조선주둔군 월경(越境)으로 중국의 동북군은 퇴각을 여지없이 당하게 되었다. 독안에 든 쥐와 같이 당시 오지(奧地)에 있던 우리 동포들은 퇴각중의 동북군에게 온갖 곤란을 다 받게 되어 철도연선

(鐵道沿線)으로 피난하여 나오는 동포의 수는 부지기수였다. 엄동(嚴冬)은 박두(迫頭)하였는데 거처 없이 수많은 피난동포들은 장춘(長春)·봉천(奉天)·하얼빈역 광장에 곳곳마다 수천여 명씩 모여 있어 그 처리에 곤란을 극(極)하였다.

이 때 국내에서는 사회단체대표로 서정희(徐廷禧),「동아일보」의 설의식(薛義植), 서범석(徐範錫),「조선일보」의 신영우(申榮雨),「매일신보」의 김을한(金乙漢) 등의 각사(各社) 특파원들이 현지에 달려가서 그 참담한 광경을 각기 고국에 타전하여 국내동포들의 동정과 주의(注意)를 환기(喚起)하는 한편 전기(前記) 기자일행은 관동군(關東軍)을 방문하고 관동군의 윤상필(尹相弼) 대위, 조선군의 연락장교 김자정(金子定) 일중좌(一中佐) 등을 통하여 한국인 피난민에 대한 선처 방책을 엄히 항의 요청하여 민간지 사명의 일단을 수행하였다. (중략)

일장기말소(日章族抹消)의 파동(波動)

정치적으로 진출을 저지당한 한국의 젊은이들은 문화방면에서도 여러 가지로 제약을 여지없이 받아 그 울적한 민족의 기개(氣槪)를 토로할 곳이 없었다. 이 미묘한 감정을 가장 정확히 파악한 것이 즉 민간지의 운동란 신설과 각종 운동경기대회의 주최 내지 후원이었다. 그리하여 종래 한국의 특장(特長)의 하나인 축구를 비롯하여 농구, 육상경기, 역도, 권투, 정구 등 여러 가지 경기가 맹렬히 성행하게 되었으니 각기 경기마당에서는 민족의 차별도 있을 수 없었다. 이 경기마당만이 공평하게 한국의 젊은이의 기개를 높이 뽐내는 유일한 장소였다. 이에 신문지가 격려·고무지도(鼓舞指導)의 커다란 역할을 담당하였음은 말할 것도 없다.

즉 동아(東亞)·조선(朝鮮)·중앙(中央) 등의 민간지는 운동란을 두고 내외 운동기사를 소개하였을 뿐만 아니라 때로는 운동기사를 사회면 톱기사로 대서특서(大書特書)하여 이를 격려하였다.

대체로 운동란이 설치(設置)되기 시작된 것은 1921년대로부터 휘문(徽文)·배재(培材)·중앙(中央) 등의 각 고보야구(高普野球)팀이 정립하여 쟁패(爭霸)할 때부터이며 한국 내에서 일인(日人)과 대항경기하게 된 것도 역시 오사카아사히(大阪朝日) 주최의 일본 중등야구 조선예선에서 경성중학(京城中學=서울고교)과의 대전이 그 시초였다. 동 대회 결승전에는 대개, 휘문고보 대 경성중학으로 대전(對戰)케 되어 훈련원 광장에는 당시 젊은이들의 피를 끓게 하였으니 때로는 경중(京中)을 압도하여 우승함으로써 일인(日人)들의 우월감에 통봉(痛棒)을 내렸다.

그 후 중등학교 육상경기에 있어서도 양정중학(養正中學)이 전일본대회에서 제패(制霸)한 것을 비롯하여 농구에 있어서는 보전(普專)·연전(延專)이 전일본적(全日本的) 존재가 되었으며 축구·역도·권투 등에는 단연 일본의 패자(霸者)가 되어 한국 남아의 의기(意氣)를 높이 과시하였다.

특히 대외적으로는 제9회 만국올림픽대회 마라톤경주(競走)에 김은배(金恩培)·권태하(權泰夏) 양인이 출양(出揚)하여 일개 중학생의 몸으로 김 선수가 6착(六着)으로 입상하였고 베를린에서 열린 제10회 올림픽대회에서는 손기정(孫基禎)·남승룡(南昇龍) 양인이 또한 마라톤경기에 출양(出揚)하여 손 선수는 당당(堂堂) 신기록으로 우승하여(남 선수는 3착) 한국 젊은이의 기염(氣焰)을 전 세계에 널리 떨치었다.

이 때 민간 3지의 마라톤 우승기사는 한국의 자랑이라 최대급으로 특별 취급되어 삼천만 겨레에게 커다란 기쁨과 용기를 던져 주었다. 즉 1936년 8월 1일 마라톤에 우승한 손기정의 기록영화 「오사카아사히(大阪朝日)」를 공수(空輸)하여 상연하게 됨에 한국에서는 「동아일보」가 이를 공개하기로 되어 동 소개기사 중, 손 선수 유니폼의 일장기를 말살한 후 게재한 것이 아연(俄然) 검열당국의 문제하는 바가 되어 동보 운동부 책임자 이길용(李吉用)을 비롯하여 사진 수정한 이상범(李象範) 화백 그리고 사회부장 현진건(玄鎭健), 편집기자 임병철(林炳哲), 사진부장 신낙균(申樂均), 백운선(白雲善), 「신동아(新東亞)」 편집책임자 최승만(崔承萬) 등 11명이 경기도 경찰부에 유치되는 한편 준열(峻烈)한 문초를 받은 후 40일만에 겨우 석방되었다. 이 사건의 직접 책임자로 인정된 이길용, 현진건, 최승만, 신낙균, 서영호(徐永鎬) 등 5명은 다음과 같은 서약에 서명을 당하고 나왔다.

1. 언론기관에 일체(一切) 참여 안할 것.
2. 시말서(始末書)를 쓸 것.
3. 만일에 또 다른 운동이 있을 때에는 이번 사건의 책임에 가

중하여 처벌받을 것을 각오 할 것.

등이었다. 이로 말미암아 송진우 사장, 설의식 편집국장(사건 당시에는 귀향 중으로 부재하였음)을 비롯하여 초대 운동기자로서 명망이 높던 이길용과 현진건 등 전기 5명은 신문계에서 물러나지 않을 수 없게 되었다. 물론, 이 사건으로 말미암아 「동아일보」는 그 해 8월 27일 제4차의 무기발행정지를 당하였고 1937년 6월 2일 해제되기까지 실로 9개월이란 기록적인 장기간의 정간(停刊)을 당하였다.

이 사건의 여파(餘波)로 「조선중앙일보(朝鮮中央日報)」도 자발적 휴간이라는 한국이 아니고는 보기 드문 근신조치로서 자진(自進), 신문을 발행치 못했다. 그것은 동보(同報) 역시 운동기자 유해붕(柳海鵬)이 앞서 손 선수 사진의 일장기를 말살하여 게재 발표하였던 것이나 당국의 아는 바가 못되어 무사통과는 되었으나 「동아일보」가 적발(摘發)문제화됨으로서 「조선중앙일보」의 조사도 심하여짐에 발각 사전에 자수함이 정간을 당하여도 경(輕)하리라는 타산적(打算的) 견지에서 동사(同社)에서는 유 기자를 자수케 하는 한편 9월 5일 자 석간에 자진 휴간의 사고(社告)와 함께 자발적 휴간을 단행한 것이었다.

이상과 같이 신문의 운동열 고무와 아울러 체육 한국은 실로 전도(前途), 희망(希望)에 충만케 되었으니 이에는 민간 각지(各紙)의 건투(健鬪)는 말할 것도 없거니와 종시일관 10여 년 동안 운동부기자로서 활약한 동아지의 이길용 기자의 공이 크다. 운동에 관하여는 항상 동아지가 우세하였음을 인정치 않을 수 없으나 강적「조선일보」에서도 운동란에 주력을 쓰기 시작하여 일찍이 이원용(李源容), 그 후로는 진번(秦蕃)·고봉오(高鳳梧) 등의 운동기자들이 활약케 되었으며「중앙일보」에는 이순재(李舜宰)·유해붕(柳海鵬),「매일신보」에는 김태호(金泰浩)·서정억(徐廷檍) 기자가 있어 활약하였다.

그리고「조선중앙일보」는 그 후 성일파(成一派)와의 재정적인 물의(物議)로서 최선익(崔善益)·윤희중(尹希重)·성낙헌(成樂憲)의 3대 주주들의 대립 암투와 여운형(呂運亨) 사장의 사임 등으로 인하여 좀처럼 새로운 투자도 받아들이지 못하고 사원 일동은 물론 독자들에게 조바심만을 주어 오다가「동아일보」가 9개월만에 해정(解停)될 때까지 별무소식으로 마침내 1937년 11월 5일로서 발행권 취소를 당하게 되어 운산무소격(雲散霧消格)으로 사라졌다.

한편「동아일보」는 송진우의 후임으로 백관수(1889-?)가 새로 사장에 취임한 후 오랫동안 정간 중이던 온갖 사무를 정돈하여 해금호외(解禁號外)의 우렁찬 방울소리와 함께 분연(奮然), 재생의 길에 올랐다.(중략)

동아·조선 양지(兩紙)의 폐간종용(廢刊慫慂)

7·7사변으로 일본군이 중국대륙을 석권(席捲)하게 되자 제8대 총독 고이소 구니아키(小磯國昭)는 한민족의 대변기관인「동아일보」와「조선일보」에 마지막 탄압을 내리기 시작하였다. 그것은

1939년 12월 상순의 일이었다. 미츠하시(三橋) 경무국장은 동아일보의 백관수, 조선일보의 방응모(方應模) 양 사장을 초치(招致)한 후 양지는 시국에 발맞추어 자진 폐간할 것 종용하였다. 물론 이것은 청천(青天)에 벽력(霹靂)과도 같은 것으로서 일방적인 강제명령이었다.

이러한 총독부의 언론말살정책에 대하여 두 민간신문은 단연 이를 거부하고 맹렬한 반대투쟁을 전개하였다. 그것은 이천만 한민족의 언론을 말살하는 것으로서 한민족의 2대 언론기관을 전멸시키려는 부당 무모한 탄압이었기 때문이었다.

두 민간신문은 총독부 당국의 자진폐간의 종용을 박차고 계속 발행되었다. 이에 앞서 일본의 식민지정책은 여러 가지 형태로서 한민족의 언론과 문화 그리고 독립정신을 탄압하는 데 빈 틈이 없었다.(중략)

강제폐간(强制廢刊)에 8개월간 반대투쟁(反對鬪爭)

총독부 당국이 동아·조선 양 지의 자진폐간을 명령한 것은 전절(前節)에서 지적했듯이 1939년 12월 상순이었다. 이 때 자진폐간의 부당성을 강력히 주장한 급선봉(急先鋒)은 「동아일보」의 송진우(宋鎭禹)였다. 당시의 경위에 대하여서는 그 때 「동아일보」의 사장 백관수는 다음과 같이 추억담을 말하였다.

『…미츠하시(三橋) 경무국장이 관저로 고(故) 송진우 선생과 나를 초치(招致)한 후 동아일보를 자진 폐간하라는 것이었다. 송 선생과 나는 너무나 어이가 없어 그 자리에서 자진폐간은 절대로 못하겠다고 거부하였더니 그 뒤로는 별별 수단으로 위협하고 달래기도 하였다.

이리하여 우리가 6개월이나 폐간강요를 끝끝내 반대하자 그들은 최후발악을 하여 경리(經理)관계에 부정(不正)사실이 있다 하여 경리부원을 잡아가고 다음에는 경리부장과 임정엽(林正燁) 상무취체역(=이사)과 국태일(鞠泰一) 영업국장을 구금하는 한편 나를 종로서에 가두고 강박(强迫)하였으나 10여일을 두고 끝끝내 폐간의 기색이 보이지 않으므로 (신병)身病으로 생명이 위독한 임정엽 상무취체역을 강박하여 편집인 겸 발행인의 명의를 변경케 하고, 그로 하여금 폐간계(廢刊屆)를 내게 한 것이다.

이때가 바로 1940년 8월 10일이요. 또 고(故) 송 씨가 동경에 밀행(密行)을 하여 암중비약(暗中飛躍)을 하던 때였다.……』(중략)

이제 전기 두 신문의 비통한 강제폐간의 사실을 고(告)한 「동아일보」의 사고(社告)와 「조선일보」의 팔면봉란(八面鋒欄)의 일문(一文)을 각각 열기(列記)하면 다음과 같다.

동아일보--본보는 총독부의 신문통제방침에 순응하여 본호(本號)로써 최종호를 삼고 폐간하게 되었으며 주식회사 동아일보사는 금일 본사 회의실에서 개최된 임시총회의 결의에 의하여 해산하게 되었습니다.

과거 20년 동안에 본보와 및 본사를 위하여 한결같이 편달(鞭韃) 애호(愛護)하여 주신 만천하 독자제위께 끝없는 감사의 뜻을 표하오며 여러분의 끝끝내 융성하신 행복과 건강을 빌어 마지 않나이다.

1940년 8월 10일

동아일보사·동아일보분지국(分支局) 일동

조선일보--이 바람 겪어서 20춘(春) 20추(秋) 1일에 1갈(喝), 이 몸의 사명도 이 날로 종언(終焉), 두태(豆太)는 두드려 황피(荒皮)를 벗고 산채(山菜)는 찌어서 신미(辛味)를 내고 맥립(麥粒)은 썩고 죽어 토아(吐芽)를 하나니 이 몸의 죽음도 또 그러리라. 만사(萬死)를 파섭후(波涉後)야 일생을 얻읍지오. 일생에 집착(執着)은 만사(萬死)를 부를지니 이름의 생사관(生死觀)은 이 한 마디. 범중(凡衆)은 사(死)로서『결론(結論)』을 삼되 이 몸은 사(死)로서『전제(前提)』로 삼으리라. 결론의 뒤에는 적멸(寂滅)이 기다리되 전제(前提)의 앞에는 생생영겁(生生永劫)이 있음에랴. 유마(維摩)의 일묵(一默)은 석뢰(石雷)도 감부당(敢不當)! 이 몸의 귀묵(歸默)도 그러러니.

그대로 가노라 이 몸은 가노라 수묵(邃默)히 가노라 전후겁(前後劫) 억만독자여 만복강녕(萬福康寧)하시라.

비극적(悲劇的)인 兩社(양사)의 해체(解體)

　이상과 같이 「동아일보」와 「조선일보」는 총독부 당국의 언론통제의 희생이 되어 본의 아닌 강제폐간을 당하고보니 전도(前途)는 캄캄하였다.

　이 때 경무국 당국에서는 양사의 윤전기 등의 시설을 인수하는 대신에 동아일보사에 대하여 50만원, 조선일보사에 대하여 80만원을 각각 수교(手交)하였다. 이것은 총독부로서는 양지의 매수비(買收費)로 지출한 것이었다. 이에 대하여 동아일보사에서는 주주총회를 열고 동아일보사의 해체와 동시에 동본사(東本社)를 조직하였고, 조선일보사의 방응모 역시 재정을 가다듬어 후일의 재기(再起)를 위하여 이미 조직되었던 서중회(序中會)의 운영에 힘써서 인재양성에 정력을 기울이는 한편 조광사(朝光社)의 출판사업에 몰두하게 되었다.

46

남북의 대화

동아일보, 1972.1.13.-2.19.

(1) 혼란속의 통일운동 -- 분산된 민족의 힘

동아일보, 1972년 1월 13일

해방의 감격은 백일이 채 못돼서 분열의 비극을 잉태한다. 그것은 공산당의 소아병적 좌경 때문이기도 하지만 또한 오랫동안 일본제국의 무단식민정책으로 인한 민족주체세력의 말살과 국민의 정치적 무지 무능 때문이기도 했다.

또 해방의 그날까지 독립운동의 제1선에서 싸웠던 훌륭했던 우리의 지도자들이 해방이란 정치적 진공상태에는 충분히 대처할 힘을 조직, 집중시키지 못한 지도자들의 미숙 때문이기도 했다. 민족통일과 정당통합운동이 실패한 원인에 관하여 현재 미국 펜실바니아대학 정치학 부교수인 이정식(李庭植) 씨(정치학박사)는 다음과 같은 글을 보내왔다.

- 편집자에게

귀지에 연재되고 있는 '남북의 대화' 시리즈는 해방된 우리 약소민족 한국인들이 강대국의 파워 폴리틱스 속에서 어느 진로를 걸어갔어야 했고 또 걸어가야 하느냐는 문제에 관해 유익한 시사를 던져주고 있습니다.

나의 의견으로는 당시 남한에서의 좌우대립이 너무 심했다는 것 또 박헌영 등의 공산당이 소련군사령부 앞에 너무나 저자세였고 약했다는 것 등이 남북의 분열을 조장한 국내적인 요소들이었다고 봅니다. 또 고하 송진우 등이 임정의 국제적인 위치와 실력을 너무 과대평가했던 것도 잘못이었습니다. 국내에서는 임정의 사정을 알 수 없었기 때문에 임정에 대한 기대가 클 수밖에 없었지요. 그 결과 고하의 마지막은 너무나 비통했습니다. 그런 뜻에서 이인(李仁) 씨 등의 초기노력이 실패한 것은 민족적인 비극이라 생각합니다. 또한 몽양 여운형이 좀 더 강한 성격이었던들 사정이 달라졌을 것입니다.

미국이나 소련이나 확고한 대한정책이 없었던 것이 사실입니다. 그러므로 한국지도자들이 어느 정도의 영향력을 행사할 수 있는 여지가 있었습니다. 그럼에도 불구하고 한국의 정치지도자들이 좌우로 갈라져 있었다는 것은 극히 불행한 일이었습니다. 해방 전에도 좌우를 망라한 통일전선 형성을 위한 신간회(新幹會)운동이 있었고, 그 운동이 처음에는 성공했다가 공산주의자들의 분열행동으로 실패, 해방당시 좌우가 분열돼 있긴 했지만 해방 후 좌우가 대동단결할 수 있는 여지는 아직 있었던 것입니다.

그러나 공산당 재건파들은 해방 후 좌우합작이나 단결보다는 자기세력 확장에 주력하였고 특히 소련군의 서울진주라는 데마(demagogy)로 광적인 활동을 전개함으로써 소아병적인 좌경을 범하여 공산혁명을 즉시 달성할 듯 날뜀으로써 온건한 우익민주주의 지도자로 하여금 그들을 소원하게 하는 결과를 빚었던 것입니다. 이 노선은 이북의 공산당지도자들과 소군정 사령부까지도 잘못이라고 비판했지만 그들 역시 미구에 같은 잘못을 저질렀습니다.

물론 해방직후에 몽양 여운형이나 민세 안재홍이 고하 송진우의 협력을 구하였을 때 고하가 응하였던들 좌우의 분열이 격심해지지 않을 수 있지 않았느냐 또한 우익진영에서 몽양과 협조했던들 건국준비위원회가 공산당과 협력하여 좌익 일변도로 나가는 것을 방지할 수 있지 않았느냐 하는 의문을 항상 품게 됩니다. 그런 면에서 이미 '남북의 대화' 시리즈에서 다룬 바와 같이 국내 지도자들의 통일운동은 그 의의가 자못 컸습니다만 헤게모니 쟁탈욕망 때문에 실패한 것이 아쉽습니다. 고하와 몽양 사이에는 사상적 견해의 차이, 인간성의 차이, 해외망명객들에 대한 인식의 차이 등과 대항의식이 격심하여 협화를 이루지 못했습니다.

"임정이 귀국할 때까지 경거망동해서는 안된다. 우리는 임정을 받들어야 한다"는 고하의 지론은 물론 수긍할 수 있으나 해방의 소용돌이 속에서 임정이 돌아올 때까지 조용히 기다릴 수 있었던가요. 결과적으로 고하 자신도 그의 지론을 굽히고 한민당 조직에 참여하지 않을 수 없지 않았습니까.

우익의 보이콧으로 몽양은 공산당 측과 더욱 가까워졌다는 이론이 설 수도 있기는 하나 몽양 자신의 과거 친분관계로 볼 때 그는 역시 공산 측과 동조할 수 있는 점이 많았습니다.

더욱이 '남북의 대화' 시리즈 29회에서 밝힌 것처럼 몽양은 엔도(遠藤) 정무총감으로부터 소련군이 한강 이북을 점령하여 통치할 것이라는 소식을 들었으므로 공산당과의 밀접한 관계수립이 필요하다고 느꼈을 것으로 생각됩니다. 또한 그의 성격으로 보아 첩첩이 그를 둘러싼 공산당 간부들의 농간을 물리치고 독자적인 노선을 세워 나가기에는 그는 너무나 '호인'이었고 약한 인간이었습니다. 그 결과 건준은 점차로 공산당의 도구가 됐고 민세 안재홍마저 20일 만에 부위원장을 사임하고 이탈하게 됐으며 그 직후인 9월 6일에는 공산당의 압도적 우세 아래 소위 '인민공화국'이 선포됐습니다.

이 '인공'이란 단체는 아무런 이론적인 법적인 뒷받침을 인정할 수 없습니다. '인공'의 설립은 박헌영의 공산당이 범한 소아병적인 좌경오류 중에서 가장 큰 오류였습니다. 이 '인공'의 설립으로 박헌영 휘하의 재건파 공산당은 장안파 공산당에 의해 오랫동안 신랄한 공격을 받았습니다. '인공'이 설립된 며칠 후 공산당 평남지구 확대위원회가 채택한 강령에서 첫째로 "인민대표회의를 소집하여 인민공화국을 수립한다"고 규정하고 있는 것을 보면 소련군정당국도 서울에서 급조된 '인공'을 승인하지 않았다는 것이 확연합니다.

어떻든 이 '인공' 선포는 좌우세력 간의 대화 또는 협상의 가능성이 아주 없어졌다는 것을 또한 선포한 상징적인 것이었습니다. 이렇게 분열된 가운데 평양에 주둔한 소련군정 당국은 그들의 필요에 따라 박헌영의 공산당을 지지함으로써 남북한의 분열을 더욱 공고히 했습니다. 만일 이 무렵 소련군정 당국이 박헌영의 공산당이 범하는 소아병적인 좌경오류를 배척하고 그를 제거하여 온건한 노선을 명령하였다면 정세는 급격히 호전될 수 있었을 것입니다.

국가를 가져보지 못한 한반도의 비극은 꿈같은 국제공산주의의 환상을 심기에 알맞은 풍토를 제공했고 이런 여건아래 박헌영의 공산당은 신생독립국가의 형태와 성격을 공산혁명으로만 한정한 가운데 이승만이나 김구의 통일통합운동까지도 분열로 맞서버렸다.

해방과 더불어 날뛰던 공산주의자들을 수수방관함으로써 요원의 불길처럼 퍼져갔던 공산당 세력을 방치했던 것은 분명 송진우 등 국내 민족진영 인사들의 커다란 잘못이었다.

조선총독부가 과연 민주주의진영 인사들에게 진정으로 정권인수를 요청하였는지의 여부에 관해서는 아직 객관적 자료가 불충분하다. 그러나 조선총독부의 정권인수 요청이 있었는데도 이를 거부했다면 이는 해방 후 최초의 정치적 이니시어티브를 오히려 여운형과 공산주의자들에게 스스로 넘겨준 민족진영 지도인사들의 소극적 수동적 보수적 성격이 저지른 잘못이었다고 볼 수 있다.

민족진영 인사들은 해방 당시 한반도의 북단에 이미 소련군이 진주하고 있었다는 것, 그 소련군은 곧 한반도를 석권할 기세였다는 것, 게다가 소련군이 한강 이북을 점령할 것이라는 풍문이 나도는 가운데 정세를 방관하기만 함으로써 가장 중요했던 해방 후 몇 주간을 그냥 보내버렸을 것이라고 생각할 수도 있다.

한편 이 무렵의 정치인들은 남북분단 문제에 관하여 사려 깊은 대책을 강구하지 못했음을 알 수 있다.

송진우 등 한민당이나 그 후 이승만 김구도 해방 전에는 긴밀한 연락을 유지해 왔던 조만식(曺晩植) 등 북한의 민족지도자들과의 공동보조를 취하기 위한 협의를 게을리했을 뿐만 아니라 북한의 민족지도자도 마찬가지였다. 또한 정당통합운동에 있어 이승만과 김구는 물론 박헌영의 공산당까지도 해방 2개월 만에 북한의 실력자로 등장한 김일성이란 소련군정의 괴뢰, 그리고 김두봉(金枓奉), 무정(武丁), 최창익(崔昌益) 등 중국연안에서 들어온 독립동맹계 인사들을 주목하지는 아니했고 그들을 포함한 민족통일과 정당통합을 위한 좌우 또는 남북의 대화를 시도해 보려 하지 않았다.

남한에서의 정당통합운동이 혼란을 거듭하고 있을 동안 북한에서는 김일성의 체제가 점차 굳어지면서 남북의 좌우정당과 정치지도자들은 한반도를 분단한 미소의 양극화체제에 말려들었고 그 결과 한민족의 내적 정치력을 집중, 극대화시켜 미소에 의한 영향력을 극소화 내지는 중립화시키지 못함으로써 한민족을 분단이라는 민족적 비극에 휘말리게 했다.

(2) '혼란속의 통일운동'에 대한 의견

전 국회의원 유홍(柳鴻)

귀지에 게재 중인 '남북의 대화' 1972년 1월 13일 자 41회 기사 '혼란 속의 통일운동' 제하의 내용에 대하여 몇 마디 이견(異見)을 제시하고자 한다. 전 기사 중 동미(東美) 펜실베니아대학 부교수인 이정식(李庭植) 박사에 의하면

1. "고하 송진우 등이 임정의 국제적인 위치와 실력을 너무 과대평가했던 것도 잘못이었습니다. 국내에서는 임정의 사정을 알 수 없었기 때문에 임정에 대한 기대가 클 수밖에 없었지요" 운운한 구절이 있다.

해방 직후 고하가 정당 결성에 앞서 우선 국내에서 각계각층의 인사를 모아 국민대회준비회를 구성하고 임정을 위시하여 해외에 망명 중인 독립운동자, 지사의 환국을 영접하는 준비를 하고 환국 후에 국민대회를 가져 국가민족의 향방을 결정하려 한 것은 고하가 임정의 사정에 어두워서 한 것이 아니라 3·1운동의 주동 세력이었던 고하나 그 동지들은 임정이 3·1운동의 소산이므로 사실상 그 법통을 간직하고 이어 나오고 있었던 것이요, 또 그래야

만 한다는 역사적 관점에서 임정을 지지하고 나섰던 것이다. 이는 고하의 임정의 법통에 대한 의리에서 뿐만 아니라 어려운 일정의 탄압 하에서도 국내에서 옥고 등 고난을 치른 지사들을 대접했듯이 해외망명 중의 선배나 동지를 대접하고자 하는 고하의 인품의 일단이 나타난 것으로 볼 수 있다. 겸하여 이는 국내외의 지도자를 망라한 민족의 총역량을 집결하여 건국에 당하려고 한 고하의 정치적 식견을 말한 것으로서 평가되어야 할 것이다. 이 박사의 견해는 이러한 3·1운동과 임정과의 관계를 역사적 안목에서 종합적으로 고찰하지 못하였기 때문에 이러한 오류를 저지른 것이 아닌가 싶다.

그런 까닭에 해방 전 출옥 후 지도자로서 그 처세가 탐탁지 못했고 임정의 법통마저 부인하려 하던 몽양과 합작이 근본적으로 어려운 것은 추측하고도 남음이 있다. 더욱이 건준 발족 직전 공산혁명의 길로 일로매진할 것을 공언한 몽양과 합작이 불가능하다는 것은 재언할 필요도 없다. 일정 시 출옥 후 몽양의 처세가 탐탁지 않았다는 것은 가장 관대한 인사들의 말을 빌린다 할지라도 그 당시로서는 몽양에게는 불가피한 일이고 인간적이라고 할는지 모르나 민족적 지도자로서는 그 처세나 태도가 일반이 수긍하기 어려운 점이 많았다는 것은 좌우를 막론하고 국내지도계급의 인사들은 대체로 짐작하고 있었던 것이다.

그가 기업경영에 재략과 경험이 부족한 관계인지 당시 중앙일보 사장으로서도 성공을 거두지 못했고 그 후 일본 동경체재시나 귀국 후 일정이 국내지도자를 한 올가미로 묶어서 전쟁에 직접간 접으로 협력, 이용하려고 만든 소위 '시국대응사상보국연맹(時局 對應思想報國聯盟(후일의 보도연맹(保導聯盟))'에 대한 협조적 태도 라든지 등등을 고려해 볼 때 중국에 체류 시에 국내에서 빛났던 왕년의 명성과 인기는 찾아보기 어려웠던 것이다. 오직 향방을 모르던 약간의 젊은 청년학생층에게 인기를 유지했던 이유는 그 능변과 청소년과 잘 어울리는 소탈한 점에 있었던 것으로 보아야 할 것이다. 그러기에 건준 발족 직후 8월 17일 내방하여 고하에게 협력을 청한 몽양에게 고하가 간곡히 해외망명동지들의 환국 후 에 건국준비를 하고 그때가면 고하는 몽양을 적극 추대하겠다고 거듭 말한 것을 보아도 고하가 3·1운동의 법통을 이은 임정과 기 타 망명 중의 여러 정객의 귀국을 기다려 내외 지도자가 한데 뭉 친 힘으로 건국방향을 설정하려던 것은 충분히 짐작할 수 있을 것이다.

몽양의 건준은 발족한 지 20일 내외간에 인공을 만들어 그 성 격과 진로를 뚜렷이 한 바 있다. 여기에 이르러 건준이 애당초 내 세운 명목과는 달리 급히 좌경함을 우려하고 또 자기 명의 등까 지 도용당한 바도 있던 김병로(金炳魯), 백관수(白寬洙), 이인(李仁) 등 제씨가 몽양을 찾아 수차에 걸쳐 그가 건준 발족 이래 언명한 민족총집결체적 대표기관이란 내용을 명실상부한 체제로 할 것, 즉 구성위원 수에 있어서 민족·공산 양진영 중, 민족진영 측의 수 를 보다 많은 비율로 안배할 수 없다면 최소한도로 좌우동수로라도 구성하여야 하지 않겠느냐는 충고가 있었다. 그러나 면담 시에는 이를 동의한 몽양은, 그때마다 번번이(두 번이나) 자기가 언약한 바를 배신하였으니, 이에 민족주의자와 건준은 완전히 결별하게 되었던 일, 이에 분개한 민세 안재홍도 이때를 전후하여 건준을 이탈하고 말았다.

고하도 몽양도 다 이 세상을 떠난 후일에 와서 사학자나 정치학도들이 3·1운동의 역사적 의의와 8·15해방 직후의 민족진영의 지향방법이나 노력은 비교적 간단히 무시 말살해 버리려는 대신 공산진영에서 몽양을 전면에 내세우고 자파중심의 혁명을 추진하던 결과만을 높이 평가하던 그대로의 논조나 태도는 공정을 잃었다고 밖에 볼 수 없는 것이다. 유독 몽양에 관대한 것은 역시 공산주의자들의 행적에도 관대한 것을 의미한 것이 아니고 무엇이겠는가.

2. 다음에 이정식 박사는 "물론 해방 직후 몽양의 협력요청에 고하가 응하였던들 좌우분열은 격심해지지 않을 수 있고 우익진영에서 몽양과 협조했던들 건준이 공산당과 협력하여 좌익일변도로 나가는 것을 방지할 수 있지 않았느냐, 통일운동이 헤게모니 쟁탈욕망에 실패했고 고하와 몽양 사이 사상적 견해, 인간성, 망명객들에 대한 인식 등의 제 차이에다 대항의식이 격심하여 협화를 이루지 못했다" 운운하는 대목을 나열했다.

그러나 이 박사에게 세계 어느 나라에서 공산주의자가 민족주의자와 협화해서 정부를 이룬 예를 본 일이 있는가를 묻고 싶다.

건준 발족 직후 몽양이 내방하였을 때 고하에게 "고하가 나를 페탱이나 라우렐이라고 했다는데 사실이요?"하고 질문을 했다. 고하는 이에 대해서 서슴지 않고 "몽양은 공산주의자가 아니라고 생각했는데 공산혁명으로 적극 추진할 것을 주장하고 또 이미 패망하여 정권을 누구에게도 주고 말고 할 수 없는 일정에서 정권을 받는 것은 페탱이나 라우렐과 다를 것이 없다는 말이오. 더욱이 일군이 항복하기까지는 군경의 힘은 일정에 있지 않소?" 하고 준절하게 경고를 겸한 충고를 하였던 일이 있다. 여기서 고하가 말했듯이 몽양이 조선총독부로부터 선뜻 정권을 인수하여 페탱으로 전락하는 경솔을 저질렀고 김병로 씨 등과 언약에 대한 배신태도로 보아 민족진영의 협조를 사실상 진심으로 구하지 아니하였던 것도(사실 못했던 것인지 모르나) 사실이다. 민족진영의 일부세력을 대표한다고 믿고 협력 출발했던 민세(民世 安在鴻)마저 건준을 이탈하게 되고 진주한 미군까지도 건준, 인공을 인정하지 않는데 이르러서는 더욱 말할 필요가 없다. 꼭 정권을 인수하고 따라서 권력을 잡은 줄 알았던 몽양의 경솔과 식견이 얼마나 단견이였던가를 여기에 여지없이 노출하고 만 것이다.

   이 박사가 말한 바와 같이 미 측의 대 한국 방침도 뚜렷한 것이 아니었다면 몽양이 정권수립을 밀고 나갈 수 있는 기회라고 보는 것은 현실과 거리가 먼 것이었음을 말해준 것과 다름이 없을 것이다.

   여기에 이르자 몽양은 공산당마저 이탈되어서는 안 되겠다고 생각한 나머지 더욱 공산당과 밀착하게 되었고 따라서 박헌영 등의 남로당 주류파에 발목이 잡혀서 진퇴유곡의 형편에서 공산당을 대변하고 있었던 것이고 그 후 얼마 되지 않아 할 수 없이 공산당에서도 갈려 나왔다는 사실이 이를 증명하고도 남는다. 혁명의 목적달성을 위해서는 그 수단과 방법을 가리지 않는 공산당이라면 모르되 백보를 양보해서 몽양을 공산주의자가 아니라 하더라도 전기한 바와 같이 해방 전 출옥 후의 처세나 해방 후 여러 가지로 그가 저지른 과오에 대해서는 역사가 그것을 엄정히 가려내겠지만 이러한 견지에서 볼 때 몽양은 지도자로서의 식견 등에 있어서 고하와 동일선상에서 평가될 수는 없는 것은 두말할 것도 없다.

이 박사가 민족분열의 책임을 몽양의 협조요청에 불응한 고하에게 주로 돌리고 있는 것은 공정한 견해라고는 볼 수 없는 것이다. 되풀이하거니와 몽양이 전쟁에 완패하고, 우리 영토를 불법강점해서 아무 자격이나 권한도 없는 일정에게서 권력을 넘겨받았으나, 미군은 진주 전에 살포한 삐라를 통하여 진주시까지는 일군경이 치안을 확보하라고 지시하였다. 이렇듯 건준이 완전히 무시당함으로써, 자기 자신이 허공에 뜨게 된 몽양은 그의 정치적인 입장을 만회하고자 공산당과 악수하는 등 갈팡질팡 하지 않을 수 없었다. 몽양이 빚어낸 혼란에 고하가 몽양의 배신을 감당하면서까지 동조해야만 혼란이 줄어들었을 것이라고 보아야 옳을 것인가?

몽양의 단견(短見)에 비하면 3·1운동 이래 자기의 위치를 지켜 오면서 해방까지 각고수난의 길을 걸어오면서 민족의 지도자로서 극좌파 공산당을 제외하고는 임정을 포함한 해외 모든 민주세력을 포섭하려 했던 고하의 경륜과 수완에 대하여 후세 사가의 보다 공정한 비판이 있어야 할 것을 믿어 의심치 않는다. 더욱이 고하는 기회가 오면 몽양을 지도자로 추대할 용의가 있음을 여러 번 말한 바 있으니 양인 간에 헤게모니 쟁탈싸움 운운은 어불성설이 아닐 수 없다. 덧붙여 말한다면 몽양이 출옥 후 중앙일보 사장 시대부터 해방까지 고하가 그를 아끼고 여러모로 협조한 바는 크다 해야 할 것이다.

가령 백보를 양보하여 고하와 그 동지들이 건준에 협조하고 갔다면 당장 일시적으로는 표면상 협화 비슷한 양상이 이루어졌을는지 모르나(혼란을 일으킬 거리가 일시나마 없어지니까) 이는 결코 지속되지도 못했을 것이고 오히려 공산당의 선전재료에 효과를 더해줄 뿐, 민족진영은 지리멸렬하여 큰 패배를 면치 못했을 것이다. 이것은 좌우합작의 이름아래 시도한 여러 나라의 공산혁명사가 말하고 있는 것이다. 다행히 고하의 거시적이요, 투시적인 판단이야말로 민주주의 및 민족세력의 명맥을 계속케 했고 난국에 대처하는 지침을 밝혔다고 보아야 할 것이다. 그것은 국내에서는 오직 고하 한 사람 밖에 없었다 해도 과언이 아닐 것이다.

고하와 몽양의 인간적인 다른 차이는 차치하고라도 대항의식이 격심 운운은 이 박사만의 해석에 그치기를 바란다. 고하가 작고한 후에 일부 신문인 중에는 미군진주 후에야 국민대회준비회를 발회하는 것은 고하가 비겁해서 그러한 것이라고 하는 와전까지도 공공연히 돌고 있기 때문이다. 공산화를 막기 위해서는 반공투쟁은 불가피한 것이다. 그러기에 그 후에도 몽양의 추종자인 일주 김진우(一洲 金振宇) 등은 몽양의 뜻을 받들어 고하에게 몽양과 합작할 것을 서면이나 또는 면담 등으로 공갈 협박을 겸한 요청을 하였을 때에 고하는 의연한 자세로, 몽양이 공산당과 손을 끊고 나설 것과, 그러한 문서에 서명날인하고 태도를 명시하면 이를 고려할 수도 있다고까지 응수했던 것이다.

3. "(가) 조선총독부가 과연 민족진영 인사들에게 진정으로 정권인수를 요청하였는지 여부에 관해서 아직 객관적 자료가 불충분하다"는 것과 "(나) 그러나 총독부의 정권인수 요청이 있었는데도 이를 거부했다면 이는 최초의 정치적 이니시어티브를 여 씨와 공산당에 스스로 넘겨준 민족진영 지도인사들의 소극적, 수동적, 보수적 성격이 저지른 잘못이었다고 볼 수 있다" 운운하는 두 가지 점에 대하여는 후자에 대해 보다 충분한 해명이 필요하다.

이 박사와 동일한 견해를 갖는 것은 이러한 견해를 갖는 부류 인사들의 자유일 수 있겠기에 이를 잠깐 미루기로 한다. 우선 전자의 경위에 대해서는 고하가 8월 11일부터, 여러 차례 정권인수 교섭을 받았지만, 이를 거절하자 그다음으로 낭산 김준연(朗山 金俊淵)이 8월 14일에 이쿠다(生田) 경기도지사로부터 교섭을 받은 바가 있었음은 고하 전기(古下傳記)나 낭산이 남긴 여러 문헌에도 이미 기록된 바이고, 고하 살해범인 공판기록 등을 들추어보더라도 객관적 자료부족 운운은 불가해일 뿐만 아니라 공격과 부인만을 일삼는 인사의 말로밖에 보이지 않는다. 더구나 조선총독부가 과연 진정으로 민족주의진영에 정권인수를 요청하였는지 운운하는 대목에 이르러서는 이 박사는 무슨 자료에 의하여 언급한 것인지는 학자로서의 양심과 공정을 상실한 태도라고 밖에 볼 수 없다.

일정은 패전기색이 짙어지자 오래전에 총독부 내무국장을 지낸 바 있는 노 퇴역관리를 조선의 수도행정 수반인 경기도지사로 재기용하여 일본이 항복 후 예상되는 혼란 상태를 수습하는 책임을 맡겼던 것이며, 이 노회한 관료인 이쿠다(生田)는 자기들 손에 통치권이 있는 것인지의 분별도 못하고 정권인수를 말했을 리가 없지 않는가.

고하는 명분상으로도 그렇지만 또한 그들이 일시적 위기를 호도하려는 술책임을 간파했던 까닭에, 인수를 끝까지 거부했고, 몽양은 무분별하게 덤벼들어 많은 잘못을 저질렀고, 그로 인한 혼란마저 이 박사로 하여금 고하에게 혼란의 책임소재를 묻게 하는 것은 크게 유감된 일이 아닐 수 없다. 일생에 걸쳐 일본필망을 확신하고, 그것을 신념처럼 간직하고 있던 고하는 해방되기 오래전부터 국내동지들에게, 일본이 위험해지면 조선에 자치를 준다고 달랠 것이고, 더 궁지에 빠지면 독립을 준다고 꾀일 것인데 그때가 가장 어려운 때일 것이라고 말한 것을 보면, 정권인수를 거절한 경위가 자연적으로 짐작될 것이다.

고하 살해사건 공판정에서 증인으로 출석한 민세의 진술에 고하·몽양이 합작하였다면 해방 후 혼란은 좀 더 적었을는지 모르겠다고 말한 바 있는데, 이는 건준 초창시에 적극 협조했던 민세로서는 있음직한 말이기도 한 것이다. 이것은 당시의 좌익과 많은 언론인들이 즐겨 내세우던 이야기다. 심지어는 일부 실업인 및 바로 얼마 전까지 일정의 선전에 동조하여 앞잡이 노릇을 하던 자들도 자의이건 타의이건, 공산당의 교활한 선전에 동조까지 하였다.

극좌 공산당을 상대로 반공투쟁을 뚜렷이 한 고하와 그가 조직한 국민대회준비회나 한민당에 대한 중상모략과 공격을 일삼아야만 소위 지식인으로 행세할 수 있다고 한 허위와 비극을 20여 년을 지난 금일에도 간간히 유사한 경우를 발견할 수 있다. 과연 이러한 오류와 허위가 내 민족과 내 국가를 위해 지식인으로의 옳은 자세라고 봐야 할 것인가. 혹은 이 같은 망동은 참으로 소위 지식인의 자기만족에서 나오는 무책임한 언동인지, 또 그래야만 남북통일의 실마리라도 풀리는 길이 되는지 분별하기 어려울 정도이다. 내 나라 민족의 불행을 걱정하는 입장에서의 견해라면 사실의 발생경위와 배경 등에 대한 분명하고 공정한 판단이 있어야 할 것이며, 정권인수 문제에 있어서는 세밀한 관찰이 있어야만 마땅할 것이다. 하물며 쟁취 아닌 수여라는 비굴하기 짝이 없는 방법에 있어서랴.

4. "송진우 등 한민당이나 그 후 이승만, 김구도 조만식 등 북한

민족지도자들과 공동보조를 취하기 위한 접촉을 게을리했고 북한의 지도자들도 마찬가지였다."고 이 박사는 말하고 있다.

　해방 직후 고하는 평양의 고당 조만식(古堂 曺晩植)과 비교적 긴밀한 연락을 가졌었다. 8월 16일 고당 등으로부터 고하에게 전화가 걸려 왔고, 그 내용은 평남도지사가 치안행정을 맡으라 하는데 고하의 의견여하를 물어왔을 때 고하는 민중대회를 열어서 위임을 받는 형식을 취하도록 하지 일인으로부터 직접 행정권을 맡지 않을 것이며 연합군 입국까지 치안을 유지하는 정도로 가는 것이 좋겠다는 자기 의견을 말했던 것이다. 또 고당의 동지인 오윤선(吳胤善), 김동원(金東元) 등과 그 가족들이 많은 위험을 무릅쓰고 고하와 연락차 왕래하였던 것이다. 소련군이 진주한 8월 말, 9월 초부터는 왕래도 어려워졌고 물론 공공연한 연락도 되지 않았던 것이다. 결과적으로 보아 연락이 두절된 것은 노력이 부족하고 게을리했다는 책임을 묻게 될 경우 그러한 해석도 할 수는 있을 것이다. 그러나 26, 27년이 지난 오늘날의 여러 여건을 기준으로 해서 보아도 이 박사의 견해에 전적으로 수긍이 가지 않는다.

　후일에 와서 역사적인 비극과 실책을 빚어낸 책임을 누구에겐가 지워야 하겠다는 전제라면 더욱이 국내 민족지도자에게 지울 수는 없다고 본다. 그것은 약소민족인 한국인이 어떠한 관점에서도 강대국 간의 정책적 흥정물이 되지 않을 수 없는 처지에는 더욱 그렇다. 북한에서 소련군이 자기 목적을 신속히 달성하기 위하여 강력한 뒷받침을 하여 밀어준 김일성 정권과 미군진주 후 3개월 후에야 겨우 민족진영에는 신문출판을 허용할 정도의 미군정부의 시책사이에 처하여 고하 등 민족진영지도자들의 고충이 얼마나 심대하였던 가는 일고조차 하지 않으려 하는 것은 참으로 이해하기 어렵다.

5. 끝으로 필자는 역사학자도 아니고 더구나 정치학자가 아니다. 오직 해방 전후 국내에서 고하, 몽양, 민세, 이승만 등 여러 정치적 지도자를 실지로 접하며 보아온 사람으로서 그중에서도 고하의 주변을 잘 아는 한 사람으로서 조국의 해방과 분단의 소용돌이 속에서 모든 것을 체험한 나머지 내가 아는 한도에서 이정식 박사의 글을 대하였을 때 그 견해가 여러 가지로 수긍되지 않는 점들과 또 이러한 유사한 견해가 아직도 비교적 많은 것을 보고 필자가 보고 겪은 바를 여기에 적어 보는 것이나 이는 조금이라도 이러한 문제에 관심이 있는 인사들에게 참고가 되었으면 하는 마음에서이다.

(3) 반탁과 찬탁의 회오리 - 고하 송진우의 암살

동아일보, 1972년 2월 17일

반탁운동으로 온 장안이 발칵 뒤집히고 이에 놀란 하지와 아놀드가 "'신탁'이 아니라 '원조' 또는 '자문'이 잘못 전해진 것이며 또 한국민이 싫다면 그것은 한국민이 거부할 수 있는 내용의 것"이라며 설명에 바빴던 45년 12월 30일 새벽 6시 15분 해방 후 줄곧

'인공' 타도와 임정봉대에 앞장섰던 고하 송진우가 암살자의 흉탄에 쓰러졌다.

이는 해방 후 최초의 정치적 암살사건이었지만 송진우의 죽음은 정계를 더욱 혼란에 빠뜨리게 했다.

고하 암살과 관련하여 항간에 별의별 풍설이 나돌았다. 이 풍설이 고하 암살의 요인인지도 모른다. 그것은 "고하가 신탁통치를 찬성했다" "고하가 미군정 연장을 주장했다" "고하는 3년에서 5년의 훈정기(訓政期)가 필요하다고 했다"는 등등이다.

해방 후 미군정관리로서 한국에서 일했던 리차드 E. 라우터백(당시 해군중위)은 그의 <한국미군정사>에 "송진우 씨는 이 모스크바 결정(신탁통치)을 승인했는데 당일로 암살당했다"고 쓰고 있다.

그러나 이러한 풍설에 대하여 일제하 조선어학회사건으로 형무소생활을 했던 이희승(李熙昇) 교수(78·당시 경성대학 교수·전 서울대 교수·동아일보사 사장·단국대학 교수)를 비롯하여 이정래(李晶來) 씨(73·전 국회의원·현재 서울시 갈현동 거주) 송영수(宋英洙) 씨(50·당시 송진우 씨 비서·사자(嗣子)·현 이천물산 사장) 등은 한마디로 "근거 없는 중상모략"이라고 단언한다.

사실 당시의 좌우익계 각 신문 잡지와 송진우의 정치노선, 그리고 당시 하지가 미국무성에 보낸 공문서 등을 참고로 살펴보면 송진우의 반탁자세는 명백한 것이었음을 알 수 있다. 그는 이미 45년 10월 20일 빈센트 미국무성 극동국장이 신탁설을 발설할 때부터 반탁태도를 명백히 하고 있었다. 12월 27일 모스크바 결정이 외신으로 전해졌을 때 그는 즉각 그가 지도하는 한민당이 반탁을 결의하도록 했고 그가 영향력을 미칠 수 있는 신문 정당 사회단체 및 청년 단체로 하여금 반탁국민운동을 벌이게 했다.

그러한 그를 찬탁 또는 훈정설(訓政說) 주장에 의한 군정 연장론자로 몰아 그를 중상 모략한 것은 극렬한 공산계와 '인공'계열이었다. 그들은 고하가 암살되던 날인 12월 30일에도 '반파쇼공동투쟁위'를 결성하고 "미국의 극동부 책임자 빈센트 같은 사람은 공공연하게 조선을 신탁통치할 것이라 말했고 국내의 소수 매족 매국적 반동분자들은 여기에 영합하여 혹은 당분간 군정기가 필요하다고 하고 혹은 3년 후가 아니면 독립되지 못한다고 하였다…"(조선일보 46.1.1.)며 풍설이 사실인 양 왜곡하여 선전했었다. 좌익계의 중상모략은 임정요인의 귀국 후 간혹 폭발된 임정과 한민당의 불화를 파고들어 교묘히 유포되고 있었다.

사실 반탁방법을 둘러싸고 송진우는 미군정을 배격하고 임정이 직접 통치권을 행사하려는 임정요인들과는 의견을 달리했다. 당시 경교장에서 임정 일을 봤던 장준하(張俊河) 씨는 다음과 같이 기억하고 있다.

28일 밤 각 정당 사회단체대표들이 경교장에서 반탁운동방법을 논의했습니다. 대표 중에는 흥분해서 미군정을 엎어버리고 임정이 독립을 선포, 통치권을 행사해야 한다고 말하기도 했습니다. 모두들 울분과 분노로 흥분할 뿐 반탁방법에 관해서는 차근차근하게 말하는 분이 없었습니다.

12시쯤 송진우 선생이 김준연(金俊淵), 장택상(張澤相) 씨를 대동하고 경교장 회의실에 들어오셨습니다. 특유의 망토를 입고 단장을 짚으면서 회의장에 들어온 송진우 선생은 흥분한 대표들에게 "내가 지금 하지를 만나고 오는 길인데 신탁통치라는 것이 여러분이 흥분해서 생각하는 것만큼 그렇게 우려할 만한 것이 아니다. 반탁을 하되 미군정을 적(敵)으로 돌려서는 안 된다. 다시 한번 여유를 가지고 냉정히 생각해보자"고 말하자 여기저기서 "집어치우라"고 하면서 세찬 반발이 일기도 했습니다.

이에 관하여 '고하 선생전기편찬위'가 엮은 <고하 송진우 선생전>은 요지를 다음과 같이 적고 있다.

신탁통치안이 전해진 후 국내는 물 끓듯 소연하기만 했다. 8·15 해방의 기쁨도 사라지기 전에 한민족의 정치적 위기는 절정에 달했다. 한편 지도자 암살설이 시정(市井)에 떠돌았다.

12월 중순께부터 원동 고하집 주변에서는 이상한 공기가 감돌았다. 미군정에서도 이 기미를 알아채고 미군헌병을 파견할 것을 제의해 왔다. 고하는 거절했다. 12월 28일(밤) 고하는 낭산 김준연을 대동하고 경교장의 임정을 찾아 신탁통치문제를 의제로 일련의 회의를 가졌다. 고하와 임정은 신탁통치반대에는 이론이 없었으나 반탁방법에는 서로 상당한 의견차이가 있었다.

임정은 반탁방법으로 즉시 미군정을 부인하고 민족독립을 선포하는 동시에 정권을 인수하고자 하는 반면 고하는 국민운동으로 반탁을 부르짖게 하고, 미군정과는 충돌을 피해야 한다고 주장했다. 요컨대 고하는 미국은 여론의 나라이니만큼 국민운동으로 의사를 표시하면 족히 신탁통치안이 취소될 수 있고 한국독립을 열렬히 지지하는 중국이 있음을 상기시켰다.

만일에 군정을 부인하고 임정 이름으로 독립을 선포하면 반드시 큰 혼란이 일어날뿐더러 결국은 공산당이 어부지리를 취할 우려가 있다고 주장했다. 그리고 고하는 만일 임정식으로 사태를 수습하면 우선 미군정과 충돌해야 하고 미군정과의 충돌은 미국 및 민주주의 제국과의 충돌을 일으킬 염려가 있다고 역설했다.

"그러면 고하는 찬탁파요?"

"찬탁이 아니라 방법을 신중하게 하자는 것이오. 반탁으로 국민을 지나치게 흥분시킨다면 뒷수습이 곤란할 것이니 좀 더 냉정하게 생각해서 시국을 수습해야 하지 않겠소"

"무슨 소리요. 반탁 뒤에 오는 모든 사태는 우리가 맡지"

고하와 임정 간에는 격론이 벌어졌다. 깊은 밤중의 회의는 이론(異論)의 조정을 못보고 29일 새벽 4시에 산회하고 말았다. 고하는 두어 시간쯤 눈을 붙이고 일어나 찾아온 몇 손님을 차례로 맞았다.

"박헌영 군에게 이번만은 제발 영웅적 태도를 취해 달라고 전해 주시오. 내가 그러더라고……"

고하는 아침상을 받으면서 공산당 측에 연락이 닿는 측근에게 말하기도 했다. 고하는 상을 물린 뒤 곧 한민당사로 발길을 옮기고 오후엔 또 임정회의에 참석하고 돌아왔다. 저녁 7시경 원세훈(元世勳)에게서 전화가 걸려왔다.

"고하와 임정 간에 의견이 달라졌다는데 사실이요?"

"글쎄 임정에서는 모두 짚신감발을 하고 걸어 다니면서도 반탁을 한다 합니다. 반탁이 문제가 아니라 군정과 충돌을 일으켜놓고 임정이 뒷수습을 어떻게 하려는 것인지 나도 알 수가 없소"

고하는 밤 10시께 취침했다.

"안으로 문을 걸까요?"

"문은 왜 거느냐 내버려 두어……"

조카 영수(英洙)는 정국이 흐려지고 이상한 풍문이 돌뿐만 아니라 집 주위가 어수선하기에 문단속을 제의했었는데 고하는 응하지 않았다. 고하 집 관습으로는 문을 안으로 잠그지 않는 것이 버릇이다.

이튿날 새벽 돌연 고하의 침실 밀창문 여는 소리와 함께 총소리가 들렸다. 새벽의 고요한 공기를 찢어댔다. 뜰 아랫방에 기거하던 영수(英洙)와 호위경관이 황급히 고하의 침실에 뛰어갔을 때에는 이미 흉한의 총탄에 쓰러져 있었다.

담장을 넘어온 흉한은 도합 6명으로 연속 13발을 쏘았다. 그중 6발이 명중했다. 고하는 56세를 일기로 45년 12월 30일 오전 6시

15분 자객의 흉탄에 넘어진 것이다.

손세일(孫世一) 씨(동아일보 논설위원·주 동경)는 그의 <이승만과 김구>에 당시 이승만의 비서였던 윤치영(尹致暎), 윤석오(尹錫五) 양씨와의 면담록을 인용하여 다음과 같이 적고 있다.

> 송진우의 죽음은 이승만에게 크나큰 충격이 아닐 수 없었다. 그가 가장 의지했던 정치세력의 주축을 잃은 그는 손으로 방바닥을 치면서 엉엉 울었다. 이날의 그의 울음은 이성을 잃은 어린애의 그것과 같았다.

고하 송진우 암살은 정계에 크나큰 충격을 주었다. 그의 죽음으로 한민당(송진우)과 국민당(안재홍), 인민당(여운형) 및 온건파인 장안파 공산당 김철수(金錣洙), 이영(李英), 최익한(崔益翰)을 중심으로 진행되어오던 좌우통합운동과 임시정부의 정통을 이을 국민대회(국회) 개최의 계획은 무산되고 말았고 박헌영까지를 포함한 반탁운동을 전개하려던 그의 계획은 수포로 돌아가고 만다.

(4) 반탁과 찬탁의 회오리 - 고하의 정치노선

동아일보, 1972년 2월 19일

해방 후 고하 송진우의 주변에서 줄곧 고하, 몽양, 민세 등 여러 정치지도자를 직접 접한 유홍(柳鴻) 씨(74·전 국회의원·현재 서울시

노량진동 거주)는 다음과 같은 글을 보내왔다.

'남북의 대화' 시리즈 중 지난 1월 13일자 '분산된 민족의 힘' 항은 고하의 해방 직후 정치노선에 관해 오해를 일으킬 수 있는 의견이 있었습니다.

이제 고하도 몽양도 다 세상을 떠난 지금 굳이 몽양을 비판할 뜻은 추호도 없지만 후일의 기록을 위해 사실을 밝히려 합니다.

먼저 "고하 송진우 등이 임정의 국제적 위치와 실력을 너무 과대평가했던 것이 잘못이었다"는 의견이 있었습니다.

3·1운동의 주동세력으로 48인의 한분인 고하는 3·1독립운동의 소산인 임정의 법통을 신생한국에 계승시켜야 한다고 생각한 것이지 임정의 국제적 위치와 실력을 파악하지 못하여 임정을 영접하려 한 것이 아니었습니다. 고하가 각계각층의 인사를 모아 국민대회준비회를 구성한 것은 임정을 위시하여 해외에 망명했던 독립지사들의 환국을 영접하는 준비를 하고 그분들이 환국한 후에 국민대회를 가져 국가민족의 향방을 결정하려는 뜻에서였습니다. 이것은 임정에 대한 의리에서 뿐만 아니라 고하가 국내독립지사를 대접한 것과 마찬가지로 해외망명 중인 선배나 동지를 대접하고자 한 고하의 인품의 일단이 나타난 것이었습니다. 또한 고하는 이렇게 해야만 국내외지도자를 총망라한 민족의 총역량을 건국사업에 집결시킬 수 있다고 예견했기 때문입니다.

또 "해방 직후 몽양의 협력요청에 고하가 응하였던들 좌우분열은 격심해지지 않을 수 있었고 우익진영에서 몽양과 협조했던들

'건준'이 공산당과 협력하여 좌익일변도로 나가는 것을 방지할 수 있지 않았겠느냐는 의문을 갖게 된다"는 의견이 있었습니다.

고하가 몽양의 협조에 응할 수 없었던 이유는 첫째, 몽양이 임시정부의 법통을 부인했다는 것, 둘째, 줄 수도 받을 수도 없는 정권을 민족의 적이었던 총독부로부터 몽양이 받았다는 것, 셋째, 몽양은 공산혁명으로 일로매진하겠다고 공언한 점 등입니다.

고하는 이처럼 원칙과 명분 없는 정치노선에의 협력은 혼란만 더욱 가중시키리라고 생각했던 것입니다. 가령 일례를 들어 고하가 몽양에게 협력했다면 임정도 소위 몽양의 '인공'을 떠받들었다고 생각할 수 있을까요. 또한 총독부로부터 정권인수교섭을 받고도 거절한 고하가 총독부로부터 정권을 수여받은 몽양과 합작할 수 있을까요.

몽양의 정치노선으로는 해내외의 민족 민주세력을 총망라할 수 없었다는 것은 너무나 자명하며 그러기에 고하는 8월 17일 몽양이 찾아왔을 때 그의 잘못을 누누이 설명하고 임정의 법통을 존중할 것과 건국준비는 독립지사의 환국 후에 국민대회를 열어 결정할 것을 종용한 것입니다. 몽양이 고하의 충고에도 불구하고 공산당과 합세, 독주함으로써 혼란을 빚어내자 김병로(金炳魯), 백관수(白寬洙), 이인(李仁) 등 제씨가 민족총집결체로서 명실상부한 체제를 갖추어 해외독립지사들이 환국할 때까지는 치안유지 정도로 하고 민족, 공산 양진영의 구성 비율을 최소한 좌우동수로 구성할 것을 충고했는데 몽양은 이에 일단 동의하고서도 두 번이나 번번이 공산당 일색으로 재구성함으로써 민족진영을 배신했습니다.

이러한 사실들은 고하가 몽양의 잘못된 정치노선을 협력으로 중화시키려 노력했지만 몽양이 받아들이지 아니했고 고하가 몽양의 협력을 거부한 것이 아니라 몽양에게는 진정한 마음에서 협력을 요청할 의사가 없었던 것을 증명하는 것입니다.

물론 이 경우 몽양 자신의 뜻이 아니고 몽양을 둘러싼 극좌파들의 압력에 몽양도 어쩔 수 없었다고 생각할 수도 있습니다만 그렇게 되자 처음에 몽양과 협력하던 민세까지도 '건준'에서 이탈하였고 몽양도 갈팡질팡하지 않았습니까. 백보를 양보하여 몽양의 배신을 감수하고서도 몽양에 동조 협력하였다면 일시적으로 협화 비슷한 것이 이루어질 수 있었다고 할는지 모르지만 그것은 어디까지나 일시적이요, 임정을 받든다는 원칙하에 '인공'을 해체하지 않고서는 결국 민족진영의 패배를 자초했을 것임은 명명백백합니다.

몽양이 민족진영과의 통일은 구하지 아니하고 곧 정권을 잡는 듯한 착각에 사로잡혀 소위 '인민공화국'을 선포하자 민족진영은 부득이 '인공' 타도에 나설 수밖에 없었던 것입니다. 이와 같은 몽양의 정치행각과 정치적 식견을 고하와 동일선상에서 비교할 수는 없습니다.

또 "헤게모니 쟁탈욕망 때문에 (통일운동이) 실패한 것이 아쉽다"는 의견도 있었습니다만 실패의 원인은 앞서 말한 바와 같이 좌우동수비율로 동의해놓고 몽양의 헤게모니 쟁탈욕망 때문에 몽양이 번번이 공산당 일색으로 재구성했기 때문인 것을 알 수 있을 것입니다. 고하는 해방 전에도 몽양을 아끼고 도왔으며 몽양이 임정의 법통을 존중, 자중하면 기회가 왔을 때 지도자로 추대해 주겠다고까지 했습니다.

또 "조선총독부가 과연 민족주의진영 인사들에게 진정으로 정권인수를 요청하였는지의 여부에 관해서는 아직 객관적 자료가 불충분하다"고 하는데 이미 '남북의 대화' 시리즈 23회에서 밝힌 것처럼 총독부가 고하에게 정권인수를 교섭했지만 끝까지 거부한 사실이 있었던 것은 사실이고 이에 반해 몽양은 분별없이 덤벼들어 많은 잘못과 혼란을 일으킨 것입니다.

3·1운동을 지도 획책하고 옥고를 치른 다음 계속 동아일보 사장으로서 국내에서 독립운동에 몸 바쳐온 고하 송진우로서는 사실 '인공'계의 좌익인사들과의 협력을 위해서 임정을 버리기는 어려웠던 것 같다. 그에는 임정과 임정을 부인하는 '인공'의 둘 중에서 임정을 선택할 수밖에 없었다.

자연 그는 임정을 부인하는 '인공' 타도의 최일선에 섰고 좌익계에서는 그러한 그에게 총공격의 화살을 던진 것도 물론이다. 그런 가운데도 송진우는 분열의 결과를 염려하여 국민당의 안재홍, 인민당의 여운형, 공산당의 온건파인 김철수, 이영, 최익한 등과 함께 계속 정책의 통합을 모색, 임정 환국을 기다렸다.

그러나 송진우가 기다리던 임정은 각자가 하나의 당 보따리를 갖고 있을 만큼 분열돼 있었다. 김원봉(金元鳳) 등 좌익계를 포함한 좌우연립인 임정은 한민당과 선뜻 긴밀한 제휴를 가질 것을 주저했다.

임정 재정부장 조완구(趙琬九)가 송진우 등이 보낸 환국지사후원회기금 9백만 원을 돌려왔을 때 송진우가 흥분한 어조로 "정부가 받는 세금속에는 양민의 돈도 들어있고 죄인의 돈도 들어있는 것이오. 이런 큰일에 그것을 가지고 왈가왈부할 필요가 없을 줄 아오"라고 말해 해결한 일이 있었다. 또 국일관(國一館)에서 베푼 귀국 환영연에서 신익희(申翼熙), 지청천(池靑天), 조소앙(趙素昻) 등 임정요인들이 친일을 하지 않고 국내에서 어떻게 생명을 부지해 왔겠느냐면서 친일인사 숙청론을 폈을 때 듣다 못한 송진우가 "여보 해공(海公 申翼熙) 국내에 발붙일 곳도 없이 된 임정을 누가 오게 했기에 그런 큰 소리가 나오는 거요. '인공'이 했을 것 같애? 해외에서 헛고생을 했군. 더구나 일반에게 모두 임정을 떠받들도록 하는 것이 3·1운동 이후 임정의 법통관계지 노형들 위해서인 줄 알고 있나. 여봐요, 중국에서 궁할 때 뭣들 해 먹고서 살았는지 여기서는 모르고 있는 줄 알어? 국외에서는 배는 고팠을 테지만 마음의 고통은 적었을 거 아니야. 가만히 있기들이나 해…… 하여간 환국했으면 모든 힘을 합해서 건국에 힘 쏠 생각들이나 먼저 하도록 해요. 국내 숙청문제 같은 것은 급할 것 없으니……"라고 정면으로 공박한 일도 있었다.<주 - 고하 송진우 선생전>

그러나 송진우가 생존해 있을 때에는 이승만, 김구 한민당의 관계는 그런대로 그가 유지했지만 그의 암살사건 이후로는 임정과 한민당의 관계는 급속히 악화되어 민족진영까지도 분열돼버리고 만다.

47
해방정국의 주역들

동아일보, 1982.6.3. - 83.3.22.

　　1945년부터 1948년까지 이 땅에서 실시된 미국의 군정은 보는 측에 따라 두 가지 의미를 띠고 있다고 볼 수 있다.
　　미국 측에서 볼 때 군정은 전후처리의 한 과정이었다. 반면에 한민족의 입장에서 보면 미군정 기간은 또 다른 독립투쟁의 세월이었고 그러다 보니 자연 건국을 향한 민족내부의 치열한 정치적 갈등이 불가피한 계절이었다.
　　이 같은 민족내부의 정치적 갈등은 45년 9월 7일 승전 미군이 이 땅에 진주하기 훨씬 전 8월 15일 해방 당일부터 이미 본격적으로 꿈틀거리기 시작했다. 따지고 보면 이 갈등은 벌써 일제치하에서부터 독립운동의 방법론을 둘러싸고 인물과 파벌 간에 배태된 것이기도 했다. 그러나 이 갈등이 8·15를 기점으로 본격화됐다고 보는 것은 주권탈환이라는 일제하의 보다 거족적이던 목표가 이 날을 기해 정권장악이라는 보다 정파적 목표로 세분화되었기 때문이다.
　　이런 갈등들이 48년 정부수립 때까지 어떤 양상으로 진행되었느냐 하는 것은 그 이후, 가깝게는 지금까지 한국 현대사에 결정적인 영향을 미쳤다고 봐야 할 것이다.

(1) 고하와 몽양

동아일보, 1982.6.3. - 6.11.

우선 이 갈등에는 많은 주역들이 등장했다. 일반적인 평가를 기준으로 할 때 이들 주역들의 노선과 지략 그리고 개인적인 성격 등은 혹은 판이하고 혹은 애매했는데 이 모든 요소는 결국 민족사의 향방은 물론 그들 개인의 운명에도 심대한 영향을 미쳤다.

그들은 나름대로 신생근대국가를 만들겠다는 영롱한 꿈들이 있었다. 종국적으로 누가 승자였고 패자였든 간에 아마도 독립이라는 목표에서 볼 때 이들 대부분이 가졌던 동기는 이 시점에서 함부로 의심치 않는 것이 역사의 공정한 평가에 유익하리라고 본다.

개인이 가진 가장 현저한 속성을 기준할 때 이승만은 독립을 국제관계 속에서 이해했던 최초의 한국인이었다고 할 수 있다. 김구는 민족의 역동성을 믿고 농부가 토지에 대한 애착을 갖듯 강렬한 강토애를 가진 인물이었다.

김규식은 현상인식과 '권력에의 의지'가 일치하지 않았던 사람이었다. 여운형은 목표 감각이 뚜렷치 않은 불철저한 이데올로그였다고 할 수 있다. 박헌영은 국제정세에 둔감했던 지역공산주의자였다고 볼 수 있다. 그런가 하면 송진우는 인간이 갖는 사상의 함축성과 개연성을 선지(先知)한 지략의 정치인이었다.

그러나 해방 당일 이 모든 사람이 국내에 있었던 것은 아니었다. 이즈음 국내에 있던 송진우, 여운형, 박헌영 중 여운형이 제일 먼저 공개적으로 움직이기 시작했고, 광주벽돌공장에 은신했다 상경한 박헌영은 유령처럼 상경설만 퍼뜨리면서 일단 궁금증을 배가시키는 전술의 구사에 착수했다.

이 소란을 대기하면서, 혹은 그 속에서 송진우는 사태를 조용히 지켜보면서 심사숙고하고 있었다. 그래서 얘기는 이들 3인의 최초 동정과 그 주변에서부터 시작될 수밖에 없는 것이다.

45년 8월 14일 밤, 고하 송진우는 원서동 집에서 낭산 김준연(72년 작고·전 법무장관)과 자리를 같이하고 있었다. 김준연은 전남 영암 출신으로 동경제대 독법과를 나와 동아일보를 통해 송진우와 인연을 맺었다. 1927년 송진우 동아일보 사장은 김준연을 편집국장에 발령했다. 그런데 김준연은 당시 공산주의운동에 투신, 'ML당'(마르크스 레닌당)의 책임비서였다.

고하, 이념 달라도 포용자세

일본경찰은 즉각 송진우를 불러 따졌다. 그러나 송진우의 대답은 "그는 성격이 온순하고 학문과 덕망이 있고 신사상을 이해하는 좋은 사람이어서 썼소"라는 간단명료한 것이었다.

사실 송진우는 청년들의 개인적 이념이 무엇이든 간에 그 자질을 포용했다. 다른 얘기지만 뒤에 조선공산당의 박헌영도 동아일보 영업부에서 잠시 몸을 담은 적이 있었다.

아무튼 김준연은 이 때문에 제3차 공산당사건으로 이듬해인 1928년 체포되어 7년형을 살았다. 송진우는 출옥한 그를 다시 동아일보 주필로 복귀시켰다. 이때 일제는 다시 김준연의 입사경위를 따졌는데 고하는 다음과 같이 답변했다.

"그것은 우리 동아일보사가 그대들을 위해서 한 것이나 다름없소. 만일 우리가 그 사람에 직장을 주지 않으면 일본정부가 그를 등용할 리 만무하니 그때에 낭산은 부득이 상해나 다른 곳으로 망명하게 될 것이 아니오. 그렇게 되면 낭산은 일본에 던질 폭탄을 만들게 될 것이오. 낭산은 전부터 동아에 있던 사람이고 해서 다시 돌아온 것이니 거기에 대해 너무 성가시게 굴지 마시오"

뒤에 김준연은 일장기말소사건으로 사임했다. 그러나 그보다 훨씬 앞서 그는 송진우의 이 같은 인격적 감화로 그의 좌익적인 사상도 말소했다. 그 뒤 그는 경기도 전곡에 묻혀 있다가 8월 9일 소련의 대일선전포고 뉴스를 듣고 화급히 상경한 것이다.

"고하, 낮에 정백(鄭栢)을 만났습니다"

"……"

송진우는 시큰둥한 표정이었다. 김준연이 ML당 당시의 동지인 정백과 만났다면 그 얘기 내용은 요즘 돌아가는 정세로 보아 뻔한 것이기도 했다.

일본천황의 중대방송이 15일 정오에 있으리라는 것은 이미 예고되어 있었다. 정백은 이미 몽양 여운형의 측근으로서 뛰고 있음을 송진우는 잘 알고 있었다.

"그래 뭐라고 하던가"

송진우는 당시 55세, 김준연은 50세였다.

"정의 말이 몽양도 좋은 지도자고 고하도 그러니 이 두 지도자가 합작을 하면 여기에 대항할 세력이 없을 것이라는 얘기였습니다. 그러면서 나에게 고하의 의중을 떠보라고 하더군요"

송진우는 말이 없었다. 김준연도 무슨 대답을 들으려고 그 말을 한 것은 아니었다.

송진우는 정세를 뚫어지게 응시하고 있었다. 해방은 될 것 같은데 이 민족에 대한 연합국의 대접이 무엇인지 좀처럼 짚이지가 않았다. 일단 항복 후의 일본인과 한국인의 관계도 걱정이었다.

벌써 좌익은 발호하는데 해방 후의 민족분열도 걱정이었다. 더욱이 좌익이 이미 징후를 보이고 있지만 일제하의 친일여부를 두부 자르듯 소아병적으로 구분하기 시작할 때 주로 유지들이 중심인 민족진영의 전도문제도 송진우를 괴롭혔다.

이 같은 모든 요소들을 종합 고려한 송진우는 결국 중국 중경에 있는 김구 중심의 임시정부를 봉대(奉戴)하는 것만이 민족진영이 살 수 있는 명분과 현실이라고 결론짓고 있었다.

"그만 잡시다. 내일 오정 때면 다 결정날텐데……"

송진우는 김준연의 또 이어지는 얘기를 막았다.

"그만 주무십시다"

김준연도 동의했다.

두 사람은 잠을 청했다. 그러나 버릇대로 송진우는 새벽 3시에 잠이 깼다. 그 기척에 김준연도 덩달아 깼다.

"몽양이 잘못하면 이 민족에 큰 피해를 입힐지도 몰라……"

송진우는 크게 한숨지었다.

원서동 집에서 민족진영의 거두 송진우가 잠을 설치면서 해방 전야를 맞고 있을 때 뒤에 운명처럼 좌익의 '얼굴마담'이 된 몽양 여운형은 아예 밤을 꼬박 세우고 있었다.

여운형은 14일 오후 경성보호관찰소장 나가사키(長崎祐三)의 방문을 받았다. 용건은 15일 아침 8시까지 총독부의 엔도(遠藤柳作) 정무총감 관사에 와달라는 내용이었다.

여운형으로서는 예기하고 있던 용건이었다. 왜냐하면 여운형은 이보다 앞서 용산에 주둔하고 있던 일본군 정훈참모부의 가바 소좌로부터 15일 정오에 일본의 무조건 항복방송이 있다는 전갈을 받았을 뿐만 아니라 총독부 측이 며칠 사이에 송진우, 김준연 등과 접촉, 패전 후의 사태를 협의했으나 별다른 성과를 얻지 못했음을 알고 있었다.

사실 조선총독부나 조선주둔 일본군 측이 일본의 항복과 항복 절차를 제대로 알 된 것은 14일 오전 11시경이었다.

이때 포츠담선언 수락에 관한 일황의 '조서' 원고전문이 동맹통신사 경성지국에 도착했다. 이 뉴스는 제일 먼저 총독부의 니시히로(西廣) 경무국장과 제17방면군 겸 조선군관구참모장인 이하라(井原)에게 보고되었다. 니시히로는 이를 엔도 정무총감에게 보고

했고 엔도는 패전 후의 사태수습을 위한 마지막 한인상대로 여운형을 지목한 것이다.

고하 일갈에 일본측 협상포기

엔도가 나가사키 경성보호관찰소장을 보낸 것은 여운형이 사상범 전력자였기 때문이다. 여운형은 엔도를 찾아가서 면담하는 것을 쾌히 승낙했고 그 뒤에도 일본 측과 적극 협상하게 된다.

한편 총독부가 여운형과 접촉하기 전에 최초로 접촉한 상대는 송진우였고 그다음이 김준연이었다. 총독부와 송진우의 접촉은 8월 10일 하라다(原田) 경무국 사무관과의 접촉부터였다. 그러나 송진우가 이 사태를 어떻게 보는가는 8월 11일 이쿠다 경기도지사와의 면담 때였다.

이쿠다의 걱정은 패전 후의 재한일본인의 안전문제였고 조건은 필요하다면 경찰권을 포함, 주요 권력을 송진우에게 이양하겠다는 것이었다. 그러나 송진우의 입장은 간명했다.

"생각해보시오. 내가 중국의 왕조명(汪兆銘)이나 프랑스의 페탕이 되고자 했다면 벌써 됐을 것이 아니오. 이것은 내가 사양한다느니 보다 만일 내가 왕조명이나 페탕이 되어버린다면 당신네가 일본으로 떠난 뒤에 나는 발언권이 없어지지 않겠소. 그리고 멀지 않아 조선은 일본과 국교도 맺어야 할 것인데 지금 목전의 이익만 생각하다가는 도리어 앞으로의 큰 경륜을 잃을 염려가 없지 않소. 한 사람의 올바른 지일인사라도 남겨두어야 하지 않겠소"

1940년 동아일보가 강제 폐간된 이래 송진우는 병을 칭하고 두문불출, 파리한 모습이 돼있었다. 그러한 송진우의 일갈에 이쿠다는 모든 것을 포기했다. 뒤에 김준연도 이쿠다를 만나지만 그도 같은 얘기를 했다. 때문에 정백이 김준연을 만나 '여·송 합작'을 제의한 것은 여운형에게도 마지막으로 연락이 왔을 때다. 따라서 김준연의 대답도 자연 이랬던 것이다.

"총독부와의 면담은 고하도 했고 나도 했소. 저네들의 저의가 불투명하므로 우리는 고개를 돌려버렸소. 몽양이 어떻게 응했는지 그분 나름이겠지만 아무튼 몽양의 뜻은 오늘 고하에게 전하지요"

그리고 전하나마나한 결과가 되었다.

어쨌든 여운형은 나가사키가 다녀간 뒤 옆집에 사는 언론계 출신의 좌익 성우 홍증식(誠友 洪璔植)(월북·64년 '조국통일민주주의전선' 선전부장)을 불렀다. 홍은 기질상 모사였다. 뒤에 박헌영의 조선공산당이 좌익의 주도권을 본격적으로 장악할 때까지 여운형의 노선은 이 홍의 머리에 많이 좌우된다. 홍은 이 같은 속성 때문에 그의 머리는 해방초기에 삼국지를 서른 번이나 읽었다는 김구계의 조완구(趙琬九)나 한민당의 '보석'이었던 설산 장덕수의 지모와 잠시 대결한 바 있다.

"성우(誠友)는 호외(號外) 찍으시오"

여운형과 홍은 많은 얘기를 나눴다. 여운형도 송진우와 마찬가지로 미소 등 승전국의 한반도 해방방법에 대해서는 깜깜이었다. 그 시간까지 여운형은 한반도를 미군의 점령지역으로 이해하고 있었다. 그러나 여운형은 그 시간에 '진보적 지식인'과 '일제하의 투쟁경력자'를 중심(결국 좌익)으로 해서 일제로부터 정권을 인수한다는 원칙은 정했다.

여운형은 홍과의 얘기 중에 운니동 송규환(宋圭桓)의 집에 머무르고 있던 동생 여운홍(呂運弘)(작고·전 참의원)을 전화로 불렀다.

여운홍은 미국 우스터대학을 나온 지식인으로 동생이라기보다 차라리 그의 동지였다. 여운홍은 송규환을 깨워 계동으로 향하다 안국동 네거리에서 정골의원(整骨醫院)을 하고 있던 장권(張權)(당시 YMCA 유도사범·건준 청년대장·월북 후 사망)을 불러 같이 갔다.

이들을 맞은 여운형은 자초지종을 설명하면서 이같이 말했다.

"우리가 일생을 두고 원하고 투쟁하던 조국해방은 왔다. 엔도가 내일아침 8시에 자기 관저로 와달란다"

이어 여운형은 엔도와의 면담도 있기 전인데도 다음과 같이 주위에 지시했다.

"성우(홍증식의 호)는 신문에 경험이 많으니 매일신보사를 접수하고 호외를 수백만 장 찍어 서울은 물론 지방의 각 도시와 향촌에 이르는 모든 국민에게 해방의 기쁨을 알리도록 하라. 그리고 운홍이는 방송국을 곧 접수하여 우리말은 물론 영어로도 방송하여 전 세계 인민에게 조선의 독립을 알려라"

일제하에서 송진우나 여운형은 다 같이 독립투쟁의 경력을 갖고 있다. 전남 담양출신인 송진우는 일본 와세다(早稲田)를 거쳐 메이지(明治)대 법과를 나왔다. 그는 3·1운동에 적극 참여했다가 옥고를 치렀다.

여운형은 경기도 양평출신으로 중국 남경의 금릉(金陵)대학에서 공부했다. 그도 역시 1929년 상해에서 체포, 본국으로 압송되어 3년 징역형을 선고받았다. 그는 43년에 재차 투옥되어 해방 전해인 44년까지 있었다.

송진우는 1921년 인촌 김성수에 이어 동아일보 제3대 사장에 취임한 이후는 주로 민족의 내부역량 도모에 주력하는 '비전투적 노선'을 취했다.

여운형은 44년 출옥 후에도 건국동맹이란 것을 만들어 해방에 대비하는 한편 중국연안의 무장독립단체와도 연락을 취했다. 따라서 해방이라는 사태를 해석하는데 있어서도 두 사람은 판이했다.

송진우가 임정봉대(臨政奉戴)로 주로 민족의 법통성을 존중한 데 반해 여운형은 투쟁의 실적에 충실했으며 스스로도 참여했던 임정에 대해서는 오히려 냉담했다.

둘 다 독립투쟁……성격은 판이

누구나 회고하듯이 여운형은 당대의 웅변가였다. 그의 풍모도 한때 만주에서 일경에게 쫓길 때 터키인으로 변장할 만큼 서구적이었다. 그는 사교인이기도 했다. 임정 시절에 그는 소련에서 중국공산당을 지도하기 위해 파견된 보이딘스키와도 교유했고 중국공산당의 진독수(陳獨秀), 국부(國民政府) 측의 장제스(蔣介石)와도 교분을 맺는 등 발이 넓었다. 그런가 하면 마르크스의 공산당선언을 최초로 번역하기도 했다. 그러나 부류를 나눈다면 이데올로그라기보다는 스타에 속하는 사람이었다. 그가 평생을 두고 누구보다도 크고 작은 테러의 대상이 된 것은 그의 이 같은 종횡무진한 성격 때문인지도 모른다.

송진우는 여운형과는 판이한 사람이었다.

이 두 사람의 성격이 해방정국에 미친 영향은 다대하기 때문에 기회 있을 때마다 언급할 필요가 있을 것이다.

여운형은 해방이 태평양전쟁이라는 외부현상의 직접적인 결과라는 것을 모르는 바는 아니었다. 그러나 여운형은 해방에 이르는 한국인의 독립투쟁 실적도 외부현상과 같은 비중으로 병렬시키고 싶어 했다. 그것은 국가장래에 대한 여운형 나름의 숙고에서 나온 것이었다.

그러나 이 점에 대한 그의 지나친 집착은 유지급이 중심이 된 우익과 빙탄불상용(氷炭不相容)의 관계를 형성시켰으며 결국 그는 가속적으로 좌익에 업히는 결과가 됐다. 정치인으로서 여운형의 비극은 거기에 있었다.

여운형이 송진우와는 정반대로 정권을 일제로부터 인수할 만하다고 생각했던 것도 그의 이 같은 사고방식과 기질적 '영웅주의'에 기인한 것이었다.

몽양 '독립선언서 초안 만들라'

뒤에 '인공조각(人共組閣)'을 발표한 뒤 가진 기자회견 때도 여운형은 다음과 같이 말했다.

"도대체 조선독립은 단순한 연합국의 선물은 아닌 것이다. 우리 동포는 과거 36년간 유혈의 투쟁을 계속해온 혁명에 의하여 오늘날 자주독립을 획득한 것이다."

이와 같은 맥락에서 볼 수 있는 것으로 여운형의 해방 전 동작이 또 하나 있다. 즉 8월 11일 여운형은 연합국에 제출할 4개 항의 요구조건을 초안했다. 그 내용의 주요 골자는 '일제로부터 조선이 해방되는 데 있어 연합국의 도움에 감사한다. 그러나 조선은 조선인의 것이어야 한다. 연합국은 조선의 내정에 대해 엄격한 중립을 지켜주기 바란다'는 것들이었다.

그는 또 건국동맹 간부에게 독립선언서를 초안하도록 지시했는데 그 내용은 3·1독립선언문을 기초로 하도록 지도했었다.

그러나 8월 15일 아침까지, 아니 그 뒤에도 상당기간 여운형은 연합국의 한반도에 대한 의도가 무엇인지 정확하게 몰랐다. 그 점에서는 송진우도 마찬가지였고 일제도, 심지어 미국까지도 큰 차가 없었다.

이 와중에서 여운형은 15일 아침 7시 50분 정형묵(鄭亨黙)(당시 경성서비스사장)이 내주는 리무진을 타고 대화정(지금의 필동)으로 엔도 정무총감을 만나러 갔다.

엔도는 단조직입적으로 말을 꺼냈다. 그러나 태도는 공손했다.

"금일 정오에 포츠담선언을 수락하는 조칙(詔勅)이 있습니다. 자세히는 모르나 조선은 한강을 중심으로 북은 소련군이 남은 미군이 점령할 것으로 압니다. 지금 소련군의 남하속도로 보아 늦어도 17일 새벽까지는 경성에 도착할 것 같군요. 소련군은 이미 일본군의 무장해제를 하고 있고 형무소의 사상범을 석방하게 될 겁니다"

다른 얘기는 흥미가 없었다. 그러나 한강을 중심으로 한반도가 양단된다는 얘기에 여운형은 '아뿔싸'했다.

엔도의 말은 계속됐다.

"우리로 볼 때 우선 당장의 문제는 사상범 석방입니다. 그때 조선민중이 부화뇌동해서 폭동을 일으키고 그래서 양 민족이 충돌할까 우려하는 것입니다. 그러한 불상사를 방지하기 위해서도 미리 형무소의 사상범이나 정치범을 석방하고 싶은 겁니다. 물론 연합군이 올 때까지 치안유지는 총독부가 담당합니다. 그러나 당신들의 측면협조가 절대로 필요합니다"

엔도는 거듭거듭 여운형의 협조를 요청하면서 민세 안재홍(民世 安在鴻)에게도 협조를 얻어달라고 부탁했다.

엔도의 얘기를 다 들은 뒤 여운형은 다음과 같은 다섯 가지 조건을 제시했다.

① 전 조선의 정치범, 경제범의 즉시 석방

② 경성(京城)의 3개월분 식량 확보

③ 치안유지와 건설사업에 대한 총독부의 불간섭

④ 학생의 훈련과 청년조직에 대한 총독부의 불간섭

⑤ 일본노무자들의 계속적인 협력

엔도는 모두 승낙했다. 여기서 엔도는 내실로 들어가고 니시히로 경무국장이 여운형과 좀 더 얘기를 나누었다.

니시히로는 여운형에게 "치안유지협력에 필요하다면 조선인 경찰관을 이관해주겠다"는 등 좀 더 구체적인 제의를 하고는 △ 식량문제는 10월까지는 문제가 없고 △ 치안유지법 위반자는 석방하겠으며 △ 집회의 자유를 허락하겠다고 약속했다.

여운형은 크게 감격했고 니시히로를 스포츠맨이라고 칭찬했다.

여운형은 약 30분간의 면담을 마치고 계동 집으로 돌아왔다. 여운형은 그때 무엇보다도 서울이 소련군 치하가 될 것이라는 엔도의 말을 곰곰 생각했다.

그는 집에 도착하자마자 공산주의자 정백만을 불러 약 20분간 얘기를 나눴다. 동생인 여운홍이 참다못해 들어갔다.

"어찌 됐소, 방송국을 접수하리까"

"정세가 달라졌다. 엔도의 말이 한강을 경계로 미소양군이 분할 점령한다니 그러고 보면 우리의 모든 계획이 거기 따라 변경되어야 한다. 방송도 영어로 할 필요가 없을 터이니 서두르지 말고 신중히 하자"

여운형은 무언가 골똘히 생각하는 표정이었다.

고하 연합국 환영대회 구상

한편 일본천황의 무조건 항복 방송이 있고 두 시간 뒤인 15일 낮 2시 원서동 송진우의 집에는 민족진영의 김병로(金炳魯), 백관수(白寬洙), 윤보선(尹潽善), 현상윤(玄相允), 백남훈(白南薰), 장덕수(張德秀), 김준연(金俊淵), 고희동(高義東) 등 30여 명의 인사들이 모였다.

인촌 김성수는 이때 연천(漣川)에 내려가 있었다. 분위기는 도도했으나 전쟁말기의 피폐해진 경제사정으로 마실 것은 냉수밖에 없었다. 그러나 모두들 연거푸 마셨다. 모두들 미국의 거대한 힘을 찬양하고 독립과 건국에 대한 구상으로 얘기의 꽃을 피웠다.

자연히 일제로부터 치안유지를 위임받았다는 여운형에 대한 비판도 터져 나왔다.

"우리도 이러고 있을 때가 아니다"라는 의견도 나왔다.

그러나 집주인인 송진우는 일의 순서를 생각하고 있었다.(연합군이 들어온다. 일본의 무력은 아직 이 땅에 남아있다. 승전국의 한반도에 대한 구상을 아직은 알 수 없다. 자중자애할 시기다) 송진우는 우선 희미하게나마 국민의 총의도 여과하고 아울러 연합국도 환영할 국민대회를 혼자 구상하고 있었다. 송진우는 격정과 냉철을 거의 같은 분포로 하여 그의 인격성을 형성하고 있는 그런 인물이었다. 그는 경기도 양주군 노해면 창동리(현재 도봉구 창동)에 은거하고 있다가 불편한 다리를 이끌며 얼마 전 서울 집으로 돌아온 참이었다.

송진우가 생각에 잠겨 있을 때 여운형의 얘기가 또 나왔다. 이인은 격해졌다.

"고하, 몽양의 합작제의는 민족대사인데 동지들과 한마디 상의도 없이 독단으로 거절한 것은 잘못이오. 만일 몽양이 혼자서 조선독립을 하고 있는 양 민중들에게 선전되면 큰일이 아니오"

송진우는 아무 말 없이 버릇처럼 눈만 끔벅거렸다. 그가 이런 상황에 매양 짓는 그 표정이었다. 옆에 있던 백관수와 김준연이 거들었다.

"애산(이인의 아호)이 양쪽 (송진우와 여운형, 안재홍)을 다 잘 아니 중간에서 한 번 더 절충을 해보시지요"

백관수는 항일운동사건을 간혹 변호한 일이 있는 이인의 경력에 기대했다.

이때 전화벨이 울렸다. 김준연을 찾는 정백의 전화였다.

정=아침에 몽양을 길에서 만나 낭산이 했다는 말을 잘 들었소.

김=고하는 움직이지 않을 테니까 그리 아시오.

정=소련군이 곧 서울에 온다 하니 우리는 이제 조각(組閣)을 해야겠소. 낭산도 끼었으면 하는데……. 조각에서 빠져도 후회하지 않으시겠소?

김=당신들 마음대로 해보시오. 나는 후회하지 않을 테니.

김준연과 정백 간의 전화통화에 나오는 '여운형과 김준연과의 아침대화'는 김준연에 의해 기록되어 정설화(定說化))되다시피 했다. 그 내용은 다음과 같다.

여=고하는 어떻게 하오?

김=고하는 나오지 않습니다. 인촌은 어제 연천으로 떠났기 때문에 이야기 할 틈도 없었구요.

여=그렇다면 동무는 어떻게 하겠소?

김=나도 나서지 않을 겁니다.

여=그러면 좋소, 나 혼자서 나서겠소. 공산혁명으로 일로매진 하겠소.

여운형은 평생을 통해 사상문제에 대해 언행이 부주의했던 사람이라고도 할 수 있다. 특히 여운형이 바야흐로 개인의 사상이 그 개인의 생사는 물론 국가적 운명까지를 결정하는 그 시기에 한 사람의 지도자로서 이 같은 파행성을 버리지 못한 것은 뒤에 그의 운명과 더불어 음미해 볼 만하다.

진짜 공산주의자는 따로 있는데 여운형은 자신의 다소 '진보적 생각'을 상대와 상황에 따라 무절제하게 구사한 듯하다.

동생인 여운홍의 회고에 따르더라도 그의 경력은 유달리 산만하다. 상해시절인 1921년 여운형은 모스크바에서 열린 '원동(遠東)피압박민족대회'에 참석, 레닌과도 만나고 일본의 공산주의자 카타야마(片山潛)와도 교유했다. 1920년에는 당시 소련이 중국공산당 지도를 위해 파견한 보이딘스키의 권유로 이동휘(李東輝)의 '고려공산당'에 협조했으며 모스크바대회 때 중국대표로 온 구추백(瞿秋白)의 알선으로 중국공산당원의 대우도 받았다.

그런가 하면 쑨원(孫文) 등 국민당(國民黨) 사람들과도 친교를 맺기도 했다.

그러나 그는 어떤 일정한 노선으로 정진한 적이 없는 하나의 '사교인'이었다고 볼 수 있다. 다만 그의 경력과 대부분 아시아에서 지낸 그의 경험은 그 자신 한반도의 독립 문제를 소련중심으로 보게 만들었다고 할 수 있다.

그런 각도에서 8월 15일 아침 엔도 정무총감으로부터 소군의 서울점령설을 들은 여운형이 공산당 경력을 가진 김준연에게 '동무'라고 호칭하면서 '공산혁명' 운운한 것은 적어도 심정적으로는 있을 법한 일이었다.

이는 브루스 커밍스가 그의 저서 <한국전쟁의 기원>에서 '김규식(金奎植)이 그의 반대파인 공산주의자들보다 유물론에 대한 이해가 오히려 깊었다'고 지적한 점에서도 보듯이 소수의 골수 공산주의자를 제외하고는 당시 범 좌익내부에는 여운형과 같은 증상의 이념적 방황이 비일비재했던 것이다.

고하 '국민의 뜻 외면 안될 일'

여운형이 해방정국의 일번 주자가 되고 있을 때 원서동의 송진우는 어떤 기색도 보이지 않았다.

"새 나라도 꾸며야겠지만 새 살림부터 마련해야겠소"

송진우는 몰려드는 동지와 손님을 대접할 쌀을 구하려고 사람을 이곳저곳에 보내고 있었다. 무엇인가를 해야 한다는 주변의 재촉에 대해 송진우는 계속 같은 얘기를 되풀이했다.

"아직 일본이 연합국 측에 항복하겠다는 것뿐이지…… 일본의 세력은 국내에 엄연히 남아 있소. 이러한 때에 정권을 받는다는 것은 프랑스의 페탕이나 일본에 잡혀있는 필리핀의 라우렐 정권이나 무엇이 다른 것이 있겠소? 일본이 정식으로 항복을 하고 우리의 입장을 정정당당히 주장할 수 있는 때가 와도 우리는 국민의 뜻을 받들지 않고 자기의 정치적 이욕만 취해서는 안 되는 것이오. 연합군이 들어오고 일본이 정식으로 항복한 후에 연합국과 논의해서 건국을 한다 해도 조금도 늦을 것이 없어요. 또 지금 날뛰는 것은 국외에서 오랫동안 풍찬노숙하던 선배동지들에 대한 의리가 아니라고 보오. 더욱 일본세력을 이용해서 정권을 세운다는 것은 일본세력의 연장이며 일본의 뜻을 받들어 뒤치다꺼리나 하는 데 불과한 것이 아니겠소"

송진우는 세계정세를 이해하는 근대적 신사이자 명분을 중시하는 전통적인 유자(儒者)이기도 했다. 1937년 중일전쟁이 터지자 송진우는 세계대전을 예언했다. 일생의 친구 김성수는 그런 송진우의 선견지명을 '육미탕(六味湯)'이라고 부르면서 답답하면 송진우와 의논하고 다른 이들도 경청하도록 권했다.

중일전쟁이 터지던 날 송진우는 큰 잔으로 술을 들이켜고 자작시를 읊었다.

'시욕경인항고벽(詩慾驚人恒固癖) 주수병아갱다정(酒雖病我更多情)' (시는 항상 사람을 놀라게 하려고 고집하는 버릇이 있으나 술은 아무리 나를 병들게 하여도 다시 다정하구나)

그리고 거나해지면 곧잘 남을 물어뜯었다. 그는 견딜 수 없는 울화를 이렇게 표현했다. 시국이 시끄러워지자 송진우는 동아일보의 사설에서 '파리를 잡자', '산보를 하자'고 쓰는 등 편법을 쓰면서 일제의 압제에 항거적 자세를 취했다.

이인의 회고에 따르면 송진우는 동아일보 폐간 후 잔무처리를 하던 중 어느 날 동저고리 바람으로 이인 집에 나타났다는 것이다. 그때 일제는 군부가 직접 전쟁을 지휘하기 위해 도조(東條英機)를 수상에 앉혔을 때다.

동저고리 바람에 의아해하는 이인에게 송진우는 넌지시 한마디 했다.

"동조(東條)니 동저고리야. 급하면 두루마기도 안 입고 동저고리 바람으로 뛰어나간다는 말 못 들었나."

43년 송진우는 나들이 길에 김준연을 만나 이렇게 말했다.

"낭산, 일제는 꼭 망합니다. 그런데 저희들이 궁박하게 되면 자치라는 미끼로 우리를 유혹할거요. 형세가 더 궁하면 독립을 허여한다고 할거요. 그런데 우리는 어떤 경우에도 움직여서는 안돼. 사실은 그때가 가장 위험한 때거든. 낭산, 그래서 대책은 무책이오"

"지금은 무책이 대책이오"

44년 7월 송진우는 평택에 소개해있던 안재홍의 방문을 받았다.

"고하, 기왕 조선 사람들이 군인으로 나가서 피를 흘리고 있는 바에야 그 피 값을 받아야 할 것 아니오. 그러니 무슨 운동을 일으켜 다소 권리라도 얻어야 하지 않겠소?"

"민세(안재홍의 호), 그 무슨 소리요, 긴박한 이 시국에 오직 침묵밖에는……. 만일 우리가 움직이면 움직일수록 일제의 손아귀에 끌려들어갈 뿐……"

"고하는 참 로맨틱도 하시오. 침묵만 지키고 앉아 있으면 이승만 박사가 미국군함이라도 타고 인천항으로 들어올 듯싶소?"

"그건 안될 말이오. 피는 딴사람이 흘리고 그 값은 당신이 받는단 말이오"

두 사람 다 같은 목표를 갖고 있었으나 운신방법에 대해서는 사고방식의 차이가 있었다.

아무튼 해방정국은 송진우와 여운형이라는 양대 산맥으로 본격적으로 나눠지기 시작했다.

그러나 그들만이 다는 아니었다. 공산주의자들이 또 도사리고 있었다.

여운형의 심정은 복잡했다. 모든 것이 순조로운 것 같았는데 여의치가 않았다.

우선 그의 지시로 민세 안재홍이 16일 경성중앙방송을 통해 동포에게 행한 연설이 일제, 특히 조선주둔 일본군사령부에 의해 문제가 됐다. 안재홍은 이 연설에서 건준이 구성될 것임과 건준 밑에 치안대를 설치하고 나아가서 정규 군대를 갖게 될 것이라고 천명했다. 그는 또 통화안정정책과 미곡공출방침을 설명했는가 하면 대일협력자대책 등 광범위한 당면문제에 두루 언급했다.

안재홍의 방송으로 조선주둔 일본군은 여운형과 엔도 정무총감 간에 회담이 있었음을 처음으로 알았다. 그들은 대노(大怒)했다. 특히 젊은 장교들은 군도를 빼들고 흥분했다. 그날로 조선군관구사령부는 '관내 일반 민중에게 고함'이란 포고를 발표하고 '인심을 교란하고 치안을 해치는 일이 있으면 군은 단호한 조치를 취할 것'이라고 경고했다.

군부의 위세에 눌린 엔도 정무총감도 17일 '건준의 활동은 치안협력의 한계를 넘지 않아야겠다'고 부탁했다.

여운형은 또 자신이 해방 전에 조직한 건국동맹 멤버와 지금 자신을 따르고 있는 자들 간의 갈등 때문에 골머리를 앓았다. 이미 내정한 건준의 조직에는 건맹의 멤버가 거의 소외되어 있었다.

또 하나의 골치는 건준 준비에 민족진영을 제외하고 있는 데 대한 이인 등 민족진영 인사들의 질타였다. 이밖에 '여운형'이 일제에의 협력 대가로 거금을 받았다', '부일(附日) 경력이 있다'는 풍설 등도 여운형을 괴롭혔다.

이러한 상황 속에서 여운형은 17일 오후 처음이자 마지막으로 송진우를 만나 직접 담판키로 결심했다. 모든 것을 분명히 해놓겠다는 여운형 나름의 생각이 있었다.

두 '주역'의 회담은 굉장한 관심을 불러일으켰다. 두 사람이 단독으로 대좌하고 있는 시간에 송진우 집밖에는 인파가 넘실거렸다.

방문자가 먼저 입을 열었다.

"고하는 나를 폐탕이라고 했다는데 그것은 어떤 의미에서 한 말이었소?"

"몽양을 가리켜 한 말은 아니오. 이런 시기에 정권을 물려받으면 폐탕이 되기 쉽다고 했소. 정권은 국내에 있던 우리가 받을 것이 아니라 연합군이 들어와서 일본군이 물러나고 해외에 있던 선배들과 손을 잡은 뒤에 절차를 밟아서 받는 것이 옳다고 생각했기 때문이오. 그때가 되어 몽양이 생각이 있다면 내가 극력 몽양을 추대할 것이니 지금 정권수립은 보류했으면 싶소"

고하·몽양 담판 후 행로 갈려

두 사람의 시국관이 충돌하는 순간이었다.

"어째서 꼭 해외에 있는 사람들과 정권을 받아야 하오. 고하와 내가 둘이 손만 잡는다면 그만한 세력은 없을 것이고 해외에서 들어오는 세력도 우리들 속에 흡수될 것이고 해외 인사라고 해도 별로 문제가 될 만한 사람은 없소"

"몽양, 의리상 나는 그렇게는 못하겠소"

"그렇다면 그동안은 국내를 진공상태로 둘 생각이란 말이오?"

"몽양은 내가 보기에는 공산주의자가 아니오. 그러나 자칫하면 그들에게 휘감기어 공산주의자도 못되면서 공산주의자 노릇을 하게 될 위험성이 없지 않소. 내 말을 잘 들으시오"

송진우는 냉엄하게 말했다.

"내가 무엇이 되든 두고 보시오"

여운형은 약간 신경질적으로 받았다.

회담은 끝났다. 아니 일제하에서 대단한 친교는 없었지만 그래도 서로를 아꼈던 두 사람은 이 회동을 끝으로 행로를 완전히 달리했다.

신문기자들이 몰려들었다.

"만나신 결과를 얘기해 주시지요"

여운형은 미소만 띠었다. 송진우가 짤막하게 반마디만 했다.

"별로……"

"아니 발표할 것이 없다니요"

"아무 말도 없다는 것도 훌륭한 기사야"

전 동아일보 사장인 송진우는 기자들에게도 냉엄하게 한마디 했다.

원서동 송진우 집을 나와 승용차에 몸을 실으면서 여운형은 결심을 했다.

(할 수 없다. 이제는 서둘러야겠다)

그러나 결심한 것은 여운형만이 아니었다. 송진우도 방향은 달랐지만 결심을 했다. 바로 '국민대회준비회'에 착수한다는 것이었다.

그 뒤, 그러니까 건준이 '인민공화국'으로 탈바꿈한 뒤에도 여운형은 한차례 더 송진우와의 악수를 청한 적이 있었다. 이때는 여운형 측에 가담하고 있던 화가 일주 김진우(一洲 金振宇)가 중간에 섰다. 그러나 송진우는 듣지 않았다.

송진우는 여운형이 모든 것을 원점에 돌려놓을 때 악수가 가능하다고 잘라 말했다. 그 과정에서 다급했던 김진우가 '후일 민족 간의 호상출혈이 있게 되면 그것은 고하의 책임'이라고까지 대들었지만 송진우는 끝내 듣지 않았다.

송진우는 이제부터의 싸움은 과거 일제와의 그것과는 유가 다르게 복잡한 양상을 띠게 될 것임을 내다보고 있었다. 일제하에서 개인이 가진 이념에 관계없이 누구보다도 동족을 관대히 포용했던 송진우는 해방조국이 되자 누구보다도 노선의 애매성을 배척하게 되었다.

여운형은 송진우와 헤어져 계동 집으로 돌아와 건준의 1차 부서 결정을 다음과 같이 완료했다.

△위원장=여운형 △부위원장=안재홍 △총무부장=최근우(崔謹愚) △재무부장=이규갑(李奎甲) △조직부장=정백(鄭栢) △선전부장=조동호(趙東祜) △무경부장=권태석(權泰錫)

여운형은 건준 골격을 잡아감과 동시에 장권(張權)에게 하명한 치안대의 조직을 구체적으로 확충했다. 이 건국청년치안대는 학생을 주축으로 한 청년 2천 명을 동원하여 급한 대로 서울치안을 맡게 하고 전문학교 이상 학생 2백 명을 전국곳곳에 파견해서 지역별 치안대를 조직토록 하는 것이었다. 이밖에 식량대책위원회도 조직, 긴급대책을 수립했다.

이때까지만 해도 여운형은 독자적인 구상대로 나간 편이다. 물론 가장 핵심부서인 조직, 선전, 무경부를 차지한 정백, 조동호, 권태석은 공산주의자였다. 그러나 아직 이들의 참여방식은 개인적인 형태였으며 특히 장안파 공산당원이 많았다. 때문에 여운형은 자신이 해방 전에 지도해 온 건맹(建國同盟) 출신들을 많이 기용할 수 없었던 것이다.

한편 여기서 건맹과 건준의 관계를 살필 필요가 있을 것 같다. 그 이유는 이들 두 단체가 건준 수립과정에서 혼란을 겪었을 뿐만 아니라 '여운형의 사업스타일'을 읽을 수 있는 하나의 심증도 되기 때문이다.

건맹(建盟) 내부 초건파(初建派)와 재건파(再建派) 갈등

여운홍의 회고에 따르면 여운형은 44년 8월 건국동맹이란 세포조직으로 된 비밀결사를 만들었다. 이 결사에 처음 참여한 사람은 좌익계의 노장층이라고 할 수 있는 조동호(趙東祜), 김진우(金振宇), 이석구(李錫玖) 등이었다. 이 결사는 각 도에 책임위원을 두고 중앙에서는 이석구, 현우현(玄又玄), 황운(黃雲), 이걸소(李傑笑), 김갑문(金甲文) 등이 연락책임을 맡았다.

그러나 8월 4일 이를 눈치 챈 일경에 의해 건맹원의 다수가 체포되었다. 이때의 건맹원을 '초건파'라 부르고 그 이후에 조직된 맹원을 재건파라고 불렀다. 그러나 비밀결사였기 때문에 해방이 되자 초건파와 재건파는 서로 초면이었고 제각각 놀았다.

여운홍은 이 같은 혼란은 여운형이 8월 18일에 테러를 당해 양파를 미처 인사시킬 시간이 없었기 때문이라고 얘기하고 있다. 이 같은 혼란이 표면화된 것은 여운형이 건준 사업을 재건파 중심으로 진행한 데서 표면화됐던 것이다.

또 하나 여운형은 45년 건맹을 조직하면서 팔당 근처인 경기도 양주군 봉안(奉安)에서 은거하던 중 엔도 정무총감의 방문을 받은 적이 있다. 엔도는 그에게 중·일 화평을 중국에 가서 주선해 달라고 요청했다. 이때 여운형은 여러 이유를 들어 애매한 대답을 했는데 한때는 엔도의 요청을 이용해서 국외탈출을 생각하기도 했다.

아무튼 여운형의 그러한 팔방미인 같은 자질은 종종 그에게 오히려 역경이 되어 돌아오기도 했다. 왜냐하면 해방 후 민족진영의 일부에서는 '여·엔도' 면담을 이렇게 비꼬았기 때문이다.

'부주유어팔당지하(浮舟遊於八堂之下)'

(팔당에서 배를 띄우고 놀았다)

송진우의 냉엄한 시국관에도 불구하고 여운형에게 기선을 제압당한 민족진영은 대체로 초조했다.

물론 민족진영 내부에도 여러 갈래가 있었다. 때문에 통일된 전략은 당초에는 있을 수 없었고 우선 선발한 좌익과 거리를 단축하는 것과 스스로의 정당조직에 나서는 움직임이 있었다.

8월 16일 낮 이인(초대법무부장관·79년 작고)은 계동 집으로 여운형을 찾았다.

일제하에서 변호사를 지낸 이인은 좌우의 인사들을 두루 잘 알고 있었다. 이인은 한때 청진동에서 김병로와 뒤에 좌익으로 넘어간 허헌(許憲)과 함께 합동법률사무소를 차린 적도 있었다. 15일 백관수가 송진우 집에서 이인에게 여운형과의 협상에 나서라고 제의한 것도 이인의 그 같은 인간관계를 알기 때문이었다.

그러나 이인은 그날 기분이 좋지 않았다. 여운형의 서두르는 폼도 보기 싫었지만 송진우도 그저 팔짱만 끼고 있는 것 같아 마음에 들지 않았다. 무더운 날씨 탓인지 단장은 짚었지만 불편한 다리가 더 말을 듣지 않는 것 같았다.

대구 출신인 이인의 한쪽 다리는 열두 살 때부터 못쓰게 됐다. 그 자신의 회고에 따르면 엉덩이에 종기가 나서 침을 맞다가 통증이 심해 몸을 심하게 흔들어 탈골이 됐다는 것이다. 그 뒤 탈골된 뼈가 근육을 압박하는 통에 다리근육이 발달하지 못해 절게 되었다는 이야기다. 15일 해방 당일에도 이인은 조카가 끄는 자전거 꽁무니에 붙어 은거지인 창동(倉洞)에서 서울로 들어왔다.

아무튼 이인을 맞은 여운형 집에는 마침 안재홍도 와 있었다. 여운형은 퍽 반가워하는 눈치였다. 그러나 이인은 첫마디부터 대들다시피 했다.

"도대체 어떻게 하자는 것들입니까. 첫째, 몽양이 일제 말단관리의 위촉으로 당면 치안을 담당한다는 의도 자체가 불순하게 보여지고 있어요"

이인은 가쁜 숨을 몰아쉬면서 계속했다.

"그리고 건국이라는 것은 민족적, 역사적 성업이 아닙니까. 이런 성업을 단 몇 사람이 사랑방에서 소곤대며 해치우겠다 이 말입니까"

이인의 '돌격'에 여운형과 안재홍은 당황한 눈빛이 역력했다.

"고하·인촌에 다리 좀 놔주시오"

"애산(이인의 아호), 애산 얘기대로 그런 것은 아니오. 애산이 얘기하는 그런 의도로 일이 그렇게 된 것도 아니고 사태가 워낙 급하다 보니 그리 된 것이 아니겠소. 이제부터 동지들과 상의하려던 참이었소"

그러면서 여운형은 이렇게 말했다.

"그러니 얘긴데, 애산은 양쪽을 다 잘 알지 않소. 고하와 인촌에게 중간다리를 놓아주시오"

이인은 오히려 여운형으로부터 백관수가 자기에게 했던 것과 똑같은 부탁을 받았다.

"잘들 생각해 보세요. 나는 갑니다"

이인은 그 길로 원서동으로 송진우를 찾아가서 여, 안과의 면담 내용을 자세히 얘기했다.

송진우는 잠자코 들으면서 눈을 끔벅거렸다. 썩 기분이 좋지 않을 때 짓는 그의 독특한 표정이다. 그러면서 송진우는 댓돌 위에 비켜놓은 이인의 단장만 유심히 바라다보고 있었다.

"돌아갑니다"

이인은 일어섰다. 울화만 치밀었다.

"애산, 단장 끝이 다 닳았구료"

"이 시국에 단장 끝이 문제입니까"

"내가 언젠가 금강산에 갔을 때 사둔 것이 있는데 그걸 쓰시오"

송진우는 벽장을 뒤져서 단장 하나를 꺼냈다.

"다리도 성치 않으면서…… 단장이나 하나 튼튼한 것 가지소"

이인이 짚어보니 썩 좋은 것은 아니지만 튼튼하기는 했다. 단장을 얻어 짚고 이인은 돌아갔다.

민족진영의 일부가 벌인 건준과의 일면 협상작전은 다음과 같은 경로를 거쳐 결국 무산된다.

이인의 1차 움직임이 있은 후 김병로, 백관수, 이인 등은 건준 측의 안재홍 부위원장을 공격목표로 삼았다.

안재홍(2대 의원·납북 후 사망)은 경기도 평택 출신으로 언론인 경력을 가졌는데 본질적으로 민족주의자였고 성품상 온건한 신사였다.

김병로 등은 우선 '전국유지자대회'를 안재홍에게 제의했다. 민족진영의 방법상 1차로 민족진영이 대거 건준에 참가하여 성격 변화를 일으킨 뒤 궁극적으로는 건준을 '전국유지자대회'로 전환시킨다는 전술이었다. 이 제의는 안재홍에 의해 받아들여져 한때

명단 작성을 하는 단계에까지 갔다.

그러나 건준 내의 이강국(李康國), 최용달(崔容達), 정백(鄭栢) 등 좌익은 민족진영의 기미를 알아차리고 적극적인 대응책을 마련했다. 우선 그들은 합의사항은 뒷전에 두고 시일을 끌다가 민족진영이 초조한 기색을 보이자 2단계 작전을 통해 이 최초의 '좌우합작'을 깨뜨려 버렸다.

즉 그들은 우선 민족진영 추천 인사는 서울 거주자로 한정할 것을 요구했다. 다급한 민족진영은 이를 받아들이고 추천에 응했다. 그러자 그들은 이번에는 민족진영 추천 인사보다 더 많은 자파 인사를 이 '확대위원'에 추천했다. 이에 민족진영이 심하게 반발하자 안재홍은 좌익의 반대를 무릅쓰고 5명의 민족주의 인사를 추가했다. 그러자 좌익은 여운형을 들쑤셔 이들 확대위원에게는 발언권을 제한해 버렸다.

결국 좌우 1차 합작은 깨지고 말았다. 이 때문에 건준은 여운형 위원장, 안재홍 부위원장이 사표를 냈다가 반려되는 등 곡절을 겪었다.

이 소동은 결과적으로 건준이 좌익 위에 자리 잡는 결정적인 계기가 되었다.

한편 민족진영이 얻은 것은 '저들과는 안 되겠다'는 확신뿐이었다. 굳이 더 얻은 것이 있다면 이때 안재홍이 건준을 떠날 결심을 하도록 환경조성을 한 것이라고나 할까.

민족진영의 정당 창당은 여러 갈래로 진행되었다. 그중에 한 갈래를 잡을 수 있는 것으로 허정(許政) 씨(전 과도정부 내각 수반)의 회고가 있다.

허정은 8월 16일 보성전문학교로 설산 장덕수를 찾아갔다. 장덕수와 허정은 미국 유학시절 뉴욕에서 <3·1신보>라는 신문을 내면서 서로를 아끼게 되었다. 장덕수는 달변이고 일을 꾸미는 능력이 대단한 사람이었기 때문에 허정의 인상에 뚜렷이 남아있는 인물이었다.

인맥으로 볼 때 장덕수는 송진우계의 사람이었고 허정은 이승만계의 사람이었다. 그러나 장덕수는 여운형과도 특별한 사이였다. 그들의 관계는 다시 설명할 기회가 있을 것이다.

허정은 장덕수에게 정당 창당에 대한 평소의 소신을 밝혔다. 두 사람은 곧 의기투합했다. 만난 김에 몇 가지 창당원칙도 정했다.

그중 가장 중요한 것은 범계층(汎階層) 정당을 만든다는 것과 임정을 봉대한다는 것이었다. 행동가인 장덕수는 이내 움직이기 시작했다. 물론 여운형도 만났다. 여운형은 일제하에서 특별한 관계를 가졌던 장덕수에게 솔직히 심중을 털어놓았다. 주위를 살피면서 그래도 삼갔던 얘기를 여운형은 장덕수에게는 했던 것이다.

"설산, 나도 상해에 있어보았지만 임정에 도대체 인물이 있다고 할 수 있겠소? 누구누구 하고 지도자를 꼽지만 모두 노인들뿐이고 밤낮 앉아서 파벌 싸움이나 하는 무능무위한 사람들뿐이오. 임정요인 중 몇 사람은 새 정당이 수립하는 정부에 개별적으로 추대할 수 있을지 모르지만 임정의 법통은 인정할 수 없소"

(2) 해방정국의 '폭탄' — 박헌영(朴憲永)

동아일보, 1982년 6월 14일

해방 후 민족진영과 좌익은 각각 세력을 조직화하는 방법이 판이했다. 좌익은 민첩했고 체계적이고 조직적으로 움직였다. 반대로 민족진영의 움직임은 굼뜨고 산만했다.

민족진영 느린 속도로 연합

민족진영은 당초 여섯 갈래가 있었다. 우선 원세훈(元世勳)계가 있다. 계동 한학수(韓學洙)(구한말 한규설(韓圭卨)의 손자)의 사랑방을 거점으로 자주 모여온 이 그룹에는 이병헌(李炳憲), 박명환(朴明煥), 송남헌(宋南憲) 등이 속했다. 이 계통은 사회민주주의를 신봉하는 색채가 있었다.

원세훈은 1910년 경술국치 때 동만주를 거쳐 연해주로 들어가 항일운동을 벌였다. 그 뒤 일경에 체포돼 2년간 복역을 했는데 출옥 후에는 <비판>, <대중시보> 등을 발간하면서 총독정치에 대항했던 사람이다. 원세훈은 민족진영 중에서는 가장 빨리 8월 18일 고려민주당(高麗民主黨)이라는 정당을 창당했다.

다음으로 김병로(金炳魯)계가 있었는데 건준과의 합작을 시도했던 인사들이 주축을 이루고 있었으며 주로 호남 출신들이 많았다. 백관수(白寬洙), 김용무(金用茂), 나용균(羅容均), 정광호(鄭光好) 등이 이 계통이다.

일제 때 신간회 경성지회 멤버를 주축으로 한 홍명희(洪命憙)계에는 조헌영(趙憲泳), 이원혁(李源赫), 박의양(朴儀陽), 김무삼(金武森) 등이 속해 있었다.

또한 이인(李仁), 조병옥(趙炳玉), 박찬희(朴瓚熙), 함상훈(咸尙勳), 신윤국(申允國) 등이 한 모임을 형성하고 있었고, 그 밖에도 공산주의자로서 전향한 김약수(金若水), 유진희(兪鎭熙) 등도 있었다.

이들이 뒤에 한국민주당(韓國民主黨)이 되어 하나로 합쳐가는 과정은 그리 복잡하지 않았다. 왜냐하면 이들의 개별모임은 본질적으로 친소관계나 지역적 연고에 따른 것이었는데다 좌익의 발호가 워낙 심했기 때문에 공동의 위기감을 느꼈기 때문이다. 또한 개별적인 친소관계에 관계없이 대동소이하게 이들이 모두 송진우나 김성수를 국내 인사 중에서는 최고지도자로 꼽고 있었다는 점 때문이기도 했다.

그 같은 환경하에서 원세훈이 발기한 고려민주당은 김병로 등 다른 계파와 협조해서 조선민족당(朝鮮民族黨)으로 통합되고 조선민족당은 다시 김도연(金度演), 허정(許政), 윤치영(尹致暎), 윤보선(尹潽善) 등 구미(歐美) 유학생이 주축이 된 한국국민당(韓國國民黨)과 연합하여 뒤에 한국민주당(韓國民主黨)을 결성하게 된다. 그리고 결국 송진우를 끌어들이는 데 성공한다. 그러나 이 과정은 매우 느리게 진행됐다.

여운형이 건준에 열을 올리고 장안파 공산당이 간판을 내거는 등 활발한 움직임을 보이고 있는 반면 민족진영은 아직도 사랑방 좌담회만 벌이면서 우왕좌왕하던 무렵이었다. 전남 광주에서 한 사나이가 서울에 숨어들었다. 안경을 끼고 작달막한 볼품없는 외양의 이 사나이는 미군정 3년은 물론 뒤에 한국전쟁을 전후하여 이 땅에 폭풍을 몰고 왔다. 바로 골수공산주의자 박헌영이었다.

박헌영은 1939년 출옥하고 얼마 뒤부터 광주 어느 벽돌공장에서 김성삼(金成三)이란 가명으로 인부 노릇을 하면서 몸을 숨기고 있었다. 그가 해방을 맞아 언제 어떤 방법으로 상경했는지에 대해서는 정설이 없다. 8월 19일 상경설이 있으나 김남식(金南植) 씨는 <실록 남로당>에서 다음과 같이 이견을 제시하고 있다.

"어떤 사람들은 박헌영이 5년 동안 광주에서 피신하고 있다가 해방과 함께 트럭을 타고 광주를 출발, 전주로 와 형무소에서 출옥한 '콤 클럽'의 중심인물 김삼룡(金三龍)을 만나 19일에야 서울에 올라왔다고 말한다. 그러나 박헌영이 그의 옛 동지들을 규합하는 한편 8월 테제라는 꽤 긴 정치 노선을 작성하여 20일에 당 재건위를 발족시키면서 같은 날로 이를 공포하는데 과연 그가 19일 상경하여 단 하루 만에 그 같은 일을 할 수 있었겠느냐는 의문을 갖지 않을 수 없다. 하기야 이론에 밝다는 그가 멀지 않아 해방이 되리라는 생각을 하고 미리 테제를 구상하고 있었을지도 모른다는 얘기가 나올 법하다. 하지만 이것도 8월 테제를 읽어보면 수긍할 수 없음을 알게 된다. 8월 테제에서 박은 '해방 후의 상황'을 논하고 있을 뿐 아니라 '장안파 공산당의 파벌주의'를 비판하고 있다.

이런 점으로 미루어볼 때 박은 8·15 직후 아마 늦어도 16일에는 서울에 와 있었던 것 같다. 믿을만한 기록에도 41년부터 이순금(李順今)(이관술(李觀述)의 누이)을 통해 박헌영을 알게 됐다는 윤순달(尹淳達)이가 서울에서 17일 박헌영을 만난 것으로 되어 있다"

'박헌영 선생 나오시라' 벽보

아무튼 상경한 박헌영은 명륜동 김해균(金海均)의 집을 아지트로 삼고 공산당 조직사업에 착수했다. 김해균의 집은 주위에서 '아방궁'이라고 불릴 만큼 당시 수준으로는 한양식 절충의 '호화주택'이었다.

그런데 '근로대중의 전위'라고 하는 공산당이 이 같은 저택을 아지트로 삼은 것은 두고두고 해방정국의 화제가 되기도 했다.

김해균이란 인물은 이런 사람이다. 김은 해방 당시 35세로 전북 익산의 토호 출신이다. 그는 동경유학 후 보성전문 교수로 있었는데 그때부터 공산주의자들에게 많은 재정적 지원을 했다. 그는 6·25전에 월북, 정전회담 때는 인민군대좌로 북한 측의 영어통역을 맡게 된다.

8월 18일 서울거리에는 괴벽보가 군데군데 나붙어 행인들의 눈길을 끌었다.

'위대한 지도자 박헌영 선생은 어디 계신가'

'위대한 지도자 박헌영 선생은 나오시라'

마치 심인 광고 같은 이 술법은 박헌영의 출현에 고무된 콤 클럽 계의 대중적 분위기 조성 전술이었다. 이 같은 분위기를 일단 깔아놓고 박헌영은 이관술(李觀述), 김삼룡(金三龍), 이현상(李鉉相), 이강국(李康國) 등을 불렀다. 대개 콤 클럽계이면서 여운형의 건준 쪽에 침투한 자들이다. 이 계파는 하나의 강점을 가지고 있었다. 그들은 일제하에서 끝내 전향하지 않고 지하에서 서클 활동을 하면서 나름대로 '소규모 투쟁'을 계속해왔다. 따라서 이들은 주로 전향한 자들로 구성된 장안파 쪽을 우습게 보고 있었다.

이관술의 상황보고가 있었다. 그 요지는 대개 다음과 같았다.

"건준은 우익의 지도급들이 대부분 배제된 가운데 지방조직을 계속 확대 중이다. 건준의 조직과 선전부서를 과거 공산주의자들이 장악했고 따라서 조직원칙에 따라 사업 중이다. 남은 문제는 건준과 미구에 재건될 우리 당과의 관계형태를 확정하기 위해 건준 사업에 대한 우리 당의 공작원칙을 정하는 것이다. 장안빌딩에서 이영(李英), 정백(鄭栢), 고경흠(高景欽), 이승엽(李承燁) 등 서울계 화요회 ML계 등이 모여 조선공산당 간판을 내걸었다. 동대문에서 공산당 서울시당부를 조직하고 대기하던 최익한(崔益翰), 이우적(李友狄), 하필원(河弼源)도 결국 장안파에 합류했다. 이들은 전향자 그룹인데다 창당의 형태를 취함으로써 조선공산당 연혁의 정통성을 위배했다. 그러나 우리 당은 재건에 즈음하여 이들에 대한 공격과 병행하여 그들을 처우하는 일정한 원칙을 결정해야 할 것이다."

박헌영은 코웃음을 쳤다. 적어도 박의 관점에서 볼 때 일제 때

1차 검거로 간단히 공산주의운동을 청산하고 광산 브로커나 하던 자들이 대부분인 장안파는 가소롭기 짝이 없었을 것이다. 또한 '변절자'에 대한 끓어오르는 적개심도 있었을 것이다.

그러나 박헌영은 황망한 가운데서도 일을 순서대로 꾸며나갔다. 그는 수하 인물들에게 기간조직인 콤 클럽을 재생토록 지시했다. 장안파에 가담한 이승엽(李承燁), 조두원(趙斗元), 조동호(趙東祜)를 포섭해서 와해 공작을 시작토록 했다. 그리고 그 자신은 방문을 닫아걸고 재건공산당이 제시할 종합적인 노선을 작성하기 시작했다. 바로 조선공산당에서 남로당(南勞黨)에 이르기까지 남한의 공산주의자들의 교과서가 된 유명한 '8월 테제'였다.

(3) 민족진영의 결집

동아일보, 1982.7.6.-7.7.

건준이 인공(人共)으로 발전하는 소동을 먼발치에서 보면서 민족진영의 송진우는 좌익과는 전혀 다른 계산법으로 시국에 대응하고 있었다.

송진우의 건국구상의 1단계는 국민대회였다. 그는 국민대회를 통해 두 가지를 국민의 총의 형식을 밟아 확정시킬 생각이었다.

그 하나가 중경임시정부의 법통성을 확정하는 것이고 또 하나는 연합국에 감사하는 것이었다. 이렇게 하는 데는 송진우 나름의 생각이 있었다.

전개되는 내외정세를 볼 때 시계는 불투명했다. 미군의 서울진주가 통고됐지만 그들의 점령정책을 가늠할 수 없는 상황이었다. 그러나 송진우는 겉으로야 어쨌든 내심 건준에는 대항해야 한다고 확실히 생각하고 있었다.
　그는 건준에 대한 대항조직이자 우익의 공동광장으로 국민대회를 구성해서 밀고 나갈 결심이었다. 옆에서 민족진영 정당을 구성하자고 보챘지만 송진우의 생각은 달랐다.
　좌익에 비해 조직력 동원력과 응집력이 미약한데다 또 비이념적인 우익이 정당부터 손대다가는 좌익의 통일된 공세를 당할 수 없다고 그는 계산했다. 더욱 건준이 우익 일부를 '일제협력자', '반동'시하고 있는 마당에 섣부른 행동은 우익의 자멸을 의미한다고 보았다. 그래서 송진우는 건준의 움직임을 눈여겨보면서 좌우가 구분되기를 기다렸다. 민족진영의 대좌익(對左翼) 적개심이 한 방향으로 집결되기까지 기다렸다.
　이런 정세관을 기반으로 해서 송진우는 국민대회가 내세울 두 가지 명분이 결과할 실익을 냉정하게 계산하고 있었다.
　'첫째, 국민대회가 연합군 환영을 주도할 때 점령군과의 관계에 있어 우익은 좌익을 제칠 수 있다.
　둘째, 임정봉대는 법통성의 문제이기 때문에 좌익도 함부로 반대할 수 없을 것이다……'
　송진우는 김성수와 모든 것을 의논했다. 소년시절 창평 영학숙 때부터 맺어진 두 사람은 평생을 같이 지냈다 해도 과언이 아니다. 동경유학도 같이했고 일제하에서 동아일보를 운영하면서 두 사람은 서로가 서로의 후견인이었다.

대체로 김성수는 뒤에서 일을 기획하고 만들어왔다. 송진우는 이를 받아 전면에서 마무리 지었다. 때로는 반대의 경우도 있었다.

고하, 인촌과 대응책을 논의

두 사람의 성격은 판이했다. 송진우가 열화 같은 성격의 일면을 가진 데 반해 김성수는 차분하고 온건했다. 이 두 사람은 살얼음판 같은 일제하에서 서로의 처신을 보호했다. 해방 후 송진우가 국내 민족진영의 지도자로 옹립될 만큼 위치를 가다듬은 것도 김성수와 송진우 간의 이 같은 우정의 결과라고 볼 수 있다.

1962년 유진오(兪鎭午) 씨는 동아일보에 다음과 같이 증언했다. "…겉보기에는 풍모나 뱃심이나 활동에 있어서 고하가 형격(兄格) 같았지만 내용으로는 인촌이 형격이 아니었던가 생각된다. 고하는 호방하고 인촌은 해학을 좋아해서 주석 같은 데서 두 분이 맞붙으면 사뭇 헐뜯는 것 같은 농담이 벌어지는 때도 있었다. 이를테면 고하가 '인촌은 돈으로 사장을 했지 나는 내 몸뚱이로 사장을 했단 말이야'하고 내던지면 '여북 미련해야 몸뚱이로 사장을 한담'하고 인촌이 받는 것이었다. 그러나 한번 인촌이 정색을 하면 고하는 눈만 껌벅껌벅하는 것이었다.

일제 말기 때다. 인촌, 고하, 위당(정인보) 세 분과 나와의 주연이 있었다. 일인 경영의 음식점이었다. 그러나 잔을 거듭함에 따라 고하의 음성은 높아졌다. 물론 시국담이었다. 일경이 옆에 있으면 잡아가기라도 할 판이다. 그때 '이제 그만해'하고 날카로운 인촌의 말소리가 떨어졌다. 고하는 말을 뚝 그치고 약간 원망스러운 눈으로 인촌을 바라보고 그리고는 씩 웃고 또 술잔을 들었다.

다음은 동아일보 사장 직무대리를 지낸 양원모(梁源模) 씨의 회고.

"두 분은 가끔 대충돌을 일으켜서 그때마다 옆에서는 이제 영영 절교가 되는가 걱정을 하기도 했지마는 그 이튿날 계동 사랑에 가보면 언제 왔는지 고하 선생이 인촌 선생과 머리를 맞대고 무엇인가 열심히 숙의를 하는 장면을 보게 되곤 했지요"

해방 때도 두 사람은 역할을 나누고 있었다. 8월 14일 이쿠타(生田) 경기도지사와의 회담을 마치고 송진우는 김성수에게 이렇게 말했다.

"오늘내일이 고비가 될 것 같으니 자네는 연천에 내려가 있는 것이 좋겠어"

일제의 단말마적인 발악을 걱정해서였다.

"자네는 어떻게 할 생각인가?"

김성수가 물었다.

"나야 세상이 뒤바뀌는 것을 지켜봐야 하지 않겠나"

연천역 앞에 있는 최남(崔楠)의 농장에서 해방을 맞은 김성수는 부인에게 이렇게 말했다.

"정치는 고하와 동지들에게 맡기고 나는 학교를 하겠으니 당신도 그렇게 알고 있어요"

그러나 해방 초기에 정당 결성을 서두르지 않는다는 데 대해서는 송진우나 김성수는 생각이 같았다.

송진우는 국민대회라는 원거리 목표에 도달하기 위한 과정으로서 9월 4일 김성수와 함께 '대한민국임시정부 및 연합군환영준비위원회'를 구성했다. 위원장은 권동진(權東鎭), 부위원장은 김성수(金性洙), 허헌(許憲), 이인(李仁)이었다. 이 과정은 임정의 귀국을 쉽사리 예상할 수 없다는 표면적 이유와 건준의 인공 결성에 대응하기 위해 다음 단계인 국민대회준비회로 자연히 발전했다.

말하자면 송진우는 임정 및 연합군환영준비회 과정을 통해 민족진영의 동원력을 사전 진단해본 것이다.

송진우는 국민대회준비회의 구성을 위해 동분서주했다. 우파는 물론 온건좌파에까지 손을 뻗쳤다.

9월 7일 송진우는 동아일보 사옥에서 국민대회준비회를 결성했다.

이날 대회는 위원장에 송진우(宋鎭禹), 부위원장에 서상일(徐相日), 원세훈(元世勳), 고문에 권동진(權東鎭), 오세창(吳世昌), 김창숙(金昌淑)을 뽑고 총무 김준연(金俊淵), 조직 송필만(宋必滿), 정보 설의식(薛義植), 외교 장택상(張澤相), 지방 김지환(金智煥), 조사 윤치영(尹致暎), 경호 한남수(韓南洙) 등으로 조직을 짰다.

국민대회준비회는 당면사업으로 △인공이 공산당과 그 동조자들의 모체 역할을 하는 데 대하여 국민대회준비회는 민족진영의 모체 역할을 한다 △해외에서 환국하는 지사와 그 동포에게 편의를 베푼다 △연합군에 대해 국민의 대변을 한다 △민심안정과 치안유지에 협력한다는 것 등을 제시했다.
　또 상당히 장중한 어조의 취지서를 발표했는데 그중 국민대회의 취지가 선명하게 나타난 부분은 다음과 같다.
　"……강토는 잃었다 하더라도 3천만 민중의 심중에 응집된 국혼(國魂)의 표상은 경술국변(庚戌 國變) 이래로 망명지사의 기백과 함께 해외에 엄존하였던 바이니…… 우리의 국가대표는 기미독립 이후로 구현된 대한임시정부가 최고요. 또 유일의 존재일 것이다. 파당과 색별을 초월하여서 이를 환영하고 이를 지지하고 이에 귀일함이 현하의 내외정세에 타당한 대의명분이니……"
　송진우의 국민대회준비회 발족과 발맞추어 민족진영의 정당 창당 운동도 그 맥을 찾기 시작하고 있었다.
　9월 4일 서울 종로국민학교에서 한국민주당(韓國民主黨)으로 대동단결한 민족진영은 미군의 진주와 때를 맞춘 9월 8일 인공에 대해 포문을 열었다. 발기인 1천여 명의 명의로 발표된 대인공(對人共)성명서는 상당히 격하고 다소 감정적인 면도 없지 않았다.

송진우, 수석총무로 참여

　한국민주당은 9월 16일 천도교회관에서 창당했다. 국민대회준비위, 조선민족당, 한국국민당 등 민족진영의 3대 분파가 하나로 통일된 한민당은 한마디로 범우파(汎右派) 정당이었다.

민족진영의 결속력이 자생되기를 기다리던 송진우도 이에 참여했다. 김성수도 당초에는 직접 참여하지 않았지만 측면에서 한민당을 도왔다. 한민당은 곧 부서를 결정했는데 영수에는 이승만(李承晩), 김구(金九), 이시영(李始榮), 문창범(文昌範), 서재필(徐載弼), 권동진(權東鎭), 오세창(吳世昌)을 추대하고 수석총무에 송진우 그 밑에 원세훈(元世勳), 백관수(白寬洙), 서상일(徐相日), 김도연(金度演), 허정(許政), 조병옥(趙炳玉), 백남훈(白南薰), 김동원(金東元) 등 8 총무를 두어 운영했다.

한민당의 정치적 좌표는 16일 채택된 강령과 정책보다는 8일 발기인 명의로 발표된 대인공(對人共)성명에서 더 잘 나타나고 있다.

"그들(인공)은 이제 반역적인 인민대표자대회란 것을 개최하고 조선인민공화국 정부란 것을 조직하였다고 발표하였다. 가소롭다 하기에는 너무도 사태가 중대하다. 출석도 않고 동의도 않은 국내지명인사의 명의를 도용한 것은 말할 것도 없고 해외 우리 정부의 엄연한 주석, 부주석, 영수되는 제 영웅의 영명을 자기 어깨에다 같이 놓아 모모 위원 운운한 것은 인심을 현혹하고……"

그런 다음으로 임정에 대한 인공의 경시 태도를 나무라고 여운형 개인을 비난했다.

"오호(嗚呼)라 사도(邪徒)여! 군 등은 현 대한임시정부요인이었으며 그 후 상해사변, 태평양전쟁 발발 후 중국 국민정부와 미국 정부의 지지를 받아 중경, 워싱턴, 사이판, 오키나와 등지를 전전하여 지금에 이른 사실을 모르느냐. 동 정부가 카이로회담의 3거두로부터 승인되고 샌프란시스코 회의에 대표를 파견한 사실을 군 등은 왜 일부러 은폐하려는가……. 일찍이 너희들은 고이소(小磯) 총독관저에서 합법운동을 일으키려다 조소를 당한 도배이며…… 일본의 압박이 소멸되자 정무총감, 경기도 경찰부장으로부터 치안유지 협력의 위촉을 받고 피를 흘리지 않고 정권을 탈취하겠다는 야망을 가지고 나선 일본제국의 주구(走狗)들이다. 우리는 장구히 군 등의 행동을 좌시할 수 없다. 우리의 정의의 쾌도(快刀)는 파사현정(破邪顯正)의 의거를 단행한 것이다……"

여기서 흥미 있는 것은 한민당 인사들이 중경임시정부가 국제적인 승인을 받고 있는 것으로 오인하고 있다는 점이다. 그러나 정도와 종류의 차이는 있었지만 바깥 정세에 대한 부분적인 무지는 비단 한민당만이 아니라 어느 정파나 다소는 있었던 것이다. 아무튼 이 성명은 해방 후에 각종 정파가 내놓은 것들로는 그 성격에 있어서 상당히 과격한 범주에 들어가는 것만은 사실이다.

한민당의 성격에 관해서는 그때는 물론 지금도 다양한 견해들이 나오고 있다. 그러나 한민당을 평가함에 있어서 현실적인 기준은 어느 정도 뚜렷하다고 봐야 할 것이다. 즉 한민당은 건국의 기간세력(基幹勢力)이었고 반공의 실질적인 힘이었으며 한국정당사상 오늘까지도 일맥을 통하고 있다는 것은 부인할 수 없는 사실이다.

당시 좌익은 공식대로 한민당을 험담과 함께 반동세력으로 몰아붙였다.

'반동세력으로서 가장 먼저 기치를 들고 나타난 것이 한국민주당이다. 이 당에는 온갖 반동요소가 섞여있다. 조선에 있어 세칭 우익진영을 우리는 반동세력이라고 규정한다' (민주주의민족전선 편찬 조선해방연보)

그러나 이것은 좌익이 비단 한민당뿐만이 아니라 비좌익(非左翼) 일반에 상투적으로 적용하는 시각이어서 별다른 가치가 있는 것은 아니다. 그보다는 송남헌(宋南憲) 씨의 분석이 한민당 성격을 보다 균형 있게 설명하고 있다.

"창당 당시 한민당의 지도부는 총무단이나 중앙집행위원들의 면면을 보더라도 확실히 다양한 인물로 구성되었다. 3·1운동을 전후하여 국내외에서 민족해방운동에 앞장섰던 인사 및 공산주의운동에 투신하였던 인사, 1920년대 후반으로부터 1930년대 전반에서 국내에서 노동운동 내지 농민운동, 사회주의운동에 이르기까지 투신하였던 인사, 심지어 당시 전문학교 강단에서 마르크스주의 경제학을 강의한다고 '붉은 교수'로 지목되었던 교수 출신, 구미지역에서 전형적 자유주의 교육을 받은 인사, 고루한 민족주의자 등으로 구성되었기 때문에 여기에는 일제에 충성을 바친 친일분자만은 아니었다. 혹 하부조직에 그러한 인물이 몇 사람 참가했는지는 모르지만 그것이 한민당 전체의 성격 규정은 될 수 없는 것이다."

이 같은 논의를 우익과 좌익 간의 투쟁에서 더 선명하게 부각시킨 것으로 47년 신태평양지(新太平洋誌)에 실린 이상돈(李相敦) 씨(제헌의원)의 글이 있다.

"과연 진정한 '친일파'와 '민족반역자'는 어느 진영에 많은가를 음미하여 보자.……친일파, 민족반역자는 오히려 공산진영에 압도적으로 많음을 부인치 못할 것이다. 공산당 간부인사 박헌영 씨, 이관술 씨 등을 제외하고서는 거개가 친일파이며 부일협력자(附日協力者)이며 소위 '전향파'로서 민족반역행위를 한 자들이다. 다만 그들의 친일행위와 부일 반역행위가 표면적이 아니고 이면적이고 양성적이 아니고 음성적이었기 때문에 일반이 잘 몰라서 그렇지 참된 친일파의 집단은 공산당이라고 단언하지 않을 수 없다. ……일제시대에 매일신보, 경성일보에서 왜적의 전쟁수행을 위하여 '언론보국에 정신(挺身)하였고 왜군의 전쟁살인 철학을 정당화시키기에' 문필보국을 하던 악질언론인과 신문기자가 공산당원이 되어 적반하장격(賊反荷杖格)으로 대성질호(大聲叱呼)하는 것은 양심의 자살행위가 아니고 무엇이랴……. 일제에 충성을 다하던 분자들이 민전(民戰)산하의 문학가 동맹의 중요직을 차지하여 인민문학을 운운하며 반동문학 타도를 절규하는 기관기상(奇觀奇相)이야말로 세기적 골계극(滑稽劇)의 일막이 아닐 수 없다"

박헌영도 공산당 전격 재건

한편 민족진영이 한민당을 결성하고 있는 사이에 공산당의 박헌영도 공산당 재건사업에 여념이 없었다.

박헌영은 이미 9월 8일의 장안파 열성자 대회를 재건파에 대한 항복대회로 둔갑시킨 바 있다. 박은 이 같은 여건을 기반 삼아 9월 11일 자파의 재건준비위원회를 해체하고 조선공산당을 전격적으로 재건했다. 물론 총비서는 박헌영이었다.

정치국은 박헌영(朴憲永), 김일성(金日成), 이주하(李舟河), 무정(武亭), 강진(姜進), 최창익(崔昌益), 이승엽(李承燁), 권오직(權五稷), 조직국은 박헌영(朴憲永), 이현상(李鉉相), 김삼룡(金三龍), 김형선(金炯善), 서기국은 이주하(李舟河), 허성택(許成澤), 김태준(金台俊), 이구훈(李龜壎), 이순금(李順今), 강문석(姜文錫) 등으로 구성되었다.

재건공산당의 초기 단계라는 이유도 있었지만 박헌영은 총비서와 정치국원, 조직국원을 겸함으로써 일단 친정체제를 확립했다. 또한 그의 직계중의 직계 이현상, 김삼룡, 김형선을 조직국에서 집중 배치함으로써 조직 확대에 대비했다.

공산당은 14일에는 '조선공산당은 끊임없는 피투성이의 투쟁과정을 통하여 중대한 정국하에 마침내 통일된 형태로 지난 11일에 재건되었다'고 공식 선포했다.

한편 이보다 앞서 9월 12일 정오 공산당은 박헌영이 참석한 가운데 서울운동장에서 재건대회를 열었으며 대회가 끝난 후에는 종로, 을지로, 광화문 등지를 시위하면서 휩쓸었다. 물론 구호와 플래카드는 '조선공산당재건 만세'였다.

찌는 듯 무더운 8월 한낮의 이 엄청난 시위를 중앙청 창가에서 유심히 지켜보는 사람이 있었다. 9월 8일 하지 장군의 부대를 따라 서울에 들어온 군정 정치고문 머렐 베닝호프였다.

(4) '신탁'의 소용돌이

동아일보, 1983년 3월 22일

반탁의 절규는 45년 세밑을 온통 흔들어 놓으면서 행동으로 옮겨지기 시작했다. 12월 29일 군정청 한국인 직원들이 가두시위에 나선 뒤를 이어 법원도 총파업에 들어갔다. 가무가 그치고 영화관도 휴관했다. 상가는 철시했고 곳곳에서 반탁 가두시위가 잇따랐다.

'삼천만아 살았느냐. 독립전선에 생혈을 뿌리자'라는 구호가 터져 나오면서 그것은 곧 '독립운동'의 열기로 전국에 번져갔다. 그런 가운데 김구의 임정은 그동안의 정치적 부진을 씻고 당연 정국의 선두주자로 나섰다.

신탁통치에 대한 거국적 불만을 '독립운동'으로 연결시킨 김구의 착안은 엄청난 설득력을 발휘했고 열띤 호응 속에 경교장(京橋莊)을 정치활동의 진원지로 부상시켰다. 12월 28일 김구의 사회로 열린 비상대책회의에서는 임정 지휘 아래 '신탁통치반대 국민총동원위원회'를 설치키로 했다.

이날 김구의 개회사는 이러했다.

"해외에서 30년 동안 싸우다가 고국의 강토를 밟게 되어 3천만 동포를 해후케 될 때 이 사람은 3천만 동포와 독립운동을 계속하기 위함이라는 것을 언명한 바 있습니다. 불행히도 이 사람의 말이 들어맞아서 지금부터 새 출발로서 독립운동을 전개하지 않으면 안 되게 되었습니다. 우리가 기대치 않은 탁치라는 문제가 3천만의 머리 위에 덮어 씌워졌습니다. 우리가 이것을 물리치기 위하여 덮어씌우려는 탁치의 보자기를 벗어날 운동을 전개해야 합니다"

임정은 이날 4개 항의 결의를 발표했다.

- 본 정부는 각층 각파 및 교회, 전 국민으로 하여금 신탁제에 대하여 철저히 반대하고 불합작운동을 단행할 것.
- 즉시로 재경 각 정치집단을 소집하여 본정부의 태도를 표명하고 선도정책에 대하여 절실히 동의 합작을 요하며 각 신문기자도 열석케 할 것.
- 신탁제에 대하여 중미소영 4개국에 반대하는 전문을 급전으로 발송할 것.
- 즉시로 미소 군정당국에 향하여 질문하고 우리의 태도를 표명할 것.

'본 정부'라는 당당한 표현까지 동원한 임정의 이러한 태도에 가장 당황한 것은 임정 자체를 '정부'로 보지 않으려 했던 하지였다.

결국 하지는 김구 주석 이하 임정요인들을 국외로 추방하겠다며 펄펄 뛰기도 했는데 이 부분은 후술키로 한다.

그러나 반탁의 소용돌이 속에는 많은 우여곡절도 없지 않았다.

그 대표적인 것이 반탁의 방법론이었고 한민당 송진우 총무의 암살도 그 여진 속에 일어났던 일이다.

28일 밤 경교장에서 있은 각 정당 사회단체 대표들의 비상대책회의에는 열띤 논의가 벌어졌다. "미군정을 엎어버리고 임정이 독립을 선포하여 통치권을 행사해야 한다"는 주장도 나왔다.

논의가 한창 열을 띠어갈 무렵 송진우가 입을 열었다.

"내가 지금 하지를 만나고 오는 길인데 신탁통치라는 것이 여러분이 흥분해서 생각하는 것만큼 그렇게 우려할 만한 것은 아닌 것 같소. 반탁을 하되 미군정을 적으로 돌려서는 안 됩니다. 다시 한번 여유를 가지고 냉정히 생각해 봅시다"

송진우의 말에 여기저기서 "집어치워라"는 반발이 터져 나왔다.

그러나 송진우는 계속했다.

"만약 임정식으로 사태를 수습하면 우선 미군정과 충돌해야 하고 미군정과의 충돌은 미국 및 민주주의 제국과의 충돌을 일으킬 염려가 있습니다"

"그러면 고하는 찬탁파요?"

"찬탁이 아니라 방법을 신중하게 하자는 것이오. 반탁으로 국민을 지나치게 흥분시킨다면 뒷수습이 곤란할 것이니 좀 더 냉정하게 생각해서 시국을 수습해야 하지 않겠소?"

"무슨 소리요? 반탁 뒤에 오는 모든 사태는 우리가 맡지……"

송진우와 임정 간의 결론은 29일 새벽 4시까지 계속됐으나 이견을 좁히지 못했다. 송진우는 실제 반탁운동에 공산당의 박헌영까지 포함시키려는 계획을 세웠었으며 29일 아침엔 "박헌영 군에게도 이번만은 제발 영웅적 태도를 취해달라고 전해주시오. 내가 그러더라고……" 하고 한 측근에게 말하기도 했다. 그러나 운명의 12월 30일 오전 6시 15분 송진우는 서울 원서동 74 자택에서 자객이 쏜 6발의 총탄을 맞고 56세를 일기로 타계했다.

송진우의 사거(死去)로 해방정국의 소용돌이는 더해갔다. 송진우의 죽음을 전해들은 이승만은 손으로 방바닥을 치면서 어린애처럼 엉엉 울었다.

반탁의 방법론을 놓고 송진우가 임정요인들과 의견을 달리하자 일부에서는 송진우에 대한 모함과 중상이 일었으나 송진우는 이에 개의치 않고 의연히 임정의 극한 투쟁론을 제동하기 위한 노력을 포기치 않았다. 비상대책회의에 앞서 송진우는 김구와의 단독요담에서 극한론의 자제를 요청했다.

"반탁국민운동을 전개하는 것은 대한사람이면 누구나 반대 못합니다. 열화 같은 반탁의사를 군정사령관이나 미국대통령 귀에 쩌렁쩌렁 울리도록 해야지요. 그렇지만 미국을 반대하고 미군정을 적대시하여 무모하게 머리로 받아넘기려 하다가는 작은 것을 얻고 큰 것을 잃게 되기 쉽습니다."

송진우는 김구에게 차근차근 말했다.

"시정의 필부들이 주먹을 높이 쳐들고 고함을 칠 때 그 주먹을 가상히 여기면서도 정치지도자는 사태의 앞뒤 진전을 헤아리면서 물굽이를 잡아 나가야 합니다"

그러나 이미 강경의 굽이에 들어선 임정의 궤도를 돌려 잡기엔 역부족이었다.

임정의 이러한 강경노선에 누구보다도 놀란 것은 하지였다. 하지는 그것을 군정에 대한 중대한 도전으로 받아들였다. 난처한 입장에 빠진 것은 군정청 경무부장인 조병옥(趙炳玉)이었다.

조병옥은 송진우가 암살되기 직전 그를 찾아가 방안을 협의했었다.

"경교장에서 붙은 불은 당(한민당)에서 잡아보시오. 코쟁이들은 내가 맡아 보리다"

그런데 모스크바 삼상회담 결정을 반대하면서 이른바 '반파쇼공동투쟁위원회'까지 조직했던 좌익진영은 46년 1월 3일 갑자기 조선공산당의 태도를 표변시키면서 신탁통치 찬성 쪽으로 급선회했다.

이즈음 박헌영의 모습이 한동안 보이지 않았는데 반탁운동을 벌이려 했던 박헌영이 서울의 소련영사관으로 불려가 폴리안스키 영사로부터 호된 야단을 맞고 찬탁으로 돌아섰다는 이야기도 있다.

결국 탁치 결정은 해방정국을 걷잡을 수 없는 소용돌이로 몰아넣었다.

전후의 무질서를 더욱 악화시켰고 민족분열을 가속시켰다. 국토에 이어 사람까지도 반으로 자르는 칼이 되고 만 것이다.

48

아무도 쓰지 않았던 진실
-한국의 비극-

고무로 나오키(小室直樹) 저, 최현 옮김, 범우사, 1986년 1월 25일

(전략)

두 발의 총성이 울려 퍼졌다. 무솔리니와 그의 애인은 죽었다. 그리고 이탈리아인들은 두 사람의 시체를 거꾸로 매달아 놓았다.

이를 통해 이탈리아 국민은 파시즘을 반대했다는 것을 세계를 향해 증명해 보였다.

서독도 또한 '반나치법'을 제정하여 나치스 전범을 다스리고 있다. 독일 국민은 자신들의 손으로 나치스가 저지른 범죄에 대해 '결말'을 지었던 것이다.

그러나 한국 국민은 결코 자신들의 손으로 '일제'가 저지른 범죄를 다스리지 않았다. 스스로 결말을 짓지도 않았다.

종전과 동시에 조선총독부가 자발적으로 한국 국민에게 부여했던 자치권은 미군에 의해 곧 철회되었다.

1945년 8월 초 소련군이 노도처럼 북한 지역으로 침입해 들어오자 조선총독부는 이젠 끝장이라고 생각했다. 아무리 발버둥 쳐도 이젠 소용이 없다. 이렇게 된 이상 선선히 한국인의 손으로 통

치권을 인계해야 한다.

이렇게 생각했다.

총독부의 고관은 송진우, 여운형 등 독립운동 지도자들과 교섭하여, 통치권을 줄 테니 독립정권을 세우라고 요구했다.

그러나 이승만, 김구 등 독립운동의 최고 지도자들은 국외에 망명 중이었다. 이들을 무시하고 곧 독립정권을 세우라고 한들 그것은 무리한 일이었다.

그렇다면 어떻게 해야 하는가?

국내에 있던 독립운동 지도자인 송진우와 여운형은, 다음절에서 말하겠지만, 곧 큰 싸움을 벌이기 시작했다.

역사의 전환기에 나라의 지도자들이 정쟁(政爭)으로 날을 지새며 나라의 진로를 그르치는 일이 흔히 있는데, 1945년 8월의 '해방' 때에도 지도자들 간의 다툼이 치명상이 되었다.

1945년 8월 15일, 기다리고 기다리던 해방의 날이 왔다고 한국 전역에서 열광과 환호 소리가 울려 퍼졌다. 그러나 민중은 '해방'을 어떤 형태로 구체화해야 하는지 알 턱이 없었다.(중략)

통치 기구는 빈틈없이 총독부에 의해 장악된 상태였다. 헌병, 경찰, 검찰 등의 치안 기구, 지방 통치 기구는 물론이고, 학교, 교통에서 방송, 신문 등의 언론 기관에 이르기까지 모두를 여전히 총독부가 장악하고 있었다.

해방을 기뻐하면서도 민중은 궐기하여 총독부의 통치 기구를 접수하려 하지 않았다. 조선 총독 아베 노부유키 대장이나 조선

관구 사령관 고오즈키 중장을 사살하고 시체를 거꾸로 매달지도 않았다.

'일제'의 범죄를 다스리는 재판소를 설치하려는 움직임도 전혀 보이지 않았다.

이것이 그 후의 한국의 운명을 결정했다.(중략)

바이마르공화국은 민주주의의 정수와 같은 존재였다. 그러나 독일 민중은 폭군을 가두의 바리게이트로 타도하고 자유를 획득한 것이 아니었다. 그래서 바이마르공화국의 민주주의는 일단 불황이라는 독이 든 이빨에 쫓기게 되자, 곧 히틀러의 바그너적인 오페라에 매료되어 혼백을 넘겨주었다.

반대로 프랑스 국민은 여러 차례 자기들 손으로 폭군을 추방하고, 카이저(독일 황제) 군국주의에 승리를 거두었으며, 나치 독일에 목숨을 내걸고 저항했다. 그 때문에 프랑스 공화국은 수많은 시련을 감내하고 살아남았다.

또한 미국 국민은 폭군 조지 3세의 군대를 무력으로 격파하고 독립을 획득했다. 그 때문에 미국의 민주주의는 그 수많은 결함에도 불구하고 세계에서 모범이 되고 있다.

그러나 한국 국민은 해방을 맞아 일제의 통치 기구에 손가락 하나 대지 않았다.(중략)

일본이 포츠담선언을 수락하고 한국 국민에게 자유의 왕국이 다가왔을 때, 한국 독립을 지원하겠다고 전 기구를 동원하여 선전한 것은 다름 아닌 일제의 조선 지배 원흉인 조선총독부였다.

이것은 입에 발린 선전만은 아니었다.

곧 실천에 옮겨졌다.

총독부는 통치 기구를 인도하기 위해 국내에 있던 독립운동 지도자들과 의논하기 시작했다.

그런데 지도자들이 정치 싸움을 벌이기 시작했다.

여운형은 일본이 모처럼 통치권을 주겠다고 하니 받아야 하지 않겠느냐, 평화롭게 독립을 할 수 있으니 이보다 좋은 일이 어디 있겠느냐는 의견이었다.

이에 대해 송진우는 맹렬히 반대했다. 일제로부터 받은 통치권으로 '독립정부'를 세운다면 그 정권은 조선총독부의 후계자가 되어 버린다. 국민들은 일제의 괴뢰정권이라고 생각할 것이다. 일제의 조선 통치의 정통성을 인정하는 것이 되기도 한다.

절대 반대였다. 김구 주석의 '대한민국 정부'야말로 한국의 정통 정부이므로 이 정부를 중경(重慶)으로부터 맞아들여 독립 한국의 정부로 삼아야 한다.

송진우의 반론은 한국 독립운동의 맥락에서는 실로 일리가 있었다.

그러나 정치적인 센스는 영점이었다.

여운형은 이 점을 꿰뚫어 보았다.

어쨌든 독립정부를 세우는 것이 당면한 급선무이다. 독립정권이 없이는 진주해 오는 연합군과 교섭할 수도 없을 것이다. 민중의 소망을 연합군에게 전할 수도 없을 것이다. 독립정권이 건전하게 작동하게 된 후에 해외에 망명해 있는 독립운동의 요인들을 불러들여도 결코 늦지 않을 것이다.

여운형과 송진우 사이의 논쟁은 끊임없이 계속됐다.

옥신각신. 조선총독부는 통치권을 주겠다고 말한다. 여운형은 그렇다면 받자고 말한다. 송진우는 그런 건 필요없다고 말한다.

조선총독부의 의논 상대가 여운형 쪽으로 기울어진 것도 당연한 일이었다.

여운형은 총독부의 후원 아래 건국준비위원회를 만들었다. 그러나 송진우는 여기에 참가하지 않았다.

맥아더가 필요로 한 일본의 조선 통치 기구

1945년 8월 17일, 총독부는 건국준비위원회에 치안권을 포함한 다수의 통치권과 방송국, 신문사 등의 언론 기관 및 교육 기관을 인도했다.

건물마다 태극기가 게양되었다.

노인들은 뜻밖에도 살아서 다시 태극기가 게양되는 것을 보게 되다니 하고 말하며 울었다. (중략)

그러나 독립을 갈망하는 한국 민중 앞에 우뚝 선 일본 제국은 너무나도 거대했고, 그 군대는 너무나도 강했다.

한국인이 기뻐 날뛰기에는 너무 일렀다. 태극기의 게양은 일제의 조선 지점(支店)인 총독부의 허가로 이루어진 것이었다.

그것은 한국 국민이 "일장기는 일몰(日沒)과 함께 내리고, 다시

게양하는 것을 금함"이라고 명령했기 때문에 이루어진 일이 아니었다.

미국은 한국의 독립운동 지도자들을 아직 신용하고 있지 않았으며, 한국 국민에게 자치 능력이 있다고도 생각하지 않았다. 루즈벨트는 한국을 일본에서 빼앗은 후에는 당분간 연합국에 의한 신탁통치를 실시하는 것이 좋으리라고 생각하고 있었다. 맥아더는 먼저 군정을 실시할 예정이었다.

연합군은 8월 16일 총독부에 비밀 명령을 내려 당분간은 총독부가 계속 한국을 통치하라고 명령했다. 또한 일본의 조선 통치 기구를 보전하고 이것을 연합군에게 인도하라고 지령했다.

한국은 8월 15일 해방 후에도 일본 제국의 식민지로서 통치를 받고 있었던 것이다.

8월 18일 총독부는 일방적으로 여운형의 건국준비위원회에 준 통치권을 다시 회수해 갔다. 일단 건국준비위원회의 손으로 넘어간 통치 기구나 학교, 방송국, 신문사 등 언론 기관도 접수해 버렸다.

태극기는 내려졌다.

한국의 하늘에서는 다시 정복자의 깃발인 일장기가 나부끼게 되었다.

조선총독부는 통치권 및 통치 기구를 건국준비위원회 위원장인 여운형이나 재야의 지도자인 송진우와 한마디 의논도 하지 않고 회수해 갔다. 하물며 한국 민중의 의향 따위는 조금도 참작되지 않았다.

　이 통치권의 회수는 연합군의 비밀 지령에 의한 것이었다. 비밀이기 때문에 한국 민중은 그것이 연합군의 의사에 의한 것인 줄 몰랐다. 일본이 제멋대로 권력을 갖고 희롱하는 줄로만 여겼다.

　세계 혁명사상 권력자가 일단 국민에게 준 권력을 하룻밤 사이에 다시 회수해 간 예는 달리 없을 것이다. 일단 해방된 식민지를 곧바로 다시 정복한 제국도 없을 것이다.

　이러한 있을 수 없는 일이 실제로 일어났다.

　이것이 8월 15일의 '해방'의 실패였다.

　일본은 '미군'에게 한국을 인도했다.

　일본 제국이 이렇게까지 제멋대로 농락했음에도 불구하고 한국 민중은 분격하여 궐기하지 않았다.

　저 3·1독립항쟁에서 보여주었던 것과 같은 무장 봉기도 없었다. 레지스탕스도 없었고 본격적인 데모도 없었다.

　연합군이 진주해 오기에 앞서 자기들 손으로 일단 제국주의자들을 처단하겠다는 발상이 없었던 것이다. 한국인은 독립운동 지도자도 민중도 이 일의 역사적·국제 정치적 중요성을 조금도 깨닫지 못하고 있었다.

　1944년 7월 패주하는 독일군을 쫓아 소련군은 바르샤바 교외까지 바싹 육박했다. 소련군을 해방군으로 규정한 반나치 레지스탕스의 투사들은 일제히 궐기했다.

　어차피 이제 곧 해방될 처지였다.

이러한 때에 어째서 목숨을 내걸고 궐기할 필요가 있었을까?

폴란드인은 이렇게 싸웠노라는 역사를 세계에 선언하기 위해서였다. 이렇게 싸워야 비로소 폴란드인은 발언권을 얻어 자유를 요구할 수 있었기 때문이다.

피정복 상태에 익숙했던 폴란드인은 이 점을 잘 알고 있었다.

그러나 스탈린이 어떤 자인가? 폴란드에 자유를 줄 생각은 눈곱만큼도 없었다. 자유로운 폴란드를 원하는 애국 투사 따위는 없는 편이 좋았다.

진격을 계속하던 소련군은 바르샤바의 교외에서 멈췄다.

빈사 상태에 빠져 있었지만 독일군은 독일군이었다. 역습으로 방향을 바꾸자마자 폴란드의 궐기군은 전멸되었다. 수천 명의 폴란드인이 학살되었다. 그런 뒤에 소련군은 유유히 바르샤바로 진격해 들어갔다.

이것을 바르샤바 사건이라고 부르며 지금도 폴란드인은 10월 10일을 자유 폴란드의 날로 기념하고, 나치스의 포학과 소련의 배반을 잊지 않고 있다.

이러한 센스가 적은 한국인.

미군이 교섭 상대로 택한 것은 조선총독부와 조선 관구군이었다.

1945년 9월 9일 항복 조인식에서 미국 측 대표는 오키나와의 제24 군단장인 하지 중장과 제57 기동부대 사령관인 킹케이드 대장이었다. 일본 측 대표는 조선총독인 아베 대장과 조선 관구군사령관 고오즈키 중장이었다. 이 네 사람이 항복 문서에 서명했다. 이 일의 중요성은 아무리 강조해도 지나치지 않다.

한국인 지도자, 아니 한국인은 무시되었다.

이것은 치명적이었다.

이윽고 9월 11일부터 군정이 실시되게 되었지만 이 군정실시의 정통성은 조선총독이 미군에 항복한 데서 비롯됐다. 요컨대 미군은 일본군으로부터 한국의 통치권을 물려받았던 것이다. 그사이 한국인은 일체 개입하지 않고 있었다.

미국은 일본으로부터 정복된 한국을 인계받았던 것이다.

전리품은 승리자에게 속한다.

미국은 한국의 정치 지도자들을 상대하지 않았다.

당시 중경에는 김구 주석이 이끄는 대한민국임시정부가 있었다. 이 정부는 한국 독립운동의 지도부로서 합법적인 정통성을 갖고 있었고, 1919년 3·1독립운동에 실패한 후 상해로 망명한 김구 등에 의해 세워진 정부였다. 1927년에 국무총리가 된 김구는 이듬해인 1928년에 한국독립당을 조직했다. 그리고 지나사변이 바야흐로 한창이던 1940년에 한국광복군을 조직했다. 1941년 대동아전쟁이 터지자 대한민국임시정부는 일본 제국에 선전포고를 했다.

미국, 영국, 중국 측에 가담하여 일본에 선전포고를 했으니 미국의 동맹국이었다. 훌륭한 연합국의 일원으로 간주돼야 마땅했다.

그런데 그렇게 되지 못했다.

전리품은 승리자에게 속한다.

이미 강조한 바와 같이 일본 군국주의를 타도한 것은 미국이었다. 영국은 일본에 패한 적이 더 많았고 중국은 연전연패 했으며, 소련은 불난 집의 도둑격인 셈이었다. 도저히 큰 발언권을 가질 수 없었다. 하물며 전쟁 말기에는 미국과 일본의 단독 전쟁 같은 양상을 보였으니 말할 필요도 없었다.

전후의 일본 처리를 둘러싸고 미국은 독점에 가까운 발언권을 행사했다. 소련, 영국, 중국에는 거의 발언권이 없었다. 소련 등은 이런저런 요구를 하다가도 미국이 일갈하면 곧 움츠러들지 않을 수 없었다. 프랑스, 네덜란드 등은 발언권이 없는 거나 마찬가지였다.

소련, 영국, 중국조차 이러했다. 이것이 국제정치의 다이너미즘이다.

대한민국임시정부의 주석이었던 김구가 망명지인 중경에서 일본이 패배했다는 뉴스를 듣게 되자 무심코 한탄했다는데 대해서는 이미 서술한 바 있다.

김구는 말했다.

일본이 패전하여 한국이 해방될 날이 가까워졌다. 기뻐 어쩔 줄 몰라야 할 터인데도 조금도 기쁘지 않다. 한국광복군의 승전을 통해서 독립을 획득하고 싶었다.

이대로라면 한국에는 발언권이 없게 된다.

예언적인 말이었다.

라고 말하고 싶지만, 그렇지 않다. 이것이야말로 국제정치의 상식이다.

한국광복군이라고 했지만, 사실은 아무것도 한 일이 없었다.

이제까지 어떠한 상황에서든 정면으로 싸워서 일본군을 무찔러 주기를 루즈벨트도 처칠도 장제스도 주엔라이도 요구하지 않았을 것이다. 아니, 생각조차 하지 않았을 것이다. 그러나 중경에 본거지를 둔 대한민국임시정부의 군대였던 만큼 한국광복군은 하다못해 대일 게릴라전 쯤에는 참가해도 좋지 않았을까?

한국의 '해방'은 일제와의 전쟁에 의해 탈취된 것이 아니라 일제와 미국의 거래에 의해 얻어진 것이었다.

이 외상(外傷)이 치명적인 후유증이 되어 대한민국을 속박하게 된다.

카알라일은 영국의 왕관에는 크롬웰에 의해 처형된 찰즈 1세의 망령이 달라붙어 떠나지 않고 있다고 말했다.

대한민국에는 '한국 국민에 의해서가 아니라, 미국에 의해 처형된 일본 제국의 망령이 달라붙어 떠나지 않고 있다.

숙명인가, 작위인가?

49

한민당 창당 앞장 선 민주주의자
고하 송진우, 해방공간의 주역들

김학준, 동아일보, 1996년 3월 25일

여운형의 조선인민공화국(약칭 인공)과 박헌영의 조선공산당이 함께 좌익의 큰 물줄기를 형성한 채 남한 해방정국의 대세를 장악해가던 시점에, 여기에 맞서 우익의 새로운 물줄기를 표출시키며 등장한 또 한 사람의 지도자가 있었다. 만 55세의 고하 송진우(古下 宋鎭禹)가 바로 그였다.

이 시기에 있어서 고하의 정치활동은 130일 남짓함에 지나지 않았다. 그는 그 시대를 특징지었던 정치테러의 첫 번째 희생자가 되고 말았기 때문이다. 그런데도 남한의 정치사에서 그의 이름이 여전히 기억되는 까닭은 그가 시작한 정치활동이 종국적으로 대한민국 건국으로 이어졌다는 데 있다.

3·1 운동 관련 투옥

고하는 조선이 개항한 때로부터 14년 뒤인 1890년에 전남 담양에서 태어났다. 어려서 기삼연(奇參衍)의 훈도를 받았는데, 기삼연은 단순한 유학자가 아니라 의병에 뛰어들어 왜군과 싸웠던 행동주의적 항일운동가로 고하에게 많은 영향을 주었다.

그렇다고 해서 고하 스스로 의병주의적 항일운동의 길에 접어든 것은 아니었다. 그는 국권을 회복하기 위해서는 실력을 키워야 한다는 애국계몽론자들의 자강운동론과 실력배양론을 받아들여 신학문을 배우게 됐으며 이 과정에서 평생의 친구인 인촌 김성수(仁村 金性洙)를 만난다. 두 사람은 뜻을 같이하고 함께 도쿄로 유학해 고하는 1915년에 메이지(明治)대를 졸업했다.

귀국과 더불어 고하는 인촌이 새롭게 출발시킨 중앙학교의 학감이 됐으며 곧 교장이 됐다. 실력배양론을 지지하는 그에게는 적합한 직책이었다. 실제로 그는 '민족불멸론'과 '민족제일주의'를 강조하면서 학생들에게 민족의식을 고취시켰다.

그렇다고 해서 고하의 행동이 강단에서 민족주의를 설교하는 것만으로 멈추지는 않았다. 그는 3·1운동의 준비과정에 깊이 관여해 기독교세력과 천도교세력의 협력을 위한 밀담을 성사시켰으며, 이 일로 3·1운동이 일어난 직후 체포돼 혹독한 고문을 당했고 1년 7개월 남짓 옥살이를 했다.

고하가 석방되어 나왔을 때《동아일보》는 인촌에 의해 창간된 직후였다. 고하는 곧 사장으로 취임했는데 이때부터《동아일보》가 일제에 의해 강제폐간된 1940년까지 만 19년 동안 때로는 사장으로, 때로는 주필로, 때로는 고문으로 봉직하면서《동아일보》를 민족지로 발전시킴과 아울러,《동아일보》를 통해 민족혼을 불어넣기 위한 대중운동을 이끌었다.

민립대학설립운동, 물산장려운동, 농촌계몽운동, 한글철자법 통일운동, 이충무공유적보존운동 등이 그 보기들이었다. 이 과정에 일제의 비위를 거스른 일들이 자주 일어나 두 차례에 걸쳐 투옥되기도 했다.

고하가 만 50세가 된 1940년 일제는 마침내 《동아일보》를 폐간했고, 그는 은둔의 생활로 들어갔다. 1940년이면 나치독일의 폴란드침공으로 제2차 세계대전이 일어난 다음 해이며, 일제가 나치독일에 발을 맞춰 태평양전쟁을 일으키기 한 해 전이다. 일제는 전쟁확대체제를 갖추기 위한 계획의 일환으로 조선민족말살정책에 더욱 박차를 가하기로 결정해 창씨개명을 강요했으며, 다른 한편으로는 국민총력연맹이라는 국민동원조직을 발족시켜 특히 저명인사들의 협력을 강요했다. 이 엄청난 민족적 시련기에 고하는 일제의 갖가지 회유와 압력을 뿌리치면서 둔세(遁世)한 것이다.

전쟁이 막바지에 이르고 일제가 곳곳에서 밀리면서 조선의 지도층에 대한 감시와 박해의 손길은 더욱 험해졌다. 1945년에 들어와서는 고하의 경우에도 집주변에는 밀짚모자를 쓰고 배회하는 감시원이 떠날 줄을 몰랐다. 그럴수록 그는 머리맡에 약병들을 늘어놓고 칭병하며 칩거했다.

운둔과 칩거 속에 때로는 칭병으로, 때로는 명백한 거절로 일제의 감시와 회유에 슬기롭게 대처하면서도 고하는 전황의 전개를 파악하는 일을 게을리하지 않았다. 그는 특히 단파 라디오방송을 몰래 듣고 조선의 독립을 약속한 카이로선언의 내용을 파악한 몇몇 후배들로부터 은밀하게 정세를 보고받고 있었다.

 1945년 8월 초순 원폭세례를 받은 데 이어 소련의 선전포고마저 받게 되자 일제는 마침내 항복의 길을 밟기 시작했다. 조선에서는 총독부가 조선의 몇몇 명망가들을 상대로 치안권의 이양을 교섭하는 형태로 나타났다. 조선민중의 신뢰를 받는 조선인 지도자에게 치안권을 비롯해 통치권의 상당한 부분을 맡기는 대가로 일본인의 생명과 재산 및 무사 귀국을 보장받으려는 속셈이었다.

한민당 수석총무로 추대

 총독부의 교섭상대에는 고하가 포함됐다. 그러나 고하는 거절했다. 일제로부터 권력을 이양받으면 조선민중에게 괴뢰로 비칠 것을 우려한 것이다. 중국의 왕자오밍(汪兆銘)과 필리핀의 라우렐이 모두 일제로부터 권력을 받았다가 결국 괴뢰정부로 단죄되고 말았고, 프랑스의 제1차 세계대전 영웅 페탕조차 나치 독일로부터 권력을 받았다가 결국 괴뢰정부로 낙인찍히고 말았음을 고하는 잘 알고 있었다. 고하는 통치권을 받게 된다면 연합국으로부터 받아야 하며 그 경우도 국민대회를 거쳐야 한다는 평소의 지론을 개진했는데 이로써 총독부와의 교섭은 끝나고 말았다.

 앞에서 이미 살폈듯 총독부는 여운형과 교섭했고, 그 결과 건준이 성립됐다. 여운형은 고하에게 협력을 요청했으나 고하는 똑같은 논리로 거절했다.

 고하는 건준의 인정을 거부하면서 임정봉대론을 폈다. 임정을 떠받들어 하루빨리 환국하도록 돕고 임정이 돌아오면 연합국과 제휴해 임정을 중심으로 시국에 대처하자는 주장이었다.

고하는 이러한 논리에 서서 1945년 9월 1일 대한민국임시정부환국환영회를 조직하고 임정봉대론을 다시 확인했다. 그로부터 닷새 뒤인 9월 6일에 건준은 인공으로 탈바꿈하면서 좌익색채를 더욱 분명히 드러냈다.

그 다음날인 9월 7일 고하는 대한민국임시정부환국환영회를 기반삼아 국민대회준비회를 열었다. 국민대회준비회는 의심의 여지없는 항일투사로 민중의 존경을 받던 권동진(權東鎭), 오세창(吳世昌), 김창숙(金昌淑) 등을 고문으로 추대함으로써 정통성을 강화할 수 있었다.

이틀 뒤인 9월 9일 마침내 미군은 서울진주를 끝냈으며 총독부로부터 항복을 받고 미군정청을 수립했다. 미군정청이 남한에서 하나뿐인 합법정부로 선포됐고 임정도 인공도 모두 정부로서는 인정될 수 없음이 발표됐다.

이러한 배경에서 한국민주당이 9월 16일에 공식적으로 창당됐다. 한민당은 다시 한번 임정봉대를 확인하고 동시에 인공타도를 선언했다. 이로써 인공을 겨냥한 한민당의 화살은 활시위를 떠났으며 인공으로 대표되는 좌익세력과 한민당으로 대표되는 우익세력 사이의 투쟁은 그 막을 올린 것이다.

한민당의 당수격인 수석총무에는 고하가 추대됐다. 이로써 고하의 본격적인 정치활동이 시작된 것인데 그의 첫 작품은 한민당과 미군정의 제휴를 성립시킨 일이다.

그때 미군정은 남한에서 한민당과 같은 정당을 바라고 있었다. 북한을 소련군이 점령한 사실, 그리고 남한에서는 좌익이 강력한 세력을 형성하고 있음을 고려할 때 남한을 앞으로 자유민주주의 체제로 독립시키려고 한다면 미군정과 보조를 맞춰주는 반공우익세력의 지원이 필요하다고 판단한 것이다.

한민당, 이승만과 제휴

고하는 고하대로 미군정과의 협력이 긴요하다고 보았다. 고하의 공식전기인 《고하 송진우 선생전》이 썼듯, 고하는 한민당의 다른 간부들과 마찬가지로 한국은 잠정적인 훈정기(訓政期)가 필요하다고 생각했고 미군정을 도와서 장차의 정부수립 때 필요한 행정, 사법, 입법의 민주주의 절차를 배우자는 데 의견을 모았다.

이러한 배경에서 한민당은 미군정청 기구의 주요부서들을 장악하게 됐고 미군정과의 협력이 굳건해졌다. 이처럼 미군정과 한민당의 제휴가 깊어가는 만큼이나 그들과 인공 사이의 갈등은 깊어갔다. 이것을 막아보려는 노력이 없지는 않았다. 10월 5일과 10일 두 차례에 걸쳐 한민당과 인공 사이에 회의가 열렸고 고하는 어떻게 해서든지 협상을 성공시키고 싶었다. 그러나 이미 깊어질 대로 깊어진 갈등과 반목의 골이 쉽게 메워질 수 없었다.

1945년 10월 16일 이승만의 귀국은 새로운 국면을 열기에 충분했다. 고하는 임정의 초대 대통령을 지낸 정상급의 반공적 항일운동가 이승만이 남한의 혼란스런 해방정국을 이끌어야 한다고 믿고 그를 중심으로 독립촉성중앙협의회를 발족시키는 일에 앞장섰다. 그 과정에서 돈암장을 이승만에게 마련해주어 생활과 정치활동의 거점으로 삼게 했다.

독립촉성중앙협의회가 1945년 10월 25일에 발족했을 때 사람들은 그 기구 아래, 특히 위원장인 이승만의 카리스마 아래 좌우통합이 실현될 것으로 기대했다. 그러나 일제치하의 독립운동 때 이미 날카롭게 대립됐던 좌우투쟁이 그렇게 쉽게 완화될 수는 없었다. 더구나 이승만은 이미 이때부터 반공노선을 분명히 했다. 그래서 좌우통합은 실현되지 못했다.

그러나 이승만과 한민당의 제휴는 확고해졌다. 이승만은 한민당의 반공우익노선을 믿음직하게 여겼으며 특히 "좌우합작을 시도는 하되 성공하리라고 낙관은 하지 말라던" 고하의 예측을 높이 평가하게 된 것이다. 고하는 고하대로 현재의 시국을 감당할 수 있는 지도자로서는 이승만이 최선이라는 평소의 믿음을 더욱 굳혔다.

1945년 11월 23일에 임정의 주석 김구와 부주석 김규식 등이 귀국하면서 임정을 중심으로 좌우통합이 실현될 수 있지 않을까 하는 기대가 다시 살아났다. 그만큼 임정과 김구의 신망은 높았다. 고하도 나름의 노력을 기울였다. 그러나 좌우익 사이의 골은 여전히 깊었다.

김구를 중심으로 한 임정요인들은 곧 국내의 각계각층 인사들을 망라해 특별정치위원회를 발족시켰다. 이 기구는 같은 우익 안에서 이승만의 세력기반이 된 독립촉성중앙협의회와 은연중에 맞서게 됐고, 그리하여 자연히 김구세력과 한민당 사이에도 틈이 더욱 벌어지게 됐다. 한편 좌익은 좌익대로 박헌영의 조선공산당과 여운형의 조선인민당으로 양분된 채 대결하는 모습을 보였다.

남한의 해방정국이 계속 분열과 갈등을 거듭하며 더욱 혼미해지던 시점에서 또 하나의 폭발적인 일이 벌어졌다. 1945년 12월 27일에 모스크바에서 발표된 미영소 3국 외무장관의 <모스크바 의정서>였다. 이 의정서는 '조선인의 임시정부'를 세우되 '5년 이내의 신탁통치' 아래 두는 것을 고려한다는 조항을 포함하고 있었다. 이것을 두고 좌익은 "신탁통치 조항이 못마땅해도 임시정부부터 세우자"는 입장을 취했고 우익은 "도대체 신탁통치가 무슨 말이냐"고 반대하는 입장을 취하는 가운데 좌우익투쟁이 더욱 격화되게 됐다.

고하는 신탁통치에 대해서는 명백히 반대했다. 그러나 이 결정을 내린 연합국과의 관계를 고려해 반대의사 표명을 신중하게 할 것을 주장했다. 이것이 찬탁으로 잘못 알려져 1945년 12월 30일 새벽 28세의 한현우(韓賢)에게 암살되고 말았다. 향년 만 55세였다.

어 록

● 독립운동은 조선사람으로서는 당연히 할 일이라고 생각한다.
1919년 3·1운동 직후 피검됐을 때 검사 앞에서의 답변

● 우리는 조선사람이다. 그러므로 고기가 물을 떠나서 살 수 없는 것과 같이 조선을 떠나서는 또한 조선을 잊어버리고서는 일각일초라도 설 수가 없고 살 수가 없다.
《동아일보》 1925년 8월 28일자에 발표한 <세계대세와 조선의 장래> 첫 문장

● 세계대세의 조류는 확실히 지중해에서 대서양으로, 대서양에서 태평양 방면으로 이동해오고 있다. 이러한 시점에, 자본주의의 모범인 미국과 사회주의의 대표 격인 소비에트 러시아가 태평양에서 협조할까 충돌할까. 세계대세의 운명이 이에서 결정될 것이다.
<세계의 조선의 장래>에서

● 일본이 망하기는 꼭 망한다. 그런데 그들이 형세가 궁하게 되면 우리 조선사람에게 자치를 준다고 할 것이고 형세가 아주 궁하게 되어서 진퇴유곡의 경우에 이르게 되면 그들은 조선사람에게 독립을 허여한다고 할 것이다. 우리가 자치를 준다고 할 때에 나서지 아니할 것은 물론이려니와 독립을 준다고 하

는 때에도 결코 나서서는 안 된다. 그때가 우리에게 가장 위험할 때다. 망해 가는 놈의 손에서 정권을 받아서 무슨 소용이 있겠느냐. 필경 허수아비 정권밖에 되지 못할 것이고 민족반역자의 이름을 듣게 된다.

일제 말기 동지들에게 자주 강조한 말로 여러 사람들의 회고록에 나와 있다.

- 정권은 국내에 있던 우리가 받을 것이 아니라 연합군이 들어와서 일본군이 물러나고 해외에 있던 선배들과 손을 잡은 뒤에 절차를 밟아서 받는 것이 옳다.

1945년 8월 17일 동지들에게 밝힌 시국관

- 연합군이 상륙하고 일본이 정식으로 항복한 뒤에 연합국과 논의해서 건국을 한다 해도 조금도 늦을 것은 없는 것이오. 더욱이 이 기회를 이용해 국내에 있는 인사만으로 불합리한 정권을 세운다는 것은 오랫동안 국외에서 풍찬노숙하던 선배 동지들에 대한 의리가 아니라고 생각하오.

1945년 8·15 직후 자신의 동지들에게 한 말

50

해방 전후 종횡관(縱橫觀)

전 국회의원 이상돈(李相敦), 신동아, 1987년 8월호

열기 고조되는 현대사 연구

벌써 8·15광복 42주년이 되었다. 반세기에 가까운 세월, 8·15해방 전후를 중심한 현대사에 대한 연구와 국민의 관심이 날이 갈수록 높아지는 것 같다. 지극히 당연한 일이고 한편 다행한 일이라고 생각한다. 각 언론기관에서 해방 전후의 현대사에 대한 연구토론회와 심포지움이 있어 국민의 관심과 연구에 박차를 가하고 있다. 필자도 그런 모임과 토론회에 관심을 갖고 있는 사람들 중의 한 사람이다.

그러나 해방전후사에 대한 토론회와 심포지엄에서 발표되는 주제와 토론내용 중에는 사실과 다를 뿐 아니라 전혀 상반된 것이 역사적 사실인 양 제시되고 토론되는 경우가 있다는 것을 지적하지 않을 수 없다. 물론 해방 전 일제치하 1910년에서 45년 사이의 침략기와 해방 후 45년 8월 15일에서 48년 8월 15일 대한민국 수립 사이의 갖가지 역사적 사실을 사실 그대로 추적 재조명한다는 것은 쉬운 일이 아닐 것이다. 오랜 시일이 지났을 뿐만 아니라 8·15광복과 6·25동란을 거치는 과정에서 모든 문서와 자료가 소

실 또는 분실되었기 때문이다.

　필자는 일제 군국주의의 폭정으로 1940년 8월 10일 강제 폐간될 때까지 민족지 동아일보의 기자로 있었고, 8·15광복 후에는 곧바로 정치 제일선에 몸담고 나름대로의 정치생활을 체험한 사람이다. 말하자면 해방 전후에 있었던 사건과 당시 지도급 인물들에 대한 행동반경을 비교적 잘 알고 있는 사람 중의 한 사람이라고 자부한다. 그래서 '신동아'지의 부탁을 받고 해방전후사에 대한 몇 가지 사실을 지면이 허하는 대로 단편적으로 써볼까 한다. 나의 졸고가 해방전후사 재조명에 있어서 참고가 될 수 있다면 그보다 더 다행한 일이 없겠다.

　그러나 본고를 집필함에 있어서 미리 말하여 둘 것은, 나는 편견독단이나 당파성을 가지고 사안을 분석하고 묘사하지 않겠다는 사실이다. 어디까지나 구체적 사실과 과학적 근거를 가지고, 그리고 객관적 자료를 토대로 논리를 전개할 것을 다짐하여 둔다.

　또 한 가지, 비록 보잘것없기는 하나 나의 지난 70 생애를 돌아볼 때 나는 일제치하는 물론이고 8·15해방 이후 지금까지 반골정신으로 살아왔다고 자부한다. 내가 몸담고 있는 조직 또는 정당일지라도, 맹종하지 않고 시와 비를 따지고 흑과 백을 가려 정론을 고집해왔다고 생각한다.

신간회는 민족운동 단일체

　지난 3월 3일 모 일간지가 주최한 '한국민족운동과 신간회'라는 학술회의가 있었다. 나는 그 주제발표 논문의 내용에 대하여 비판의 필요가 있다고 생각한다. '신간회의 활동'이라는 제목의 이 주제발표에서 이문원 교수는 다음과 같이 신간회의 강령을 분석 발표하였다.

"조선일보 간부들이 만든 신간회 강령을 분석하면, 첫째, 조선민족의 일제의 지배로부터의 정치적(제국주의), 경제적(식민주의) 각성을 통해 독립운동의 필요성을 인식, 독립의지를 강화하고, 둘째, 민족주의와 사회주의로 나뉘어져 있던 당시 조선인들의 독립운동 역량을 하나로 집결 단일화하여 항일투쟁을 강화하고, 셋째, 송진우, 최린 중심의 타협적 자치운동을 배격한다는 내용이다"

먼저 지적할 것은 이 논문이 일제식민지치하의 민족운동 단일체로서 일제의 감시와 박해 속에서 그야말로 천신만고 끝에 결성되었다가 4년 만에 일제 총독정치의 간교한 책동으로 해체된 신간회의 성격과 강령을 자의적으로 해석하고 특정인에 연관시켜 결론을 내렸다는 점이다. 필자는 당시 고등보통학교 재학생으로서 신간회 창립에서부터 해체에 이르기까지 현장을 목격한 사람으로서 그에 대한 반론을 펴보고자 한다.

첫째, 신간회는 몇 사람의 조선일보 간부들이 만든 민족운동단체라는 이론이다. 향우회 또는 친목회를 만드는 데도 말이 많고 힘겨운 일인데, 하물며 막강한 일본제국주의 총독정치 하에서 '우리는 일체의 기회주의를 배격한다'는 전투적 정강을 내걸고 발족한 항일독립운동단체가 어떻게 한 신문사의 간부 몇 사람의 힘으로 만들어질 수 있었겠는가.

　신간회 발기인 50명 중에 언론인은 15명이었는데, 이들은 조선일보 12명, 동아일보 2명, 중앙일보 1명이었다. 따라서 조선일보가 신간회 창립에 중요한 역할을 한 것은 모두 인정하는 바이다. 그렇다고 1920년대 말기에 탈식민지이념으로 합법적 항일민족운동단체로 나선 신간회가 조선일보 간부 몇 사람의 구상과 노력으로 결성되었다고 주장하는 것은 무리가 아닐 수 없다. 그 당시의 사회정세와 실정을 생각해 보면 자명해질 것이다.

　내가 알기로는 신간회는 간교한 일제 총독부 고등경찰(지금 정보경찰)의 온갖 방해공작과 이간 분열공작이 있었지만, 천도교를 비롯한 기독교와 불교 그리고 법조계 교육계에서 동참했고, 지방조직은 동아일보와 조선일보의 지국장과 지방에 잠재한 민족주의자와 사회주의자 일부가 중심이 되어 있었다. 이들이 며칠 동안의 진통을 겪으면서 1927년 2월 15일 마침내 서울 YMCA 강당에서 창립대회를 열었던 것이다.

진짜 자치파의 정체

　다음 이 교수가 "송진우, 최린 중심의 타협적 자치운동을 배격한다는 내용이다"라고 풀이한 것도 무리한 발상이 아닐 수 없다. 우선 한 조직과 정당단체의 강령에, 정책적인 내용이 표현될 수는 있지만 어떻게 특정인의 이름을 연관시켜 표현할 수 있을까 하는 점이다. 또 자치와 친일, 그리고 항일에 대한 구분이 불명확함을 느끼게 한다.

본디 일제의 강점으로 1910년 8월 29일 한일합방조약이 공포돼 조선이 일본 식민지가 되고 총독정치가 실시되는 과정에서, 비분순절한 사람도 있었지만 매국친일한 사람도 많았다. 이용구, 송병준의 일진회는 물론이고 합방을 합리화하고 국민을 기만하기 위해 온갖 단체가 생겼다. 1910년 3월 29일 민원식(閔元植)이 중심이 되어 대한제국 황실존영과 한일친선 등 7개 강령을 내걸고 '정우회'라는 친일어용단체를 만들었다. 그 후 민원식은 '정우회'를 '국민협회'로 개칭하여 조선에 자치권과 참정권을 줄 것을 요구하는 자치운동을 전개하였다. 이것이 조선 사람의 항일독립정신을 말살 또는 둔화시키려는 친일행위임은 두말할 여지가 없다. 이것이 자치운동의 시발이다.

민원식은 기미 3·1독립운동 다음 해인 1920년 2월 5일 '조선인 참정권 청원서'를 일본국회인 중의원 의장에게 제출하고, 다음 해인 21년 2월 16일 또다시 동경에 가서 제국호텔에 머물면서 친일활동을 벌이고 있었다. 그날 일본대학 유학생 양근환(梁槿煥 28세)이 이길녕(李吉寧)이라는 가짜 명함을 가지고 민원식이 묵고 있는 호텔방에 찾아가 참정권과 자치운동을 중지할 것을 요구했으나 민(閔)이 오히려 폭언과 함께 재떨이로 양(梁)을 갈기자, 양은 미리 준비해 가지고 있던 단도로 민을 단칼에 살해하고 2층 창문을 열고 아래로 도주하였다.

본적이 황해도 연백인 양근환은 민원식을 살해하고 그길로 일본인 목수 옷으로 변장하였다. 그는 일본 남쪽 나가사키(長崎)항에서 배편으로 중국 상해로 탈출하려다가 승선 일보직전에 일본 경찰에 체포되었다. 그 후 그는 살인죄로 무기종신형을 받고 감옥생활을 하다가 몇 차례 감형을 받아 20년 형기를 마치고 40년에 출옥하였다. 당시 필자는 조선에 돌아온 양근환을 만나 보았는데, 키는 비록 작으나 눈매와 몸가짐에 살기가 있어 과연 친일파를 죽일 만한 인물로 보였다.

어쨌든 양근환이 민원식을 죽인 후 즉 20년 이후부터는 자치운동가가 자취를 감추고 노골적인 친일 매국세력이 판을 쳤다. 그런데 어떤 근거로 송진우, 최린 등의 '자치운동가'들을 제외하고 신간회를 창립하였다고 주장한 것인지 이해하기 어렵다. 최린과 최남선은 뒤에 상술하겠지만 그 당시 이미 민족을 배신한 변절자로 친일파의 선봉적 위치에 있었다.

여기서 고하 송진우의 항일투쟁기록을 대충 적어보기로 하자.

고하는 1915년 일본 메이지대학 법학과를 마치고 돌아와 16년 인촌 김성수가 사립중앙학교(지금 중앙고등학교)를 인계할 때 교장에 취임하였다. 19년 3월 1일 기미독립운동을 계획하고 추진한 산실이 바로 중앙학교 숙직실임은 잘 알려진 일이다. 고하는 33인 서명자는 아니었지만 48인 사건으로 투옥되었다가 20년 10월 30일에 출옥하였다.

고하는 22년 33세에 동아일보 사장에 취임하였다. 26년 3월 7일 모스크바 공산당 국제 농민본부에서 '조선농민에게 보내는

'3·1독립운동 기념사'를 동아일보에 게재한 탓으로 신문 무기정간과 동시에 고하와 발행인 김철중(金鐵中) 씨가 구속 기소되어 징역 6개월의 실형선고를 받고 1927년 3월까지 서대문감옥에서 복역한다.

신간회 창립 당시인 27년 2월 15일에는 고하가 우리나라 언론사상 처음으로 일제재판에 의하여 실형선고를 받고 복역 중에 있었다. 만일 고하가 친일파로 자치운동을 했다면 그 유명한 친일깡패 박춘금이 고하와 인촌을 백주에 부하 10여 명을 데리고 집단폭행을 할 수 있었겠는가도 생각해 볼 필요가 있다. 25년 이후부터는 일제의 식민지통치가 강화되어 자치운동조차 말할 수 없었고 오직 친일이 판을 치고 있었을 뿐이다.

송진우의 선견지명

3·1독립운동의 주동인물이고 33인의 한 사람이었던 최린은 필자도 여러 차례 만나 잘 아는 사람인데, 그 지모와 언변, 인품 그리고 외모가 당당하여 한때 의암 손병희(義庵 孫秉熙)가 죽고 난 후 천도교의 실질적 지도자였을 뿐만 아니라 민족진영의 거목이었다. 그러나 27년 그가 50세 때 제네바에서 열린 세계약소민족대회에 조선대표로 참석하여 연설하고 돌아오는 길에 프랑스 파리에 들렀을 때 그곳에 유학중인 유부녀(친일파 김 모 부인)와의 스캔들이 그곳 일본대사관에 탐지되었다. 조선총독부에서는 그 약점을 최대한 이용 협박하여 최는 마침내 변절하고 시중회(時中會)를

조직, 34년에는 총독부 중추원참의(中樞院參議)가 되고 그 후 총독부기관지 매일신보(每日申報) 사장까지 되었다.

40년대에는 임전보국단장(臨戰報國團長)을 역임하는 등 온갖 친일과 반민족적 행위를 하였다. 해방 후 대한민국이 수립된 후 반민특위에 의해 구속 수감되었으나 73세의 노령이라 석방되었다. 요컨대 최린은 자치운동가가 아니라 거물 친일파였다.

최남선 역시 3·1독립선언서를 집필하고 그의 학식과 천재적 역사관으로 조선민족혼과 조선주의 조선정신을 확립하는 데 결정적 역할을 한 것은 공지의 사실이나, 그는 중년기부터 변절하여 총독부 역사편수관이 되어 일선동조동근론(日鮮同祖同根論)이라는 반민족적 학설을 창출하는 등 용서받지 못할 반역행위를 했다. 뿐만 아니라 일제 말기인 43년 10월 20일 조선학도병제가 공포되자 일본 동경까지 가서 조선유학생을 모아놓고 일본제국을 위하여 기꺼이 출정하여 황군(皇軍)에 응답하라고 열변을 토하였다. 이 같은 반민족적 친일행위로 광복 후 역시 반민특위에 구속 수감되었다. 말하자면 최린과 최남선은 극단적 친일운동가이지 소극적 자치운동가가 아니었다는 것이다.

필자는 당시 고하를 비롯한 몇몇 우익진영의 민족주의 지도급 인사들이 신간회에 대해서 냉담하고 일종의 거부반응을 보였다는 사실에 대해서 그 이유를 추적해 본 일이 있다. 신간회 서울(당시 京城)지부 위원장으로서 29년 11월 3일 광주학생항일투쟁 사건 때 서울에서 민중대회를 열어 항일시위를 벌이려다가 일경에 체포되어 1년 6개월의 징역형을 받고 만기 출감한 유석 조병옥(維石 趙炳玉)에게서 들은 말이 있다.

유석의 말에 의하면, 고하가 말하기를 신간회가 민족운동 단일체로 민족주의자와 사회주의자 또는 공산주의자와 일시 연합전선형식으로 결정한 것까지는 전술적으로 수긍이 가지만, 머지않아 공산주의자의 생리와 그 이질적 성분 때문에 내부분열을 일으켜 조직이 와해될 것이라고 했다는 것이다. 그것은 고하의 탁견이고 선견지명이라는 것이었다.

이와 같은 고하의 공산주의자와의 합작불가론은 8·15해방정국에서 고하가 끝까지 좌우합작의 비현실성을 들어 몽양 여운형(夢陽 呂運亨)의 인민공화국 참가를 반대한 사실에서도 잘 나타났다.

아무튼 29년 11월 3일 광주에서 학생항일운동이 일어나자 신간회 본부에서는 긴급대책회의를 열었다. 민중대회를 열어 전국 각지에서 항일운동을 전개하자고 민족주의자들이 주장하였다. 그러나 낡은 부르주아 민족해방보다는 무산계급의 사회주의혁명이 앞서야 한다는 공산주의자들의 이론이 맞서 합의를 보지 못하였다.

하는 수 없이 허헌(許憲), 홍명희(洪命憙), 조병옥(趙炳玉), 이관용(李灌鎔), 이원혁(李源赫), 김무삼(金武森) 등이 주동이 되어 대규모 민중대회를 열기 위해 비밀계획을 추진 중 일경에 밀고한 자가 있어 뜻을 이루지 못하고 주동자인 허, 홍, 조, 이, 김 등 6명이 투옥되었다.(허헌은 그때까지만 해도 철저한 민족주의자로 변호사였으며, 한

때 동아일보 감사역과 사장서리까지 역임하였다. 다만 그의 외동딸 허정숙(許貞淑)이 철저한 공산주의자로, 해방 후 소위 인민공화국 수상 명단에 올랐다가 월북) 당시 신간회 중앙본부에 자리 잡고 있던 공산주의자들은 한 사람도 투옥된 일이 없었다.

신간회 해체의 내막

민중대회사건으로 신간회 중앙본부위원장을 비롯하여 핵심적 인물들은 모두 투옥되었다. 그러나 그 와중에서도 좌익분자들은 신간회의 영도권을 잡기 위해서 온갖 수단을 썼다.

1930년 신간회 제3회 중앙위원회는 우파 민족진영의 변호사 김병로(金炳魯)를 위원장으로 선출하였다. 때마침 1928년 제6차 국제공산당대회 결의에 따라 조선공산당은 종래의 제국주의 해방투쟁전술로 민족주의 우익진영과의 협동전선 또는 연합전선에서 탈퇴하여 독자적으로 노동근로자와 농민대중을 중심으로 한 순수한 프롤레타리아 계급투쟁으로 전환하라는 지령을 받게 되었다. 이때부터 공산주의자들로부터 그야말로 민족개량주의 반동집단이라고 비난하는 공식론이 조선사회에 풍미하게 되고, 좌익 소아병자들이 때를 만난 듯이 신간회 해체론을 주장하기에 이르렀다.

이때 조선총독부에서는 항상 눈엣가시 같은 소위 불온단체인 신간회를 조선사람 스스로의 손으로 압살 해체시키는 고등전술을 짜냈다. 동아일보를 제외한 각 신문과 잡지에 풋내기 공산주의자들과 철모르고 날뛰는 문인들이 신간회 해체론을 떠들게 방임하였다.

아무튼 총독부 경무국에서는 그간 신간회의 전국대회 집회를 금지하고 있던 때인데도 불구하고 31년 5월 10일에 서울 YMCA 강당에서 신간회 전국대회를 열도록 허가해 주었다. 그리고 가장 교묘한 수단으로 지방에 있던 해체파 위원들에게는 서울대회에 참가할 수 있도록 비용까지 지출하였다는 설도 나돌았다.

그때 필자는 광주학생운동에 관련되어(학교당국에 제출한 요구서 집필) 공주공립고등보통학교에서 쫓겨나 휘문고등보통학교 5학년에 재학 중이었는데, 5월 10일 신간회 전국대회를 방청하였다. 회순에 따라 신간회 해체결의안이 상정되었는데, 발언자 거의가 젊은 좌익계 공산주의자들이었고, 해체를 반대하는 이론가로서는 중앙위원장 김병로 혼자서 고군분투하던 것이 아직도 기억에 남는다. 해체결의안의 선봉에 나선 사람이 당시 '카프' 시인으로 날리던 26세의 임화(林和)였다.

흥미로운 에피소드 한 토막을 소개한다. 애당초 좌익공산주의자들은 신간회를 해체해버리고 자기네끼리만 그 자리에서 새로운 계급주의 좌익단체를 결성할 구체적 플랜을 세우고 있었다는 것이다. 그런데 막상 신간회 해체결의안이 거수표결로 다수표로 결의되어 임시의장이 신간회가 해체되었음을 선포하자 그 자리에 임석했던 종로경찰서 고등계 주임 요시노(吉野)가, "신간회 전국대회는 신간회가 해체 소멸된 이 순간부터 집회의 주체가 없어졌으니 집회해산을 명령한다"고 선언하고, 그 장소에 모인 사람을 내몰아 강제해산시켰다. 좌익계와 공산주의자들은 닭 쫓던 개 지붕 쳐다보는 격이 되었다.

뿐만 아니라 5월 10일 신간회를 해체한 지 한 달도 못되어 신간회 해체에 앞장섰던 임화, 김남천(金南天) 등 세칭 '카프'(조선 프롤레타리아 문학동맹)에 무자비한 철퇴를 내려 전국적으로 70여 명을 투옥시켰다. 임화 등 심약한 문인 거의가 옥중에서 전향서를 쓰고 석방되어 친일문학으로 변신하게 된다.

아무튼 1931년 5월 10일 신간회가 소아병적 공산주의자와 총독부 경무국의 간교한 공작에 의해서 해체된 후 8·15해방 때까지 조선사회에는 좌우익을 막론하고 항일사회단체의 그림자조차 볼 수 없게 되었다. 말하자면 그때부터 일본군국주의의 말기적 암흑기에 접어든 것이다.

필자는 해방 전인 43년 가을 우연한 기회에 한때 동아일보 조사부장도 지내고 조선민속학을 연구하던 이여성(李如星)(월북)의 서울 옥인동 집에서 임화를 만난 일이 있다. 그때 임화는 소위 전향파 시인으로 건강도 좋지 않았다. 나는 임에게 31년 신간회 해체의 배경에 대해서 물어보았다. 그의 대답은 간단했다.

"놈들(총독부)에게 속고 이용당한 것뿐이다. 우리가 어리석었다"

거듭 말하거니와 신간회 창립 당시는 물론이고 그 후 8·15광복 때까지 고하와 인촌은 절대로 자치운동과는 거리가 먼, 소극적이나마 항일독립운동가였다는 사실이다. 일제 말기, 즉 1944년 2월 총독부에서 조선사람 3명을 일본 귀족원으로 추천했는데, 인촌만이 끝까지 거절하고 수락하지 않았다고 한다.

동아일보가 폐간될 때

　일제식민지 통치 36년 동안 가장 암담하고도 불안과 공포에 떨던 시대는 1936년 8월 5일 육군대장 미나미(南次郎)가 조선총독으로 부임한 때부터라고 본다. 이 동안에 우리 민족이 겪은 수난과 박해는 그야말로 필설로 형용하기 어렵다(이필난기(以筆難記) 이구난설(以口難說)이다).

　미나미 총독은 부임한 지 한 달도 못된 8월 27일에 일장기말소사건을 구실로 동아일보를 무기정간시키고, 동아일보 기자와 편집국 책임자 10명을 구속하였다. 그리고 마침내 40년 8월 10일 민간지 동아일보와 조선일보를 강제 폐간시켰다.

　1939년 연말에 총독부 경무국장이 동아일보 사장인 근촌 백관수(芹村 白寬洙)를 국장실로 불러놓고 전시하 물자부족(신문용지 부족)을 이유로 40년 2월까지 자진 폐간할 것을 강요하였다. 백사장은 즉석에서 경무국장의 요구를 거부하였다. 당시 총독부의 압력에 의해 동아일보 사장직에서 고문으로 물러나긴 했으나 실권자였던 고하는 총독부의 폐간요구는 부당하다고 판단, 최후까지 반대 투쟁할 것을 사주인 인촌과 합의하고 버티었다.

　그런데 총독부에서 제시한 40년 2월 기한을 넘기게 되자 경무국에서는 백 사장을 불러 노골적으로 자진 폐간하는 것이 국책에 순응하는 길임을 강조했다. 그는 동업지(同業紙) 사장은 자진 폐간하기로 이미 승낙하여 동아일보와 같은 날 폐간하겠다는 승낙서를 받았다는 것이었다. 그러나 동아일보사에서는 최후까지 버티기로 하고 고하가 극비밀리에 일본 동경에 가서 일본 정계와 의회, 언론계와 접촉하여 총독부의 언론말살정책의 부당성을 선전하고 진정하였다.

고하가 동경에까지 가서 문제를 일으키자 미나미 총독은 노발대발했다. 7월 초에 고하는 부산에 도착하자마자 대기하고 있던 서울 종로경찰서 형사에 의해 연행, 한여름 복중에 종로경찰서(지금 제일은행본점 자리)에 구금되었다.

고하와 인촌 등 중역들이 완강히 자진 폐간을 반대하자 경무국에서는 '신문 파지'를 판매가격을 위반하여 요식업자(명월관)에 팔았다는 것을 트집 잡아 경리사원과 과장을 구속하고, 영업국장과 이사 등 10여 명을 구속하였다. 7월 중순에는 백 사장도 구속하였다. 사주인 인촌(당시 보성전문학교장)도 경기도 경찰부에 불려 다니며 며칠을 두고 엄중한 조사를 받았다.

경찰에서는 신문 파지 불법처분사건을 단순한 경제사범으로 처리하지 않고 전시 입법인 국가총동원법 위반(최고형은 사형 또는 무기형)으로 다스리겠다고 위협하였지만, 발행인 백 사장은 종로경찰서 유치장에서 끝까지 버티면서 자진 폐간에 서명날인을 거부하였다. 경찰에서는 하는 수 없이 최후수단으로 서울시내

각 경찰서에 분산 유치시킨 중역 전원을 종로경찰서 고등계주임실에 불러 중역회의를 소집시켜 놓고, 중역회의 결의로 동아일보 발행인을 임정엽(林正燁) 상무에 넘기라고 강요, 임 상무가 발행인이 되었다. 임 사장은 하는 수없이 40년 8월 10일에 동아일보를 "국책에 순응하여 자진 폐간하겠다"고 서명날인하였다.

이렇게 해서 20년의 역사를 가진 민족의 대변지 동아일보는 8월 10일 문을 닫고 광화문 사옥에 게양된 동아일보사 기(旗)도 내려졌다. 구속됐던 고하, 인촌을 비롯한 여러 중역들도 풀려나고, 8월 12일 동아일보 해산식이 5층 강당에서 거행되었다. 해산식은 전국에서 올라온 지국장과 본사 사원, 공장직원들의 울음바다가 되어 인촌의 해산 식사를 들을 수 없었다. 당시 필자는 동아일보 기자로 있었기 때문에 이 사실을 정확하게 전달할 수 있다.

고하, 일제의 정권인수요청 거부

8·15해방 직전, 직후인 45년에서 46년 사이의 역사적 사실은 필자가 비교적 잘 알고 있다고 자부한다. 왜냐하면 45년 당시 필자는 33세로 해방정국의 주역인 고하와 인촌을 비롯, 몽양 여운형, 민세 안재홍(民世 安在鴻), 유석 조병옥(維石 趙炳玉) 등과 평소부터 잘 알고 있는 처지였기 때문이다. 사람의 대인관계에는 상교(上交), 중교(中交), 하교(下交)가 있는데, 나는 어이 된 셈인지 학생시절부터 웃어른들과의 교제, 즉 상교를 하였다. 물론 친구와 동지간의 중교도 있었지만, 비교적 선배와 지도자들과의 상교를 많

이 하였다.

고하와 인촌은 내가 동아일보 기자생활을 하였으니까 당연하거니와, 몽양은 내가 와세다(早稻田)대학 유학 때 몽양의 조카 여동구(呂駧九)(와세다 대학 공과졸업, 해방 후 월북, 김일성대학 교수)와 친하게 지내어 그 소개로 여름 방학에는 몽양을 만나곤 하였다.

민세는 돈암동 성신여학교(지금 성신여대) 밑에 살고 있었는데, 나도 그 이웃에 살고 있었을 뿐만 아니라 민세의 측근인 양재하(梁在廈)(동아일보 기자, 해방 후 한성일보 주필, 6·25 때 납북)와 절친한 사이라 자주 만날 수 있었고, 유석은 나와 동향이라 역시 해방 전부터 친교가 있었다.

내가 일본의 패망과 일제가 미국, 영국, 중국 등 연합국에 대하여 무조건 항복한다는 소식을 들은 것은 8월 12일 밤 자정 무렵 집에 찾아온 양재하에게서였다. 그날 나의 이웃에 살고 있던 양은 밤늦게 집으로 찾아와 좋은 소식을 알릴 테니 술이나 한잔 내라고 했다. 나는 별생각 없이 집에서 담근 술을 내와 둘이 술을 나누는데, 양은 좀처럼 특별한 말을 꺼내지 않고 술만 마시는 것이었다.

밤이 늦어 자정이 가까워지자 내가 도대체 기쁜 소식이 무엇이냐고 말을 꺼냈다. 양은 내 식구들이 다 자느냐고 확인한 다음에 작은 목소리로 15일 정오 일본 천황이 연합국에 무조건 항복을 선언하는 중대 방송을 한다는 것과 15일 정오 그 중대 방송을 듣기 전에는 절대로 발설하지 말라고 했다. 그리고 양은 그 소식을 몽양에서 들었다고 말하면서 고하와 민세도 이 소식을 알고 있을 것이라고 말하였다.

　나는 양에게서 충격적인 비밀뉴스를 듣고 흥분이 되어 밤잠도 설치고 다음 날 아침 일찍 원서동 고하 집을 찾아갔다. 평시와 다름없이 시골에서 온 듯싶은 친척 손님이 있어 할 말도 삼가고 있다가 "내일(14일) 고향인 천안에 가서 있다가 일주일 후에 상경하겠다"고 하직인사를 했다. 그랬더니 고하는 특별한 사정이 아니거든 15일까지 서울에 있어보라고 말하는데, 무슨 뜻이 있는 듯한 표정이었다. 후에 안 일이지만, 고하는 장철수(張徹壽)(일본 동경대학 출신으로 조선 사람으로는 유일한 외교고시 합격자로 일본 주불대사관 참사 역임)를 통해 일본이 연합국의 포츠담선언을 무조건 수락한다는 소식을 이미 듣고 있었다.

　그리고 그때 총독부에서는 고하에게 15일 이후 잠정적으로 정권을 인수하라고 교섭을 진행 중이었다. 즉 8월 10일 총독부 경무국 사무관 하라다(原田)가 고하 댁을 찾아와 극비사항이라고 전제한 다음, 일본이 영국, 미국, 중국 등 연합국에게 종전을 제의하여 전쟁이 곧 끝날 경우 조선의 시국수습과 치안권을 맡아줄 것을 교섭했던 것이다. 고하는 거절하였다.

　8월 11일 하라다는 조선군사령부 참모 간사키와 함께 또다시 고하를 찾아와 8·15 이후 조선의 치안권, 정권을 맡아달라고 권고하고, 좀 더 구체적으로 총독부가 가지고 있는 권력의 4분의 3, 즉 경찰, 사법, 통신, 방송, 신문 등을 넘겨줄 터이니 수락하라고 했다. 고하는 초지일관 거절하였다. 그다음인 13일 고하는 경기도 경찰부장 오카(岡)의 안내로 경기도지사 이쿠다(生田)를 김준연과 함께 경기도지사실에서 만났는데, 역시 조선의 과도적 치안권과 기타 권한을 인수할 것을 교섭받았으나 거절하였다는 것이다.

고하가 정권인수를 거부한 이유는 다음과 같다.

"이번 전쟁의 승리자인 연합군이 적법절차를 거쳐 그 나라 국민에게 정권을 줄 수는 있지만, 패전국 일본총독이 어떻게 개인에게 정권을 줄 수 있으며, 내가 참월(僭越)하게도 그것을 받을 수 있겠는가"

이렇게 해서 고하는 끝내 총독부의 정권인수 교섭에 응하지 않았다.

그런데 이와 같은 뚜렷한 사실이 있는데도 불구하고 일부 현대사 연구가 중에는 고하의 정권인수론이 사실이 아닌 조작극이라고 말하는 사람이 있다. 그들의 논거인즉 당시 총독부 사무관으로 있던 친일관리 최 모가 모 월간지에 쓴, 정권인수론은 자기로선 듣지도 보지도 못한 무근한 사실이라고 잘라 말한 것에 근거를 두고 있다.

필자는 먼저 고하가 무슨 필요가 있어서 사실도 없는 정권인수론을 허위 조작해야 했나를 묻고 싶다. 필자는 그 사실을 고하로부터 직접 들었을 뿐만 아니라, 8월 14일 총독부 관리로서 가장 비중이 높은 김대우(金大羽)(당시 경북도지사)가 원서동 고하 집에 찾아와 총독부 엔도(遠藤) 정무총감 말이라고 전하면서 몽양과 협조해서 시국수습에 나서줄 것을 말하자, 고하는 일언지하에 거절하면서, 김에게 "노형은 지금 그런 처신을 할 사람이 못되니 자숙하라"고 냉정히 충고하는 것을 목격하였다.

그리고 둘째로 그 당시 일황의 8·15 정오 중대방송을 일본이 무조건 항복하는 내용임을 안 사람은 총독부 일본 고관 중에서도 몇 사람뿐이었고, 여타는 일본이 미국 본토라도 상륙 점령한 발표나 아닌가 하고 태평세월인 형편이었다. 하물며 조선 지도급 인사와의 정권인수교섭 내용을 사무관에 불과한 최모에게 알려야만 할 이유가 있었겠는가.

좌익 주도의 '건준(建準)'과 '인공(人共)'

1945년 8월 15일 해방 후의 한국의 국내정세는 글자 그대로의 혼돈과 무질서 속에서 갈피를 잡지 못하였다. 한반도가 38도선으로 남과 북이 갈라진다는 사실도 모르고 있었다. 이때 몽양 여운형은 8월 15일 오전에 총독부 엔도 정무총감과 만난 후 정치범 석방 식량확보 치안유지 등 몇 가지 합의를 보고난 후 곧바로 조선건국준비위원회(朝鮮建國準備委員會)(건준 建準)을 발족시켜 위원장에 몽양, 부위원장에 민세가 취임했다.

이 '건준'은 이름부터가 새로운 나라를 세우기 위한 준비조직이라는 점에서 국민의 호응을 받아 남북조선에 걸쳐 1백45개 지부가 결성되었지만, 내용은 거의가 공산당 조직이고, 핵심에는 공산당의 엘리트인 이강국(李康國), 최용달(崔容達) 등이 주도권을 잡고 있었다. 민족주의자 민세는 느낀 바 있어 9월 1일 '건준'에서 탈퇴하였다. 그리고 해방 후 우익정당 제1호로 국민당(國民黨)을 창당하였다.

9월 6일 박헌영을 중심한 공산당이 주도하여 소위 '인민공화국'이 선포됨과 동시에 건준은 창건 20일 만에 발전적으로 해체되고 말았다. 건준 발족 후 필자도 당시 건준 본부로 쓰였던 휘문소학교(지금 덕성여대)에 몇 차례 가보았는데, 그야말로 도떼기시장이었고 건준의 조직은 완전 공산당에서 틀어쥐고 있었다. 조직에 대한 경험과 투쟁력이 없는 우익진영 인사들은 들러리에 지나지 않았다. 민세가 부위원장을 그만둔 것도 공산당 때문이고, 그 자리에는 그때 이미 공산당에 들어간 허헌(許憲)이 자리 잡고 있어 몽양은 완전히 꼭두각시에 불과했다.

8월 25일 미군 선발대 일부가 인천항에 상륙하고, 38도선을 기준으로 미·소 두 나라 군대가 분단 점령한다는 미국방송이 처음 있었다. 그리고 9월 8일에 미군이 정식으로 서울에 진주한다는 소식도 들어왔다.

한편 해방 전 광주 벽돌공장에서 노동일을 하고 있던 박헌영이 서울에 나타나 공산당을 재건하였다. 그들은 미군이 서울에 진주하기 전에 좌우합작을 위장한 인민공화국 정권을 세워 기정사실로 만들어 미군으로 하여금 승인케 하려는 정략을 세웠다. 그리하여 9월 6일 밤 당시 경기여고(지금 창덕여고) 강당에서 날치기로 전국 인민대표자대회를 열어 인민공화국 수립을 선포했다. 인민위원 55명과 후보위원 20명, 고문 12명을 선출하였다.

9월 14일에는 인공내각 구성을 발표했는데 미국을 의식해서 그때까지 미국에서 돌아오지도 않은 이승만을 인공의 주석에 앉히고 몽양을 부주석에 앉혔다. 또 그때까지 중국에서 돌아오지도 않은 임정(臨政)요인과 국내에 있는 우익인사들을 멋대로 임명했다.

그런데 인공 각료명단을 보면 참으로 공산당의 기만전술과 모략에 다시 한번 놀라지 않을 수 없다. 즉 내각 13개 부장 중에서 수상에 허헌(許憲), 군사 김원봉(金元鳳), 보안 최용달(崔容達), 선전 이관술(李觀述), 경제 하필원(河弼源), 농림 강기덕(康基德), 노동 이주상(李胄相), 서기장 이강국(李康國) 등 가장 핵심적인 권력부서에는 전부 박헌영계인 재건파 공산당원으로 메꾸고 있다. 그리고 내무 김구(金九), 외무 김규식(金奎植), 재정 조만식(曺晩植), 사법 김병로(金炳魯), 문교 김성수(金性洙), 체신 신익희(申翼熙)를 임명했다. 김구에게 내무를 주었지만, 내무행정에서 제일 중요한 경찰권은 보안부에서 떼어가 공산당 중추인물인 최용달이 차지했다. 내각의 서기장 역시 공산당 핵심인 이강국이 맡은 것이다.

한국민주당(韓國民主黨) 창당

조선공산당이 주체가 되고, 그에 이용당한 몽양과 합작해서 9월 6일 우익민족진영의 의표를 찔러 인공정권 수립을 선포하자 민족진영에서는 당황하지 않을 수 없었다. 더욱이 인공정권 내각 명단에 오른 우익인사들은 누구 한사람 사전에 연락과 상의도 없이 이름을 도용당했지만 변명과 호소할 방법이 없었다. 그때까지만 해도 유일하게 남아 있던 총독부 기관지 매일신보는 출판노조와 좌익기자들로 공산당에서 장악하고 있었다. 9월 8일에는 공산당에서 '인민보'를 창간했다. 9월 19일에는 '전평(全評)' 기관지로 '해방일보'까지 창간되었다. 언론은 완전 공산당에서 장악하였다. 그러니 인민공화국 출현과 함께 민족진영에서 당황하는 것도 무리가 아니었다. 우익의 선전매체라고는 아무것도 없었다.

그때 필자가 고하를 찾아갔다. 내가 인공세력이 날로 강대해진다고 말하자 그는 동아일보만 복간되면 아무 염려 없다고 말하면서도 약간 당황하는 모습이었다.(동아일보는 그해 12월 1일에 복간되었다) 가인 김병로(街人 金炳魯), 애산 이인(愛山 李仁), 근촌(芹村), 유석(維石), 원세훈(元世勳), 윤보선(尹潽善), 허정(許政), 김도연(金度演), 백남훈(白南薰), 서상일(徐相日) 등이 중심이 되어 한국민주당 창당 작업을 추진 중이었는데, 9월 6일 인민공화국이 선포되자 창당대회까지 기다릴 수 없다고 판단 부랴부랴 발기인 2백 명으로 인민공화국을 부인, 그 정체를 폭로 규탄하는 성명을 발표하였다.

그러나 앞에서 말한 바와 같이 그때 크고 작은 신문은 전부 좌익 공산계에서 장악하고 있어 그 성명을 국민에게 알릴 방법이 없었다. 하는 수 없이 그 성명서를 백만 장 전단으로 작성해서 서울과 지방에 뿌렸다. 이 인공타도 성명서는 설산 장덕수(雪山 張德秀)가 집필한 것으로 명문이었다. 성명서는 공산당의 위계와 사술을 날카롭게 비판하고, 정중한 표현으로 그들의 비도덕성과 간책을 꾸짖었으며, 국민에게 그들의 속임수에 말려들지 말도록 경고했다.

아무튼 9월 16일 국내에서 적극적으로 항일운동을 한 세력과 비록 소극적으로나마 교육과 언론, 그리고 종교를 통해서 일제에 항거하고 부일(附日)하지 않은 민족주의자들이 중심이 되어 천도교기념관에서 한국민주당 창당대회를 가졌다. 특기할 것은 공산당의 습격이 있을 것에 대비해 천도교기념관 주위를 한국민주당 청년당원이 물샐틈없이 엄중 경계한 것이다.

한국민주당은 지도체제는 집단지도체제로 하되 한 도에서 한 사람씩 총무 9명을 뽑고, 수석총무에 고하가 추대되고 해외의 독립운동 원로 이승만, 김구, 이시영 등은 고문으로 추대되었다. 총무는 김도연(경기), 조병옥(충청), 백관수(전북), 송진우(전남), 서상일(경북), 허정(경남), 백남훈(황해), 원세훈(함경), 김동원(평안) 9인이었다. 가인 김병로는 자격으로 보아 총무가 되고도 남는 인물이지만 호남에 치우친다는 인상을 씻기 위해서 서울시당 위원장이 되었다.

또 한 가지 특기할 것은 한국민주당(한민당) 발기인과 중앙당 인사에 있어서 일본정치하에 부일하고 친일한 사람은 제외했다는 점이다.

한민당의 공과 비극

고하는 한국민주당 당무부장에 이인(李仁)을 임명하고 가장 요직인 조직부장에 제1차 조선공산당사건의 주모자로 체포되어 6년의 형기를 치른 김약수(金若水)를 임명하여 세상을 놀라게 하였다. 공산주의를 가장 싫어하는 반공주의자 고하가 김약수를 조직부장에 임명한 데는 그 나름대로의 이유가 있었다고 본다. 물론 김약수를 한민당에 입당시킨 것은 애산이었다. 변호사 애산은 공산당사건을 변론하여 김약수를 잘 알고, 김약수도 애산의 신세를 많이 졌었다. 인간으로서는 믿는 처지였다. 필자도 김약수와는 자주 만나고 술도 같이 나누었는데, 전형적인 반골투사로 정치에 대한 식견과 경륜이 있는 사람이었다. 그는 제헌국회부의장으로 있던 중 국회프락치사건에 관련 구속되었다가 6·25 때 북쪽으로 끌려갔다.

여기서 필자는 한민당의 공과를 논하기에 앞서 만일에 8·15해방 직후 조선천지가 인민위원회와 공산당 등쌀에 못 견딜 때 한민당이 없었다면 45년 10월 16일 우남 이승만이 미국에서 돌아와 누구와 더불어 상의하고, 하지 중장과 정면대립하고, 임정 김구와도 불화가 조성될 때 어디다 등을 대고 존립할 수 있었겠는가.

솔직히 말해서 8·15해방 직후 공산당과 한민당이 피투성이가 되어 싸울 때 기회주의자와 정상배들은 일신의 안전과 실리를 위하여 안전지대에서 기회만을 보고 위선을 가장하고 있었다. 이런 때에 한민당이 감연히 반공이념과 민족주의에 대한 투철한 신념을 가지고 공산주의와 정면에서 투쟁하여 대한민국을 세우는 데 결정적 역할을 한 것을 인정해야 한다. 이 과정에서 한민당은 고하와 설산 두 지도자를 건국의 제단에 바치기까지 하였다.

이 정치적 암살사건은 그야말로 국가와 민족을 위하여 일대 통한사가 아닐 수 없다. 더욱이 동족끼리 국가동량지재(國家棟樑之材)를 무사려하게 살해하는 행위는 민족의 이름으로 단죄해야 한다. 백범 김구 같은 경우만 해도 일제가 36년 동안 그 목에 현상금까지 걸고 체포하거나 죽이려고 한 혁명의 원로가 아닌가. 그가 원수 일본의 손에 죽었다 해도 슬픈 일일 텐데, 조국이 독립된 마당에 철모르는 군인의 총에 목숨을 잃었다는 것은 얼마나 비통한 일이고 저주받을 일인가.

고하 역시 마찬가지다. 일제 치하에서 여러 차례 투옥되고 끝까지 지조와 신념을 굽히지 않고 살아왔고, 해방 후에는 인민공화국 타도를 위하여 선봉에서 공산당과 싸운 식견과 경륜을 겸비한 정치지도자인데 무슨 철천지원수라고 직업적 테러리스트를 시켜서 암살하는가 말이다.(당시 56세)

그런데 아이러닉하게도 고하는 해방 전이나 해방 후에도 일관해서 임시정부를 정통정부로 추대하고 지지했는데, 그의 살해범 한현우(韓賢宇)가 임정 엄모(嚴謀)와 접촉했다는 공판기록을 보고 필자는 큰 충격을 받았었다. 고하는 결코 신탁통치를 찬성한 일이 없고 지지하지도 않았다. 다만 미군정 하에서 미국과 정면으로 맞서서 정권을 내놓으라고 강요하느니보다는, 우리로서 적법한 절차를 거쳐서 합리적으로 독립정부를 세우고 정권을 인수해야 된다는 것이 고하의 지론이었다. 이것을 찬탁파로 몰아붙인 것은 큰 잘못이라고 생각한다. 고하는 항상 정치는 고등상식에 불과하고 무책대책(無策大策)이라는 신념과 투지로 살다 56세에 흉탄에 쓰러졌다.

설산 장덕수의 최후

　설산도 그 풍부한 지식과 식견은 물론이고 현하의 웅변과 큰 도량을 갖춘 민족의 거목인 것만은 틀림없다. 다만 일정말기 보성전문학교 교수 재임 중에 학도병출정 권유연설을 한 것이 흠이라면 흠이라고 할 수 있다. 그러나 당시 각 학교에서 연사를 차출하되 평소 학생 간에 인기가 있고 말 잘하는 교수를 지명하라는 총독부 학무국의 엄한 지시가 있어 만부득이 징발당하여 강연한 것뿐이었다.

　아무튼 설산을 암살한 이면에는 가장 치밀한 계획과 계산이 있었음을 알아야 한다. 설산은 정치를 알고 실천할 수 있는 명실상부한 지도자임에 틀림없었다. 제1차 조선공산당 거두 김약수가 8·15해방 직후 한 말이다.

　"지금 해방조선에서 내로라하고 설치고 날뛰는 군생들은 모두 가소로운 존재다. 머리가 텅 빈 허깨비들이 잘난 체하고 떠벌이고 있다. 설산은 명실상부한 정치가로 그 학문과 식견 그리고 경륜이 깊은 인물이다. 게다가 오랫동안 미국 유학 경력이 있어 미군정에서도 크게 인정받고 있다. 따라서 설산은 목을 노리는 세력이 있음을 알아야 한다"

　김의 말은 정곡을 찌른 말이다. 설산은 한민당 정치부장으로서, 특히 대 미군정 활동에서 인촌을 대신하여 눈부시게 활동하였다. 그때 필자는 한민당 선전부 차장으로 있어 조석으로 설산을 만나 일을 하였다.

46년 3월 20일 제1차 미소공위 때만 해도 이승만, 김구 등이 참가를 반대했지만 애국단체총회에서 설산이 그 해박한 지식으로 국제정치와 외교 문제의 실례를 들어 일생일대의 대열변으로 설득, 각 애국단체가 미소공위에 참가하였다. 그 후 미군정에서 남조선 과도입법의원 선거를 실시할 때에도 미국의 전통적 정책은 입법의원선거를 거쳐 입법회의를 두거나 정책이 법제화 과정을 거쳐야 된다는 것을 설산이 주장, 인촌과 설산은 서울에서 입법의원에 입후보하여 당선되었다.(좌우합작파의 작용으로 재선거)

1947년 들어 설산은 48년에는 정식 입법회의 즉 국회가 보통선거법에 의해서 구성될 것을 예견했다. 그리하여 정당은 정권을 잡는 것이 1차적 목표이고 정권을 잡자면 국회의원을 많이 확보해야 되고, 국회의원을 많이 확보하려면 정당의 지방조직을 강화하고 덕망 있는 후보자를 확보하는 동시에 선거자금을 확보해야 된다며 선거대책본부를 구성하는 실무진을 만들어야 한다고 해서 암살당하던 날 저녁 돈암동 유홍종(劉洪鍾) 박사 집에서 제1차 모임을 갖기로 하였다. 그런데 그날 유의 집에 사정이 생겨 부득이 제기동 설산 댁에서 모이기로 하였다.

여운형에 대한 기억

　그날 모임에는 필자도 참석키로 되었다. 그런데 나 역시 그날 저녁 고향에서 찾아온 몇 사람 친구가 있어 집에서 저녁대접을 하느라고 설산 댁 모임에 참석지 못하였다. 그날 저녁 설산은 정복 경찰복장을 하고 찾아온 박광옥(朴光玉)을 맘 놓고 현관에서 맞아 찾아온 용건을 묻는 순간 카빈총 저격을 받고 그 자리에서 쓰러져 숨을 거두었다.

　범인 박광옥(朴光玉), 배희범(裵熙範), 최중하(崔重夏) 등이 체포되었고, 한독당 조직부장 김석황(金錫璜) 외 여러 사람이 공범으로 체포되어 미군정 재판을 받게 되었다. 미군정 재판은 군정청(지금 국립박물관)안의 임시법정에서 국내외의 주목을 끌면서 여러 차례 열렸는데, 백범 김구도 몇 차례 증인으로 출정하였다. 박광옥에게는 무기형이 선고되고 김석황 등에게도 15년형이 선고되었다.

　한편 47년 7월 19일 대낮 몽양 여운형이 탄 자가용차가 혜화동 로터리에서 창경궁 쪽으로 돌아가려고 속도를 늦출 때 한지근(韓智根)이가 자동차 뒤쪽 범퍼에 올라 차 속의 몽양 뒷머리에 몇 발의 권총을 발사, 몽양은 서울대학병원에 가기 전에 차 속에서 숨을 거두었다. 사건 직후 범인은 혜화동 주택가로 월장 도망쳤다. 그 후 공산당기관지 인민보(人民報)와 해방일보(解放日報) 등 좌익계 신문은 그 사건 배후에 수도청 고위인사가 관련됐을 것이라는 추측기사를 게재하였다. 그리고 공교롭게도 범인이 담을 넘어 도망간 그 집이 해외에서 돌아온 모 요인이 자주 드나든 집이라는 것을 좌익계 신문에서 사진과 함께 보도하였다. 경찰당국에서는 조선인민보와 해방일보 편집부의 기자들 20여 명을 구속하였다.

　몽양은 필자가 해방 전 해방 후에 여러 차례 만나 그의 인품과 정치지도자로서의 탁월한 점을 잘 알고 있다. 더욱이 우람한 풍모와 대중을 열광케 하는 열변과 개방적인 제스처는 청년학생층에 절대적 인기를 독점하였다.

　다만 흠이라면 지나치게 정치적이고 인기본위로 행동하여 팔방미인이라는 평을 받은 것이고, 더욱이 공산당과 합작하여 인민공화국에 참여한 것은 그의 과오라고 생각한다.

　사실 해방정국에서 몽양은 확고한 방향설정 없이 민족진영의 전열을 흐트러 놓았다는 평을 받을 수 있다. 몽양은 결코 공산주의자가 아니었다. 다만 공산주의자를 자기 품안에 안아보려 하다가 도리어 공산주의자들에 업혀 이용만 당하고 만 것이다. 고하가 "몽양이 자필로 인민공화국을 탈퇴한다고 선언, 도장 찍어 신문에 발표하면 만나겠다"고 한 것은 일리가 있다고 본다.

　테러, 즉 폭력은 그 이유 여하를 막론하고 배격해야 한다. 더욱이 정치적 암살행위는 역사와 양심 지성의 이름으로 근절해야 한다. 그러기 위해서는 그 사건의 배후를 철저히 조사해서 그 진상을 만천하에 알려 역사적 심판과 단죄를 받아야 된다. 그런데 유감스럽게도 이러한 암살사건의 진상과 배후관계는 아직도 밝혀지지 않고 있다. 이래가지고는 정치적 암살사건은 근절되지 않을 것이다.

51

"해방전후사의 쟁점과 평가 1"

한승조 공저, 형설출판사, 1990년 11월 10일

책 머리에

　근래에 와서 해방전후사에 관한 연구논문과 간행물들이 정신 차릴 수 없을 정도로 쏟아져 나오고 있다. 이것은 해방전후사를 재조명해 보려는 의도와 그에 대한 관심이 그만큼 커가고 있음을 보여주는 것이다.

　그러나 그 많은 연구의 성과가 해방전후사의 진실을 밝혀주는 것이 아니라 오히려 어떤 이념적 동기에서 왜곡하거나 진실을 흐리게 하는 것이라면 이러한 추세를 방치할 수만도 없는 일이다. 그 이유는 해방전후사를 어떻게 인식하느냐에 따라서 이 나라의 미래전망이 좌우되고 또 국민정신에도 긍정적 또는 부정적인 영향을 주는 것이기 때문이다.

　해방전후사는 오늘의 한국을 만들어 낸 역사적 배경이다. 역사적 사실들의 서술·분석에서 이념적 감염을 완전하게 배제한다는 것도 사실상 불가능하다. 역사를 보는 시각에서 어떤 이념이 알게 모르게 개입한다고 할지라도 역사적 진실이나 그의 해석이 과장 또는 왜곡되는 것이 용인될 수가 없다. 본서는 요즈음 좌경적 이념이나 기타 동기에 의하여 너무 왜곡되어온 현대사 인식을 바로 잡아보려는 의도에서 편집되었다.

본서의 또 다른 특징은 현대사를 개괄적으로 서술한 것이 아니라 쟁점적으로 다루었다는 점이다. 해방전사(解放前史)에서 다루는 쟁점은 ① 한국독립운동의 목표와 성격이 무엇이며 그 주도세력은 누구였던가. ② 한국임시정부와 항일무장투쟁세력의 역할을 어떻게 비교 평가할 것인가. ③ 좌우익의 독립운동에 비추어서 개량주의적 시도를 어떻게 평가할 것인가. ④ 독립운동에 있어서의 좌우합작과 통일전선은 왜 불가능하였으며 신간회운동의 실패를 어떻게 보아야 할 것인가. ⑤ 한국의 해방과 독립은 타력에 의한 것인가 자율적으로 이루어진 것인가.

해방후사(解放後史)의 쟁점은 ① 건준(建準)·인공(人共) 등 좌익주도의 건국운동을 어떻게 평가할 것인가. ② 한국 현실에 대한 미군정의 인식과 대응책을 어떻게 평가할 것인가. ③ 신탁통치문제를 둘러싼 좌우익의 대립을 어떻게 볼 것인가. ④ 좌우합작운동과 남북한 지도자연석회의. ⑤ 박헌영의 혁명전략전술과 무력투쟁노선을 어떻게 평가할 것인가. ⑥ 소련의 남북한정책과 민주기지노선. ⑦ 이승만의 단정(單政)노선을 어떻게 평가할 것인가. ⑧ 6·25전쟁. ⑨ 한반도의 분단원인: 외인(外因)이냐 내인(內因)이냐. ⑩ 북한의 사회주의건설노선을 어떻게 보아야 할 것인가.

본서는 이러한 쟁점을 중심으로 해방전후사를 다루는 과정에서 같은 주제가 두 사람 이상의 글로 제기되는 경우도 배제하지 않았다. 똑같은 주제도 다른 사람들에 의해서 다루어질 때 그 내용도 서로 같지 않을 뿐만 아니라 각기 다른 장점을 보여주거나 상호 보완하는 점이 적지 않기 때문이다. 마지막의 졸고 "해방전후 한국지성의 상황과 그 고민(苦憫)"은 해방전후사를 한국지성의 상황과 그들의 처신과 결부시키며 반성하며 결론의 구실을 했다고 볼 수가 있다. 이것이 본격적인 지성사(知性史)와는 거리가 있으며 얼마나 설득력을 가질지도 장담할 수 없으나 한국현대사를 이런 시각으로 보는 것이 정직한 것이 아니냐고 독자들에게 문제 제기하고 있는 것이다.

 이 책이 여러모로 왜곡되어 온 한국현대사를 바로잡는 하나의 시도로서 완벽한 것은 아닐지라도 현대사의 인식을 바로 잡으며 우리 과거를 보는 눈을 심화시키는데 기여했다고 자부하고 싶다. 또 현대사 연구자의 편의를 위하여 광범하고 자세한 연구문헌과 연대표를 첨가하였다. 이 공저(共著)의 분량상 너무 무겁고 큰 책이 되지 않기 위하여 두 권으로 나누어서 간행하였는데 이것이 도리어 독자에게 불편을 준 것은 아닌가 염려스럽다. 마지막으로 본서를 간행하기 위해서 지난 6개월 이상 원고수집과 교정에 애쓴 몇 조수들의 노고도 치하하며 이 책의 간행과 배포를 도와줄 형설출판사 장지익 사장에게도 감사드린다.

1990년 10월

공저자 대표 한국도덕정치교육연구소장 한승조(韓昇助)

52

건준(建準)의 위상에 대한 역사적 평가

이완범, 한승조 공저 「해방전후사의 쟁점과 평가 1」, 318-323면,
형설출판사, 1990년 11월 10일

(전략)

평자(評者)는 송남헌(宋南憲)의 '이야기체식 역사서술'에 의한 자료발굴의 강점을 그의 비판자들보다 높게 평가하는 편이다. 그렇지만 그의 연구에서도 몇 가지 짚고 넘어가야만 할 점이 있는 것도 사실이다.

먼저 그의 글 일반에는 인용하고 있는 자료가 비교적 제한적인 편이다. 당시 발간된 국내신문에 토대를 두어 서술한 것이 아니라 당시 발간된 몇 개의 연감(『조선해방연보(朝鮮解放年譜)』; 『조선연감(朝鮮年鑑)』) 및 이후 간행된 회고록과 『조선종전(朝鮮終戰)의 기록(記錄)』등 일본자료를 토대로 자신의 정치적 현장기록을 엮어 써 내려간 것이다. 따라서 당시 공간(公刊)된 신문이나 팜프렛 등에 의거한 사실 확인이나, 1970년대 말 이후 양산된 연구업적에 대한 반영이 아쉬운 점이라고 하겠다. 또한 미국의 공간(公刊) 자료도 거의 언급되지 않은 점도 한계라면 한계이다.

특별히 여운형과 건준(建準)에 관련된 글에 관한 한, 그가 건준

의 구성원이 아니었으며 한민당 쪽 사람이었기 때문에 직접적인 체험자라 보기는 어려우며 건준이 이끄는 해방 직후 정국의 한 방관자에 불과한 것이다. 따라서 그는 체험자인 이영근(李榮根)의 증언을 끌어들인다. 예를 들면 송진우와 엔도(遠藤柳作) 조선총독부 정무총감과의 치안유지 협조요청이 없었다는 주장 등은 모두 이영근의 증언에 거의 의존한 것이다.[1]

그런데 문제는 이영근의 증언 자체를 100% 신뢰할만한 것이냐는 데 있다. 그가 해방 후 건준과 연계된 보안대를 조직하였기에 좌익진영의 상황에 송남헌보다는 정통하였지만 그래도 모든 것을 목격했을 리는 만무하다. 따라서 숨겨진 비화 부분에 등장하는 그의 증언은 상당히 유용하며 생생하지만 다른 자료와 비교하여 계속 확인해야 할 필요가 있다.

이러한 문제점들의 해결을 송남헌 자신에게 기대한다는 것은 무리인 것처럼 보인다. 그는 훌륭한 증언이었지만 당시에는 정치를 연구하던 연구자는 아니었으며 게다가 실제 정치활동에 종사하였던 정치가였던 것이다. 따라서 독자들은 그가 속했던 정치집단-보다 구체적으로는 중간우파-의 편향성을 일정부분 의식하면서 독해해야 할 것이다. (중략)

---

1   이영근의 증언은 그에 의하여 동경에서 발행된 『統一朝鮮新聞』 1970년 8월 15일 이후 호에 수록되어 있는데 최근 『月刊朝鮮』 1990년 8월호와 9월초에 「呂運亨 '建準'의 좌절」, 「李承晚, 朴憲永을 제압하다」는 제목아래 각각 번역되었다. 또한 위 신문을 계승한 『統一日報』, 李承牧 사장의 『祖國統一運動史』, [1980년 이후 동지(同紙)에 게재]도 같은 맥락에서 이해할 수 있는 자료이다.

이에 필자는 그의 선구적 업적을 토대로 현재의 여러 업적을 종합하여 그의 연구에 있어 미진한 부분을 나름대로 재구성해보려고 한다. 평자 역시 정치적 정향이 있는 개인에 불과하므로 일정부분의 지적(知的) 편향성(偏向性)이 있음은 부인할 수 없다. 하지만 될 수 있으면 편향되지 않게—불가능한 일이지만-있는 사실을 그대로 기술(description)하려고 노력해 볼 것이다.

2. '건준'과 외세(外勢) : 기술 (description)

(1) 건국준비위원회의 조직적 기반 : 건국동맹

조선독립을 위하여 국제정치의 무대에서 활동한 바 있던 타고난 외교가 몽양 여운형은 1941년 '태평양전쟁' 발발 이후 연합국 측의 움직임을 여러 경로로 접하고 있었다. 따라서 일찍이 1942년부터 일제의 패망을 예견하여 '조선건국동맹'(이하 '건맹(建盟)'으로 약함)의 조직을 구상한다.

그러나 때 이른 구상은 일제의 투옥으로 좌절되다가 1944년 8월 10일에 겨우 창단작업에 착수하게 된다. 광복 직전에 조직한 지하단체인 조선건국동맹은 최후의 국내독립운동단체의 하나로서 주목될 수 있다.

또한 건맹 산하에 농민운동단체인 농민동맹을 조직하였는데 1944년 10월 8일 여운형 등 13명이 용문산 계곡에서 창립을 결의하였다.

이들 단체의 활동은 '3불(三不)(불문(不文):문서로 남기지 않음, 불명(不名):이름을 말하지 않음, 불거(不居):거처를 말하지 않음. 불거가 아니라 불신(不言)이란 설도 있음) 맹서(盟誓)'의 준수 덕분에 거의 드러나지 않았으며 입증할 자료가 부족한 실정이다.

따라서 다소 왜곡될 우려가 있는 운동주체나 관찰자의 회고록·전기 등에 의존할 수밖에 없는데, 이들에 의해서 보더라도 그리 큰 활동을 했다기보다는 장차 닥칠 건국을 준비하는 수준에서 머물렀던 것 같다. 그런데 연안(延安)조선독립동맹 산하 조선의용군과 연계하여 무장투쟁을 계획했다는 점이 사실이라면 '전취(戰取)한 해방'을 맞이했을 가능성이 있었을 것이며 이는 일제의 패망이 너무 일찍 찾아와서 계획수립 단계에서 좌절된 것이라고 할 수 있다.

어쨌든 여운형의 건맹 조직은 해방 직전 국내에 남아있던 거의 유일한 운동단체였으며 해방 직후 '조선건국준비위원회'(이하 '건준(建準)'으로 약함)로 연결되면서 여운형집단이 정국을 주도하게 되는 기반을 조성한다.

(2) 총독부의 치안유지교섭 : 여운형과 송진우

한편 일제 총독부의 고위당국자들도 1945년 6월의 시점이면 전황이 반드시 유리하게만 돌아가지는 않는다는 사실을 감지한다. 소련의 참전이 거의 확실시 되었으므로 미·소 양군이 남북양면으로 공격해오면 거의 승산이 없을 것이라고 우려하였던 것이다. 이러한 와중에 7월 4일에는 부민관(府民舘)에서 열린 친일집회에 수제폭탄이 터지는 의열투쟁이 벌어지고, 8월 8일과 9일 일본 본토에 원자탄이 투하되면서 9일 소군이 북한에 진공한다. 게다가 10일에는 포츠담선언의 수락이 결정된다. 조선의 독립을 약속한 카이로선언이 실행되면 조선인들이 자신들의 안전을 보장하지 않을지도 모른다는 두려움이 총독부 수뇌부에게 모종의 행동을 하게 만든다. 일본인 및 일본인의 신변보호와 안전한 귀환을 위하여 치안유지권을 비롯한 행정권의 상당한 부분을 넘겨주려고 하였던 것이다. 이때 일본 당국자의 교섭대상자는 송진우와 여운형 (그리고 안재홍)이었다고 전해진다. 송남헌은 이영근의 견해를 인용하여 송진우가 일본 총독부의 교섭대상이 아니었으며 단지 6월경쯤 총독부 관리와 시국정담을 했을 뿐이라고 주장한다. 이렇게 '송진우 교섭설'에 대하여 의문을 제기하는 견해로는 송남헌·이영근 외에 김대상·이동화·진덕규 등이 있다. 그런데 1990년에 동아일보사에 간행된 김학준(金學俊)의 『고하(古下) 송진우평전(宋鎭禹評傳)』 280-300쪽에 각 가설들이 면밀하게 비교되어 있다. 이를 중심으로 평자가 재구성한 가설은 다음과 같다. 총독부는 10일부터 15일 사이에 고하와 몽양(그리고 민세 안재홍)에게 동시에 치안유지교섭을 벌인다. 고하의 경우 총독부 측 실무접촉자에게 이미 거절의사가 전해져 고위당국자와의 면담은 이루어지지 못하였다. 반면 몽양은 이를 긍정적으로 검토하여 당시 총독부의 실권자 엔도와의 면담은 8월 15일 아침에 이루어진다.

일제의 의도는 단순한 치안유지권의 이양을 위한 협상이었지만 몽양은 이를 건국준비를 위한 절호의 기회로 인식하여 실질적인 '정권이양'으로 발전시켜 나가려 했던 것 같다. 고하는 일제의 승인받은 '괴뢰'가 되지 않기 위해 거절했다지만 몽양은 물러가는 일제의 권위를 역으로 이용하여 해방정국의 성공적인 주도자가 된다.(중략)

행정권을 인수한 몽양은 15일 오후 고하와의 합작을 기도하였지만, 고하의 시종일관 부정적 태도 때문에 실패하고 8월 16일 여운형-안재홍-정백 세력이 주축이 되어 공산주의자들까지 포용한 조선건국준비위원회를 발족시킨다.

당시 총독부는 경성주재 소련 영사 폴리안스키(A. Polianskii)가 8월 12일부터 흘렸으리라 생각되는 루머 즉 소련군이 한반도의 거의 전부를 점령하게 된다는 정보를 믿고 있었던 것 같다. 따라서 8월 16일 엔도는 몽양을 불러 미국이 부산과 목포 근방만을 점령하게 될 것이라고 말했다고 한다.

이러한 부정확한 정보가 고하를 배제한 채 민세만을 포괄하여 건준(몽양)의 좌경화를 초래하였다는 설명도 있지만, 초기 건준은 완고한 고하만이 참여를 거부한 좌우연합의 통일전선체라는 평가도 있다.[2] (하략)

---

2 홍인숙, 「건국준비위원회의 조직과 활동」 강만길 외, 『해방전후사의 인식』 2, 서울 : 한길사, 1985, p.103.

53

숙초(宿草)밑에 누운
고우(故友) 송고하(宋古下)를 우노라

정인보(鄭寅普), 담원시조집, 1948년 2월 9일 발행

(一)

어젯밤 '두굿'차니 미틔느니 간 해 이때

겨울은 또 겨울이 버님고만 꿈이라니

스무해 유난턴 '사이' 알리 없어 하노라.

(二)

'화개동' 어느 '아침' 인사라고 한둥만둥

그냥 그랬던들 하마 아니 덜 '슬프'리

'정'이야 잊는다 할손 '의초'어이 하리오.

(三)

흰 갓[1] 흰 옷으로 마지막들 '울'구'불'구

그 누구 어느 친구님의 말을 전했것다

---

1   유릉대상(裕陵大喪) 때 제2차 독립운동을 대규모로 일으키려고 하였었다.

'한' 일[2]에 '시여질'[3] 마음 둘 없는 줄 아노라.

(四)

신문사 집을 짓고 '키'고 길러 몇몇해오
하면서 아니매어 '부세'[4] '의'면 한 '방치'로
그 '호의' 나돌았던들 빈터 아니 됐으리.

(五)

이 다음 뜻있는 이 '계산골'[5]을 잊을 것가
막바지 종치는대 어디쯤이 '숙직실'터
십삼도 '만세' 아우성 '긔뉘'[6] 예서 터진고.

(六)

뜻깊고 긔운차고 '음응' '능청' 솜씨 있고
성권듯 주밀터니 몇'수' 넘어 내보더니
손발톱 다다를 때에 누으실 줄 알리오.

---

2   독립운동.
3   사(死)
4   부시어 의(義)일 것 같으면 한 방망이로 부시어버릴 마음을 가졌다는 말
5   중앙학교 소재지
6   국내 기미운동의 책원지는 중앙학교 숙직실이었다. 이때의 고하가 중앙교장으로 있으면서 이를 주도했었다.

(七)

'이궁안'[7] 뜻밖 북새 하마트면 일[8]이 컸다
돌팔매 들오거나 웨 모르고 이리저리
'놀' '자'고 물 맑어지니 님의 '공'이 비춰라.

(八)

'어룸목'[9] 충무 산소 님의 손에 높으셨다
그렁성 겨레 '얼'을 한번솟궈 올리려고
'온천'서 떠들던 밤이 '알풋' '아득'하고녀.

(九)

나무꾼 뉘시겻기 '을지공' 날 전했는고
듣기가 무서웁게 어느덧에 평양으로
'비' 셸날 가차웁건만 님은 멀리 설워라.

(十)

한조각 깊은 마음 이 '겨레'뿐 자나깨나

---

[7] 교동 병문에서 수표교로 가는 골목, 중국 상인들이 모여 사는 곳
[8] 만보산 소문의 전보가 들어올 때 일본인의 한중이간 모략임을 모르고 화상(華商)들을 박해하였다. 고하 혼자서 그렇지 아니함을 역설하여 보도로 변파(辯破)하고 사설로 명시하였다. 고하 아니더면 재만 동포의 위해는 물론 한중의 감정이 다시 풀릴 수 없게 되었었을 것이다.
[9] 빙항(氷項) 이충무공묘소

단군 세종대왕 '예'처내친 이충무공
말씀이 구름될시면 하늘 가득 했으니.

(十一)
'술' '거나' 날 붙들고 반을움에 뭐라섰다
'적'이라 우리의 '적' 알아알아 '부를' 떨어
스무해 장 그소리 뜻맨친 줄 아노라.

(十二)
내 '오활' 곱다 하고 님의 주정 좋다 했네.
'사날' 못 만나면 그야말로 삼년인 듯
'생초목'[10] 불붙다 해도 '생별'이면 하노라.

(十三)
추란화(秋蘭花) 여윈줄기 '댓옆'[11]에서 '고닷'소라
내일 볼 작별에도 하시더니 '자중'하오
'까치놀'[12] 더 떠오르니 '키'[13] 그리워 하노라.

---

10 우리 옛 노래에 '죽어서 영이별은 사람마다 하거니와 살아서 생이별은 생초목에 불붙는다.'
11 대나무 옆
12 해상에서 이 '놀'이 뜨면 큰 바람이 분다고 한다.
13 타(柁)

(十四)
멀리서 말로 듣고 님께 보내 물었더니
내 편지 받아들고 눈물날듯 반겼다고
보랴던 그 새벽빛을 반못보고 가다니.[14]

(十五)
병쾌도 한둘 아냐 남의 입을 보탰느니
자기말 자랑인 듯 모를 것도 잘 아는 듯
두어라 '틔' 보일수록 '옥' '갑' 더욱 높아라.

(十六)
'북문골' 후미진 때 날 보려고 돌아들어
들창문 똑똑하면 묻지 않고 님일터니
내 병은 예런듯 한데 찾아올 이 뉘온고.

---

14 일황(日皇) 항복 방송을 듣고 서울 일이 궁금하여 두어자를 적어 윤석오(尹錫五) 군을 고하에게 보내고 말로 자세히 기별하라 하였다. 그 편지는 불도 없이 새벽 달빛에 비추어 쓴 것이다. 글자도 된지 만지 하였다. 첫머리 말은 우리가 죽지 아니하고 있다가 이 날을 보니 느끼움은 너나가 없다 하였고 이어서 궁금한 말을 하고 끝으로 윤 군을 보내니 무슨 말이든지 믿고 하라 하였다. 고하가 이 편지를 보고 울더란 말을 들었다. 편지로는 이것이 최후다. 이것을 가지고 '터무니'없는 거짓말을 만드는 사람도 있다고 한다.

(十七)
작년 '섯달' 스무사흘 운동장서 나눴겠다
그제가 영결인줄 어느 누가 알았으리
한번 '더' 돌아나 볼걸 가슴 메어 하노라.

(十八)
신문은 살아 '한돌' 님 가심도 '또 한돌'이
설음이 고개고개 붓대 자주 가뿌구나
이 노래 남 못 들리니 길어 무삼 하리오.

54

고하 송진우 선생 초상찬(肖像贊)
- 동지 송필만의 고하 추모시 -

명고(鳴皐) 송필만(宋必滿)

천생영호 유충불리 (天生英豪 唯忠不離)

기개일세 유의불려 (氣蓋一世 唯義不戾)

공지세로 처풍참우 (公之世路 悽風慘雨)

무처치신 액회불신 (無處置身 厄會不伸)

공수단궁 항왜지비 (空手單躬 抗倭之非)

당당충의 일월쟁휘 (堂堂忠義 日月爭輝)

조난횡서 천정명수 (遭難橫逝 天定命數)

유한천추 불요원우 (遺恨千秋 不要怨尤)

유상존엄 가숙박부 (遺像存嚴 可肅薄夫)

공어조국 만고수모 (公於祖國 萬古垂模)

하늘이 영웅호걸 나게 하시니 오직 충성 한길을 떠남 없었네.
그 기운 한 세상을 덮을만 했고 언제나 의롭기 한결같았네.
공께서 살아오신 이 세상 길은 처참한 바람 불고 비만 내렸소.
그 어디 둘러봐도 몸 둘 곳 없고 액운은 모여들어 펴지 못했네.

두 주먹 맨손에 혼자 몸으로 왜놈의 잘못에 저항하시니,
당당하고 당당한 충의의 정신 하늘 위 해달보다 환하시었네.
어려운 때 만나서 이리 가시니 하늘이 정하신 운명인젠가.
한스러움 가이없다 천추 남아도 누구를 원망하고 허물하리요.
모습 그린 남기신 모습이 오롯하시니 경박한 이 이를 보고
엄숙해지리.
아! 님아 이 나라 조국 앞에서 만고에 모범을 드리우셨네.

고하 송진우 선생 묘비 건립식에 즈음하여
-선생께서 참화 입으시던 당시를 회고한 시-

명고(鳴皐) 송필만(宋必滿)

위국단성역대희(爲國丹誠歷代稀)
성공전진만인희(成功前進萬人稀)
견강의기산하고(堅剛意氣山河固)
웅건정신일월휘(雄健精神日月輝)
애당극도환무루(哀當極度還無淚)
사도비상단유희(事到非常但有唏)
공이흉해천추한(公罹凶害千秋恨)
치열염천백설비(熾烈炎天白雪飛)

나라 위한 붉은 정성 역대에 짝이 없고
공 이루어 나아가니 만인의 희망이라.
굳건한 의기는 산하인양 강고하고
웅건한 그 정신 일월도곤 빛났어라.
슬픔도 지극하면 눈물도 흐르잖고
어처구니없는 일엔 다만 한숨뿐이로다.
그대 흉해(凶害) 입음은 천추의 한(恨)일러라
뜨거운 염천 아래 백설이 날리우리.

56
고하를 위한 만장(輓章)

우남(雩南) 이승만(李承晩)

의인자고석종희(義人自古席終稀)
의인은 옛부터 자기 명에 죽는 경우가 드물고

일사심상시약귀(一死尋常視若歸)
한번 죽는 것을 심상히 여겨 마치 제 집으로 돌아가듯 한다

거국비상처자곡(擧國悲傷妻子哭)
나라안이 모두 슬퍼하고 처자들도 우는데

납천우리설비비(臘天憂里雪霏霏)
섣달그믐 망우리에는 눈만 부슬부슬 뿌리는가.

57
탄생 90주(周)에 다시 음미해본
그의 편모(片貌)

동아일보, 1980년 5월 7일

민족주의자(民族主義者) 고하(古下) 송진우(宋鎭禹) 선생

반일투쟁 속 국민 갈길 제시

공산주의자에 모함받기도

고하(古下) 송진우(宋鎭禹) 선생이 8일로 탄생 90주년을 맞는다. 해방되던 해 세모(歲暮) 한모(韓某)의 흉탄에 숨을 거둘 때까지 그의 일생은 반일(反日)과 민족주의(民族主義)로 일관했음을 후배 후손들은 밝히고 있다. 그의 편모(片貌)를 알 수 있는 글과 몇 분의 증언을 들어본다. (편집자)

『해방 전후를 통해 고하만큼 독특하고 슬기롭게 반일투쟁을 전개하고 동아일보를 통해 민족의 나아갈 길을 제시한 분도 드물다고 생각합니다.』 정치인 이상돈(李相敦) 씨(전 국회의원)는 8일이 고하의 탄신 90주년이 되는 날이라며 이제 그가 유명(幽明)을 달리한 지도 30여 년이 지났기 때문에 역사적 입장에서의 올바른 평

가가 이뤄져야 할 시기라고 강조했다.

이 씨는 최근 일부에서 고하에 대한 부정적인 평가가 나오고 있으나 이들 평가는 단편적인 사실에 근거를 둔 것으로 특히 해방 이후 공산당과 해외파의 허위선전에 영향을 받은 것이 대부분이라고 지적했다.

『해방 직후인 9월 8일 중국 「대공보(大公報)」 기자와 인터뷰할 때 옆에서 들은 고하의 주장입니다. 대공보 기자가 조선이 오랫동안 식민지 생활을 했으므로 신탁통치를 받는 게 어떻겠느냐고 묻자 고하는 일언지하(一言之下)에 거절하며 비록 식민지교육일지라도 전문학교 이상 대학교육을 받은 한국인이 많고 해외에서 항일투쟁을 해온 혁명세력이 있기 때문에 두려울 게 없다고 소신을 밝히더군요』 이 씨는 이같이 소개하며 당시 해외파에서 고하가 찬탁에 기울고 있다고 중상한 것은 사실을 잘 모른 결과라고 비판했다.

이와 함께 고하가 해방 후에 박헌영 등 공산주의자와 공산당을 비판하자 이들이 반격을 위해 고하의 친일성을 들춰냈으나 객관성이 없는 것이었다고 설명했다. 공산주의자들의 주장이란 고하가 일제강점기간 중 국내에 남아있으면서 한 번도 친일을 안했겠느냐는 막연한 것이었다고. 이에 대해 이 씨는 동아일보가 폐간된 후 집에서 쉬고 있는 고하를 찾아갔을 때의 일화를 소개했다.

『댁에 도착하니 풍로에 한약을 끓이고 있더군요. 어디 편찮으시냐고 묻자 고하의 대답이 「귀찮은 손님이 자주 찾아와서」라고 대답하더군요. 조금 후에 안 사실이지만 총독부 관리들이 당시 일제의 패색(敗色)이 짙자 학병(學兵) 모집을 하는데 고하를 연사로 동원하기 위해 자꾸 찾아오자 「꾀병」을 앓으시던 모습이었습니다. 그들에게 약탕기를 가리키며 몸이 아파 불가능하다고 손쉽게 물리치시더군요』

이 씨는 고하의 슬기에 놀랐다고 말하며 당시 국내에 있는 민족지도자 중 학병 동원연설에 불참한 사람은 만해(萬海) 한용운(韓龍雲), 유석(維石) 조병옥(趙炳玉), 벽초(碧初) 홍명희(洪命憙), 고하 등 몇 손가락으로 꼽을 정도였다고 회고한다. 국사편찬위 최영희(崔永禧) 위원장도 학병, 근로보국대 등의 동원참가 권유연설에 고하가 절대 참여 안한 것만 보아도 일제의 강압 속에서 그의 내면에 흐르고 있던 반일정신을 엿볼 수 있다고 말했다.

한편 해방 전의 독립운동에 대해 최근까지 원호처의 「독립운동사(獨立運動史) 편찬사업을 주도했던 이강훈(李康勳) 옹(78)은 분명히 고하로부터 송금 받은 거액의 독립자금만 네 차례였음을 똑똑히 기억한다고 증언했다. 김좌진 장군의 휘하에서 독립운동을 해온 이 옹은 ▲26년 5월 모란강역에서 6천원 ▲28년 9월 돈화현(敦化縣) 「얼토량쯔」에서 상당액수 ▲29년 2월 만주의 산시(山市)에서 소만(蘇滿)국경으로 본부를 이동하려 할 때 1만원 ▲30년 1월 27일 김 장군이 돌아가자 만장(輓章)과 함께 일화(日貨) 10원짜리로 1만 원 등 확실히 기억하는 것만도 네 차례였다고 밝혔다. 이 옹은 이밖에도 고하가 다른 독립운동단체에도 비밀리에 자금을 송금했을 가능성이 짙다고 증언하며 망명보다 국내에 머물면서 각종 활동을 하기 위해 일인(日人)들과 만난 것을 가지고 해방 후 공산주의자들이 근거 없이「친일운운(親日云云) 하는 것은 가소로운 일이라고 일축했다.

이밖에 고하의 55년 동안에 걸친 전반적인 행적에 대해 김선기(金善琪) 박사(명지대 명예교수·언어학)는 한마디로 지조를 지킨 철두철미 민족주의자였다고 평가했다. 창씨개명(創氏改名)을 강요했을 때 환부역조(換父易祖)가 될 말이냐며 그 같은 총독부의 강요를 거부,「민족주의자의 심벌」이 되었다고 말했다. 김 박사는 또 자신이 고하와 긴밀한 관계를 맺게 된 동기로 33년 당시 조선어학회에 근무할 때 동아일보가 신철자법(新綴字法)을 채용하면서부터라고 밝혔다. 당시 편집국의 맞춤법 고문으로 일했기 때문에 자주 뵙고「의리(義理)」를 강조하는 말씀을 경청할 수 있었다고.

특히 김 박사는 자신의 선고(先考)가 일장기말소사건(36년)으로 함께 투옥됐었기 때문에 더욱 가까워져 4차로 무기정간 됐을 때 인촌(仁村) 댁에서 고하, 설산(雪山) 장덕수(張德秀), 안호상(安浩相) 씨(당시 보성전문 교수)와 더불어 자주 어울려 그의 고담준론(高談峻論)을 들었다고 회상했다. 고하의 암살사건을 인도(印度)에서 영국인도 죽이지 않았던「간디」를 인도청년들이 암살한 것과 마찬가지 비중의 "사건으로 풀이한 김 박사는 고하의 죽음이 해방 후 최대의 민족적 손실이었다고 해석했다.

고하 90주 생일찬(生日讚)

미당(未堂) 서정주(徐廷柱), 동아일보, 1980년 5월 7일

"옳은 일이거든 끝까지 하라" 귀에 쟁쟁

나라는 사람은 그 여하한 경우에도 누구의 흉탄도 맞지 않기로 작정하고 조심해 살고 있는 터이니까 해방 뒤 오래지 않아 한(韓)○○이라는 청년의 흉탄에 쓰러졌던 고하(古下) 송진우(宋鎭禹) 선생과는 이 점만큼은 다르지만 그밖에 여러 점에서는 이분에게서 배운 게 적지 않다.

첫째, 내가 지금도 처세훈(處世訓)의 제1신조로 삼고 있는 『제아무리 많이 얽은 빡빡 곰보라도 자세히 살펴보면 반드시 예쁜 구석이 한두 군데는 보이는 것이다. 그런 것이니 이 험난한 남의 식민지 시절의 어려운 우리 민생(民生)에서 우리 동아일보 기자들은 그 결점만 보고 탓하지 말고 그 장점될 만한 것들을 잘 살펴 찾아내서 그걸 늘 칭찬해주고 육성해 가도록 해야겠다』고 일정 때 고하 사장 시절에 그가 동아일보사 기자들에게 내린 사원훈(社員訓)이 그것이다. 물론 나는 해방 뒤의 미군정(美軍政) 때의 이곳 기자지만 고하장(古下丈)의 이 사원훈 만큼은 너무나 좋은 것이라 지금도 여전히 집안에서나 학교에서나 늘 꾸어서 써먹으며 살아가고 있는 것이다.

둘째로 또 그분한테서 배운 건 『해야만 할 것보다 안해야 할 것

이 더 많은 세상이기는 하지만 옳다고 생각하고 하기로 작정한 일이라면 죽는 한이 있더라도 끝까지 해내야만 하는 것이다. 그러므로 육당(六堂)이나 최린(崔麟) 자네들의 주저는 소용없는 것이다. 한번 옳다고 작정한 것인 이상 3·1운동 거사는 기어코 해내야한다. 해야 해… 해야 해… 해야 한다니까! 이 사람들아!」하시고 3·1운동 계획참모본부에서 어느 날 우리 고하 선생이 육당과 최린 두 분의 주저하는 모습을 보고 대갈(大喝)하고 계셨던 그 대의(大義)에 대한 그 불멸의 의지다.

나는 이 자리에 참모의 일원으로 고하와 함께 참석하고 계셨던 고 현상윤(玄相允) 선생에게서 이때 이야기를 해방 직후 자세히 들을 기회가 있어 지금도 역력히 기억하고 있거니와 이런 고하장(古下丈)의 인생태도는 오늘의 내게도 한 귀감이 되어 있다. 내가 근년 1년 가까운 세계여로의「멕시코」여막(旅幕)에서 45%의 객혈(喀血)을 하고도 귀국 않고 이어서 여행을 계속해 낼 때도『한번 옳다고 하기로 작정했으면 기어코 해내야만 해!』하셨던 고하 어른의 그 불침(不沈)의 의지가 문득 기억 속에 떠오르곤 했었다.

이 대인군자(大人君子) 어른의 살아계셨을 때의 일을 곰곰 생각해 보면서 있노라면 일정 말기의 어느 날 밤 박(朴)○○이라는 친일파 제1인자가 빼어든 권총을 보고 요정 명월관에서『저런 실없는 놈 같으니…』실소하며 한탄하고 계시던 고하 그분의 그 독특한 실소의 웃음소리가 금시 어디서 들려오는 것만 같다. 한국인으로서는 최초로 일본 국회 중의원(衆議院)의 의원까지도 되었던 박

○○. 그가 빼들고 협박하던 권총을 한 마리 똥파리의 침입처럼 대하며 큰 사자 같이 의젓이만 앉아계시던 그분의 모습이….

그리고 또 한 가지 내 폐부(肺腑)에 닿아오는 그분의 민족애정의 사무친 모습은 세칭(世稱) 만주 만보산사건 때의 그분의 처신이다.

우리나라를 식민지로 해서 짓누르던 일본정부는 드디어 중국까지를 송두리째 집어삼킬 분외(分外)의 야욕을 내서 만주 일대의 허술한 틈을 노려 여기 만주제국이라는 일본의 괴뢰정권을 세우고 중국인들과 우리 겨레의 단합을 막기 위해 그 이간책에 광분한 나머지 세칭「만주 만보산사건」이라는 걸 날조해 내고『만주 만보산 지구 일대에서 중국인들이 한국인들을 몽땅 몽땅 살해하고 있다』는 헛소문을 우리 국내에 퍼뜨리고 있었는데 이것도 모르는 우리 국내의 동포들은 이 음흉한 소문에 속아 전국 곳곳에서 중국인 호떡장수, 자장면장수, 옷감장수들의 가게들을 들이부수고 몽둥이질을 일삼고『나가라! 나가라!』쫓아내고만 있었으니 이것 참 못나게는 큰일 난 것 아니었는가.

이때 고하 어른의 큰 이해력이 조사하여 그 거짓을 알아내고 일본인들의 그 못된 민족이간의 꾀에 말려들지 않도록 동아일보 지면의 전 활자를 동원해 우리겨레에 알려서 한중(韓中) 두 민족이 가졌던 정(情)에 금이 안가게 하신 것은 참 아찔할 만큼 고마운 그분의 정신의 발현의 덕이었으니 말이다. 중정(中正) 장제스(蔣介石) 선생이 고하 어른의 이 짓을 그리워하여 그때「친인선린(親仁

善隣)」의 네 글자를 적어 보내셨던 게 아직도 동아일보에는 잘 남아있을 걸로 기억하고 있다.

  1945년 8월 해방된 지 몇 달 뒤에 피만 울렁거리는 슬기 없는 젊은 녀석 한(韓)○○이가 그 어디 2차 대전 때의 폐품 육혈포(六穴砲)로 이분을 쏘아 죽여 버리고 말았지마는 그대 한○○도 내 이 글을 올바로 이해한다면『잘못했습니다』울며 말할 것이라고 생각한다.

  국조(國祖) 단군(檀君) 이후 이 어른 고하 송진우 선생 같은 분이 이 나라에 생겨나 숨쉬고 살다가신 일이 그리 많지 않았던 것을 나는 지금 뼈에 닿게 생각하고 느끼고 있다.

'내가 본 혼돈의 해방공간'
강원용 목사 인터뷰

임채청 부국장, 동아일보, 2004년 1월 19일

"지도자들 신탁안 라디오만 듣고 흥분"

한국 현대사를 둘러싼 모든 논란은 궁극적으로 건국의 여명기인 광복 이후 3년간의 혼돈과 맞닿아 있다. 이는 대한민국의 정통성 문제와 직결돼 아직도 치열한 이념논쟁의 성격을 띠고 있다. 내년이면 광복도 60주년. 그러나 그 시절 격동의 현장을 생생하게 전해 줄 원로들이 이젠 몇 분 남아 있지 않다. 월간 '신동아'가 작년 12월부터 강원용(姜元龍·87) 목사의 '체험 한국 현대사' 연재를 시작한 것도 원로들의 소중한 증언을 채록하기 위한 작업의 일환이라고 할 수 있다. 17일 오후 서울 중구 소공동 조선호텔에서 강 목사를 만났다.

◆ 지난해 한길사에서 펴낸 '역사의 인덕에서'라는 저서 서문에 "나는 역사 속에서 양극을 넘어선 제3지대에 설 자리를 마련하려고 애썼다. '중간 그리고 그것을 넘어서(Between and Beyond)' 살고자 했다"고 쓰

신 것을 읽었습니다. 광복을 북한에서 맞으셨는데....

"치안유지위원회에서 일제 강점기에 감옥에 갔다 온 애국자라며 내게 부위원장 겸 선전부장을 맡겼습니다. 그러나 노동자들의 데모를 반대했다는 이유로 나는 곧 인민재판에 회부됐습니다. 남아 있으면 죽겠다 싶어 회령을 떠나 천신만고 끝에 1945년 9월 20일 서울에 도착했습니다."

◆ 당시 서울의 분위기는 어땠습니까.

"좌우 대립이 극렬했습니다. 무엇보다 나를 놀라게 한 것은 곳곳에 나부끼는 붉은 깃발들이었습니다. 화신백화점에도 인민공화국기가 내걸렸습니다."

서울 곳곳에 붉은 깃발

◆ 1945년 12월 28일 모스크바 3상회의 결과가 알려졌을 때는 어땠습니까.

"배재중학교 강당에서 월남 동포를 위한 연말 자선음악회를 준비하고 있는데, 백범 김구(白凡 金九) 선생의 지지자였던 이규갑(李奎甲) 목사가 뛰어들어와 지팡이를 내리치면서 호통을 쳤어요. '모스크바에서 우리나라를 신탁통치하겠다는 결정이 났다는 방송이 나왔는데 지금 음악회가 뭐야. 정신 빠진 놈들'이라고, 그래서 즉시 음악회를 반탁 강연회로 바꿨습니다."

◆ 경교장 모임에도 참석하셨는데….

"행사 직후 경교장으로 백범을 찾아가 정당·사회단체를 불러 궐기할 것을 촉구하자 백범은 '그래그래, 나도 라디오에서 들었어'라고 했어요. 12월 29일 밤 경교장 모임엔 좌우익 단체가 전부 참석했지요. 열기가 대단했습니다. 좌우 가릴 것 없이 울분으로 감정이 북받쳐 있었으니까요. 백범은 구두를 벗어 흔들면서 '이것이 양화 아니냐. 모두 이를 벗고 짚신을 신고 다니자'고 제안하기도 했습니다. 김규식(金奎植) 박사도 굉장한 신탁통치 반대 말씀을 했습니다."

◆ 논란은 없었습니까.

"모임 참석자 중 모스크바 3상회의 결정의 실질적 내용을 알고 있는 사람은 아무도 없었습니다. 동아일보 사장이자 한민당 수석총무였던 고하 송진우(古下 宋鎭禹) 선생의 얘기가 인상적이었어요. 고하는 '여러분들이 격한 것을 이해하지만, 3상회의 결정문을 읽어본 사람이 누가 있느냐, 나도 라디오로 들었는데, 민족의 지도자들이 방송에서 나온 것만 듣고 이렇게 막 들고 일어나는 것은 신중치 못하다'고 말했지요. 그는 또 '미소공동위원회를 만들어 한국의 정당·사회단체들과 의논해 5년 이내에 통일정부를 세운다는 내용이 진짜라면 반대할 이유가 없다고 생각한다'고 말했습니다. 그랬더니 좌익 사람들이 '역적이다. 너희가 미국과 짜고 하는 게 아니냐며 욕설을 퍼부어댔습니다. 고하는 이후 아무 말도

하지 않았는데, 이튿날 새벽 암살당했습니다. 나도 당시엔 고하를 오해했는데 세월이 지나서 보니까 그분이 정세 판단을 가장 정확하게 한 것임을 깨닫게 됐어요. 사실 정확한 내용도 모른 채 방송만 듣고 전 민족의 지도자들이 나선 것은 경박한 일이었습니다."

반탁운동은 자연발생적

◆ 결국 국민대회가 열리지 않았습니까.
"12월 31일 서울운동장에서 반탁궐기대회가 열렸지요. 서울시내 상점은 거의 문을 닫고, 동대문 뒷산이 하얗게 덮일 정도로 사람들이 엄청나게 몰렸어요. 좌우 갈등이 격화되는 시기였지만 반탁운동 초기엔 이데올로기 대립이 없었습니다."

◆ 당시 반탁이 아닌 다른 선택을 할 수 있었을까요.
"반탁운동은 누가 계획하고 주도해서 일어난 게 절대 아닙니다. 좌도 없고 우도 없이 완전히 자연발생적이었습니다. 거기에 미국이나 소련이 영향력을 행사할 수도 없었습니다. 12월 31일 대회까지는 온 국민이 하나였는데 이듬해 들어 갈라지기 시작했지요."

◆ 어떻게 해서 분열과 대결의 길을 걷게 됐습니까.
"왜 그랬는지 모르지만 좌익세력이 신탁통치에 결사반대하다가 갑자기 태도를 바꿔 3상회의 결정을 지지하고 나서면서 반탁운동이 분열됐습니다. 그러자 '아 소련이 배후에서 신탁통치를 추진한 것이구나' 하는 인식이 퍼지게 된 것이지요."

◆ 목사님께선 1948년 평양 남북협상 참가를 반대하셨지요.
"'가봤자 김일성에게 농락만 당한다'며 백범을 만류했습니다. 하지만 백범은 '나는 혁명가야. 혁명가는 항상 낙관을 해야 돼'라며 평양행을 강행했습니다. 김규식 박사는 달랐습니다. 김일성을 만나봐야 소용이 없다고 생각했지요. 김 박사는 어쩔 수 없이 떠나시면서 내게 '무거운 걸음이니 나를 위해 기도해 달라'고 부탁했어요."

◆ 중도노선을 견지한 김규식 박사와 특히 가까우셨는데….
"김 박사는 이승만 박사보다도 더 철저한 반공주의자였습니다. 김 박사는 내게 '한국이 공산국가가 되면 피바다가 된다'며 '자네는 공산당이 뭔지 몰라'라고 말씀하시곤 했지요. 미 군정청에서 적십자사 총재를 맡겼는데도 김 박사는 이사 가운데 박헌영(朴憲永)이 들어 있자 '그 사람과는 일할 수 없다'며 거절할 정도였습니다."

◆ 내년이 광복 60주년입니다.
"그런데도 우리 현대사엔 제대로 정리되지 않은 대목이 많습니다. 현대사를 전공하는 학자들도 대부분 남아 있는 문서에 의존해 연구를 하다 보니 문제가 있는 것 같습니다. 우리 같은 사람들이 밝힐 것을 밝히지 않으면 미래의 역사를 만드는 이들이 올바른 역사의식을 가질 수 없을 것입니다."

(정리=허 엽 기자)

강원용 목사 약력

- △ 1917년 함남 이원 출생
- △ 일본 메이지학원 영문학부·한신대·미국 뉴욕 유니언 신학대 졸업, 캐나다 매니토바대 명예신학박사, 이화여대 명예문학박사
- △ 경동교회 목사, 한국크리스챤아카데미 원장, 한국기독교교회협의회 회장, 아시아종교평화회의(ACRP) 회장, 방송위원회 위원장, 2002월드컵조직위원회 공동의장
- △ 현재 세계종교평화회의(WCRP) 공동명예의장, 한국기독교 100주년기념사업회 이사장, 평화포럼 이사장

59
송진우(宋鎭禹) 선생, 온고지신(溫故知新)

우강(又岡) 권이혁 선생 에세이 제II집, 241-247면,
신원문화사, 2007년 7월

    1944년 어느 봄날 고하 송진우(古下 宋鎭禹) 선생을 원서동(苑西洞) 자택으로 찾아가 뵌 적이 있었다. 경성제대 의학부 2학년 때였다. 고하 선생은 다른 독립운동가와는 달리 '자립'을 중심으로 독립운동을 하고 계시다는 말을 들은 일이 있어 한 번은 꼭 찾아 뵈어야겠다고 생각하다가 용기를 낸 것이다. 긴 시간은 아니었지만 나에게 주신 말씀은 잊혀지지 않는다. 듣던 대로 민족정기나 문맹퇴치·물산장려운동(物産獎勵運動) 등에 관하여 덕담을 주신 후 꼭 두 가지는 지켜야 한다고 언명하셨다. 첫째는 이왕에 의학부에서 공부하는 것이니 착실하게 학업을 계속하라는 점, 둘째는 절대로 입을 조심해야 한다는 점이었다. 나는 그 때가 고하 선생을 뵈운 단 한 번의 기회였다. 그러나 그 때 주신 선생의 덕담과 충고는 오늘날에도 뇌리에서 사라지지 않는다.
    그 후 8·15 광복을 맞이하여 고하 선생께서 뛰시는 모습에 몹시 감동을 받았다. 일반 사회에서 뿐만 아니라 대학사회에서도 좌·우 격돌은 심화하고 있었는데 고하 선생은 우리들의 갈 길을 명시해

주시기도 했다. 그러나 어찌 된 일인가! 광복된 해 12월 30일 새벽 6시 15분 한현우, 유근배 등의 흉탄으로 원서동 자택에서 서거하셨다.(중략)

 1994년 초겨울 어느 날 고려대 명예총장이시던 남재 선생이 "고하 송진우선생 기념회를 창설하려고 하는데 참여해주면 좋겠다"고 하기에 좋다고 대답했다. 고하 선생의 장손인 서울법대 송상현(宋相現) 교수가 남재 선생의 서랑이어서 고하 선생에 대한 남재선생의 관심은 남다른 것이었다. 이리하여 1994년 12월 30일 정오에 서울 프라자호텔에서 고하선생기념사업회가 열렸다. 이 자리에서 이사로는 기세훈(奇世勳) 인촌기념회장, 김병관(金炳琯) 동아일보 회장, 김창식(金昶植) 전 교통부장관, 김학준(金學俊) 단국대 이사장, 김상협(金相浹) 전 국무총리, 송상현 서울법대 교수 그리고 내가, 감사로는 홍일식(洪一植) 고대 총장, 김유후(金有厚) 변호사가 선임되었다. 그런데 뜻밖에도 내가 이사장으로 선출되었다. 물론 남재 선생의 지명에 따른 것이다. 1995년 2월 21일 남재 선생이 서거함에 따라 김상홍(金相鴻) 삼양사 회장이 뒤를 이었다. 이렇게 하여 오늘날까지 나는 이사장직을 맡고 있는데 별로 도움이 되는 일도 하지 못하고 있고 다만 고하 선생 탄신일인 5월 8일 탄신 기념추모회를 현충원 애국지사 묘역에 있는 고하 선생 묘 앞에서 거행하고 여기서 추모문을 올리는 것이 고작이다. 그래도 매년 200명 가까운 저명인사들이 모여 고하 선생을 추모! 하는 광경은 성스럽기만 하다.

기념사업회 이사장직을 맡고 있으니까 자연히 고하 선생에 관한 연구를 하게 되며 선생께서 얼마나 훌륭하신 분인가를 알게 된 것이 나에게는 대단히 값진 일이다. 선생께서는 1890년 생이시며 어린 시절 한학(漢學)을 10년간 수학하신 후 신학문을 배우기 위해 창평(昌平)의 영학숙(英學熟)에 입학하여 이곳에서 평생 동지이신 인촌 김성수(仁村 金性洙) 선생을 만나셨다. 1908년(19세)에 일본으로 건너가 정칙영어학교(正則英語學校) 및 중학교를 거쳐 와세다대학(早稻田大學)에 입학하셨다. 1915년(26세) 명치대학(明治大學)법과로 전과하고 이 대학을 졸업하셨다. 일본 유학기간 중 유학생 친목회의 총무를 맡으시고 잡지 '학지광(學之光)' 편집인을 역임하셨다. 귀국 후 27세에 중앙학교 학감(學監)을 맡으신 후 교장에 취임하셨다.

  1918년(29세) 중앙학교를 중심으로 학생회를 조직하고 중앙학교 숙직실에서 인촌 선생, 현상윤(玄相允) 선생 등과 조국독립운동을 계획하여 마침내 3·1독립운동을 일으키셨다. 3·1 운동관계로 1년 반 동안 옥고를 치르시고 1921년 (32세)에는 동아일보 제3대사장(주식회사 동아일보사의 초대사장)에 취임하셨다. 동아일보를 중심으로 물산장려운동(物産奬勵運動)과 민립대학(民立大學)설립운동을 적극적으로 추진하시고, 재외동포위문회와 시국강연회를 주최하셨다.

  1924년(35세) 사설(社說)에 항의하는 친일파 박춘금(朴春琴) 등의 권총테러를 당하셨고 이해에 동아일보 사장직을 사임하셨다.

1925년 하와이 제 1회 범태평양 민족회의에 신흥우(申興雨), 유억겸(俞億兼), 서재필(徐載弼), 김활란(金活蘭) 씨 등과 함께 참석하셨다. 그 곳에서 이승만(李承晩) 박사를 처음 만나 망명제의를 받았으나 사양하고 국내에서 독립운동을 주도할 것임을 천명하셨다. 귀국 후 '世界大勢와 朝鮮의 將來'라는 명 논설을 12회에 걸쳐 동아일보에 게재하셨다. 다음해 국제농민본부에서 조선농민에게 보낸 3·1절 기념사를 게재하였다 하여 옥고를 치르고 동아일보는 무기정간 당했다. 1927년(38세) 동아일보 제6대 사장에 다시 취임하셨다. 1930년(41세) 동아일보 창간 10주년 기념호에 미국 '네이션지' 주필의 축사를 게재하였다 하여 무기정간 당했다.

  1931년(42세) 이충무공유적보전운동(李忠武公遺蹟保存運動)을 시작하여 국민의 성금으로 아산에 현충사(顯忠祠)를 짓는 한편 행주산성(幸州山城)에 권율(權慄) 장군의 기공사(紀功祠)를 중수(重修)하셨다. 이해부터 여름방학마다 '브나로드운동'이라는 국민계몽운동을 시작하셨다. 한편으로는 만보산사건(萬寶山事件)이 발발하자 이것이 일본의 한중이간(韓中離間)을 목적으로 한 간계(奸計)임을 즉각 간파하시고 폭행당한 국내화교를 위문하는 동시에 서범석(徐範錫) 기자를 만주현장에 파견하여 비밀리에 국제연맹 조사단에 진실을 알렸다. 또한 만주사변 때는 설의식(薛義植), 서범석 기자를 특파하고 피난동포구호운동을 신속하게 개시하였다. 1936년(47세) 손기정(孫基禎) 선수의 일장기 말소사건으로 동아일보 무기정간, 잡지 '신동아' 및 '신가정' 폐간을 당하고 동아일보 사장직을 강제사임 당하셨다. 1943년(54세) 동아일보사 청산위원회 해제 후 주식회사 동본사(東本社)를 설립하여 사장에 취임하셨다.

1945년(56세) 해방직전 4차례에 걸쳐 총독부로부터 정권인수 교섭을 받았으나 거절하셨다. 해방 후 건준(建準)의 협조요청을 거절하고 정당시기상조론과 연합군 환영의 필요성을 내세워 권동진(權東鎭)·오세창(吳世昌)·김창숙(金昌淑) 씨를 고문으로 서상일(徐相日)·장택상(張澤相)·김준연(金俊淵) 씨 등을 임원으로 하여 국민대회 준비위(國民大會準備委)를 결성하고 그 위원장에 선임되셨다. 그러나 정치정세의 변화로 인하여 우익진영의 4당 합동에 따라 한국 민주당이 결성되고 선생께서는 수석총무로 추대되셨고 이어 중간(重刊)된 동아일보의 제8대 사장으로 취임하셨다.

고하 선생은 해방정국에서 가장 중요한 이 두 개의 조직을 이끌고 환국지사후원회(還國志士後援會) 결성, 상해임시정부 법통(法統)지지, 이승만 박사와 국민총동원법 논의 등 나라세우기에 전력하다가 1945년 12월 30일 새벽 흉탄에 쓰러지셨다.

이상은 고하 송진우 선생이 걸으신 길을 요점만 살펴본 것인데 55년 동안에 아무도 따를 수 없는 참으로 놀라운 일을 해 내신 것이다. 나는 추모사를 쓸 때마다 선생의 정신을 떠올려 본다. 나는 고하정신을 신중성(愼重性)·예견성(豫見性)·자립성(自立性)·자주성(自主性)으로 집약한다. 선생님의 신중성은 생전에 취하셨던 언행이 잘 말해 주고 있다. 앞을 내다보는 혜안(慧眼)은 오늘날에도 우리들이 우러러 보고 있다. 자력으로 자립하고 모든 경우에 자주성이 있어야 한다는 말씀이 오늘날에는 더욱더 진가를 나타내고 있다. 고하정신에 대한 연구가 대학사회나 연구기관에서 성행하고 있는 사실이 결코 우연하지 않다는 것은 주지되어 있는 바이다. 고하 선생의 어록(語錄)을 읽어 보면 참으로 배울 것이 많다는 것을 느끼고 또 느끼게 된다.

독립 혼 되새기며
창동역 주변 걸어볼까

강경석 기자, 동아일보, 2011년 10월 25일

독립운동가의 숨결이 남아 있어

  1910년 10월 경원선 착공 이후 창동역은 이듬해 10월 경원선 용산~의정부 구간이 개통되면서 문을 열었다. 1910년 8월 한일 강제병합 이후 독립운동가들이 서울과 가까우면서도 다른 지역으로 이동하기 좋은 곳을 찾다 보니 유독 창동역 주변에 많이 모이게 됐다. 당시 이 일대는 경기 양주군 노해면으로 서울에 포함되지 않았다. 법조인이자 정치인으로 독립운동가를 무료로 변호했던 민족 인권변호사 가인 김병로 선생(1887~1964)이 창동역 주변에 처음으로 이주해 왔다. 초대 대법원장을 지낸 김병로 선생을 따라 3·1운동을 초기에 기획한 48인 중 한 명으로 지명돼 옥고를 치르고 동아일보 사장을 지낸 고하 송진우 선생(1890~1945)도 창동역 근방에서 기거했다. '조선 3대 천재'로 불리며 대하소설 '임꺽정'을 쓴 벽초 홍명희 선생(1888~1968)도 1939년 식구들을 전부 데리고 창동으로 옮겨왔다. 아쉽게도 이들이 살던 집은 재개발과 함께 사라진 후 상가나 아파트 등으로 변해 집터만 더듬어볼 수 있다.

독립운동가뿐만 아니라 다양한 사회 인사들의 집도 창동역 주변에 많다. 사회운동가이자 종교운동가인 함석헌 선생(1901~1989) 역시 1983년부터 말년까지의 삶을 도봉구 쌍문동 옛집에서 기거하며 지냈다. 청년노동자 전태일의 집 역시 도봉구 쌍문동에 있다. 현재 이곳은 1985년 재개발 당시 아파트가 들어섰다. 한국의 대표적인 시인으로 손꼽히는 김수영 시인(1921~1968)도 1954년부터 2년간 가족과 함께 창동에서 살았다.

옛 역사를 더듬으며 걷기

도봉구는 창동역 주변에 흩어져 있는 역사적 인물들을 되새겨 보는 의미에서 '현대사 인물길 따라 걷기 프로그램'을 운영 중이다. 내년 초부터는 옛 집터 자리에 표지석이나 안내문을 세워 시민들에게 이곳에 담긴 역사를 널리 알릴 계획이다. 현대사 인물길은 창동역에서 출발해 창동초(옛 창동보통학교)에서 벽초 홍명희, 고하 송진우, 가인 김병로, 위당 정인보 선생의 옛 집터를 따라가다 함석헌 선생 옛집을 거쳐 김수영 시인의 옛 본가로 이어진다.

22일부터 이달 말까지 창동 문화마당에서는 우리나라 근현대사를 함께해 온 창동역의 옛 모습을 담은 사진들을 전시한다. 덕성여대 인문과학연구소와 함께 '도봉 지역의 문화 인물 탐구'라는 주제로 심포지엄을 개최하기도 했다. 현대사 인물길과 관련한 자세한 내용은 도봉문화원(02-905-4026)으로 문의하면 된다. 도봉구 관계자는 "매일 운영하고 있지는 않지만 단체 참가 문의가 있으면 전문가가 동행해 설명하도록 하고 있다"고 말했다.

61
고하 송진우에게 지금 듣고 싶은 말

GQ KOREA
두산매거진, 2014년 11월 7일

한 사람을 좇던 모든 기록은 사실 기자(記者)를 향하고 있었다. 해방 이전의 <동아일보>는 거의 정부와 같은 구실을 했다는 기록도 있었다. 많이 배운 사람들이 돈 같은 걸 개의치 않고 그저 쓰고 고민하고 또 쓰던 시대였다.

지금이 답답할 때 과거를 들추는 것을 도망이라 부를 수는 없을 것이다. 누구도 지금 여기서 벗어날 순 없으니까. 그래서 가끔은 유랑하는 기분으로 옛날 신문을 뒤적이기도 한다. 그럴 때마다 깨닫는다. 어쩌면 이렇게 변한 게 없는지, 어떻게 하면 이렇게까지 나아지지 않는 건지, 중고등학교 역사 시간에 배웠던 그 사건들이 불과 100년도 안 된 일이라는 걸 새삼 알 때의 당혹. 그럴 땐 사는 게 좀 버거워졌다. '지금이야말로 안정의 시작 혹은 완성도 높은 역사의 한 바닥'이라 순진하게 여겼던 때도 있다. 하지만 역사에 완성이 있을 리 없고, 늘 불안하고 초조한 가운데 오늘은 그저 뻔뻔스럽게 지나가는 거니까…. 그랬던 날, 고하 송진우 선생의 이름을 발견한 데는 아무런 의도가 없었다.

<동아일보>는 1936년 베를린올림픽 마라톤에서 우승한 손기정 선생의 보도 사진에서 운동복 가슴에 있던 일장기를 지웠다. 이길용 기자의 보도였다. 네 번째 무기정간의 원인이었고, '일장기 말소사건'이라 부른다. 1930년대 초, <동아일보>는 브나로드운동의 주체이기도 했다. 브나로드운동은 농촌 계몽 운동의 일환, 전국 규모의 문맹 퇴치 운동이었다. 1922년에는 물산장려운동과 민립대학설립운동을 제창하기도 했다. 다양한 형식으로 <동아일보>를 이끌었던 송진우 선생은 늘 그 시대를 직면했다. 투옥과 고문, 강제 폐간과 속간을 몇 회나 거듭했다. 종이 신문이 나라를 이끈다는 책임감과 자부심이 대단했던 시절이었다.

대한언론인회가 출간한 <한국언론인물사화>의 한 단락에는 이런 기록이 있다. "이 무렵의 신문기자들은 대부분 독립투쟁을 위한 지사적인 지식인이든가 아니면 명문이면서도 부잣집 출신의 한량들이었다. 그래서 어느 쪽이 됐건 간에 신문기자라면 부러움의 대상이었다. 기생들이 더 신문기자들을 좋아했다. 의기(義

氣)가 있고 술도 잘 마시며 팁도 덥석 많이 준대서 그랬던 모양이다. 그중에서도 빙허는 더욱 인기를 끌었다. 미남 소설가인 데다 신문기자-양수겸장인 그가 요정에 나타나기만 하면 기생들이 서로 그 방에 들어가려고 앞을 다투었다고 한다. 그러나 빙허는 그런 꽃밭에서도 외도는 아니했다는 것. 놀기 좋아하고 술 잘 먹기로 유명했지만 허튼짓 않기로도 또한 유명했다는 것이다."

빙허는 <운수 좋은 날>을 쓴 소설가 현진건의 호다. 송진우 선생을 좇다 보면 만나게 되는 여러 인물 중 하나다. 과연 그릇이 크고 호방한 기자였다는 기록이 많다. 요정 출입은 취재의 일환이었던 것으로 전해진다. 고등계 형사의 눈을 피해 '밤에는 요정에서 사는 사람'이라는 소문을 스스로 퍼뜨리려는 의도였다. 하루는 취재를 나갔던 현진건이 술에 잔뜩 취해 회사로 돌아왔다. 그러다 사장을 만나 실랑이가 붙었다. "좀 취했구먼?" 했을 때 "그래 좀 취했다. 언제 네놈이 사장이라고 나 술 한잔 사줘봤냐? 있으면 있다고 말해봐 이놈아!" 소리를 질렀다. 그러다 뺨도 한 대 후렸다. 뺨을 맞은 사장이 인촌 김성수였는지, 고하 송진우였는지는 기록이 엇갈린다. 하지만 우승규 전 <동아일보> 편집국장은 1982년 9월 30일 인터뷰에서 이렇게 말했다. "<동아일보> 사회부장으로 있던 현진건이 하루는 술에 취해서 대낮에 사장실 옆 복도에서 송진우 사장의 뺨을 때렸다고 한다. 고하가 '허' 웃으면서 '이 사람 취했구먼, 혀가 만 발이나 빠질 친구야. 백주 대낮에 술을 먹고 사장 뺨을 치다니 이게 무슨 짓이야' 그러고서는 인력거를 태워 집으로 보냈다고 한다. 다음 날 현진건은 기고만장해서 회사로 출근했는데 송 사장은 그러한 기백을 좋아했다고 한다." 이어 현진건에게 했던 이런 말도 남아 있었다. "자네 그 기백 한번 쓸 만하네. <동아일보> 사회부가 왜 그렇게 당당한가 했더니만 자네 같은 사람이 있어서 그랬구먼? 날더러 술 한 잔 안 산다고 화를 냈지? 오늘 퇴근할 때 좀 만나자고. 술이라면 나도 사양하지 않는 사람이지. 한 잔 받아줄게 함께 하자고." 당당했던 사회부, 이런 포부와 배포가 살아 있는 신문사.

　1945년 8월 15일 해방 직후부터 송진우 선생이 테러로 목숨을 잃은 12월 30일까지의 경성은 어떤 곳이었을까? 몇 마디 문장으로는 다 설명 할 수 없는 정치 철학과 온갖 사상들이 충돌과 회합을 거듭하던 혼돈의 공간이었을까? 지금 어떤 학생의 서재에 꽂혀 있을 위인전에 적힌 이름과 빠진 이름을 가르는 기준은 뭘까? 과연 인물은 역사가 판단하는 걸까? 선생은 미군 주둔을 두고 신탁과 반탁으로 나뉜 구도에서 신탁 찬성론자로 몰렸다. 반탁론자였던 김구의 추종자에게 살해당했다고 알려져 있다. <한국민족문화대백과>는 이렇게 쓰고 있다. "미 군정청과는 충돌을 피하고 국민운동으로 반탁을 관철하여야 한다는 신중론을 피력하고 자택으로 돌아온 뒤 다음 날 30일 상오 6시 한현우 등 6명의 습격을 받고 서울특별시 종로구 원서동 74번지 자택에서 죽었다."

　10년 후, 1955년 8월 14일 <경향신문> 기획 '해방 10년의 인물들'에는 이런 부분이 있다. "고하가 생존해 있다면 오늘의 우리 정치판도는 현재와는 좀 달라졌을 것이다- 라고 말하는 사람들이 있다. 그렇게 말하는 사람들은 이어서 고하는 과연 뛰어난 정치가였다고 지금도 탄복하는 것이다. (중략) 굵직한 스케일로 왜졸들을 위압하면서 철두철미 남자답게 항쟁을 해온 고하의 국내 투쟁은 오늘날까지도 많은 일화를 남기고 있거니와 인간 송진우의 호방한 성격도 상금 그의 동지들이 잊지 못하는 모양이다." 이어 "일본의 식민지 관리들이 주책없이 까불면 고하는 한 나라의 지도자로서 긍지를 잊지 않고 왜리(倭吏)들을 대갈하기가 일쑤"였다는 말, "왜정 때도 옥색 한복에 흰 모시 두루마기를 입고 인력거에 앉아 시내를 달리는 그의 이채를 엿볼 수 있었고, 대인관계가 극히 명백하여 싫으면 싫다 잘못이면 잘못이다 기탄없이 쏘아 붙이는 버릇이 있었다는 것"이라는 내용도 있었다. 불과 69년 전이었다.

고하 송진우 선생 한 사람을 좇던 모든 시간은 사실 '기자(記者)'를 향하고 있었다. 더 많이 배운 사람들이 돈 같은 걸 개의치 않고 그저 쓰고 고민하고 또 쓰던 시대였다. 해방 이전의 <동아일보>는 거의 정부와 같은 구실을 했다는 기록도 있었다. 그러다 온갖 고초를 겪었지만 그래도, 그때의 기자는 '옳은 것'에 대한 판단이 우선이었다.

지난 일이니까, 어떤 부분은 낭만으로 포장됐을 거라는 걸 안다. 시대가 인물을 만든다는 것도. 그럼 지금이 뭐가 어때서? 지금은 기자가 낭만적으로 정의를 추구하면 큰일 나는 시대인가? 이미 그런 기자들이 몇 있다. 그들이 지속적으로 고초를 겪는 중이라는 것도 다 안다.

"종이 신문의 시대는 갔다, 지금은 아무도 종이 신문을 읽지 않는다, 신문은 사양산업이다." 틀린 말은 아닐 것이다. 하지만 좋은 기자는 사라지지 않는다. 기사는 남는다. 선생 생전에 네 번의 정간과 강제 폐간을 겪은 그 신문도 (어떤 식으로든) 살아 있다. <동아일보>가 운영하는 종편 채널의 보도 중, 가장 화제가 된 꼭지의 최근 자막은 이랬다. "김정은이 배우 유연석과 동갑." 이것도 남을 것이다.

눈매가 날카로운 이 남자가 1921년부터 1945년까지 <동아일보>에 있었다. 일제 강점기의 언론사 사장이자 고문, 정치가였다.

(에디터 정우성; ILLUSTRATION 안혜영)

62

난세의 지도자상

조태열, 국제인권보 643호,
국제인권옹호 한국연맹, 2022년 7월 15일

　필자는 주 유엔대사 시절 유엔평화구축위원회(PBC)와 유엔개발계획(UNDP) 집행이사회 의장 자격으로 각각 감비아와 콜롬비아를 방문해 독재정권 몰락과 내전 종식 후 화해와 치유 과정이 얼마나 힘든지, 그 과정에서 지도자의 역할이 얼마나 중요한지 실감한 적이 있다.

　내전의 상흔이 아직 뚜렷이 남아있는 콜롬비아 내지에서는 한 마을에 함께 어울려 살며 마음의 상처를 치유하고 있는 가해자와 피해자 가족들을 만나 고통과 희망의 얘기를 들으며 진한 감동을 느끼기도 했다.

　내전이나 권위주의적 통치가 종식된 지역에서 어두운 과거사에 대한 진실 규명과 가해자와 피해자간 화해를 통해 이룩한 평화와 정의를 '전환기적 정의'(transitional justice)라고 부른다. 악명 높은 인종차별정책 종식 후 '진실과 화해 위원회'를 설립해 이를 성취한 남아공이 대표적 성공 사례다.

　우리도 6·25 전쟁과 권위주의 정권, 민주화 과정을 거치며 과거사 청산을 위해 엄청난 정치, 사회적 비용을 치르며 여기까지 왔다. 그러나 유감스럽게도 오늘 우리 사회는 이제 막 내전을 끝낸 나라를 방불할 만큼 심각한 분열과 갈등을 겪고 있다. 민주화를 이룩한 지 한세대가 지난 후에도 청산해야 할 과거가 남아있어 전환기적 정의 구현에 목을 매고 있는 듯한 나라, 그것이 불과 몇 개월 전까지 우리의 모습이었다. 적폐청산이라는 정치적 구호로 민주적 제도와 절차를 통해 구현해야 할 정의를 마치 과거사 청산을 위한 전환기적 정의인 양 정치권이 호도한 결과다. 그로 인한 우리 사회의 갈등의 골은 생각보다 넓고 깊다. 따라서 치유와 통합을 위한 해법도 전환기적 정의 구현 과정에서 얻은 교훈을 참고해 신중하게 접근할 필요가 있다. 무엇보다 어려운 일은 정의와 평화 사이에 균형을 찾는 것이다. 정의를 실현하려 하면 평화를 얻기가 어렵고 평화를 지키려 하면 정의 구현이 어렵다. 그래서 다다른 결론은 진실은 규명되고 정의는 세워져야 하지만 그 과정과 결과는 평화를 지키는 것이어야 한다는 것이다. 우리사회의 갈등도 진실을 밝혀 정의를 세우되 궁극적으로는 화해와 통합을 이루어 내는 방식으로 극복돼야 하며, 이걸 해내는 것은 상당 부분 지도자의 몫이다.

지금은 난세다. 난세의 지도자는 원칙을 지키면서도 현실과의 조화를 통해 사회적 통합을 이루어 내는 지도자여야 한다. 미래를 내다보며 급변하는 대내외 환경을 담대하게 헤쳐 나갈 용기와 식견, 지혜와 통찰력을 갖춘 지도자여야 한다. 신냉전 시대라고 불릴 만큼 국제질서가 요동을 치는 대변환의 시대에 우리만 갈등과 분열의 늪에서 허우적거리고 있을 수는 없다.

필자는 최근 고하(古下) 송진우 선생의 일대기를 읽으며 고하야말로 오늘과 같은 난세에 우리가 필요로 하는 지도자상이 아닐까 하는 생각을 했다.

일제 강점기에 해외보다 더 어려웠을 국내를 지키며 민족진영을 이끄는 중심 역할을 했고, 해방정국의 혼란기에도 균형을 잃지 않고 국론통합을 위해 애쓰다 타계한 분이기 때문이다. 1925년 동아일보에 연재된 그의 국제정세론 '세계대세와 조선의 장래'는 지금 읽어도 눈이 밝아지는 걸 느끼게 되는 번뜩이는 혜안의 논설들이다.

지난 대선 과정에서 필자는 모 TV방송에 출연한 윤석열 후보가 "당선되면 제일 먼저 하고 싶은 말씀이 무엇이냐"는 질문에 "이제 더 이상 서로 미워하지 말자"라고 답하는 걸 들으며 안도한 적이 있다. 우리 사회가 당면한 가장 심각한 문제가 무엇인지를 분명히 인식하고 있다는 증거였기 때문이다.

윤 대통령이 난세를 헤쳐가는 균형과 통합의 지도자, 미래를 준비하는 혜안의 지도자로 역사에 기록되길 소망한다.

63
독립운동가 15인 컬러영상

나라사랑 제934호, 국가보훈처, 2023년 3월 5일

**독립운동가 15인 컬러영상,
서울 광화문광장에서 만난다
독립운동가 흑백 사진 복원**

　제104주년 3·1절을 맞아 조국독립을 위해 헌신한 독립운동가 15인의 흑백 사진을 컬러로 복원한 영상이 서울 광화문광장에 공개됐다.
　국가보훈처는 독립운동가 15인의 흑백 사진을 인공지능(AI)

기술을 활용해 컬러 사진으로 복원한 영상을 지난달 28일부터 대한민국임시정부 수립 기념일인 4월 11일까지 서울 광화문광장 대한민국역사박물관 대형 전광판을 통해 송출한다고 밝혔다.

영상은 3·1절을 맞아 선열들의 나라사랑정신을 되새기고 기억하기 위한 것으로, 복원된 독립운동가는 김구, 김좌진, 베델, 송진우, 안중근, 안창호, 유관순, 윤동주, 윤봉길, 이승만, 이회영, 조소앙, 최재형, 한용운, 헐버트 등 15명(가나다순)이다.

영상에는 독립운동가들의 복원된 컬러 사진과 공적, 주요 어록을 함께 담았다. 사진 복원에는 6·25참전영웅 흑백 사진 복원을 진행하고 있는 성균관대 소프트웨어학과와 인공지능학과 학생들이 참여했다.

64

제1차 천장 후 묘비제막식 식사(式辭) 모음

(1) 식 사

고하 송진우 선생 천장추진위원장 최두선(崔斗善)

고하 송진우 선생의 묘소를 이 자리에 옮기고 선생의 가장 친근하던 벗들과 선생을 숭앙하던 후학들이 경애의 징표로 묘비를 세워 오늘 여기서 제막을 보게 되니 억만 가지 감회를 누를 길이 없습니다.

선생은 1890년 5월 8일 전남 담양의 고비산(古比山) 하에서 이 세상에 태어났습니다. 4년 후에는 청일전쟁이 일어났고 그로부터 다시 10년 후에는 노일전쟁이 일어났습니다. 조국은 열강의 각축장으로부터 일본의 독무대로 전락하여 망국의 날은 각일각으로 다가서고 있었습니다. 그리하여 마침내 한일합병을 맞은 것은 선생이 만 20세 되던 1910년이었습니다. 당시 일본에 유학 중이던 청년 고하 선생에게 이것이 얼마나 큰 충격이었던가는 상상하고도 남음이 있겠습니다.

풍운 속에서 태어난 고하의 일생은 그대로 가시밭길이 아닐 수 없었습니다. 고국에 돌아온 선생은 고 인촌 김성수 선생을 비롯하여 뜻을 같이하는 지사들과 힘을 합하여 인재양성에 젊은 정열을 바쳤고 학생을 조직하여 민족혼을 고취함으로써 후일 3·1운동에 중요한 일익을 담당하였습니다.

원대한 안목으로 창간된 민족지 동아일보를 두 어깨에 걸머지고 일제 감옥을 무상출입하면서 민중의 각성과 계몽에 주력하였습니다. 타고난 정치가로서의 선생은 세계대세를 통찰하는 탁월한 안식(眼識)이 있어 20년대 이미 우리나라 독립의 불가피성을 강조하였던 것입니다.

선생은 또한 보기 드문 낙천가였습니다. 명일에 대한 확고한 신념에서 우러나온 낙천성은 당시 암흑의 구렁에서 헤매던 온 민중에게 희망의 등대가 아닐 수 없었습니다. 절망에서 오히려 광명을 찾은 선생은 글자 그대로 우리 민족의 선각자였습니다.

선생은 천성으로 타고난 지도자이기도 하였습니다. 기우(氣宇)가 고대(高大)하고 무언중에 사람을 매혹하고 이끌어가는 힘의 소유자였습니다. 선생의 슬하에서 봉사한 인사들은 한결같이 그 넓은 도량과 지도력에 열복(悅服)하지 않는 이가 없었습니다.

선생이 그렇게도 갈구하고 고대하던 해방이 왔을 때 우리는 모두 오로지 기쁨에 사로잡혀 있었습니다마는 선생만은 이 기쁨 속에서도 냉철히 정세를 파악하고 앞을 내다보는 명(明)이 있었으며 혼란에 대처할 방안을 면밀히 검토하고 있었습니다. 그러나 바로 이해 12월 30일 새벽 뜻하지 않은 동족의 흉탄에 맞아 온 민족이 아끼고 숭상하던 이 거인은 천추의 한을 품은 채 파란 많은 일생에 막을 내리고 말았습니다.

선생이 가신 지 20년, 그동안의 유위전변(有爲轉變)은 이루 말할 수 없고 나라에 어려움이 있을 때마다 우리는 선생이 계시지 않음을 안타까워하고 선생의 지혜와 용단과 지도력을 그리면서 오늘에 이르렀습니다. 하늘이 고하에게 좀 더 수를 누리게 하였던들 우리 역사는 많이 달라졌으리라는 것은 많은 인사들이 인정하는 사실입니다.

선생이 나라를 사랑하고 겨레를 아끼던 지성은 구천에서도 변할 까닭이 없습니다. 망우리에서 이곳 신정리(新亭里)로 옮긴 선생의 유택 여기 지향산(芝香山) 기슭 양지바른 언덕에서 고하 송진우 선생은 조국이 걸어가는 한걸음 한걸음을 영원히 지켜보실 것입니다.

선생의 명복을 빌어 마지않습니다.

(2) 추 념 사

신민당 대표위원 유진오(兪鎭午)

고하 송진우 선생이 가신 지 어언 26년. 그동안 망우리 초라한 유택에 계시던 선생의 유해를 유지들의 진력으로 이곳에 천장하고 오늘 묘비제막식을 올리게 되오니 재천의 영령도 이제는 영구히 안주의 지(地)를 얻으셨거니와 선생의 유덕을 추모하는 겨레의 가슴에도 또한 안도의 감이 듦을 느끼겠습니다.

민족이 외적의 철제하(鐵蹄下)에 신음하던 36년 동안 선생이 민족의 선두에서 등불이 되고 동량이 되어 악전고투하신 일은 지금 온 겨레가 다 알고 있는 바입니다마는 선생은 사실 일신을 조국에 바치기 위해 이 세상에 태어나셨던 분인 것 같습니다. 조국의 운명이 누란의 위기에 처해있던 1890년에 태어나신 선생은 19세의 청년으로 구국의 대지를 품고 일생의 동지 인촌 김성수 선생과 함께 일본유학의 길에 오르셨다가 불과 2년 만에 경술국치(庚戌國恥)를 당하셨으니 그때에 비통하셨던 선생의 심정은 짐작되고도 남음이 있습니다마는 그때 선생께서 결연히 적극적 구국의 길을 택하신 것은 생각할수록 머리가 숙여지는 일이 아닐 수 없습니다.

조국의 비운과 함께 스스로 귀중한 생명을 끊거나 조국을 등지고 해외로 떠나신 의인열사의 거룩한 정신도 백세의 교훈이 될 것입니다마는 굴욕과 절망과 무지와 빈곤 속에 헤매는 겨레의 품안으로 뛰어들어 모든 고난을 겨레와 함께 겪어가면서 한편으로는 일제의 압박에 항거하고 한편으로는 겨레의 전진을 위해 피와 진흙투성이의 투쟁을 계속한다는 것은 애국의 열혈이상으로 불굴의 투지와 불요의 인내와 그리고 원대한 경륜이 없이는 불가능한 일입니다.

선생은 보통사람으로는 불가능한 이 길을 택하시고 그 길 하나로 일제 36년간을 일관해 나오셨으니 선생의 그 위대한 족적은 다른 어느 선열의 그것보다도 특이한 것이 아닐 수 없습니다.

기미독립운동을 계획조직하시고 동아일보의 총수로 민족정신을 대변 고취하는 동안 누차의 옥고를 개의치 않고 가시밭길을 헤쳐나가신 것은 선생께 있어서는 처음부터 예정되었던 일이나 다름없게 생각됩니다.

해방이 되자 중망(衆望)을 지고 선생이 건국창업의 거창한 업무외 중심에 서시게 된 것은 사리의 필연적인 귀결이었습니다마는 아깝게도 선생은 그 강인한 투지와 원대한 포부를 펴볼 기회를 미처 잡기 전에 폭한의 흉탄으로 세상을 떠나셨으니 이 무슨 운명의 작희였습니까.

선생의 일생은 봄부터 여름을 통해 갖은 노고와 근심걱정을 다 겪어가면서 정성들여 농사를 지은 농민이 타작 전야에 갑자기 세상을 떠나버린 경우에도 비할 것입니다. 이런 억울한 일이 어데 또 있겠습니까.

선생이 가신 지 이미 20여 년이 지났습니다마는 우리 겨레는 아직도 선생의 큰 뜻을 제대로 실현시키지 못하고 있으니 이것은 또한 슬프고 안타까운 일입니다.

국토가 양단될 줄 선생은 몽상(夢想)도 안 하였을 것입니다마는 우리는 아직도 국토통일을 이룩하지 못하고 있고 남한에나마 자주자유의 독립정부를 세우노라 해보았습니다마는 그것마저 제대로 운영되지 않아 지금 이 시각에도 이 나라의 민주헌정은 올바른 궤도 위에 서있지 못한 것이 오늘의 현실입니다. 이것을 생각하면은 우리는 선생의 묘전에 얼굴을 들고 서 있을 수도 없는 형편입니다.

아! 고하 송진우 선생, 선생이 좀 더 장수하셨더라면 해방 후의 역사는 좀 더 달라졌을 것이고 따라서 오늘 우리가 처해 있는 처지도 좀 더 달랐을 것이 아닙니까. 못난 후배들이 어려울 때를 당할 때마다 위대한 선배를 한층 더 추모하는 우리의 충정만은 살펴 주시옵소서.

유지 몇 분의 열성으로 오늘 이렇게 영령이 길이 잠드실 안택이나마 갖추어 드리게 된 것으로 겨우 자위를 삼고저 하오며 이 이상 더 말씀드리지 않겠습니다.

(3) 추 념 사

유광열(柳光烈)

고(故) 고하 송진우 선생 묘비제막식에 임하여 수언(數言)의 무사(蕪辭)로 추념의 사(辭)를 드리나이다.

선생은 1890년 경인(庚寅) 5월 8일에 전남 담양 손곡리에서 나시어 1945년 을유(乙酉) 12월 30일에 자객의 흉탄에 넘어지기까지 56세의 일생은 실로 파란 많은 일생이었습니다.

선생이 세상에 나시던 해는 아직도 여진족 청조(淸朝)에서 보낸 원세개(袁世凱)가 이 나라 내정까지 간섭하던 중에도 오히려 나라의 자주권을 수호하려고 애쓰던 때이었습니다.

선생의 다섯 살 때에 청일전쟁이 일어나서 동양의 정세가 한번

변하고 선생이 열다섯 되던 해에 일어난 로일(露日)전쟁에 일본이 이기고 그 이듬해에 일본은 소위 한일5조약으로 우리의 주권을 강탈하자 우리 전 국민은 구국운동을 일으켰습니다. 이때 선생은 의거하던 지사들에게 글을 배우고 있었습니다.

1908년 19세이던 선생은 그때 지사들의 비분강개와 보수적인 항일만으로는 구국이 어려움을 깨닫고 평생의 도의지교(道義之交)인 김성수(金性洙) 선생과 함께 일본유학을 떠났으니 "적을 제(制)하려면 먼저 적을 알아야 한다"는 대지(大志)에서였습니다.

동경유학 중에 학우회(學友會)에서 발행하던 학지광(學之光)에 우리 일부의 존화사상(尊華思想)을 통박한 글은 그때의 우리 유림 석학들에게 많은 충격을 주었고 그때에 국민여론을 양분한 관(觀)을 이루었던 바 입니다.

선생과 인촌 선생이 1915년에 대학을 마치고 형영상수(形影相隨)로 고국에 돌아오자 먼저 교육구국을 생각하고 백산학교(白山學校)를 세우려 하였으나 그 이듬해에 재정난이던 중앙학교(中央學校)를 맡아서 경영하게 되었으니 때는 정히 제1차 세계대전이 방감(方酣)하던 때입니다.

그때에 서울에는 육당(六堂) 선생의 광문회(光文會)와 중앙학교 숙직실은 고하, 인촌, 기당 현상윤(幾堂 玄相允) 등 청년지사들을 중심으로 한 애국운동의 아성이었던 것입니다.

과연, 이 두 아성은 사상 광고(曠古)의 거족적 운동인 3·1운동의 산실로서 등장하였던 것입니다. 이 때문에 선생은 48인의 한분으로 영어의 몸이 되어 옥고를 겪으셨습니다.

　1921년에 선생은 동아일보의 주식회사 성립과 함께 사장으로 취임하여 일제의 우모(牛毛) 같은 간섭, 때로는 친일악당들의 박해 또는 그때 한창 초기의 공산주의가 휩쓸 때이라 이와의 대결로 간난(艱難)이 뒤를 이었으나 선생은 꿋꿋이 민족의 대의를 지키면서 안으로 산업과 교육으로 민족적 기초를 세우고 밖으로는 재외동포 위문과 범태평양회의 출석으로 자자(孜孜)히 쉬지 않았습니다.

　선생은 항상 선견의 명으로 앞을 내다보았습니다. 그때 혁명 후, 얼마 안 된 소련의 정세를 분석하여 이것이 일찍이 구주에서의 프랑스혁명이 각국에 영향을 미치듯이 세계에 영향을 미치어서 우리의 장래에도 거환(巨患)이 되리라고 하였습니다.

　1931년에 일제의 만주침략, 1937년에 중일 전면전쟁이 일어난 후로 선생은 일제가 반듯이 망할 것을 예언하였습니다.

　선생은 일제의 박해 중에서도 동아를 고수하면서도 민족의 거점을 삼으려는 신문을 계속하는 중에 4차의 무기정간과 함께 수차의 옥고도 겪으셨습니다.

　그러나 단말마의 일제는 태평양전쟁을 앞두고 마침내 1940년 8월에 동아일보를 폐간시켰습니다. 이때에도 선생은 총독부와의 대결보다 일본의 중앙정치가들과 그 무리를 힐난하다가 그 관계로 영어(囹圄)의 고초를 겪으신 일도 있습니다.

　8·15에 일본의 무조건 항복과 함께 총독부는 선생에게 정권 맡

기를 애원하였으나 선생은 "정권을 너에게서 넘겨받을 것이 아니라"고 단호히 거부하고 한국민주당을 결성하여 그 수석총무에 추대되고 국민대회의 소집으로 민의에 의한 자주정권수립을 추진하였던 것입니다.

모스크바 삼상회의로 4국 신탁통치문제가 일어나자 선생은 그 반탁운동은 거족적으로 하되 그 방법으로는 미군정과 정면대립을 피하자는 정론을 폈던 것입니다.

이 폭풍우 같은 혼란 중에 자객의 흉탄은 선생을 장도반년(壯途未半)에 넘어뜨린 것입니다.

선생은 평소에 선배를 존경하여 특히 이상재(李商在), 이승훈(李昇薰) 두 선생을 부형같이 받들고 후배에게는 화기와 정감이 자별하였던 바입니다.

1923년 제가 상해에 가 있을 때에 사내에서 한강변에 축연이 있었는데 "그대가 없어서 섭섭하였다"고 장문의 편지를 주시고 사내, 사외에 어려운 일이 있을 때에 저의 우거(寓居)를 찾으면서 양양(諒諒)히 상의하시던 정다운 모습이 어제같이 뵈옵는 듯합니다.

그러나 이렇게 섬세한 감정을 지니신 선생도 한번 대의를 위하여 주장을 내세울 때는 천만인의 말에도 동하지 않는 의연한 태도이시었습니다.

아! 말은 한이 있으되 정은 한이 없습니다. 이십여 년 전 선생의 장서(長逝)를 회고하니 선생이 즐겨 들려주시던 두보(杜甫)가 제갈량(諸葛亮)을 추념한 '장사영웅루만금(長使英雄淚滿襟)'의 시구가 새삼 생각에 새롭습니다.

　이후 오랜 세월이 흐르면 선생의 비문의 글자는 풍우에 사라지는 날이 있을지라도 이 나라 사상에 끼친 선생의 공적은 영원히 사라지지 않을 것입니다.

(4) 추념사

중앙고등학교장 최형련(崔炯鍊)

　국운이 기울어 기치(奇恥)와 대욕(大辱)으로 민생이 암담할 때 국광(國光)을 일으키고 민중으로 하여금 긍지와 용력(勇力)을 일깨운 선열과 지사가 어찌 한 두 분이시겠습니까마는 오늘 여기 유택에 모신 고하 선생께서는 영원히 빛나고 열렬한 거적(巨迹)이 많으셨으니 선생을 추모하여 끊이지 않는 감회가 심원(深遠)하옵고, 더욱 숙연함을 느끼게 합니다. 선생께서 생애를 통하여 수의고고(守義孤高)하시던 충정과 지순고결(至純高潔)한 행적은 이미 만천하에 현저한 바이므로 소생의 추념으로 미칠 바 아니오나, 선생께서 융희(隆熙)·경술(庚戌)의 국난에 즈음하여 깊은 충격과 격앙한 강개에 잠기시고 일념으로 국위의 회복을 염원하시어 민족정기와 독립사상을 고취 배양함에 울연한 열혈을 경주하시었고, 광복 후 타계하시는 날까지 추호의 사념(私念)이 없는 공분과 의기로써 국가민족의 전정을 위하여 헌신하신 바 지극하시니 이에 온 겨레는 진심으로 부복(俯伏)하여 그의 지성을 앙모하는 바입니다. 선생께서는 세란(世亂)을 극복하시고 위기를 구출하심에 의인으로서의 절조와 난사를 척결하는 명석한 경륜을 겸비하셨다고 하며, 독립의 달성과 국력을 신장함에는 교육과 언론과 산업을 진작함에 있다고 간파하시고, 일본에서 약관에 학업을 마치신 뒤, 우선 교육에 투신하시고자, 동학이시고 지기이시던 인촌 김성수 선생과 중앙학교를 인수 경영하시게 되어, 난경에 처하였던 중앙학교를 반석의 터전에 놓아, 민족학교로서의 면목을 완성하였으니 그의 이념이야말로 인촌 선생님과 더불어 위국갈력(爲國竭力)하는 민족의 정도를 함양하셨음이야 재언을 요치 않을 것입니다. 인촌 선생님과의 의회(意會)는 평생을 통하여 여일하였을 뿐 아니라, 국난을 개제(開除)하시려는 지기(志氣)마저 혼연하여, 중앙학교 재직 중, 몇몇 분이 숙직실에서 숙식을 같이 하시며 때마침 팽연(澎然)하던 민족의 울분을 절감하신 나머지, 3·1운동이란 민족적인 항거를 직접 획책하시고, 선도하신 것은 이미 독립운동사상에 찬연히 표징(表徵)된 바입니다. 인촌 선생님과 기당 현상윤(幾堂 玄相允) 선생님과 자리를 같이하여 숙의를 거듭하신 끝에, 천도교·기독교를 비롯한 각 교계와 국내외, 전민족의 총일적(總一的) 의지를 규합함에 성공하시게 되자, 도량(跳梁)하는 왜구에 필사적 항쟁을 감행하는 민족운동의 선봉에서 좌원우응(左援右應)하는 선도적 역할을 다하시어, 마침내, 거창한 민족봉기로서 천지가 진동하니, 바로 이것은 민족정기의 엄존함을 천명함이요, 이로써 멸적(滅敵)의 열(烈)을 밝히어, 광복의 서광을 천하에 비추어 주신 것입니다. 이래 반세기에 걸친 항일투쟁을 통하여 필봉을 높이 들어 왜제(倭帝)의 억압과 학정을 통박하시거나, 중론을 이끌어 민의의 충천함을 대변하실 제, 그 불굴의 투지와 강과(剛果)한 기개를 이제 와 감히 뉘 추종하겠습니까.

나라가 어지럽고 풍랑이 드높으니 선생님과 같으신 열정과 정의의 지사가 더욱 흠모됩니다. 선생님 가신지 스무 해에 그 유업을 이은 우리가 수성(垂成)의 대업을 완수하여 국가민족의 번영과 경복을 영전에 고함이 마땅하오나, 여기 그 지조와 경륜을 이을 이가 적어 그를 완성치 못한 채 선생님의 유훈(遺訓)을 다시 마음에 새길 뿐이오니, 이에 끼치는 송구하옴은 가이 한량없습니다.

선생님을 이 유택에 모시는 자리옵기에, 생전에 우러러 뵙던 상사가 더욱 새로워, 오히려 슬프고, 아쉽고, 그리운 마음 간절하오나, 재천(在天)하시는 선생님은 그 지고하신 의지와 불굴의 기개를 모든 국민들에게 드리우사 국가의 태안과 민생의 복지를 맞이하여 삼천만의 기망(祈望)이 하루속히 이루어지도록 내내 돌보아 주소서.

삼가 영전에 고하나이다.

(5) 횡설수설

동아일보, 1967년 10월 21일

한 나라에 잘되는 시대가 닥쳐올 때는 다사제제(多士濟濟), 인재들이 구름같이 쏟아져 나온다. 나라가 잘되고 보니 그것을 담당해

온 인량(人樑)감으로 보이는 것인지도 모른다. ◇ 동양에서 일찍이 자주적인 근대화혁명을 수행한 유일한 나라인 일본을 보더라도, 그들의 시민혁명이라 할 수 있는 명치유신을 전후하여 인재들이 그야말로 구름 같다. 어떤 이가 이런 가상을 해 본 것을 읽은 기억이 있다. - 만일 막부 말(幕府末) 명치 초(明治初) 외 그 숱한 인재를 한 평면에 놓고 조각(組閣)을 해 본다면 어떻게 될까 한다면, 수상에는 유신 전(維新前)에 횡사한 후지타(藤田東湖)를 앉힐 것이라고 했다.

　수호학('水戶'學)이라 불리던 일본 국학의 이 거장은 학자로서만이 아니라 경륜가로서의 커리어도 대단했던 모양이다. ◇ 우연히 옛날 동광(東光)지를 들춰보다가 그 1931년 1월호에 비슷한 이야기가 있는 것을 발견했다. 당시의 인사들을 망라해서 신문사를 하나 새로 꾸며보면 어떤 진용이 될까 하는 상상 하에 당시의 '동아', '조선', '중앙', '매일' 각지 기자 약 50명의 투표를 얻어 본 것이다. 그 결과는 '현 기자 및 전 기자를 총괄'한 '신문인 내각'을 만든다면 사장감에 윤치호(尹致昊), 송진우(宋鎭禹), 안재홍(安在鴻)이라 했고, '전혀 신문에 관계 안 해 본 이'로 '외인 내각'을 만든다면 사장감에 여운형(呂運亨), 안창호(安昌浩)라 했다. ◇ 말이 신문사장감이지, 총독부치하의 그 잡지 편집자의 의도는 바로 대통령감이나 수상감을 염두에 둔 것일 것이다. 이 가운데, 어떤 이는 일찍 갔고, 어떤 이는 일정 말에 총독부의 시달림으로 민중의 신뢰를 저버렸고, 어떤 이는 해방 후의 노선이 민족의 기대를 저버렸다.

◇ 지난 20일 고하 송진우 선생의 천장된 묘소에서 묘비제막식이 있었다. 해방되던 그해 12월 난데없는 신탁통치설로 전국이 발칵 뒤집혔던 그 와중에서 흉탄을 맞고 쓰러진 뒤 20여년만인 작년 겨울, 원래의 유택이었던 망우리로부터 영등포구 신정동으로 옮긴 것이다. 정인보(鄭寅普) 선생의 찬(撰)으로 된 묘비원문 첫머리에 '세란지구(世亂之久) 사환불자수(士患不自樹) 즉긍어절(卽矜於節) 우선극이간헌제(又鮮克以幹獻濟) 기겸이구자(其兼而具者) 이보붕유(以普朋遊) 유고하송군(有古下宋君)'(세상 어지러움이 오랠수록 선비는 스스로 바로 서지 못할까 근심하여 절조(節操)로 자랑을 삼으나 능히 경륜으로써 대사를 이루는 이는 적은데 이 절조와 경륜을 겸비한 이로 내 친구에 고하 송 군이 있다)고 했다. ◇ 절조와 경륜, 지도자로서의 요건을 한마디로 꿰어 뚫은 말이다. 해방이 되고 민족주의 세력이 집결될 때 중망(衆望)이 고하 선생에게 그 수령되기를 원했던 것도 바로 이 절조와 경륜에 대한 기대였을 것이다. 이 집결체에 나열된 구름 같은 인사들을 훑어보면 해방 후 심지어 오늘날까지의 우리 정치가 바로 여기를 최대의 연총(淵叢)으로 삼았음을 직감케 한다. 그 지도력을 정작 독립된 내 나라에서 펴보지 못한 것이 한스럽지만, 고하 선생은 과연 일대의 거인이었다.

고하 동상 제막식의 식사집(式辭集)

(1) 고하 송진우 선생 동상 제막식을 가지며

동상건립위원회 위원장 유진오(兪鎭午), 1983년 9월 23일

평생을 항일 반공민주투쟁에 몸 바치신 고하 송진우 선생의 유지를 전승하고자 동상건립위원회가 발기된 지 반년 만에 선생의 동상제막식을 거행하게 되니 실로 감격함을 금할 수 없습니다.

고하 선생의 동상건립에 관한 소식이 보도되자 경향각지에서는 물론 해외에서까지 각계각층에서 뜻있는 인사들이 물심양면으로 지대한 성원과 지도를 해주셔서 오늘 선생의 동상을 제막하게 되었음은 실로 흐뭇한 일이 아닐 수 없습니다. 우선 이 뜻깊은 일이 이처럼 결실된 데 대하여 국민 여러분에게 깊은 감사를 드리는 바입니다.

고하 선생은 구한말에 출생하시어 신구학문을 닦으신 후 중앙학교 교장으로서 3·1운동의 조직과 전개의 모체가 되어 청사에 빛나는 회천대업(回天大業)의 구국운동과 민족정신 앙양의 일대 계기를 만드셨고 동아일보가 창간된 후에는 인촌 김성수 선생과 함께 이를 이끌고 일제 암흑기에 국내에 우뚝 서서 이 겨레와 강

토를 수호한 대표적 민족지도자이십니다. 이 시기에 선생은 민족교육, 민족언론, 민족문화 및 민족상업의 기반을 다지면서 줄기차게 민립대학건립운동, 물산장려운동, 선열유족보존운동, 문맹퇴치운동, 한글맞춤법보급운동, 과학 및 체육진흥사업 등 각종 계몽운동과 민족정기 함양을 위한 투쟁을 주도하시었고, 1931년 한·중 양 민족을 이간하려고 일제가 조작한 저 만보산사건(萬寶山事件) 때에는 결연히 민족의 선두에 서서 민중을 올바른 방향으로 인도하여 한·중 양 민족 간의 우호에 손상됨이 없게 하셨을 뿐만 아니라 만주에 사는 우리 동포를 위기에서 구출하셨습니다. 그 외에도 선생이 앞장서서 추진하신 재외동포 위문 및 독립군과 애국지사의 지원 등은 모두가 오늘날 발전된 조국이 있게 되는 중요한 밑거름이 되었습니다.

8·15 해방 수일 전 전후 4차에 걸쳐 일제의 정권이양 제의를 받자 선생은 민족자결의 원칙을 고집하여 이를 단호히 거부하고 해방을 맞자 한국민주당을 영도하면서 광복조국의 공산화를 봉쇄하고 신탁통치반대 대책의 수립에 분망(奔忙)하시던 중 반민족적 폭력배의 저격으로 항일독립과 반공민주로 일관된 생애를 마치셨으니 해방의 기쁨이 위대한 지도자를 잃은 슬픔으로 바뀌어 민족을 오열케 하였습니다. 선생의 그 굳은 지조, 웅대한 포부, 역사의 진운에 대한 탁월한 통찰력과 애국정신은 그분의 업적과 함께 우리 민족으로서 언제나 잊을 수 없을 것입니다.

이제 우리는 선생이 가신지 38년 만에 그 어른의 동상을 이 어린이 대공원에 세워 뒤를 잇는 세대에게 선생의 정신을 전하여 민족중흥과 조국 발전의 지표로 삼고자 합니다.

(2) 추 모 사

윤보선(尹潽善), 1983년 9월 23일

오늘 고하 송진우 선생의 동상을 제막함에 즈음하여 추념의 말씀을 드리게 되니 깊은 감회를 금할 길 없습니다. 무엇보다도 이곳 어린이대공원에 선생의 동상을 세워 자라나는 후진들에게 선생의 빛나는 위업을 길이 전할 수 있게 된 것을 대단히 뜻깊은 일로 생각합니다.

고하 선생이 우리 민족에게 남기신 업적과 교훈을 이 자리에서 모두 열거할 수도 없고 몇 가지만 간추려 추념해보고자 합니다.

고하 선생은 일제 36년간 적치 하에 국내에 남아서 숱한 고난을 당하시면서 민족의 진로를 개척하셨습니다.

우리 항일투쟁사에 빛나는 전환점을 이룬 3·1운동 때에는 당시의 국내정세로 보아 도저히 불가능하다고 생각됐던 각종 교육단체 간의 제휴단결을 이룩하여 민족대동의 기치아래 항일투쟁을 할 수 있게 하는 데에 결정적 역할을 담당한 사람이 다름 아닌 그분이었습니다.

고하 선생은 바로 이 때문에 옥고를 치르신 후 1921년부터 일생의 맹우(盟友)인 인촌 김성수 선생과 함께 동아일보를 이끌어 가면서 국내외에서 일제의 압박에 시달리던 우리 민족에게 부단히 희망과 용기를 북돋아 주셨습니다. 선생은 1940년 동아일보가 일제에 의하여 강제폐간될 때까지 4차의 무기정간과 일천여 회의 압수 삭제 발매금지 등 실로 형언할 수 없는 가시밭길을 걸었던 것입니다.

그사이 고하 선생은 민족의 얼을 일깨우고 역사를 바로잡기 위하여 이충무공의 유적보존운동을 일으켜 아산의 현충사와 한산도의 제승당을 중수하였고, 행주에 있는 권율 장군의 기공사도 중건하였습니다.

1931년 일제가 만주사변의 일 전주곡으로서 한민족과 중국인 사이를 이간시키려고 만보산사건(萬寶山事件)을 조작해서 허다한 화교의 인명과 재산에 대한 피해를 발생케 했을 때 선생은 이것이 일본의 간악한 모략일 것임을 남달리 먼저 간파하고 연일 동아일보를 통하여 한국 민중의 이성 회복과 대 중국인 활동중지를 호소하는 한편 재한화교에게 따뜻한 위문품을 보내기도 하였습니다. 국내의 이러한 조치로 말미암아 60만이 넘는 만주거류 동포들에게 닥쳐올 중국인의 보복위기를 모면할 수 있게 하였던 것입니다.

선생은 또 당시 고등 및 전문 학생들을 동원하여 문맹타파 운동을 벌여 국어보급에 진력하였을 뿐만 아니라 조선어학회(朝鮮語學會)의 신철자법(新綴字法)을 동아일보에서 채용하여 한글 발전의 큰 계기를 마련하였습니다.

1940년 8월 동아일보가 폐간된 후에는 칭병(稱病)을 하고 일체 출입을 하지 않았으며 일제의 패망 직전에는 총독부로부터 치안유지 등의 통치권한까지 맡기겠다는 교섭을 수차 받았으나 선생은 이것을 단호하게 거절하였습니다. 권한을 넘겨줄 자격이 없는 패망자 일제의 손에서 무슨 권한을 받겠느냐는 것입니다. 고하 선생의 굳은 지조와 높은 기개를 뚜렷하게 나타내주는 좋은 예라고 생각됩니다. 천신만고 끝에 해방을 맞게 되자 국내 상황은 광복의 기쁨에 들떠 안정과 질서를 잃고 있었으며 이 기회를 틈타 공산계열과 여기에 동조하는 세력들이 환란을 조장했던 것은 누구나 다 아는 일입니다.

이런 속에서도 고하 선생은 3·1운동의 법통을 이은 임시정부와 기타 외지에서 망명생활을 하고 있던 지사들의 귀국을 기다려 이들을 환영하는 국민대회준비회를 결성하고 한편 자유민주진영 각파의 애국지사를 규합하여 한국민주당을 조직하고 그 수석총무가 되셨습니다. 이 한국민주당이 앞장서서 대공산투쟁을 전개한 것은 이미 널리 알려져 있는 사실입니다.

1945년이 저물어갈 무렵 모스크바 삼상회의가 한국을 신탁통치한다는 발표를 하자 이를 거부하고 반탁운동 등 대책마련에 노심하다가 반민족적 폭력도배의 흉탄에 운명하셨습니다.

국가와 민족을 위하여 참으로 아쉽고 통탄스러운 일이었습니다.

고하 선생이 좀 더 생존하셨더라면 그분의 역량과 지도력을 미루어 보다 크고 많은 업적을 이 나라에 남기셨을 것으로 확신합니다.

고하 선생이 가신 지 38년, 선생을 흠모하는 국내외 인사들이 뜻과 성금을 모아 이제야 선생의 동상을 세우게 된 것이 비록 만시지탄은 있으나 이 동상을 통하여 선생의 유지가 자손만대에 거울이 되어 비칠 것을 믿어 의심치 않습니다.

삼가 고하 선생의 명복을 빕니다.

(3) 축 사

국무총리 김상협(金相浹), 1983년 9월 23일

우리 모두가 존경하고 추모해 온 민족지도자이신 고하 송진우 선생의 동상을 오늘 이곳 어린이대공원에 모시게 된 것을 진심으로 기뻐하며 축하해 마지않는 바입니다.

선생은 한말 국운이 위태로울 때 이 땅에 태어나시어 한평생 항일 반공의 정신으로 나라의 자주독립과 민주발전을 위하여 신명을 바치셨습니다.

선생은 일찍이 민족·민주·민생·민문주의(民文主義)를 구국의 기본사상으로 삼고 일제치하에서 온갖 박해와 옥고를 겪으면서 민족의 독립투쟁을 주도하셨고 언론, 산업, 교육, 문화 활동 등을 통하여 독립을 위한 민족의 힘과 얼을 기르셨습니다.

광복 후에는 국내외의 국민역량을 총집결하여 공산주의자들의 적화획책을 물리치고 이 강토 위에 자유민주주의국가를 건설하는 터전을 닦아나가시던 중 불의에 세상을 떠나셨습니다.
　선생은 특히 역사발전과 민족 진운에 대한 예리한 통찰력과 투철한 신념을 갖고 나라 위한 모든 일에 선각자로서의 지혜와 용기를 십분 발휘하셨습니다.
　오늘 우리는 선생의 높으신 유지를 받들어 민주독립국가의 기반을 튼튼히 하고 그 위에 정치, 경제, 사회 문화 등 모든 분야의 균형된 성숙·발전을 이룩해 가고 있습니다.
　이제 세계를 향하여 부끄럽지 않을 만큼 국력이 크게 신장하였습니다.
　그러나 국토는 여전히 남북으로 분단된 채 선생께서 걱정하시던 공산주의자들의 위협과 준동이 계속되고 있어 조국통일과 민주주의에 대한 우리의 확고한 결의와 노력을 한층 강화해 나가야겠습니다.
　선생의 거룩하신 애국정신과 혁혁한 공적은 우리 앞길에 등불이 되어 길이 빛날 것입니다.
　우리는 이 동상을 우러러볼 때마다 선생의 꿋꿋한 기상과 크신 유덕을 가슴속에 되새기며 보다 자랑스러운 국가를 건설하겠다는 우리의 각오를 가다듬어 나갈 것입니다.
　이 동상건설을 위해 애써주신 윤보선 명예회장, 유진오 위원장을 비롯한 각계 유지 여러분께 깊은 경의와 감사를 드립니다.

(4) 관계 기사
고하 송진우 선생 동상(銅像) 국민성금으로 세우다.

동우, 1983년 10월호

9월 23일 어린이대공원서 1000여 명 참석
항일반공지도자 본사 사장 세 차례, 서거 후 38년 만에 동상제막식 성대

　항일반공민족지도자이시며 세 차례에 걸쳐 본사 사장을 역임하시다가 8·15해방 직후의 혼란기에 반민족적 흉한들의 저격으로 서거하신 고하 송진우 선생의 동상이 국민들의 뜨거운 성금으로 세워져 작고 38년 만인 지난 9월 23일 오후 2시 서울 성동구 능동 어린이대공원 수영장 옆 잔디광장에서 성대한 제막식이 거행되었다.

윤보선(尹潽善), 유진오(兪鎭午), 채문식(蔡汶植), 김상협(金相浹),
이희승(李熙昇), 김용완(金容完), 김상만(金相万) 회장 참석

　이날 제막식에는 윤보선 전 대통령을 비롯하여 채문식 국회의장, 김상협 국무총리, 고재청(高在淸) 국회부의장 등 3부 요인과 유진오 동상건립위원장, 고재필 건립위원회 부위원장, 김용완 경방 명예회장, 전 본사 사장이며 국어학자인 이희승 박사, 김상만 본사 명예회장, 김상기 본사 회장, 오재경(吳在璟) 본사 사장, 송영수(宋英洙) 본사 감사(송진우 선생의 장남), 김성배(金聖培) 서울시장, 각계 인사와 시민 등 1000여 명이 참석했다.

이날 제막식에서 유진오 건립위원장은 식사를 통해 "평생을 항일반공민주투쟁에 몸 바치신 고하 송진우 선생의 유지(遺志)를 전승하고자 동상건립위원회가 발기된 지 반년 만에 선생의 동상제막식을 거행하게 되니 실로 감격함을 금할 수 없다. 고하 선생의 동상건립에 관한 소식이 보도되자 경향각지에서는 물론 해외에서까지 각계각층에서 뜻있는 인사들이 물심양면으로 지대한 성원과 지도를 해주셔서 오늘 선생의 동상을 제막하게 되었음은 실로 흐뭇한 일이 아닐 수 없다. 우선 이 뜻깊은 일이 이처럼 결실된 데 대하여 국민 여러분에게 깊은 감사를 드리는 바"라고 말했다.

고하를 민족중흥의 지표로 삼자

그는 이어 송진우 선생의 위대한 항일반공민주투쟁 업적을 간략히 소개한 다음 "고하는 항일반공민주투쟁에 평생을 몸 바치셨고 특히 동아일보가 창간된 후 인촌 김성수 선생과 함께 민족언론, 민족교육, 민족문화, 민족산업의 발전을 위해 진력, 오늘날 발전된 조국이 있게 되는데 중요한 밑거름이 되었다"고 말했다. 이어 그는 "선생의 그 굳은 지조, 웅대한 포부, 역사의 진운(進運)에 대한 탁월한 통찰력과 애국정신은 그분의 업적과 함께 우리 민족으로서 언제나 잊을 수 없을 것이다. 이제 우리는 선생이 가신지 38년 만에 그 어른의 동상을 이 어린이대공원에 세워 뒤를 잇는 세대에게 선생의 정신을 전하여 민족중흥과 조국발전의 지표로 삼고자 한다"고 말했다.

고재필(高在珌) 동상건립부위원장의 경과보고와 김상만(金相万) 본사 명예회장의 고하 선생 약력보고에 이어 참석요인과 유족에 의해 동상이 제막되었다.

3·1운동 민족 단결에 결정적 역할

이어 윤보선 동상건립위원회 명예위원장은 추념사를 통해 다음과 같이 추모했다. "고하 선생은 일제 36년간 적치 하에 국내에 남아서 숱한 고난을 당하시면서 민족의 진로를 개척하셨다. 우리 항일투쟁사에 빛나는 전환점을 이룬 3·1운동 때에는 당시의 국내 정세로 보아 도저히 불가능하다고 생각했던 각 종교단체 간의 제휴단결을 이룩하여 민족대동의 기치 아래 항일투쟁을 할 수 있게 하는 데에 결정적 역할을 담당한 사람이 다름 아닌 그분이었다. 고하 선생은 바로 이 때문에 옥고를 치르신 후 1921년부터 일생의 맹우(盟友)인 인촌 김성수 선생과 함께 동아일보를 이끌어 가면서 국내외에서 일제의 압박에 시달리던 우리 민족에게 부단히 희망과 용기를 북돋아 주셨다. 선생은 1940년 동아일보가 일제에 의하여 강제 폐간될 때까지 4차의 무기정간과 1000여 회의 압수 삭제 발매 금지 등 실로 형언할 수 없는 가시밭길을 걸었던 것이다. …(중략)…

일제, 고하에 정권이양교섭 4차례, '자격 없는 자의 권한' 접수 단호 거부

1940년 8월 동아일보가 폐간된 후에는 칭병(稱病)을 하고 일체

출입을 하지 않았으며 일제의 패망 직전에는 총독부로부터 치안유지 등의 통치권한까지 맡기겠다는 교섭을 수차 받았으나 선생은 이것을 단호하게 거절하였다. 권한을 넘겨줄 자격이 없는 패망자(敗亡者) 일제의 손에서 무슨 권한을 받겠느냐는 것이다. 고하 선생의 굳은 지조와 높은 기개(氣慨)를 뚜렷하게 나타내주는 좋은 예라고 생각된다.

망명인사 환영 국민대회 준비, 한국민주당 조직 수석총무로

해방 직후의 혼란 속에서도 고하 선생은 3·1운동의 법통을 이은 임시정부와 기타 외지에서 망명생활을 하고 있던 지사들의 귀국을 기다려 이들을 환영하는 국민대회준비회를 결성하는 한편 자유민주진영 각파의 애국지사를 규합하여 한국민주당을 조직하고 그 수석총무가 되셨다. 이 한국민주당이 앞장서서 대공산투쟁을 전개한 것은 이미 널리 알려져 있는 사실이다.

신탁통치 반대운동 부심하시다 반민족적 폭력도배의 저격받다

1945년이 저물어 갈 무렵 모스크바 삼상회의가 한국을 신탁통치한다는 발표를 하자 이를 거부하고 반탁운동 등 대책마련에 노심하시다가 반민족 폭력도배의 흉탄에 운명하셨다. 국가와 민족을 위하여 참으로 아쉽고 통탄스러운 일이었다. 고하 선생이 좀 더 생존하셨더라면 그분의 역량과 지도력으로 미루어 보다 크고 많은 업적을 이 나라에 남기셨을 것으로 확신한다.

고하 선생이 가신지 38년, 선생을 흠모하는 국내외 인사들의 뜻과 성금을 모아 이제 선생의 동상을 세우게 된 것이 비록 만시지탄은 있으나 이 동상을 통하여 선생의 유지가 자손만대에 거울이 되어 비출 것을 믿어 의심치 않는다. 삼가 고하 선생의 명복을 빈다.

동상 보며 국가건설 의지 다질 터

이어 김상협(金相浹) 국무총리는 축사를 통해 "고하 선생은 특히 역사발전과 민족운동에 대한 예리한 통찰력과 투철한 신념을 갖고 나라 위한 모든 일에 선각자로서의 지혜와 용기를 십분 발휘하셨다"고 말하고 "우리는 이 동상을 우러러볼 때마다 선생의 꿋꿋한 기상과 크신 유덕을 가슴속에 되새기며 보다 자랑스러운 국가를 건설하겠다는 우리의 각오를 가다듬어 나갈 것"이라고 말했다.

이어 바리톤 오현명(吳鉉明) 교수의 고하 추모의 노래에 이어 유진오(兪鎭午) 건립위원장이 김성배(金聖培) 서울시장에게 동상 기부채납증서를 전달했다.

고하 동상 모자 들어 군중에 답례

이어 송영수(宋英洙) 본사 감사가 유족대표 인사를 통해 동상건립에 애쓴 각계각층 인사들에게 심심한 사의를 표했다. 그리고 내빈들의 헌화와 중앙고등학교 악대의 주악으로 제막식은 끝났다.

이제 제막된 동상은 입상(立像)으로서 어린이대공원 정문에서 왼쪽으로 약 200m 떨어진 곳에 서있으며 높이는 3.75m이다. 고하 선생은 오른손에 중절모를 들어 군중들에게 답례하는 모습이며 왼손에는 지팡이를 짚고 있다. 옷은 망토를 걸쳐 입고 한복바지에 구두를 신었다. 고하 선생은 안경을 쓰고 멀리 남서쪽을 향해 서울시가지를 응시하고 있다. 동상을 받치고 있는 좌대는 높이 3.9m로 화강암이며 좌대 밑 부분에는 용이 조각되어 있다. 그리고 좌대 밑 부분 앞쪽에는 이승만 박사가 지은 만시(輓詩)가 새겨져 있다. (의인자고석종희(義人自古席終稀)/일사심상시약귀(一死尋常視若歸)/거국비상처자곡(擧國悲傷妻子哭)/납천우리설비비(臘天憂里雪霏霏)=의인은 옛부터 자기 명의 죽음이 드물고/한번 죽는 것을 대수롭지 않게 여겨 마치 제집으로 돌아가듯 한다/나라 안이 모두 슬퍼하고 처자도 우는데/섣달 망우리에는 눈만 부슬부슬 뿌리는구나) 좌대의 바닥면적은 약 37평, 전체 부지면적은 77평이다.

동상 뒤 병풍석에 일대기 쓰고 병풍석 양쪽에 항일반공 조각 새겨

동상 뒤쪽에는 병풍석이 따로 세워져 있는데 높이가 2.6m 길이가 12.1m이다. 병풍석 중심에 오석을 붙여 고하 송진우 선생의 일대기를 음각으로 깨끗이 각자했다. 그리고 병풍석의 양쪽 끝에 조각이 있는데 오른쪽 조각은 선언서를 읽는 등 항일구국투쟁을 하는 장면이고 왼쪽 조각은 태극기를 앞세우고 행진하는 등 반공민주투쟁을 하는 장면이다. 병풍석 뒷면에는 동상건립위원회 위원명단과 성금기부자명단 그리고 동상 건립경위 등이 새겨져 있다. 병풍석 뒤에는 나무숲이 아늑하게 감싸고 있다. 고하 선생의 동상설계 및 조각은 우호 김영중(又湖 金泳仲) 씨가, 일대기의 글씨는 창현 박종회(創玄 朴鍾會) 씨가 각각 맡았다.

김영삼(金泳三) 씨 등 정계 학계인사 다수 참석

이날 제막식에 참석한 중요인사는 고재호(高在鎬), 민관식(閔寬植), 윤치영(尹致暎), 이원순(李元淳), 이응준(李應俊)(이상 원로인사), 김영삼(金泳三) 전 신민당 총재, 이태구(李泰九) 민한당 부총재, 이종찬(李鍾贊) 국회운영위원장, 임종기(林鍾基) 민한당 원내총무, 김병오(金炳午), 김판술(金判述), 이세기(李世基), 조순형(趙舜衡), 황명수(黃明秀)(이상 현직 국회의원), 고영완(高泳完), 고형곤(高亨坤), 김녹영(金祿永), 김동영(金東英), 김상흠(金相欽), 문부식(文富軾), 유홍(柳鴻), 윤택중(尹宅重), 양회영(梁會英), 이상돈(李相敦), 이정래(李晶來), 이중재(李重載), 전예용(全禮鎔), 조한백(趙漢栢), 진형하(陳馨夏)(이상 전직 국회의원), 이성렬(李成烈) 대법원 판사, 이숙종(李淑鍾) 국정자문의원, 안춘생(安椿生) 독립기념관건립위원장, 윤천주(尹天柱) 전 문교부장관, 유형진(柳炯鎭) 대한교련회장, 권이혁(權彝赫) 서울대학교 총장, 차낙훈(車洛勳) 전 고대 총장, 현승종(玄勝鍾) 전 성균관대 총장, 김원기(金元基) 고대 교우회장, 김치선(金致善) 서울법대 학장, 최승만(崔承萬) 전 인하대 학장, 장지량(張志良) 전 공군참모총장, 신병현(申秉鉉) 무역협회회장, 김용주(金龍周) 전방(全紡) 회장, 박인천(朴仁天) 금호그룹 회장, 조석래(趙錫來) 효성그룹

회장, 신용호(愼鏞虎) 대한교육보험 회장, 현재현(玄在賢) 동양시멘트 사장, 김관호(金觀鎬) 옹(전 동아일보사원), 시인 양상경(梁相卿) 씨 등이다. 그리고 본사에서는 김성렬(金聖悅) 부사장, 김병관(金炳琯) 전무, 박오학(朴五鶴) 이사 등도 참석했다.

한편 허정(許政) 씨와 백낙준(白樂濬) 씨는 비서를 보내 인사를 대신했다.

그리고 진의종(陳懿鍾) 민정당 의장, 유치송(柳致松) 민한당 총재, 김종철(金鍾哲) 국민당 총재, 유태흥(兪泰興) 대법원장, 정주영(鄭周永) 전경련 회장 등 각계요인 50여 명이 화환을 보내왔다.

자유당 말기부터 동상건립 논의

고하 선생의 동상은 자유당정권 말기 때부터 그 건립문제가 논의되었다. 당시의 중심인물들은 장택상(張澤相), 김준연(金俊淵), 최두선(崔斗善), 고재욱(高在旭), 김상만(金相万), 유홍(柳鴻) 씨 등이었다. 그러나 정치적 이유 등으로 그 추진이 좌절되었다. 그리고 공화당정권 말기에도 동아일보 사옥을 신축하는 계획의 일환으로 동아일보사 정문에 인촌 김성수 선생과 고하 송진우 선생의 동상을 나란히 세우자는 구상이 이은상(李殷相), 김용완(金容完), 유홍(柳鴻) 씨 등의 협력으로 활발히 논의되다가 그것도 여러 가지 이유로 좌절되었다. 그러다가 82년 말과 83년 초에 걸쳐 고하 선생의 향리인 전남 담양 등 전남지역 인사들 사이에서 자생적으로 고하 선생의 동상을 광주 근처에다 세우자는 움직임이 일기 시작했다. 그러자 서울에 있는 고하기념사업위원회(위원장대리 유홍)가 전남지역 추진인사들과 동상건립문제를 긴밀히 협의, 동상건립 장소를 서울로 변경하기로 합의하고 지난 4월 2일 윤보선 씨를 명예위원장, 유진오 씨를 위원장, 고재필 씨를 부위원장으로 하는 '고하 송진우 선생 동상건립위원회'를 구성하기에 이르렀다.

1946년 1월 5일 사회장으로 망우리에, 1966년 11월 11일 신정동에 이장

고하 송진우 선생은 1945년 12월 28일 신탁통치 반대문제로 아놀드 미군정장관과의 회담에서 반탁시위의 정당성을 강조하고 임시정부요인들과의 회합에서 반탁의 방법문제를 논의한 이틀 후인 12월 30일 새벽 6시 한현우, 유근배 등 반민족적 흉한 6명의 저격으로 서울 원서동 자택에서 향년 56세로 서거했다. 1946년 1월 5일 사회장으로 서울 망우리 공동묘지에 안장되었다가 66년 11월 11일 최두선(崔斗善), 고재욱(高在旭), 김상만(金相万), 유홍(柳鴻) 등 동지 후배들의 발의로 서울 강서구 신정동 지향산 기슭에 천장하고 이듬해인 67년에 묘비를 세워 제막했다.

유족은 장남 송영수(宋英洙), 손자 송상현(宋相現)

한편 고하 송진우 선생의 유족은 장남 송영수(72세·동아일보사 감사), 손자 송상현(43세·서울대 법대 교수·법학박사), 손부 김명신(金明信)(36세), 증손 재혁(在爀)(12세), 유진(有鎭)(10세) 등으로 단촐한 편이다. 특히 송상현 교수는 서울법대를 졸업한 후 미국 코넬

대학에서 29세에 박사학위를 받았다. 송 교수는 1965년에 '고하 선생전기편찬위원회(古下先生傳記編纂委員會)'가 편집하고 동아일보사 출판국이 발행한 <고하 송진우선생전(古下 宋鎭禹先生傳)>을 보완발간하기 위하여 그동안 전국에 걸쳐 자료를 수집했다고 말하고 적당한 시기에 증보판을 발행할 계획이라고 밝혔다.

(5) 고하 송진우 선생 추모의 노래

이 고하 추모가는 선생의 20주기 추모식에 즈음하여 지은 이은상(李殷相)의 시에다 나운영(羅運榮) 교수가 작곡한 것인데, 동상제막식을 위하여 장일남(張一男) 교수가 다시 곡을 붙였음.

조국 되찾은 지 스무 해
고하 가신지 스무 해
이 땅엔 비바람조차
어이 그리 많은 겁니까.

갈수록 흐린 세상이기에
갈수록 어둡기만 하기에
그 지조 아쉬워서
그 경륜 아쉬워서

여기 동지들 한데 모여
옛 모습 그리웁니다.

이 나라 바로 서는 길
이 겨레 편히 사는 길
행여 가르치심 받을까 하고
굳이 가르치심 받고 싶어서

66

국립묘지 천묘장의식(遷墓葬儀式)
추모사(追慕辭)

고(故) 고하 송진우 선생 천묘장의위원회 위원장 윤보선(尹潽善),
1988년 5월 3일

　고하 송진우 선생이 가신지 어언 43년, 그동안 망우리(忘憂里)의 초라한 공동묘지에 계시던 선생의 유해를 신정동(양천구 신정동) 지향산(芝香山)으로 천장한 지 22년 만에 다시 이곳 국립묘지에 옮겨 모시게 되었으니 재천의 영령도 이제는 대한민국과 더불어 영구히 안주하실 곳을 얻으셨거니와 선생의 유덕을 추모하는 겨레의 가슴에도 또한 안도의 후련함이 깃들 것으로 믿어집니다.
　우리 민족이 외적의 쇠사슬에 신음하던 36년 동안 선생이 선지·선각의 안목으로 민족의 등불이 되고 동량이 되어 맥을 이어오신 일은 온 겨레가 다 알고 있는 바입니다마는 선생은 오직 조국광복과 민주건국 그 자체를 위하여 이 세상에 태어나셨던 분이었습니다.
　절망과 무지와 빈곤 속에 헤매는 겨레의 품안으로 뛰어들어 일제의 압박에 항거하고 겨레의 자주독립을 위하여 선생이 이룩하신 온갖 업적은 애국정신과 불굴의 투지와 위대한 경륜이 없이는 불가능한 일이었습니다. 기미독립운동을 계획조직하시고 동아일보의 총수로서 그 당시 형태 없는 정부를 이끌면서 민족정신을 고취하는 동안 누차의 옥고를 개의치 않고 가시밭길을 헤쳐나가신 선생은 정말로 독야청청 바로 그것이었습니다.

해방이 되자 중망(衆望)에 의하여 선생이 건국대업의 중심에 서시게 된 것은 사리의 필연이었습니다마는 아깝게도 선생은 그 원대한 포부를 펴보시기도 전에 폭한의 흉탄으로 세상을 떠나셨으니 이 무슨 운명의 장난이었습니까.

나라에 어려움이 있을 때마다 우리는 선생이 계시지 않음을 안타까워하고 선생의 지혜와 용단과 지도력을 그리면서 오늘에 이르렀습니다. 하늘이 선생에게 좀더 수를 누리게 하였던들 우리 역사는 더 많이 좋아졌을 것입니다.

선생이 나라를 사랑하고 겨레를 아끼던 지성은 구천에서도 변할 까닭이 없습니다. 이제 이곳 동작동(銅雀洞) 국립묘지(國立墓地) 양지바른 언덕에서 선생은 조국이 힘차게 내딛는 한걸음 한걸음을 영원히 지켜보실 것입니다.

동지 후배 여러분들과 함께 선생의 명복을 빌어마지 않습니다.

송진우의 삶을 통해 바라본 YMCA 운동과 자유민주주의

박찬욱(서울대 명예교수),
서울YMCA 창립 120주년 기념 세미나, YMCA 설립의 정체(政體)와 지도력,
민족운동[I]- 발제, 2023년 4월 27일 오후 2시

I. 머리말

이 글의 목적은 한일합방 직전부터 일제의 한반도 강점, 일제 패망과 한(=조선)민족의 해방까지 이르는 시기에 민족의 자강, 독립과 건국을 위해 헌신한 고하 송진우(1890~1945)의 사상과 행동을 당시 전개된 YMCA 운동 이념 및 지도력과의 연관성을 모색하면서 논의하는 것이다.

고하의 사상과 행동의 기저에는 민족주의, 즉 민족공동체의 독립과 발전을 추구하는 이념이 뼛속 깊이 자리를 잡고 있다. 고하는 중앙학교 재직 시절 학생들에게 "여러분은 4천 년이란 긴 역사를 두고 닦아온 굳건한 지반 위에 앉아 있는 것이다. 일본은 지금 칼과 총으로 우리의 목을 누르고 있다. 우리가 모두 원치 않는 노예 생활을 누가 감히 강요할 수 있겠는가? 민족은 절대로 멸망하

지 않는다"라며 민족불멸론을 역설했다.¹ 고하는 일제로부터 한민족의 해방과 독립을 추구한 정치적 민족주의자임은 물론, 교육자와 언론인으로서 한민족 특유의 전통, 역사와 문화 발전에 심혈을 기울인 문화적 민족주의자였다. 일제의 문화 말살 정책에 맞서, 한글의 보존과 발전에 애쓰고, 단군·세종대왕과 충무공을 모시는 삼성사(三聖祠) 건립 운동 등 민족의 긍지를 살리기 위해 노력했다.

그런데, 고하는 한민족의 전통만 강조하는 배타적 국수주의자는 아니었다. 서구의 근대 이후 발전하여 인류 보편의 가치가 된 자유, 평등, 민주에 관한 사상을 수용하여 신봉했다. 고하의 민족주의는 일제 지배하에서 저항성을 갖고 있었지만, 배타적 민족지상주의는 아니었다. 고하 사상의 근대성도 역시 강조되어야 그의 사상을 온전히 파악하는 것이다. 필자는 이 글에서 고하가 내면화하고 일관되게 실천하려고 했던 자유민주주의 사상을 강조한다. 고하의 자유민주주의는 한편에서 정치적 측면의 자유와 평등, 다른 편에서 경제적인 측면의 자유와 평등을 조화롭게 추구

---

1 (재)고하송진우기념사업회,《독립을 향한 집념: 고하 송진우 일대기》(서울: Safety Play Book, 2022), 141쪽. 가장 최근에 나온 고하 일대기 이전 것으로는 고하선생전기편찬위원회,《거인의 숨결: 고하 송진우 관계 자료문집》(서울: 동아일보사, 1990). 고하선생전기편찬위원회,《독립을 향한 집념》(서울: 동아일보사, 1990); 김학준,《고하 송진우평전: 민족민주주의 언론인·정치가의 생애》(서울: 동아일보사, 1990) 참조. 그리고 고하의 저작물은 (재)고하송진우기념사업회의 홈페이지 www.goha.or.kr에서 찾을 수 있다.

했다는 점에서 고전적 자유민주주의를 넘어 당대로서는 진보적으로 심화한 성격을 갖고 있다. 이 글에서는 후술하는 바와 같이, 고하가 진보적인 자유민주주의 사상을 형성하게 된 여러 가지 영향요인 가운데 YMCA를 포함한 기독교 인물·정신·운동에 역점을 둔다. 아울러, 고하의 탄신 133주년이 되는 이 시점에서 그분의 자유민주주의적 신념, 실천을 위한 선견지명과 지도력을 되새기고자 한다.

  YMCA를 비롯한 기독교와 고하의 상호작용 관계를 제대로 구명하는 일은 필자에게 매우 벅찬 일이다. 우선, 고하는 기독교에 입교하지 않았다. 고하와 YMCA, 넓게는 기독교와의 관계를 상세히 알 수 있는 자료가 매우 한정되어 있다.[2] 고하는 어릴 적부터 성리학에 심취하였고, 그가 두터운 교분을 나눈 인물들은 천도교, 기독교, 대종교 등에 널리 분포되어 있다. 고하 자신은 기독교 신자가 아니었으나 다분히 기독교 친화적이었다. 고하는 YMCA의 지도적 인물과 가까웠고 그들의 운동에 가담했다. YMCA 운동을 위해 적극적으로 후원하기도 했다. 고하는 YMCA의 내부 인사는 전혀 아니었지만, YMCA를 지원하고 또한 그로부터 영향을 받은 상호적 협력자이자 동역자였다.

---

[2] 이 글을 쓰기 위한 필자의 작업에 실마리를 마련해 준 것은 "서울YMCA 고하 송진우를 만나다," 송상현 유니세프 명예회장과 김명구 서울YMCA 월남시민연구소 소장이 인터뷰(2022. 9. 15.)이다.
http://www.goha.or.kr/gn5/bbs/board.php?bo_table=03_08&sca=%EB%8F%99%EC%98%81%EC%83%81.

이 글은 서울YMCA 창립 120주년을 기념하는 세미나의 발제문으로 준비되었다. 서울YMCA가 고하의 삶과 연관하여 과거 YMCA 운동의 의지와 지도적 역량을 재확인하고, 미래 비전을 정립하는 계기로 삼기를 소망한다.

II. 초창기 YMCA와 도일(渡日) 이전의 고하

1903년 10월 28일 서울YMCA는 '황성기독교청년회'라는 이름으로 기독교 복음을 통해 청년을 교육하고 계몽하는 사회기관으로서 창설되었다. 초대 회장(1960년 이후 이사장)은 캐나다 선교사 게일(J. S. Gale, 奇一, 1863~1937), 초대 총무(1992년 이후 회장)는 북미YMCA가 파견한 질레트(P. L. Gillet, 吉禮泰, 1874~1939)가 맡았다. 초창기에 한국인으로서는 이상재, 김정식, 윤치호, 김규식 등 독립협회 출신들이 YMCA 운동을 주도했다. 성경공부와 하령회를 통한 종교적 감화를 추구하고, 기독교 정신에 의한 체육활동을 권장하며, 학관에서의 근대적 교육을 실시했다. 초창기 YMCA는 정치나 민족 문제에 직접적인 개입은 하려고 하지 않았으나 개인 구원과 나라의 구원을 별개로 보지 않는 지도적 인물이나 조선이 처한 상황으로 말미암아 YMCA는 점차 민족의 개화, 자강과 독립을 추구하는 운동체 성격을 갖게 되었다.[3]

---

3   김명구, 《한국기독교사 1: 1945년까지》(서울: 예영커뮤니케이션, 2018), 224~232쪽; 민경배 (책임집필), 《서울YMCA운동 100년사, 1903~2003》(서울: 서울

YMCA 학관의 교육은 1904년 가을 임시교사에서[4] 야학으로 출발하였고, 실업교육이 강조되었다. 1906년 가을 캐나다인 그레그(G. A. Gregg, 具禮九)가 학관의 학감이 되어 실업교육을 맡게 되었다. 특히 목공, 철공, 사진 등 기술을 가르쳤다. 월남(月南) 이상재는 당시 1906년 11월 교육부 초대 위원장을 맡고 있었고, 1907년 이후 종교부 위원장의 임무를 수행했다.[5] 1908년 회관신축 직후 시기에 터너(A. B. Turner, 端雅德)는 회장(2대), 윤치호는 부회장, 이상재는 교육부 위원장, 김규식은 서기, 질레트는 총무, 최병헌은 종교부 위원장이었다.[6] YMCA 학관의 교육은 외국어 학습도 활성화했다. 1907년 8월 17일 자 《대한매일신보》에 실린 YMCA 학관의 학원(學員=학생) 모집 광고는 16세 이상을 대상으로 하여 교수과목을 안내했다. 어학 경우를 보면 보통과, 어학과, 공업과, 상업과, 야학과로 나누어져 각각 일어와 영어를 수의(隨意) 또는 전수(專修) 과목으로 제공했다.[7]

고하 송진우는 생애의 어느 시점에서 YMCA의 존재를 인지하고, 또한 직접 접하게 되었는가? 필자는 고하의 일대기 관련 기

YMCA, 2003), 78, 86쪽.

[4] 민경배, 《서울YMCA운동 100년사, 1903~2003》, 86, 91, 92쪽. 1903년 창립총회 이전에 YMCA 건물의 건립을 위한 토지 매입이 시작되어 1906년 3월에 이르러 신축회관 대지가 확보되었다. 신축은 1907년 5월 중순에 기공식, 그해 11월 상량식을 거쳤다. 1908년 12월 초 황성기독교회관이 낙성, 개관되었다.

[5] 위의 책, 114, 115, 120쪽.

[6] 위의 책, 123쪽.

[7] 위의 책 94쪽에서 재인용.

록을 통해 이러한 질문에 정확히 대답하기 어렵다. 고하는 17세였던 1906년 이전 사회적 관계나 정신세계에 있어서 기독교와는 거리가 멀었다. 고하가 16세까지 기독교 교회, 선교사, 미션스쿨, YMCA, 개화사상, 신학문, 영어 학습에 접하거나 그러한 것들에 의해 의미 있는 영향을 받았다는 기록이 없다.

고하는 4세(1893년)부터 한학에 입문하였고, 7세에 성리학자이자 의병장이었던 기삼연(奇參衍)의 제자가 되었다. 16세에는 장성 백양사에 들어가 성리학자인 김직부(金直夫)에게 수학했다. 서양의 정신문명을 수용한 개화사상보다는 그것을 배척하는 위정척사(衛正斥邪) 사상에 심취했다고 말할 수 있을 것이다. 고하가 일년여에 걸친 백양사 수도 생활을 마치고 집에 돌아왔을 때 아버지 송훈(宋壎)은 신학문을 배워야 일본을 넘어설 수 있다고 하면서, 영어 공부를 권유했다. 고하는 17세이던 1906년 4월 담양 창평의 영학숙(英學塾)에 들어가는 것을 계기로 신학문에 대한 열정을 돋우기 시작했고, 신학문 학습에 필요한 영어를 접하기 시작했다. 영학숙에서 인촌 김성수와 처음 만나게 되었다. 고하가 영학숙에 머문 기간은 3개월 정도였다.[8]

1907년 '평양대부흥운동'을 통해 감리교와 장로교를 비롯한 기독교 세가 전국적으로 확대되었다. 같은 해 7월 고종의 강제 퇴위에 격분한 많은 애국 청년들이 국권 회복의 뜻을 세우고 기독교

---

8 (재)고하송진우기념사업회, 《독립을 향한 집념: 고하 송진우 일대기》(서울: Safety Play Book, 2022), 일대기, 60-83.

신자가 되었다.[9] 그러한 기독교의 부흥이 청년 고하에게 어떻게 영향을 미쳤는가에 대해서도 별로 알려진 것이 없다. 하지만, 청년 고하에게 있어서 1907년이 중대한 고비였음은 분명하다. 1907년 봄 고하는 일본 유학을 준비할 셈으로 서울 간다는 말을 집에 남기고 담양을 떠났다. 그 길로 변산 내소사(來蘇寺) 청련암(靑蓮庵)에 가 있던 인촌을 찾아 만났다. 고하는 인촌으로부터 근촌(芹村) 백관수를 소개받았고, 그해 10월경 세 사람은 일본 유학을 결의하였다. 고하의 유학 의지가 가장 강했다. 그는 적을 치려면 적을 알아야 하기에 유학이 필요하다고 인촌과 근촌에게 말했다. 그 무렵 고하는 일어 공부를 시작했다. 1908년 10월 고하와 인촌은 군산에서 배로 부산을 거쳐 도일했다. 근촌은 집안 어른의 허락을 얻겠다고 하며 유학을 후일로 미루었다.[10]

비(非)기독교인 고하가 YMCA를 처음 접하는 계기는 무엇이었을까? 그의 신학문을 향한 열정과 초기 YMCA의 학관은 연관성이 없는 것인가? 고하는 신학문을 배우기 위해 1906년 3개월 남짓 영학숙에서 영어, 1907년 가을에는 일어를 배우기 시작했으나 그 학습 기간은 영어와 일어 모두 상당히 짧았다. 김명구 교수의 한 기고문에 의하면, 고하가 1908년 일본 유학을 떠나기 전 YMCA 학관에서 영어를 배웠다.[11] 이는 상당히 신빙성 있는 사실

---

9   김명구, 《한국기독교사 1: 1945년까지》, 246, 293~324쪽.
10 (재)고하송진우기념사업회, 《독립을 향한 집념: 고하 송진우 일대기》, 84~90쪽.
11 "서울YMCA 역사 잇기 1-고하 송진우를 만나다(상)," 《청년》(통권 58권 10호, 20~23쪽, 2022).

이 아닌가 한다. 고하는 인촌, 근촌과 더불어 일본 유학을 다짐한 이후 1년 정도 지나고 나서 마침내 유학을 결행하였다. 그렇다면 1907년 가을부터 이듬해 10월 사이의 기간에 고하가 서울에 있는 YMCA 학관에서 영어와 일어를 배웠을 개연성은 충분하다.

III. 서울YMCA의 시련, 고하의 일본 유학과 자유민주주의 사상 형성

일제가 을사늑약을 거쳐 마침내 조선을 합병하고 무단통치를 실시하는 시기에 국내의 대한자강회, 신민회, 국민교육회 등의 단체는 국권 회복을 위한 계몽운동을 전개하였다. 일제는 1911년 서북지방을 중심으로 한 배일(排日) 기독교 세력과 신민회 등의 항일운동을 탄압하려고 데라우치 총독 암살 음모('105인 사건')를 조작하였다. 신민회 회장인 좌옹(佐翁) 윤치호를 비롯하여 이승훈, 양기탁 등 수백 명의 민족지도자를 검거하여 투옥하였고, 중심인물 105인을 재판에 회부하였다.

일제의 침략과 억압이 노골화되면서 YMCA 운동은 민족운동의 성격을 갖게 되고 시련을 겪었다. 1911년 당시 윤치호는 서울 YMCA 부회장직에 있었다. 이승만은 프린스턴 박사를 마치고 그 전 해인 1910년 10월 말 귀국하여 학생부 간사로 일했다. 일제는 1911년 6월의 학생하령회에서 105인 사건의 음모를 진행했다고 하여 대회장 윤치호를 체포했다. 신변의 위협을 느낀 이승만은 1912년 3월 2차 망명길에 올랐다. 이 무렵 이사 김규식도 망명하였고, 총무 질레트는 1913년 6월에 서울을 떠났다. 질레트의 후임으로 월남 이상재가 총무가 되면서 YMCA 운동은 와해의 위기를 이겨낼 수 있었다. 1913년 12월 서울YMCA의 명칭은 황성기독교청년회에서 '조선중앙기독교청년회'로 변경되었다. 그리고, 1914년 조선YMCA 전국연합회가 탄생하였다. 한편, 1907년 이래 부총무 김인은 유신회라는 친일 사조직을 내부에 구성하여 서울YMCA의 일본화를 획책하였는데, 그는 1913년 2월 파면되었다. 1915년 2월 윤치호가 석방되었고, 1916년 4월 이상재로부터 총무직을 인계받았다. 또한 학관 출신인 송계백, 최승만 등이 YMCA 경영과 교육의 중책을 맡기 시작했다.[12]

일본에 유학하는 한인 학생이 점차 늘어나면서 1906년 8월 서울YMCA는 부총무 김정식을 재일 유학생들을 위한 감독관으로 파견했다. 1906년 11월 서울YMCA의 연장체로서 도쿄조선YMCA가 발족하였고. 다음 해 8월 도쿄의 간다(神田)에 자리 잡아 활동하게 되었다. 이사장은 조만식, 총무는 김정식, 부총무는 최상호가 맡았다. 도쿄조선YMCA는 조선 유학생들이 서로 만나 친교하고 토론하며, 열변을 토하는 중심 장소가 되었다. 1905년 을사늑약으로 재일공사관이 폐쇄되었으니 도쿄조선YMCA는 기독인 청년들만이 성경 공부하고 예배하며 친교를 나누는 그들만의

---

12   민경배, 《서울YMCA운동 100년사, 1903~2003》, 112, 134, 138, 149~151, 176쪽;
     김명구, 《한국기독교사 1 : 1945년까지》, 328~352쪽.

전유물이 아니었다. 조선 유학생들을 보호하고, 재일 생활을 안내하며, 일본어를 교육하고, 또한 진로를 상담하는 기관이기도 하였다.[13]

고하는 도일하여 우선, 중등학교 입학 준비과정으로 도쿄 지요다(千代田)구 소재 세이소쿠(正則)영어학교에 입학했다. 고하는 1909년 봄 세이소쿠영어학교에서 킨죠우(錦城)중학교 5학년에 편입학하여 본격적으로 대학입학 시험을 준비했다. 1910년 4월 고하는 인촌과 함께 와세다대학 예과에 입학했다. 인촌은 이 무렵 고하의 도쿄 유학 생활에 대하여 다음과 같이 회고한 적이 있다.[14]

"고하는 […] 강연만 있다면 쫓아다녔지. 더욱이 새 사조와 세계 정치의 동향에 관심이 많았어. '민주주의'란 말과 '민권'이란 말을 들은 것은 이때가 처음이었어. […] 이 방면의 책을 읽을 만한 어학 실력도 갖추지 못했으면서도 열심히 읽었어."

1910년 경술국치의 해에 고하는 조국의 국권피탈이 임박했다는 소식에 충격을 받고 귀국했다가 1911년 이른 봄에 다시 동경으로 돌아와, 메이지대학 법과로 전학했다. 고하는 1914년 졸업을 앞두고 몸이 쇠약해져 귀향하여 1년 정도 요양한 후, 다시 도쿄

---

13 민경배, 위의 책, 97쪽.
14 (재)고하송진우기념사업회, 《독립을 향한 집념: 고하 송진우 일대기》, 94, 99쪽.

로 건너가 1915년 7월 메이지대 법과를 졸업했다. 고하가 일본에서 고등교육을 받은 시점은 1910년부터 1915년까지의 기간이다. 특히 메이지 법과 재학 시절에는 강의실에서 배우는 것에 그치지 않고 독서 활동, 유학생들과의 친교, 일본 지식인들과의 교류 등 왕성한 학내외 활동을 펼쳤다.

고하는 일본에서 유학 생활을 겪으며 서구 사조와 세계정세를 본격적으로 학습하고 성리학적 세계관으로부터의 대전환을 성취했다. 이는 고하가 특히 자유민주주의 사상을 형성하고 내면화하는 것이었다. 고하는 서구의 다양한 사조를 수용한 일본 지식인 사회의 동향과 동북아를 비롯한 세계의 정세를 세심히 파악했다. 자신과 다름없이 쇠망한 조국을 떠나 침략국에 유학 온 유학생들과 교분을 쌓고 시국 토론에 열정을 기울였을 것이다. 고하는 일본에 유학하기 전 국내에서 기독교 복음은 물론이고 기독교인과의 조우와 진지한 만남조차 거의 없었다. 일본에 와서야 기독교를 신봉하는 유학생 동료와 선후배를 만나고 대화하면서 신부적(神賦的, God-given, 'theocentrial') 인간관에서 출발하는 만민평등과 같은 기독교 사상을 본격적으로 접했다. 신부적 인간관은 인간이 하나님의 형상(imago Dei)으로 창조된 존재이며 인간의 존엄성과 권리는 하나님으로부터 부여된 것으로 믿는다. 신부적 인간관에서 사람됨은 하나님과의 관계 맺음에서 비롯되며 동료 인간과 이웃을 향해 사랑과 나눔을 실천하는 의로운 생활을 영위함에서 구현된다. 고하가 일본 유학 시절에 기독교 사상을 포함한 근대적 사유에 본격적으로 접하게 된 점을 거듭 강조한다. 그리고, 이 대목에서 조선 유학생의 친교와 우국적인 토론의 마당이 되었던 도쿄조선YMCA의 기능과 역할이 크게 주목된다.

고하는 서구의 근대 이후 발전한 자유민주주의 사상을 수용하게 되었다. 즉, 일반인이 개인의 권리와 자기실현을 보장받을 수 있고, 또한 일반인이 국가의 주인이 되어(주권재민으로써) 국가 운영에 참여한다는 원리를 신봉하게 되었다. 고하가 자유민주주의자가 되는 시대적 배경부터 살펴보기로 한다. 우선, 고하는 일본의 '다이쇼(大正) 데모크라시' 시대에 속하는 1910년대 전반에 고등교육을 받았다. 당시 일본에서는 민본, 대중정치를 포함하여 자유주의와 민주주의 원리를 외치는 지식인들과 정치세력이 확산하고 있었다. 고하를 비롯한 장덕수, 김성수, 현상윤, 백남훈 등 조선 유학생들은 일본인 자유주의 지식인과 접촉하기도 했다. 도쿄제국대 정치학 교수 요시노 사쿠조(吉野作造)가 그 대표적 예이다. 요시노 교수는 와세다대와 메이지대에도 출강하고, 조선YMCA 회관에서 초청강연을 하기도 했으며, 조선 유학생의 독립운동을 격려하였다.[15]

1910년대 전반 일본 유학생으로서 고하는 어떤 내용의 자유민주주의 이념을 배우고 수용하였는가? 고하는 자유권이 있는 개

---

[15] 윤덕영, "고하 송진우의 근대국가 사상과 민족운동사에서의 위상," (재)고하송진우기념사업회, 《고하 송진우의 항일독립과 민주건국 활동에 관한 연구》(서울: 희망커뮤니케이션즈, 2016), 11~40쪽.

인들이 법 앞에 평등하며, 동등하게 정치에 참여해야 한다고 믿었다. 또한 사유재산제와 시장경제를 토대로 하는 자본주의 경제를 옹호하였다. 하지만 고하는 이 글 뒷부분에서 부연하듯이, 서구의 고전적 자유주의를 넘어서는 진보적 자유주의(progressive liberalism) 사상을 받아들였다.[16]

고전적 자유주의는 정치적 측면에서 개인 자유에 대한 침해를 막기 위해 통치 권력의 행사가 법에 기반을 두고 치안과 국방 등 최소한의 기능 범위로 제한되어야 한다는 존 로크(John Locke) 등의 '제한정부론', '야경국가론'을 제시했다. 경제적 측면에서는 아담 스미스(Adam Smith)가 말했듯이 '보이지 않는 손'에 의해 시장이 움직이는 자유방임주의(laissez-faire) 자본주의를 역설했다. 하지만 산업화가 진전되면서 빈부 차이가 심해지고 독점자본이 출현하는 등 자본주의 폐단이 나타났다. 이에 대응하는 문제의식에서 대두된 진보적 자유주의는 정치적 측면에서 고전적 자유주의와 크게 다르지 않게 입헌주의에 토대를 둔 권력에 대한 제한 개념을 유지했으나, 경제적 측면에서는 공공선 실현을 위해서 사유재산제 제한이나 시장에 대한 개입의 불가피성을 인정하게 되었

---

16 필자는 2010년에 작성된 글에서 고하의 사상을 19세기 후반 영국의 이상주의적 신자유주의(new liberalism)와 연관시켜 당대의 진보적 자유민주주의로 해석하였다. 윤덕영의 2015년 글은 이러한 맥락에서 고하의 사상에 대하여 부연하였다. 박찬욱, "고하선생의 자유민주주의 사상과 그 현재적 의의," 《고하 송진우의 항일 독립과 민주건국 활동에 관한 연구》(서울: 희망커뮤니케이션즈, 2016), 301~316쪽. 윤덕영, 위의 글.

다. 영국에서는 19세기 후반부터 20세기 초엽 시장경제를 근간으로 하되 국가의 시장에 대한 개입과 복지개혁을 설파한 이상주의적 신자유주의(new liberalism)가 출현했다. 이러한 자유주의는 국가와 정부의 역할을 최소한으로 제한하기보다는 빈부 차이를 완화하고 복지를 제공하는 적극적 기능을 수행하는 것으로 보게 되었다. 이런 의미의 신자유주의는 진보적 자유주의, 수정자유주의, 사회적 자유주의, 현대 자유주의, 복지 자유주의 등으로 다양하게 표현되었다. 이러한 신자유주의는 20세기 후반부터 현재에 'neo-liberalism'으로 표현되고 시장근본주의를 표방하는 신자유주의와는 내용 면에서 대척적이다.[17]

고하는 적극적 의미의 자유를 수용하였다. 고전적 자유주의가 말하는 자유는 외부의 강제와 간섭이 부재한 것을 말한다. 1950년대 후반 정치철학자 벌린(Isaiah Berlin)은 이를 소극적 자유(negative freedom from something)라고 하였다. 한편 영국의 그린(Thomas H. Green), 홉하우스(Leonard Trelawny Hobhouse) 등과 같은 진보적 자유주의에서의 자유 개념은 개인이 자기 스스로를 지배하며 능동적으로 자기의 잠재력을 실현하는 적극적 자유(positive freedom to do something)라고 규정된다. 이 경우에 공공선

---

[17] 기든스는 최근의 신자유주의(neo-liberalism)는 단순히 고전적 자유주의에서의 자유방임 시장경제로 돌아가는 것이 아니라 보수주의와 모순적인 결합을 하고 있다고 평가한다. Anthony Giddens, *The Third Way: The Renewal of Social Democracy* (Cambridge: Polity Press, 1998).

을 증진하는 국가는 개인의 자아실현, 즉 적극적 자유를 보장하기 위하여 자원과 기회를 제공해야 할 의무가 있다. 물론 적극적 자유를 명분으로 이루어지는 국가개입이 소극적 자유를 제약할 소지가 있어 국가개입의 범위는 언제나 논쟁적일 것이다. 하지만 진보적 자유주의는 자본주의가 초래한 심각한 경제적 불평등을 완화하기 위한 국가개입이 어느 정도 필요하다는 것이다. 그린에 의하면 치안과 국방은 국가의 소극적 의무인데 경제 불평등 해소는 국가의 적극적 의무에 해당한다.[18]

고하는 일본 유학 시절 민권과 주권재민 사상에 감동하고 민주주의를 열정적으로 배우고 수용하게 되었다. 그 민주주의란 어떤 민주주의를 말하는 것인가? 국가의 중앙정부 수준에서는 지리적 범위가 넓고 주민이 많아 모든 국민의 균등한 정치참여로 공공 정책을 결정하는 것이 현실적으로 가능하지 않다. 치자와 피치자의 동일성을 구현한다는 직접민주주의가 아니라 주권자인 일반 국민이 대표자를 선출하여 그들이 통치하게 하는 간접민주주의, 즉 대의민주주의가 대안일 수밖에 없다. 고대 그리스의 직접민주주의 정치에 대한 후대의 예찬에도 불구하고 당대의 플라톤과 아리스토텔레스는 이를 중우정치라고 부정적으로 평가했다. 19세기

---

18 Isiah Berlin, "Two Concepts of Liberty (1958)" in Berlin, *Four Essays on Liberty* (Oxford: Oxford University Press, 1969). T. H. Green, *Lectures on the Principles of Political Obligation* (1885) (Kitchener, Canada: Batoche Books, 1999).

까지도 토크빌(Alexis de Tocqueville) 같은 이론가는 민주주의가 다수 대중의 전횡으로 개인의 자유를 위협할 가능성을 우려하기도 하였다. 그러한 가운데에도 밀(John S. Mill)은 대의민주주의를 실행하기 위한 일반인 선거권의 확대를 옹호하였고, 역사는 그러한 방향으로 진전되었다. 대의민주주의가 작동하기 위해서는 복수 정당 또는 후보자 간에 자유롭고 공정한 경쟁이 이루어지면서, 자유권적 기본권이 보장되어 법적·정치적으로 평등한 개인 누구나 선거권과 피선거권 등 참정권을 행사할 수 있어야 한다. 다시 말하면, 근대 이후 현실적으로 가능하고 또한 바람직하게 평가되는 민주주의란 자유주의와 결합한 자유민주주의이다. 자유주의와 민주주의 양자는 잠재적으로 상호 갈등의 소지가 없지 않음에도 불구하고 서로 조화를 이루게 되었다. 요컨대, 대의민주주의는 실질적으로 자유민주주의와 동의어이다.

다이쇼 시대에 일본 지식인이 수용한 서구의 민주주의는 대의민주주의이고, 내용상으로 자유민주주의이다. 고하는 자유민주주의를 미래의 물결로 수용했다. 고하의 유학 시절 민주주의, 곧 자유민주주의가 실제로 운영되는 국가의 수는 매우 적었다. 자유민주주의 이념과 체제는 희소성을 갖는 값진 것이었다. 고하는 조선의 독립과 더불어 자유민주 국가의 건설을 간절히 염원하였을 것이다.

성인 남자 50% 이상이 최고집행권자(대통령이나 총리)를 직선하거나 이를 선출하는 의회 선거에 참여하는 국가를 자유민주국가로 규정해보자. 이 정의는 자유민주주의 정치의 핵심 요소에 초점을 맞추고 있기는 하나 상대적으로 허술한 최소주의적인 것이다. 이러한 정의에 비추어 볼 때 미국은 1828년 대선부터 최초의 자유민주국가로 손꼽힌다. 고하의 일본 유학 시절, 즉 세계 제1차대전 발발 전후의 시점에서 중앙정부 수준에서 이 정의를 충족시키는 국가의 수는 60여 개의 주권국가 가운데 미국, 캐나다, 영국, 스위스, 핀란드, 스웨덴, 프랑스, 이탈리아, 오스트레일리아, 뉴질랜드, 아르헨티나를 포함하여 10개국 전후에 머물렀다. 그나마도 프랑스, 이탈리아, 아르헨티나에서는 세계 2차대전이 개시되기 전에 자유민주주의가 붕괴했다. 일본은 아시아에서 유일하게 다이쇼 시대인 1920년대 전반 자유민주주의 국가 범주에 속했으나 후반에는 군부의 정치개입으로 그 범주에서 이탈했다.[19] 보통선거권을 보면, 국가선거에서 여성에게 일반적으로 참정권을 부여한 경우는 1893년 뉴질랜드를 시작으로, 오스트레일리아 1902년, 상당수의 서유럽 국가는 1920년대였다. 그런데 벨기에, 프랑스, 스위스(연방 수준에서 1970년대)는 2차대전이 종식되고 나서야 일반 성인 여성의 참정권을 허용하였다. 자유민주주의가 대세가 된 것은 선진국에서조차 20세기 현상이다.

   자유민주주의를 비롯하여 국가와 정치 관련한 고하의 논리적

---

19 Samuel P. Huntington, *The Third Wave: Democratization in the Late Twentieth Century* (Norman: University of Oklahoma Press, 1991). pp. 5~18.

사유와 사상 형성에 영향을 준 요인 또는 배경으로서 고하가 유학생들과 진지하고 활발하게 교유하며 지적, 실천적 고뇌를 함께 나눈 점을 반드시 들어야 할 것이다. 고하와 같이 메이지대 법과를 다니던 이인은 다음과 같이 말했다.

"도쿄 유학 시절 우리 유학생은 […] 변두리에 싼 하숙집을 구한다고 해서 와세다대학 근처에 대개 모여 살았지. 이 당시에 유학생 중 리더는 단연 고하였어. 많은 유학생들이 그에게서 자유 독립사상의 깨우침을 받았어. 고하는 언제 봐도 포용력이 있고 은근한 정이 있기 때문에 나는 마음 속으로 걸물이라고 생각했어."

한일합방 직후 도쿄의 한인 유학생은 3~4백 명으로 추산되었다. 1912년 10월 조선유학생친목회가 발족했고, 고하는 총무를 맡았다. 고하는 유학생친목회 회보인 《학지광(學之光)》 창간에 나서고 편집인이 되었다. 1919년에 이르러 이 단체의 백관수, 김도연, 나용균, 최팔용 등은 2·8독립선언운동을 주도하였다.[20]

고하는 일본 유학 시절에 가인(街人) 김병로, 설산(雪山) 장덕수, 기당(幾堂) 현상윤, 창랑(滄浪) 장택상, 육당(六堂) 최남선, 애산(愛山) 이인, 무송(撫松) 현준호, 해공(海公) 신익희, 조소앙(조용은), 낭산(朗山) 김준연, 해온(解慍) 백남훈, 고당(古堂) 조만식, 민세(民世)

---

[20] (재)고하송진우기념사업회, 《독립을 향한 집념: 고하 송진우 일대기》, 112~117쪽.

안재홍 등 걸출한 인물들과 알게 되고 가까이 지냈다. 고하는 도쿄를 방문하는 해외 독립운동가를 접하기도 하였다. 이를테면, 우남이 1912년 4월 2차 망명길 도중 도쿄에 들러 조선YMCA에서 강연했을 때, 고하는 우남을 처음으로 만났다.[21]

고하보다 28세 연상이었고 유학생 고하를 지도하는 위치에 있었던 삼성(三醒, 三省) 김정식도 언급하지 않을 수 없다. 삼성은 독립협회 운동이 전개되고 있을 때 경무관(警務官)이었음에도 만민공동회에 가담하였고, 상부 지시를 무시하고 오히려 독립협회 회원들을 도왔다. 관직을 떠나서는 1902년 월남 등과 함께 지하 민족운동을 벌이다 국사범 혐의로 체포되었다. 옥중에서 기독교인이 되었고, 1904년 3월 석방되어 연동교회에 입교, 서울YMCA에 가입하였다. 그해 가을 총무 질레트는 삼성을 수석간사로 임명했다. 월남보다 2년 앞서 YMCA 운동에 참여했다. 1906년 8월 당시 부총무이던 그는 일본에 파송되어 도쿄조선YMCA를 창설하고 초대총무로서 유학생 보호와 지도에 힘을 기울였다. 삼성은 1909년 도쿄조선YMCA 회관을 예배당으로 하여 재일 조선기독교회(대한기독교회총회)를 조직하였다. 이 교회는 장로교와 감리교의 연합교회로 출발하였다. 105인 사건 이후 일본에서 그것이 조작된 진상을 폭로하기도 하였다. 1916년 총무직을 사임하고 귀국하였다.[22] 도쿄조선YMCA 회관은 유학생들에게 가장 중요한 모

---

21 위의 책, 100, 105쪽.
22 https://encykorea.aks.ac.kr/Article/E0010399; 민경배, 《서울YMCA운동 100년

임터였고, 고하가 유학생친목회 총무로서 활발하게 활동했으니 삼성과 자주 접촉하고 영향을 받지 않을 수 없었을 것이다. 고하 자신은 기독교에 공식적으로 입교하지 않았으나 일본 유학 시절에 조만식, 백남훈, 장덕수, 안재홍 등 기독교인들과 친밀하게 지냈다. 20대 청년 고하의 자유민주주의 사상 형성에 기독교가 미친 영향이 적지 않았을 것이다.

고하는 유학 시절의 교우 관계에 있어서 상대방에 대한 포용력을 가지고 이념적 동조에 우선하여 인간적인 공감을 중시했다고 판단된다. 삼성 밑에서 도쿄조선YMCA 부간사였던 설산 장덕수와의 관계가 그러하다. 장덕수는 서울YMCA 활동으로 우남(雩南) 이승만의 영향을 받았고, YMCA 학관의 중등교육을 거쳐 와세다대 예과에 들어가, 1913년 정치경제학과에 진입했다. 그는 한인 유학생들은 물론 일본의 진보적인 학자와 언론인들과도 활발히 교유했다. 그는 와세다대를 졸업하고 귀국했다가 1923년 미국으로 건너가 컬럼비아대학에서 정치학 석사와 박사 학위를 받았다. 1925년 석사 논문에서는 마르크스의 국가 개념을 비판적으로 검토하였고, 박사 논문에서는 영국의 산업평화에 대하여 논하였다. 요컨대, 설산은 국민의 인간다운 생활을 위한 복지실현에 적극적인 국가의 역할을 주장한 것이다. 자본가와 지주 계급을 비판했으나 폭력혁명과 프롤레타리아 독재 관념을 수용하지 않았던 사회

사, 1903~2003》, 85, 97쪽.

민주주의자였다.

설산은 하나님의 나라를 현세에 이루어내야 한다는 사회복음(Social Gospel)주의를 신봉하였다.[23] 그의 경제사상은 기독교적 기반에 주목하면 이념 스펙트럼 상 중도 좌파인 사회민주주의보다는 중도 우파인 기독교사회주의라고 말할 수 있다. 기독교사회주의는 마르크스와 엥겔스의 유물론을 출발점으로 삼지 않는다. 기독교(가톨릭과 개신교) 윤리의 관점에서 자본주의를 비판한다. 신부적 인간관을 토대로 하나님의 피조물인 만민은 형제이고 "네 이웃을 너 자신과 같이 사랑하라"는 계율에서와 같이 형제애를 실천해야 한다. 오늘날 독일에서 기독교민주연합과 자매정당인 바이에른주의 기독사회연합은 중도우파 정당이다. 기민·기사연합은 아데나워 총리 시기에 시장 경쟁과 사회적 연대를 조화시키는 '사회적 시장경제'의 경제질서를 추구하였다. 경제주체 당사자 간의 협상과 합의를 존중하고 복지지출이나 노동자권익 보호에 적극적인 정책을 추진했다.

설산은 1920년 일본 유학을 마치고 귀국하여 동아일보 발기인이 되었다. 동아일보 초창기부터 민주주의를 강력하게 주창했다. 그의 민주주의는 정치적 자유뿐만 아니라 '노동 본위의 협조주의' 등을 포괄한다. 1923년 미국과 유럽으로 나가기 전까지, 그리고

---

23   사회복음 운동은 19세기부터 20세기 초까지 미국의 진보적인 신학자와 교회가 채택하고 주장한 신학에 토대를 두었다. 김명구, 《한국기독교사 1: 1945년까지》, 231쪽.

다시 귀국한 1934년부터 1938년까지 동아일보에서 고하와 함께 언론 활동에 힘을 쏟았다. 이 글의 뒤에서 고하가 언론인으로서 민족운동을 전개하면서 자유민주주의 사상을 심화하는 점, 특히 고하의 경제관을 논하게 되는데, 언론인 동지 설산이 고하에 미친 영향이 크다고 할 것이다. 설산은 해방 직후 고하와 함께 한국민주당을 창당하였다. 고하가 설산과 철저히 동류의 이념을 갖고 있었다고 말할 수는 없으나, 언론 활동과 해방 직후 정치활동의 행로에 있어서 양인은 장기간 동행하였다.[24]

고하가 유학 시 교분을 나누었고 훗날 동아일보 언론 활동과 한국민주당 창당에 동참한 인물로서 낭산도 들 수 있다. 낭산은 일본 유학 중 도쿄조선YMCA의 학생 간부로서 활동했다. 1926년부터 1928년까지 고하가 동아일보 주필이던 기간에 낭산은 편집국장 직책에 있었다. 낭산은 그 시기에 조선공산당의 선전부장과 책임비서 활동을 하였고, 1928년 조선공산당 사건으로 검거되어 7년을 복역했다. 해방 직후 낭산은 한국민주당 발기인으로 가담하였다.[25]

고하가 메이지 법과를 졸업하기 직전 1915년 5월에 발간된《학지광》제3권 1호(총 5호)에는 그의 "사상개혁론"이 실려 있다. 도

---

[24] 한국 기독교의 역사적 맥락에서 설산의 사상과 행동에 관하여는 위의 책, 38~43, 465~469쪽 참조.

[25] (재)고하송진우기념사업회,《독립을 향한 집념: 고하 송진우 일대기》, 426~428쪽; 김명구,《한국기독교사 2 : 2007년까지》(서울: 연세대학교 대학출판문화원, 2020), 40쪽.

일 직전 신학문에 관심을 두게 되었지만, 한문을 일찍이 배우기 시작하여 조선 사대부에 큰 영향을 준 성리학에 심취했던 고하였다. 이 글을 읽게 되면, 일본 유학으로 서구 근대사상을 접하고 어떠한 사상적 변화를 겪게 되었는지를 잘 알 수 있다. "사상개혁론"에서는 다섯 가지 개혁이 주창되었다. 첫째는 "공교(孔敎)타파와 국수(國粹)발휘"이다.

"공교는 모고(慕古)사상의 원천이니 […] 전제사상의 단서니 […] 민주사상이 팽창하여 자치권리의 평등정치를 실현하는 현대조류에 부적할지며 […] 인류평등의 진리를 고조하며 사상자유의 특색을 발휘케 하는 문명사상에 반대될지로다. […] 공교타파는 자아보호의 정당방위요 시대요구의 긴급사무라. 자(玆)에 국수(國粹)발휘를 급규(急叫)코자 하노니 오인(吾人)의 생명은 태백산 단목(檀木)하에서 신성(神聖) 출현하신 대황조(大皇祖)께서 창조하셨나니 […]"

고하는 민주, 자유, 평등의 근대사상 관점에서 공자 숭상을 배척하자고 하였다. 또한 단군을 숭앙하는 애국애족의 민족주의적 관점에서도 중화사상에 연계된 공자 숭배를 배격하자고 주장한 것이다. 고하가 어려서부터 배운 성리학자의 위정척사(衛正斥邪)는 천주교를 비롯한 서구의 문물과 일본의 제국주의적 위협을 물리치되 삼강오륜과 같은 유교 원리는 지키자는 것이었다. 고하가 근대적 사고로써 공자를 비판한 것은 놀라운 반전이 아닐 수 없다. 그런데 고하는 민족주의적 입장에서도 공자를 받드는 것이 용납되지 않았다. 단군을 신격으로 숭배하자고 외치지는 않았지만 예찬하였다. 이것은 서구의 근대적인 정신을 수용하면서도, 조선에 고유한 국수적 정신과 상징을 지키려는 민족주의적 발로라고 할 수 있다. 이러한 양면성에 비추어 보면, 고하가 민족운동에 헌신하는 동안 많은 기독교 인사들과 뜻을 모아 행동하고, YMCA 운동을 비롯한 기독교 활동에 보조를 맞추면서도 기독교 신자가 되지 않은 점을 다소 이해할 수 있을 것이다.

둘째, "가족제의 타파와 개인자립"의 추구이다. 여기서 타파해야 할 가족제는 혈연을 배타적으로 강조하는 문벌중심주의를 말한다. 이러한 가족제는 개인이 가문을 넘어서 보다 넓은 사회로 향하지 못하게 만들어 사회와 민족의 발전을 가로막는 것이기에 타파해야 한다는 것이다. 이로써 고하는 자유민주주의의 핵심 요소인 개인의 자유와 법적·정치적 평등을 설파했다. 하지만 고하는 사적인 이해에 얽매인 소아를 버리고 대아인 민족의 대의명분을 위한 헌신을 높이 평가했다. 이는 고하가 어릴 적부터 받은 가르침이기도 하다. 개인의 권리가 존중되어야 하지만 공동선의 구현을 망각해서는 안 된다는 것이다.

"가족제는 인재 탁용(擢用)에 함정이 될지니 문벌을 존상(尊尙)하여 귀천을 판정하며 계통을 시관(是觀)하여 반상을 구별하니 […]

사회는 냉혹잔인하여 화기가 상실되고 민족은 지리멸렬하여 원성이 창만(漲滿)하였도다. 물론 민족을 위하여 혈육을 희생하며 정령(精靈)을 진(盡)하는 인물에게 대하여 그 훈적을 찬송하며 경모함은 사회의 의무며 인과의 보응이라. […] 개인은 가족선(家族線)을 경유하여 사회에 도착할 것이 아니라 직선으로 사회를 관통하게 할 것[…]"

셋째, "강제연애의 타파와 자유연애의 고취"이다. 고하는 집안 어른이 정하는 강제결혼은 개인의 자유와 행복을 파괴하고 사회의 발전에 해악을 미친다고 보았다.

"강제연애는 계급결혼의 악과를 발생케 하나니 […] 조혼의 말폐를 발생케 하나니 […] 인생 비극이 연출될지며 […] 작첩(作妾)의 악습을 초치케 하나니 […] 부녀의 원한을 발생케 하였으며 […] 강제연애를 타파함은 자연적의 진리요, 인사상의 정로라. […] 자유연애를 고취코자 하나니 […] 만금의 부(富)가 연애를 횡단할 수 없으며 삼군의 위(威)가 연애를 쟁탈할 수 없으며 백옥(白屋)의 빈(貧)이 연애를 변개할 수 없으며 천리의 원(遠)이 연애를 소격(疏隔)할 수 없으며 지식의 역(力)이 연애를 해부할 수 없나니 […]"

그리고 넷째, "허영교육의 타파와 실리교육", 마지막 다섯째, "상식실업(常識實業)의 타파와 과학실업의 환흥(喚興)"이 주창되었다. 노동과 생산의 신성성을 폄훼하고 명리만을 추구하는 교육보다는 민생에 필요한 실리교육을 해야 한다는 것이다. 아울러 물리의 연구와 기계설비의 사용 없이 경험과 노력에만 의존하는 상식 실업 대신에 과학 기술의 발달에 기반을 둔 실업으로 산업 발전을 기해야 한다고 하였다. 즉 근대적 교육과 산업 진흥의 필요성을 환기한 것이다.

IV. 3·1운동과 고하, 그리고 YMCA

윌슨의 민족자결주의는 조선의 민중 수준까지 인식되었다고 할 수 없겠으나 국내외 지식인과 민족운동가들이 수용하여 독립 의지를 세우고 표출하게 되는 중요한 배경임에는 분명하다.[26] 1918년 1월 미국의 윌슨 대통령은 세계 1차대전 전후 처리와 관련하여 민족자결주의를 천명하였다. 이에 고무된 상하이, 미국, 도쿄, 연해주 등지의 독립운동가들이 국내외로 서로 연락하여 민족독립을 준비하고 요구하는 활발한 움직임이 일어났다. 1918년 상하이에서 여운형, 김규식, 장덕수 등이 결성한 신한청년당은 1919년 1월 파리강화회의에 김규식을 대표로 파견했다. 여운형은 만주와 연해주로, 장덕수는 일본으로, 선우혁 등은 국내로 들어와 독립운동을 대대적으로 전개할 준비를 하였다. 미국에서는

---

26   신복룡, 《한국정치사상사 하》(파주: 지식산업사, 2011) 572~577쪽.

1918년 12월 안창호 등이 조직한 대한국민회가 이승만, 민찬호, 정한경 등 3인을 파리강화회의에 파견하기로 결의하였다. 그런데, 미국의 출국 허가를 받지 못해 1919년 2월 이승만은 윌슨 대통령에게 독립청원서를 제출하였다. 만주와 연해주에서는 1919년 2월(음력으로 무오년 1918년 12월) '무오독립선언서'가 발표되었다. 이는 무장투쟁으로 완전 독립을 쟁취하겠다는 의지를 천명했다.

일본에서는 1918년 최팔용, 김도연, 백관수 등 조선유학생회 지도자들이 독립선언을 준비하고 송계백(YMCA학관 출신)과 이광수를 국내와 상하이로 파견하였다. 1919년 1월경 송계백은 독립만세운동을 기획하던 현상윤, 송진우, 최린, 최남선 등을 만나 재일 유학생의 동향을 제보했다. 1919년 2월 8일 유학생 600여명이 도쿄의 조선YMCA에 모여 독립선언서를 발표했다. 2·8독립선언서에는 "정의와 자유를 기초로 한 민주주의 신국가 건설"과 "세계 평화와 인류 문화에 공헌"하겠다는 굳은 의지가 담겨있다. 2.8독립선언은 3·1운동의 도화선이 되었다.

마침내, 국내에서 1919년 3월 1일 민족대표의 이름으로 독립선언서가 발표되었다. 독립선언서는 최남선이 기초하고, 한용운이 낭독하였다. 그 후 전국 방방곡곡에서 각계각층 사람들이 만세 시위에 가담했다. 일제는 온갖 무력을 동원하여 만세 시위를 무참히 탄압하였으나, 3·1운동은 조선민족의 독립과 건국을 준비하기 위한 운동을 활성화했다. 서울(한성)과 연해주, 상하이에 각각 정

부가 조직되었는데, 그해 9월 상하이에 자유민주주의와 공화제에 입각한 대한민국임시정부가 수립되었다.[27]

3·1운동의 지도적 인물은 민족대표 33인과 선언서에 이름을 올리지 않았으나 역시 중추적 역할을 수행한 17인이 거명된다. 먼저, 33인 민족대표의 종교별 분포는 기독교 16인(이승훈 외 15인), 천도교 15인(천도교주 손병희, 보성학교 교장 최린 외 13인), 불교 2인(한용운 외 1인)이었다. 기독교인 16인 가운데 YMCA와 관련된 인사는, 박희도(당시 학생부와 회우부 간사), 이필주(초창기 체육부 간사), 오화영(YMCA이사와 종교부 위원장), 박동완(YMCA 열성 위원), 이갑성(YMCA 열성 위원), 양전백(105인 사건 연루자), 이승훈(이인환, 오산학교장), 정춘수와 최성모(양인 모두 YMCA 이사와 위원을 거쳐 학생하령회의 명강사) 9인이었다. 33인 이외의 17인 경우에는 기독교 4인(함태영 외 3인), 천도교 5인, 중앙학교 교사 2인(송진우, 현상윤), 문인 1인(최남선), 무직 3인, 학생 2인으로 분류되었다.

3·1운동을 기획하는 단계에 관한 서술은 글을 쓴 사람에 따라 몇 가지 다른 점들이 있다. 예를 들어, 국내로 잠입한 일본 유학생

---

27 서울YMCA 창립 120주년 기념 세미나에서는 필자 논문 이외에도 지도적 인물과 관련하여 2.8독립선언과 3.1운동을 다루는 논문들이 발표된다. 필자의 논문은 고하의 사상과 행동에 초점을 맞추어 다른 논문들과 중복되는 논의를 가급적 피하고자 하였다. 김명구, "3.1운동과 자유민주주의," 플랫폼 3월 특별세미나 발표 논문(2023. 3. 9.), 논문집 29~51쪽에 수록; (재)고하송진우기념사업회, 《독립을 향한 집념: 고하 송진우 일대기》, 197~295쪽; 김명구, 《한국기독교사 1: 1945년까지》, 347~ 367쪽; 민경배, 《서울YMCA운동 100년사, 1903~2003》, 194~195쪽.

송계백이 천도교의 최린, 중앙학교의 현상윤 중 누구를 먼저 만났는지, 기독교와 천도교 중 어느 종교가 3·1운동 추진을 먼저 제안하고 주도하였는지 등이다. 필자는 이런 미세 사항에 대하여 정확한 서술을 할 역량은 없다. 그런데 송계백은 국내에 들어와 어떤 순서든 중앙학교의 고하와 현상윤, 천도교의 최린을 모두 만났다는 점은 분명하다. 그리고 기독교와 천도교가 민족독립을 위한 운동을 협력하여 전개했다는 점도 확실하다. 당시 교인 수에서 천도교는 기독교를 압도했다고 하는데(천도교 300만, 기독교 30만), 기독교는 서구 자유민주주의 사상을 수용한 지식인 신자가 많았고 전국적 교회와 학교의 네트워크를 통해 만세운동의 실행 단계에서 큰 힘을 발휘할 수 있었다.

3·1운동을 주도한 33인에 이름을 올리지 않은 나머지 17인의 역할을 과소평가해서는 안 될 것이다. 고하와 육당 최남선은 남강 이승훈과 교섭하여 기독교 인사들과 연락하였고, 남강은 기독교 장로인 송암 함태영, 송암은 YMCA 간사 박희도를 접촉하는 식으로 준비 작업을 진행했다. 고하와 송암은 옥에 갇힌 사람의 가족을 돕는 등 뒷수습을 하면서 운동을 지속시키기 위해 독립선언서에 서명하지 않은 것이다.[28]

고하의 3·1운동 행적을 살펴보기로 하자. 고하는 메이지대 졸업 직전 해 곧, 1914년 여름 이후 건강 회복을 위해 귀국해 있었

---

28 김정희, 《송암 함태영》 (서울: 연세대 대학출판문화원, 2022) 참조.

다. 그해 11월부터 인촌이 인수한 중앙학교에서 교편을 잡기 시작하여 이듬해 7월 메이지대를 졸업하고서는 본격적으로 교육에 몰두하였다. 1918년 중앙학교 제10대 교장에 취임하였는데, 이 시기에 국내외 민족운동의 기운을 인식하고 3·1운동을 기획하게 되었다. 독립만세운동이 전국적으로 확산하는 가운데 1919년 3월 중순쯤 고하는 중앙학교 숙직실에서 피검되어 경찰 수사를 받았다. 일제 경찰은 고하를 혹독하게 고문하였다.[29]

복심(覆審)법원 공판의 판결선고(1920년 9월 30일)에 따르면 고하는 "중앙학교 교장으로서 독립운동에 관해서 최남선, 최린 등과 협의하였고, 동교 교사 현상윤과도 협의하고 정노식[무직]과 협의한 후 김도태[무직]를 선천에 보내어 이인환[이승훈]을 경성으로 오게 하였다." 그리고 경성지방법원 검사국의 취조서(1919년 4월 18일), 경성지방법원 예심부의 예심결정서(1919년 8월 1일), 고등법원 특별형사부의 예심결정서(1920년 3월 22일)에서는 고하가 기독교 인사들과 연락한 '모의' 단계의 '주모자'라고 적혀 있다.[30]

일제는 1912년 3월 18일 '조선총독부재판소령'을 개정하여 '재판소' 명칭을 '법원'으로 개칭하고, 지방법원·복심법원·고등법원

---

29 고하는 직계 혈족으로 딸과 아들이 하나씩 있었으나 모두 세 살이 못 되어 세상을 떠나보냈다. 고문 후유증으로 생식 능력을 상실하고, 사후(死後)에 큰형님의 아들을 양자로 맞았다. (재)고하송진우기념사업회, 《독립을 향한 집념: 고하 송진우 일대기》, 71쪽.
30 고하가 3·1운동 주역으로 고초를 겪는 경위에 관해서는 위의 책, 202~206, 209~238, 271~283쪽 참조.

의 3급3심제를 채택하였다. 지방법원은 판사 단독으로 재판함을 원칙으로 하되 중요 사건에만 3인 판사의 합의부가 재판하도록 하였다. 복심법원은 3인의 판사, 고등법원은 5인의 판사로 구성되는 합의부가 재판하게 하였다. 이와 아울러 각급 법원에 검사국이 설치되어 검사는 법원 소속이었다. 또한 당시 형사소송법 절차에 따르면 검사가 예심을 청구하면 판사가 수사하고 조서를 작성하여 (공소권 없음으로) 면소하거나, 기각(공소·정식재판 청구·상소를 무효화)하거나, 재판에 넘기는 결정을 하게 되어 있었다.[31]

일제 법원은 서명한 33인 중 32인과 후사를 담당한 17인 중 16인을 포함한 48인에 대한 조사와 재판을 진행했다. 이 중 김병조는 체포되기 전 해외로 망명하여 기소 중지되어 실제로는 47인을 대상으로 한 재판이었고, 47인 중 양한묵은 재판 기간 중 사망하여 최종 선고는 46명을 대상으로 이루어졌다. 경성지방법원 검사국의 48인에 대한 취조서는 1919년 4월 18일에 제출되었다. 1919년 5월 23일 경성지방법원 예심부의 예심이 시작되어, 예심결정서는 1919년 8월 1일 제출되었다. 이 예심 결정을 내린 판사는 이 '48인 사건'은 내란죄에 해당하므로 최상급심 고등법원의 관할로 판단했다.

48인 사건은 내란죄를 관할하는 고등법원으로 이송되었고, 고등법원 특별형사부는 1920년 3월 22일 3·1운동 48인 사건이 내란

---

31 https://theme.archives.go.kr/next/law/viewSub.do?pageUrl=Colonization/sub02; https://www.donga.com/news/article/all/20200210/99622975/1.

죄에 해당하지 않는다고 하면서 경성지방법원을 관할법원으로 지정하여 돌려보내는 예심결정서를 제출했다. 그런데 경성지방법원에서는 고등법원 특별형사부의 예심결정서를 4개월 동안 심의한 후, 이 사건을 내란죄가 아닌 보안법 및 출판법 위반으로 하여 1920년 7월 12일에 공판을 개시했다. 이는 일제의 정책이 무단통치에서 이른바 '문화정치'를 표방하며 변경된 것으로 해석된다. 그런데 그해 8월 19일 제1형사부가 '공소불수리' 판결하자, 검사국의 검사는 불복하여 경성복심법원에 항소했다. 복심법원 공판은 1920년 9월 20일 정동 분실에서 기일이 개시되었는데 열흘 만인 9월 30일 판결이 선고되었다. 고하와 기당은 무죄를 선고받았다. 고하는 1920년 10월 1일 출옥하였는데 1년 반의 미결감 생활을 한 것이다. 고하는 출소 후 고향 담양으로 내려가서 학교설립 기금 모으는 운동에 앞장섰다가 1920년 겨울 3개월 동안 경찰서 유치장에 다시 구금되었다.

고하는 3·1운동을 겪으면서 자존과 자결의 의지를 만방에 의연히 분출한 피압박 조선민족 저변 민중의 강력한 힘을 느끼고 감동하였다. 1925년 8월과 9월 동아일보에 연속 발표된 논설 "세계 대세와 조선의 장래"에서 고하는 3·1운동을 전대미문의 대혁신 사건으로 평가하였다. 조선 민중의 자유에 대한 갈구와 스스로 주인되는 국가를 세우려는 자각을 확인하면서 고하의 자유민주주의에 대한 신념은 더욱 굳어졌다.

"1919년의 3·1운동은 조선민족에 대하여 4천 년 이래 윤회 반복하여 오던 동양적 생활양식을 정신상으로나 문화상으로나 정치상으로나, 근본적으로 민중적으로, 파괴 건설하려 하는 내재적 생명의 폭발이었다. […] 역사상으로만 표현된 기다(幾多)의 개혁과 전란이 있었으나, 그 내용과 실질에 있어서는 소수계급의 정권 쟁탈의 변혁이 아니면 존주양이(尊周攘夷)의 사상에서 배태되며 출발하였던 것은 불무(不誣)할 사실(史實)이었다. 그러나 최근 3·1운동의 일건(一件)에 지(至)하여는 그 내용과 형식을 일변하여 적어도 사상의 근저가 세계적 대여론인 민족적 자존과 인류적 공영의 정의 인도의 관념하에서 전국적으로도 민중적으로 도검리(裡) 철쇄간(間)에서도[칼뒤에 쇠사슬이 있더라도] 의연히 입(立)하며 태연히 동(動)하였던 것은 어찌 조선민족의 혁신운동 사상에 일대 기적이 아니며 일대 위관(偉觀)이 아니랴."

V. 언론인 민족운동가 고하와 YMCA

고하는 3·1운동의 주역으로서 옥고를 치른 뒤 활동무대를 동아일보로 옮기게 되었다. 그는 1920년대 초 이래 일제 패망까지 동아일보를 이끄는 언론인으로서 민족자강운동에 헌신하였다. 이는 민족독립을 향한 문화운동이자 자유민주주의 국가건설을 위한 실천이었다. 언론을 통한 계몽운동으로 민족의 지적, 과학적, 기술적 능력을 증대시키고, 산업진흥과 물산장려운동으로 민족의 경제적, 물질적 생활을 향상하고자 하였다. 이는 새로운 지도층의 형성과 민주주의 의식 함양으로 이어져 결국 독립된 민주국가 수립에 이르게 될 것으로 기대되었다.

동아일보는 인촌의 주도로 고하가 옥중에 있던 1920년 4월 1일 창간되었다. 동아일보는 ① 조선 민중의 표현기관임을 자임하고, ② 민주주의 지지, ③ 문화주의라는 3개 주지(主旨)를 제창했다. 창간 후 5개월여밖에 되지 않아 일본 왕실의 상징인 3종신기(三種神器)를 비판한 사설로 인하여 1920년 9월부터 다음 해 1월까지 정간되었다. 정간 기간 중 출옥하여 정양하던 고하는 1921년 봄 주식회사 동아일보 설립 준비에 가담, 9월 완료하면서 제3대 사장으로 취임하였다. 사장 취임사에서 고하는 동아일보가 "2천만 민중의 공의공론(公議公論)을 표현하는 기관"임을 다시 선언했다.[32] 고하는 그 뒤로 동아일보가 폐간될 때까지 19년 동안 사장, 고문, 주필 등 여러 직책을 두루 맡으며 동아일보에서 활동했다. 고하는 동아일보를 중심으로 하여 자강운동의 일환으로서 민립대학과 초·중등 교육기관 설립 운동, 이충무공유적보호운동, 브나로드운동을 통한 농촌 진흥, 물산장려운동 등을 적극적으로 추진하였다. 이런 운동은 정치활동이 자유롭지 않은 일제강점기에 문화라는 이름으로 민족독립과 민주주의를 지향하는 정치활동이 아닐 수 없다. 고하는 국내에서 "아직 무용한 희생을 피하"려고

---

32 (재)고하송진우기념사업회, 《독립을 향한 집념: 고하 송진우 일대기》, 307쪽.

합법적인 문화활동으로 "민중의 자각"을 위해 노력한다고 하였다.[33]

언론인으로서의 문화활동은 일제 하에서 겉으로는 합법적인 듯이 보였으나 실제로 고하는 개인적으로나 동아일보로서도 수시로 일제의 언론탄압에 봉착하였다. 1924년 친일단체 간부들이 신문 사설에 불만을 품고 고하와 인촌을 음식점으로 유인하여 권총 협박을 가하는 사건이 발생하였다.[34] 1926년 3월 5일 자 동아일보에 국제농민회 본부가 보내온 전보문이 게재되었다. 이 문건은 3·1운동을 '위대한 날'로 찬양하고 "자유를 위하여 죽은 이에게 영원한 영광이 있을 것"이라는 내용이었다. 동아일보는 2차 정간 처분을 받고 주필이던 고하는 그해 11월 서대문 형무소에 투옥되었다가 이듬해 2월에 출옥했다.[35]

고하는 1927년 10월 동아일보 사장에 자신으로서는 두 번째(동아일보로서는 6대)로 취임하였다. 동아일보는 한민족의 항쟁을 고무한 미국 언론인의 서한을 실었다는 이유로 1930년 4월부터 9월까지 제3차 정간 처분을 당했다. 1936년 8월 동아일보는 손기정 선수의 일장기 말소 사진을 게재했다 해서 다음 해 6월까지 제4차 정간 처분되었다. 그해 11월 총독부 압력으로 고하는 사장을 사임했다. 1937년 6월 동아일보가 복간되고 고하는 고문으로 취

---

33 위의 책, 476쪽.
34 위의 책, 337~347쪽.
35 위의 책, 408~419쪽.

임했으나 1940년 8월 마침내 강제 폐간되었다. 일본이 패망한 후 1945년 12월 1일 동아일보는 중간(重刊)되고 고하는 세 번째로 사장 직책을 맡았다.

1921년 2월 하순 동아일보가 속간될 무렵 고하는 동아일보사의 주식회사 설립을 위해 분망한 가운데 때때로 중앙학교 강의도 하고 신문과 잡지에 논설을 기고하였다. 중앙YMCA는 YMCA연합회와 함께 1921년 3월 12일 《청년》지(誌) 창간호를 발행했다. 그 발간 목적은 사고에 밝혀져 있듯이 "건설적 사상과 향상적 문학을 소개하여 그리스도의 정신을 보급케 함"이었다.[36] 고하는 이 잡지에 남녀교제에 대한 의견을 기고하였는데, 이 단편적인 글은 개인의 이성적 판단과 자율적인 결단, 양성 조화와 문화 발전을 옹호하는 자유민주주의자 고하의 생각을 담고 있다.

"신사 숙녀의 교제는 [⋯] 지식을 상자(相資)하며 선악을 상계(相戒)하여 이성으로 교(交)하고 신념으로 접(接)하나니 도리어 남의 강(强)과 여의 유(柔)가 서로 감화를 급(及)하며 화기를 발하여 원만한 사회가 현출될 것이며,"

"개성의 발전은 인류의 중대한 문제다. [⋯] 지금까지 남자만 전횡하던 사회운동을 그 범위를 확대하여 공동협력하면 문화의 발

---

36 민경배, 《서울YMCA운동 100년사, 1903~2003》, 223, 298쪽; 민경배(감수), 《사진으로 보는 서울YMCA 운동 100년》(서울: 서울YMCA, 2004), 29쪽.

전이 배나 속(速)할 것이니 만일 공동협력이 필요하다하면 그 전제로 남녀교제를 긍정할 것이다."

고하의 일대기에 그가 민족운동을 선도한 기독교인 윤치호나 이상재를 언제 처음 직접 만나게 되었는지가 분명하게 적혀 있지 않다. 그러나 1920년대 초 동아일보 사장으로 활동하면서부터는, 특히 민립대학설립운동을 계기로 이상재와 더불어 협력하고 동지가 되었음은 분명하다. 민립대학설립운동을 최선봉에서 주도한 월남은 당시 조선교육협회 회장, 중앙YMCA 고문, 조선일보 사장을 맡고 있었다. 고하는 민립대학설립운동에 동참하고 동아일보를 통하여 홍보함과 동시 기금모금에 노력하였다.

1923년 3월 29일부터 사흘 동안 민립대학발기인 총회가 중앙YMCA 회관에서 개최되었는데, 총회에는 발기인 1,170명 중 462명이 참석하였다. 물론 신흥우 YMCA연합회 총무와 구자옥 중앙YMCA 총무를 비롯한 YMCA와 기독교 인사들이 대거 참여했다.[37] 민족의 운명을 개척하기 위한 교육 문제를 해결하려면 고등교육 기관인 대학설립이 필요하다고 천명했다. 중앙집행위원회는 이상재, 이승훈, 최린, 조만식, 송진우, 이갑성, 현상윤 등 30인으로, 감사위원회는 김병로, 김성수 등 7인으로 구성되었다. 민립대학기성회 위원장으로서는 월남을 추대했다.[38] 동아일보는 민

---

37 민경배, 《서울YMCA운동 100년사, 1903~2003》, 222쪽.
38 (재)고하송진우기념사업회, 《독립을 향한 집념: 고하 송진우 일대기》, 319쪽.

립대학설립운동을 '민중문화의 선구', '최초의 가장 큰 민중운동', '우리 민족의 생명운동이요 문화운동'이라고 찬양하였다.[39]

조선총독부는 민립대학설립운동을 단순한 교육 운동이 아니라 정치 운동이라고 판단했다. 조선인 학생을 위한 민립대학 설립을 중단하도록 종용하고 기성회 인사들을 감시하며 기금 모집을 방해했다. 한편, 일제는 관립 경성제국대학의 설립을 서둘렀다. 아쉽게도 민립대학설립운동은 가시적인 결실을 보지 못했다.

1923년 9월 일본에서 간토(關東)대지진으로 조선YMCA 건물이 타버려 복구를 위해 기부금을 모금하게 되었다. 도쿄조선YMCA 총무 극웅(極熊) 최승만은 서울에 와서 고하를 방문하고 모금 지원을 요청했다. 고하는 기부금을 낼 만한 사람을 소개, 연락하고 기부금 제공자는 동아일보 지면에 보도하였다.[40] 후일 최승만은 고하를 돕기도 하였다. 즉 1929년 3월 인도의 독립투사이자 시인인 타고르가 일본에 들르게 된 것을 알고, 최승만에게 부탁하여 조선이 '동방의 등불'이라고 읊은 시 한 수를 받아 그해 4월 3일 동아일보에 게재했다.[41]

고하는 1920년대 중, 후반 YMCA의 국제활동에 동참하여 YMCA 인사들과 친밀히 교유하기도 했다. 1921년 태평양 연안 민족의 평화와 행복을 위해 협력을 추진하는 기구인 범태평양협

---

39 http://100.daum.net/encyclopedia/view/14XXE0020095.
40 (재)고하송진우기념사업회, 《독립을 향한 집념: 고하 송진우 일대기》, 334쪽.
41 위의 책, 443~445쪽.

회(The Pan-Pacific Union)가 발족하였다. 이 기구는 1925년 7월 제1회 범태평양민족회의를 하와이에서 개최하였다. 여기에 조선을 비롯하여 미국, 호주, 캐나다, 일본, 중국, 필리핀, 뉴질랜드 등의 민족대표가 초청되었다. 이 회의 제1부에서 문화, 종교, 교육, 사상, 습관, 예술 문제를, 제2부에서 경제와 상업 문제를, 제3부에서 인종과 인구 문제를, 제4부에서는 정치문제를 각각 토의하기로 되어 있었다. 조선 대표로는 신흥우(당시 YMCA연합회 총무), 유억겸, 김양수, 김활란, 그리고 재미 서재필(徐載弼) 등 YMCA의 주축 인사들이 참석했다. 이러한 YMCA 국제활동에 동아일보 주필인 고하는 초청을 받았고, 특파원 자격을 겸하여 1925년 6월 중순 하와이 방문 장도에 올랐다. 하와이 현지에서 이승만을 도쿄에서의 첫 대면 이후 15년 만에 다시 만났다. 고하는 독립국가 이념으로서 자유민주주의에 대한 믿음을 더욱 다지게 되었다. 고하는 8월 하순 귀국하였다.[42]

고하는 "태평양회의의 양상(洋上)생활"이라는 제하의 현지보도 기사를 송고했다. 이 회의에서 조선대표단은 약소민족 문제의 합리적 해결, 경제적 제국주의의 타파, 인류 평등의 대원칙 확립을 주장했다. 고하는 귀국 직후 "세계대세와 조선의 장래"라는 명논설을 8월 28일부터 9월 6일까지 15회에 걸쳐 동아일보에 게재하였다. 이 글은 우선, 고조선부터 근대의 개국, 경술합방, 항일과

---

42 위의 책, 372~377쪽; 민경배, 《서울YMCA운동 100년사, 1903~2003》, 214~215쪽.

3·1운동에 이르기까지 조선 역사를 통찰하면서, 민중의 각성을 이룬 조선민족의 진화를 역설한다. 그리고, 세계정세 추이의 큰 흐름을 분석한다. 열강의 침략적 제국주의, 세계대전의 발발, 레닌의 혁명, 윌슨의 민족자결주의, 국제연맹의 균열, 일본 내정의 혼란, 미국과 소련의 대결, 독일과 프랑스의 각축과 영국의 정책, 일본의 대미 정책, 중국의 내부 사정, 열강의 복잡한 동향을 짚어본다. 끝부분에서는 조선 문제의 해결로 돌아가 일본 군부의 침략적 제국주의를 비판하고 조선민족이 무엇을 할 것인가를 논급했다.[43]

세계 양차 대전의 전간기에 고하는 미국과 소련의 대결을 예견하는 선각적 인식을 보여주고 있다.

"세계대세의 조류는 확실히 지중해에서 대서양으로, 대서양에서 태평양 방면으로 이동하여 오는 것이 과거의 사승(史乘)에 조(照)하여 소소역력(昭昭歷歷)한 사실이다. […] 이십세기는 적로(赤露) 사상의 발전시대라는 것이 정당한 견해일 것이다. 자본주의의 모범인 미국과 사회주의의 대표적인 적로가 태평양을 격(隔)하여 양양상대(兩兩相對)하여 발흥되는 것은 과연 불원한 장래에 그 무엇을 암시하고 있는가. 협조할까. 충돌할까. […] 세계대세의 운명이 이에서 결정될 것이며 또한 인류의 문화상 총결산이 이에서

---

43 (재)고하송진우기념사업회, 《독립을 향한 집념: 고하 송진우 일대기》, 378~407쪽.

감정(勘定)될 것은 상상키 불난(不難)할 바가 아닌가."

고하는 소련을 전적으로 부정적으로만 바라보지는 않았다. 혁명이 내세운 평등 정신, 조선 독립을 위한 소련의 지원 가능성에 비추어 소련을 부분적으로 긍정하면서도 전체적으로, 소련은 "적나라하게 세계적으로 난봉 행세를 하는 적로(赤露)"라고 규정했다. 반면, 자유민주주의와 자본주의에 바탕을 둔 '모범국' 미국에 대한 긍정적인 시각을 표출했다. 장차 전개될 수 있는 미소대결 와중에서 조선민족이 자유민주주의 길을 걸어야 할 것을 시사했다.

고하는 이 논설의 말미에서 열강의 향배에 조선민족의 장래를 맡길 수 없으며 민족의 단결과 자력에 의한 조선 문제의 해결을 주장했다.

"우리의 주의와 목표는 언제든지 민족적으로 자유·생존·평화의 3대 이상에서 그 출발점을 작(作)할 것이요, 결코 증오·배척·침략적 관념에 지배될 것은 아니다. 이러한 의미에서 우리는 첫째로 민족적 자유를 해결할 것이요, 둘째는 사회적 생존권을 보장할 것이요, 셋째로 세계적 평화에 노력할 것이 아닌가. 이 곧 조선민족의 웅위한 포부가 될 것이며 또한 원대한 경륜이 될 것이다." "[…] 오인(吾人)은 외세의 파동보다 타력의 원조보다, 중심세력의 확립과 자체 세력의 해결을 절규 역설하는 바이다. 요컨대 조선 문제는 민족 자체의 단합이 확립하는 그 날로부터 해결될 것을 확신하는 바이다."

하와이에서 돌아온 고하는 1925년 11월 28일 이상재, 윤치호, 조병옥, 안재홍, 유억겸 등 20여 명과 함께, 태평양문제연구회를 결성하여 종교, 경제, 이민 및 외교 문제를 연구하고, 하와이 소재 범태평양협회에 상주위원을 파견할 것을 결의하였다. 그리고 1929년 일본 교토에서 열린 제3회 범태평양회의에 윤치호, 유억겸, 백관수, 김활란과 함께 참석하였다.[44]

동아일보 주필이던 고하는 제2차 정간 사건으로 수감되었다가, 1927년 2월 특사로 석방되어 얼마 되지 않은 3월 29일 월남은 78세 일기로 별세했다. 당시 월남은 그해 2월 중앙YMCA 강당에서 민족주의 세력과 사회주의 세력의 연합으로 결성된 신간회의 회장이었다. 장례는 사회장으로 치러졌고, 고하는 윤치호, 안재홍, 백관수, 김성수, 홍명희 등 각계인사를 포함하는 장의위원회에 참여했다. 고하가 월남 영전에 바친 만장(挽章)의 후반을 아래에 인용한다.[45]

"선생은 나라를 근심하고 일신은 근심치 않으시어(先生憂國不憂身), 머리는 희고 마음은 붉어 늙을수록 더욱 참되었네(頭白心丹老益眞). 오늘날 홀연히 우리를 버리고 가시니(今日然棄我去), 고래와

---

44 위의 책. 422~423쪽.
45 위의 책, 422~423; 민경배,《서울YMCA운동 100년사, 1903~2003》, 267쪽.

악어 같은 거센 물결에 갈피 못 찾네(鯨濤鰐浪自迷津)."

동아일보는 1927일 4월 1일 자로 월남의 장서(長逝)에 대한 애사를 게재했다.

"파란중첩한 민족의 운명을 그대로 표상한 기구한 일생을 통하야 의기와 강의(剛毅)로 관(貫)한 그 인격 그것이 즉 선생의 사업인 것이오, 타에 비(比)를 구(求)치 못할 위대한 업적이 아니냐. […] 정치의 표면상 경장(更張)만으로 조선을 구하지 못할 것을 자각한 옹은 오십세 노구로 단연히 기독교에 신(身)을 투(投)하야 민족적, 정신적 갱생을 철저히 주장하여 왔다. […] 하여 의연히 사회의 주석(柱石)을 이루었다."

일제는 1930년대에 들어 만주사변 발발부터 패망까지 전쟁을 위해 한반도를 병참기지로 삼고, 인적·물적 자원의 수탈과 동원에 혈안이 되었다. 이런 시대적 배경에서 동아일보 사장 고하는 1931년부터 1934년까지 '브나로드운동'이라는 농촌계몽운동을 전개하였다. 브나로드운동은 야학을 개설하고 한글 이외에도 위생, 음악, 연극도 지도하면서 민족의식을 고취했다.[46]

일제는 민주사변 이래 기독교에 신사참배를 강요하여 조선

---

46 (재)고하송진우기념사업회, 《독립을 향한 집념: 고하 송진우 일대기》, 481~493쪽.
47 위의 책, 527~531쪽; 김명구, 《한국기독교사 1: 1945년까지》, 521~535쪽.

기독교의 내분과 해체를 가져왔다. 고하는 1934년 이래 평양 숭실전문학교의 신사참배거부운동이 전개되었을 때 맥큔(George Shannon McCune, 尹山溫) 학장의 신사참배거부를 사설을 통해 옹호하였다. 고하는 기독교 신자가 아니었지만 인간 본래의 권리인 신앙과 종교의 자유를 내세워 일제의 신사참배 정책을 강력히 비판했다.[47]

언론인으로서 일제와 타협하지 않고 민족운동에 전념하던 고하는 일제가 동아일보를 폐간시키고 말기적으로 극심한 탄압을 일삼게 되어 칩거하면서 해방을 기다렸다. 1944년 말 단파방송을 청취한 설의식을 통하여, 그리고 1945년 5월경 일본 외무성에 근무하던 장철수로부터 막바지에 이른 2차대전과 연합국 동향에 관하여 상세한 정보를 얻었다.[48]

VI. 일제 강점기 고하의 심화한 자유민주주의 사상

고하의 "자유권과 생존권"은 당대에 진보적으로 심화한 그의 자유민주주의 사상을 말해주는 명논설이다. 이 글은 1925년 1월 12일부터 15일에 4회에 걸쳐 동아일보 사설로 발표되었고, 1932년《삼천리》4월호에도 게재되었다. 우선, 고하의 사상에서 개성을 발휘할 수 있는 자유의 고귀함이 일관되게 강조됨을 알

---

48 (재)고하송진우기념사업회,《독립을 향한 집념: 고하 송진우 일대기》, 625쪽.

수 있다.

"사람으로서 자유권이 없으면 우상이며 노예다. 환언하면 인격의 내용은 자유의사가 중요한 요소이다. […] 우리는 […] 가장 영묘한 자유적 심리를 가진 사람이다. […] 차라리 자유를 구하여 얻지 못하면 죽음을 구하여 얻을 것이다. […] 자유 없는 곳에 행복이 없으며 환희가 없으며 […] 발전이 없는 것이다. 아! 자유, 자유, 오직 이 인류의 신상(神象)이며 우리의 생명인 것을 철저히 맹성하자."

그런데, 물질적으로 인간다운 생활을 영위하지 못하는 사람, 굶주려 죽어가는 사람이 자신의 개성을 발휘하는 자유를 누리고 있다고 할 것인가? 이런 궁핍한 사람을 그대로 놓아두는 것이 개인의 자유를 보장하는 것인가? 자본이 독점되고, 빈익빈(貧益貧) 부익부(富益富)의 불평등이 심화하는 자본주의를 방임하면서 개인 간의 협력, 사회 발전과 인류 평화를 가져올 수 있는가? 이러한 문제에 당면하여 고하는 소중한 자유권을 고양하기 위해서 생존권이 중요함을 주창한다. 고하의 자유 관념은 소극적 자유를 넘어 적극적 자유로 확장되었다. 고하는 개인의 능력을 실현하는 자유권과 동시에 인간이 사람됨을 잃지 않기 위한 조건으로서 확보되어야 할 생존권을 강조하기에 이르렀다. 생존권은 적극적 자유를 누리기 위해서 전제되는 요건이다. 생존권은 생활권적 기본권, 또는 사회권과 동의어로서 국가에 대해 인간다운 생활의 보장을 요구할 수 있는 권리이다. 1919년 독일 바이마르 헌법은 이러한 권리를 최초로 제정한 헌법으로 알려져 있다. 고하는 생존권 보장이 자본주의 병폐를 치유하고 개인 간의 실질적 평등을 기하여 계급갈등과 폭력혁명으로부터 자유를 보호하는 길임을 인식하였다. 그리하여 자유권과 생존권은 분리할 수 없으며 상호 균형이 필요함을 설파하였다.

"선진국가의 자본주의의 성숙됨을 따라서 그 정략이 일변하여 일층 교묘하고 악랄하게 된 것이 사실이다. […] 생존권의 보장을 기조로 하고 내용으로 하는 자유가 아니면 특수계급의 전횡방종을 조장할 뿐이다. 그러므로 완전한 자유는 평등에 있고 평등의 기조는 생존권 보장에 있을 것이다. 생존권이야말로 평민문화의 토대가 될 것이며 핵자(核子)가 될 것이다. […] 우리가 새 생명을 개척하고 새 문화를 수립하는 전제로 철저히 생존권의 보장을 절규치 아니하면 안 될 것이다."

고하는 이 글에서 구체적이지는 않지만, 생존권 보장을 목표로 하는 사회운동의 방향을 암시하기도 했다. 개인의 무절제한 사욕과 무제한의 사유재산은 부정적으로 보았다. 오히려 자원의 공동 개척과 관리가 필요함을 주장했다. 개인이 사회에 대하여 최소한의 생존권을 요구할 수 있고, 사회는 개인의 생존권을 확보해야 할 의무가 있다고 확언한다. 경제적 평등을 실현하는 데 있어서 자유권을 위협하는 러시아 혁명보다는 자유권과 생존권 요구가 함께 가는 영국 노동당과 일본 무산정당을 예로 들어 의회주의적, 합법적 방식에 긍정한다. 필자는 이 대목에서 고하가 사회민주주의자로 변모했다고까지는 해석하지 않는다. 다만, 고하는 정치적인 자유를 지킴과 동시에 경제적 불평등을 해소하려는 문제의식 아래 고뇌한 당대의 진보적인 열린 자유주의자였다고 본다.

"이 지구는 인류의 공유물(共有物)이다. 공유물인 이상에는 공동이 개척하여야 할 것이며 공동(共同)히 관리하여야 할 것이다. 이를 구획하며 이를 사유하는 것은 정의의 패려(悖戾)며 인도(人道)의 반역이다. 하물며 현재의 문화의 총화는 전인류의 공작(共作)이다. 그러므로 그 문화의 향락은 공수(共受)하여야 할 것이다. 이에서 사회의 연대적 책임감이 생(生)하며 평등적 관념이 발하며 노동 숭배의 진리가 존(存)할 것이다. 그러고 보면 개인으로 사회에 대하여 최소한도에 있어서 최후의 생존권을 주장할 이유가 자임하며 사회에서도 각개의 생존을 확보할 의무가 고유할 것이다."

"폭력으로써 최후의 승리를 득하여 전세계를 경이케 하였던 노농 노서아도 없지는 아니하나 […] 합리적 운동의 경향이 유행하는 것도 불무(不誣)할[왜곡하지 못할] 사실이다. 영(英)의 노동당 내각과 일(日)의 무산정당의 출현은 다 이것을 의미하는 것이 아닌

가. […] 사회운동에 있어서도 자유권을 아울러 주장치 아니하면 아니될 것이다."

고하는 일본 유학 시절 강의실 안팎에서 학습과 독서에 열정을 보였고, 조선유학생 동료와 선후배는 물론 일본인 지식인과도 접촉하고 토론하였다. 고하가 수용한 자유주의는 이미 고전적인 자유주의에 그치지 않고 개인의 자기실현 조건을 마련하는 국가의 의무를 주문하는 이상주의적 신자유주의였다. 생산수단의 공동소유(=사회화) 또는 공적(公的) 소유(=국유화)를 요소로 하여 경제적 평등을 실현한다는 사회주의 사상도 접했다. 그런데 고하가 프롤레타리아혁명을 외치는 마르크스주의에 잠시라도 감동했다는 기록은 찾아볼 수 없다. 19세기 말 독일의 베른슈타인(Eduard Bernstein)이 의회제도를 통한 점진적인 사회주의를 추구한 개량주의적(evolutionary, reformist, revisionist) 사회민주주의에는 마음이 열려있었다고 생각한다. 고하는 사회주의가 폐지하려는 경제적 불평등을 발생시키는 자본주의의 병폐를 인지하였기 때문이다. 그러함에도 고하는 계급모순의 해소보다는 일제 지배로부터 민족이 독립하여 자유를 찾는 것을 우선으로 내세웠다. 고하는 자신이 신봉한 자유민주주의 사상의 외연으로서 접목되는 한도까지는 사회민주주의 주장에 귀 기울이고 수긍했다. 또한, 도쿄의 조선YMCA를 거점으로 기독교 인사들과 교유하면서 신부적 인간관, 사회복음주의, 더 나아가서는 기독교사회주의로부터 소중한 교시를 받았을 것이다.

"자유권과 생존권" 논설에서 잘 나타나는 바와 같이, 고하는 1920년대 중반 이후 정치적 자유를 넘어서 경제적 평등 문제에 깊은 관심을 경주했다. 그의 자유민주주의 사상이 진보성을 강화하는 방향으로 심화한 것이다. 우선, 1920년대 국내외 정세 변화가 미친 영향을 좀 더 살펴볼 필요가 있다. 1917년 볼셰비키혁명을 성공시키고 공산주의 국가 소련을 세운 레닌은 자본주의 철폐와 반제국주의를 외침으로써 식민지 지식인과 독립운동가를 고무하였다. 일본, 러시아, 상하이를 비롯한 국외 지역과 국내에서 러시아의 조선독립 지원에 대한 기대가 고조되고 혁명을 통한 유토피아 건설을 지향하는 주장과 세력이 대두되었다. 1918년 이르쿠츠크 공산당 한인지부가 출현했다. 기독교 전도사로서 신민회에 가담하여 항일운동을 했고, 북간도로 망명하여 무장투쟁을 벌이던 이동휘는 하바롭스크에서 한인사회당(후에 고려사회당)을 결성했다. 이는 1919년 이동휘가 상해로 활동무대를 옮기면서 고려공산당으로 개칭, 확대되었다. 국내에서도 1925년 조봉암, 김약수, 박헌영 등이 조선공산당을 창당하였다. 당시 박헌영은 청년조직을 이끄는 역할을 맡았다.[49]

1920년대 이후 항일운동은 민족주의 세력과 사회주의 세력의 두 축으로 전개되었다. 자본주의가 가져오는 불평등 문제를 인식

---

49 김명구, 《한국기독교사 1: 1945년까지》, 395~400쪽.

하는 고하는 사회주의가 지향하는 바를 무시할 수 없었다. 하지만, 고하는 사회주의 계통 가운데 착취와 불평등을 가져오는 자본주의를 혁명으로 철폐하고 재산의 공동소유와 경제의 국가통제로 유토피아를 건설하자는 공산주의를 결코 수용하지 않았다. 진보적인 자유민주주의자 고하는 사회민주주의와 접점을 찾을 여지는 있었다. 사회민주주의는 개인의 자유를 훼손하지 않으면서 사회경제적 불평등 해소에 접근하려는 입장이기 때문이다. 자유민주주의와 사회민주주의는 그 근원에서 차이가 크다. 전자는 자유, 후자는 평등 가치를 우선한다. 그러나 자유와 평등이 모두 소중한 가치이고 양자를 조화시키려는 관점에서는 수렴의 여지가 있는 것이다. 고하가 자유권과 생존권을 불가분의 관계로 파악하고 균형을 모색하려는 바가 그것이었다. 하지만 고하를 사회민주주의자로 볼 수는 없다. 1920년대 독일, 스웨덴, 영국 등의 사회민주주의는 자유민주주의 정치제도를 활용하기는 했지만, 사회경제적 평등을 실현하는 생산수단의 국유화와 전면적 계획경제라는 수단을 공식적으로 포기하지 않았다. 고하는 자본주의를 부정하여 대체하는 대안을 모색하기보다는 그것을 관리하고 규제해야 한다고 생각했다. 적극적이고 포용력 있는 진보적 자유민주주의자로서 고하는 사회민주주의적 정책을 보완책으로 인정했다고 말해야 할 것이다. 고하는 일본에서 유학하고, 귀국 후 3·1운동 기획에 앞장서며, 언론인으로서 민족운동에 헌신하는 동안 많은 YMCA 인사를 비롯하여 기독교 민족운동가들과 접촉하며 줄

곧 협력하였다. 고하는 자신이 기독교 신자는 아니었으나 YMCA 운동에 적극적으로 동참하였다. 이에 비추어 고하가 진보적 자유민주주의 사상을 심화하는 과정에서 기독교의 영향이 크다고 할 것이다. 고하는 자기 입장이 서기 전에는 완고하지 않고 다른 사람들의 뜻을 진지하게 경청하는 신중한 성격의 소지자였다. 고하 자신이 구령(救靈)을 찾아 입교하지는 않았으나, 월남이나 설산과 만나면서 기독교의 가르침, 특히 사회복음주의 메시지를 외면했을 리가 없다. 고하는 생존권을 중시한다고 유물론자는 아니었다. 그는 보편적인 정신적 가치를 더욱 중시하면서 개인과 민족의 자유, 인류 평화에 관한 메시지를 전파하는 기독교 교리와 충분히 상통하는 사상을 내면화하였다.

고하가 자신의 자유민주주의 사상을 심화하는데, 영향을 크게 준 기독교 민족운동가는 이상재, 이승만, 장덕수를 손꼽을 수 있다. 이 세 인물은 기독교의 사명이 개인구령에 그치지 않고 사회와 국가의 구원으로 이어져야 한다는 사회복음주의를 굳게 믿었다. 조선 땅에 하나님의 나라를 세우겠다는 의식이 확고했다. 천황을 신격화한 일제에 저항하는 민족운동에 나설 수밖에 없었다. 이상재는 기독교 민족운동가들에게 선구적인 스승이었다.[50] 그는 신부적 인간관과 신부적 국가관을 믿었고, 자신을 따르는 사람들에게 심어주었다. 신부적 국가관은 역사의 주관자가 하나님

---

50 위의 책, 429~432쪽.

이라는 인식을 전제로 하나님의 정의를 구하는 것이 국가의 목적(telos)이라고 고백한다. 이런 신앙적 입장에서는 '가이사의 것'과 '하나님 아버지의 것'이 다르다고 하여 국가와 교회가 분리될 수 없다. 교회와 국가 모두 하나님의 뜻을 향해야 한다.

진보적 자유민주주의자 고하는 일제의 경제적 수탈로 인한 궁핍한 민중의 삶을 직시하였다. 백성의 대다수가 농민이고 그 가운데 상당수가 소작인으로 피폐한 생활을 면하지 못했다. 일제는 토지조사 사업을 토대로 조선의 상당수 토지를 점탈(占奪)하고, 조선을 일본의 식량보급 기지로 만들었다. 토지에 대한 지주의 권리만 일방적으로 인정하고 농민이 관습적으로 누려왔던 경작권을 부정하였다. 인구의 8할 이상을 차지하던 농민의 삶은 갈수록 궁핍해졌다. 조선총독부 농림국과 식산국의 농가호수 구성비 통계에 의하면, 1916년 지주 2.5%, 자작농 20.1%, 자작겸 소작 40.6%, 소작농 및 화전민 36.8%였다. 그 후 1920년, 1925년, 1932년까지 구성비의 변화는 이러했다. 지주는 각 년 3.3~3.8% 사이에서 변화의 폭이 상대적으로 크지 않았다. 그런데 온전한 자작농은 1920년 19.5%, 1925년 19.4%, 1932년 16.3%로 줄어갔고, 자작 겸 소작 농가는 1920년 37.4%, 1925년 34.5%, 1932년 25.4%로 크게 줄었다. 전적인 소작농(화전민 포함)은 1920년 39.8%, 1925년 42.2%, 1932년 54.8%로 대폭 늘었다. 자작농이나 자, 소작농은 토지를 잃고 소작농이나 화전민으로 전락하였다. 1924년 발표에 의하면 소작료는 전국적으로 수확량의 평균 50% 정도였고, '남도 어떤 곳'에서는 60~80%의 고율이었다. 1920년부터 시작된 산미증식계획은 소작농에게 있어서는 수리조합비나 비료 대금을 비롯한 각종의 비용부담을 증가시켰다.[51]

고하는 1929년 1월 《조선지광》에 발표된 "소작입법의 필요"라는 글에서는 백성의 대다수가 농민이고 그 가운데 상당수가 소작인으로서 피폐한 생활을 면하지 못하는 현실을 비판적으로 고찰하였다.

"소작인에 대하여는 그 지위를 법률 혹은 기타 필요한 방법으로써 보장하여야 하겠다. […] 이에 대하여는 혹 이렇게 말할 것이다. 법리상으로 보아 소유권과 충돌되는 점이 있는 것인즉 불가하다고[…] 토지의 소유권이란 […] 결코 절대적이라고는 말할 수 없는 경우가 다(多)하니 토지의 수용령과 같은 것은 이의 일례라고 하겠다. 토지의 수용령이란 것이 결국 그 국가적 이익이나 또 사회적 이익을 위하여 하는 것인 이상 소작법이란 것이 그 국가적 혹은 사회적 이익을 위하여 필요하다고 하면 결코 불가하다고 할 수 없는 것이 아닌가! […] 소작문제가 점점 심각화하여 그 영향이 농업생산의 소장(消長)을 좌우하게 된다면 이는 국가적 견지로

---

[51] 조선총독부 식산국 조사 통계는 민경배, 《서울YMCA운동 100년사, 1903~2003》, 231~232쪽에서 재인용; 조선총독부 농림국 조사 통계는 교육과학기술부·국사편찬위원회·국정도서편찬위원회, 《고등학교 국사》 (서울: 두산동아(주), 2010), 181쪽에서 재인용.

보아서 그대로 방임할 수 없는 일이오, 사회적으로 보아서도 어떻게나 해결치 아니하면 안 될 것이 아닌가!"

"지주는 무엇보다도 공존공영이라는 생각으로써 소작인의 지위를 보장하고 소작인을 지도하여서 농업의 보다 더한 발전을 기하여야 할 것이다. 지주 중에는 간혹 각성한 사람들도 없는 것은 아니지만 대다수는 완강하여 가렴주구(苛斂誅求)를 시사(是事)로 하는 자이니 만일 지금 현상(現狀)과 같이 추진되는 때는 농촌의 피폐는 더욱 심각화하여 실로 중대한 영향을 초치(招致)케 할 것이다."

농업이 산업의 근간이었던 식민지 조선에서 농민과 농촌이 겪는 곤궁에 고하는 이성적으로나 감성적으로 심각한 문제의식으로 대응하였다. 경제적으로 빈궁한 민중 다수가 진정한 자유를 누리려면 심대한 경제적 불평등 상황을 타개하지 않을 수 없다. 진보적 자유민주주의는 평등을 주창하는 사회주의 이념을 전적으로 배척할 수 없고 오히려 그것과의 접점을 당연히 모색하여야 할 것이다. 생존권을 주장하는 고하는 이러한 맥락에서 불평등 해소를 위해 경제의 일부 부문에 대한 국가개입을 수용하게 되었다.

그렇지만 폭력혁명으로 프롤레타리아 계급의 독재를 외치고 실질적 평등과 집산주의(collectivism)를 명분으로 개인을 억압하는 부류의 사회주의와는 명백히 선을 긋고 대립했다. 고하가 일본에서 유학하던 1910년대 중반 일본의 지성계에는 자유민주주의와 더불어 이미 마르크스주의가 영향력을 발휘하고 있었다. 그러나 고하는 당시부터 불행한 서거 때까지 일관적으로 공산주의나 공산당 세력에 동조하지 않았다.

볼셰비키혁명으로 수립된 소련에서의 산업 국유화와 전면적 통제경제가 개인의 자유를 억압하는 전체주의로 나타났으며 외치던 평등조차 구현하지 못했다. 중국에서는 1924년 초에 시작된 국민당과 공산당 간의 제1차 합작이 1927년에 들어 결렬로 치달았다. 1920년대 중반 '자치론' 시비를 놓고 국내 공산주의자들이 동아일보에 대하여 퍼부은 비난과 매도(罵倒), 신간회에서 공산주의자들이 계급을 앞세워 민족주의 계열을 분열시키고 그 조직의 해소를 가져온 것 등을 경험하면서 고하의 공산주의 세력에 대한 불신은 더 깊어졌다.[52] 해방정국에서 고하의 건국 활동은 그 기저에 반공 노선이 확고하게 자리를 잡고 있었다. 고하는 여운형의 조선건국준비위원회(건준)에 참여를 거부했다. 건준은 오래가지 않아 공산주의자들에 의하여 조선인민공화국(인공)으로 노골화되었다. 고하는 인공 타도를 외치며 이에 대항하는 움직임을 가속했다. 좌·우파 갈등이 점차 고조되는 상황에서, 고하는 현실적으로 통치권을 장악하고 있고 자유민주주의와 반공을 내세우는 미

---

52 (재)고하송진우기념사업회, 《독립을 향한 집념: 고하 송진우 일대기》, 425~426, 429쪽; 이철순, "고하 송진우의 독립 방략에 대한 고찰," (재)고하송진우기념사업회, 《고하 송진우의 항일독립과 민주건국 활동에 관한 연구》

군정을 일거에 배척하지 않았다. 미군정과 협력하면서 신국가를 건설하려고 했다. 이는 고하가 줄곧 견지해온 자신의 신념, 역사적 경험과 신중한 판단의 반영이었다.

VII. 해방 직후 고하의 건국 사상과 실천, 그리고 기독교

1945년 8월 15일 해방의 날부터 12월 30일 고하가 흉탄에 쓰러지기까지 불과 4개월여, 곧 1백 37일의 기간에 한민족은 격동의 회오리로 서서히 빨려 들어가고 있었고 앞날의 운명이 매우 불확실했다. 이런 중대한 국면에 처하여 민족주의자인 동시에 자유민주주의자인 고하는 일제강점기에 그러했던 것처럼 일관되게 원칙을 지켰다. 조선총독부와 타협하지 않고, 좌파 세력에 동조하지 않으며, 정세를 꿰뚫어 보면서 신중하게 행동하였다.

일제의 항복 직전 총독부가 행정권의 부분 이양을 교섭하고자 했으나 고하는 단호하게 거절하였다. 몽양(夢陽) 여운형, 민세 안재홍과는 이 점에서부터 달랐다. 항복이 임박한 일제와 타협하여 그 지배를 지속하게 되면 진정으로 국권을 회복하고 정부를 수립하는 것이 아니라고 생각했기 때문이었다. 고하는 승전국 연합국으로부터 이양받아야 정당하다고 믿었다. 또한 이양받는 주체는 해외의 독립지사 또는 임시정부가 되어야 한다는 것을 분명히 하였다. 고하는 임정이 3·1운동의 연장선상에서 조선 8도의 대표들이 집결해 출범하였기에 민족사적 정통성을 계승한 유일 합법적

망명정부로 해석하였다. 그리고 자유민주주의자인 고하는 대내적으로 민족 대표기구인 국민대회 또는 민중대회의 절차를 밟아 독립운동사적인 정통성과 민주적 정당성을 확보하면서 행정권을 이양받아야 함도 원칙으로 삼았다.

몽양은 8월 15일 아침 조선총독부의 교섭에 응해 그날 저녁으로 서둘러 16일 건준을 공식적으로 발족시켰다. 몽양은 건준 출범 시 안재홍, 김병로와 이인 등 중도와 우파 민족주의 세력의 건준 참여를 끌어냈고 17일 고하에게 재차 건준 참여를 직접 요청했으나 고하는 몽양에게 자중하길 요청하였다. 고하가 특히 문제시한 것은 몽양이 공산주의자들에게 휘둘리고 있다고 보았기 때문이다. 고하의 예견과 다름없이 9월에 들어 건준의 내홍은 깊어졌고 안재홍이나 우파 인사들이 탈퇴하였다. 9월 6일 박헌영을 위시한 공산주의 세력이 주도권을 장악하여 건준은 돌연 인공으로 변질하였다. 고하가 좌시할 수 없는 상황이 본격적으로 전개되었다.[53]

고하는 인공에 대항하여 중경임시정부 지지, 민족역량 총집결을 위한 국민대회 개최를 주장하며 우파세력 통합에 적극적으로 나섰다. 고하는 소련 주도의 공산주의 아래서는 민족과 국가의 번영이 가능하지 않다고 보았으며, 공산주의자들의 발호를 방관할 수 없었다. 9월 7일 미군이 진주하는 날에 고하의 주도 아래 국민대회준비회가 결성되었다. 그 취지서는 "우리 전국민의 당면한 관

---

53 위의 책, 651~659, 667~668쪽.

심사는 우선 국민의 총의로써 우리 재중경 대한민국임시정부(임정)의 지지를 선서할 것, 국민의 총의로써 연합 각국에 사의를 표명할 것, 국민의 총의로써 민정 수습의 방도를 강구할 것 등"을 천명하였다.[54]

고하는 건국과 국가 운영을 주도할 세력의 결집체로서 정당이 필요하다고 생각하여 한국민주당(한민당) 창당에 나섰다. 9월 16일 창당대회가 성공리에 개최되었다. 창당대회에서 독립운동 지도자로서 지명도가 높은 이승만, 김구, 오세창, 이시영, 서재필 등 7인을 영수로 추대하였다. 한민당은 창당 시에 대다수가 민족진영 인사였고 친일 세력에 의해 좌우되지 않았다. 고하는 공산주의에 반대하며 온건 성향의 사회주의 인사도 상당수 가담하도록 했다. 이 대회의 선언은 임정봉대를 재확인하고, '대중 본위의 민주주의'에 바탕을 둔 자주독립국 건설의 의지를 밝혔다. 21일과 22일에는 총회위임에 따라 당 조직이 확정되었는데 정당 운영의 실권을 갖는 중앙집행위원으로서는 1도 1총무의 원칙에 의거 원세훈, 백관수, 서상일, 김도연, 허정, 백남훈, 조병옥, 김동원을 포함한 총 8명의 총무가 선임되었는데 고하는 사실상의 당수인 수석총무로 추대되었다.

고하를 비롯한 한민당 수뇌부는 인공과 맞서 싸우면서 자유민주 정부를 수립하기까지 잠정적인 훈정기가 필요하다고 생각했

---

54 위의 책, 673~674쪽.

고 이에 근거하여 미군정에 협력하기로 하였다. 10월 5일 구성된 미군정의 고문회의에 한민당 인사가 대거 포함되었다.[55] 10월 16일 귀국한 이승만은 반공·반소·반좌파 입장을 명백히 밝혔고, 그 때문에 고하와 한민당은 이승만과 제휴를 확고하게 할 수 있었다. 11월 하순과 12월 초 김구를 비롯한 임정요인들도 귀국하였다. 12월 19일 준비회는 서울운동장에서 임정 귀국을 환영하는 대회를 개최했다. 임정봉대론을 내세웠던 고하와 한민당은 임정 세력을 환대하였다. 하지만 임정 세력이 '국내인사숙정론'을 거론하면서 고하와 임정 지도자들 사이에는 차츰 간격이 생기게 되었다.[56]

12월 중순부터 하순까지 모스크바에서 열렸던 미·영·소 3개국 외무장관 회담의 결정이 28일과 29일 국내에 알려졌다. 합의문 전모가 아니라 그 결정 가운데 신탁통치 조항만 크게 부각되어 전해졌다. 임정 세력은 미군정과의 충돌을 불사하는 강경한 반탁 입장을 즉각 표명하였다. 고하는 미군정과의 충돌을 피하면서 신중하게 반탁하자는 주장을 피력했다. 28일 밤부터 29일 새벽까지 고하는 경교장에서 격론을 벌였다. 고하는 결코 찬탁을 주창하지 않았다. 29일 고하는 준비회 위원장 이름으로 "최후까지 투쟁하자"라는 담화를 내고 반탁의 입장을 분명히 밝혔다. 미군정을 정면으로 부인한 임정 지도자들과 달리 미군정과 협력하면서 독

---

55 위의 책, 683~693쪽; 윤덕영, "1945년 한국민주당 초기 조직의 성격과 주한미군정 활용",《역사와 현실》(제80호, 2011. 6.), 278쪽.
56 (재)고하송진우기념사업회,《독립을 향한 집념: 고하 송진우 일대기》, 700~714쪽.

립 정부를 수립하는 방법론을 주장했다. 다가올 새해 벽두부터 정국이 찬탁과 반탁으로 나누어져 요동치기 직전 고하는 12월 30일 새벽 56세의 나이로 암살되는 비운을 맞았다. 건국 과정에서 중추적 역할을 해낼 큰 인물, 고하가 안타깝게 쓰러지고 말았다.[57]

고하의 건국 사상과 행동이 기독교와 어떤 연관성을 갖고 있었는가를 논의하기 위해, 한민당의 조직과 정강 정책에 대하여 살펴보고자 한다. 한민당 초기의 조직에 관한 윤덕영의 연구에서는 한민당 참여 세력을 ① 동아일보 계열과 호남 출신 계열, ② 안창호가 이끌었던 흥사단·수양동우회 계열과 서북지역 기독교 계열, ③ 이상재와 이승만의 영향을 크게 받은 동지회·흥업구락부 계열과 기호지역 기독교 계열, ④ 기타 민족주의 세력(천도교 포함)과 ⑤ 사회민주주의(사회주의 우파) 세력으로 구분했다. 그리고 한민당 초기 조직은 ①의 세력이 주도하고, 기독교 양대 계열과 사회민주주의 세력이 연합하여 결성되었다고 결론지었다. 간부와 일반 당원을 포함한 참여자로 보아 김약수, 박명환, 원세훈, 유진희, 정노식 등 사회민주주의 세력이 10% 정도는 되고, 부장급 이상 간부 36명 중 친일 혐의 인사는 14%이었다. 이에 비추어, 초창기 한민당의 성격을 극우, 보수, 친일로 단순하게 규정하는 것은 사실에 부합하지 않는다.[58]

기독교 양대 계열 중 위 ③의 흥업구락부 계열은(①의 세력과 중

---

57 위의 책, 715~726쪽.
58 윤덕영, "1945년 한국민주당 초기 조직의 성격과 주한미군정 활용", 245~292쪽.

첩하기도 하는데), 백관수, 장덕수, 원세훈, 백남훈, 김도연, 허정, 조병옥, 구자옥, 오화영, 유억겸, 이갑성, 이원철, 송필만 등 YMCA의 간사, 교사, 이사 등을 역임한 경우가 많았다. 홍종연, 현동완, 김영섭, 이관구, 조정환, 이춘호, 최현배, 최두선 등도 흥업구락부 계열이고, 윤보선과 윤치영은 윤치호의 일족으로서 이상재를 스승으로 여기고 이승만을 지도자로 믿고 있었다. 그리고, ②의 흥사단과 서북지역 기독교 계열은(③과 일부 겹치기도 하지만) 백낙준, 김종덕, 김윤경, 이묘묵, 김동원, 김성업, 김병연, 오봉림, 이용설, 이대위, 이영학, 이훈구, 한승인, 오정수, 신윤국, 오천석, 현제명, 장발, 정일형 등으로 한민당 결성 초기에 가담하거나 적극적으로 협력했다.[59] 기독교 세력에는 양대 계열의 경우 모두 일본, 미국, 영국 등지에서 유학한 지식인들이 많았다. 그들은 공부와 생활 경험을 통해서 자유민주주의를 배우고 신봉하게 되었다. 일부는 기독교사회주의를 수용하였는데[60] 폭력적 방식으로 평등을 실현하려는 공산주의는 절대로 수용하지 않았다.

그런데, 다양한 세력의 연합을 성공시키는 데에 중심적 역할을 한 고하가 피살되자 초기 한민당의 조직이 그대로 유지되지 못했다. 중추적 지도자를 잃은 한민당의 조직은 정국이 격동하는 와중

---

59 위의 글; 김명구, 《한국기독교사 2 : 2007년까지》, 39~41쪽. 한민당의 조직에 관련하여 심지연, "한국민주당의 연구," 《한국민주당연구 I》 (서울: 풀빛, 1982); 심지연, "한국민주당의 구조분석," 《한국현대정당론》 (서울: 창작과비평사, 1984) 참조.
60 김명구, 《한국기독교사 2 : 2007년까지》, 12쪽.

에서 흔들리고 혼란에 빠졌다. 고하가 세상을 떠난 지 1년 남짓한 기간 안에 사회민주주의자 대부분이 탈당하였다. 고하와 가까웠던 김병로를 비롯하여 당대의 진보적인 민족주의 세력도 이탈하였다.

한민당의 5대 강령은 "① 조선민족의 자주독립국가 완성, ② 민주주의 정체 수립, ③ 근로대중의 복리증진, ④ 민족문화 앙양(昻揚)과 세계문화에 공헌, ⑤ 국제헌장 준수와 세계평화 확립"이었다. 아울러 8대 정책은 "① 국민 기본생활의 확보, ② 호혜평등의 외교정책 수립, ③ 언론, 출판, 집회, 결사, 신앙의 자유, ④ 교육 및 보건의 기회균등, ⑤ 중공주의(重工主義)의 경제정책 수립, ⑥ 주요 산업의 국영 또는 통제 관리(특수한 국가적 요청이 없는 한 자유주의 경제정책을 채택하되), ⑦ 토지제도의 합리적 재편성(경자유전의 원칙을 기초로 하여), ⑧ 국방군의 창설"로 열거되었다.[61]

1945년 12월 22일 고하가 라디오 방송으로 한민당의 정견을 발표하였다. 이는 그달 첫날을 기해 중간된 동아일보 12월 23일자에 보도되었다.

"정치적으로는 민주 의정체(議政體)를 수립해야 합니다. 독립한 국가가 될지라도 그 권력이 한 사람의 것이 되고 일 계급의 독재한 바가 된다면 무엇으로써 우리의 생명재산과 자유가 보장될 수 있겠습니까. 이런 국가나 사회에는 오직 마찰과 대립이 있을 뿐이

---

[61] (재)고하송진우기념사업회, 《독립을 향한 집념: 고하 송진우 일대기》, 681쪽.

니 우리는 만인이 기구하는 민주적 정치체제를 확립하지 않으면 안 될지니[…]"

"과거에 있어서는 자유에만 치중하고 균등에 있어서는 진실한 고려가 없었기 때문에 자본가가 이윤 추구에 방분한 나머지 경제적 균등의 기회는 파괴되고 따라서 근로대중의 생활은 그 안정을 잃었던 것입니다."

"우리는 정치적 민주주의가 독재적 전횡을 타파하는데 있는 것 같이 경제적 민주주의는 독점의 자본을 제재하는데 있는 것이니 진정한 의미의 경제적 민주주의는 그 정책에 있어서 사회주의 계획경제와 일치된 점을 발견치 못하리라고도 생각할 수 없습니다. 그러므로 대자본을 요하고 독점성을 띄운 중요 산업은 국영화 혹은 공영으로 해야만 할 것이오. 또한 토지 정책에 있어서도 종래의 불합리한 착취 방법을 단언 배제하기 위하여 일본인 소유 토지의 몰수에 의한 농민에게 경작권 부여는 물론이거니와 조선인 소유 토지도 소유를 극도로 제한하는 동시에 매매 겸병을 금하여 경작권의 전국적 시설을 촉진하여 민중의 생활을 권보하지 않으면 아니될 줄 믿습니다."[62]

---

62   위의 책, 682~683쪽.

토지제도와 관련한 고하의 견해는 『선봉』 잡지의 1946년 1월 호 연두 소감에서도 드러났다. 고하는 토지와 관련하여 "소작권 설정에 의한 국유제"를 실행하는 사회민주주의 혁명이 필요하다고 하였다.

한민당의 정강과 고하의 정견을 종합적으로 판단하면, 한민당은 큰 틀에서 서구지향의 자유민주주의 정치, 자본주의 경제와 국제규범의 준수를 표방하는 정당이었다. 조선공산당의 박헌영은 "송진우와 김성수를 중심으로 한민당은 지주와 자본가계급의 이익을 대표한 반동적 정당"이라고 비난했다.[63] 그런데도 한민당과 그 수뇌가 경제정책과 관련하여 '경제적 민주주의'라는 관념 아래 경제적 균등의 기회, 근로 대중의 복지, 대자본과 독점기업의 국영 또는 공영, 그리고 경자유전의 토지제도 등을 만천하에 내세운 점은 크게 주목받는다.[64]

경제적 민주주의는 그 정책에 있어서 사회주의 계획경제와 유사한 측면이 없지 않다고 하고, 토지제도 재편성을 '사회민주주의 단계의 혁명'이라고까지 표현한 바를 어떻게 해석할 것인가? 필자는 이 점에 비추어 고하를 사회민주주의자라고 규정하는 것은 여전히 무리가 있다고 본다. 고하는 독립된 국가의 경제생활 질서

---

[63] 박헌영, "현 정세와 우리의 임무," 심지연, "고하 송진우의 활동과 정치이념,"(재)고하송진우기념사업회, 《고하 송진우의 항일독립과 민주건국 활동에 관한 연구》 405쪽에서 재인용.

[64] 심지연, "고하 송진우의 사회관과 경제관," (재)고하송진우기념사업회, 위의 책.

와 경제정책 방향을 정하는 데 있어서 합리적이고 진보적인 자유민주주의자로서 당시의 경제 현실을 직시하여 판단했다. 고하는 이미 1920년대 이래 신문과 잡지에서 자유와 함께 균등이 보장되어야 한다는 신념을 피력했다. 철학 사상 면에서 서구의 자유주의는 19세기 말과 20세기 초에 이르러 개인의 자유를 보장하는 관점에서 국가의 시장 개입과 복지 제공의 의무를 처방하는 자유주의로 진화하였다. 자유민주주의 국가인 미국은 1930년대 경제 대공황을 극복하기 위해 민주당 출신 루즈벨트(Franklin D. Roosevelt) 대통령이 케인즈 이론에 토대를 둔 뉴딜(New Deal) 정책이라는 이름으로 수정 자본주의의 길로 나갔다. 공공부문과 사적 부문을 혼합한 경제체제에서 정부가 경제운용의 기본방향을 설정하여 관리하고, 공익사업의 국영화와 국민 복지의 확충을 추진했다. 이런 점에서 진보적 자유민주주의 정당은 서구의 사회민주주의 정당과 경제정책 방향에서 수렴되는 바가 많았다. 사회주의자를 자처하지 않더라도, 일제의 수탈과 지주의 가렴주구 결과 극심히 피폐해진 농민대중의 민생에 당면하여 경자유전 원리에 입각한 합리적인 토지정책을 강구하지 않을 수 없었을 것이다. 고하의 경제적 민주주의는 "공산주의 통제적 경제정책에 대한 우호적 인식"

---

65 양준석, "송진우의 국제지역 인식과 국가건설 사상," 《문화와 융합》 (44:10, 2022), 451~469쪽; (재)고하송진우기념사업회, 《고하 송진우의 항일독립과 민주건국 활동에 관한 연구》에 수록된 심지연의 "고하 송진우의 활동과 정치이념"과 "고하 송진우의 사회관과 경제관" 참조.

을 반영하는 것은 아니다. 한민당의 지도자 고하는 진보적 자유민주주의와 수정자본주의 이념을 반영하여 자본주의 병폐를 시정하기 위한 국가의 적극적 역할을 모색했다.[65]

1920년 6월에 창간된 《개벽》의 제2호(7월 25일 발간) 사설의 논자는 조선에서의 노동문제를 다루면서 '경제적「데모크라시」주의' '경제상 민주주의'라는 표현을 쓰고 있다. 이는 대지주(大地主)와 소작인이 문제를 자본주(유산자)와 고용인(무산자) 계급 간에 발생하는 문제로 파악하고 양 계급의 '조화 또는 평등 해결'을 추구하는 것을 의미했다.[66] 사회주의자들은 계급모순의 해소를 외치며 경제적 민주주의 개념을 사용하게 되었을 것이다. 신복룡 교수는 일제하 독립운동가와 "해방정국의 정치인 가운데 평등의 문제에 가장 고뇌했던 인물은 아마도 조소앙"이라고 하였다.[67] 정치적으로 균권(均權), 경제적으로 균부(均富), 교육적으로 균학(均學)을 의미하는 조소앙의 삼균주의는 1920년대 중반 이후 정립되었다. 조소앙은 그의 <건국강령(1941.11.)>에서 토지와 산업의 광범위한 국유화를 주장했다. 그의 삼균주의는 김구를 중심으로 한 한국독립당의 강령과 임정 시기 <대한민국임시헌장(1944.4.22.)>에 반영되었다.[68]

---

66   서희경, 《대한민국 헌법의 탄생: 한국 헌정사, 만민공동회에서 제헌까지》 (파주: 창비, 2012), 80~81쪽에서 재인용.
67   신복룡, 《한국정치사상사 하》 (파주: 지식산업사, 2011) 700쪽.
68   서희경, 《대한민국 헌법의 탄생》, 82~108쪽; 신복룡, 위의 책, 702~709쪽.

그런데, 해방 전에 경제적 민주주의에 관한 주장이 사회주의 계열만의 고유한 것은 아니었다. 고하가 조소앙을 필두로 한 평등 이론가의 직접적인 영향을 받은 것도 아니었다. 고하는 메이지대 재학 시 2년 정도 같은 대학의 조소앙과 가깝게 지냈다. 그런데 조소앙은 유럽을 비롯한 해외 지역에서 국제활동을 전개했고, 해방 후 귀국 시까지 주로 임정이 중심 무대였다. 사회민주주의자 조소앙은 김구 중심으로 민족지상주의적인 대한독립당에 오랫동안 몸을 담고 있었다. 고하와는 활동무대와 조직, 이념 성향이 모두 상이했다.

김명구 교수에 의하면, 고하가 한민당의 강령과 정책에 정치 영역을 넘어 경제영역에서도 민주주의를 구현한다는 경제적 민주주의를 채택한 것은 그의 동지인 장덕수와 조병옥의 영향이 컸다. 한국의 기독교 역사로 보면, 경제적 민주주의는 장덕수와 조병옥을 이끈 월남 이상재의 신학적 입장이다. 1920년대 이래로 이상재, 장덕수, 조병옥을 포함한 YMCA 흥업구락부 인사들은 사회적 복음주의를 바탕으로 공평한 경제적 분배가 기독교 정의이며 하나님의 나라를 이 땅에 세우는 길로 믿었다.[69] 고하의 경제적 민주주의는 온건 사회주의자들이 한민당에 가담하는 데에 도움을 주었다. 하지만 고하에 이어 2년 후 장덕수까지 불운하게 서

---

69 김명구,《한국기독교사 1》, 465~469쪽; 김명구,《한국기독교사 2》, 38, 41~43쪽; 김명구, "한국의 경제민주화의 역사적 기원-기독교사적 접근," 해위민주주의연구원 춘계학술회의(2018. 5. 2.) 발표 논문.

거하면서 토지개혁, 경제운용 계획, 기간산업과 대기업 관리 등 경제 분야의 한민당 정책은 초창기 나타났던 개혁 성향을 점차 상당한 정도로 상실하게 되었다.

VIII. 맺음말

고하는 16세까지 성리학에 몰두했고 서구로부터 유입된 개화사상, 기독교 교회, 신학문에 본격적으로 접하지 않았다. 일본 유학 직전부터 시작하여 비로소 신학문에 관심을 기울였으며, 일본 유학을 거치며 서구의 근대적 사고를 수용하여 신봉하는 사상적 전환을 이룩하였다.

다이쇼 시대 초기에 고등교육을 받은 고하는 자유민주주의 사상을 받아들여 조선민족의 자유민주국가 건설을 염원하기 시작했다. 유학하면서 기독교인을 포함한 동료와 선후배, 그리고 일본 지식인과도 진지하고 활발하게 교유했다. 이 시절 도쿄의 조선 YMCA는 고하를 포함한 조선유학생들이 자유민주주의를 학습하고 토론하며 친교를 나누는 터전이었다고 해도 과언이 아니었다. YMCA와 기독교가 20대 청년 고하의 자유민주주의 사상 형성에 의미 있는 영향을 주었다.

고하는 3·1운동의 기획에 진력하였고, 그로 인해 옥고를 치르면서 자존과 자결의 의지를 분출한 조선민중의 활력에 감동하였다. 피압박 조선민중의 자유와 독립을 향한 갈구를 확인한 고하는 자유민주주의에 대한 신념을 더욱 강고하게 다졌다. 고하의 자유민주주의는 정치적 자유와 동시에 경제적 균등과의 조화를 지향하는 진보적인 성격으로 심화하였다. 민족주의자인 동시 합리적이고 진보적인 자유민주주의자 고하는 해방 직후에도 국가건설을 위해 일관되게 원칙을 지키며, 현실 정세를 꿰뚫어 보면서, 신중하게 행동하였다.

고하는 기독교 신자가 아니었으나 기독교 친화적이었다. 고하는 YMCA의 지도적 인물과 가까웠고 그들의 운동에 가담했다. 고하는 YMCA의 내부 인사는 전혀 아니었지만, YMCA를 지원하고 또한 그로부터 영향을 받은 상호적 협력자이자 동역자였다. 고하는 언론인으로서 문화 발전을 통한 민족자강운동에 열정을 쏟으면서 윤치호, 이상재, 이승만, 유억겸, 백관수, 장덕수, 조병옥을 비롯한 YMCA와 기독교 민족운동가들과 함께 활동 하였다. 이상재, 이승만, 장덕수가 신봉한 신부적 인간관과 사회복음주의는 고하의 자유민주주의 사상과 실천에 소중한 교시를 주었다고 판단된다. 한민당의 강령과 정책의 기조로서 경제적 민주주의는 고하가 그의 동지인 장덕수와 조병옥의 영향으로 채택한 것이었다. 1920년대 이래 이상재를 지도자로 하는 YMCA 흥업구락부 인사들은 공평한 경제적 분배가 기독교 정의라고 믿었다.

민족과 국가를 위해 일하는 지도자로서 고하의 자질에 대하여 생각해 본다. 첫째, 고하는 혜안, 선견지명, 통찰력, 또는 신중한 판단력(prudence)으로 묘사되는 자질을 보여주었다. 미래는 언제나 불확실성을 안고 있어서, 지도자는 공동체가 처한 현실을 직시하여 난관 돌파와 비전 제시의 지혜를 보여주어야 한다. 이것은 베버(Max Weber)의 유명한 강연, 《소명으로서의 정치(Politik als Beruf)》에서 언급된 정치지도자의 요건 중 통찰력(Augenmaß), 즉 어느 한쪽으로 치우치지 않고 사물을 균형적으로 파악하는 능력이다. 고하는 1920년대 중반에 미소 냉전의 전개를 예견했다. 해방 직후 고하가 자유민주주의 국가를 건설하려 했던 노선은 옳았고, 고하는 한민족의 장래에 대한 혜안을 가진 지도자였다고 말하지 않을 수 없다. 마르크스-레닌주의에 입각한 공산당 일당독재, 즉 인민민주주의를 내세우는 국가사회주의는 승리는커녕 동중유럽에서 몰락했다. 자유와 효율성은 물론 평등이나 민주적 정당성도 확보하지 못했다. 자유민주주의 체제의 생명력과 상대적 우월성은 세계사적으로 입증되었다. 대한민국은 해방 직후 세계 최빈국의 하나로부터 일어나 10위권 이내의 경제 대국이라고 불릴만한 번영을 이룩했다. 1987년 정치적으로 민주화를 달성하고 이후 자유민주주의 체제가 지속되고 있다. 국제적 위상도 현격히 높아졌다. 반면 북한 주민들은 경제적 피폐와 정치적 강압을 벗어나지 못하고 국제적으로 거의 고립된 체제에서 살고 있다.

  1945년 12월 28일 백범 김구가 거처하던 경교장에서 임정 인사를 포함하여 반탁 입장의 정당과 사회단체 대표들이 밤을 새우며 다음날 새벽 4시까지 신탁통치를 의제로 하여 열띤 토론을 벌였다. 당시 청년 강원용은 고하를 처음 보았다. 그런데 고하의 태도와 발언이 이성적이고 의연했다고 회고했다. 고하는 미군정과 협력하면서 반탁을 신중하게 밀고 나가자고 주장했다.

"고하는 우리가 국가에 대한 일을 이렇게 감정적으로 해결해서는 안 된다. 민족의 대계가 아니냐. 그런데 우선 여기서 모스크바 삼상회의의 결의문 원문을 읽은 분이 있느냐. […] 청년들이라면 몰라도 민족의 영도자들이 그 원문 내용을 지금도 모르고 있겠느냐." 70

둘째, 고하는 지도자로서 열정(Leidenschaft)과 책임감(Verantwortungsgefühl)을 느끼고 있었다. 이 두 가지 역시 베버가 정치지도자의 자질 요건으로 언급한 것이다. 3·1운동 기획에 앞장서고 옥고를 마다하지 않았던 고하는 열정과 책임감을 지닌 모습을 보여주었다. 일제강점기에 국내에서의 언론인 활동이 겉으로는 합법적이라고 했지만, 고하와 같은 지도적 위치에서는 늘 감시와 협박을 받으며 언제 영어의 몸이 될지 알 수 없는 노릇이었다. 해방 직후 고하가 인공에 대항하여 자유민주주의를 지키고자 벌였던 투쟁은 지도자가 지녀야 할 열정과 책임감을 그대로 보여주었다. 고하는 목숨을 걸고 책임을 다하다 불행하게 흉한(兇漢)의 저격을 당했다.

셋째, 고하는 그를 중심으로 동조자와 추종자가 모이고 서로

70　(재)고하송진우기념사업회, 《독립을 향한 집념: 고하 송진우 일대기》, 718~719쪽.

협력하게 하는 포용력을 가진 지도자였다. 초기 한민당의 조직이나 정강 정책은 우파 민족주의자 세력에 더하여 일부 사회주의 세력까지 집결시킬 수 있었다. 고하는 인재를 두루 받아들이고 적재적소에 배치하는 조직적 수완을 보여주었고, 운영에 있어서 집단지도제를 채택하고 일인이나 특정 세력의 전횡을 견제하였다. 고하는 공산주의와는 이념적으로 분명히 선을 긋는 원칙주의자였으나 공산주의 사상을 가진 개인은 인간적으로 포용하려고 했다. 일제강점기에 동아일보에는 김약수, 홍명희, 박헌영 등 공산주의 운동가도 일하고 있었다. 고하가 동아일보 사장으로서 내세운 사훈 5개 항은 "첫째, 제3자의 악평은 하지 말고 될 수 있는 대로 좋은 사실만을 들어서 호평할 것. 둘째, 남을 대할 때 면박을 주지 말 것. 셋째, 거짓말을 말 것. 넷째, 맡은 일을 정성껏 처리할 것. 다섯째, 돈에 깨끗할 것"이었다.[71] 이정식 교수는 고하가 자신의 교우 표준에 대하여 언급한 바를 다음과 같이 소개한 적이 있다.

"남들은 재조(才操)를 통하여 사귀고, 남들은 돈을 통하여, 취미를 통하여 사귄다 하지마는 나는 오직 신의를 통하여 사귄다. […] 신문사나 학교나 모두 […] 일세에 두뇌 명석을 울리는 재인들이 모여야 할 곳이요, 또한 재인만이 모여야 할 곳이다. 그러면서 내

---

71 위의 책, 311쪽.
72 이정식, "고하의 혜안," (재)고하송진우기념사업회, 《고하 송진우의 항일독립과 민주건국 활동에 관한 연구》, 199쪽.

생각에는 아무리 재조만 있으면 무얼 하랴, 재조는 귀하다. 재조 있는 사람은 귀하다. 그러나 그 재조가 신의를 배경으로 하지 않는 것이라면 무슨 가치가 있으랴. […] 그보다도 열배 스무 배 더 신의를 본다. 내 곁에 있는 여러 수십 수백의 동무는 모다 신의로 다진 동무들이다. 나의 교우의 신조는 오직 이 신의이다."[72]

한국 현대정치사는 고하가 염원하던 자유민주주의 체제의 확립을 위한 투쟁으로 점철됐다. 그의 사후 40여 년 경과하고서 자유민주주의가 궤도에 들어섰다. 그러나 지금에도 한국 자유민주주의 정치의 품격은 전혀 자부할 만한 수준에 이르지 못하고 있다. 자유민주주의를 내용상으로 더욱 풍부하게 하고 건강하게 지속시켜야 한다. 이런 맥락에서 고하의 자유민주 사상과 오늘날 한국의 정치발전을 위해 주는 그 의미를 되새겨 보아야 할 것이다.

고하의 자유민주주의는 극단 좌파 세력이 기치를 내세운 공산주의와는 대척적이다. 하지만 풍부한 내용을 가진 고하의 자유민주주의 사상과 실천을 단순히 반공으로 환원해서는 안 될 것이다. 고하는 사회민주주의 이념이나 이를 신봉하는 인사에 대해서 포용으로 열려있었다. 고하의 자유민주주의는 당대에 진보적인 성격을 갖고 있었다. 인간다운 생활에서 자기실현의 자유가 가능하고, 그러한 삶의 조건을 마련해주는 것을 국가의 적극적 의무라고 생각했다. 시장경제에 토대를 둔 자본주의를 중시했다. 역사적으로 자유민주주의 정치체제는 시장경제와 동반 발전해왔다. 그렇지만, 고하는 자본주의가 초래하는 병폐를 간과하지 않았다. 일제강점기와 해방 직후 민생이 피폐한 경제 현실을 타개하기 위해 사회주의 색채가 농후한 방책을 수용하여 처방하는 융통성을 보여주었다. 이 시점에서 한국에서 자유민주주의 정치가 건강하게 유지되면서 경제적, 사회적 양극화를 해결하는 데에 이바지하려면 고하가 한민당 강령과 정책 관련하여 주창한 경제적 민주주의에 대해 성찰해 볼 필요가 있을 것이다. 고하는 자유민주주의 정치체제를 그 운영의 절차, 과정, 제도에만 초점을 맞추어 파악하지 않았다. 자유민주주의 정치체제가 성과로 산출해야 하는 경제적 평등과 정의도 고려하는 실질적 관점을 망각하지 않았다. 이는 오늘날 한국의 자유민주주의 이념을 고양하고 현실을 개선하는 데 있어서 소중한 나침반이 될 수 있다.

부록 Ⅰ

서울YMCA 역사 잇기 1

고하 송진우를 만나다 (상)

서울YMCA 역사 잇기 2

고하 송진우를 만나다 (하)

서울YMCA 역사 잇기 1

고하 송진우를 만나다 (상)

청년, 통권 58권 10호, 20-23면, 서울기독교청년회,
2022년 10월 5일

- 대담: **송상현 명예회장**(유니세프한국위원회, 송진우 선생 손자)
  김명구 소장(월남시민문화연구소)
- 대담 일시: 2022년 8월 31일 오후 3시
- 대담 장소: 유니세프한국위원회

주: 이 대담록은 발췌 요약한 내용입니다.
　　대담의 풀영상은 유튜브 채널 "종로아카데미TV"에서 확인할 수 있습니다.

김명구 소장(이하, 김): 여러분 안녕하십니까? 서울YMCA가 '역사 잇기 운동'을 시작했습니다. 그리고 그 첫 번째 인물로 고하 송진우 선생님을 선택했습니다. 송진우 선생님을 선택한 이유는 우리가 가장 소중하게 여기는 3·1운동을 주도하셨던 분이기 때문입니다. 한민당 초대 총무를 하셨을 때 경제민주주의를 외치셨는데 특별히 경제민주주의는 월남 이상재 선생으로부터 비롯되었고요. 그리고 또 고하 송진우 선생에 의해서 YMCA에서 배웠던 사

람들이 기독교와 천도교를 잇는 중요한 역할도 하셨습니다. 고하 송진우 선생은 1908년에 YMCA학관에서 일본으로 유학하시기 전에 영어 공부를 하셨고요. 일본의 유학생회 친목회 총무를 하셨는데 그때도 이분들은 동경에 있었던 한국YMCA에서 활동을 하셨습니다. 동경에 있었던 한국 YMCA 건물이 동경대진재로 인하여 모두 불타고 파괴되었을 때 다시 재건축을 위하여 고하 송진우 선생님께서 굉장히 애를 쓰셔서 건립기금을 모아 주시는데 주도적인 역할을 하셨거든요. 그래서 저희 역사 잇기에서 고하 송진우 선생을 첫 번째 인물로 선택했습니다. 손자 되시는 송상현 선생님은 서울대 법대 교수를 오래 하셨고요. 국제형사재판소 재판관과 재판소장을 십여 년 동안 하셨습니다. 그리고 현재 한국 유니세프의 명예회장을 맡고 계십니다.

송상현 명예회장(이하 송): 오늘 평소에 참 가깝게 모시는 김명구 박사님께서 이런 좋은 기회를 마련해 주셔서 저로서는 참 감동입니다. 과거를 정확하게 알아야 우리가 더 나은 미래를 설계할 수 있고 또 추진해 나갈 수가 있기 때문에 YMCA에서 주도적으로 활동하시는 김명구 선생이 사학자로서 보시는 눈이 있어 지금 이러한 역사 잇기 운동을 통해서 역사가 바로 세워지기를 희망하는 운동을 시작하신 데 대해서 저는 만강의 경의를 표하고 또 제가 힘은 없지만 혹시라도 좀 도울 일이 있으면 힘껏 돕겠습니다.

김: 세간에는 그동안 YMCA와 고하간의 관계라고 하는 것이 그렇게 자세하게 알려지지 않았는데 저희들이 연구를 하고 자료

를 찾다 보니까 고하와 YMCA 간에 굉장히 밀접한 관계가 있었습니다.

1921년에 YMCA의 잡지인 "청년"지가 만들어졌을 때 고하 선생께서 "남녀 간의 교제는 어떻게 해야 하냐" 이런 제목의 글을 쓰셨거든요. 첫 번째 필자로 이렇게 선정되었다는 것은 고하 선생이 갖고 있는 한국 사회에서의 영향력도 있지만 고하 선생님과 YMCA 간의 어떤 밀접한 관계가 있었기 때문에 가능해서 그것들을 한번 알아보려고 하는 시간을 갖고자 합니다. 오늘 주제가 고하 송진우 선생님과 YMCA인데 조부이신 고하 송진우 선생님이 애국자로서 한국에 헌신하셨던 것, 생명까지 바치신 것에 대해서 많이 알리려고 노력을 하고 계신 걸로 알고 있는데 손자로서 고하 송진우 선생님을 잠깐 소개해 주셨으면 합니다.

송: 옛날에 삼일운동이 일어날 그 무렵 나라를 빼앗긴 조선 2천만 민중이 조금이라도 의식이 있었으면 못 배웠거나 배웠거나 간에 주권을 뺏기고 노예 같이 사는 걸 좋아할 사람이 어디 있었겠습니까. 그래서 전 국민의 걱정과 희생과 노력과 봉사가 합쳐서 광복과 건국을 가져왔다고 생각하는데, 그렇게 노력을 하는 분들이 해외에도 많이 계셨고, 그룹도 많고 인물도 많았지요. 반면에 고하 선생은 국내를 튼튼하게 지키면서 국내에서 그 혹독한 감시와 탄압 속에서도 변절하거나 타협하지 않으면서 자유민주주의의 신념을 가지고 국내 독립운동의 중심인물로서 일생을 바쳤다. 그렇게 저는 얘기할 수 있다고 생각합니다.

김: 얼마 전에 고하 선생 일대기 "독립을 향한 집념"을 책으로 펴내셨는데 거기에 보면 여러 증언들을 모으셨고, 평전도 거기에 있습니다. 해외에서 독립운동을 하더라도 국내의 협동과 지원과 호응이 없으면 큰 효과를 내기 어렵고 정통성을 유지하기 어려우므로 이 책을 출간하게 된 취지나 이 책을 통해서 고하 선생님에 대해서 혹시 하실 말씀이 있으신가요?

송: 50년도 더 지난 옛날에 그 당시에 살아 계셨던 그 후학이나 동지들의 증언을 바탕으로 해서 고하 선생의 전기가 출간된 일이 있습니다. 국내에서 중심인물이 되어 독립운동을 하다가 보니까 너무 감시와 탄압이 심해서 모든 자료가 숨겨지거나 일실되고 또 6·25전쟁 때 다 파괴되고 불타버려서 여간해서 이분의 자료를 그 후에 입수하기가 어려웠습니다.

그 후에 20년 이상 일본으로 망명했다가 돌아와 광복회장을 하신 이강훈(李康勳) 옹의 증언이라든지 또는 106세로 최근에 돌아가신 김병기(金秉騏) 화백 등의 증언은 새로 추가한 것이지요. 김병기 화백은 평양에서 잘 사시던 김찬영 화백의 아드님으로서 그분이 조만식 선생의 밀명을 받아가지고 산을 걸어서 넘고 기차를 이용하기도 하고 또 헤엄쳐서 바다와 강을 건너고 해서 어렵게 경성에 오셔서 고당 조만식 선생의 밀명을 저희 할아버지한테 전달했던 회고담은 아주 대표적이지요. 그 외에도 조금씩 이런 저런 얘기들이 나와서 저희들이 미처 파악하지 못하고 숨겨졌던 국내 자료들이 조금씩 발굴이 됐기 때문에 이것들을 추가로 넣어 보완하는 의미가 있겠다 하는 것이 하나 있었습니다. 탄압과 감시 속에서 자료 입수의 어려움을 이제 극복해 가지고 조금 보완하는 의미가 있고요.

또 하나는 저의 개인 생각이라고 보셔도 괜찮습니다만 우리나라 독립을 위해서 2천만 조선 민중이 다 애를 썼지만 이제 주목할 만한 그룹이나 인물로 보면 상해임시정부그룹도 엄청나게 애를 많이 쓰셨고, 또 만주벌판을 누비면서 무장 독립운동을 하면서 왜적을 척살하던 분들, 또 독립을 위한 하나의 수단으로써 사회주의 공산주의자가 되긴 됐지만 그래도 러시아의 하바로프스크, 사할린 이런 데서 독립운동을 하시던 그룹도 있었고, 또 미국이나 유럽에서 일본의 한국 병탄은 국제법상 불법이라는 걸 꾸준히 알리면서 우리 교포들의 정신을 계속 깨우쳐 있게 만드는데 필요한 여러 가지 활동을 하신 미주의 독립운동가들의 집단이 있습니다. 이분들에 대한 것은 자료도 많고 또 정부나 여러 요로에서 이분들의 유적을 높이 평가하고 표창을 해가지고 이 분들이 어떤 일을 하셔서 이렇게 빛나는 결과를 가져왔는지는 다 압니다.

그런데 국내에서 폭압과 감시를 이겨내고 국내를 지키면서 국내의 구심점이 되어 가지고 어려운 환경을 극복하면서 절대 지조를 굽히지 않고 독립운동을 해온 국내 그룹에 대한 것은 어찌된 일인지 전혀 역사에서 배제되어 있습니다. 과거에 저희가 학교 다닐 때는 다 국사교과서에 다나오던 인물과 독립활동이 지금은 감쪽같이 다 없어졌습니다. 그러나 지금 제가 말씀을 드린 한 네 가지 그룹은 해외에서 독립운동을 활발하게 하시던 분들이에요. 근데 그분들은 국내에서 독립운동하는 분들이 안팎으로 호응하고 지원해주지 않았으면 전혀 그런 해외독립운동의 효과는 반감했을 것이고, 전 세계적으로 정당성을 인정받기 어려웠겠지요.

그다음에 저희 할아버지가 하신 일을 보면 외국에서 잠입한 밀사나 연락책들을 만나 비밀리에 독립운동 자금을 몇 만원 씩 걷어서 몰래 보내고, 해외 지역에 모여 살고 있는 교포들을 위하여 그 교포사회에서 지역 신문을 발간하고자 할 때 그 나라 문자를 모르는 교포들이 더 많기 때문에 한글 활자가 있어야 출판할 수 있지요. 그런데 요즘은 그런 게 문제가 안 되지만 옛날에는 금속활자를 다 뽑아서 연판을 만들어 인쇄하기 때문에 여기서 활자를 가져가야 돼요. 우리 할아버지는 신문사 사장이니까 활자는 자기가 얼마든지 확보할 수 있으므로 이런 한글 활자를 전부 다 구해가지고 그들한테 몰래 보내줘서 각 지역, 예컨대 뉴욕 이라든지 카자흐스탄이라든지 하바롭스크라든지 이런 데서 한인 교포를 위해서 지역신문을 한글로 내는데 크게 공헌을 해준 것이 있습니다.

그다음에는 말이 좀 과장이 됩니다만 독립운동 하는 사람이 친일파 순사 뺨 한대를 때리는 가벼운 경우라도 국내에서는 그걸 받아서 대단한 독립운동을 한 것처럼 크게 홍보를 해주고, 동아일보를 통해서 이렇게 민족정신이 살아 있고 모두 우리 국민들이 어디에 살던지 간에 이렇게들 나라를 위해서 애쓴다고 하는 걸 크게 홍보를 했습니다. 그래서 자금공급, 활자공급, 그다음에 홍보 이

세 가지 면에서 국내에서 모든 어려움을 참고 해외독립운동을 위한 호응과 지원을 다 해냈는데 그 부분은 세월이 갈수록 아무도 전혀 언급을 하거나 주목을 하는 분이 없고, 오히려 해방이 되어 외국에서 활동하신 지도자들이 모두 국내에 들어와서는 '국내 있는 놈들이 친일 안 했으면 어떻게 목숨을 부지했겠어' 이런 식으로 일방적 추단을 했지요. 이런 것들을 좀 바로 잡을 필요가 있어요. 그러니까 해외에서 너 댓 그룹이 열심히 독립운동 하셨고, 국내에서 뒷받침해주신 그룹이 있었는데 제 생각에는 근현대사 중에서 특히 항일독립운동사가 조금 편파적으로 기울어져 있지 않느냐. 모두 나라의 독립을 위해서 애쓰신 이런 그룹이나 지도자들을 공평하게 객관적으로 평가를 해서 그분들의 공은 공대로 다 인정을 해 드리고 그랬으면 오히려 역사가 바로 잡혔을 것이다. 그래서 고하 일대기를 내는 또 하나의 취지는 '역사 바로 세우기'라고 그럴까 역사바로잡기의 단초를 제공하는 의미가 있습니다.

김: 지금 말씀이 틀린 말씀이 아닌 게 사실은 한국 역사에서, 특히 독립운동사에서 가장 중요하게 생각하는 게 삼일운동이거든요. 삼일운동 때 송진우 선생님의 역할이 기독교 이승훈 등을 만나서 기독교와 천도교를 묶는 역할, 사실은 굉장히 중요한 역할을 하셨고, 그것들이 역사의 실제 사실인데 역사에서 그런 것들이 깡그리 배제되고 있어요.

송: 삼일운동이 일어나지 않았으면 상해임정이 탄생을 했겠습니까! 그게 자극제가 되니까 금방 상해뿐이겠습니까. 만주고 하

얼빈이고 모두 우리가 좀 주권적인 독립적인 정부를 세워서 일본 제국주의와 싸움을 하더라도 해야 되겠구나 이런 자극을 주는 결과를 가져왔는데요. 사실 삼일운동도 보시면 제 개인적인 견해로는 삼일운동을 주도하신 분들은 중앙학교 숙직실에서 머리를 맞댄 고하 선생 외에 현상윤 선생, 그 당시에는 우리 할아버지가 교장이고 현상윤이 교감이에요. 이 분들이 주축이 되고 현상윤 선생의 은사로서 최린을 끌어들이고 또 고향이 같은 평안도 정주 출신 이승훈 선생, 김도태 선생 이런 분들을 끌어들이고, 또 모두들 일본에서 같이 유학했던 최남선 선생님을 끌어들였기 때문에 그 당시 동시대의 동경에서 같이 다 알던 친구들, 동지들이에요.

거기다가 송암(함태영) 선생 같은 기독교 목사님 또는 천도교 지도자인 핵심 인물이 몇 분이 계셔가지고 이렇게 해서 우리나라 역사상 분열을 통합으로 이끌었거든요. 천도교와 기독교가 통합된다는 것은 우리나라 역사에 엄청난 일이거든요. 거기다가 우연적이지만 불교의 한용운, 백용성 두 분이 들어오시지요. 그런 결정적 활약을 외국에 있으면서 누가 했겠습니까. 국내에서 애쓰고 이렇게들 하신 주동적 활동에 대해서 전혀 인정을 안하고 있지요. 그리고 독립선언서에 서명한 33인 외에 실질적 주동자인 고하 선생, 송암 선생 또 기당(현상윤) 선생, 육당 최남선 선생 이런 분들이 다 서명을 안 했습니다. 그 이유는 한 번만 이렇게 만세운동을 일으켜서는 독립이 안되고 서명하면 어떤 희생을 당할지도 모르니까 제2진으로 계속적인 독립운동을 지휘할 지도자가 남아있어야 되고, 제3진, 4진으로 또 독립운동을 계속해서 끌고 나갈 지도자가 남아있어야 하니까 우리는 그런 사람으로서 뒤에 남아 있어야 된다고 했지요. 일부 서명한 분들이 잡혀가서 전모를 자백하는 바람에 며칠 사이에 다 끌려갔어요. 그렇지만 그 사이에도 철시운동을 하고, 납세거부 운동을 하는 등 모든 저항운동을 전부 지시를 하셨거든요.

이제 그런 상세한 것은 전혀 알려져 있지 않지만 그런 삼일운동이라는 것이 있었기 때문에 조선민족이 그래도 이 세계사에서 아! 그 사람들 그냥 누르면 눌리는 사람이 아니고 자기네 의식과 자주성이 있구나 하는 것을 세계만방에 인식을 시켰고 그리고 우리나라에 지금 오늘날의 역사를 볼 때도 그 후에 임정이 생기고, 전 세계적으로 그 임팩트가 얼마나 컸습니까. 아시다시피 터키, 중국의 5·4운동까지도 다 삼일운동에 영향을 받았다는 거 아닙니까. 그러니까 33인의 서명자와 서명을 안 했다고 그래서 48인이니 해서 이걸 다 또 차별하고 구별해가지고 이 사람들은 훈장을 줄 때도 한 등급 높은 것을 주고 뒤에 2진, 3진으로 계속 삼일운동을 하기 위해서 뒤에 남은 분들은 전혀 훈격에 차별을 하고 있어요. 그 공로를 인정받기 위해서 운동을 한 분들은 아니지만 내 나라 내 역사인데도 불구하고 그런 것들이 너무 소홀하게 돼 있어서 참 이런 거는 조금 바로잡을 필요가 있지 않겠나 생각합니다.

김: 그런 생각을 역사를 하는 저 같은 사람이 해야 될 사명 중에 하나라고 생각하고요. 선생님 지금 말씀 들어보니까 고하 송진우

선생님의 일대기 속에서 독립을 향한 집념의 의도도 알겠고, 그리고 이것을 통해서 역사 바로세우기가 이루어져야 되지 않을까라고 하는 어떤 의무감, 사명감도 갖게 합니다.

제가 이렇게 보니까 고하가 1908년 벽초 홍명희 선생님의 권유로 일본 유학을 가시잖아요. 일본 세이소쿠영어학교를 갔는데 제가 보니까 그때 가시기 전에 고하 선생이 잠깐 YMCA학관에서 영어를 배우셨어요. 또 하나는 유학을 가셔서 1911년에 와세다대학에서 신익희, 장덕수 등과 사귀는데 고하 선생은 그때 동경에 있는 조선 유학생의 친목연합, 친목회 총무도 하셨잖아요.

그런데 이분들의 활동 근거지가 동경에 있었던 조선 YMCA회관이었고, 그 당시에 총무가 김정식 총무였거든요. 그리고 장덕수는 거기 간사도 하고 있었고 그래서 이렇게 밀접한 관계가 있었네요. 그런데 그것들이 잘 드러나지 않아서 제가 찾다 보니까 자료에 나와서 이러한 부분이 YMCA가 소중하게 여기고 중요한 역할을 했구나 라고 생각을 하는데, 또 하나는 선생님이 아까 말씀하셨듯이 이상재 선생님과의 관계 그러니까 그런 관계라서 그랬는지 "월남 이상재 연구"라고 하는 자료집을 만드셨거든요. 장인 되시는 김상협 국무총리께서 주도하셨는데요.

송: 참 많이 도와드렸습니다. 자료집 외에 저희 할아버지 동상이 먼저 섰기 때문에 동상 세우는 노하우나 기술적 세부사항, 그러니까 동을 주조해서 거기 불순물을 태워서 버리고 순동으로 만들어서 해야 되는데 불에 태워서 불순물을 없애면 동의 양이 많이

줍니다. 그러면 조각하는 사람들이 굉장히 손해를 보거든요. 그래서 다소 야료를 다 부립니다. 제가 경험을 했기 때문에 그런 것을 관리하는 일에도 좀 참견했지요.

편집/정리 - 김정회 박사(월남시민문학연구소 연구위원), 홍보팀

서울YMCA 역사 잇기 2

고하 송진우를 만나다 (하)

청년, 통권 58권 11호 20-23면, 서울기독교청년회,
2022년 11월 5일

- 대담: **송상현 명예회장**(유니세프한국위원회, 송진우 선생 손자)
  김명구 소장(월남시민문화연구소)
- 대담 일시: 2022년 8월 31일 오후 3시
- 대담 장소: 유니세프한국위원회

주: 이 대담록은 발췌 요약한 내용입니다.
대담의 풀영상은 유튜브 채널 "종로아카데미TV"에서 확인할 수 있습니다.

김: 송진우 선생님과 서울YMCA가 그런 부분에서 고하 송진우 선생님 집안에서 알려진 이야기나 혹시 그런 에피소드 같은 게 있으시면 좀 말씀 좀 해주시죠.

송: 이분이 3·1운동을 일으킨 다음에 금방 붙들려 들어갔단 말이에요. 일 년 반 이상을 옥고를 치르고 나왔으니까 1921년이 돼요. 그러고서 동아일보 사장이 됩니다. 사장이 된 다음에 제일 먼저 이분이 사회적인 활동으로 민립대학설립운동을 하시는데 그

때 이상재 선생님을 먼저 찾아갑니다. 그래서 이상재 선생님을 모시고 민립대학설립운동을 하셨어요. 월남 선생을 굉장히 인품으로 사숙하게 되고 옆에서 자꾸 뵈니까 이분은 참 존경해서 따를 만한 분이다. 그렇게 생각이 됐었죠.

이 일과 관련해서 월남 선생과 구체적인 인연이 맺어진 다음에 1927년에 월남 선생이 돌아가십니다. 78세에 생가에서 돌아가셨는데 사회장으로 모시느라고 저희 할아버지가 주동적인 역할을 많이 하셨어요. 월남 선생이 돌아가시고 나니까 YMCA의 관계를 지속해야 되는가 이런 생각이 들어서 구자옥 총무를 자주 접촉하셨지요. 구자옥 총무는 나중에 대한민국 경기도지사 됐어요.

내 장인이 나중에 월남이상재기념사업회 위원장을 맡아달라는 요청을 받고 그분의 동상건립과 학술서적을 펴내는 일을 하셨어요. 그때 저도 물밑에서 장인을 많이 도와드려서 월남 선생을 위한 사업의 진전을 좀 압니다.

또 하나는 저 동경 YMCA회관이 불이 났어요. 그때 총무를 하던 사람이 최승만이라는 분이었는데 이분이 인하대학을 세운 분이거든요. 인하대학이 인천하고 하와이라는 두 지명의 조합입니다. 근데 일본 건물이 싹 불나서 타버린 다음에 최승만 선생이 서울에 오셔서 우리 할아버지한테 먼저 오셨어요. '이거 큰일 났습니다. 고하 선생님도 동경 유학 시절에 드나드시고 잘 알고 하시던 건물이 불탔습니다. 이거 어떻게 하면 좋습니까?' 그러니까 할아버지가 최승만 씨를 데리고 돈 될 만한 사람한테 인사를 시켜가지고 오히려 그 건물을 다 짓고도 남을 만큼 돈을 더 많이 모았다고 해요.

최승만 씨가 서울로 와서 할아버지한테 옛날 인연을 얘기하면서 얘기를 하니까 그럼 이분이 앞장서서 그 당시 돈 있는 사람을 쭉 소개를 해가지고 출연도 좀 하게 해서 동경 건물을 새로 지었는데 도움을 크게 주었다고 해요.

김: 고하 송진우 선생이 1932년에 삼천리에 글을 쓰셨죠. 제가 얼마 전에 어떤 기고하는 글에 그것을 옮기면서 고하 선생님께서 주장하시기를 그 가난하고 소외된 사람들도 자유를 누려야 한다. 그러니까 그런 사람들이 자유를 누리려면 경제권을 가져야 한다.

그래서 생존권과 자유권, 경제권이 같이 고려되어야 한다는 그런 철학을 갖고 계셨는데 제가 보기에는 그것이 나중에 한민당 초대 수석총무를 하셨을 때 한민당의 세 번째 정강을 말씀하시면서 경제민주주의라고 하는 표현을 처음 쓰시거든요.

그런데 보니까 이 경제민주주의라고 하는 용어가 YMCA에서 1930년대에 나온 용어고 그리고 보니까 이게 굉장히 서로 사상적으로 아주 밀접하게 연결이 되어 있어서 송상현 선생님이 보시기에 고하 송진우 선생이 갖고 있었던 정치철학은 어떤 거라고 요약할 수 있을까요?

송: 월남 선생이 1927년에 돌아가시고 삼천리에 "자유권과 생존권"이라는 글을 쓰셨어요. 그 당시 표현이니까 지금 볼 때는 좀 우습고 투박하지만 중요한 이념, 소위 경제민주주의 사상이 거기

에 좀 담겨있다고 볼 수가 있죠.

그러니까 자유권과 생존권은 서로 상충되는 개념이 아니다. 서로 오히려 보완이 가능하다. 그런 점을 강조하시고 또 정치적 자유권, 경제적 생존권을 서로 각각 나눠서 따로따로 생각할 그런 것이 아니다. 그래서 짧은 글인데도 굉장히 강조하셨는데 이것도 고하가 평소에 굉장히 사숙하고 존경하던 월남 이상재 선생으로부터 비롯된 사상적 배경이 있는 것이지요.

이것이 그 당시에 벌써 지금부터 90년 전에 쓰신 글입니다. 오늘날에 보면 인권, 우리가 제일 중요한 게 인권인데, 인권 개념의 양대 축이 자유권과 사회권인데 고하 선생은 자유권과 생존권 이렇게 쓰셨지만은 오늘날의 인권 개념 차원에서 보면 자유권과 사회권 그렇게 얘기할 수 있는 인권 개념의 핵심적인 내용이죠.

그래서 이분이 물론 영·미식 자유민주주의를 채택해서 자유권을 보장해야 되지만은 우리나라가 후진국이고 농업국이고 여러 가지 부의 계층도 많고, 그러니까 경제적으로는 조금 좀 경제 민주주의, 그 당시 혹은 그전에 유럽에서는 거의 사회주의 사상에 가까운 그런 생각을 아마 많이 연구를 하셨던 것 같아요. 그래서 토지개혁이라든지 기간산업의 국유화라든지 이런 면에 대해서 굉장히 구체적이고 당신 나름대로 어떤 논리가 있는 주장을 굉장히 하셨어요.

이념적으로 극도로 혼란한 해방정국에서 한반도를 공산당한테 넘겨줄 수가 없다는 그런 신념 하에서 공산당과 대항하기 위한 수단으로써 한국민주당이라는 걸 창당을 했는데, 그때는 뭐 정당이 한 이백여 개 있는 중에 공산당이 으뜸이었죠. 박헌영이 중심이고, 우익은 당이 몇 개 있기는 있었는데 다 나뉘져 있어 가지고 힘을 못 쓰고 그랬죠. 이제 이걸 다 통합해서 한국민주당을 창당하면서 이 어른이 주장을 해서 영·미식 자유민주주의에다가 경제민주주의 이것을 강령에다가 아주 핵심적인 사상으로 반영을 하셨죠. 그래서 그렇게 주장을 하고 보니까 이게 당시로는 선진적이어서 너무 엉뚱하고 너무 의외인 거예요.

그 당시에 일반적으로 이해하기는 아주 보수적이고, 지주 중심이고, 지배층 중심의 이런 사람들이 모여서 한국민주당이라고 하는 걸 만들었는데 경제민주주의를 주장하고 토지개혁이라든가 무슨 기간산업의 국유화라든가 이런 아주 굉장히 혁신적인 주장을 하니까 사람들이 깜짝 놀랐지요. 유럽식 사회주의를 외치던 인물들, 그러니까 공산당 박헌영과는 자리를 같이 할 수 없지만 그래도 유럽식 사회주의를 외치던 그 많은 사람들, 그러니까 박헌영에 반대하는 장안파 공산당이라든지 온건파 공산계열까지 모두 다 한국민주당의 당원이 됐습니다. 대한민국에서 공산당을 막아낼 수 있는 그런 정치조직을 하나 만드신 거죠. 12월 30일 암살 당하셨거든요.

이분이 돌아가신 다음 이어받은 리더십들은 고하 선생하고 그런 사상이나 이런 생각이 너무 달라요. 경제민주주의는 벌써 빠져요. 이거에 호응해서 들어왔던 일정시대 북풍회, 화요회 계통의 사회주의 세력들이 전부 다 탈당해서 떠나버립니다.

송진우나 장덕수나 김성수나 다 똑같은 사람들이지 뭐가 다르냐 그렇게 보지만은 저희가 볼 때는 천양지차가 있어요. 저희 할아버지는 정치적으로 자유민주주의를 채택을 하고 경제적으로 경제민주주의를 채택한 사람인데, 그 다음 리더십을 이어받은 분들은 경제민주주의 쪽은 안 된다고 제외하였죠. 나중에 임정 측에서 이시영 선생, 신익희 선생 등을 영입을 해가지고 한국민주당이 민주국민당으로 바뀌죠.

김: 서울 YMCA는 이 땅에 하나님 나라가 이루어져야 한다. 효과에서 공정과 공평, 그리고 헌신 이런 것들이 있는데 혹시 서울 YMCA를 위해서 조언하실 게 있을까요

송: YMCA의 설립 목표에 비추어 보면 1903년에 언더우드 선생이나 이상재 선생이 여기서 시작을 할 때 항일독립운동하라고 누가 그랬나요. 그때는 조선이 일제의 속국이 된 때도 아니고 그랬는데 결국 YMCA에서 배운 정신을 터득하고 있는 사람들이 다 지도자가 돼가지고 2·8독립선언을 그 환경에서 일으켰잖아요. 그러니까 그런 거 정관이나 무슨 목표 등 어디에 그런 게 있어요? 그렇지만 이제 시대가 바뀌어가지고 새로운 요구, 새로운 지향점이 있으면 그걸 놓치지 말고 그 시대에 맞는 그런 활동을 해야 되겠지요. 시대가 바뀌면서 시대적 소명이 새롭게 등장하면 그거를 놓치지 마시고 감당해낼 수 있는 어떤 사회적 관심과 책임을 강조하고 역량을 좀 길러서 새로운 역할을 찾고 새로운 일을 하고 그래

야 되겠지요.

그것이 제가 강조하고 싶은 건데 시대와 사회가 변함에 따라서 이제 국가사회에 필요하거나 시민이 원하는 방향, 요새 그런 방향이 뭐냐 그러면 예컨대 기후변화대응 그런 것들 아니겠습니까. 또 환경개선운동, 조금 있으면 대한민국이 없어진다는데 인구절벽을 타파하는 운동에 YMCA가 과연 관여를 할 수 있는지는 잘 모르지만 하여간에 시대가 바뀌면서 새로운 요청이 등장할 때 빨리 빨리 그 기회를 놓치지 말고 붙잡아서 새롭게 사회적 책임을 다할 수 있도록 노력을 할 필요가 있어 보입니다.

김: YMCA에 아주 적절한 말씀을 해주셔서 너무 감사합니다. 오늘 사실은 저 개인적으로는 고하 선생님에 대한 연구를 좀 충실히 준비해서 관계도 더 확실히 하고 뿐만이 아니라 아까 선생님 말씀하셨던 역사바로세우기에 저도 좀 일익을 담당했으면 좋겠다 라고 하는 생각을 하는데 오늘은 이 정도로 인터뷰를 마무리해야 할 것 같습니다. 오늘 장시간 감사합니다.

송: 감사합니다

편집/정리 - 김정희 박사(월남시민문화연구소 연구위원), 홍보팀

부록 II

당대 정치학계 석학 세 분의 고하를 평가하는
유튜브 강연원고 요약
(3개의 유튜브는 "공정과 상식TV"에서 시청할 수 있음)

1) 고하 송진우 선생의
   자유민주주의 사상과 그 현재적 의의
   : 박찬욱

2) 해방 후 고하 송진우의 정치 구상
   : 강원택

3) 송진우의 중용적 진보와
   근대국민국가 건설
   : 박명림

고하 송진우 선생의 자유민주주의 사상과 그 현재적 의의

박찬욱(서울대학교 정치외교학부 명예교수)

목차

I. 머리말

II. 고하의 자유민주주의 사상

III. 고하의 자유 관념: 적극적 자유

IV. 독립과 자유민주주의 실현을 위한 고하의 노력: 민족자강운동

V. 진보적 자유민주주의자 고하의 반공산주의

VI. 해방정국에서 진보적 자유민주주의자 고하의 실천 투쟁

VII. 맺는말

※ 본 논문에 대해서는 앞 부분 고하 송진우의 관계자료집 67「송진우의 삶을 통해 본 YMCA운동과 자유민주주의」(박찬욱, 905~978쪽)와 유튜브 <공정과 상식TV>를 참고하시기 바랍니다.

해방 후 고하 송진우의
정치 구상

강원택 (서울대학교 정치외교학부 교수)

　해방은 일제의 억압적 식민지배로부터 벗어나는 것이었지만, 동시에 새로운 정치 질서로 변화해 가는 출발점이기도 했다. 그런 점에서 해방은 기존 정치 질서로부터 이탈하는 정치적 전환기였다. 일본 총독부를 정점으로 했던 통치가 종식되면서 생긴 정치적 공백을 채워야 했고, 또 한편으로는 새로운 나라를 건설해 가야 하는 중대한 민족적, 국가적 과제가 주어져 있었다. 이제껏 가보지 못한 길을 가야하는 이러한 전환기에 어떤 길을 선택하느냐 하는 것은 그 이후의 우리 사회가 나아가게 될 진로와 방향에 결정적 영향을 미치게 된다. 해방과 함께 맞은 시대적 전환기에 방향을 결정해야 하는 정치 지도자의 안목과 판단은 매우 중요했다.

　그런데 해방 무렵의 정치 현실은 그리 녹록치 않았다. 일제로부터의 해방은 벅찬 감격과 기쁨을 민족 구성원 모두에게 주었지만, 사실 해방이 이뤄진 과정은 아쉬운 것이었다. 해방은 우리가 미국이 주도한 연합군의 일원으로 대일본 전쟁에 참가하고 또 승리에 기여해서 쟁취한 결과물이 아니었다. 우리가 쟁취했다기보다 연합군의 승리의 결과로 우리는 해방을 맞이하게 되었다. 이 때문에 해방은 되었지만 우리가 독자적으로 모든 것을 결정하기에는 애당초부터 어려움이 있었고 또 분명한 한계가 존재했다. 이러한 냉엄한 현실을 당시 정치 지도자들은 인식하고 이를 지혜롭게 극복하려는 노력이 필요했다.

이러한 상황적 조건은 그 이후의 정치적 전개에도 큰 영향을 미칠 수밖에 없었다. 해방 이전 이미 한반도의 북쪽에 소련군이 들어왔고, 미군도 9월 8일 남쪽에 진주했다. 이제 해방 이후의 정치 질서 재편과 관련해서 가장 중요한 행위자는 미국과 소련이었다. 새로운 독립 국가를 만들어내기 위해서는 당시의 현실을 인정하고 이들과 협력을 이뤄내는 것이 현실적으로 필요했다.

고하는 이러한 냉엄한 상황을 현실로 받아들이고, 그러한 제약 속에서 행할 수 있는 최선의 방안을 찾아보고자 했다. 고하는 미군정의 통치를 수용하고 궁극적으로는 중경의 임시정부 세력을 주축으로 해서 새로운 국가를 건설하고자 했다. 당시 처한 상황적 조건과 민족주의적 명분을 모두 고려한 방안이었다. 이 때문에 고하는 여운형이 제안했던 건국준비위원회의 참여도 거부했다. 대신 상해, 중경 등에서 독립운동을 이끌었던 임시정부의 귀국을 환영하고 맞이할 국민대회준비위원회를 조직하여 활동했다.

이런 와중에 신탁통치 결정이 국내에 알려졌다. 신탁통치는

1945년 12월 16일부터 25일 사이에 소련 모스크바에서 열린 미국, 영국, 소련 3개국 외상회담에서 합의되었다. 신탁통치의 내용이 국내에 전해지면서 한국 사회는 큰 충격을 받았다. 즉각적인 독립이 아니라 신탁통치라는 이름으로 또 다른 국가들의 간섭을 받아야 한다는 사실을 받아들일 수 없었다. 이 소식은 전 민족적 분노를 일으켰고 좌우익 할 것 없이 반탁 운동에 나섰다. 오랜 식민지에서 겨우 벗어난 상황을 고려할 때 신탁통치 안에 대한 거부감, 분노는 충분히 이해할 수 있는 것이었다.

그러나 한반도를 둘러싼 당시의 국제 정치적 현실을 고려할 때, 적어도 정치 지도자들은 신탁통치 결정을 다루는 데 있어서 보다 신중한 접근이 필요했다. 돌이켜 볼 때, 신탁통치가 결정되었던 당시에는 미국과 소련 모두 한반도를 분단해서 각각 점령하겠다든지, 혹은 남북을 분단하겠다는 생각은 갖고 있지 않았다. 또한 모스크바 3상회의의 결정 내용도, 무조건 미, 영, 중, 소 4개국이 일방적으로 신탁통치를 하겠다는 것이 아니라, 우선 조선민주 임시정부를 구성하고, 임시정부 구성을 돕기 미소공동위원회의 조직, 그리고 4개국에 의한 5년 이내의 신탁통치를 한다는 것이었다. 그런데 이 내용 중에서 신탁통치에 앞서 조선민주 임시정부를 구성하고, 신탁통치는 그 임시 정부와 협의를 거친다는 점에 주목할 필요가 있다. 모스크바 3상회의는 우선 한반도 전체를 관장할 임시정부의 구성에 합의했다. 그 이후의 분단과 전쟁, 지금까지 이어져 온 남북 간 대립의 역사를 되돌아볼 때 이는 매우 중요한 의미를 갖는다.

그런 점에서 보면 모스크바 3상회의 결정을 신탁통치라는 이유로 무턱대고 반대할 것만은 아니었다. 사실 이 모스크바 3상회의의 결정은 해방 이후 한국 문제에 대해 미국과 소련 간에 이루어진 최초의 합의였고, 그 이후까지도 사실상 유일한 한국 문제에 대한 양국 간 합의였다. 그런 점에서 보면 이 때까지는 남북 분단을 피하고 통일국가를 수립할 수 있는 가능성이 열려 있었던 시기였다.

그러나 대다수 정치 지도자들이 반탁 운동에 나섰고, 이후 좌파들이 소련의 지령에 의해서 찬탁으로 돌아서면서 신탁통치는 국내의 정치적, 이념적 갈등으로 비화되었고, 그 이후 통일 한국의 가능성은 크게 줄어들었다. 더욱이 김구 등 임정세력은 반탁에 대한 대중적 분노를 이용해서, 이를 미군정에 도전하여 통치권을 장악하는 기회로 삼고자 했다. 임정 명의로 국자 1호, 2호를 발령하여 전국 행정청 소속 경찰기구 및 한인 직원은 모두 임시정부에 속한다고 선언했다. 이와 함께 한국인 행정직원들에 대한 파업, 그리고 시장에서 상점의 철수 등을 명령했다. 국자의 내용은 미군정의 행정권을 임시정부가 접수하겠다는 포고에 다름 아니었다. 미군정 입장에서는 사실상의 쿠데타로 간주할 수밖에 없는 것이었다. 하지만 해방 이후의 질서 재편 과정에서 현실적으로 가장 중요한 행위자는 미군정과 소련군이었다. 한반도 남쪽에서 질서 유지를 위한 물리력은 미군정이 갖고 있었다. 실제로 임정의

국자 포고 이후 미군정은 김구를 포함한 일부 임정 인사들을 인천에 감금한 후 중국으로 내쫓을 생각까지 했다. 물론 주변의 만류로 실현되지는 않았지만 당시의 현실적 힘이 어디에 있었는지 잘 보여주는 사례이다.

신탁통치 사안은 해방 이후 통일 정부 수립을 이뤄낼 수 있는 매우 중요한 기회였지만, 비현실적인 민족주의적 열정에 사로잡혀 그 기회를 놓치고 말았다. 이 사안에 대해 신중하고 조심스러운 접근을 주장했던 고하가 임정 인사들과 이를 둘러싼 논쟁 후 그날 밤 암살됨으로써 이 중차대한 시기에 중요한 역할을 더 이상 할 수 없게 됐다. 이제 돌이켜 볼 때 현실적인 입장에서 신중한 판단을 내렸던 고하가 옳았다.

해방 직후의 전환기에 고하를 잃은 것은 민족적으로 큰 손실이었다. 새로운 국가 건설에 대한 고하의 생각은 미래 지향적이고 건설적이었다. 고하는 자유민주주의 체제를 중시했고, 계급이든 개인이든 독재에 반대하는 입장을 분명하게 했다. 그렇지만 우파뿐만 아니라 중도좌파, 좌파까지 망라한 국내 주요 정치 세력 간의 협의체 구성을 추진하는 등 매우 포용적인 리더십을 보였다. 또한 임정 중심의 통합이라는 민족주의적 명분도 중시했다. 현실적 조건을 인식하면서도 민족주의적 명분과 포용성을 보였다. 그러나 자유민주주의 원칙에는 엄격했다. 이처럼 전환기라는 당시 상황에서 꼭 필요한 정치 지도자의 역량을 고하는 갖추고 있었다. 현실과 명분, 원칙과 포용의 리더십을 추구했던 고하가 해방 정국에 생존해 있었다면 상황은 많이 달라졌을 것이다.

   정치는 이상을 향해 달려가는 것이지만, 그 길로 가기 위해서는 두 발은 현실이라는 지표에 굳게 발을 딛고 있어야 한다. 고하는 해방 직후의 어지러운 정국에서 미래의 이상과 오늘의 현실을 모두 고려했던 보기 드문 정치 지도자였다. 그가 더 오래 정치 지도자로서 역할을 할 수 있었다면 한국의 정치는 지금과는 다른 모습을 갖고 있었을 것이다. 그의 이른 죽음이 더욱 애석한 까닭이다.

송진우의 중용적 진보와
근대국민국가 건설[1]

박명림(연세대학교 대학원 지역학협동과정 교수)

문제의 제기

21세기에 돌아보는 고하 송진우의 삶은 우리에게 무엇을 상념하게 하는가? 특별히 최근 들어 더욱 심해진 우리 사회의 정치·사회적 분열상과 남남갈등 현실을 유념할 때, 우리는 중용적 통합적 개혁주의의 길을 갔던 이 뛰어난 선각의 길을 다시 돌아보지 않을 수 없다.

고하 송진우에 대해서는 그동안 많은 추모와 회고의 언설들이 있었다. 필자는 먼저 장구한 역사발전에서 훗날 반드시 드러나고 마는 어떤 선견(先見), 선각(先覺), 선두, 선구자의 역할과 의미에 대해 무겁게 새기고자 한다. 공동체의 보편적 발전의 관점에서 한

---

[1] 본 발표는 2011년 고하 송진우 탄신 121주년 추모식의 강연내용을 수정한 것임을 밝힙니다.

사람의 삶을 돌아볼 때 이 말은 결코 가볍지 않다. 그들 선구자들의 앞선 깨달음과 실천, 헌신과 희생이 있었기 때문에 전체로서의 시대, 또는 시대정신이 만들어지기 때문이다. 그 선각들은 자기와 공동체의 가치를 위해 때론 생명을 바치기도 한다.

우리는 오늘 역사 속의 한 지도자 고하 송진우를 선각자라고 부르는데 주저하지 않는다. 그것은 곧 그가 이 공동체의 발전을 위해 자기 삶을, 앞서간 자로서 미리 맞는 벌금으로 역사에 제공하였음을 뜻한다. 그 벌금은 감연한 헌신을 넘어 때로는 생명 자체의 희생을 의미하기도 한다.

2
함께 앞서가기:
중용적 진보, 또는 민족(성)과 근대(성)의 융합사유

고하 송진우의 공적 삶을 이해하는 골간은 곧 근대와 국가건설과 민주주의라고 할 수 있다. 그의 생애 동안 이를 묶어 하나로 나타낼 수 있는 핵심가치는 곧 개인적으로는 중도였고, 사회적으로는 진보였다. 그는 언제나 당대 민족과 사회의 현실 속에서 중도적·중용적으로 이상과 진보를 실현하려 한, 이른바 '중용적 진보'를 추구하였다. 여기에서 그의 선견성은, 진보성과도 만나는 동시에 중용성과도 만난다. 또 다른 말로 하여 '진보적 이상의 중도적 추구'라고 할 수도 있겠다.

한국의 거시적인 근대 국가건설과 발전의 역사를 제1단계, 1876년-1953년 사이의 국가형성 시기, 제2단계, 1953년-1987년의 산업화 시기, 셋째, 1987년-현재까지의 민주화 시기, 넷째, 현재 이후의 다가올 시기를 복지화·인간화의 시기로 나눌 때 고하는 일찍이 이 과제들을 모두 꿰뚫고 멀리 내다본 인물 중의 한 사람이었다. 매우 신중하고 정확하게 전체를 통찰하되, 그는 자기 시대의 임무에 대해서도 정면으로 직시하고 실천해간 인물이었다. 전체에의 통찰과 당대적 실천을 결합하기란 결코 용이한 일이 아니었음에도 불구하고 말이다.

주지하듯 고하는 일제 강점기 유학시절부터 재일 유학생의 지도자였다. 청년의 시기 이래 그는 국민심성 개조를 중시하여 유교를 반대하고 공적 심성의 발양이 중요함을 깨우쳐왔다. 나아가 국민의 단결, 문화, 봉공, 곧 공적 헌신을 주창하였다. 유교비판과 공적 심성에 대한 강조는 한국에서 근대성 추구의 핵심을 지적한 것이 아닐 수 없다. 이는 오늘날 신자유주의와 시장만능주의 시대를 맞아 다시 중요한 가치로 떠오르고 있는 공공성의 관점에서 보더라도, 그가 이 문제를 매우 일찍부터 인식하였음을 알 수 있다.

고하는 일제하 한국을 대표하는 정치인으로 자주 평가 받아왔다. 교육과 언론에 종사하면서 민족의 지도자로 부상한 것이었다. 여기에서 교육과 언론은, 식민시대였기 때문에 공공성 표출의 제일 공간이었던 적극적 정치가 불가능한 상황에서, 그가 다른 두 중요한 공공영역에서 활동하였음을 뜻한다. 봉공과 공적 심성의 자기실현이었다.

　그것은 그를 공적 영역의 주요 인물로 밀어올렸다. 해방과 함께 그가 교육과 언론을 넘어 정치영역의 중심인물로 곧바로 진입하고 부상하는 것은 식민시대부터의 공공영역에서의 오랜 훈련과 활동 때문이었다. 제2차 세계대전 종전 이후 새로이 진주한 미군 역시 여러 문건에서 그를 민족주의진영을 대표할 인물로 평가할 만큼 식민통치 시기 고하의 걸음들은 선도적인 것이었다.

　그가 주도하거나 참여했었던 초기 문화운동들은 넓은 의미의 근대를 향한 국민교육과 국민계몽운동이었다. 이를테면 물산장려운동, 민립대학건립운동, 문맹퇴치운동, 브나로드운동, 단군-세종대왕-이충무공의 삼성사 건립추진 등은 민족문화 창출과 근대국민 형성을 위한 운동들이었다. 넓은 의미의 동아일보 계열과 인촌 김성수가 함께 가고자하였던 길인 민족주의와 근대는 송진우에게는 전혀 분리된 두 개가 아니었다. 즉 민족주의를 통한 민족의식의 복원과 근대국민형성의 이중과제의 추구였다. 근대를 향한 민족과 민족주의의 호명과 동원이야말로 후대 교육과 계몽의 중요한 기반과 토대를 제공하였던 것이다.

　이 때 그가 교육과 계몽을 넘어 좀 더 넓은 문화의 영역을 통한 근대국민을 창출하려 시도하였다는 점은, 당대 한국민들의 근본적 마음 구조와 저변에 대한 변화를 추구하였기 때문이다. 여기에서는 전통에 대한 맹목과 부정, 현양과 폄하라는 이분법을 넘으려는 도저한 구상을 읽게 해준다.

3
한국적 공화주의와 자유주의의 모색과 추구

정치적으로 고하는 식민시기 동안의 좌파 배제, 해방 직후의 조선건국준비위원회(건준) 및 조선인민공화국(인공) 불참에서 볼 수 있듯 공산주의에 대한 분명한 반대노선을 견지하고 있었다. 그럼에도 불구하고 그는 자신이 경영과 논조를 주도하였던 동아일보에 다수의 사회주의자들도 기고할 수 있도록 하여 이념적 포용의 폭을 보여주었다.

고하는 중국의 초기 공화주의 운동과 범아시아주의를 대표하는 쑨원을 가장 존경하였는바 그는 중국 근대 민족주의의 원형이자 전형으로 평가받고 있다. 장제스와 마오쩌둥, 중국의 좌파와 우파가 모두 쑨원의 자녀들이었다는 점은 매우 시사적이다. 여기에서 고하가 쑨원의 한국적 길을 상념했던 것은 아닌지 조심스럽게 추론해본다. 즉 한국적 공화주의의 길을 말한다. 실제로 고하는 해방 이후 건국강령과 노선의 수립과정에서 대표적인 공화주의노선을 걸었다.

그는 48인 민족대표로서 3·1운동을 주도하였다가 체포되어 옥고를 치렀다. 그리고는 친일로 변절하지 않고 일관된 민족주의자의 길을 고수하였다. 필자는 종종 3·1운동 민족대표는 33인이 아니라 48인으로 확대되어야한다고 상념하곤 해봤다. 조심스런 평가이지만, 33인은 단지 공적 대표성 이외에는 없지 않았나 싶다.

실제 내용과 영향을 고려할 때 48인으로 확대되는 것이 더 나은 것도 그 때문이다. 33인 대표 중에서도 적지 않은 인사들이 변절하였으나 고하는 그들을 뛰어넘는 올곧은 민족주의자의 길을 걸어갔다. 많은 민족주의자와 사회주의자들이 전향할 때 고하의 지조와 일관성은 우리 공동체의 중요한 정신적 자산으로 남겨져 오늘에 이르고 있다.

한편 고하는 한국에서 자유주의 수용과 발전의 한 중심채널이었다. 동아일보 계열과 김성수를 포함하여, 오늘의 시점에서 한국 사회를 역사적으로 돌아보건대 송진우의 자유주의는 두드러지게, 그리고 충분히 강조될 필요가 있다. 영국과 일본 유학을 통해 고하 송진우-인촌 김성수-설산 장덕수-해공 신익희-유석 조병옥, 그리고 윤보선과 장면-민주당-동아일보로 대표되는 한국의 초기 자유주의는 민주주의를 포괄하면서 이승만 정부 하 반독재 투쟁과 4월혁명의 중심 세력 역할을 수행하였다. 한국 초기 자유주의의 가장 뚜렷한 주류였던 것이다.

고하와 인촌이 놓은 초기 자유주의는 건국 이후 한국의 가장 강력한 자유민주주의 담론과 세력으로 자리 잡았고, 급진공산주의와 우파독재에 대한 가장 체계적인 대안 담론이자 운동이었다. 자유주의적 공화주의가 송진우의 초기 건국 노선의 중심이었다면 자유주의, 또는 자유민주주의는 훗날 반독재투쟁과 4월혁명의 골간 정신이었다. 북한의 공산독재와 이승만·박정희·전두환 정부의 권위주의 정부를 상념할 때 한국에서 이들 자유주의 그룹이 민주주의 발전에 끼친 영향은 결정적이었다. 남한이 북한의 독재와는 크게 다른 민주주의의 길을 가는데 이들 초기 자유주의 세력이 끼친 기여는, 제도와 사상 두 측면 모두에서, 크게 상찬받아 마땅하다.

동아일보와 민주화 운동그룹을 포함해 부분적으로는 박정희 시기의 반독재 담론 역시 이들 그룹이 주도하였다. 이 초기 자유주의 그룹은 70-80세대, 또는 86세대(60년대 출생의 80년대 학번들)의 자유주의와 민중주의의 등장 이전시기에는 한국의 반독재 민주화 담론과 자유주의 운동의 한 분명한 중심 주류였다고 할 수 있다. 이 점에 대해 우리사회는 연속성과 지양의 관점에서 심층연구를 수행할 때가 되었다고 본다.

4.

해방 직후 고하는 정부수립 모색 단계에서 조선건국준비위원회(건준) 및 조선인민공화국(인공) 반대와 대한민국 임시정부(임정) 봉대, 그리고 국민대회 준비회를 추구하였는바, 그 핵심 이유는 세 가지의 중요한 원칙 때문이었다. 첫째는 공산당 주도에 대한 분명한 반대였다. 고하는 공산세력의 민족 대표와 건국 주도를 용납하지 않았다.

둘째는 일본 후원-총독부의 제안을 수용할 수 없다는 점 때문이었다. 즉 고하는 총독부의 제안을 수용하여 정부를 수립한다는 것은 민족적 원칙에 위배된다고 보았다. 고하의 고결성과 탁견이 돋보이는 점이었다.

셋째로 또 하나의 중요한 점은, 민주적 절차와 민중적 참여의 결여 때문이었다. 아래로부터의 국민참여를 말한다.

세 가지 모두 중요한 점이었다. 당시 일부 인사들이 두 번째의 이유에도 불구하고 총독부 제안을 받아들인 것은 이해하기 어렵다. 필자의 견해로 보건대, 당시에 만약 모든 진보-보수주의들, 민족주의자들-사회주의자들이, 고하처럼, 한 목소리로 총독부의 제안을 거절하고 이념을 넘어 통합적으로 하나의 건국준비조직을 건설하였다면 건국의 과정은 훨씬 더 단합되었고, 더 통합적 비분열적이었을는지 모른다. 매우 안타까운 현실이었다. 민주주의자로서 고하에겐 세 번째 이유 역시 결정적으로 중요하였는바, 총독부의 제안을 거절한 이유는 곧 민중이 정부를 건설해야한다는 민주적 원칙에 위배된다는 점 때문이었다.

대신 이 때 고하의 길은 3면 종합이었다. 첫째, "정부 차원에서는" 공식 정부 수립 시점까지 임정의 정통성과 과도성을 인정한다. 여기에는 임정의 국내기반이 전무하다는 점도 고려되었다. 둘째, "의회 차원에선" 국내적 기반을 거의 독점한 주류로서 국민대회를 통한 의회 결성을 추구한다, 셋째, 연후에 민주적 절차에 의한 아래로부터의 독립국가를 수립한다는 방식이었다. 이러한 고하의 정교한 3단계 구상은 그의 사후에 남조선 입법의원이나 남조선 과도정부를 통해 거의 그대로 관철되었음을 알 수 있다.

임정의 정통성 인정과 존중, 그리고 의회주의, 아래로부터의 민주주의라는 세 경로를 통한 독립국가 건설 구상이었던 것이다.

특히 고하는 당시 정당과 정치세력에 관한 한 급진좌파와 극우반동을 제외한 폭넓은 좌우 공존과 경쟁을 모색하였다. 즉 의회제 내에서의 진보·사회주의와 보수·자유주의의 건강한 경쟁을 추구한 것으로서 그가 좁은 자유민주주의의 틀을 훨씬 넘어서 영국의 진보자유주의와 유럽의 사회민주주의를 이미 수용하고 있었음을 알 수 있다. 이러한 그의 사상과 관견은 대한민국 임시정부의 강령 및 정책과 일치하며, 동시에 1948년 등장하는 건국헌법에 근사(近似)하는 것이었다. 그리고 고하의 건국 구상은 해방과 건국의 시점에 당대 시대정신의 고갱이였다.

고하는 한국민주당 수석총무 및 국민대회 준비회 위원장이라는 민족세력의 중핵으로서 활동하면서 미군 점령을 고려한 상황에서 '민주주의적 민족국가'를 추구한 것이었다. 오늘의 시점에서 건국과 분단 시점을 반추해야하는 우리는 고하에 대해 통합적인 재해석·재음미·재평가를 시도해야한다고 판단된다. 민주화 이후 진보-보수 정부를 반복적으로 경험한 동시에, 심각한 남남갈등을 노정하고 있는 오늘의 현실을 볼 때 고하의 시야와 관견, 국량과 지향은 과거에 머무르지 않고, 국민통합과 민주주의를 향해 현실적인 동시에 미래지향적인 의미를 함께 갖기 때문이다.

5.

　먼저 고하는 당시 한국민주당의 건설을 주도하였는바 한 주목할만한 연구(윤덕영)에 따르면 창립 당시 한민당은 80%가 민족운동 관련자였고, 10%는 사회주의자였다. 친일파로 분류될 수 있는 인사들은 고작 14%로서 이는 당시 좌파 조직 못지않게 적은 비율이었다. 즉 한민당을 친일파 정당으로 본 일부의 시각은 잘못된 것이었다. 또 동아일보-보성전문 계열의 인사들은 42%였고, 나머지 상당수는 기독교계열이었다. 이들이 한민당의 양대 세력으로서 극우도 아니고 친일파도 아니었다.

　기존의 통념과는 달리 초기 한민당의 구성과 성격은 일종의 우파주도의 좌우연합정당이라고 할 수 있었던 것이다. 초기 한민당의 구성과 성격은 그것을 주도한 고하의 성향과 국량, 능력과 의도, 체제구상을 잘 보여준다. 즉 그는 탁월한 능력과 폭넓은 인맥을 갖고 해방 초기 국면을 주도하던 균형 있는 중도주의자요 민주주의자요 민족주의자였던 것이다.

　그런데 신자유주의가 지배하는 오늘날 우리가 맥락적 재해석을 통해 더욱 깊이 음미해야할 점은 초기 한민당의 정강정책이라고 할 수 있다. '민주주의 정체 수립, 근로대중의 복리증진, 주요산업의 국영 또는 통제 관리, 토지제도 합리적 재편'을 핵심 내용으로 하는 당시 한민당의 정강정책은 사실상 사회민주주의 정강정책으로서 이는 역시 임정 헌법 및 건국강령, 대한민국 건국헌법과 거의 동일하였다. 즉 근대 이후 민주공화국 대한민국 건국을 주도한 주류세력들의 체제구상의 본령에 해당하는 것이었다.

북한이 체제경쟁에서 완전 패배하고 탈락한 현실에서 의회주의를 통해 평등과 복지체제를 추구한 고하의 선견은 오늘에 충분히 되살릴 가치로 살아있는 것이다. 신자유주의와 시장만능주의의 좁은 관견에서 균등경제와 복지강화를 사회주의, 또는 좌파 경제체제라고 비판하는 오늘의 보수 담론이 얼마나 잘못된 것이고, 초기 보수 건국세력과 건국헌법에 대해 얼마나 크게 곡해하고 있는지를 한민당의 정강정책은 잘 보여주고 있다.

고하는 1945년 12월 22일 방송된 [한국민주당의 정견]을 통해 "비록 독립한 국가가 되었더라도 그 권력이 일인의 전단한 바 되고, 일계급의 독재한 바 된다면 무엇으로서 우리의 생명재산과 자유가 보장될 수 있겠는가? 민중에 의하여 민중을 위한 민중의 정치가 실현됨을 따라서 민중의 자유가 확인되고 민중의 평등은 보장될 것." "과거에는 자유에만 치중하고 균등에 있어서는 진실한 고려가 없었기 때문에 자본가가 이윤추구에 광분한 나머지 경제적 균등의 기회는 파괴되고 따라서 근로대중의 생활은 그 안정을 잃었든 것" "우리는 정치적 민주주의가 독재적 전횡을 타파하는 데 있는 것 같이 경제적 민주주의는 독점의 자본을 제압하는데 있는 것" "진정한 의미의 경제적 민주주의는 그 정책에 있어서 사회주의의 계획경제와 일치된 점을 발견치 못하리라고도 생각할 수 없다."고 강조하였다.

한국의 정통 자유주의진영, 보수세력의 폭과 인식 수준을 보여주는 놀라운 언명이 아닐 수 없다. 개인독재와 계급독재를 넘어 자유와 평등을 두 날개로 삼아 민중과 근로대중을 위한 강력한 진보적 민주주의를 주창하고 있는 고하에 이르면 이미 당시 첨예하던, 건국에 대한 좌우의 차이는 소멸되어 하나로 융합되어 있었음을 알 수 있다. 그것은 전후 민주주의와 자본주의와 복지체제를 살린 수정자본주의, 루즈벨트 뉴딜 민주주의, 독일의 질서자유주의·사회국가·사회적 시장경제 노선과 정책의 핵심 골간이었던 것이다. 기실 공산주의의 붕괴 및 신자유주의의 양극화와 독점체제가 심각해지는 오늘날 들어도 고하의 웅변과 관견은 놀라운 선진적 혜안이 아닐 수 없다. 사실상 북구(北歐) 복지국가-사회적 시장경제-사회민주주의의 모델을 반세기 전에 이미 천명하였기 때문이다.

6.

한민당의 정책 세목에는 실제로 기업의 경영 및 관리에 노동자 대표의 참여, 토지 사유의 극도 제한 및 농민 본위의 경작균등권 확립, 광공업 육성을 위한 계획경제수립, 주요 공장 및 광산·철도의 국영과 같은, 임정 헌법-건국헌법과 같은 사회민주주의 노선이 주류를 이루고 있었다. 이들 세목은 사실 사회민주주의를 넘어 부분적으로 사회주의에 근접하는 수준이었다. 이런 한민당을 극우정당으로 해석한 그동안의 해석들은 오류였던 것이다. 동시에 오늘날의 좁은 극우주의, 반공주의, 보수주의, 자유민주주의가 대한민국의 중심 건국정신으로 해석한 것도 오류였던 것이다. 그것보다는 훨씬 더 넓은 체제와 노선과 이념과 헌법 지평 위에 탄생한 것이 대한민국이었던 것이다.

한민당은 1945년 12월 16일에 1946년 1월 10일 국민대회 개최를 결정하였고, 18일에는 지역 및 단체대표를 발표하였다. 동시에 더욱 중요한 것은 1월 10일의 국민대회에 상정할 대한민국 헌법대강을 준비하기 위한 헌법연구위원 11명을 선임하였다. 모두 고하 생전의 일이었다. 당시 선임된 헌법연구위원들은 김병로, 김용무, 이인, 강병순, 송진우, 김준연, 장택상, 서상일, 정인보, 이극로, 백남운이었고, 후에 추가로 선임된 10명은 조병옥, 윤보선, 백남훈, 함상훈, 김약수, 원세훈, 고창일, 한근조, 안재홍, 김여식이었다.

이는 해방 이후 최초의 헌법제정 논의이자 당대 최고 수준의 구성이었다. 이념의 폭 역시 극좌와 극우를 제외하고는 진보-보수 모두에 폭넓게 걸쳐 있었다. 한마디로 시점과 폭과 수준에서 놀라운 건국교부-헌법제정교부들(founding fathers) 진용의 편성이었다. 이는 12월 20일 임정이 조직한 헌법기초위원회와 함께 활동을 개시하였다. 정당창당(대의기구), 국민대회 개최(민중참여), 헌법 준비(법률제정)라는 치밀하고 정교한 고하의 삼면 국가건설 구상은 곧 시행을 눈앞에 두고 있었다.

당시 고하 송진우만이 이 셋을 동시에 추진하고 있었다. 물론 그는 임정의 정통성과 과도성 및 미군정의 현실적 점령을 인정한 상황 위에서 38선 철폐와 양군철퇴를 주장하는 가운데 이를 추진하고 있었다. 38선 철폐와 양군철퇴는 매우 이른 주장이었다. 그러나 예상치 못한 돌발 상황으로서 신탁통치(탁치)문제의 전면 등장과 좌우 과격파의 득세로 인한 이념적 양극화와 절대화의 흐름 속에 송진우의 치밀하고 원대하며 현실적인 중용진보적(中庸進步的) 건국구상은 좌절되고 말았다.

좌우극단주의가 범람하는 현실에서 비극적인 송진우 암살은, 개인적 좌절을 넘어 해방국면에서 한국사회의 미래비전, 특별히 중용적 진보의 실패를 의미했다. 이는, 현실 속에서 이상을 추구하여 둘을 화학적으로 결합하려했던, 해방 직후 가장 뛰어난 현실적 이상주의(practical idealist)의 선두주자였기 때문에 그가 치른 대속적(代贖的) 벌금이었다. 그러한 근대 구상을 상실한 것은 한국으로서는 너무나도 큰 손실이었다.

7.

고하는 생명을 벌금으로 내고 후대들에게 과업을 남겨주었다. 역사는 늘 뛰어난 선두주자들에게 벌금을 요구하고 그 벌금을 통해 후대들은 더 나은 가치와 체제를 영위한다. 동시에 그 벌금들은 늘 후대들에 의해 다시 살아난다. 선두주자들의 벌금은 벌금으로 끝나지 않고, 생명력을 갖고 다시 살아나는 것이다. 당시 세계적으로도 가장 선진적 경로였던, 의회민주주의와 사회적 시장경제의 결합을 추구했던 고하의 길은, 좁은 이념의 잣대나 자유민주주의의 틀에서만 접근해서는 정확하게 파악될 수 없다. 동시에 통일을 향한 미래지향적 가치를 추출하기도 어렵다.

우리는 이제 고하를 보는 고루하고 협애하며 편벽된 해석에서 벗어나야 한다. 공산주의는 반대했지만 사회민주주의는 수용하여, 민주적 의회적 방법으로 자유와 민주, 복지와 평등의 길을 갔던 그를 제대로 살려내야 한다. 우리는 그로부터 형평과 공영, 노동과 균등을 강조했던 길을 먼저 복원하여 자본과 돈 만능의 세상부터 바로 잡아야한다.

그 길이 고하는 물론 독립운동과 민족세력, 초기 한국민주당을 바르게 해석하는 길인 동시에 대한민국 건국 정신의 고갱이를 다시 살려내는 요체가 아닐 수 없다. 동시에 먼 미래의 통일시대까지 대비하는 길이기도 하다. 이것이 자신을 던져 역사적 벌금을 먼저 지불한 고하의 삶과 정신이 오늘의 우리에게 묻고 또 요구하는 현실적 소명이자 과업이라고 할 수 있다.

송진우를 바로 읽고 제대로 평가하는 지혜로부터 우리는 (과거의) 건국정신을 옳게 자리매김하고, (미래의) 통합과 통일 정신을 바로 찾는 넓고 깊은 수원(水源)을 찾게 될 것이다. 서로 갈라지고 다투고 증오하는 오늘의 우리 사회, 공동체, 조국, 민족의 현실을 돌아보매 넓고 길고 깊은 역사대화와 미래비전을 마련해

주고 떠난 고하의 길 앞에 다시 숙연해지는 소연(所然)이다. 고하를 과거에 머무르게 하지 말고, 오늘과 미래에 다시 살려내야 하는 것이다.

후대를 위해 벌금으로 생명을 치른 한 고결한 선각의 삶을 되새기며, 비록 물질적으로는 발전하고 번영하였으되, OECD 최고·최악 수준의 자살과 저출산, 남녀임금격차와 노인빈곤을 노정하고 있는 오늘 우리 공동체의 현실 앞에서, 오늘의 우리 세대가 선대와 후대를 향해 함께 옷매무새를 다시 매만지고 모두 옷깃을 여미어야 하는 까닭이다. 저 후대들에게 우리는 정녕 어떤 나라를 물려줄 각오로 오늘 자기 희생적 벌금과 대속을 치르고 있는가? 아니, 치르려 하고 있는가? 우리 세대의 몽매와 아집, 고루와 이기심이 미래세대의 희망을 꺾고 있는 집단적 죄악은 아닌지 같이 묻고 싶은 것이다.

부록 III

경성백승(京城百勝)

경성백승(京城百勝)

1929년 10월 20일 발행
정가 50전

편집겸	경성부 광화문통 139번지
발행인	송 진 우
인쇄인	경성부 견지동 32번지
	김진호(金鎭浩)
인쇄소	경성부 견지동 32번지
	한성도서주식회사
발행소	경성부 광화문통 139번지
	동아일보사출판부

주: 원칙적으로 당시의 표기대로 수록하였으며,
　　다만 '된ㅅ'은 된소리(보기: ㅅㄷ→ㄸ, ㅅㅂ→ㅃ)로 표기하고,
　　읽기에 편하도록 대체로 띄어 썼다.

경성백승(京城百勝) 차례

서언		1028
종로	종각(鐘閣)	1029
안국동	감고당(感古堂)	1030
공평동	재판소	1031
원동	모기	1032
수송동	기마대	1033
계동	위생소	1034
소격동	종친부	1035
가회동	취운정(翠雲亭)	1036
화동	복주움물	1037
송현동	식은촌(殖銀村)	1038
삼청동	성제움물	1039
수은동	포도청	1040
운니동	쫄쫄움물	1041
재동	백송	1042
돈의동	나무장	1043
견지동	민공 옛집(閔公舊宅)	1044
팔판동	청기와집	1045
경운동	만자작저(閔子爵邸)	1046
관훈동	충훈부	1047
낙원동	측후소	1048
인사동	태화관(泰和舘)	1049
다옥정	기생	1050
와룡동	종부시(宗簿寺)	1051
인의동	담배공장	1052
삼각정	굽은 다리	1053
수표정	수표교	1054
익선동	줄행랑	1055
도렴동	모형탑	1056
관수동	관수교	1057
청진동	내외주점	1058
훈정동	어수움물	1059
병목정	갈보	1060
미근동	초리움물	1061

예지동	동문시장	1062		청엽정	효창원(孝昌園)	1082
권농동	경판각(經板閣)	1063		통의동	사재감(司宰監)	1083
장교정	설렁탕	1064		청운동	청풍계(淸風溪)	1084
효제동	홰나무	1065		무교정	장전(欌廛)	1085
행촌동	은행나무	1066		사대문정	흥화문(興化門)	1086
관동	독립관	1067		혜화동	풍차	1087
교장동	독립문	1068		평동	망건방	1088
동숭동	낙산	1069		이촌동	수해	1089
서린동	구치감	1070		창성동	썩은 다리	1090
숭인동	관왕묘(關王廟)	1071		숭일동	앵두밭	1091
천연동	천연지(天然池)	1072		신교동	선희궁(宣禧宮)	1092
궁정동	육상궁(毓祥宮)	1073		옥천동	연적동(硯滴洞)	1093
연건동	갓바치	1074		마포동	장포(欌浦)	1094
봉래정	빈민굴	1075		사직동	사직단(社稷壇)	1095
체부동	돌함집	1076		누상동	백호정지(白虎亭址)	1096
숭삼동	성균관(成均館)	1077		현저동	형무소	1097
적선동	종침교(琮琛橋)	1078		필운동	돌거북	1098
창신동	창신궁(昌信宮)	1079		수창동	내수사(內需司)	1099
옥인동	송석원(松石園)	1080		정동	서양인촌	1100
죽첨정	'굴'	1081		간동	궁인가(宮人家)	1101

수하정	일인 빈민굴	1102
숭이동	자동차수선공장	1103
중림동	천주교당	1104
숭사동	월사구기(月沙舊基)	1105
통의동	동척사택(東拓舍宅)	1106
이화동	장생전(長生殿)	1107
서계동	'편쌈터'	1108
원남동	권초각(捲草閣)	1109
충신동	백채포(白菜圃)	1110
내자동	내자시(內資寺)	1111
누하동	'쌈지'	1112
중학동	구중학(舊中學)	1113
도화동	연와공장	1114
연지동	'개구리 소리'	1115
의주통	'도깨비골'	1116
효자동	내시	1117
송월동	월암(月巖)	1118
광희정	'파리'	1119
합동	춘향(春香)	1120
교남동	'대장간'	1121
냉동	휴지도가(休紙都家)	1122
관철동	동상전(東床廛)	1123
장사동	묘심사(妙心寺)	1124
홍파동	전내집	1125
당주동	'와다시'	1126
통동	능금밭(林檎園)	1127
종로	납석탑(蠟石塔)	1128

서 언

이 '내 동리 명물'은 지금으로부터 4년 전 여름에 경성부 내의 100 동정(洞町)을 추리어 100 명물(名物)을 마련하야 사진과 아울러 당시의 본보(동아일보) '중앙판'에 50여 일간을 연재하야 독자의 대환영을 받던 '사진기사'의 전부를 수록한 것입니다.

'명물'의 제재(題材)는 다종다양으로 혹은 엄정한 견지에서는 적당치 못한 것이 많을 듯하나 고열에 지질린 독자에게 취미와 실익의 청량제를 제공하려든 당시의 편자와 집필자의 심경을 그대로 보존하기 위하야 제재의 개정, 문구의 수정 등을 하지 않고 그대로 수록합니다.

당시 편집의 책임은 여(予)가 담당하였고 집필은 사회부 기자 일동이 담당하였으나 재료의 대부분은 홍명희(洪命憙), 정인보(鄭寅普) 양씨의 제공이었습니다.

내 고을 명물과 내 동리 명물은 성질상 가름으로 이제 자매편으로 수록하거니와 출간을 제하야 당시 동인들의 노력을 감사하면서 당시의 '사고(社告)'를 그대로 기록하여 서두에 부칩니다.

정묘(1927년) 4월 23일
편 자 식

종로(鐘路) ― 종각(鐘閣)

종각은 원명이 보신각(普信閣)입니다. 그 안에 있는 종은 외국 사람들이 조선 오백 년 간 예술의 대표가 될 만하다고 합니다. 이 종을 경주에 있는 종에 비교하면 기교가 부족하나 크기가 더 지난다고 합니다. 그전에는 이 종이 식전 저녁으로 울었는데 식전 우는 것을 파루(罷漏)라고 하야 사대문이 열리고 저녁에 우는 것을 인정(人定)이라고 하여 사대문이 닫혔습니다.

사대문을 열린 채 내버려 두게 되니까 종도 울리지 않게 되었습니다. '종각에 있는 종이 어떤 사람들에게 저녁을 알리려나'하고 시인의 탄식거리가 되든 것이 3·1 운동 때 잠깐 우렁찬 소리를 내서 울어보았습니다.

우렁차다니 말이지 그전에는 종 밑을 깊게 파논 까닭에 우는 소리가 삼사십리 밖에까지 들렸더니 대원군의 척화비를 묻어서 그 허공이 메인 뒤에 울림이 줄었습니다. 이다음에 이 종이 '보스톤' 작은 집에 놓여 있는 깨어진 종같이 우렁차게 제 힘껏 울어볼 날이 없으란 법이야 어디 있습니까.

_ 종로 이정목 망중생(忙中生)

안국동(安國洞) — 감고당(感古堂)

감고당은 역사 있는 집이올시다. 예전 숙종(肅宗) 배우인 현후 민씨(閔氏)의 본댁이올시다. 왕후께서 장희빈(張禧嬪)의 참소를 만나 궁중에서 나오셔서 6년 동안 거처하시든 방이 지금도 남아있습니다. 왕후께서 거처하실 때에 밖에 돈대 위에 있든 소나무 가지가 담을 뚫고 들어가서 그늘을 드리워 드렸다는 신통한 소나무 이야기까지 있습니다.

지금은 이 집이 빈민굴같이 되었습니다마는 예전에는 문 앞에 거마 추종이 물 끓듯 하던 집이올시다. 이 집이 여양부원군(驪陽府院君) 댁으로 있을 당시에 행랑방에서 놋요강 엎지른 것이 여양의 중씨 봉눈에게 들켜서 여양이 그 중씨께 너의 집 행랑에서 놋요강을 쓰니 너의 안방 요강은 무엇이냐. 한때 부귀를 믿고 그렇게 사치하다가는 집안이 망하리라고 꾸지람을 받은 일이 있었다고 합니다.

선조의 조심을 후손이 본받았더라면 오늘 이 집을 찾아온 우리로 하여금 번화영락에 느낌이 없게 하였을지도 모를 것이올시다. 혹 복소(覆巢) 알에는 완란(完卵)이 없는 법이라고 말씀하는 이도 계십니다.

_ 회고자(懷古子)

공평동(公平洞) — 재판소

　종로 네거리를 지나자면 피뢰침 꽂힌 큰집이 있습니다. 우부우부(愚夫愚婦)라도 싸움을 하다가 수틀리면 '이애 재판을 하러 가자'하고, 맞은 편도 '재판을 하거나 몬지판을 하거나 하려므나' 하는데 이 집이 그 재판하는 집입니다.

　지금은 경성지방법원(京城地方法院)과 경성복심(覆審)법원이 되었으나 이 집을 짓기는 이전 한국시대 융희(隆熙) 2년에 평리원(平理院)으로 지은 집입니다. 그 후 통감부 시대에는 대심원(大審院), 공소원(控訴院), 지방재판소가 되었다가 대정 원년 4월에 총독부 재판소령으로 지방법원, 복심법원이 된 것이오 근년에는 등기계(登記係), 공탁국(供託局)도 두게 되었습니다.

　이 재판소가 생긴 이후로 의병대장으로 유명하든 허위(許蔿), 이강년(李康年)도 이곳에서 사형선고를 받고 가슴을 쳤으며 사내(寺內) 총독 시대의 105인 사건도 여기서 판결이 났고 조선 산하를 진동하든 OO운동사건도 거의 다 이곳에서 판결이 났고 재등(齋藤) 총독에게 폭탄을 던진 후 흰 수염을 삐치고 강개하게 재판장을 논박하든 강우규(姜宇奎)도 이곳에서 재판을 하였습니다. 그러나 이런 간조한 법정에도 때때로 꽃 같은 미인이 신세한탄을 하며 어여쁜 얼굴에 눈물을 흘리고 '아무래도 저는 살 수 없어요' 하는 이혼재판도 근년에는 많습니다.

_ 공평동 목토생(木兎生)

원동(苑洞) — 모기

원동은 '모기'가 명물이랍니다. 원동 모기는 한 동리 명물 노릇을 하는 까닭인지 여간 주제넘지 아니하여 지체를 대단히 본답니다. 그래서 계동 모기와는 혼인도 아니한답니다. 그렇지만 이것은 우물 안 고기처럼 세상이 넓은 줄을 모르는 까닭입니다. 멀리 신대륙에는 모기 나라가 있는데 거기 모기는 목숨 해치기를 네뚜리로 안답니다.

그 근처에 '파나마'라는 나라가 있다나요. 거기도 모기의 세력 범위인 듯합니다. '파나마' 운하 같은 세계적 대공사도 한참 동안은 모기의 방해로 진행을 못하였었답니다. 종류는 삼백 종, 목숨은 약 사일, 날기는 일 마일가량은 헌그럽게 나는 모기들이랍니다. 또 좀 우리에게 가까운 중국 소주지방에도 모기세력이 굉장하다는 사담(史談)이 전합니다. 이 사담은 별것이 아니라 어느 처녀가 남녀가 섞이어 잘 수 없다고 노숙하다가 모기에게 목숨을 바쳤다는데 살을 다 뜯겨서 힘줄이 드러났더랍니다. 거기 사람이 불쌍히 여겨서 노근비(露筋碑)를 세워 주었답니다. 이런 이야기를 원동 모기에게 들려주면 그 주제넘은 것이 아마 좀 줄겠지요?

_ 원동 이병목(李秉穆)

수송동(壽松洞) — 기마대

경성 안에 무슨 일이 있을 때마다, 사람이 혼잡할 때마다 말 탄 순사가 나와서 말굽으로 사람을 쫓고 최근에는 언론 압박에 분개하야 일어난 민중의 진정한 부르짖음까지 이 기마순사대의 말굽으로 짓밟았습니다. 그러면 이 기마 순사는 어디서 나오는 것입니까.

경기도 경찰부 소속으로 시내 수송동(壽松洞)에 있는 기마순사힐소(騎馬巡査詰所)에서 나오는 것입니다. 이들은 왜 두느냐 그것을 둔 경찰부 편의 말을 그대로 소개하면 무슨 큰 사건이 나든지, 높은 양반이 지나갈 때에 순사의 힘으로만 도저히 군중을 정리할 수가 없을 때에 말로 헤치는 것이요. 일없을 때에는 기마 순사들이 교통 순사 사무를 보며 시내로 다닌답니다.

조선에 기마 순사가 처음 생기기는 정미년 군대해산(丁未年軍隊解散 1907년)이 되어 물 끓듯 하는 경성을 진정키 위하여 지금 광화문통 위생시험소에 한성부경시청(漢城府警視廳)이 있을 때 당시 한국경찰의 고문이라는 마루야마(丸山重俊)의 창안이랍니다. 처음에는 네 명을 두어 경기 근처의 의병토벌까지 한 일이 있었다 하며 기미년까지는 열 명이 있다가 OO운동이 일어나니까 부쩍 늘려서 현재는 말이 삼십여 필이요 순사가 이십여 명이라 합니다.

_ 수송동 일소생(一小生)

계동(桂洞) — 위생소

　예전 육궁(六宮)의 하나인 경우궁(景祐宮)이 계동에 있었습니다. 지금은 그 궁이 어디로 갔느냐? 궁집은 없어졌지요. 그렇지만 그 터야 어디로 가겠오 남아있지. 북부 위생소란 것이 그 터를 통차지하고 지내더니 작년인가 그 절반은 휘문학교에 운동장 하라고 주었지요.

　경우궁이 한번 난리를 톡톡이 치른 일이 있지요. 난리 이야기는 나중에 하리다. 그 난리 뒤에 포병대(砲兵隊) 영문(營門)이 되어서 노란 테를 두른 모자가 어린 아이 작난감 비슷한 금뢰박을 끌고 들락날락 하였습니다. 세월이 변하더니 이 영문이 위생소가 되어 위생소 인부가 쓰레기통, 똥통 마차를 끌고 들락날락합디다 그려.

　지나간 갑신년(甲申年)에 김옥균(金玉均), 홍영식(洪英植) 같은 젊은 인물이 정치를 개혁하려고 변을 꾸몄습니다. 그들이 임금을 혼동하야 이 경우궁으로 모시고 와서 조영하(趙寧夏), 민영목(閔泳穆) 같은 시임장신들을 이 안에서 짓조겨냈지요. 원세개(袁世凱) 등살에 일은 필경 낭패하였습니다. 이게 경우궁 안 난리란 것이요. 이런 풍상을 겪은 늙은 나무가 휘문학교 운동장 닦을 때까지 남아 있든 것을 보셨지요?

_ 계동 SHK

소격동(昭格洞) — 종친부

　종친부는 무엇입니까. 지금 조선총독부 서고(書庫)를 하려고 미리 준비한 것은 아니겠지요. 그렇습니다. 종친부는 알기 쉽게 말하면 종친을 위하여 설치한 것입니다. 그러나 은(殷)나라 대궐 터가 기장 밭 되는 것이야 기자(箕子)의 한탄 거리만 되겠습니까. 종친은 무엇입니까. 지금 후작(候爵) 백작(伯爵)하는 조선귀족이 되려고 미리 등대한 것은 아니겠지요. 그렇습니다. 종친은 즉 황실 지친이라 예사 신민과 다른 것입니다. 그러므로 조자앙(趙子昂) 같은 명사로도 송나라 종친으로 원나라를 섬긴 까닭에 후세에 말거리가 된 것입니다.

　남은 듣기 싫고 나도 하기 싫은 이야기 그만두고 우리나라 종친이야기 중에 우수한 것 하나를 골라서 소일거리로 들려 드리겠습니다. 세종대왕(世宗大王)이 종친부에 종학이란 것을 만드시고 종친을 글을 읽히셨습니다. 그때 순평군(順平君)이라는 둔한 종친 한분이 있어서 글자 두자쯤 배워 가지고 쩔쩔매었다 합니다. 이 분이 돌아갈 때에 자기 처자에게 한 말씀 또 진국입니다. 죽는 것이 서럽지만 종학에를 아니 가게 되니 시원하다고 하였답니다.

_ 소격동 김학수(金學洙)

가회동(嘉會洞) — 취운정

바람이 물소리냐 물소리가 바람이냐 가회동 깊은 골에 송풍이 시원하고 샘물 소리 줄줄 하니 이것이 취운정이랍니다. 지금은 초동목수(樵童牧叟)의 짓밟히는 바가 되고 시인묵객(詩人墨客)의 놀이터가 되었지마는 옛날을 캐보면 회고의 감이 적지 않은 것이었습니다.

지금으로부터 약 칠팔십 년 전 창덕궁 전하의 장인되시든 민표 정공(閔杓庭公)이 한참 세도를 부릴 때에 취운정 정자와 사모정 정자와 백락동 정자를 지어 넣고 꽃피는 봄과 달 밝은 가을에 한가한 사람들과 더불어 취흥을 돋우든 곳이랍니다. 창생은 변하는 법이라 어찌 한 사람의 즐김이 오랠 수 있겠습니까.

그 후 대원군의 첩되든 소위 백락동 마마님이 몇 해 동안 살다가 죽은 뒤에 일시 이왕전하의 어료가 되었다가 다시 한성구락부가 되었다가 나라가 망할 때에 소위 귀족들의 활 쏘고 노는 터가 되었더니 창생은 다시 변하야 조선 귀족회의 소유가 되었다가 요사이는 시민의 소유지가 되었더니 며칠 전부터는 동맹휴학하는 학생들의 회의지가 된듯합니다. 세월이 변함에 따라 주인은 갈리지마는 취운정 정자는 의구히 옛날을 말하는 듯하고 청린동천(青麟洞天) 바위 밑에서 흐르는 약물만 쫄쫄……

_ 가회동 박세준(朴世俊)

화동(花洞) — 복주움물

　화동은 옛 이름으로 '화개동'입니다. 그래서 화개동의 복주움물이라 하면 서울사람 치고 모르는 사람이 없을 것입니다. 맹현(孟峴)동산 아래의 이 조그마한 복주움물은 물 맛이 좋고 약물로 신통할 뿐만 아니라 지금으로부터 이십칠팔 년 전에 돌아가신 덕수궁 고종제(高宗帝)께서 어수(御水)를 봉하시고 이 물을 하루에 세 번씩 갖다가 잡수셨답니다.

　그리하여 그 당년에는 순검청까지 그 옆에 지어놓고 파수를 보았다 합니다. 그러다가 고종제께서 돌아가시자 어수는 봉하지 아니하였으나 워낙 물이 좋은 고로 춘하추동 사시를 두고 사람이 그칠 날이 없습니다. 더욱 여름철에는 차고 시원하고 맛있고 약되는 이 복주움물 물을 먹기 위하여 사내, 아낙네, 노인, 어린아이 할 것 없이 구름같이 모여들어 화개동 바닥에는 사람의 바다가 됩니다.

　그 맛없고 밍밍한 수도 물만 잡수시는 어른들이 한 번만 우리 동리 복주움물 물맛을 보시면 참 기가 막히게 좋다고 탄복을 한답니다. 누구시든지 여름철 더운 때 우리 동리에 유명한 이 물을 한 번 잡수러 오십시오.

_ 화동 최민길(崔民吉)

송현동(松峴洞) — 식은촌

　송현동 일대는 식은 사택(殖銀舍宅)이 차지하고 말았습니다. 이것만 가지고도 조선인 경성의 몰락을 알 것이 아닙니까. 이 집의 전신(前身)은 부원군보다도 대갈장군의 아우로 유명한 윤택영(尹澤榮) 씨의 집이 되어 한참은 들썩들썩하였으나 형체가 시세가면서 너무 과분하게 떠들고 지낸 까닭인지 이 집을 지니지 못하고 학생기숙관으로 세를 놓아먹기 시작하더니 나중에는 식산은행으로 들이밀고 말았습니다.

　식은(殖銀)에서 이 집 부근의 팔천오백여 평을 사서 헐고 미국에서 유행하는 근대식으로 서른네 채의 굉장한 사택을 짓기에 삼 년의 세월과 칠십만 원의 금액이 들었다 합니다. 붉은 지붕만 보고 감옥 같다고 하는 사람도 있으며 속에 들어가 보면 이상적으로 된 문화 주택이라 합니다. 그런데 이 집은 뉘 돈으로 지었을까요. 쓰러져 가는 초가집 옆에서 사는 그네들도 좀 미안한 생각이 있으리다. 경비를 절약하느라고 하급행원을 도태하면서도 정원 앞에는 괴석과 화초가 하나씩 둘씩 늘어감도 이상하다 하겠습니다. 그런데 이 사택으로 덕 본 것은 안국동 전차가 속히 된 것이라 합니다. 성은 피가라도 관자 맛에 산다고 전차 타는 맛에 견딜까요.

_ 송현동 이용구(李龍求)

삼청동(三淸洞) — 성제움물

　북악산(北岳山) 밑에 있는 성제움물은 우리 삼청동의 명물입니다. 옛날에 이 움물에서 무당들이 북두칠성(北斗七星)을 제사하였다 하여 성제(星祭)움물이라고 하였답니다. 역사가 오래서 유명할 뿐만 아니라 약물로 신효하야 더욱 유명합니다. 가슴앓이 십 년을 앓든 사람도 이 물 몇 번만 먹으면 낫고 그 외의 모든 속병 있는 사람도 대개 이 물을 먹고서는 낫는다고 합니다.

　화개동 복주움물이 어수(御水)를 봉하여 물이 좋다고 하지마는 맨 처음에 어수를 봉하기는 성제움물에다 봉하였드랍니다. 그러나 북악산 밑 험한 길을 하루에도 몇 번씩 올라 다니기가 어떻게 어렵든지 고종제께옵서도 물 길러 다니는 사람을 생각하시고 좋은 물은 못 먹드라도 가깝고 교통 편한 복주움물을 가져오라 하셔서 나중에 복주움물로 어수를 봉하게 된 것이랍니다.

　다른 보통 물은 많이 먹으면 배를 앓는다 하지마는 우리 성제움물 물은 많이 먹을수록 몸에 이로워서 오는 사람들은 짜고 짠 암치 쪽을 가지고 와서 뜯어먹어가며 물배를 채운답니다. 요새같이 더운 때는 사람이 어찌 많은지 이 물 한 바가지 얻어먹자면 한나절이나 기다려야 먹게 되지요. 어떻든지 우리 동리의 명물입니다.

_ 삼청동 일유객(一遊客)

수은동(授恩洞) — 포도청

　수은동(授恩洞)을 지나자면 국민협회(國民協會)란 문패 붙은 집이 눈에 띠일 것입니다. 이 집이 그전 그전에 포도청이었답니다. 포도청에도 좌우가 있었는데 이것이 우(右)포도청이었다고 합니다. 포도청이 경무청(警務廳)이 되고 포도대장이 경무사가 된 뒤에는 이 집은 육군법원(陸軍法院)이 되었었습니다.

　포도청에서 맡은 직무는 간세도적(奸細盜賊)을 집포(輯捕)하고 또 밤을 경(更)으로 나누어 야순(夜巡)하는 것이 있습니다. 지금 경찰서와 비슷한 것입니다. 문화정치 아래의 경찰서 속에도 참혹한 사실이 많이 있으니 그전 포도청 안에야 기막힌 일이 없을 리가 있습니까. 포도대장이 벼슬계제로는 아장(亞將)에 지나지 못하지만 이 세상 염라대왕(閻羅大王)이라고 불러도 좋았었답니다. 우리나라의 유명한 이야기가 한두 가지가 아니나 적을 틈이 없어 그만 둡니다.

　지금 국민협회 회원이라는 것 그전만 같으면 포도청에서 학치를 끊어도 죄가 남을 것인데 세상이 세상이라 포도청 집에서 제멋대로 노니 늙은이 아니라도 한숨짓기 알맞은 일입니다.

_ 백안생(白眼生)

운니동(雲泥洞) — 쫄쫄움물

낮에도 쫄쫄 밤에도 쫄쫄 가물에도 쫄쫄 장마에도 쫄쫄 사시장춘 한 모양으로 쫄쫄 흐르는 것이 동구 안에서 유명한 운니동 쫄쫄움물이랍니다. 동구 안 사는 사람치고는 삼척소동으로 칠팔십세 노인까지 이 쫄쫄움물을 모르는 사람이 없다고 합니다.

쫄쫄움물이 물이 깊고 맑아서 유명한 것도 아니랍니다. 움물이 아니라 돌다리 밑 개울에 돈 잎 같은 조그마한 구멍에서 샘물같이 쫄쫄 흐르는 말하자면 움물이라기는 주제넘은 것이지요. 아마 샘통이라면 좋겠습니다. 이것을 움물이라니 무슨 곡절이 있겠지요.

옛날도 옛날 이 쫄쫄움물 자리에 커다란 정말 움물이 있었더랍니다. 그 동리 사는 점 잘치는 장님이 있었는데 어느 날 이 앞을 지나다가 발을 헛드디어 움물에 풍덩 빠져 죽고 말았답니다. 그 후에 동리사람들이 모이어 움물을 메워 버렸더니 멘 자리에서 샘물이 쫄쫄 흘러나오는 것을 쫄쫄움물이라고 이름 지었다 합니다. 이 쫄쫄움물은 그 장님의 영이 붙어 이 물에 앓든 눈을 씻으면 신통하게 눈이 낫는 답니다. 그래서 요사이도 밤마다 밤마다 밥도 지어가지고 돈도 갖다가 바치고 눈을 씻고 가는 눈 앓든 사람이 많답니다.

_ 운니동 한윤명(韓潤明)

재동(齋洞) — 백송

우리 재동에는 장안에서도 '유명'한 '백송'이 있습니다. 백송이라는 것은 글자대로 흰 소나무라는 뜻입니다. 흰 소나무니까 솔잎까지 흰 줄로는 알지 마십시오. 솔잎은 다른 소나무나 마찬가지로 사시장춘 푸르고 나무줄기가 보통소나무와 달라서 하얗습니다.

이 백송은 지금 경성여자고등보통학교 재동 제이기숙사(京城女高普校齋洞第二寄宿舍) 안에 있는데 몇 백 년 전부터 그곳에 그렇게 흰 몸을 버티고 섰답니다. 그리고 이 백송의 고향은 중국입니다. 그때가 아마 이조시대(李朝時代)이겠지요. 부끄러운 이야기지마는 그때에 우리나라에서는 청국에 조공 바치러 늘 들어 다녔습니다.

이 백송이 즉 그때 청국에 들어갔든 어느 사신이 나무가 하도 기이(奇異)하므로 조그마한 백송 하나를 가지고 나와서 심고 기른 것이 지금 재동 그 백송이지요. 세월은 가고 세상은 바뀌어 사모 풍잠한 정승 판서가 거닐든 그 소나무 밑에는 지금은 검은 옷 입은 일본 사람과 여학생들이 요새같이 더운 날에 그늘을 찾아 그 백송 밑으로 와서 책을 읽는 답니다. 참 세상 변하는 것이란 모를 것입니다.

_ 재동 김숙자(金淑子)

돈의동(敦義洞) — 나무장

　동구 안 대궐 큰길로 올라가다가 왼편으로 열빈루(悅賓樓)라는 요리 집이 있습니다. 그 요릿집 뒤에 있는 나무장이 우리 돈의동의 명물인 나무장입니다. 나무장 문 어구에 붙은 문패에는 '돈의동 공설 시탄시장'(敦義洞公設柴炭市場)이라고 써 있습니다. 이 나무장이 생긴 햇수는 벌서 이십 년이 가까워 옵니다.
　서울 안에도 나무장은 여러 곳에 있지요 마는 우리 돈의동의 나무장 같이 역사가 오래고 터가 넓고 흥정이 많은 곳은 드물 줄 압니다. 이 나무장의 현재 주인은 일본 사람이라는데 그전에는 나무바리가 이 장터 안으로 들어가자면 몇 푼씩 주고 표를 사고야 들어갔으나 지금은 그대로 들어가서 흥정이 되어 팔게 된 후에야 거간에게 십 전 가량씩 준다 합니다.
　터가 상당히 넓어서 바리나무가 꼭 가득히 차는 날이면 거의 천 바리 가깝게 들어갈 수 있다 합니다. 이만하여도 우리 동리의 나무장이 얼마나 넓은가를 알 수가 있겠습니다. 요새는 여름이라 농군들이 일하기가 바빠서 나무를 가져오지 아니하며 나무장이 매우 쓸쓸하나 가을 겨울 봄에는 육칠십 리 밖에서 모여 들어 참으로 굉장하답니다.

_ 돈의동 김귀철(金貴轍)

견지동(堅志洞) — 민공구택(閔公舊宅)

민충정공(閔忠正公)이라면 누가 모르겠습니까. 지금은 모두 변작되었습니다마는 이 터로 말하면 이 어른 계시든 옛집자리입니다. 그런데 단도로 매운 피를 흘리시기는 다른 집입니다. 그러나 피 받은 옷을 둔 마루에서 생각도 하지 못한 푸른 대가 솟기는 이 집입니다. 이 어른 돌아가실 때 연세는 오십에 삼 년이 부족하였습니다. 순결한 결심을 하시든 전날 저녁에 신조약 거절할 희망이 끊임을 보시고 같이 상소하든 여러분더러 잠깐 집에 감을 말하셨더랍니다

그리고 집으로 오셔서 그 어머님 계신 방으로 들어가시니까 부인과 두 어린 아들이 다 그리로 모였습니다. 전부터 어머님께 효성이 지극하신 터이지마는 이날은 더 유난스럽게 자주 곁으로 다가앉으시며 차마 나가시지 못하시는 것 같았습니다. 과자를 가져오라 하셔서 두 아들을 주시고 작은 아들이 더 달라니까 부인께서 갖다 주라 하시고 자주 두 아들의 머리를 어루만지셨습니다.

상소하는 데로 가신다고 일어나시며 잇다 또 오실 터인데 어머님께 절하시는 것을 다 이상히 알았습니다. 이날 저녁에 이 문밖을 나서신 뒤로는 기리 이 집을 떠나셨습니다.

_ 견지동 무고자(撫古子)

팔판동(八判洞) — 청기와집

청기와는 옛 것입니다. 만드는 법이 어느 때 발명되었든지까지 분명치 못한 옛 것입니다. 이 청기와 표본을 보시려거든 팔판동(八判洞)을 가십시요. 그 동리에는 지붕 용마루에 청기와 입힌 집이 있습니다. 입혔다 말한다고 몇 천 장 몇 백 장으로는 알지 마십시요. 단지 한 장입니다. 이것은 말하자면 입혔다느니 보다 놓았다고 할 것입니다.

그 집이 무슨 내력 있는 것도 아니건만 그 청기와 한 장이 유표한 까닭에 근처에서는 청기와 집으로 이름이 낫답니다. 내력이 없다고 명물 되지 말라는 법은 없습니다마는 청기와 같은 옛 것을 지붕에 놓은 집이 내력이 없다는 것은 좀 섭섭한 일입니다. 청기와 한 장이 팔판동을 대표하는 명물이 된다니 팔판동을 위하여 더욱 섭섭한 일입니다.

저 갖은 재주를 저 혼자만 써먹고 남 안 가르쳐주는 사람을 청기와장사라고 하는 말이 있습니다. 우리 동양, 동양중에서도 우리 조선은 청기와 장사가 많아서 그렇게 되었는지 한번 세상에 발명된 것으로 서양처럼 점점 발달되기는 고사하고 한때 반짝하고 없어진 것이 많습니다. 이것은 섭섭하니 보다 서럽고 분한 일입니다.

_ 팔판동 오준용(吳俊容)

경운동(慶雲洞) — 민자작저(閔子爵邸)

　이 집 옛 주인은 철종(哲宗) 때 당국하든 대신 김좌근(金佐根) 씨입니다. 지금 주인 되는 자작대감도 세도하든 양반이요 또 부호입니다. 부귀하는 주인만 맞아들이는 이 집이야말로 참으로 호기 부릴만합니다. 그러나 지나가는 늙은 사람의 이야기를 들으면 성쇠의 느낌이 저절로 일어납니다.

　그 이야기는 이러합니다. 허! 이전 김 정승 댁 적에야 저 대문으로 재상 명사들이 구름같이 모였었지. 지금도 들어가는 사람은 많지마는 아마 '마름' 아니면 은행원이겠지. 집말이 나니 말일세마는 지금 무슨 집이니 무슨 집이니 하여도 나주마마를 당하겠나. 저 집 작은 사랑채가 처음에 높게 지었더니 서모가 남산을 못 본다는 바람에 이약 김병기(金炳冀) 씨의 기벽으로 헐어 다시 지었다네. 김 정승 대감은 돈을 몰랐었지. 세도야 참 세도지 저 대문이 후끈했었지.

　이게 늙은이 망령 이야기가 아닌지도 모릅니다. 그러나 이집이 대문이라고 성쇠가 없겠습니까. 다시 생각하니 망령 같습니다. 부호요 자작인데 무엇이 옛적만 못하겠습니까.

_ 일노인(一老人)

관훈동(寬勳洞) — 충훈부

안동 네거리서 사동으로 내려가자면 얼마 아니 가서 왼손 편에 허수하게 문이 있고 그 대문 안으로 들어가면 얼마 아니 가서 옛 집 한 채가 있습니다. 이 집이 무슨 집입니까. 사십 이상 인물은 충훈부(忠勳府)라 하고 한 이십여 세 된 사람은 표훈원(表勳院)이라 하고 지각없는 아이들은 사동대문회집이라고 합니다.

사동대문회(斯東大文會)라니 하고 들어보지 못한 회다 하면 '대문이 사동에 있는데 회가 그 대문 안에 있으니까 사동대문회랍니다' 하고 아는 체까지 합니다.

태조(太祖) 때 공신도감(功臣都監)이 태종(太宗) 때 충훈사(忠勳司)가 되고 충훈사가 충훈부로 되기는 세조(世祖) 때 일이라 합니다. 이 충훈부는 훈신(勳臣)과 몇 훈신의 적장손(嫡長孫)에 대하야 국가에서 대우하는 모든 일을 맡았든 관부(官府)라고 합니다. 국가에 훈공(勳功)이 있는 이의 일을 보든 이러한 집에 유문(儒門)에 훈공을 세우려는 회가 들어있으니 우연치 않은 연분이라고 하겠습니다. 아이들 말로 사동대문회, 정작 대동사문회는 의리 아는 선비의 회라 유문 이외 다른 무엇에 대하여 훈공을 세우려고 한다는 말은 순연히 풍설일 것입니다.

_ 일소생(一笑生)

낙원동(樂園洞) — 측후소

어느 신문을 보든지 신문에는 대개 천기예보(天氣豫報)라는 것이 있지요. 그런데 서울신문의 천기예보는 다- 이 낙원동에 있는 측후소(測候所)에서 발표하는 것이랍니다. '내일 천기가 어떻겠다' 하는 것은 풍우를 맡은 귀신이 아닌 다음에야 어찌 알겠습니까마는 이 측후소에서는 내일 천기를 대개 짐작한답니다.

그러나 이 역시 사람의 하는 일이라 귀신의 재주를 배운 측후소도 하는 수 없어서 가끔 새빨간 거짓말을 쉽사리 한답니다. 어쨌든지 몇 십 년을 하루같이 장안 사람을 보고 '내일은 비가 오겠다 눈이 오겠다 흐리겠다 개이겠다'고 게으르지 않고 꾸준히 보고하여 준다는 것으로도 명물이며 능청스러운 거짓말 잘하기로도 한 동리의 명물 될 자격이 넉넉합니다.

이 측후소 안에는 여러 가지 기계(機械)가 놓여 있어서 현재와 장래의 천기를 기계가 전부 가르쳐 주는데 단지 없는 기계라고는 지진계(地震計)밖에 없고 그 나머지는 다-있다 합니다. 지진계가 없는 것은 우리 조선은 강산이 좋아서 일본같이 지진하는 법이 없으니까 그까짓 것은 있으나 없으나 상관이 없다 합니다.

_ 낙원생(樂園生)

인사동(仁寺洞) — 태화관

이 집은 내력이 많은 집입니다. 이 집은 안동 김씨(安東金氏) 중에 이문안 대신으로 유명하든 김흥근(金興根) 씨 댁이었답니다. 이 대신은 양미간이 넓기로 유명하였고 풍류에 범연치 않기로 유명하였고 직언(直言) 잘하기로 유명하였답니다. 이 대신뿐인가요. 그 아들 영평(永平)대신 김병덕(金炳德) 씨도 일시에 물망이 있든 대신이었답니다.

이 집이 유명한 대신 댁으로 헌종귀빈(憲宗貴嬪) 순화궁(順和宮) 김 씨의 궁이 되어 순화궁 순화궁하고 부르게 되었습니다. 세월이 변하더니 이 북촌갑제가 일시 남부끄러운 주인을 맞게 되었었습니다. 이완용 후작이 이 집을 팔아서 요릿집이 되기 시작하여 태화관(泰和舘)이 되었고 명월관지점이 되었었습니다.

이 집이 태화관으로 있었을 때 삼일운동(三一運動)에 큰 관계를 맺게 되었었습니다. 지금은 여자교육기관이 되어 요릿집 되었든 흔적도 없게 되었으나 그 안에 있는 정자 태화정(泰和亭)을 지금도 양파정(陽坡亭)이라 별명삼아 부르는 것은 요릿집으로 있을 당시에 기생들이 정양파(鄭陽坡)의 휘자를 어디서 얻어듣고 변삼아 부른 것입니다. 이만하면 한집 내력으로는 상당히 많지 않습니까.

_ 인사동 김복순(金福順)

다옥정(茶屋町) — 기생

    다방골은 본래 부자 많기로 장안에서 유명하였습니다. 그러나 이것은 옛날 일이오 지금은 부자대신으로 기생 많기가 장안에 제일입니다. 기생은 조선의 명물이라. 이 한나라의 명물이 한 동리에 모였으니 어찌 다방골의 명물이 안될 수 있겠습니까. 좌우간 한나라의 명물이 다방골에 모였으니 명물 중에도 짭짤하고 값비싼 명물입니다.

    서울 안에 기생이 대략 삼백 명이 있는데 다방골에만 육십 명이나 있다하니 어쨌든 굉장하지 않습니까. 이 명물을 찾아, 달 밝은 밤마다 들창문으로 새여 나오는 은방울 소리 같은 노래를 찾아 문 앞에 대령하야 보는 것도 꽃을 탐하고 버들을 꺾는 풍류남아로 한번 하여 볼만한 놀음일 것입니다.

    기생도 조선의 명물인 만큼 그 역사도 당당하였지요. 정승판서도 슬슬 기었지요마는 이것도 옛날 일입니다. 지금은 한 시간 얼마씩 팔리는 값싼 몸으로 뜻도 안 둔 손 앞에서 웃음을 팔게 되었습니다. 웃음을 팔고 한숨을 사는 가련한 그들의 신세 – 어느 곳 사람이 없으리오마는 색향으로 연상되는 평양(平壤) 기생이 제일 많답니다.

_ 다옥정 정환석(鄭煥奭)

와룡동(臥龍洞) — 종부시(宗簿寺)

창덕궁 돈화문(昌德宮 敦化門) 앞에서 파조교를 향하고 몇 걸음 내려오자면 오른손 편에 큰 솟을대문이 있습니다. 전주이씨종약소(全州李氏宗約所), 종친청년회(宗親靑年會)라는 패가 문 양편에 걸리었는데 종약소 패 머리에 있는 금리화표가 풍우 속에 떨어진 꽃송이 같이 보입니다. 이것은 물론 보는 사람의 맘에 달린 것이겠지요.

이 솟을대문 안에 있는 집이 그전 종부시랍니다. 종부시는 무엇을 맡았든 곳인고 하니 종친의 보첩(寶牒)을 관리하였었고 종친의 과실을 규탄(糾彈)하였었답니다. 오백 년간의 제일 명군 세종이 종친의 집 사람들이 민간에 작폐가 심한 것은 규탄하는 관원이 없는 까닭이니 이후로는 종부시에서 이것을 맡아하라고 명하셨답니다.

세종 말씀이 났으니 말이지만 세종의 형님 양녕대군(讓寧大君)은 호방쇄탈(豪放灑脫)한 행동이 유명하고 효령대군(孝寧大君)은 돈후근실한 인품이 또한 유명합니다. 충녕대군(忠寧大君)이나 세종대왕만 성인이라는 말씀을 들으신 것이 아닙니다. 사가로 말하면 되는 집안이란 다르다 하겠습니다. 지금 종친청년회는 어떤 인물들이 모이는지오.

인의동(仁義洞) — 연초공장

인의동 명물은 전매국 분공장이지오. 옛날 이 집은 국가의 간성을 양성하는 병대청이었습니다마는 오늘의 이 집은 머리가 썩는 '니코친' 중독자를 길러내는 담배 만드는 공장이외다.

이러한 집이 어찌 조선 안에 하나만 있겠습니까. 서울만 하여도 두 세 곳이 있고 평양에나 전주에도 있습니다. 이 여러 곳에서 만들어내는 담배 값이 매년 이천만 원 이상이라 하니 방금 굶어 죽는다는 조선사람 주머니에도 아직 몇 푼씩은 남아 있는 모양입니다. 그러기에 귀한 돈을 주고 비싼 독(毒)을 사서 먹지오. 어리석은 백성이지오.

귀한 돈을 주고 비싼 독을 사먹는 것쯤이야 어떻게 되었든지 저 좋아서 하는 짓이니 상관할 것 없거니와 이안에서 일을 하는 직공들이 불쌍해서 못 보겠다는 말이외다. 여기에만 천여 명이 있는데 그 가운데 십오륙 세 미만 되는 어린 아이들이 오백 명이나 된답니다. 이 어린 것들이 하루에 열 시간씩이나 노동을 하고 겨우 오륙십 전에 목을 매다니 어찌 가련하지 않겠습니까. 남들은 글을 배울 때에 고약한 담뱃내가 머리에 배여 얼굴이 노래집니다. 참말 가련한 명물이지오.

_ 장탄생(長歎生)

삼각정(三角町) — 굽은 다리

　삼각정에 있는 명물이 무엇이냐 하면 두말할 것 없이 굽은 다리를 내세우겠습니다. 그런데 이 다리가 한 끝은 수하정에 붙어 있으니까 혹은 수하정 친구가 자기 동리 명물이라고 주장할는지도 모르겠습니다마는 굽은 다리는 세모진 동리에 알맞다고들 합니다.

　굽은 다리는 활등같이 휘움한 것도 아니오, 낫 놓고 기역자 보는 듯이 중간이 꺾인 것도 아니오, 실상은 네 귀 번듯하고 바닥이 판판하게 곧기만 곧은 다리로 사람으로 말하면 구설복이 있어서 공연히 굽다는 누명을 쓰고 있습니다.

　굽다는 누명을 어찌하여 얻었느냐 하면 소광교 남천변에서 오간수교를 향하는 길이 꼿꼿하게 내려가다가 삼각정 수하정을 검얼잡이하고 있는 이 다리에 와서 제물에 살짝 앵돌아진 까닭에 못된 바람은 수구문으로 불어온다는 것같이 굽다는 이름은 다리로 넘어왔습니다.

　그러나 이 다리의 꼭 한 가지 허물은 변명할 수가 없는데 그것이 무엇이냐 하면 홀아비 도깨비를 부쳐두고 어두운 밤에 지나다니는 부인네를 툭하면 떨어지게 하는 못된 버릇이 있답니다.

_ 곡교인(曲橋人)

수표정(水標町) — 수표교

　이 다리는 오래된 다립니다. 수표를 다리 옆에 세워서 이 이름을 얻은 것입니다. 명물은 좀 으슥한 것이 좋은데 이 다리는 날마다 밟고 다니는 곳이라 혹 등한하게 생각할 사람도 있을 것입니다. 이 다리 이름은 생각나지 않습니다. 다리라는 것은 건너는 것이 아닙니까. 다리를 건너서 다리 북편 쪽 이야기를 할까 합니다. 장희빈이라는 양반은 경종(景宗) 사친입니다. 그런데 이 양반의 본집이 이 다리 근처에 있었답니다.

　숙종(肅宗)대왕께서 영희전 거동을 하시는데 어로가 이 다리로 지나시게 되었더랍니다. 그때 구경하는 사람이 길가에 연하였는데 이 다리 북쪽 길가에 어느 집이든지 상감 지나실 때 별안간 큰 바람이 불어서 창에 걸었든 발이 떨어지며 그 안에 앉은 어느 색시 한분이 상감 맘에 드시게 보여서 마침내 궁으로 불러들이시었는데. 이가 다른 이가 아니오. 곧 장희빈이랍니다.

　그 집이 지금 중국사람 가게 어느 집인지 혹은 다리 막 지나서 북으로 오려면 옆에 있는 약국집이 아닌지도 모르겠습니다.

_ 수표교인(水標橋人)

익선동(益善洞) — 줄행랑

　익선동에 별로 명물이랄 것이 없습니다. 내외주점이 많고 밀매음녀가 어지간하니 이것으로나 명물을 삼을는지. 그러나 내외주점으로는 청진동만 못하고 매음녀로는 병목정 갈보에야 머리도 못 들 터이니 이것도 저것도 다 명물감이 못됩니다. 그러니 할 수 없이 행랑 많은 누동궁이나 들추어 보려고 합니다.

　익선동 줄행랑이라 하면 그 동리 사람은 어느 집 행랑인 줄을 다 안다고 합니다. 이 집은 지금으로부터 칠팔십 년 전에 철종대왕의 백씨 되는 곰배대감의 별명을 듣는 영평군이 홍판서의 집을 사고 든 때부터 누동궁이라고 부르기 시작하였답니다. 지금 주인 후작 이해승 각하는 곰배대감의 오대손이라고 합니다.

　곰배대감의 후손으로 이해승 대감도 한때는 세력이 빨랫줄 같았겠지오. 그러나 요새는 조선총독 대감에게 세력을 빼앗기고는 영락하기 가이 없답니다. 닥쳐오는 운명에야 임금의 형님이든 곰배대감의 후손인들 어찌하겠습니까. 남종 여종이 드나들던 행랑방에는 인연도 없는 뭇사람의 차지한 바가 되고 오직 빗물이 고여 있는 앞마당에 놓인 인력거 한 채가 그래도 후작대의 체면을 유지하는 듯합니다.

_ 강개자(慷慨子)

도렴동(都染洞) — 모형탑

　조선총독부 체신국 뒷골목으로 가자면 회칠한 동그란 탑(塔) 하나가 괴물같이 서있습니다. 그리하여 누구든지 그 골목으로 지나다니는 사람들은 그 흰 탑을 한 번씩 쳐다보고 지나갑니다.

　이 탑같이 우뚝 서있는 것이 무엇인지는 별로 아는 사람이 없습니다. 누구의 말을 들으면 등대(燈臺)의 모형이라고도 하고 또 다른 이의 말을 들으면 기상대의 모형이라고도 합니다. 그러나 무슨 모형인지 우리가 알 턱이 있습니까. 그저 밤이나 낮이나 흰 몸이 우뚝 서 있는 것만 하여도 우리 동리의 이야기 거리요. 또 확실히 명물로 치기에 넉넉합니다. 어떤 노인의 이야기를 들으면 몇 해 전에 캄캄한 그믐밤이나 궂은비 축축이 오는 날은 이 모형탑 부근에서 이상한 바람소리와 물소리가 들렸다고 합니다. 그러나 안심하십시오. 이것은 몇 해 전 일이니까요. 지금은 그럴 리가 만무합니다.

　하여간 문명한 사람들이 만들어 놓은 이 괴물이 우리 동리 사람들의 이야기 거리가 착실히 된답니다.

_ 도렴동 조한봉(趙漢鳳)

관수동(觀水洞) — 관수교

　광교부터 시작하여 다리 이름을 상고하며 동편으로 내려가겠습니다. 첫째가 광교. 광교는 원명 광제교, 속명이 광충다리라 하고요, 광교 다음에 장교. 장교는 원명이 장통교, 속명이 장차꼴 다리. 장교 다음에 수표교, 수표교는 원명이나 속명이 다 같으나 속명은 `교'(橋)를 새김으로 불러서 수표다리라고 할 뿐이랍니다.

　수표다리가 수표정 명물이 되었으니 수표다리 다음에 있는 관수교가 관수동 명물이 되어서 부끄러운 것이 없을 줄 압니다. 관수교는 새로 만든 다리라고 업수이 여기지 마십시오. 외양이 새로 되니만치 다른 다리보담 낫습니다. 예전 말을 들으면 수표다리 아래에 새다리라는 이름을 가진 다리가 있었답니다. 이제는 이 관수교가 새다리라는 이름을 차지하여도 좋을 것입니다.

　이 관수교가 새로 훌륭하게 된 것은 창덕궁과 조선총독부 왕래 길에 있는 까닭이랍니다. 요사이 같은 더운 날은 저녁이 되면 다리 위에 바람 쏘이는 사람이 대단히 많습니다. 이것으로만 하여도 광교, 장교, 수표교 따위는 못 당할까 합니다.

_ 관수동 과교인(過橋人)

청진동(淸進洞) — 내외주점

　청진동 명물은 부랑자들이 좋아하는 내외주점이외다. 호수 육백호에 내외주점만 열한 집이 되고 보니 이 동리의 대표 명물로는 당당하지 않습니까. 이 당당한 명물이 작년에는 삼십여 호, 재작년에는 사십여 호나 있었더랍니다. 참 그때야 굉장하였겠지요. 열 집에 내외주점 하나씩 – 장관이었겠습니다.

　내외주점의 역사를 캐보면 옛날에는 이름과 같이 아낙네들이 술상만 차려 내보내고 내외를 착실히 하던 술집이었더랍니다. 이것이 차차 개명하여진 탓인지 내외법이 없어지고 술상 옆에 붙어 앉아 웃음을 팔고 노래를 팔더니 자연히 매음까지 하게 되어 요사이에는 내외주점 하면 밀매음이 연상되게 되었답니다.

　내외주점을 찾아가면 으레 기름때가 꾀죄죄 흐르는 젊은 계집이 한둘씩 있지요. 이 계집들이 이제 말한 그것들인데 너무 풍기를 괴란함으로 경찰서에서는 내외주점 허가를 안내어 준답니다. 이 까닭으로 해마다 해마다 내외주점이 줄어들어 가서 요사이에는 이미 서산의 비경에 들었답니다. 일동의 명물 내외주도 칼 찬 나으리 세력에는 꿈쩍을 못하는 모양입니다.

_ 청진동 박만근(朴萬根)

훈정동(薰井洞) — 어수움물

　난초가 귀엽다는 것이 무엇입니까. 잡풀 틈에 있어도 향기로운 까닭입니다. 연꽃이 귀엽다는 까닭이 무엇입니까. 진흙 속에 났어도 깨끗한 까닭입니다. 훈정동 어수움물을 명물이라는 것은 무엇입니까. 인가가 주밀하고 저함(低陷)한 바닥에 다른 물들은 찝질하되 이 물 혼자 청렬한 까닭입니다.

　삼청동 성제움물이 제 깐에 명물소리를 듣나 봅니다마는 무당집의 '넉의메' 소용, 장안사녀(長安士女)의 놀이터 소용, 허영 띄어 흐르기 때문에 훈정동 어수움물 같이 여염 속에 숨어서 남이야 알거니 말거니 차고도 맑은 본성을 조금도 변치 않고 사시장철 한 모양인 군자임으로 보아서는 비루한 친구라고 이웃하기도 싫어할 것입니다.

　그리고 이 물은 이름과 같이 옛날 어수로써 화개동 복주움물 같은 것은 후생소년으로 볼뿐 아니라 참소를 받고 방축을 당하여 대궐 안에 들어가 본 지가 어느 때인지 모르지마는 외로운 충심은 그대로 남아서 풍마우세(風磨雨洗)의 하마비를 짝하여 종묘 앞을 떠나지 않고 섰습니다.

_ 훈정동 하마생(下馬生)

병목정(並木町) ― 갈보

　다방골 기생만 명물이냐고 병목정 갈보가 큰 불평이 있습니다. 이것은 그네가 너무 조급한 탓이지요. 우리도 병목정에는 갈보가 명물이라고 합니다. 밤낮없이 그 근처로 지나기만 하면은 부끄러운 줄 모르고 지나는 사람을 손짓하여 부른다고 말하는 사람도 있으나 그네인들 사람이지 생각이야 없겠습니까.

　눈물은 북받쳐 올라오는데 웃음을 억지로 내이고 남자를 보면 대적 같건만 반가운 듯이 맞는 것을 보시오. 명물이 다른 명물이 아니라 불쌍하기로 첫째가는 명물입니다.

　이 명물은 한편으로 보면 병목정 명물이 아니라 전 세계의 명물이라고 할 수 있습니다. 런던 같은 큰 도회에는 팔만여 명이 있고 파리 같은 화려한 도회지에는 오만여 명이 있답니다. 인구비례로 보면 파리가 수효로 제일이랍니다.

　이 명물은 사람의 피를 빨아먹는다고 갈보라는 별명까지 있습니다마는 실상은 사람에게 피를 빨리는 것이랍니다. 그 증거는 갈보가 사람 이백 명가량만 치르고 나면 피가 말라서 껍질만 남은 빈대같이 된답니다.

_ 병목정 유병규(柳炳圭)

미근동(渼芹洞) — 초리움물

미근동 초리움물이라 하면 서울사람 치고는 모를 이가 없을만치 이름이 높은 움물이올시다. 옛날 어느 때 나라에서 성 안, 성 밖에 좋다는 물은 하나도 빼지 않고 모조리 길어다가 저울로 달아본즉 이 물이 제일 무거워서 어수(御水)를 봉하였더랍니다. 그때쯤이야 번듯한 대문에 큼직한 자물쇠를 채우고 여간 사람은 얼씬도 못하였을 것입니다.

그러나 이 움물은 그따위 속박을 벗어부치고 제멋대로 지나온 지가 몇 해나 되었는지 지금 모양을 보면 허수한 네기둥 안에 깨어진 양철을 우장 삼아 뒤집어쓰고 초라하기 짝이 없습니다. 그러나 상하귀천을 묻지 않고 양대로 퍼먹게 내버려 두는 폼이 제법 네 내 것 없이 지낸다는 러시아 양국에 다녀온 듯도 합니다.

어떤 사람이 말하기를 젖이 부족한 어머니가 이 물에 와서 '넉의메'를 들이면 신통한 공효가 통유탕(通乳湯)보다 낫다고 합니다. 그러나 이것은 멀쩡한 거짓말이며 맑은 덕에 누되는 말이올시다. 아예 믿지 마시오.

_ 미근동 정환빈(鄭煥斌)

예지동(禮智洞) — 동문시장

　예지동의 명물은 배오개 장이랍니다. 종로에도 장이 있고 남대문이나 용산에도 장이 있는데 한갓 예지동 장이 유명할 것이야 무엇이겠습니까마는 예지동 장은 그 역사가 길어 요사이 새로 난 '새끼장'과는 그 품이 다른 까닭이외다.

　장으로 역사가 길기는 남대문 장이지요. 이 장은 지금으로부터 삼십여 년 전에 선혜청(宣惠廳)이던 것이 장으로 된 것이오 그다음이 이 예지동 장인데 보통 속명으로 '배오개장'이라고 합니다. '배오개'라는 것은 백고개의 와전인데 옛날은 그 고개에 호랑이가 많아서 백 명씩 떼를 지어서야 고개를 넘어 다녔으므로 백고개라고 이름 지은 것이랍니다.

　광무 구년까지는 조그마한 장 같지 않은 장이 많았더랍니다. 그런 것이 갑오경장 후에 지금 터로 집을 짓고 옮겨온 것이랍니다. 이 장의 자랑거리는 순전한 조선사람 것이라는 것만 아니라 그 규모가 큰 것이 장안에 제일이라 할 수 있음이외다. 이 장안에 가게를 빌린 사람은 정주(定住)만 백사십여 호이오. 저자 보러 오는 사람은 몇 만 명이 되는지 알지 못한다고 합니다. 더욱 왕십리, 동대문 밖, 창의문 밖에서 모여드는 장사꾼이 더욱 많다고 합니다.

_ 예지동 박상기(朴商箕)

권농동(勸農洞) — 경판각

　지금 이 집을 가보면 일본 사람이 주인입니다마는 전에는 교서관 경판(校書舘經板)을 두었든 경판각이오, 좀 더 오래전에는 유명한 홍국영(洪國榮) 씨가 거처하는 사랑이드랍니다. 오백년 동안 세도재상으로는 제일가는 양반이지오. 공로도 많고 시비도 많고 별별 이야기 거리가 많습니다.
　총명이 일세에 뛰어나고 민첩하기가 따를 사람이 없더랍니다. 정조(正祖)께서 세손(世孫)으로 계실 때 남모르는 공로가 어떻게 많은지 정조께서 네가 세도를 마다하면 내가 임금도 싫다고까지 하셨답니다.
　이 마루에서 요새와 같이 더운 때 바둑을 두더랍니다. 시골 일가 한분이 와서 자기 선산에 누가 묘를 썼으니 좀 파 달라고 말을 하니까 못들은 체 하더니 '아무개가 내 일가집 산에 묘를 써……' 하고 바둑 한 점을 땅 놓더니 아무 말이 없더랍니다. 그 일가가 어떻게 야속하게 알았겠습니까. 관가에 송사나 할까 하고 낯없는 얼굴로 내려가 보니까 그 묘는 벌써 파 버렸더랍니다. 혼자 말 한 번이면 팔도가 떨었지오. 이러한 세력을 가졌건마는 거처하든 사랑은 이렇게도 질소합니다.

_ 권농동 정치영(鄭致永)

장교정(長橋町) — 설렁탕

    삼각정에서는 굽은 다리를 명물이라고 자랑하였고 관수동에서는 관수교가 명물이라고 내세웠습디다마는 그까짓 쌔고 쌘 다리 같은 것이 무슨 명물이겠습니까? 그까짓 다리는 우리 동리에도 있답니다. 장교정의 장교라 하면 그따위 굽은 다리나 수표교에 지지 않겠지오.

    그러니 우리 장교정에서는 다리는 걷어치우고 설렁탕을 명물로 내세우고자 합니다. 이렇게 말하면 장교정에만 설렁탕이 있는가 하고 들고 나설지도 모르겠습디다마는 장교정 설렁탕은 맛좋게 잘하기가 다른 설렁탕에 비길 바가 아닌 까닭이외다. 경성사람치고는 장교 설렁탕이 좋은 줄을 다 알지오. 그러나 요사이에는 설렁탕 장사의 배가 불렀는지 전보다 못하게 되었다는 말이 많으니 명물이 일종 일본 비행기 같소이다.

    설렁탕 말이 났으니 설렁탕 역사를 말하여 봅시다. 설렁탕은 선농탕(先農湯)의 와전인데 이 선농탕이 생기기는 옛날 어느 임금이 적전을 할 때에 임금 모신 많은 신하와 수천군중에게 점심을 내릴 때에 소를 그대로 함부로 죽여 넣고 국을 끓인 일이 있어서 국 이름을 선농탕이라고 하였답니다.

_ 장교정 효해생(曉海生)

효제동(孝悌洞) — 홰나무

　이 동리에는 세상에 이름난 명물은 그렇게 없습니다마는 다른 동리에 별로 없는 홰나무 한 개가 이 동리의 이야기 거리요, 또한 명물입니다.

　이 홰나무가 몇 해나 묵은 고목인지 이 동리에서도 확실히 아는 사람이 없다고 합니다. 하여간 크기는 그리 크지 않아도 여러 해 묵은 것은 동리사람 중에서 이 나무가 언제 심은 것인지 그것을 본 사람이 없는 것만 보아도 확실히 오래된 고목입니다.

　이 나무가 오래 묵은 까닭에 명물이란 말은 아닙니다. 이 동리 아낙네의 말을 들으면 이 홰나무에는 신통한 신이 붙어서 고사만 지내면 고사 지낸 집에는 우환이나 질고 같은 것이 얼씬도 못하고 복이 장마에 비 쏟아지듯 한다 하여 해마다 부인네들이 복비는 고사지내기로 유명하였답니다.

　그러나 근년에 이르러서는 홰나무가 신통력을 잃어버린 까닭인지 아낙네가 못된 미신의 생각을 버린 탓인지 하여간 고사 지내는 사람이 없게 되어 이 홰나무도 생활난이 막심하다고 합니다. 그러나 이 홰나무는 고사야 지내거나 말거나 널따란 원두밭 가운데 우뚝 서서 타는 듯한 바닥에 그늘을 던지고 있습니다.

_ 효제동 박귀종(朴貴鍾)

행촌동(杏村洞) — 은행나무

　사직골 성터진 넘어 남향판 언덕 위에 은행나무 하나가 우뚝 서 있습니다. 맑은 바람이 불 때마다 가지와 잎사귀는 속살속살 옛날이야기를 하는 듯합니다. 이 은행나무는 행촌동의 명물이오. 행촌동의 이름은 이 은행나무가 있는 까닭이올시다.

　이 은행나무의 춘추는 얼마나 되었는지 자세히 아는 이가 없으나 노인네의 전하는 말을 들으면 사직(社稷) 안에 있는 태조대왕 수식송(太祖大王手植松)과 벗할 나무가 아니오. 연치존장은 단단하다 합니다. 그리고 물구즉신(物久則神)이라더니 낫살이 많아서 아는 일이 많은지 보통 해에는 열매가 열지 않다가 나라에 큰일이 있으려면 한 번씩 열린다는 말도 있답니다.

　몇 해 전까지는 엉클어진 뿌리를 들어내어 오고가는 사람을 붙들어 앉히고 구름 같은 그늘로 덮어주며 '내가 너희들 몇 대 조부터 이렇게 정답게 굴었다'하는 듯하더니 지금은 코큰 양반의 울타리 속에 들어가서 예전 인연을 다 끊어버리고 '어느 몹쓸 놈이 나를 팔아먹었노'하고 궂은 비를 눈물 삼아 뿌리고 있습니다.

_ 행촌동 이순이(李順羹)

관동(館洞) — 독립관

　이 독립관은 옛적 모화관(慕華館)입니다. 여러 가지를 다 이야기하면 무엇합니까. 서늘한 저녁에 재미있게 보시다가 옛 부끄러움과 새 설움이 함께 쏟아지시겠지오.

　다른 말 할 것 없이 도깨비 이야기나 하겠습니다. 모화관 도깨비라면 서투르실는지도 모릅니다마는 무아관 도깨비라면 누가 모르겠습니까. 무아관이 모화관입니다. 옛날에 소년 몇 사람이 이 대청에서 자는데 도깨비들이 나오더니 에크 무슨 판서 무슨 대감 무슨 정승이시로군 하드랍니다. 그 말을 듣고 담력 센 소년 하나가 자기는 무엇을 할까 하고 밤중에 모화관을 갔더니 도깨비가 굉장히 모여서 들이지 않더랍니다. 주먹으로 두드리며 들어가노라니까 여러 도깨비들이 억지 대감 들어오신다 하드랍니다. 그 뒤에 그가 대감은 되었지만 간신이 되었더랍니다.

　도깨비가 지금껏 있으면 물어볼 일이 많지요. 첫째 물어보고 싶은 것은 아마 다 생각하리다. 그런데 그 사람 도깨비 등살에 귀신 도깨비는 어디로 밀려갔나보외다.

_ 관동 김광현(金光鉉)

교북동(橋北洞) — 독립문

교북동 큰길가에 독립문이 있습니다. 모양으로만 보면 프랑스 파리에 있는 개선문(凱旋門)과 비슷합니다. 이 문은 독립협회가 일어났을 때에 서재필(徐載弼)이란 이가 주창하여 세우게 된 것입니다. 그 위에 새겨있는 '독닙문'이라는 세 글자는 이완용이가 쓴 것이랍니다. 이완용이란 다른 이완용이가 아니라 조선 귀족 영수 후작 각하올시다.

이 독립문께는 그전에 대국칙사라는 것이 왕래할 때에 연조문(延詔門)이란 홍살문이 있었더랍니다. 연조문이 영은문(迎恩門)으로 개명된 지가 벌써 오래건만 속명으로는 근년까지 연주문이라고 불러왔습니다. 연주문 석주(石柱)는 지금까지 남아 있습니다. 전에는 돌려 매었든 쇠사슬이 있었는데 독립문이 선 뒤에 누가 끊어 버렸답니다. 속박(束縛)당하든 것이 해방되었으니 쇠사슬이 끊어진 것입니다.

연전 삼일운동 때 독립문 위에 태극기가 뚜렷이 솟아나서 경찰서에서 씻어버리려고 `폼푸'질까지 한일이 있습니다. 사람의 손으로 그리지 못할 곳이라 도깨비짓이라고 그 당시 떠들었습니다.

_ 교배동 김재민(金載民)

동숭동(東崇洞) — 낙산

　이 산은 모두 낙산이라고 부릅니다. 그런데 이전에는 낙타산(駱駝山)이라고 하였습니다. 낙타는 다른 것이 아니라 동물원에서 약대를 보셨지오. 약대는 이름이오. 낙타는 자(字)이랍니다. 이 산이 중턱이 옴속하여 약대 등 같기 때문에 낙타산이라 한 것 같습니다. 혹 거꾸로 부쳐서 타락(駝酪)산이라고도 하나 아마 낙타산이 원이름이겠지오.

　글씨 잘 쓰고 글 잘하고 그림까지 그리는 강표암(姜豹菴) 선생이 이 근처에 살았었더랍니다. 근세로 말하면 부재 이상설(溥齋 李相卨) 씨의 별장이 있었지오. 을사년 조약된 뒤에 어느 날 밤인지 달이 낮같이 밝은데 이 별장에서 술을 취하도록 마시고 표현히 밖으로 나가서 그만 자취를 감추었답니다. 이십년 동안 유리표박하면서 괴로운 맘이 귀신을 울릴만한 경력을 생각하면 첫걸음을 내놓은 이 산 밑 동구도 길게 강개한 기념이 될 것입니다.

　이 잔디에 표암의 지팡이 자국이야 있겠습니까마는 이 소나무의 푸른 그늘은 부재의 걸음을 여러 번 멈추었을 것입니다.

서린동(瑞麟洞) — 구치감

　서린동 구치감은 옛날 전옥(典獄)입니다. 국초 적 일은 별별 와전(訛傳)이 많으니까 다 믿기는 어렵지오마는 서울 안 생왕방터로는 전옥이 제일이오. 전옥을 생왕방에 짓기는 죄인을 위하야 어디까지든지 살아 나가게 하려는 뜻이랍니다. 참 그런지야 누가 압니까.
　이 옥 속에서 죄로 죽은 사람도 많겠지오마는 이름은 세상에 높고 몸은 이 속에 빠졌든 명신 의사인들 적겠습니까. 세상이 이렇게 된 뒤로 더욱이 죄지은 사람만 가두는 터라고 할 수가 있습니까.
　지옥은 옥이 아닙니다. 이 생왕방 기운이 옥 속에만 갇혀 있기가 싫어서 널리 좀 퍼져볼까 한 것인지 원체 엄청나게 큰 옥이 담 아니 쌓고 낙성되었으니까 이까짓 옥은 다 없어지게 되는 것인지 어찌하였든지 이 옥은 없어졌습니다. 이것저것 이야기하여 무엇 합니까. 담도 없는 이 큰 옥이야말로 생왕방이나 되는지 모르겠습니다. 지술 믿어 무엇 합니까 어떻게든지 살아야지오.

숭인동(崇仁洞) — 관왕묘(關王廟)

임진왜란을 지난 뒤 일입니다. 명나라 사신 만세덕(万世德)이란 사람이 와서 신종 황제의 명을 전하는 말이 관공은 본래 영검이 장하고 임진왜란에도 음조(陰助)가 많았으니 나라에서 사당을 세워 공을 갚으라고 하였습니다. 그래서 동대문 밖에 터를 잡고 경자년부터 역사를 시작하야 삼년 만에 필역하였습니다. 이것이 칙건현령 소덕왕 관공지묘(勅建顯靈昭德王關公之廟)라는 것입니다. 이것이 곧 숭인동 명물 관왕묘입니다.

관왕묘 이야기를 하자면 보통 떠도는 것만 하여도 기가 막히게 많으니까 다 그만두고 남대문 밖에 있는 남관왕묘가 이 숭인동 관왕묘만 못한 것이나 잠깐 적어 보겠습니다. 우선 남관왕묘는 명나라 장수 진인(陳寅)이란 사람이 개인으로 세운 것이니 나라에서 세운 숭인동 것만 할 수 있겠습니까. 또 남관왕묘에 있는 관공상은 철로 만들고 흙을 바른 것이니 숭인동 동상(銅像)만 할 수 있습니까. 이 유명한 남관왕묘도 이 숭인동 명물만 못한 것이니 안동, 성주, 남원, 강진 등 여러 시골 있는 것들에야 비교할 여지도 없습니다. 그러고 보니 이 숭인동 관왕묘가 우리나라에 있는 여러 관왕묘 중에 제일가는 것입니다.

천연동(天然洞) — 천연지(天然池)

　서울서 이만 때면 연꽃 구경을 나서지 않습니까. 약도 없이 모이는 데는 새문 밖 천연정이지오. 천연지가 다른 것이 아니라 천연정 앞 연못이지오. 이 연못의 나이를 세면 우리의 십사오대조 친구입니다. 별별 풍상도 여러 번 겪었지만 좋은 일도 여러 번 지나 보았답니다.

　숭평 시절에 풍악 섞은 바람이 가엽게 연못물을 흔들든 것이 어제 일이 아닙니까. 낯 설은 타국사람의 회관(會舘)이 정자 대신 연못 위에 비추일 뿐입니다. 그러나 연화는 군자라 옛적 향기는 그래도 변치 안했습니다. 훈정동(薰井洞) 어수움물과 만나지는 못하여도 바람결에 통정은 서로 할 줄로 압니다.

　한참 편론(偏論)을 할 적에 연못이 다 편색이 있었지오. 이 연못은 서인편이 되었더랍니다. 이 연못 연이 잘되면 서인이 잘된다 하였었지오. 꼭꼭 맞아 왔다는 사람도 있습니다. 남문 밖에도 연못이 있었는데 이는 남인의 연못이라 하였지오. 그러나 말이 났으니 말이지 점잖은 이들이 이런 말을 하였겠습니까. 옛일을 지금 누가 말할 수 있겠습니까. 서늘한 저녁때 연꽃 구경이나 나가시지오.

궁정동(宮井洞) — 육상궁(毓祥宮)

숙종대왕(肅宗大王) 때 일입니다 자하골 최 씨(崔氏) 집안에서 부인 한 분이 궐내에 들어갔습니다. 비빈도 아니요. 여관도 아니요. 궁비 같은 낮은 소임으로 들어갔더랍니다. 이 부인이 몸은 천하나 마음은 곱고 얼굴은 밉도록 어여쁘지 아니하나 덕성은 부럽도록 많더랍니다.

숙종대왕이 어여쁜 장희빈에게 일시 반하셔서 부드러운 민중전을 내쫓으신 일이 있습니다. 최 씨는 민중전을 잊지 못하여 밤마다 사람 몰래 축수를 하였답니다. 어느 날 밤에 상감 눈에 들켰답니다. 옛 주인 위하는 것을 신통히 여기셔서 가까이 하셨답니다.

낮 말은 새가 듣고 밤 말은 쥐가 듣는 법이라 숫색시 최 씨의 배가 괴상히 불러 가는데 까닭을 아는 사람의 말이 한입 두입 건너 희빈 귀에 들어갔더랍니다.

어느 날 숙종이 낮잠을 주무시니 비몽사몽간에 내전 마당에 놓인 독 밑에 용 한 마리가 나오려다가 못 나오고 죽게 되더랍니다. 깜짝 놀라시어 내전으로 들어가셔서 독을 들라 하시니 숨 막혀 거의 죽게 된 최 씨가 독 밑에 있더랍니다. 그 뒤 최 씨 몸에서 영조대왕이 나으셨습니다. 이 궁이 최 부인 본궁으로 오늘날 궁정동 명물까지 되었습니다.

연건동(蓮建洞) —갖바치

연동 갖바치는 예부터 유명합니다. 구쓰인지 구두인지 그것이 들어오더니 소년들의 태사혜, 늙으신 이의 뒷발막, 부인네의 당혜, 아이들의 반결음 이 모든 것이 그만 세월이 없어져 지어내는 갖바치가 파리를 날리지요. 나무 밑 으스스한 집들이 그네의 생활을 그려냅니다.

중종조 때 조정암(趙靜菴)이 피장이 친구가 있지요. 피장이와 갖바치는 그게 그게랍니다. 지금도 그네들 중에 조정암 같은 친구가 몇 명이나 있는지 한번 찾아가 볼 것입니다. 또 고려(高麗)가 망한 뒤에 왕 씨(王氏)네가 갖바치 노릇을 많이 하였답니다. 땅은 왕 씨네 땅이 아니니까 땅 밟을 신이나 왕 씨의 손으로 만들려고 이 노릇을 하였든가 봅니다. 정암 친구 피장이가 왕 씨나 아니든지요.

갖바치 한(限)이라고 예부터 유명합니다. 모레 오라면 그글피나 가야 됩니다. 그러나 지금은 이렇지는 않답니다. 일거리가 적은 바에 한 한날 안 될 리가 없지요. 그들이 불쌍하여 광고 겸 말이지오.

봉래정(蓬萊町) — 빈민굴

안다 안다 하니 염천교 건너서서 똑같은 이십여 채 집에 월세는 삼 원씩이오. 지어논 주인은 경성부, 든 사람은 대개 빈민이니 이것이 무엇일까. 알지오. 봉래정 빈민굴! 빈민굴 빈민굴 하니까 다 빈민으로 아지 마십시오. 여기 든 사람으로 월수입 칠팔십 원 되는 사람도 있답니다. 다시 생각하면 칠팔십 원이 무엇이 많습니까. 그도 빈민이지오. 그러나 단수입 구원되는 사람도 있다 하니 말이외다. 빈민이라는 칭호가 이 사람을 안고 도니까 칠팔십 원 수입되는 사람을 끌어 오기가 어렵습니다.

구원을 벌어가지고 세 식구가 한 달을 살았는데 십여 전이 남았더란 소문을 들었겠지오. 어떻게 살았는지 암만 생각하여도 알 수가 없습니다. 그더러 물어보면 우리야 사는 것이 사는 것이 아니라고 할 것입니다. 한 끼 밥은 꿈밖이라 중국 밀가루 두어줌이면 냄비 아래 연기가 일어납니다. 이 고생을 하는 사람들이 노력은 제일 많이 한답니다.

고생이야 고생이지오마는 그들은 하늘을 우러러보아서 부끄러움이 없고 땅을 굽어보아도 부끄러움이 없을 것입니다.

체부동(體府洞) — 돌함집

　백제(百濟) 때 서울이든 부여(扶餘)를 가서 들으니 엿바위 근처에 묻힌 돌함이 있는데 그 속에 백제역사가 들었다고 합디다. 무안(務安) 사람의 말을 들으니 신라(新羅) 때 최고운(崔孤雲)이 역사와 기타 귀한 책을 돌함에 넣어서 무안 어느 절 앞에 묻은 것이 있다고 합디다. 이 부여, 무안뿐 아니라 각처에 이와 비슷한 이야기가 돌아다닙니다.
　서울 안에는 체부청 골에 돌함집이라고 별명 있는 집이 있습니다. 이집이 그전에 어느 공주 댁이더랍니다. 그 공주가 병들어 돌아갈 때에 가진 보물을 돌함에 넣어서 대청 밑에 묻었다고 합니다.
　이 집의 주인이 갈릴 때마다 대청 밑을 파 보았답니다. 조금 욕심이 심한 주인이 오면 앞 댓돌 밑과 뒷마당까지도 파헤쳤답니다. 그 돌함 주인이 될 사람은 하늘이 아시는 이라 집에만 잠시 주인 노릇하는 사람들이 헛 애만 쓰고 돌함은 구경도 못하였답니다. 이 돌함의 주인 될 사람과 돌함이 주인 만날 때를 나는 대강 짐작합니다. 천기누설하면 천벌을 받는 법이라 자세히는 말할 수 없고 어렴풋이 말하면 체부동 돌함이 부여, 무안 돌함보다 일이 년 뒤쯤 세상에 나올 것입니다.

숭삼동(崇三洞) — 성균관

　지금 경학원(經學院)이 전날 성균관임은 다 아시는 것이 아닙니까. 태학(太學)이라고도 불렀었고 반궁(泮宮)이라고도 하였었지오. 알성장원(謁聖壯元) 경상감사라는 말이 있지 않습니까. 알성과라는 과거를 여기서 보았더랍니다. 알성은 성인을 뵈옵는다는 뜻이라 상감께서 공자위패에 절하신 뒤에 보이시는 과거랍니다.

　경학원이라는 것은 다른 것입니까. 조선총독부 소속 유교 본부이지오. 대제학이 있고 부제학이 있고 사성이 있어 늙은이 젊은이 할 것 없이 벼슬 맛 잘 아는 분네는 머리가 터져가며 다툰답니다. 떼 타고 바다에 뜨고자 하던 어른이 이 꼴을 보시고 계시겠습니까. 공자님 제사는 헛된 일이 아닐지도 모르지오.

　동맹파업 하는 데는 이전 성균관 진사님들이 전 세계에 전신으로 항렬을 따지면 십대조 뻘이나 되지오. 관진사가 관을 버리고 한강 모래벌만 넘어가면 나라가 망한다 하기 때문에 관진사의 동요가 생기면 온 조정에 큰 소동이 일어나더랍니다. 성균관에 있는 진사들까지 이렇게 권위가 있었으니 성균관이야 여간 존숭을 받았겠습니까. 이렇든 데가 지금 총독부 경학원이 되었답니다.

적선동(積善洞) — 종침교(琮琛橋)

적선동에 유명한 돌다리가 있습니다. 이름은 종침다리라고 합니다. 성종(成宗) 때 허종(許琮)이라는 정승이 있었습니다. 문무겸전하고 풍신이 비범하고 신장이 거의 십이척이나 되는 키다리 정승이드랍니다.

그 아우 허침(許琛) 허정승은 성종 때 동궁 강관(東宮講官)으로 연산군(燕山君) 글을 가르쳤었답니다. 달래가며 글을 읽히기 때문에 글을 원수로 여겨 강관까지 미워하든 연산군에게도 허침은 대성인(大聖人)이라는 칭찬을 받았답니다.

연산군 어머니 윤 씨(尹氏)가 성질이 좀 암상스럽고 세자(世子) 난 자세로 좀 방자스럽든지 성종대왕 얼굴에 손톱으로 생채기까지 내었었답니다. 나중에는 궐내에서 쫓겨나서 약사발까지 안았습니다.

윤 씨 일이 났을 때 허종과 허침 두 형제분이 매사에 지각 있던 그 누님에게 처신할 꾀를 물은즉 아들이 세자요, 그 어머니가 애매히 죽으면 뒤에 무사할리가 없다고 말하였답니다. 형제가 사직골 집에서 말을 타고 나오다가 돌다리 위에 와서 다 같이 낙마를 하여 조반참례를 못 하였답니다. 나중에 허 씨 집안이 망하지 않기도 낙마 덕이오. 이 돌다리가 종침이란 이름으로 유명하기도 낙마 덕이랍니다.

창신동(昌信洞) — 창신궁(昌信宮)

창신동에는 기막히게 굉장한 집 하나가 있습니다. 이 집이 사가(私家)는 사가지오마는 대궐에 지지 않는 집이라 아무개 집이라 하기는 헐한 듯하여 못쓰겠고 또 송석원인지 솔돌원인지 하는 것 같은 별호는 없는 모양이니까 동명을 따라서 창신궁이라고 불러두겠습니다.

우리나라는 옛날 신라 때부터 보통사람은 집을 이렇게는 세우지 못하는 법이다. 집을 저렇게는 치레하지 못하는 법이다 하여 집에 대하여 대단히 까다로웠습니다. 삼문을 못 세우고 두리기둥을 못 세우고 부연을 못 달고 채색을 못 쓰고 하든 것은 여러분도 다 기억하실 것이 아닙니까. 지금은 돈만 있으면 못할 것 없는 세상이니까 조금도 상관없습니다. 이 창신궁을 세웠다고 경찰서가 포도청 대신으로 잡어야 가겠습니까.

이 집 주인은 강사람 임 씨(林氏)랍니다. 못해보든 놀음을 해보는 김이니 남보다 잘 해본다는데 새로 되는 사람의 기개가 보입니다. 이 집 주인이 사돈집 하인에게 집 타박을 당하고 골이 나서 그 사돈집 덜미에다가 삼십만 원 돈을 들여서 이 대궐 같은 집을 짓고 첩을 두었답니다.

옥인동(玉仁洞) — 송석원(松石園)

착한 이만 사람입니까 악한 자도 사람입니다. 충신효자만 명인입니까 난신적자도 명인입니다. 이름나니 명인이지요. 북부위생소는 똥냄새로 명물이오. 새문 밖 천연지(天然地)는 연향(蓮香)으로 명물입니다. 청탁을 가릴 것 없는 바에 윤자작(尹子爵)의 송석원인들 명물이 아닙니까.

독일식을 본떠서 별별 사치를 다한 집이라 대궐도 못 따르겠지오. 그런데 어린아이라도 이집은 떼 악마(惡魔)가 얼어붙은 것처럼 흉하게 보아서 저 집 참 좋다고 부럽게 알지는 않습니다. 더구나 뾰족한 머리를 어떻게 밉게 보았던지 이 집에 있는 피뢰침만 보아도 만 가지 흉한 수단이 그리로 솟을 것같이 안답니다. 이집 마당 연못이 어느 해인가 장마에 터져서 앞 동리 초가집들이 물벼락을 맞았었는데 손해는 대궐 안에서 물어주셨답니다. 그러기에 충심이 그리 갸륵하지오.

화동은 구선복(具善復)이 다리가 있고 계동으로 올라가면 서쪽 골목이 홍술해(洪述海)골이랍니다. 문 앞 다리와 살든 골목이 무슨 죄입니까. 이 집을 송석원이라 말고 윤자작저라고 하시지오. 푸른 솔 흰 돌이 원통하다 할 것입니다.

죽첨정(竹添町) — '굴'

　누구든지 서대문밖 감영 네거리에서 마포(麻浦) 가는 전차를 타고 얼마 아니 나가면 그전 팔각정(八角亭) 부근에서부터 땅이 점점 높아가는 것을 분명히 알게 되며 이와 한 가지로 전차길 밑을 가로지나 뚫린 그다지 작지 않은 '턴넬'을 보게 됩니다. 이것이 남부럽지 않은 우리 동리 명물입니다. 어찌 '턴넬'이 한두 개에 그치며 한 두 곳에만 있겠습니까마는 이것이 특별히 남다르게 동리 한복판을 뚫고 나간 거기에 명물감이 있다는 것입니다. 조선에도 '턴넬'이 꽤 많이 있지마는 동리 가운데로 뚫고 나간 것은 아직 하나도 없답니다.

　그나 그뿐입니까 하루도 십여 차씩 길고도 긴 기차바퀴가 들고 나고 할 때마다 동리 사람들은 모두 한 번씩은 쳐다보고야 만답니다. 전에는 경의선 철도가 용산을 지나서 가든 것이 이제는 바로 이 구멍으로 다니게 되었지오. 이 '턴넬'은 참으로 거리가 일천이백오십사척(呎)이 되고 총 공비가 이십삼만 칠백칠십이 원이나 들었답니다. 시작하기는 지금으로부터 여섯 해 전 서늘한 구월 일일인데 근 삼 년이나 걸려서 한참 더운 육월 이십오일에야 준공되었답니다.

청엽정(靑葉町) — 효창원(孝昌園)

이 효창원은 순조황제(純祖皇帝) 형님 문효세자(文孝世子)의 원소입니다. 홍살문 밖에 잔디밭 넓고 또 솔나무 그늘이 좋기 때문에 이맘때는 놀러 오는 사람이 많습니다. 원소인 효창원을 가르침이 아니라 효창원 해자 안에 사람 많이 모여드는 솔 앞에 잔디밭을 명물이라 한 것이겠지오.

내 동리 명물이라니 말입니다. 한 동리에서 명물 노릇하는 명물이 알뜰은 하지오마는 세상이 다 아는 명물을 가진 동리라야 참 기운 있게 명물자랑을 할 것입니다. 빨래하는 여인네, 장난하는 아이들까지 효창원이라면 누가 모르겠습니까. 여기 와서 노는 이들이 가끔 소낙비에 경겁을 하면서도 그래도 또 모여드는 이 효창원이랍니다.

달밤의 솔밭 경치는 참으로 형용할 수 없이 좋습니다. 그런데 으슥한 곳이건마는 자살하는 사람은 하나도 아니 오고 죽으려다가도 오장까지 서늘한 솔바람에 잡념이 살아진답니다. 한강 철교 같은 사위스러운 명물과는 행여나 비교하지 마십시오.

통의동(通義洞) — 사재감(司宰監)

　사람이 사는데 없어서 못쓸 요긴한 물건이 많습니다마는 어염시수(魚鹽柴水)가 제일이 아닙니까. 그러기에 살 땅을 고르자면 첫째, 이 네 가지가 좋으냐 언짢으냐 묻습니다. 물은 흔한 것이니까 고만두고 어염시 같이 요긴한 물건은 또다시 없다고 말할 수 있습니다. 그전에 이 요긴할 물건을 궐내에 공궤하든 관청이 사재감입니다. 제일 존귀한 곳에 제일 요긴한 물건을 공궤하는 관청이니 관청 중 제일가는 관청이 이 사재감이라고 말할 수 있습니다. 이것이 우리 통의동 명물입니다.

　사재감이 사재감 노릇을 못하게 된 뒤에 잠깐 마대(馬隊)가 들었었고 또 오랫동안 공청으로 있었답니다. 지금은 되지 못한 채 하나만 남아 있고 모두 빈 터전이 되었는데 이 터전 주인이 고리대금업 하는 일인이랍니다. 오이, 호박 덩굴지고 수수 또는 옥수수 대 우뚝우뚝 선 밖 모퉁이를 돌아서 늙은 회화나무 밑에를 가며는 전에 부군당이 있든 터전이 있습니다. 이 부군당의 부군은 고려 공민왕(恭愍王)이드랍니다. 이 부군이 영검이 있어서 부군당 물건을 훔쳐가는 도적놈은 담에다 꼭 붙여놓더랍니다. 그 영령도 지금은 물을 곳이 없게 되고 회화나무 그늘이 동리 늙은이의 졸음 터가 될 뿐입니다.

청운동(淸雲洞) — 청풍계(淸風溪)

효자동 큰길로 한참 올라가면 맑은 냇물이 시원한 소리를 내고 북산으로부터 불어 내려오는 바람이 흐르는 물과 같이 맑습니다. 청풍계라는 이름이 참으로 부끄럽지 않지요.

그러나 맑은 바람 맑은 물이야 그리 귀할 것이 있습니까. 청풍계가 명물 되기는 물과 바람보다도 내 위에 있는 옛집 하나 까닭에 명물이랍니다. 옛집인들 다 명물이겠습니까. 이 집은 정축년(丁丑年) 강화(江華) 난리에 절사한 선원 김상용(仙源 金尙容) 씨 구택입니다. 이 집이야 명물에 빠질 수 있습니까. 농암(農巖)의 '청풍로수금상재'(淸風老嫂今尙在)라는 글귀가 있습니다. 농암이 이집에 오면 과거하는 노인 수(嫂) 씨가 술을 내보내 드립니다. 혈혈한 부인 한 분이라도 이 집을 지켜가기에 조금도 부족함이 없든 것을 보면 고금의 느낌이 자연히 일어납니다.

이 집이 지금은 일본사람의 집이랍니다. 태황제 계실 때 이 집이 궁중 소속이 되게 된 것을 특별히 도로 내어 주셨었지오. 그 뒤 일이야 말할 것 있습니까. 맑은 바람 맑은 물까지도 고금이 달랐으면 오히려 우리의 느낌이 덜할 것 같습니다.

무교정(武橋町) — 장전(欌廛)

누구든지 무교정 큰길로 다녀본 사람은 길거리에 장전이 많은 것을 보았을 것입니다. 이 장전 많은 거야 말로 이 동리의 명물이고 겸하야 자랑거리입니다.

그 큰 거리에 장전이 즐비하게 있는 것이 장관도 장관이지오마는 그러한 의미보다도 이 동리에서 만들어내는 장과 조선사람 생활과의 관계가 더욱 자랑할 만합니다.

여러분이 아시다시피 장이라는 것은 조선 고유의 물건입니다. 결코 외국 물건이 아니오. 조선 사람의 손으로 되는 생산품입니다. 물산장려를 떠드는 오늘날에 이 동리에서 조선 고유의 물건을 생산한다는 것도 결코 범연한 일이 아닐까 합니다.

물론 돈 없는 사람에게는 비싼 물건을 사서 물산장려한다는 것이 도리어 까닭 모를 일이겠습니다마는 이 동리의 장으로 말하면 외국의 거리에 비하야 값이 매우 싸니까 물산장려 되고 값싼 것을 살 수가 있습니다.

아름다운 색시가 시집갈 때에는 반듯이 꿀 같은 새살림을 꿈꾸면서 이 동리 장전을 찾아와서 한번 자기의 고운 얼굴을 장 석경에 비추어보고 희망에 넘치는 맘으로 장을 사가지고 갑니다. 이것도 다른 동리에 없는 이 동리 자랑거리의 하나입니다.

서대문정(西大門町) — 흥화문(興化門)

　이 흥화문이 한 동리 명물이 될 줄이야 생각이나 하였겠습니까. 어린아이들은 일본사람 중학교만 알겠지오마는 이십 세 이상이야 누가 새문안 대궐을 모르겠습니까. 흥화문은 이대궐 정문이랍니다.
　이전에 달렸든 현판글씨가 어찌 잘 썼든지 밤이면 광채가 나더랍니다. 야조가라는 이름이 어찌하여 생겼습니까. '밤야(夜)' '비칠조(照)' 밤에 비추인다고 야조가라 하였답니다. 임진 난리에 이 현판이 불속으로 들어간 뒤로 이 광채를 찾을 곳이 없습니다. 불속에 조촐하게 사라진 것이야 오히려 어떻겠습니까마는 지금 달려 있는 현판 글씨야말로 참 가엽게 되었습니다.
　명종조께서 이 대궐에 많이 계셨는데 어느 날 새벽엔 싸락눈이 와서 길로 지나가는 신발소리가 자박자박 들리더랍니다. 그 사람을 불러들여다 보시니까 문밖 어느 선비가 기별(官報)을 들여보내는 하인이더랍니다. 선비가 글은 아니 읽고 이것은 보아 무엇하느냐고 그 선비를 잡아다가 걱정을 하시니 그 선비가 상감께서 안녕히 주무셨나 궁금하여 이를 알려고 이를 어들어 보냈습니다 하고 능청스러운 대답을 하였었답니다.

혜화동(惠化洞) — 풍차

동소문 안 혜화동에 독일 사람들이 사는 데가 있습니다. 그 안에 공장이 있고 학교가 있고 기숙사가 있고 나물 밭이 있고 가지각색 것이 다 있고 교당까지 있습니다. 아니올시다. 독일을 줄여다 놓은 것입니다. 물산장려를 주장하고 자작자급을 말씀하는 이들이 본떠올 만합니다.

독일 남부 '뮌헨'이라는 곳에 있는 로마구교(羅馬舊敎) '쌍오텔리'라는 본부에서 사람과 돈을 보내어 이것을 경영한답니다. 대전쟁 중에는 미국에 있는 로마구교에서 돈을 대었답니다. 로마법황에게서 이것은 프랑스 사람을 주고 원산(元山)으로 가서 다시 기초를 닦으라는 명령이 있었다 하니 이 독일촌이 얼마 안가서 프랑스 것이 될듯합니다.

아직은 독일 사람의 촌으로 있는 이곳에 괴상야릇한 물건하나 있습니다. 이것이 풍차(風車)인줄 아는 사람은 더러 있으나 무엇에 쓰는 것인지 아는 사람은 드문 모양입니다. 아는 사람의 말을 들은즉 이것이 무자위랍니다. 바람의 힘을 이용하야 깊은 우물에서 물을 자아올리는 신식 두레박이랍니다. 세포(洗浦) 사람은 눈이 시도록 보는 것이지마는 서울서는 이 혜화동(惠化洞) 것이 희귀한 명물노릇을 한답니다.

평동(平洞) — 망건방(網巾房)

　새 문을 나서서 성을 끼고 북으로 돌면 높다란 언덕 위에 성황당 같은 외딴집 하나가 있지 아니합니까. 평동 망건방이 다른 것이 아닙니다. 이 집도 여러 번 집을 바꾸었겠지오마는 망건일하는 사람만 있었기 때문에 연세로 보든지 꾸준한 것으로 보든지 평동 망건방을 명물에 뺄 수 없습니다.

　망건은 명나라 물건입니다. 명태조(明太祖)가 천자된 뒤에 어느 도관(道觀)을 갔더니 어떤 도사 하나가 머리동이는 물건을 만들어 두고 쓰더랍니다. 이것이 망건역사의 첫 '페이지'이지오. 도사의 만든 것이 천자의 위엄을 빌어서 하루아침에 천하 사람의 머리를 꼼짝 못하게 묶었답니다. 만만한 조선 사람이라 할 수 없이 따라 당하였었지오.

　망건이 우리 것도 아니오. 편한 것도 아니겠지마는 세월이 오램으로 자연히 정이 들어서 머리가 아프지만 모자를 바꾸지 않는 이도 있습니다. 제 머리는 깎아버리고 남만 골리려고 중대가리로 망건을 뜨고 앉은 사람도 있습니다. 이 집주인은 중대가리나 아닌지오.

이촌동(二村洞) — 수해

　명물 명물 하니 이촌동의 수해처럼 유명하고 지긋지긋한 명물이 어디 있겠습니까. 이촌동! 하면 세상 사람은 벌써 장마 때 수해 나는 곳인 줄을 연상합니다.

　말씀 마십시오. 해마다 수해라면 지긋지긋합니다. 심술 사나운 시뻘건 흙탕물이 추녀 끝까지 몰려 들어와서 참혹히 죽어 떠나려 가는 사람, 집을 떠내 보내고 의지 가지 없어 쏘다지는 빗속에서 주리고 벗은 몸을 떨고 있는 사람, 모든 참혹한 광경이 눈앞에 선합니다. 수해도 한두 번이지 이촌동의 수해처럼 해마다 당하는 수해야 넓은 천하에 또 어디 있겠습니까.

　조선 사람이 사천 명이나 사는 이촌동에 이렇게 해마다 수해가 나서 인축의 사상과 피해가 적지 아니하되 아직도 완전한 뚝(堤坊) 하나 없습니다. 구 용산 원정(舊龍山元町) 일본사람들 사는 곳에는 경성부에서 수백만 원 돈을 들이어 뚝을 완전히 쌓아 한 달 장마가 저도 꼼짝 안하게 하여 놓고, 떠나가고 남은 이촌동의 움막 살이들은 올여름에 비가 오면 또 물 야단이 나겠습니다.

　명물이라니 말이지 이런 끔찍한 명물이야 또 어디 있겠습니까.

창성동(昌成洞) — 썩은 다리

    백이(伯夷)는 개결하기 짝이 없는 이라 탐천(貪泉) 물을 마시지 아니하고 증자(曾子)는 효성이 출천(出天)한 이라 승모리(勝母里)를 들어가지 아니 하였답니다. 그러나 샘이야 무슨 흠이 있으며 동리야 무슨 죄가 있겠습니까. 이름 지은 사람의 심사가 고약할 뿐입니다.

    서십자각 모퉁이에서 육상궁을 바라보며 올라가려면 영추문을 막 지나서 돌다리 하나가 있습니다. 튼튼하고 보기 좋으나 썩은 다리라는 이름을 갖기 때문에 창성동 명물이라 합니다. 이름은 썩은 다리라도 누가 보든지 성하니까 곯은 닭의 알 지고 성 밑 못 가는 사람도 마음 놓고 다닌답니다.

    삼각정 굽은 다리는 곧고도 굽다는 이름을 얻고, 창성동 썩은 다리는 성하고도 썩었다는 이름을 얻었습니다. 과부설움은 과부가 안다고 두 다리를 한데 모아 놓으면 서러운 사정이 많을 것입니다. 그러나 그 다리 밑에는 병아리 죽은 것, 강아지 죽은 것, 가지각색 썩은 물건이 떠날 때가 없어서 그런 이름을 얻었답니다. 그것도 사람들이 찧고 까불 뿐이지 다리야 무슨 잘못이 있겠습니까.

숭일동(崇一洞) — 앵두밭

 '옥창앵도오견화(玉窓櫻桃五見化) 님 못 본 지 다섯 해라' 노래 가락에 오른 앵두꽃이 꽃으로는 보잘 것이 없습니다. 옥련몽 보신 이는 아시리다. 양창곡이 집안 식구가 각기 자기 맘에 드는 꽃을 주어 댈 때 어느 계집아이년 대답이 앵두꽃이 좋다고 하지 안했습니까. 왜 좋으냐? 꽃에다가 힘을 다 들이지 아니하고 열매를 꽃보다 더 좋게 맺는다고 하였다지오.

 잎사귀로 꽃보다 좋기는 서리 맞은 단풍잎이요, 열매로 꽃보다 좋기는 앵두 열매가 아닙니까. 그렇기에 시 짓는 사람, 그림 그리는 사람의 좋은 재료가 되는 것입니다. 푸른 잎 밑에 붉은 구슬 같은 열매가 달린 것을 생각만이라도 해봅시오. 시꺼리, 그림꺼리 못되겠습니까. 게다가 옥 같은 손으로 따는 것까지 넣어보면 맛이 더 있겠지오.

 서울안의 앵두꽃은 송동이 제일이라. 앵두 철에는 송동에 오고가는 사람이 그치지 않습니다. 예전 송동이 지금 이름으로 숭일동이랍니다. '대한'이라는 나라이름이 '조선'으로 변한 오늘날에 동리 이름인들 그저 있을 리가 있겠습니까.

신교동(新橋洞) — 선희궁

이 선희궁(宣禧宮)은 장조황제 사친(莊祖皇帝私親) 영빈 이 씨(暎嬪李氏) 궁이랍니다. 궁이라니 그 양반이 궁에 나와서 지내든 것이 아닙니다. 사가로 말하면 사천모양으로 범백일용을 모두 이 궁에서 바치든 것입니다.

한없이 불쌍하신 자제님을 두신 어머님이라 이 양반도 여간 불쌍한 양반이 아니랍니다. 등창으로 돌아간 것만 보아도 가슴에 쌓인 슬픔과 뼛속에 사무친 한이 어떠하였든 것을 생각할 수 있지요. 슬픈 명정이 수경원(綏慶園)을 향한 뒤로 이 궁은 폐하였답니다.

영친왕이 태중에 있을 때에 순헌귀비(淳獻貴妃)가 꿈에 영빈을 뵈었는데 폐한 궁을 다시 만들어달라고 말씀하더랍니다. 그리고 영친왕이 나니까 명명중 도우신 은혜와 역역하게 부탁하신 말씀을 생각하여 태황제께 여쭙고 이 궁을 다시 만들었답니다.

세상이 꿈입니다. 어느덧 다시 만든 이 궁이 지금은 맹아원(盲兒院)이 되었답니다. 순헌귀비도 이 세상을 떠난 지 오래니 꿈에 뵈옵든 영빈을 모시고 지내일 것 같으면 꿈같은 세상일을 눈물 섞어 말씀할 것입니다.

옥천동(玉川洞) — 연적교(硯滴橋)

　명물이란 명 자가 이름 명 자가 아닙니까. 명물에는 이름뿐인 명물이 알짜 명물이랍니다. 옥천동 연적교는 실물로는 맹랑하나 명물로는 상당하지오.

　지금 있는 뛰엄 다리 돌맹이가 전에는 복판에 구멍이 나서 한 귀로 통하였었더랍니다. 흘러오는 산골물이 풍풍거리며 복판구멍으로 들어가서 한 귓구멍으로 쫄쫄 흘러 빠지는 것이 마치 연적 같기 때문에 이 돌을 밟고 지나는 사람마다 연적교 연적교 하였더랍니다. 언제부터 깨어지고 떨어져서 연적 같은 형태가 없어졌는지는 모릅니다마는 이름은 지금까지 전합니다. 이름만 남았으니 알짜 명물이 아닙니까.

　연적교는 있든지 없든지 흐르는 물은 옥같이 맑습니다. 이름 모르는 푸른 새가 날아오고 나라갑니다. 문인묵객의 흥치나게 되었지오. 언덕은 없을망정 벼루 물은 좋습니다. 그러나 경치는 실물이라 아무리 좋더라도 지금 명물 노릇하는 연적교 같이 이름만 남은 알짜 명물이 아니기에 다 말씀 아니합니다.

마포동(麻浦洞) — 마포

　마포는 속명으로 부르면 삼개라고 합니다. 삼개는 용산서 보면 물 아래요. 서강(西江)서 보면 물 위입니다. 그전에 대동배 올라 다닐 제 용산에 경상도, 충청도, 물위 경기도 배가 와서 닿고, 서강에 황해도, 전라도 물아래 경기도 배가 와서 닿았었는데 삼개에는 와서 닿는 배가 없었더랍니다.

　삼개는 예전 이야기나 있어야 명물 값을 올릴 터인데 원수에 있어야지오. 예전 이야기야 있겠지요마는 원수에 알아야지오. 탈 났습니다. 탈이 났다니까 물 탈로는 알지 마십시오. 몇 백호가 물 난리를 만나는 것이 탈이 아니겠습니까마는 명물인 우리 삼개를 재미있게 이야기 하지 못하는 것이 탈입니다.

　새가 날려면 날개를 오므리는 모양으로 짭짤한 이야기가 나오려니까 싱거운 말이 많습니다. 소금배도 여기와 닿고 새우젓, 조기젓 잔뜩 실은 배들이 빈틈없이 들어서면 온 동리 사람은 맨밥만 먹어도 싱거운 줄을 모른답니다. 그렇다고 삼개에 사는 사람들은 충주 자린고비로는 알지 마십시오. 짜디짠 이야기를 짜고 짜서 내는 것이 요뿐입니다.

사직동(社稷洞) — 사직단

　우리 조선 태조(太祖)께서 즉위하신 이듬해에 도읍을 한양에 명하시고 또 그 이듬해에 사직을 세우고 춘추로 제향을 지내게 하셨답니다. 이 사직이 있는 까닭에 동리 이름을 오늘날까지도 사직골이라고 부르게 되었더랍니다.

　사직은 단(壇)이 둘인데 주위(主位)로는 각각 석주(石主)를 모셨습니다. 동편에 있는 것이 사(社)라는 것이니 후토 씨(后土氏)로 배위를 삼고 서편에 있는 것이 직(稷)이라는 것이니 후직 씨(后稷氏)로 배위를 삼았답니다.

　이 사직의 역사로는 재미있는 이야기꺼리 될 만한 것이 없습니다. 그러하니까 재미없는 것이나마 하나 적어 보겠습니다. 선조(宣祖) 때 가을제향을 지내려고 관헌이 들어가 보니 후직 씨 위패가 없어졌더랍니다. 갑자기 찾을 수도 없고 만들 수도 없어서 허위(虛位)에 제향을 지낸 뒤에 여러 가지 수단을 다 부려서 찾아본즉 위패가 사직단 근처 어느 나무 밑에 묻혔더랍니다. 채근해본 결과 수복이가 사직서(社稷署) 관원을 모함하려고 훔쳐다 묻은 것을 알고 그 수복이를 대역률로 죽였답니다. 이야기는 싱겁지마는 고만입니다.

누상동(樓上洞) — 백호정지(白虎亭址)

　누각골 막바지에 백호정이라는 사정(射亭) 터가 있습니다. 낙산 청룡정터, 새문안 황학정 터에 활시위 소리가 끊어진 뒤에도 이 백호정 터에는 가끔 가다가 과녁에 살 맞는 소리와 지화자 소리가 섞여 들렸었습니다. 그러나 지금은 바위 위에 섰는 소나무의 바람 소리가 들릴 뿐입니다.

　그전의 사정 주인은 '활량'들이었습니다. 활량은 근년의 무관학도와 비슷한 것이니 사정을 구식 사격장이라고 할 수 있을 듯합니다. 하여튼지 '활량'이 없는 세상에 사정이 있어 무엇하겠습니까. 지금도 활 쏘는 이들은 더러 있으나 이것은 운동으로, 소일로, 쏘는 것이니까 그전 '활량'들처럼 무기(武技)를 공부하는 것은 아닙니다.

　옛날에 가장 유력하든 병장기 활이 지금 반 장난감 밖에 아니되니 옛일을 미루어 지금 일도 알지오. 만국공법이 대포한방만 못하다는 대포도 지금 활 신세같이 될 날이 있을 것입니다. 벌써 살인광선이니 무엇이니 발명되었다는 것을 들으면 그날이 그리 멀지도 않을 것 같습니다. 그날이 오면 오늘 용산 천병장 같은 것이 누각골 백호정 터같이 쓸쓸하게 될 것입니다.

현저동(峴底洞) — 형무소

현저동에는 다른 동리에 별로 없는 형무소라는 무서운 명물이 있습니다. 형무소라는 말은 시쳇말이고 예전 이름은 감옥소라는 것입니다.

세상에 무엇이 불행하니 무엇이 불행하니 한들 형무소 안에서 고생하는 사람들보다 더 불행한 사람들이 어디 있겠습니까.

그네들도 어머니 배속에서 나올 제야 나도 한번 세상에 나아가서 복 있고 팔자 좋게 떵떵거리고 살아보려고 나왔겠지오마는 어찌어찌하다가 그만 그렇게 자기 몸 하나 맘대로 가지지 못하게 되고 굳게 닫힌 쇠문, 높이 쌓은 벽돌담 속에서 눈물과 한숨으로 보낸답니다.

세상에 사람으로 태어나기는 일반이었건만 어떤 사람은 팔자 좋아 고량진미에 싫증이 나서 자동차 타고 산보 다니고 어떤 사람은 먹고 입을 것 없어 목구멍이 원수라 마음을 잠깐 이상히 먹고 무엇을 어쨌다가는 감옥소 콩밥에 머리가 세이게 됩니다 그려.

세상은 밤낮 경찰서니 감옥소니 하는 살풍경한 세상이니 말하면 무엇합니까. 언제나 한번 세상이 화평해져서 경찰서니 감옥소니 하는 무서운 물건이 없어질는지오.

필운동(弼雲洞) — 돌거북

　필운동 돌거북은 예부터 유명합니다. 지금은 통칭으로 필운동이라고 합니다마는 돌거북이 있는 곳은 거북골이라 하였지오. 단청한 집을 지어서 이 명물을 그 안에 위하여 놓고 복 비는 사람들이 절을 시작하면 끝이 없었더랍니다. 이왕은 영검하였다는데 돌거북도 늙었든지 빈 절만 얼마 받다가 차차 절이 줄어지며 산수병풍을 치게 되었답니다.

　등위에 빗물 받었든 흔적이 있으면 비바침이라고 하겠는데 아주 흠없는 등어리니 이것은 분명 아니지오. 거북을 돌로 새겨서 길가에 놓았으니 이무슨 까닭입니까. 이전에 경회루(慶會樓) 앞 연못에 돌거북이 있었는데 임진왜란 때 경회루에다가 암만 불을 질러도 타지를 않더랍니다. 이 무슨 조화가 있는가 하여 연못 속을 뒤져서 돌거북을 끌어내니 그때에야 불이 붙더랍니다. 필운동 돌거북이 경복궁 안 돌거북이 아닌지 모르지오. 명물은 명물이나 내력이 불명하니 불명할수록 별별 와전이 많습니다. 들은 말은 많지오마는 돌거북이 말하기 전에는 언제든 의심만 납니다.

수창동(需昌洞) — 내수사(內需司)

　수창동 내수사는 없어진 지 오래입니다. 오직 옛 대문이 남아 있고 옛 현판이 달려있을 뿐입니다. 내수사 안 우물이야 참으로 유명하지오. 체증 있는 사람이 이 동리에 와서 얼마를 지내면 약 먹을 것 없이 속이 시원하다 합니다.

　내수사라는 것은 궐내에서 소용되는 쌀, 포목, 다른 잡색 물건과 남녀 노비까지 맡은 데더랍니다. 우리는 후생이라 옛일을 자세히는 모르나 구실 하나를 다니더라도 내수사가 무던히 움푹한 데더랍니다. 만사가 창상(滄桑)이라 내수사는 대문이나마 남았습니다마는 자취도 찾을 수 없게 된 데가 얼마인지 모르지오.

　대신 집 큰 잔치에는 장악원에서 악공이 나오고 내수사에서 교자가 나왔지오. 태평세월 좋은 때에 내수사, 장악원이 어디 가든지 좋은 짝이더랍니다. 명동에 있는 동양척식회사 집이 장악원 옛 터인데 자취나 있습니까. 그러나 내수사 대문이 알음이 있다 하면 남아있는 그 한이 오직 하겠습니까. 물은 어느 때든지 새 물이라 이 한, 저 한 모르겠지오. 물까지 한이 있으면 먹어선들 시원하겠습니까.

정동(貞洞) ― 서양인촌

처음 서양 사람이 우리나라에 들어오기는 썩 오래전 일입니다. 로마구교 선교사들이 선교하러 들어온 것이 그 시초라고 합니다. 선교사가 중국으로부터 들어와서 몰래몰래 선교하다가 대원군 때에 와서 한번 몹시 서리를 맞았답니다. 그 뒤 얼마 지나지 아니해서 세상이 변하야 은자국(隱者國) 별명을 듣던 우리나라가 외국과 통상조약을 맺게 되어 서양 사람이 우리나라 안에서 마음을 턱 놓고 돌아다니게 되었습니다.

우리 조선에 영환지략(瀛寰志略)이란 책과 곤여전도(坤與全圖)라는 지도나마 본 사람이 많지 못하였을 때 우리 사이에 서양 사람에 대한 별 우스운 이야기가 돌아다녔답니다. 추어 말하면 '양대인', 나쁘게 말하면 '생국놈'들은 꽁지가 있다고도 하고 연어새끼가 사람 된 것이라고도 하였었더랍니다. 별별 이야기가 다 많으나 지금 생각나는 것은 모두 길어서 손을 대지 못하고 내버립니다.

서양 사람이 많이 모여 사는 데가 서울 안에는 정동입니다. 정동거리를 지나자면 유리창 열린 곳에서 '피아노' 소리가 흘러나오고 뜰 나무 늘어선 사이에 사옷(紗衣) 자락이 날립니다. 이것은 참 서양 사람의 촌이로구나 하고 누구나 생각하게 됩니다.

간동(諫洞) — 궁인가(宮人家)

　예부터 동양시인은 궁인을 두고 지은 글이 많습니다. 어려서 깊은 궁중에 들어가서 봄바람 가을 달에 설움이 몸과 같이 자라는 그들이라 그 정경이 글에 오르면 곱고도 깊은 정한(情恨)이 한없이 일어납니다. 제왕(帝王)의 한번 부름을 바라고 일생을 거울 앞에서 녹여버리는 그 설움을 생각하면 정 많은 시인이 심상하게 볼 수 없습니다.

　바람이 허사라도 그 임금이 계신 때면 혼자 앉아서 눈물을 흘리면서도 한편으로는 깨닫지 못하는 사이에 의지가 되어 오히려 설움이 덜할 것입니다. 하늘같이 믿었다가 꿈같이 여인 뒤에 그 설움이 어떠하겠습니까. 간동 골목 안에 새로 지은 두 집이 있지오. 이 집은 다 - 태황제 계실 때 궁중에 있든 궁인의 집이랍니다. 지날 때마다 그들의 설움을 한 번씩 생각하야 봅니다. 은총(恩寵)을 못 입었다 하더라도 그 설움이 깊으려든 가까이 모시든 궁인이면 더욱이 어떠하겠습니까.

　우리는 시인이 아닙니다마는, 이 몇 줄을 보시고 느끼시는 이가 있다 하면 이 몇 줄도 시 노릇을 할 것입니다.

_ 간동 박한기(朴漢鎭)

수하정(水下町) — 일인(日人) 빈민굴

수하정에는 일본 사람의 빈민굴이 있습니다. 진고개 구경하고 오는 길에 들어가 보면 빈민굴인 것이 분명합니다마는 보통 조선 사람 사는 것만 보든 눈에는 빈민굴이라면 쇠통 곧이들리지 않을 만큼 훌륭합니다.

형무소(刑務所) 안에서 무서운 나으리 노릇하는 간수(看守)들도 이 안에 많이 살고 창덕궁(昌德宮)이나 총독부(總督府) 같은데서 출입하고 관람하는 사람들을 총찰하는 수위(守衛)들도 이 안에 많이 산답니다. 이 안에 사는 사람 중에는 지금 이러한 좋은 구실 가진 이들이 많이 살뿐 아닙니다. 장래에 큰 부자 사람도 생길 것이오. 큰 공명할 사람도 생길 것입니다. 이런 것을 생기게 하느라고 인심 좋은 조선 사람이 죽을 지경이랍니다.

조선 사람으로는 빈민굴이라고 하기 황송한 이 빈민굴에는 집이 여러 채가 있고 집 한 채에 여러 가구가 산답니다. 여러 집들을 지은 재목은 대개 새 재목이 아니오. 헌 재목인데 헌 재목으로는 훌륭합니다. 이런 좋은 재목이 어디서 나온 것이냐 하면 다 – 경복궁(景福宮) 대궐 안에서 뜯어낸 것이랍니다. 물론 경복궁이 이 빈민굴집 지으라고 뜯긴 것은 아니겠지요?

_ 수하정 윤희(尹熹)

숭이동(崇二洞) — 자동차 수선공장(경성공업사)

뿡뿡거리면서 뿌연 먼지를 제 키보다 왕존장치게 일으키는 자동차야말로 참 기운 좋고 위풍 있는 물건이지오. 병에는 장사가 없나 봅디다. 숭이동에 자동차 수선공장이라는 자동차병원이 있지 않습니까. 이것만 보아도 병에는 장사가 없는 것입니다.

이 공장은 서양 사람의 공장인데 조선 사람과 일본 사람 심부름꾼도 있다고 합니다. 무쇠힘줄 돌 몸으로 병 없을 건축이랍니다. 이 동리는 한가하고 정결한 동리이라 구경하려도 없을 곳인데 골고루 같이 당하라고 자동차 수선공장인지 병원인지 청하지 않은 손처럼 어느 겨를에 와서 있습니다. 같은 자동차 먼지라도 여기 오는 자동차 먼지는 제 몸의 왕존장은 되지 못하지오.

탕자음부를 밤낮없이 데리고 다니는 것을 보면 자동차도 여간 부랑자가 아닙니다. 부랑객들이 남을 꾀여 내려면 단 꿀 같은 말이 여간 많지 않겠지마는 이 부랑객은 아느니 뿡뿡 소리뿐인데 한 번만 같이 다녀보면 밤낮없이 홀리니 이것도 이상한 일입니다. 자동차의 병은 이 집에서 고치려니와 탕자들의 집 망하고 몸 망할 큰 병은 어디 가야 고칠른지오.

중림동(中林洞) — 천주교당

서울서 천주교당 하면 대개는 종현(鍾峴) 뾰족집으로만 여깁니다. 그러나 새문 밖 중림동에도 천주교당이 있습니다. 천주교당은 종현 작은 집 폭밖에 아니됩니다. 내 동리 명물에 큰집을 빼고 작은집을 넣은 것은 큰집의 앉은 자리가 명물 고르는 조건에 맞지 않는 까닭이랍니다. 이왕 큰집이 빠졌으니까 이 작은집이 큰집의 대표가 되었습니다. 종현 교당(오늘날 명동성당)이 대표가 되고 보면 으레 조선안 모든 천주교당의 대표가 될 것이 아닙니까. 그러기에 이 중림교당이 내 동리 명물 중에서 우리 조선안 모든 천주교당의 대표가 되었습니다.

조선대표 천주교당 이야기로는 전 조선 천주교 역사가 가장 상당할 것이오. 천주교 역사로는 피흘린 역사가 가장 귀할 것입니다. 그러기에 천주교가 우리 조선에 들어와서 피흘린 이야기를 하렵니다. 처음 피흘리기는 순조 원년(純祖元年) 일이랍니다. 그때 피흘린 사람 중에 우리 조선 사람으로는 이가환(李家煥), 이승훈(李昇薰), 정약종(丁若鍾) 같은 이가 유명하고 외국 사람으로는 청국인 주문모(周文謨)가 유명합니다. 그 뒤 태황제 삼 년에도 많은 사람이 피를 흘렸는데 유명한 조선 사람은 남종삼(南鍾三), 이신규(李身逵), 홍봉주(洪鳳周) 같은 이요. 외국 사람은 프랑스 선교사 십여 명이 있었답니다.

숭사동(崇四洞) — 월사구기(月沙舊基)

월사(月沙 李廷龜)라는 양반은 삼백 년 이전 명망 있던 대신입니다. 풍신 좋고 글 잘하고 문벌 숭상할 때 처지까지 명문인 까닭에 더욱이 인망이 높았더랍니다. 지금 총독부의원 동팔호텔 뒤에 일본 사람의 화초 심고 채소 기르는 밭이 있습니다. 아무리 우거진 잎사귀와 뻗은 덩굴이 온 밭을 덮었다 하여도 이 밭이 월사의 구기(舊基)인 것은 가리지 못하여 명물에까지 오르게 되었습니다.

우리 조선은 단엽홍매(單葉紅梅)가 없더랍니다. 월사가 중국사신을 갔다가 명나라 임금에게 단엽홍매를 얻어가지고 와서 뜰 앞에 심었던 이 홍매의 자손이 거의 월사 후예만큼이나 번성하여 명예 있는 종족이 각처에 퍼졌었답니다. 이 밭 어느 땅에 이 홍매를 심었었든지 전일을 물을 곳이 없습니다마는 이 밭은 일부가 꽃밭이라 지금 꽃을 보니 옛 생각을 아니할 수 없습니다.

구기 말이 났으니 말입니다. 우리는 어떠한 일인지 옛 양반의 구기를 보면 한없는 느낌이 있습니다. 작은 구기 큰 구기 구기란 구기를 다 찾기 전에는 이 느낌으로나 문서대신 품속에 품어둘까 합니다.

통의동(通義洞) — 동척사택(東拓舍宅)

　동척(東拓=東洋拓殖株式會社의 준말)인지 도척인지 하는 회사가 어떤 의미로 조선의 명물이라 하면 그 회사 사람들이 들어있는 동척 사택이 우리 통의동의 명물이라 하면 좀 창피는 하지마는 당연하다고 할 수밖에 없습니다.

　그네들은 불쌍한 소작인의 땀으로 지은 농사와 채무자들의 바치는 돈을 힘 안들이고 받아서 이렇게 훌륭한 집을 짓고 산답니다.

　이런 집들 때문에 남부여대하고 사랑하는 고국을 떠난 사람이 얼마인지 아십니까. 이 집에 들어있는 사람들을 살리느라고 조석을 걱정하면서 거리로 방황하는 형제가 얼마인지 아십니까. 이렇게 의리가 없는 일을 하는 것들은 속히 물리쳐 우리 동리의 이름과 같이 의에 통하고 이치에 사무칠 날이 언제 있을런지오.

　더운 날 속상하는 말은 그만두고 우스운 이야기나 하나 합시다. 이 사택 중에는 들기만 하면 상처하는 흉가가 있다고 하여 아주 헐고 말았답니다. 소작인에게는 영악한 그네들도 미신에는 설설 기는 모양입니다.

_ 통의동 오팔룡(吳八龍)

이화동(梨花洞) — 장생전(長生殿)

　예전부터 임금이 즉위하는 날 곧 재궁(梓宮)을 만들어서 해마다 칠을 하는 법이 있었습니다. 재궁이라면 얼른 알기 어렵지오. 임금의 관(棺)이 재궁이랍니다. 중국 한나라 적에 관은 도성 동쪽에 집을 짓고 넣어 두었었는데 그 뒤에 대개는 이 전례를 좇아서 우리나라도 재궁 두는 집을 서울 동쪽에 지었었습니다. 이 집에 재궁만 두는 것이 아니라 판재가 한없이 많았습니다.

　궐내 소용도 하고 대신이나 대신 이하에도 큰 공로가 있는 양반이 돌아가면 전교가 나서 이 집에 있는 판재가 내리었답니다. 이 판재를 동원부기(東園副器)라고 하지오. 동쪽이라 동원이오. 여벌 것이라 부기랍니다. 근세에도 조 충정, 민 충정이 다 ─ 이 판재에 누어 계시답니다.

　만사가 모두 변천한 오늘날 이 집은 예전듯 그대로 있습니다. 해마다 칠하는 전례도 아직까지 변하지 아니하였습니다. 밖의 검은 칠은 아무나 다 하여도 안의 붉은 칠은 재궁 이외에는 못하는 법이었었는데 지금은 안 칠까지 하는 자가 많습니다. 이야기는 이때껏 하였는데 정작 말할 것은 잊었습니다그려! 이 집은 이화동에 있는 장생전이에요.

_ 이화동 구인수(具仁洙)

서계동(西界洞) — '편쌈터'

서계동에는 굴개라는 유명한 편쌈터가 있습니다. 편쌈터가 명물에 오르게 되었으니 편쌈 이야기나 하겠습니다. 서울서 편쌈터로 유명하기는 이 남대문밖 굴개 이외에 서소문밖에 녹개천이 있고, 새문밖에 모화관이 있고, 동대문밖에 무당개울이 있고, 공덕리도 있고 또 동대문 안 조산도 있습니다. 종친부 개천가 편쌈터는 폐한 지가 오래라 아는 사람도 지금은 드뭅니다.

이제는 유명한 편쌈꾼 얘기를 해보겠는데 허락받은 지면이 얼마 못되니 들은 대로 성명이나 적겠습니다. 편쌈은 예전 전쟁실습이라 이 아래에 나오는 사람은 말하자면 명장 감들입니다. 인사동 사람으로 이호보(李虎甫), 문성문(文聖汶)이, 김수동(金壽同)이, 사직골 사람으로 손개똥이, 서석길(徐石吉)이, 김만쇠, 윤수복(尹壽福)이, 관골 사람으로 이흥문(李興文)이, 홍진흥(洪鎭興)이, 우대사람으로 태곰보 최명길(崔命吉)이, 윤희영(尹熙永)이, 손천만(孫千萬)이고, 강태진(姜泰鎭)이는 왕십리 사람, 박산흥(朴山興)이는 남문밖 사람이드랍니다. 하도일(河道一)이는 편쌈꾼 대접 잘하기로 유명하였고 길한영(吉漢永)은 편쌈 붙이기 잘하기로 유명하였답니다. 이 역시 편쌈 역사에 잊지 못할 사람들입니다.

_ 서계동 노장군(老將軍)

원남동(苑南洞) — 권초각(捲草閣)

　중궁전(中宮殿)에서 태기가 계시면 산실청(産室廳)이 앉지요. 세자가 나십니다 그려. 태는 태봉(胎封)에 묻고 거적자리는 권초각에 둡니다. 태가지고 태봉에 가는 직임을 안태사(安胎使)라 하고 거적을 걷어서 권초각에 갖다 두는 직임을 권초관(捲草官)이라 하였답니다. 여간으로 이런 직임을 하겠습니까. 지위도 높아야 하려니와 복수가 좋아야 한답니다.

　원남동 명물로는 위에 말씀한 권초각이 있습니다. 태봉 다음에는 이 집도 소중한 데랍니다. 권초각은 지금도 대궐서 관할하는 집이라 이 집에 딸린 작은 행랑채 같은 집들은 대개 옛 신하의 가난한 이들이 들어 있고 권초각 앞마당에는 저녁때면 서늘하기 때문에 늙은이 젊은이가 많이 모인답니다.

　권초각을 보시렵니까. 종로서 전차를 타고 종로 사정목 네거리에서 내리지 않습니까. 본정으로 가시지 말고 창경원 가는 길로 올라가시다가 왼손 편 쪽 셋째 골목으로 들어서서 물을 것 없이 조금만 가면 권초각이라고 쓴 현판이 보이지오. 하도 더우니까 참말 찾아가시기는 어렵습니다.

_ 원남동 한병준(韓秉俊)

충신동(忠信洞) — 백채포(白菜圃)

'배채' 별명으로 배추는 원래가 중국 북방에서 나든 물건인데 우리 조선으로 들어오고 또 일본으로 건너가서 오늘날까지 동양에 널리 퍼지게 된 것이랍니다. 중국 땅에서 나는 종류로는 산동배추, 지부배추, 만주배추, 금주배추 같은 등속이 있는데 그중에 산동배추가 가장 유명하고 우리 조선 것으로는 송도배추, 일본 것으로는 나가사키 배추가 각기 제일 간답니다.

배추는 채소 중에 제일 좋은 것인데 그것을 화학적으로 분석하면 성분(成分)이 아래와 같답니다. 수분(水分)이 백분에 오십구 콤마 팔십구요 추한 단백질(蛋白質)이 일 콤마 이십육이요. 추한 지방질(脂肪質)이 공 콤마 팔이요. 녹을 만한 무질소물(無質素物)이 역시 공 콤마 공팔이요. 회분(灰分)이 공 콤마 오십구랍니다. 되지못한 주워들은 과학지식을 내놓다가 수분이니 회분이니 일 콤마니 공 콤마니 적기가 성가십니다. 서울 안 배추밭 이야기나 적겠습니다.

그전 서울 안 배추밭으로는 방아다리와 훈련원벌이 유명한 곳입니다. 훈련원 밖은 지금 거의 없어지다시피 되고 방아다리만 남은 모양인데 방아다리 배추밭이 다른 것이 아니라 곧 이 충신동 명물입니다.

_ 충신동 김형제(金亨濟)

내자동(內資洞) — 내자시(內資寺)

　내자시라 하면 아시는 이가 대개 적을 것 같습니다. 없어지든 해는 사람이 지금 서른 살 된 사람보다 열세해가 위입니다. 자연히 우리 귀에 설지 않을 수 없지오. 대궐 안에 술, 기름, 국수, 지렁, 꿀, 실과, 나무등속을 내자시에서 바치는 법이랍니다. 옛적은 이 대문 안이 들썩들썩 하였답니다. 내자시는 없어졌으나 그 집은 그저 있어서 세상이 이렇게 된 뒤에 여러 사람의 셋방이 되었답니다. 양말 짜는 사람도 있었는데 지금은 떠났지오. 과부설움은 동무과부가 아는 법이라 내자시 옆에 있는 장흥고(長興庫)가 서러워한다면 같이 서러워할 것입니다.

　재미는 없을지 모르나 내자시 역사말씀이나 하려 합니다. 고려 목종(高麗穆宗) 때 태관서(太官署)를 처음 두었었는데 충렬왕(忠烈王)이 이를 고치어 선관서(膳官署)라 하고 공민왕 때에 도로 태관서가 되었다가 또다시 선관서라고 하였었지오. 나라이름 고쳐 진 뒤에 선관서가 내자시로 변하였으니 이는 태종 때 일이랍니다.

누하동(樓下洞) — '쌈지'

　시골 어떤 양반이 무엇 같은 것이란 말을 어찌 잘하든지 제삿날 하인을 시켜서 장 흥정을 하러 보냈는데 북어 같은 것, 전복 같은 것을 사오라고 하였더랍니다. 진실한 하인이라 같은 것을 종일 찾아다니다가 쌈지가 전복 같고 갓모가 복어 같은 것을 보고 두 가지를 사왔더랍니다. 지금 누하동 명물의 쌈지 이야기를 하자니까 이 생각이 먼저 납니다.

　누하동은 전날 유각골이랍니다. 유각골 하면 누구든지 쌈지장사 많은 데로 알지오. 이제 와서는 이 노릇도 세월이 없답니다. 이 사진에 박힌 노인이 쌈지장사로는 썩 오랜 영감인데 비단 쌈지 잘 만들기로 유각골서도 제일이랍니다. 동그렇다고 동그래 쌈지요. 병부 쪽 같다고 병부 쌈지요. 손에 쥔다고 쥔 쌈지요. 비빈 쌈지는 노끈 쌈지랍니다. 이중에 비단 쌈지가 제일 좋지오. 제일 좋은 것을 제일 잘 만드는 이 노인은 명물 중에 더욱 더욱 명물입니다.

　쌈지나 갓모나 한 데서 만들건만 갓모는 명물차지를 못하지오. 쌈지는 늘 차는 것이나 갓모야 늘 씁니까. 갓모는 별 이름이 없으나 쌈지 이름이야 여간 많습니까. 또 북어가 어찌 전복을 당합니까.

_ 누하동 이운파(李雲坡)

중학동(中學洞) — 구 중학(舊 中學)

중학다리(中學橋) 중학동(中學洞), 예전에 중학이 이곳에 있었든 표적입니다. 예전 중학은 지금 중학교와 같이 중등정도 학교란 말이 아니오. 서울 중부에 있는 학교란 말이랍니다. 도청도설로 전하는 소리를 들으면 국초 적에 정도전(鄭道傳)이란 이가 이 중학 터를 잡았는데 현송(絃誦)소리가 끊이지 아니하리라고 예언하였답니다.

이 예언이 도청도설일망정 과히 헛말은 아니든지 중학이 없어진 뒤에 중교의숙(中橋義塾)이란 강습소 비슷한 학교가 생겨서 이 집안에서 낮에는 '에이, 삐'와 '아이우에오' 외우는 소리가 나고 밤에는 성학즙요(聖學輯要), 대명률(大明律) 읽는 소리가 났었더랍니다. 이 강습소 같은 학교가 없어진 뒤에는 또 관진학교(觀鎭學校)라는 얼치기 소학교가 생겨서 '곤니찌와', '재왈'하는 소리에 이 집이 떠들썩하였더랍니다.

얼치기 소학교 없어진 지가 벌서 언제인지 모를만치 오래건만 그 뒤를 이어 생기는 학교는 없고 묵은 집 넓은 대청만 적적하게 남아 있답니다. 이 중학 터가 오백여 년이나 묵었으니 인제는 명기가 다 빠졌는지 모르지오.

_ 중학동 중학생(中學生)

도화동(桃花洞) — 연와공장

　서울 안에 양제집이 경성 드뭇한 오늘날 벽돌 만드는 공장이 없이 될 수가 있습니까. 그래서 새문 밖 도화동에 연와공장이 생겼습니다.
　도화(桃花)에는 흰 꽃 피는 벽도도 있건마는 보통 도화라 하면 붉은 빛을 생각하고 벽돌에도 여러 가지 빛이 있건마는 보통 벽돌이라 하면 붉은 빛으로 여깁니다. 벽돌 만드는 공장이 도화동에 앉은 것은 벗어도 어울린다고 할 수 있을 듯합니다.
　이 도화동 연와공장에서 노동하는 직공들은 다른 공장 직공과 다릅니다. 붉은 옷 입은 직공들입니다. 붉은 옷 입는 직공들이 붉은 벽돌 만드는 것도 역시 빛으로 어울린다고 할 수 있습니다. 이 붉은 옷 입은 직공은 두 사람이 한데 쇠사슬을 매고 다니는 사람입니다. 물론 일할 때는 쇠사슬이 풀립니다. 그러나 총 든 사람이 망대 위에 서고 칼 찬 사람이 뒤를 따른답니다. 직공 중에는 따라지신세 직공들입니다. 이중에는 붉은 염통의 끓는 피를 눈물삼아 뿌릴 뜻있는 사람이 더러 있을 것입니다. 이것은 빛으로 어울린다기가 차마 어려워 그만두겠습니다.

_ 도화동 양광렬(梁光烈)

연지동(蓮池洞) — '개구리 소리'

연못골 하면 명물이 나무신이 될 줄 아시지오. 아닙니다. 좀 더 좌뜬 명물입니다. 동리 이름에 꼭 들어맞는 명물입니다. 이 명물이 무엇이냐. 개구리 소리라는 명물입니다. 요새 같은 여름철 비 지낸 저녁이나 달 밝은 밤에 한 번만 연못골 오셔서 요란한 개구리 소리를 들어보시면 나무신 같은 명물을 제치고 명물 노릇할만한 값을 대강 짐작하시리다. 그전에는 이 연못골에 큰 연못이 있었더라니 그 때쯤은 '과궈 놔눠' 합창소리에 귀가 따가왔을 것입니다.

개구리 소리를 잘 들어주기로 유명하든 사람은 진(晉)나라 필탁(畢卓)이랍니다. 이 술군 천명한 이는 이 소리를 삼현육각 맞잡이로 들었답니다. 개구리소리를 잘못 들어주기로 유명한 사람은 고려(高麗) 강감찬(姜邯贊)인가 합니다. 이 이인(異人) 별명 듣는 이는 소리 듣기가 성가시다고 부적으로 벙어리 개구리를 만들었답니다.

진나라 혜제(惠帝)라는 이는 개구리소리를 들으면서 옆에 있는 사람에게 저것이 관사(官事)로 우느냐 사사로 우느냐고 물었답니다. 이것은 잘 들어준 것도 아니오 잘못 들어준 것도 아니오 이 명물 값만 울리는 이야기 거립니다.

_ 연지동 임봉수(林奉洙)

의주통(義州通) — '도깨비골'

　우리 조선에 떠도는 도깨비 얘기는 많습니다. 그러나 도깨비를 본 사람이 흔치 않은 까닭으로 도깨비는 없는 것이라고 되지 못한 과학지식을 내세우는 사람이 없지 않습니다. 그런 사람을 가르쳐 주려면 언제 심령학(心靈學)이 발달되기를 기다릴 수 있습니까. 의주통 도깨비골로나 데리고 가보지오. 굿은비는 부슬부슬 뿌리고 밤은 들어 사방이 고요한데 도깨비골로 들어서면 난데없는 키다리 장승이 우뚝우뚝 앞에 서서 가는 길을 막는 답니다. 이런 때는 섣부른 과학지식이 다 - 날아가고 등에 소름이 쪽쪽 끼치며 이마에 찬 땀이 솟을 것입니다. 어두운 밤에 귀신이야기 마라 귀신이야기 하면 귀신이 온다는 옛사람의 말을 옳게 여기게 될 것입니다. 그러나 일본사람이 몰려와서 살기 시작한 뒤로 도깨비골 도깨비도 잘 나서지를 않는다니 일껀 데리고까지 갔다가 허행할까보아 걱정이 됩니다.

　도깨비 있을만한 데를 갈 때는 왼손 바닥에 주사로 '豐(점)'자를 쓰고 주먹을 쥐고 가다가 도깨비를 보고 그 주먹을 펴면 도깨비가 내뺀답니다. 귀신이 죽으면 '점(豐)'이 되는 법이라 사람이 귀신 무서워하는 것처럼 귀신이 '점(豐)'을 무서워한답니다.

_ 의주통 일정목 조중립(趙重立)

효자동(孝子洞) — 내시(內侍)

중국으로 말하면 통지(通志)가 있지오마는 우리나라도 읍지(邑誌)가 있습니다. 읍지에는 유명한 누대(樓臺)와 특별한 풍속을 다 쓰지오. 더욱이 그 땅에서 난 인물을 중요하게 기록하는 법입니다. 옛 자하골이 지금 효자동 아닙니까. 효자동 인물지(人物誌)를 만들려면 내시(內侍)를 뺄 수가 없지오. 다시 말하면 효자동 주인은 곧 내시입니다. 내시네 중에 유명한 인물이 많더랍니다.

몇 사람의 좋지 못한 이름도 있었겠지오마는 근일에 보아도 태황제 말씀만 하면 고만 눈물이 쏟아지는 이들이 많답니다. 홍택주(洪宅柱) 씨의 행검과 김한정(金漢貞) 씨의 문학과 황윤명(黃允明) 씨의 절조가 다 – 각각 이름이 있는데 저 눈물은 다 같이 흐른답니다. 그러나 이네는 오히려 예사 사람들이라 내시의 대표적 인물이 되지 못합니다. 열다섯 해 전에 교하(交河) 삽다리에서 배 갈라 돌아간 반학영(潘學榮) 씨야말로 굉장한 양반이지오. 그 이름이 우리 민족과 같이 길 것입니다.

절 좋아하면 자하골 사느냐 말은 실없는 말입니다. 승전색(承傳色)이 전교를 전하는 까닭에 절을 많이 받았겠지오마는 좋아한다는 말은 맹랑한 말입니다.

송월동(松月洞) — 월암

　새문 밖에서 독립문 쪽으로 가면 석다리 북쪽으로 큰 바위가 들여다 보이지오. 이 바위는 얼룽바위라고 부르는데 얼룽은 와전이오. 원이름은 월암이랍니다. 월바위가 얼룽바위로 되기도 어찌 생각하면 그럴듯합니다. 그러자니 이 얘깁니다. 옛적에 올해같이 가문 때면 명산대천에 기우제를 지내고 또 광통교 밑에서 도롱룡에게 제사를 지냈더랍니다. 그 축문은 간단하지오. "척석척석 홍운토무" 여덟 자인데 척석은 도롱뇽이오. 홍운토무는 구름을 일으키고 안개를 토하란 말이지오. 그런데 다리 밑을 누가 잘 들어갑니까. 탁배기 잔이나 자신 구중네들이 "철석철석아 후물후물해라" 이렇게 맹랑하게 읽더랍니다. 척석이 철석이 되는 것을 보십시오. 월바위가 얼룽바위 되기가 어려울 것이 있습니까.

　이름 이야기가 너무 길었습니다. 그러나 다시 또 말씀할 것이 있습니다. 이 바위에 월암동이라는 세 글자가 있는데 시속글씨가 아닙니다. 옛적 어떤 운치 있는 이의 자취 같습니다. 그 글씨만 하여도 얼룽바위는 명함도 들이지 못할 것입니다.

_ 송월동 정종수(鄭宗洙)

광희정(光熙町) — 파리

　광희정 사람 말이 내 동리 명물은 파리라. 어느 집을 가보든지 사람의 집이라느니 보다 파리의 집이라고 하는 것이 상당할 만큼 파리가 숫하게 많다고 합니다. 파리는 추한 곳에 많이 생기는 물건이니 파리를 명물로 내세우는 것은 동리가 추하다고 자백하는 것이나 다름이 없습니다. 못된 바람 부는 곳에 무슨 좋은 명물이 찾아가겠습니까.

　파리가 늦은 가을에 알을 배고 그대로 과동(過冬)을 한답니다. 봄새 날이 따뜻하여지면 일백사오십 개 새끼파리를 낳는데 그 새끼파리가 얼마 동안만 지내면 또 알을 배게 된답니다. 그래서 봄에 처음으로 세상에 나온 암파리 한 마리가 가을까지 가면 칠십구억 사천백이십칠만 가량 되는 파리의 조상할미가 된답니다. 이 파리가 만일 잡히지도 않고 죽지도 않고 몇 해 동안만 지내면 이 세상은 파리의 물건이 되고 말 것입니다.

　세계에 파리 많기로 제일 갈만한 곳은 아마 압록강 건너 안동현인가 합니다. 안동현 거리를 지나가자면 거리의 먼지가 떼를 지어 나릅니다. 이 먼지는 참말 먼지가 아니오. 파리가 먼지를 뒤집어쓴 것입니다. 광희정 파리쯤은 아마 명함도 못드릴 줄 압니다.

_ 광희정 윤기병(尹基炳)

합동(蛤洞) — 춘향

　숙종대왕 즉위 초 전라좌도 남원(全羅左道南原) 퇴기 월매의 꽃 같은 딸이 서울 삼청동 이 승지 댁 옥 같은 도련님과 삼생연분을 굳게 맺은 뒤에 송죽 같은 그 절개가 몹쓸 풍상을 겪을수록 더욱이 굳고 변치 아니하여 꽃다운 이름을 후세에 전하게 되었답니다. 춘향전 뒤풀이는 아니하는 것이 똑똑한 일이지오. 그만 두겠습니다.

　춘향의 사실이라고 전하는 말을 들으면 춘향이란 계집애가 천하박색이라 시집을 가지 못하고 죽었는데 원한이 구천에 사무쳐서 남원에 비가 오지 아니하여 큰 한재가 들었더랍니다. 그래서 춘향전을 지어서 한풀이를 해주었더니 비가 왔다고 합니다. 지금 합동에 춘향이 하나가 있는데 조막손에 거지랍니다. 바퀴 달린 궤짝 속에 들어앉아서 사내를 시켜 밀리고 이집 저집 다니며 한푼 두푼 얻는답니다. 이 춘향이를 위해서 글 잘하는 분이 새 춘향전 한권을 지어두면 몇 백 년 뒤에 꽃 같은 춘향이가 또 하나 생길 것 같습니다. 이도령의 성춘향이가 참말 박색이든 것으로는 믿지를 마십시오.

_ 합동 이도령(李道令)

교남동(橋南洞) — 대장간

교남동에 '대장간' 하나가 있습니다. 이 대장간은 언제 시작한 것인지 동리 노인들도 아는 이가 없답니다. 이 대장간 주인은 우리 동리에서 윤대장이라고 유명합니다. 더운 날이나 추운 날이나 조금도 구별 없이 풀무 앞에 앉아서 벌겋게 단 쇠에 무거운 망치를 먹인답니다.

이 노인은 열다섯 살 되는 소년으로 대장일을 시작하야 칠십 노인이 되도록 한결같이 손에 망치 못이 빠진 적이 없답니다. 이 노인 말이 자기가 대장일을 시작할 때 이 근처의 호수(戶數)가 얼마 아니 되었다고 합니다. 지금 교남동 노인들 중에 이 대장간 시작하는 것을 본사람 없는 것이 괴상할 것 없습니다.

임오년에 구군총 난리, 갑신년에 개화당 난리, 갑오년에 동학당 난리, 을미년에 경복궁 난리, 을사년 오조약 소동, 정미년 칠조약 소동, 경술년 합방 소동, 기미년 만세운동 세상에는 이런 난리 저런 소동이 많았건만 이 노인은 한결같이 뚝딱뚝딱 소리로 날을 보냈답니다. 이렇게 세상을 지내온 노인이건만 세상이야기가 나면 한숨을 쉬고 눈물까지 먹음을 때가 있답니다.

_ 교남동 강순오(姜順五)

냉동(冷洞) — 휴지도가(休紙都家)

　장안 안 물은 오간수로 빠지지오. 휴지란 휴지는 냉동 휴지도가로 대개 들어간답니다. 집은 조그마한 초가이나 휴지장사로는 제일 큰 장사의 집입니다. 휴지를 무엇하러 삽니까. 도배의 초배도 하고 신 만드는데 속창 넣는 백비도 하지오. 그러나 제일 많이 소용되는 것은 물에 풀어서 다시 종이 뜨는 것이랍니다.
　이 휴지 속에 귀중한 책도 많이 들어가서 없어져 버렸습니다. 먼지 묻고 좀먹은 나머지가 혹 역사의 큰 자료가 되건마는 팔아먹는 사람이 모르고, 사서 파는 사람이 모르니 초배감, 백비감, 종이 뜰 감밖에 더 될 수 있습니까. 이것으로 보면 이 휴지도가에서 우리 옛 문명의 자취가 얼마쯤 없어졌는지 알 수 없지오.
　지금은 이 도가에서 한탄이 가끔 난답니다. 간지휴지, 낙복지는 말할 것도 없거니와 백지 쪽 구경도 할 수 없으니 쪽쪽 찌어지는 종이 쪽이라 무엇을 하든지 좋지 못한 까닭이랍니다. 뉘 집 뉘 집하는 옛집에서 간간 뭉텅이로 쏟아져 나오는 것이 이 도가의 요용거리가 되지오.

_ 냉동 김종수(金宗洙)

관철동(貫鐵洞) — 동상전(東床廛)

　여보 이 양반 무엇을 사료. 갓, 망건, 탕건 다 여기 있소. 안경을 사료 풍잠 관자를 사료 무엇을 사료. 이 양반 이리 갑시다. 이편에서 이렇게 부르면 저편에서 또 부릅니다. 이것을 여리라고 하고 이 노릇하는 이를 여리꾼이라고 하지오. 부르는 대로 따라가 보면 동쪽은 동상전이오. 서쪽은 서상전이더랍니다. 이전 저전 할 것 없이 풍파를 겪고 난 뒤로 옛 형모가 많이 변하였지오. 동상전은 아직도 옛 현판을 걸고 옛 장사를 하는 까닭에 명물로 뽑히게 되었답니다. 한 가지 다른 것은 여리꾼의 소리가 귀에 들리지 않고 각 신문의 광고가 눈에 보이는 것입니다.

　상전(床廛)이라는 것은 지금 잡화상과 같습니다. 동서상전은 위에도 말하였거니와 이외에도 남쪽상전은 남문을 바라본다는 뜻으로 '바랄망 문문' 망문상전(望門床廛)이라고 하지오. 수동 건너라고 수진상전이랍니다. 여리꾼이 물건을 주워 세듯이 상전을 세이고 나니 별 재미는 없습니다마는 상전 역사로는 없지 못할 것입니다.

_ 관철동 임호준(林浩俊)

장사동(長沙洞) — 묘심사(妙心寺)

장사동 골목으로 뺑뺑 돌아 들어가면 긴 담이 있지오. 이 긴 담이 둘러친 속에는 일본 사람이 지은 묘심사(妙心寺)라는 절이 있습니다. 법당 뒤에는 선방(禪房)이 있답니다. 이 절을 처음 지을 때 김운양(金雲養)이 상량문을 지었지오. 이 글을 본 사람은 이 절 이름을 생각할 것입니다.

화개동 꼭대기에 복주움물이 있지 않습니까. 임오군란 때 곤전(坤殿) 민비께서 피란하시든 집 터에다가 비를 세우라고 전각까지 지어놓았었지오. 이 전각을 헐어다가 이 절을 지었답니다. 드러누운 이 빗돌은 비바람을 가리지 못하고, 꿇어앉은 저 중들은 이때에도 더위를 모른답니다.

선방이라는 데는 말을 아니하는 법이지오. 일본 중들이 구걸다닐 때 보면 딱딱 뚜드리기만 하지 않습니까. 선방 생각을 하니 일본 중들 구걸하는 모양이 보이는 것 같습니다. 길로 다니면서도 선(禪)공부를 하는 그들이라 선방 속에서는 어떻게 하는지오.

_ 장사동 호고생(好古生)

홍파동(紅把洞) — 전내집

눈이란 것은 기막히게 무서운 요술꾼입니다. 이것이 재주를 부리면 못하는 것이 없는 모양입니다. 시비흑백(是非黑白)을 혼동해서 구별 없이 만드는 것은 예사하는 짓이오. 옳은 것을 그르게, 흰 것을 검게 만들어보기도 일수합니다. 가만히 생각하면 이 눈 같은 요술꾼은 다시 없을 것 같습니다.

이 세상은 사람다운 눈으로 보면 사람 사는 세상이지오마는 파리란 놈 눈에는 파리세상으로 보일는지도 모르고, 개 눈에는 똥세상으로 보일는지도 모릅니다. 멀쩡한 이 세상을 귀신세상으로 보는 사람이 있습니다. 이 사람은 사람이 아니라 귀신인지 또는 귀신을 팔아먹는 사람인지 이것은 똑똑히 모르니 부질없이 말할 수 없습니다.

이 귀신세상으로 보는 사람의 말을 들으면 간 곳마다 귀신이 있답니다. 산천이나 목석에는 말할 것도 없고 집에는 터주, 성주 집속에도 부엌에는 부엌귀신, 뒷간에는 뒷간귀신 보통 이름만 주어대도 뜬 것, 물귀신, 원귀, 아귀, 무명손각씨, 동자보살, 정신, 호구별성 가지각색 것이 다 있답니다. 이 홍파동 명물은 이런 귀신세상에 사는 사람의 집이랍니다.

당주동(唐珠洞) — '와다시'

　당주동 명물은 '와다시'입니다. '와다시'가 무엇인고. 이상히 생각하시겠습니다마는 알고 보면 당주동 이십팔번지 행랑방에 사는 이경선(李慶善)의 별명입니다.

　당주동에 명물로 '와다시'가 들었으니 그까짓 것이 무슨 명물인가 하고 의심하실 이도 없지 않겠지오마는 옥인동 아방궁이 명물이오, 경운동 민영휘 씨 집이 명물에 들었으니, 당주동 '와다시'는 빼어놓을 수 없는 명물입니다.

　다른 동리 명물은 집이 커서 명물이오. 돈이 많아서 명물이오. 역사가 있어서 명물이지마는 '와다시'는 돈 없어 명물이오. 술 잘 먹어 명물이오. 그 계집이 못나 명물이오. 뱃심 좋아 명물입니다. 이 사람의 직업은 막벌이꾼인데 하루에 밥 세끼는 못 먹어도 넉넉히 견대지마는 술 한 잔 없어서는 못사는 사람이오. 천하에 못났다는 놈이 많되 '와다시'가 못났다면 큰일 날 사람이외다. 하루에 십전 벌어서도 술! 일원 벌어서도 술! 술만 먹으면 안하에 잘난 놈이 없고 부자 놈이 없습니다. 술만 먹으면 나밖에 없다 하여 '와다시'라고 이름을 지었답니다.

_ 당주동 김영근(金永根)

통동(通洞) — 임금원(林檎園)

　서울서 능금밭으로 유명하기는 창희문 밖입니다. 창희문 밖에 사는 사람은 요맘때가 되면 손에 돈푼이나 쥐게 됩니다. 창희문 밖을 가보면 이 모퉁이 저 모퉁이 모두 능금밭입니다. 참말 유명한 능금ㅅ곳이란 다르다고 생각하게 됩니다. 송동의 앵두 밭보다 더 많으면 많았지 적지는 않을 것입니다.

　'경능금' 즉 서울 능금은 창희문 밖 능금이 아니오. 통동 능금이랍니다. 이 통동에는 능금밭이 한 군데 뿐이건만 능금은 서울서 대표가 될 만큼 폼이 좋더랍니다. 그래서 그 많은 창희문 밖 능금을 이 얼마 안 되는 통동 능금만치 못여겼답니다. 양(量)보다 질(質)을 더 숭상하든 세상에서는 그러한 것이 예사 일이었겠지오.

　창희문 밖에서는 여전히 능금이 많이 나고 이 많은 능금으로 여러 사람들이 벌어먹고 사는데 지금 이 통동 능금밭은 일본 사람의 물건이 되었답니다. '경능금'이란 말까지 아는 사람이 드믈게 되었습니다. 질을 양보다 더 숭상하면 이런 폐가 흔히 생기는 모양이야요. 그러기에 지금 세상은 질을 양보다 더 숭상하지 않으려고 한답니다. 이런 의미로 보면 통동 명물 능금밭은 참말 역사상 명물밖에 아니됩니다.

종로(鍾路) — 납석탑(蠟石塔)

　명물 명물하니 서울 안 명물에 탑골공원 납석탑이야 뺄 수가 있습니까. 이 탑은 고려 충렬왕비(高麗忠烈王妃) 원(元)나라 공주가 시집올 때 가지고 온 것이라고 말하는 사람이 많으나 그 반대로 우리 조선에서 만든 것이라고 말하는 사람도 있습니다.

　이 탑을 원각사탑(圓覺寺塔)이라고 하는 것은 세조대왕 구년에 이 탑 골에 원각사라는 절을 지었었든 까닭이랍니다. 원각사는 중종 때 헐어서 반정공신들의 집을 짓고 탑만 오늘까지 그 자리에 남아 있답니다. 아니 원각사비도 남아 있습니다.

　이 탑 위의 세층을 내려놓은 것은 임진란에 일본 병정이 가져가려고 내려놓다가 무거워 그만두었다고 합니다. 전하는 말이니까 꼭 믿을 수는 없습니다. 갑오년 이후에 어느 일본 사람 개인이 훔쳐가려고 한 일도 있었습니다.

　이 탑의 자매탑(姉妹塔)이 있습니다. 이것은 풍덕(豊德) 경천사탑(敬天寺塔)입니다. 이 탑은 연 전에 궁내대신 전중(田中)이란 이가 집어갔습니다. 지금도 일본 전중의 뜰 구석에 서 있을 것입니다.

거인의 숨결
고하 송진우(古下 宋鎭禹) 글모음 및 관계자료집

제1판 제1쇄 발행일 2023년 8월 1일

편저 _ 재단법인 고하송진우선생기념사업회
디자인 _ 토가 김선태

펴낸곳 _ 이야기숲
등록번호 _ 제 2019-000044호
주소 _ 서울특별시 종로구 세종대로23길 47, 603호
전화 _ 02-980-7300

ⓒ 재단법인 고하송진우선생기념사업회 2023

재단법인 고하송진우선생기념사업회
서울특별시 서초구 서리풀길 23(서초동)
전화 _ (02)723-2632
팩스 _ (02)723-2633
홈페이지 _ www.goha.or.kr

* 이 책에 실린 사진 및 내용 일부나 전부를 다른 곳에 쓰려면 반드시
  재단법인 고하송진우선생기념사업회의 동의를 받아야 합니다.

ISBN 979-11-89674-31-1 03990